散木居奏稿校證

（清）瑞洵　著
杜宏春　校證

2018年·北京

圖書在版編目(CIP)數據

散木居奏稿校證 /（清）瑞洵著；杜宏春校證. —北京：商務印書館，2018
ISBN 978-7-100-15776-6

I. ①散… II. ①瑞… ②杜… III. ①奏議－彙編－中國－清後期 IV. ①K256.065

中國版本圖書館CIP數據核字（2018）第017551號

散木居奏稿校證
（清）瑞洵 著
杜宏春 校證

商 務 印 書 館 出 版
（北京王府井大街36號 郵政編碼 100710）
商 務 印 書 館 發 行
三河市尚藝印裝有限公司印刷
ISBN 978－7－100－15776－6

2018年7月第1版　開本 710×1000 1/16
2018年7月第1次印刷　印張 45

定價：238.00元

国家社科基金后期资助项目
出版说明

后期资助项目是国家社科基金设立的一类重要项目，旨在鼓励广大社科研究者潜心治学，支持基础研究多出优秀成果。它是经过严格评审，从接近完成的科研成果中遴选立项的。为扩大后期资助项目的影响，更好地推动学术发展，促进成果转化，全国哲学社会科学规划办公室按照“统一设计、统一标识、统一版式、形成系列”的总体要求，组织出版国家社科基金后期资助项目成果。

全国哲学社会科学规划办公室

作者簡介

杜宏春，男，1965年9月生，安徽省滁州市明光人。文學博士，聊城大學運河學研究院教授，研究生導師，教育部哲學社會科學重大項目首席專家，教育部學位與研究生教育發展中心通訊評審專家。自1981年起，歷充明光市橋頭、古沛等中學代課、民辦教師，幾近20年。2004年起負笈蘭州大學、中央民族大學，專攻中國古典文獻學，分獲文學碩士、博士學位。爲本科生、研究生開設古代文學、古代漢語、古典文獻學等課程。先後主持完成國家社科基金3項、國家古籍出版專項基金3項、教育部社科基金重大項目1項、省部級項目9項（含重點項目2項）。在省級以上學術刊物上發表論文30多篇，出版學術專著8部，其中《游蜀疏稿校證》《陶模奏議遺稿補證》分獲石河子大學第五屆、第六屆哲學社會科學優秀學術成果一等獎，《吴棠行述長編》獲2016年度全國優秀古籍圖書二等獎。

前言

本書是對時任科布多參贊大臣瑞洵《散木居奏稿》的標點、校勘、注釋與補證。

瑞洵（1858—1936），字信夫，號景蘇、井蘇，又號坦園，博爾濟吉特氏，滿洲正黄旗人，光緒元年（1875），取舉人，充户部筆帖式。九年（1883），奏赴劉錦棠軍營差委（未赴任）。十二年（1886），中式進士，改庶吉士。十六年（1890），授翰林院編修，旋補右中允。二十年（1894），充國子監司業。二十三年（1897），升翰林院侍講學士。同年，充順天鄉試同考官，歷翰林院侍讀學士、日講起居注官、功臣館滿總纂、功臣館纂修、國史館協修、會典館漢文總校、會典館詳校、大學堂文案處總辦。二十五年（1899），賞副都統銜，擢科布多參贊大臣，加總理各國事務大臣銜。二十九年（1903），派辦阿爾臺山安輯事宜。後解職。晚年潛心修佛。民國二十五年（1936），卒。有《犬羊集》《犬羊續集》《時賢閎議》《散木居奏稿》等行世。

《散木居奏稿》凡二十五卷，共收摺片等三百餘件，分爲司業集、籌筆集、斂鋒集、紆轡集、雷池集、壺盧集、勉力集、歲寒集、讓賢集、彌節集、微管集、造塔集、西征集、熱歇集、棄肋集等，主要包括保舉將才、人事丁憂、員缺補差、軍功加賞、官兵屯田、練兵、畜牧、工程、糧餉、邊防、防務用款等内容，涉及科布多地區政治，經濟、軍事、外交、民族、民生、地方治安以及宗教等一係列重大問題，真實地記録其在任期間，在抵禦外侮、關心民生、開發邊疆、推行教育、改善民族關係等方面所做的貢獻，再現了清王朝與地方官吏對科布多的治理情況。其内容涉及廣泛，史料豐富翔實。因此，對其奏稿的整理與研究，不僅具有重要的現實意義，而且具有深遠的歷史意義。

我國邊疆距内地途程寫遠、民族雜居，風俗各異，治理非易。清代同治以降，階級矛盾激化，内憂外患不斷，尤其是在邊疆民族的雜居之處，中央王朝爲鞏固自己在邊疆地區的統治地位，因地制宜地采取了一係列特殊政策，包括武力鎮壓與懷柔策略。作爲珍貴的重要官文書之一的奏摺，真實地記録了當時中央王朝與地方官吏對地方的治理情況，充分反映了各個歷史事件的演變進程，彌補了正史文獻之不足。因此，《散木居奏稿》的標點、校勘與補證，對於研究清末邊疆政治、經濟、軍事以及社會階層的變動，有着不可替代的史料價值，對於地方史以及民族政策的研究，亦具有重要的文獻價值。

由於原稿尚未整理，閲讀極其不便，一般的研究者幾乎無從下手，兼之其原件（硃批奏摺）和録副（録副奏摺）珍藏於兩岸故宫，查考麻煩，傷財費時，苦心勞力，實屬非易，故研究者望而却步。迄今爲止，海内外尚未發現有關該書點校、考辨等方面的研究成果梓行。

本書以刊本《散木居奏稿》爲底本，在全面調查相關文獻的基礎上，以中國第一歷史檔案館藏《硃批奏摺》《軍機處録副奏摺》和臺北“故宫博物院”藏《軍機及宫中檔》爲校本，並查照《上諭檔》和《清實録》，采用對校、理校、補證及考辨之法，以硃批（原件）爲準，對原稿件折片進行標點、校勘與補正，詳細而係統地考證其在任期間對外交涉、發展生産、推行教育、捐資助賑、關注民生等方面所做的貢獻及取得的成就，真實地再現當時中央王朝對邊疆地方治理情況以及各個歷史事件的演變進程，以期達到反映目前最新研究成果之目的，爲清史研究者提供一部史實確信、資料豐富、内容完備的研究文本。

本書的特點：

1．采用宫中檔案還原奏稿的原始面貌，文獻具有權威性。

2．利用檔案、史志等材料對原稿進行校勘與注釋，對重要人物之履歷，則通過宫中檔案及史志材料重新編寫，糾正了一般史書、詞典諸多舛誤。

3．廣泛運用檔案、史志等文獻資料對原稿的來龍去脈進行梳理與補證，使内容更加豐富、翔實精當，以期提高古籍整理與研究的水平。

凡　例

一、底本與校本。

1．底本：刊本《散木居奏稿》，收入《中國邊疆史志集成·内蒙古史志》，天龍長城文化藝術公司，2002年版；稿本《散木居奏稿》（全五册），全國圖書館文獻縮微復製中心，2004年版。

2．校本：以中國第一歷史檔案館藏《硃批奏摺》《軍機處録副奏摺》和臺北"故宫博物院"藏《軍機及宫中檔》爲校本，並查照《上諭檔》和《清實録》，采用對校、理校、補證及考辨之法，逐件逐字對照，相互校勘，以原件爲準。

二、標點。本書一律采用新式標點。

三、校勘。以校本校底本，采用校勘、補正及考辨之法，逐字校勘，並於文末出校。

四、補證。對折件所涉之事件或文獻，查找出處，並補録，以資參考；重要人物予以注釋；相關館藏文獻全文照録，以保證文獻的準確與完整。

五、刊本自稱均作"臣"，而原件、録副均作"奴才"，兹依原件一律改爲"奴才"。

六、原文順序欠規範統一，兹重新編排序號，並附中、西日期，俾資查照。

七、本文引用縮略語如下：

1．中國第一歷史檔案館藏《硃批奏摺（片）》和《録副奏摺（片）》，正文部分一律簡稱"原件"和"録副"，脚注一律用全稱。

2．臺北"故宫博物院"藏《宫中檔》和《軍機處摺件》，統一簡稱爲《軍機及宫中檔》。

3．臺北"中央研究院"近代史研究所藏《總理各國事務衙門檔案》及《外務部檔案》，統一簡稱爲"臺北'中研院'近代史所藏：《外交檔案》"，以歸畫一而資便捷。

目　录

叙 1

科布多參贊大臣瑞洵傳 3

卷之一　司業集　光緒甲午起（1894） 5

〇一、請飭禁附保積弊摺 6

〇二、請飭清查旗籍摺 10

〇三、濫保匪人請敕部申明定例片 20

〇四、查明捏飾請將保案撤銷摺 21

〇五、請敕徐用儀明白回奏片 25

〇六、神機營當差司員可否酌定額缺由各衙門保送片 29

〇七、南漕改折摺 30

〇八、滿御史保送舊例請敕部酌議變通摺 37

卷之二　學士集　光緒己亥訖（1899） 41

〇一、南漕改折有益無損請飭疆臣妥議摺 42

〇二、衛弁屯田裁撤歸並片 44

〇三、南漕改折提價購米實倉片 45

〇四、劾尚書敬信片 45

〇五、瀝陳下情懇恩賞給假期摺 47

〇六、叩謝天恩摺……50

卷之三　荷戈集　光緒庚子六月起八月訖（1900）……51

〇一、具報抵任接印日期叩謝天恩摺……52
〇二、揀補筆帖式員缺摺……54
〇三、馳驛赴任臺站支應情形暨科布多得雨片……55
〇四、請頒御筆押封片……56
〇五、請敕總理衙門頒發書圖片……57
〇六、請敕部院各發則例各書片……58
〇七、更定補缺辦法片……59
〇八、臺站遭災亟籌賑濟以恤蒙古摺……60
〇九、請准撥款修理倉廒摺……62
一〇、餘糧收放仍循舊章辦理片……63
一一、調補蒙古印務兩處承辦章京片……67
一二、請補印務處幫辦章京片……68
一三、到任盤查倉糧摺……69
一四、盤查銀庫軍器庫片……74
一五、接讀電旨懇請回京報效摺……75
一六、密奏擬調旗兵暨辦理蒙團請撥餉項片……76
一七、籌辦蒙團請留大員相助摺……78
一八、更正筆誤片……80
一九、請領火藥辦理清野情形片……81
二〇、密奏遵旨妥籌布置並陳管見摺……82
二一、請挪借商款辦理蒙團暨擬招勇營片……84
二二、邊防吃緊差委需人請添設額缺摺……85
二三、辦理保甲情形片……88
二四、大臣籌運糧石勞費太甚先行覆陳摺……89
二五、請移駐古城督辦糧運片……94

二六、密陳慮及敵人進兵情形片 95
二七、保舉將才片 96
二八、蒙團辦齊請撥專款摺 98
二九、科布多辦團與烏里雅蘇臺情形不同片 101
三〇、挑練蒙兵應支餉需情形片 102
三一、密陳邊防吃重辦事爲難片 104
三二、遴派籌防處委員及開支津貼各項片 105
三三、遵查科布多礦務難舉請緩開辦摺 106
三四、免繳勘合烏拉票糧單照驗各件片 109
三五、請宥釋戍員榮和片 110
三六、滿營兵額先期調補摺 123
三七、嚴參革員請旨辦理摺 124
三八、請將糧餉章京榮臺留營差委片 126
三九、仍懇馳赴行在跪請聖安摺 128
四〇、籌備防務大概並墊費各情片 130

卷之四　籌筆集　光緒庚子閏八月起十一月訖（1900） 133

〇一、瀝陳未能就地籌款實在情形摺 134
〇二、揀員充補委署主事摺 141
〇三、擬定軍名暨現在籌防辦法片 142
〇四、照舊保護俄商不敢輕開邊衅片 143
〇五、擬裁蒙兵一半大概情形片 144
〇六、索倫領隊大臣由科起程赴任日期片 145
〇七、商定新疆撥兵五百名駐防沙紫蓋片 146
〇八、烏里雅蘇臺擬給火藥觔數片 147
〇九、欽奉寄諭謹遵辦理並陳下情摺 148
一〇、地方公事擬隨時妥辦暫緩具奏片 151
一一、本年科屬蒙古各旗呈進博勒克擬請展緩摺 152

一二、揀補印務蒙古兩處筆帖式摺......153
一三、揀補新添糧餉處筆帖式摺......154
一四、奉到硃批日期並自請處分片......155
一五、前報俄卡添來兵械現已撤回片......157
一六、恭祝萬壽並陳俄兵現已撤回電請代奏摺......158
一七、謹獻愚忱摺......159
一八、循例查驗官廠擬籌整頓摺......160
一九、前交新疆電奏暨先聲明遵旨現辦裁留蒙兵片......161
二〇、奏事暫用夾板片......162
二一、更正官兵治裝銀兩仍由房租項下動支片......163
二二、附生崔象侯咨部留營仍應奏明片......164
二三、遵旨裁撤蒙兵所欠商款兵餉懇敕部墊發摺......165
二四、挑留蒙兵五百名分防各處片......168
二五、預籌留兵餉項片......169
二六、欽奉寄諭瀝陳感悚下悃摺......170
二七、科布多部院額缺章京筆帖式請予例保摺......171

卷之五　籌筆集　光緒庚子十二月（1900）......175
〇一、敬捐款項建修廟宇豫祝萬壽摺......176
〇二、邊城需餉萬緊懇敕催山西仍舊籌撥摺......177
〇三、請敕整頓臺站摺......179
〇四、整頓商人貿易驗票章程摺......181
〇五、請撤銷筆帖式春普保案片......184
〇六、查驗官廠片......185
〇七、采買耕牛請免例價片......186
〇八、設立籌邊文案處片......187
〇九、請將代放烏里雅蘇臺臺站卡倫餉項敕由該城自行籌放摺......188
一〇、請將見辦撫局敕由軍機處知會片......191

卷之六 游刃集 光緒辛丑正月起三月訖（1901）......193
〇一、山西應協官茶遲無報解請旨敕催摺......194
〇二、續調滿兵三名請由綏遠揀派片......196
〇三、覆陳科布多應辦事宜請旨遵行摺......197
〇四、札哈沁賑濟辦竣動用款目開單具報懇免造銷摺......200
〇五、崇凌請恤片......203
〇六、揀補額外驍騎校摺......204
〇七、調取駝隻摺......205
〇八、具報十屯分數並官弁兵丁獎賞開單摺......206
〇九、請加撥經費片......210
一〇、酌擬緑營换防全數换官减數换兵摺......213
一一、請除换防積弊片......217
一二、故貝子請賞祭摺......218
一三、防兵更换管帶片......219
一四、敬抒管見摺......220
一五、大學堂不宜開辦片......223

卷之七 斂鋒集 光緒辛丑四月起六月訖（1901）......229
〇一、納楚克多爾濟承襲貝子摺......230
〇二、奏摺久未遞回請旨敕查摺......231
〇三、雲秀補糧餉幫辦章京片......232
〇四、揀補明阿特總管片......233
〇五、商情窘迫已極懇仍敕部從减墊撥摺......234
〇六、密陳俄情片......236
〇七、蒙兵餉章片......238
〇八、亟盼部撥片......239
〇九、遵照部議查明節年倒牛數目仍請照章按照市價買補摺......240
一〇、具報屯田播種日期開單呈覽摺......244

一一、會奏都蘭哈喇並無私挖摺 246
一二、新疆撫藩接濟邊餉力全大局派員赴領片 247
一三、昌吉斯臺卡倫侍衛報滿請獎並懇留三年摺 248
一四、科布多並無應鈔路礦事件片 249
一五、馳報科布多幫辦大臣出缺請旨簡放摺 250
一六、請動款購藥設局調醫以備施診並准綏遠添傳駝隻片 252

卷之八 紆轡集 光緒辛丑十月（1901） 253
〇一、謝抵銷處分摺 254
〇二、糧餉章京報滿已越年餘亟須新任接替請飭吏部照例辦理摺 255
〇三、期滿糧餉章京照例出考保奏片 258
〇四、更正筆誤片 259
〇五、派員致祭片 260
〇六、奏保卡倫侍衛常升三年期滿懇予恩施並再留三年摺 261
〇七、裁撤籌防處片 262
〇八、裁撤駐卡偵探片 263
〇九、裁撤駐臺片 264
一〇、滿員保獎摺 265
一一、滿兵留駐片 267
一二、並無吏役片 268
一三、俄官到科照約款待支應片 269
一四、欠餉無著懇恩體恤敕部核示摺 270
一五、餉項支絀現在情形片 274
一六、請簡杜爾伯特左翼正盟長摺 275
一七、代奏杜爾伯特固山貝子納楚克多爾濟叩謝天恩摺 277
一八、揀補俄商局筆帖式摺 278
一九、奏調綏遠城換防新兵到科片 279
二〇、請假兩月片 280

卷之九 無藥集 光緒辛丑十一月起十二月訖（1901）……281
〇一、札哈沁喇嘛磕頭摺……282
〇二、請頒報匣押封片……283
〇三、擬將蒙古糧折改本色摺……284
〇四、籌防款目請開單報銷片……285
〇五、遵保章京筆帖式懇給獎敘摺……286
〇六、附保出力章京片……288
〇七、附保驍騎校片……289
〇八、請賞還春普保案片……290
〇九、請催直晋經費摺……291
一〇、叩謝天恩摺……292
一一、蒙旗辦賑摺……294
一二、請動倉糧放賑片……295
一三、筆帖式麟慧咨回原旗片……296
一四、具報官廠駝馬數目片……297
一五、請將積年報銷分別陳案新案清理摺……298
一六、擬派員往勘布渠片……299
一七、蒙古放煙賞茶請仍照舊章辦理片……301

卷之十 强行集 光緒壬寅三月（1902）……303
〇一、叩謝天恩力疾銷假摺……304
〇二、敬舉人才摺……305
〇三、神靈顯應請頒扁額摺……308
〇四、屯田蒙古參領仍留三年摺……309
〇五、防守出力武員可否保獎片……310
〇六、直隸協餉減撥扣平係屬錯誤請敕部轉行查照片……312
〇七、裁除操賞移作滿兵津貼並文案處心紅等項支銷片……313
〇八、蒙旗請獎摺……314

〇九、揀補章京筆帖式等摺......316
一〇、具報致祭往返日期摺......317
一一、查明請旨賞祭摺......318
一二、明保章京片......320
一三、玉善章京請恤片......321

卷之十一　雷池集　光绪壬寅四月初四日起五月二十三日訖（1902）......323
〇一、阿拉克别克河地方俄人要索太甚請敕外務部與
俄公使晤商辦法摺......324
〇二、邊界地方陸續讓與俄人片......328
〇三、索還借地安插蒙哈再籲明諭祇奉遵行以杜患萌而
規舊制專摺瀝陳摺......329
〇四、新疆逃哈如係所屬自應收回片......335
〇五、請催幫辦片......336
〇六、更换衆安寺胡圖克圖摺......337
〇七、更正筆誤片......338
〇八、查無私挖鉛砂摺......339
〇九、妥籌經費摺......340
一〇、仰邀特旨著撥經費盡心舉辦片......348
一一、遵籌经費正摺所陳清理衛屯接閲邸報始知已奉諭旨敕行片......349
一二、妥籌保護俄商改設護兵摺......350
一三、烏梁海蒙兵未能裁撤片......358

卷之十二　壺盧集　光绪壬寅五月二十四日起七月初六日訖（1902）......359
〇一、代奏杜爾伯特正盟長謝恩摺......360
〇二、具報十屯二十七年收成分數請予獎賞摺......361
〇三、十屯播種完竣摺......364
〇四、奏調駝隻片......365

○五、請將俄商局改爲洋務局摺 366
○六、更定保獎限制片 369
○七、請賜諭旨敕晉豫撥解片 370
○八、公旗賑濟完竣摺 372
○九、附奏杜爾伯特留兵擬俟裁並匀布情形片 373
一○、請將換回驍騎校吉拉敏等四員暫行留營帶往辦理收安事宜片 374
一一、擬撥糧賑濟窮苦片 375
一二、請假就醫摺 376

卷之十三　勉力集　光緒壬寅（1902） 379
○一、代謝天恩摺 380
○二、御押報匣領到片 381
○三、洋務局裁撤章京筆帖式片 382
○四、請敕揀派諳悉俄語學生片 383
○五、叩謝天恩摺 384
○六、參撤章京摺 385
○七、新疆會勘借地安插逃哈似不可行未敢附和請敕再行妥籌摺 387
○八、先陳安哈辦法片 390
○九、續假片 391
一○、奏爲先將收安事宜豫籌布置請准借撥款項摺 392
一一、派員收哈片 394
一二、杜爾伯特左翼副將軍仍以正盟長兼任摺 395
一三、奏調徐鄂來營片 396
一四、請調覺羅緒齡來營差委片 397
一五、塔地割據阿爾臺山地段萬不可行請敕長庚秉公查勘摺 398
一六、再陳索地情由片 401
一七、密陳擬安置哈薩克情形片 403
一八、力疾銷假片 405

一九、奏調馬匹摺……406
二〇、廟工采購料物請免稅添駝片……408
二一、前糧餉章京榮臺給咨離營片……409
二二、蒙古保舉摺……409
二三、附保駐班蒙員片……412

卷之十四 歲寒集 光緒壬寅（1902）……413
〇一、辦理布倫托海渠工大概情形摺……414
〇二、揀補蒙古處幫辦章京摺……416
〇三、卡倫侍衛分別調署代辦片……417
〇四、具奏揀員先行馳駐哈巴河等處辦理安輯蒙哈事宜摺……418
〇五、哈巴河防務仍擬由科布多經理片……422
〇六、屯兵仍照原保給獎官階摺……424
〇七、烏梁海呈控塔城章京據情具奏摺……425
〇八、派員查驗官廠駝馬片……432
〇九、據呈代奏敬申管見請旨辦理摺……433
一〇、將軍長庚函詢定地示期晤商公事可否請旨片……438
一一、密陳塔城久占游牧烏梁海人心不甘恐爲邊患片……439

卷之十五 讓賢集 光緒癸卯（1903）……441
〇一、懇開差缺並請另簡賢能摺……442
〇二、阿勒臺山防務請敕新撫妥籌布置片……444
〇三、邊防用款報銷開單具奏摺……445
〇四、暫安臺站片……450
〇五、奏保委員片……451

卷之十六 讓賢集 光緒癸卯（1903）……453
〇一、屯工需款請敕部撥摺……454

〇二、加種賞銀片……458
〇三、借駝幫價片……459
〇四、屯田局召募民勇片……460
〇五、賞假謝恩摺……461
〇六、接任謝恩摺（代）……462
〇七、請補屯田蒙古參領摺（代）……463
〇八、並無私挖片（代）……464
〇九、洋務局另刊關防片（代）……465

卷之十七　維谷集　光緒癸卯（1903）……467
〇一、代奏達賚汗謝恩摺……468
〇二、屯田收穫糧石摺……469
〇三、十屯播種完竣摺……472
〇四、蒙古保舉摺……473
〇五、山西换防官兵變通辦理片……475

卷之十八　棒喝集　光緒癸卯（1903）……477
〇一、力疾銷假籲懇事竣陛見摺……478
〇二、刊用木質關防片……480
〇三、隨帶員弁兵丁片……481
〇四、查照分界前案雇用烏拉等項酌量發價片……482
〇五、幫辦大臣接護參贊大臣印務摺（代）……482
〇六、會奏改設行省有害無利摺（稿佚）……483
〇七、需款急切請敕户部妥議實在辦法摺……507
〇八、請仍籌撥屯田經費片……511
〇九、請飭加撥安哈經費片……512
一〇、具摺自劾摺……513
一一、署理蒙古處承辦章京片……514

一二、參贊大臣中途墜馬回城調治摺（代）...... 515

卷之十九 造塔集 光緒癸卯（1903） 517

〇一、侍衛躁妄生事委員附和助虐先行奏參摺 518

〇二、密陳塔城電奏不免挾嫌及本城戍防滿員清苦情形片 520

〇三、幫辦大臣馳抵承化寺後前往哈巴河片 522

〇四、運判徐鄂到營派委差使飭往英秀行營辦事片 523

〇五、遵旨酌保換防差委武職各員弁防戍出力摺 524

〇六、綠營換防官兵到防日期暨回營官兵照案由臺行走摺 527

〇七、防兵互相對調片 528

〇八、額外驍騎校文普再留三年片 529

〇九、請動倉糧放賑片 530

一〇、電陳阿勒臺收安現定從緩摺 531

一一、阿勒臺收安議緩謹陳可疑可慮情形摺 533

卷之二十 微管集 光緒癸卯（1903） 537

〇一、前議練兵畜牧事宜擬請停辦毋庸再行撥款摺 538

〇二、阿勒臺設官分治仍應稍假財力片 539

〇三、筆帖式當差得力擬請酌獎摺 540

〇四、仍照舊放折以符成例片 541

〇五、調補筆帖式各員缺摺 542

〇六、委員溥涌被參詐索已得梗概應由幫辦奏辦片 543

〇七、把總領餉玩誤請敕部斥革片 544

〇八、謝恩准抵銷處分摺 545

〇九、收地暫緩附報到科日期摺 546

一〇、收地暫緩撫哈不便並停摺 548

一一、先赴南臺鄂倫布拉克撫綏歸哈片 550

一二、無從籌撥冬牧摺 551

卷之二十一 彌節集 光緒癸卯（1903） 553
〇一、布倫托海渠屯各工告蕆請將用款開單報銷摺 554
〇二、布屯秋收擬提一成撥給烏梁海豫用片 557
〇三、前往南臺督辦撫哈具報啓程日期片 558
〇四、奏調知縣隨辦收安片 559
〇五、阿拉克别克河口交界擬請派員會勘摺 561
〇六、電陳籌議阿勒臺接收事宜請旨切諭春滿速議勿延摺 564

卷之二十二 西征集 光緒甲辰三月起六月訖（1904） 567
〇一、遵旨加意布置懇敕部撥給庫款摺 568
〇二、安哈經費不敷派員分向商家挪借茶畜應急尚須竭力籌措片 573
〇三、現收哈數及願歸塔哈隸科暫收片 574
〇四、哈目總管頂翎懇准照舊戴用片 575
〇五、奉旨賞假叩謝天恩並力疾辦事就近前赴古城摺 576
〇六、懇將崧華仍留任所片 578
〇七、請將糧餉章京榮臺仍歸同知班先引見片 579
〇八、山西布政使吴廷斌力顧時艱請賞軍功加二級片 580
〇九、電陳行抵古城日期並督辦哈事各情摺 581
一〇、電陳呈進馬匹求恩准予展限摺 582
一一、招收逃哈分押歸牧不久當可告竣摺 583
一二、附陳收哈索地情形並懇恩續假片 585
一三、電陳現擬派員先將人地兩收切望迅簡大員督辦摺 586
一四、電陳借地現經索還應請均歸錫恒管理所有派員接收應作罷論摺 587
一五、具奏卡倫增兵現尚得力未便遽撤摺 588
一六、借地允還不必由科接收應俟錫恒到彼即行管理片 590
一七、差委人員材堪器使現據事竣銷差可否送部帶領引見候旨録用摺 591

卷之二十三　藏弓集　光緒甲辰七月起十二月訖（1904）........ 595

〇一、電陳病勢直難望愈應請速擇替人摺........ 596

〇二、電陳白塔山潛哈出巢抗拒擬回駐鄂倫布拉克臺相機查辦摺........ 597

〇三、電陳收哈竣事事起程回抵科城摺........ 598

〇四、經手事竣欽遵請旨摺........ 599

〇五、回營任事日期摺........ 601

〇六、收哈告竣繕單馳報摺........ 602

〇七、塔哈應歸塔員查收片........ 606

〇八、銷毀關防片........ 607

〇九、照章酌保換防員弁摺........ 608

一〇、請還溥涌頂戴片........ 609

一一、動支倉糧散放窮蒙片........ 610

一二、開缺回旗叩謝天恩摺........ 610

一三、請交英秀暫護印鑰片........ 612

一四、撫恤俄商摺........ 613

一五、擬保收哈出力人員先行請旨摺........ 615

一六、阿勒臺分撥專管事宜請俟壽勳酌議片........ 619

一七、滿兵到防日期片........ 620

一八、具報官廠駝馬數目片........ 621

卷之二十四　棄肋集　光緒乙巳（1905）........ 623

〇一、敬抒管見摺........ 624

〇二、循案酌保人員摺........ 630

〇三、請賞給希凌阿頂戴片........ 632

〇四、保舉將才片........ 633

〇五、留營差委履歷查明聲覆片........ 634

〇六、揀補章京及委署主事員缺摺........ 635

〇七、布倫托海渠屯各工無法墊辦片........ 637

〇八、更正筆誤片 …… 638
〇九、籌臺站通融體恤辦法片 …… 639
一〇、具報交缺印務起程日期摺 …… 641
一一、代奏丁憂片 …… 642
一二、請留文案處片 …… 643
一三、辦理收安委員斟酌去留片 …… 644

卷之二十五 熱歇集 光緒乙巳（1905） …… 647
〇一、遵旨保收哈出力開單請獎摺 …… 648
〇二、參將祥祐運判徐鄂請量予優保片 …… 651
〇三、酌保蒙哈漢文書手通事片 …… 652
〇四、總兵易盛富請交軍機處存記片 …… 653
〇五、請將札哈沁臺吉賞給頂戴片 …… 655
〇六、從優議恤片 …… 656
〇七、換防積習仍宜整頓摺 …… 657

跋 …… 661

參考文獻 …… 662
後 記 …… 691

叙

景蘇先生既逝之三年，吉武重至燕都，得先生所爲《散木居奏稿》，謀付剞劂，屬楊君鑒資專任校勘，六閱月成書，凡二十五卷，吉武乃敬謹爲之叙。先生以斡難世族起家詞館，自得講官，忠規讜論，鋭意匡拂，不得久居中，籌邊扞圉，志不稍衰。迄今披讀章疏，得窺其緼蓄之大凡。

吉武受教有年，平昔講論多及時事，忠義憤發，窮老彌堅，向使歘歷臺省，與聞國論，其表襮固不止此。朝廷得剛明任事之大臣，左右啓納，國勢當不致一蹶而不可復振。柳文惠云：爲問經世心，古人誰盡了？徒令後人見其已陳之迹，感慨流連，咨嗟歎息而不能已。乃自古歎之矣。當先生易簀之初，吉武適歸東京，鑒資以通家子，實朝夕省視，見稿草散置几案間，歸白諸尊公雪橋先生。雪橋先生謂此吉光片羽，皆關國故，不可不亟與收拾。因請諸病榻，盡携以歸。吉武先此既爲刻詩草，遂不辭賡續爲之，以竟先生之志。先生嘗語：鑒資云蒙古擬改行省，趙尚書爾巽發其端，朝論多韙其議。先生審時地，度利害，毅然辯駁。其奏草爲屬籍烜鈞借恒，久假不歸，恒鈞亦即不禄，遂無從踪迹，惜哉！

先生甲午言兵事書，吉武别有副本，異日當編排别行。洹上要人篣北門，時先生在邊，見其行事非純臣，嘗密疏彈劾。摺既留中，稿草亦不復存留，此吉武所聞於先生者。是役梨棗之資，家兄子威壹意玉成，我師宫島詠士先生亦極力從臾，謂孺子可教。惟是吉武年逾三十，學業無所成就，愧負師門，赧顔曷極！迴憶十年前立雪負牆，誨我不倦，吉武於行己應物間，不致大踰繩準之外，皆先生之賜也。

昭和十四年秋九月，鈴木吉武叙於别府九州大學温泉治療研究所

科布多參贊大臣瑞洵傳

遼陽楊鍾羲撰

瑞洵，字信夫，號景蘇，晚自號天乞居士，博爾濟吉特氏，元裔巴圖孟克大衍汗之後。天命二年，二世祖恩格德爾額駙尚和碩公主。七年，與公主來朝，求居東京，遂擢入滿洲，隸正黄旗，賜鐵券，謚端順。雍正朝，追封三等公。祖琦善，世襲一等奉義侯，累官文淵閣大學士，謚文勤。父恭鏜，杭州將軍。

瑞洵年十七，舉光緒元年鄉試、户部筆帖式。十二年，成進士，朝考一等第一名，改翰林院庶吉士。十五年，散館授職編修，遷國子監司業。性伉直，饒幹略，敢言事。二十年三月，奏陳外省濫保積弊，請旨嚴禁，以杜幸進。六月，請清查民人冒入旗籍，以别流品。二十一年二月，奏各省請建專祠，迹涉寬濫。三月，奏各項保舉人員，請申明定例。二十二年二月，奏各衙門保送滿御史，請照漢御史一體考試。中日之役，具疏痛劾樞要，直聲震朝右。歷詹事府中允、庶子，翰林院侍講學士、侍讀學士，日講起居注官。奏大員子弟失教妄爲，請飭嚴加約束。二十四年七月，奏徧設報館，實力勸辦；奏南漕改折，有益無損，請飭妥議施行。每年豫提折價，於津、通一帶購米，以實倉庾，並衛弁屯田裁並，改由地方官徵租。二十五年九月，奏奉天地方積弊太深，亟宜整頓，臚舉飭吏、安民、練兵、清訟、治盜、開礦、培才、籌防八條及團練辦法。歷充功臣館滿總纂、纂修，國史館協修，會典館漢文總校、詳校，丁酉科順天鄉試同考官，各省駐防翻譯鄉試閱卷，大學堂文案處總辦，致祭科爾沁、杜爾伯特、土爾扈特，與宗室盛昱、他塔拉志鋭先後登朝，均以林牙著忠讜，屢奏封章，頗遭忌。

華蓋者，甘肅洮州人，智略過人，原名棍噶札拉參，嗣入藏，名嘉穆巴圖多普。同治間，與俄戰于阿爾臺山，有功，賜胡圖克圖名號。西域人稱華蓋爲察罕格根。丙戌，留京師且二年。英人窺兩藏，識者謂華蓋可以制之。瑞洵與之知契，其爲人有肝膽，留意人材，類如此。由侍講學士出爲科布多參贊大臣，召見時，有"向來敢言，辦事公正，才學都好"之褒。名雖超擢，實疏之外也。

受事伊始，即值二十六年妖民肇亂。廷寄詔旨率皆絶洋人，練拳民。心知其非，不奉行，用安撫政策，壹以約束蒙古、慰諭外人、聯絡鄰境、鞏固邊防爲主。迄和議告成，北路無賠償之案，游牧晏然。綏疆土，遏禍萌，有合於"閫以外將軍主之"之義。在軍歷蒙年終頒賞"福"字、黄辮、大荷包、小荷包、銀錁、銀錢、食物。三十年，奉命往古城招致哈薩克，索還阿勒臺山。經營年餘，收回逃衆萬餘人，借地亦歸還，聲績甚著。以經手事竣，請解任，得旨俞允。三十一年，因案中傷，革職遣戍。旋被錫恒兩次奏參，交刑部嚴訊，奉旨仍發往軍臺效力贖罪。

宣統二年，由察哈爾戍所賜還。甫年余，遭辛亥國變，家產亦蕩盡。窮餓拂逆，勵清修不懈。時恭親王溥偉、肅親王善耆，相率出京。袁世凱患之，欲招致使還，遣人説令往綏煩，誘以多金，正辭峻拒。世凱稱帝，立籌安會，主者請爲會員，不可，爲袁所深銜，不顧也。寄居淨業湖僧舍，旦晚修白業，有常課。自謂生平以言招尤，爲《訟過日記》，手自楷書，秘不示人。飲酒微醉，閑爲詩歌自遣。義寧陳三立稱其清超絶俗，情款節槩，可一二推而得之。苦志竺行，被濯風雅，爲方密之、杜于皇一輩人。

門人鈴木吉武爲刻《犬羊集》一卷，續一卷，所著奏議，一官一集，都二十五卷，大題曰《散木居奏稿》。甲戌，鈴木嘗爲像贊云："嶽降神，星應宿。清世臣，元天族。入匡劉，出頗牧。久行邊，終詔獄。勞不償，禍乃速。荷戈還，棊局覆。松菊荒，宗社屋。東儒書，不復讀。歸三寶，心西竺。首陽薇，北平鏃。窮益堅，但忍辱。迄今歲，七十六。梵綱經，傳燈録。戒行高，絶貪欲。是菩薩，佛付屬。貞所志，老彌篤。中湛湛，外碌碌。噫吁噦，天使獨。"

乙亥鄉舉重逢，開復原官，賞給"士林雅望"扁額。丙子三月，卒。年七十有八。

卷之一　司業集

光緒甲午起（1894）

〇一、請飭禁附保積弊摺

光緒二十年三月二十五日（1894年4月30日）

國子監司業奴才瑞洵跪[1]奏，爲瀝陳外省附保積弊，請旨嚴禁，以重名器而杜幸進，恭摺仰祈聖鑒事。

竊維文武官員著有勞績，例得邀獎，所以勸有功也。有在事出力稍次不得列保者，斷無未曾在事轉得列保者。乃以奴才所聞則大不然，方各省之查辦保舉也，工於謀幹者一得消息，即生覬覦；其不能直取者，則懇顯宦至交，轉相乞請，當事者礙於情面，亦遂曲徇其求。私函朝達，薦剡夕登，請屬公行，視同常例。甚有此處出力方保過班而他省著績又請加銜者，筐鑪甫易[2]，官已三遷；户庭未離，人且萬里，實[3]鑽營之捷徑、鬼蜮之狡謀矣[4]。夫爵賞冒濫，則真才扼腕；僉壬徼幸，則志士灰心。且封疆大吏恃賞罰以激厲人材，先涉徇私，何以服衆？近年正途淹滯，京秩尤艱，或華顛而猶困曹郎，或高第而久沈詞館，而此附保者，徒以一二有力者之推挽，便可坐臻通顯，頡頏清塗，儻竟遂其貪饕，假之權位，不但有妨賢路，並將貽害民生。

現當整飭官方、嚴核保舉之時，此種弊端或爲部臣之所不及料，伏懇嚴旨申諭各省督撫、將軍、都統及邊疆大臣，遇有保案，秉公核辦，不准仍前濫保，以重名器而杜幸進。其實在出力人員，並應[5]事先聲明，勿許隨後補報，以嚴稽核，庶取巧者無敢生心，任事者益思圖報，似於吏治、軍謀不無小補。愚昧之見，是否有當，謹恭摺上陳。伏祈皇上聖鑒。謹奏。光緒二十年三月二十五日[6]。（第19—20頁）

【案】此摺原件[①]現藏於臺北"故宫博物院"，兹據校勘。

1.【國子監司業奴才瑞洵跪】刊本無此前銜，兹據校補。

2.【箑鑪甫易】刊本、稿本均作"寒暑甫易"，兹據原件校正，以下同。

3.【實】刊本、稿本均作"已極"。

4.【矣】刊本、稿本均作"已"。

5.【應】刊本、稿本均作"當"。

6.【光緒二十年三月二十五日】刊本、稿本均無具奏日期，兹據原件校補。

【案】此摺即於同日得允行，清廷飭令各省嚴核保舉，毋許冒濫，"上諭"曰：

光緒二十年十月二十五日，内閣奉上諭：國子監司業瑞洵奏，瀝陳外省附保積弊，請旨嚴禁，以杜幸進一摺。近年各省濫保之弊，屢經降旨嚴飭，無如積習相沿，原保大臣瞻徇情面，其附名濫列者，仍復不少。如該司業所稱未曾在事出力，轉相乞情，濫登薦剡，甚有兩處同時並保者，種種情弊，深堪痛恨！著通諭各省督撫、將軍、都統及邊疆大臣，遇有保案，務當秉公核實，不准稍涉冒濫！其實在出力人員，均應恪遵部章，先行奏咨立案。嗣後各項保獎，著吏、兵兩部嚴行查核，如有一名不符者，即將全案駁回，以重名器！欽此。[②]

【案】光緒二十年五月二十四日，吏部會同兵部覆奏嚴定保舉章程請旨遵行緣由，曰：

大學士管理吏部事務臣張之萬等謹奏，爲嚴定保舉章程，分晰准駁，請旨遵行事。

竊於光緒二十年三月二十五日奉上諭：國子監司業瑞洵奏，瀝陳外省附保積弊，請旨嚴禁，以杜幸進一摺。近年各省濫保之弊，屢經降旨嚴飭在案。積習相沿，原保大臣瞻徇情面，其附名濫列者仍復不少，如該司業所稱未曾在事出力，轉相乞請，濫登薦剡，其有兩處同時並保者。種種情弊，深堪痛恨！著通諭各省督撫、將軍、都統及邊疆大臣，遇有保案，務當秉公核實，不准稍涉冒濫。其實在出力各員，均應恪遵部章，先行奏咨立案。嗣後各項保獎，著吏、兵二部嚴行

① 臺北"故宫博物院"藏：《軍機及宫中檔》，文獻編號：131464。

② 《光緒、宣統兩朝上諭檔》第20册，第156頁。又，《德宗景皇帝實録（五）》卷之三百三十七，光緒二十年三月，第326—327頁。

查核，如有一名不符，即將全案駁回，以重名器。欽此。欽遵鈔出到部。臣等跪聆之下，仰見皇上鼓舞真才、實事求是之至意。

竊思保舉之設，所以勵能獎功，臣下藉此爲驅策之權衡，朝廷由此收奔走之實效也。故勞績既各有等差，保舉亦各有限制，中外大臣果能核實獎勵，恪守部章，何至有冒濫不符之弊！乃近年各處請獎之案，全案合例者甚少，原保大臣豈必故爲逾格之請，冀邀特旨恩施，推原其故，蓋亦有由。緣各項保舉章程歷年既久，案牘繁多，兼以請保之案門類紛歧，開保之員名目雜出，或叠經臣工條奏，或歷經臣部嚴核，當時雖通行各省，然遇一保案，若不將前後章程互稽參考，融會貫通，難免無疏漏誤會之處，故每遇一案到部，往往不能全案與例相符，其情亦有可原。

至中外大臣瞻徇情面，附名濫保，如同時兩處列名，此省服官而彼省請保，屢經臣部查出，均即飭駁有案。竊惟興利欲久，除弊務盡，以皇上恩施優渥，録及微勞，凡兹臣庶，未有不感戴鴻慈、力圖報稱者。無如積久弊生，殊負朝廷論功行賞之意。今欽奉諭旨飭臣部嚴行查核，臣等公同商酌，悉心厘定，除襄辦典禮、軍營打仗、河工搶險及奉特旨允准之件，事非常有，並履歷未符、底銜無案、捐案未經到部各項題請議叙，均仍照舊例辦理外，嗣後凡非應保之案，率行列保者，全案撤銷；例有年限，保案未及年限列保者，全案撤銷；其有尋常勞績，照異常勞績請獎者，全案駁回，另行更正；或全案合例，有一員在不應保之列者，即將該員保案撤銷；或全案合例，有一員與例不符者，將全案駁回，俟更正到部，將合例之員議准，不合例之員撤銷，不准再行請獎。至駁令更正之案，該大臣仍以原保請獎者，即將全案一律撤銷，並將原保大臣議處，雖有合例之員，亦無庸給予獎叙。如此分別核辦，准駁嚴明，於鼓勵之中，力杜冒濫之弊，庶保獎皆歸核實，人才咸知感奮矣。

所有臣等分別厘定保舉章程請旨緣由，是否有當，謹繕摺具陳。再，此摺係吏部主稿，會同兵部辦理。合並聲明。伏乞皇上聖鑒訓示。謹奏。光緒二十年五月二十四日。

大學士管理吏部事務臣張之萬（假），協辦大學士吏部尚書臣宗室麟書，協辦大學士吏部尚書臣徐桐，吏部左侍郎臣宗室壽蔭，吏部左侍郎臣徐用儀，降二級留任降一級留任吏部右侍郎臣崇光（差），吏部右侍郎臣廖壽恒（差），兼署吏部右侍郎禮部左侍郎臣錢應溥。

大學士管理兵部事務臣額勒和布，兵部尚書臣宗室敬信（出班），兵部尚書臣孫毓汶，降一級留任降二級留任降一級留任兵部左侍郎臣巴克坦布，兵部左侍郎臣王文錦，兵部右侍郎臣榮惠，降二級留任兵部右侍郎臣徐樹銘。[①]

【案】同日，張之洞等又附片曰：

再，查各省保案到部，因候履歷及行查捐案未經核辦之件，均擬以此次奉旨之日爲斷。其在奉旨以前具奏到部者，仍照舊例辦理。其在奉旨以後具奏到部者，悉照新章核辦，以期一律而免兩歧。謹附片具奏。[②]

【案】清廷復於是年五月二十四日頒布上諭，飭令各省嚴核保案，曰：

光緒二十年五月二十四日，内閣奉上諭：前據國子監司業瑞洵奏各省附保積弊，請旨嚴禁，當經諭令吏、兵二部將各省保獎嚴行查核。兹據吏部、兵部會同嚴定保舉章程，分别辦理。著照所請。嗣後各項保舉，凡非應保之案，率行列保，及例有年限保案，未及年限列保者，均著全案撤銷。其有尋常勞績，照異常勞績請奬者，著全案駁回，另行更正；或全案合例，有一員在不應保之例者，著將該員保案撤銷；或全案合例，有一員與例不符者，著將全案駁回，俟更正到部，將合例之員議准，不合例之員撤銷，不准再行請奬。至駁令更正之案，該大臣仍以原保請奬者，著將全案撤銷，並將原保大臣據實嚴參，雖有合例之員，亦毋庸給予奬叙！經此次嚴定章程後，中外大臣，其各懔遵諭旨，核實辦理，不得再有違誤，致干咎戾！餘依議。欽此。[③]

① 臺北“故宫博物院”藏：《軍機及宫中檔》，文獻編號：132841。
② 臺北“故宫博物院”藏：《軍機及宫中檔》，文獻編號：132842。
③ 《德宗景皇帝實録（五）》卷之三百四十一，光緒二十年五月，第 368 頁。

〇二、請飭清查旗籍摺

光緒二十年六月二十日（1894 年 7 月 22 日）

國子監司業奴才瑞洵跪[1]奏，爲民人冒入旗籍，宜亟清查，以别流品而除宿弊，恭摺具陳，仰祈聖鑒事。

竊[2]恭查會典事例：雍正十三年奏准，民人冒入旗籍者，照過繼民人爲嗣例，入於另記檔案内。嗣後永不許民人冒入旗籍，違者除本人治罪外，報保之該管官一並交部議處，等語。厥後屢經奉旨議行。道光初年，復經立限清查，並定另册章程，通飭遵辦。當時查出官兵以民人而冒[3]旗籍者，已有二千三四百員名之多，俱蒙寬免治罪，另册注明，及身而止。迄今又越多年，成規漸邈，奸僞日以滋厲，清厘幾若不行。議者至謂八旗官兵半係民人。語雖近激，非過諭也。查各旗丁册原有編審之例，本爲杜絶假冒，今則廝輿之卒皆蝕錢糧，勳舊之家亦多乞養。叩以清語而不曉，詢以姓氏而不知，始猶竄名閑散，漸至報捐送考矣。初僅承嗣孤孀，繼且膺官襲爵矣。迨其一旦得志，竟儼然以閥閲世家自托名種，初不計識者之議其後也。此種弊端，外旗固所不免，内務府利之所在，蒙混尤多。該管參、佐、管、領各官視爲故常，從不舉發，致成積重難返之勢。雖有稽察御史，久等濫竽，各該都統及内務府大臣職務殷繁，並皆未能兼顧，旗務之壞，殆已非一朝一夕之故矣。

近日革員慶寬一案積久始發，其幸未敗露者，尚不知[4]有凡幾。若不亟行清查，任令良賤混淆，羼亂旗族，何以别流品而除宿弊！合無請旨飭下各旗都統、内務府大臣，確切查明，據實具奏。各該冒入旗籍官兵如係自行呈首，另册注明。其所得官職、錢糧，仍准存支，及身而止。曾經出兵立功者，本身及子孫俱改入各該旗漢軍，以示區别。儻不自首，經該管官查出，或别經發覺，即行斥革銷檔，並查取道光元年都統英和①等會議章程，參酌辦理。至積弊已久，並非始自近年，所有歷任都統、内務府大臣以次該管各官應得處分，仰懇天恩概予免議，以示激勵，庶諱匿[5]自少，察治無難矣。或謂旗務糾紛整頓不易，欲期廓清錮弊，誠恐窒礙難行，不知所窒礙者但不利於假旗人耳。删一閑冗，即少一冒支，於國家經費、旗人生計均屬有益。既有所見，即當專達上聞，況以奴才累世受恩，尤不敢曲徇時宜、稍存欺飾。區區愚誠，伏乞皇上聖鑒。謹奏。光緒二十年六月二十日[6]。（第21—23頁）

【案】此摺原件②現藏於臺北"故宫博物院"，兹據校勘。

1.【國子監司業奴才瑞洵跪】刊本無此前銜，兹據校補。

2.【竊】原件缺署，兹據刊本、稿本補。

3.【冒】刊本、稿本均作"冒入"。

4.【不知】刊本作"未知"。兹據原件、稿本校正。

5.【諱匿】刊本、稿本均作"隱匿"。

---

① 英和（1771—1840），字煦齋、樹琴、定圃，號夢禪居士，别號粤溪生，索綽絡氏，滿洲正白旗人。乾隆五十八年（1793），中式進士，改翰林院庶吉士，授編修。嘉慶元年（1796），選侍講學士。三年（1798）補侍講學士、詹事府少詹事。是年，充順天鄉試正考官。四年（1799），授文淵閣直閣事，稽查左翼覺羅學，升詹事府詹事、内閣學士兼禮部侍郎銜、鑲藍旗漢軍副都統。同年，充會試同考官。五年（1800），補禮部右侍郎，兼禮部左侍郎。六年（1801），授總管内務府大臣、正紅旗滿洲副都統，調正白旗漢軍副都統、經筵講官、教習庶吉士。同年，署翰林院掌院學士，調户部左侍郎。是年，充江南鄉試正考官。七年（1802），入直南書房，旋署護軍統領，兼翰林院掌院學士。八年（1803），授續纂四庫全書館總裁。九年（1804），充軍機大臣上學習行走，署吏部左侍郎，補鑲黄旗滿洲副都統，加太子少保銜。十年（1805），升太僕寺卿，署理藩院左侍郎。十一年（1806），補理藩院左侍郎、工部左侍郎，兼正紅旗漢軍副都統、鑲紅旗滿洲副都統。是年，任總管内務府大臣、實録館副總裁、左翼總兵、會典館總裁，兼管咸安宫官學。十二年（1807），署翰林院掌院學士，入直南書房。十三年（1808），任武英殿總裁、軍機大臣上行走，管文淵閣提舉閣事。同年，授户部右侍郎管理錢法堂事務。十四年（1809），署護軍統領。是年，充會試副考官。次年，調户部左侍郎。十七年（1812），署右翼總兵。十八年（1813），補禮部右侍郎、步軍統領。同年，擢工部尚書。十九年（1814），授吏部尚書，兼署户部尚書、工部尚書。二十四年（1819），補鑲黄旗滿洲都統，授實録館總裁。次年，充閲兵大臣，調户部尚書。道光元年（1821），署吏部尚書。二年（1822），充管理三庫大臣。同年，授協辦大學士。四年（1824），晋太子太保銜。六年（1826），調補理藩院尚書。七年（1827），補授熱河都統。八年（1828），調補寧夏將軍，旋因病解職。二十年（1840），卒。著述有《恩慶堂集》《恩福堂筆記》《卜魁集》《卜魁紀略》《恩福堂詩集》《植杖孳》《恩榮疊唱集》《石氏受姓源流紀略》等。

② 臺北"故宫博物院"藏：《軍機及宫中檔》，文獻編號：133371。

【案】道光元年十一月十四日，英和等奏報會議八旗抱養民人之子等情事，曰：

鑲黄旗满洲都統臣英和等謹奏，爲遵旨會議具奏事。

内閣鈔出道光元年十月二十一日欽奉硃諭：本年七月曾降旨令八旗清查抱養民人之子，予限三月。兹據該旗都統等先後覆奏，朕一一較閲，其中多寡不一，亦有查無抱養之旗分，均著遵照乾隆二十一年辦過章程辦理，並著將各旗奏摺彙交八旗都統，將另有别項情形者公同會議，均臻妥善，再行覆奏。經此次清查之後如有不實不盡者，日後發覺，自都統以下，朕必按律懲治，决不寬貸！朕思此事不難於現在清查，總期日後弊絶風清，勿任仍前故轍，是爲至要！若八旗都統等遵旨查奏後，以爲了事，即置之於不問，必致積重難返，較前更甚，則大不可也。兹再特行申諭，著八旗都統、副都統等務將嗣後如何定立章程，永絶此弊，勿謂紙上空談，一並悉心會議具奏。特諭，欽此。又，管理正黄旗满洲都統事務和碩莊親王綿課等奏抱養情節，疑似之護軍保亮、馬甲花良阿，請交刑部審辦一摺，十月初四日奉旨：知道了。保亮、馬甲花良阿不必交刑部審訊，八旗中有似此者，或可另記册檔，著交八旗都統妥議具奏。欽此。

臣等恭查嘉慶二十一年十月欽奉仁宗睿皇帝諭旨：國家設立部、院衙門，遇有交議事件，各堂官應虚衷商確，俟詢謀僉同，方可書稿，聯銜具奏。如事關重大，有交大學士、軍機大臣會同各該衙門議奏者，原以一人之心思有限，衆人之才識無窮，尤應公同籌酌，以期事臻盡善。或其事衆人皆以爲是，中有一人獨覺其非，即應抒其所見，向衆人剴切陳説，其言果當，衆人自當擇善而從；其言不當，衆人亦可面折其非。如其人心仍不服，朝廷本有兩議之例，即當自抒己見，據實直陳，候朕裁定。朕執兩用中，言之是者，即降旨俞允；言之非者，亦必降旨駁正。乃近有公同會奏之事，有一二人又於召見時以所議未協向朕前密奏，是竟强勉唯阿而復退有後言，其心實私而不公，豈忠誠體國之義乎？嗣後凡遇特交會議之件，務須公同定議，必意見毫無異同，方可會銜陳奏。若意見不合，即單銜具奏，其會奏摺内無庸列名，此時在廷並無攬權專擅之臣，倘有遏抑群言、阻其獨奏者，准其人指名參劾，若於書稿具奏之後向朕前復生異議，則是首鼠兩端，其人殊不足取。兹特明降諭旨，詳悉曉諭，以後凡特交會議摺内，俱先將此旨恭録於前。所有此次御史羅家彦條奏籌畫旗人生計交八旗都統會議一摺，奏上時即將此旨載入。欽此。欽遵。

臣等會議得袪弊宜清其源，立法必求可久。伏讀硃諭“此事不難於現在清查，總期日後弊絶風清”。仰見我皇上惠愛旗僕、法期盡善之至意，臣等不勝欽感！臣等謹將各旗奏摺會同詳細彙查，悉心核議，計八旗滿、蒙、漢現共查出抱養爲嗣者官四十一員、兵兼十五、善射一名、副榜一名、兵丁閑散二千三百六十九名内，除正藍旗蒙古總兵達凌阿業經刑部審明，欽遵恩旨，連其子孫均改入本旗漢軍，正黄旗滿洲參將伊昌阿、鑲藍旗滿洲參將七十八，應俟行查確實，再行辦理外，正藍旗滿洲恩騎尉常壽，業經該旗奏奉諭旨革退另襲。正黄旗滿洲雲騎尉札普善、正紅旗滿洲世管佐領玉慶、恩騎尉五聖保、鑲紅旗滿洲恩騎尉特保、鑲藍旗滿洲世管佐領富克善，既據各該旗聲稱世職有原立子孫，非職任官員可比，自應請旨革退另襲。該員等俱係民人之子，即行銷除旗檔，改入民籍。正紅旗滿洲外火器營翼長雅爾哈，步軍校富太、青山，外火器營鳥鎗護軍富隆阿，鑲紅旗滿洲步軍校托克托布，均經出兵打仗，殺賊有功，應欽遵恩旨，連其子孫均改入各該旗漢軍。此外，尚有鑲藍旗滿洲已故城門領穆克登布出兵有功；已故驍騎校富勒渾出兵，在軍營病故。該員等雖已身故，究係出兵有功之人，其子孫亦即照此辦理。惟外火器營向無漢軍人員，應將雅爾哈暫行留任，俟有該旗對品缺出，再行調補，庶出兵人員不致斷倖，而於營制亦不紊亂。

其富隆阿及達凌阿子孫内有鳥鎗委護軍參領、鳥鎗護軍校，漢軍向無此缺，亦俱暫行留任，俟有品級相當、錢糧相同缺出，以之調補。鑲藍旗滿洲圓明園委護軍參領莫爾慶額、護軍崇祥、養育兵成祥、護軍存升，據該族長剛安等二十一人連名呈首，而該員等堅不承認。臣等傳至值年旗，公同查訊，兩造各執一詞，是否族長等挾嫌誣指，抑係莫爾慶額等有心狡賴，應請旨交刑部審明辦理。其餘官二十五員、兵兼十五、善射一名、副榜一名、兵丁、閑散二千三百六十五名，應即欽遵恩旨，免其治罪。現食錢糧及已經入仕者，准照乾隆二十一年之例，另册注明，及身而止。惟查八旗原奏内有辦理參差之處，均應改歸畫一，臣等謹擬繕條款，臚列進呈，恭候命下之日，詳記册檔，並造具清册，咨送各該衙門辦理。至此後如何定立章程，務期弊絶風清之處，臣等會同悉心酌議，謹就所見，敬擬十四條，分繕清單，恭呈御覽，伏候聖裁。

臣等分任八旗，受恩深重，惟有督同參、佐領等不時嚴密訪查，務期弊絶風清，勿任仍前故轍。如尚有愍不畏法，違禁抱養，或參、佐領等奉行不力，視爲具文，臣等隨時分别嚴參治罪，不敢少存姑息。至八旗漢軍現在雖止鑲藍一旗查出一名，臣等亦不敢謂向無此弊，稍存疎懈，一體實力奉行，以期仰副我皇上軫念八旗、法垂永久之至意。除現在各旗查出抱養民人之子官員、兵丁查照章程一律辦理外，其有情形不同、事有未盡者，應由各旗自行倣照辦理。所有臣等會議緣由，理合恭摺具奏。伏祈皇上聖鑒。謹奏。道光元年十一月十四日。

鑲黄旗滿洲都統臣英和，副都統侯臣哈朗阿；署理鑲黄旗蒙古都統正黄旗蒙古都統臣阿那保，副都統臣舒英，副都統臣海齡；鑲黄旗漢軍都統多羅貝勒臣奕紹，副都統臣恒齡。

署理正黄旗滿洲都統正藍旗滿洲都統臣那彦成，副都統臣色克精額；正黄旗蒙古副都統臣額勒精額，副都統臣富爾松阿；署理正黄旗漢軍都統臣那清安，副都統臣富祥，副都統臣善慶。

正白旗滿洲都統臣拖津（腿疾），副都統臣安福，副都統公臣舒明阿；正白旗蒙古都統臣穆克登額、副都統臣富永，副都統臣瑞齡；正白旗漢軍都統臣祥保，副都統臣文臺。

正紅旗滿洲都統臣賽沖阿，副都統臣裕恩，副都統臣那彦寶（圓明園班）；正紅旗蒙古都統土默特貝子固倫額駙臣瑪呢巴達拉，副都統公臣花沙布，副都統臣巴彦巴圖；正紅旗漢軍都統署理鑲藍旗滿洲都統臣伯麟，副都統臣奕禮（假），副都統侯臣英惠。

管理鑲白旗滿洲都統事務和碩定親王臣綿恩，副都統臣玉麟（差），副都統臣果齊斯歡，鑲白旗蒙古都統科爾沁郡王和碩額駙臣索特那木多布齊，副都統臣耆英，副都統臣常起；署理鑲白旗漢軍都統臣成齡，副都統公臣禄義。

管理鑲紅旗滿洲都統事務和碩鄭親王臣烏爾恭阿，副都統臣哈豐阿，副都統臣福臺；鑲紅旗蒙古都統郡王銜貝勒臣哈迪爾，副都統臣博克順，副都統臣吉勒通阿；鑲紅旗漢軍都統臣誠安，副都統臣特克什布，副都統臣常福（假）。

正藍旗滿洲副都統臣穆彰阿，副都統公臣博啓圖；正藍旗蒙古都統臣穆克登布，副都統臣全善保，副都統臣阿勒罕保；署理正藍旗漢軍都統臣禧恩，副都統臣常英，副都統臣噶普唐阿。

鑲藍旗滿洲副都統臣奕經，副都統臣阿彥托克托；鑲藍旗蒙古都統臣文孚，副都統臣巴哈布（健鋭營班），副都統臣全保（火器營班）；鑲藍旗漢軍都統多羅貝勒臣綿志，副都統臣海昌，副都統臣黄文煜。①

【案】同日，英和等之奏得清廷允行，《清實録》載曰：

鑲黄旗滿洲都統英和等奏，會議清查八旗抱養民人爲子一案，現辦另册章程十條：

一、已入仕者，係旗人，撥回本旗酌補；係民人，另册注明，照常當差，及身而止。若曾經出兵得功牌及世職者，改入本旗漢軍當差。

二、舉貢生監，係旗人，撥回本旗應試；係民人，改入民籍應試。如因食餉願留旗籍者，另册注明，及身而止，不准由旗籍應試。

三、現食餉者，係旗人，撥回本旗坐補；係民人，另册注明，及身而止。

四、現食養育兵錢糧者，係旗人，撥回本旗坐補。王公包衣，换補步甲，係民人，亦换補步甲，銷除旗檔。

五、未食餉者，係旗人，撥回本旗；係民人，改入民籍。如本旗無名可查，自願出旗者，照民人例辦理。

六、孀婦無依者，辦給孀婦錢糧。

七、民人另册注明者，不准領紅白賞銀。借過庫銀，照常坐扣，不許再借。如革退、告退，未完錢糧，照例豁免。

八、另册注明之官員、舉、貢、生、監、兵丁改入民籍者，咨明原籍。無原籍者，詢明願入何籍，咨明該地方官收管。

九、鑲紅旗查出無本家姓氏者四十名，抱養屬實，應照前例，分别辦理。

十、正黄旗護軍保亮、馬甲花良阿二名，均係民人之子，應照食餉民人例辦理。

嗣後辦理章程四條：

---

① 中國第一歷史檔案館藏：《硃批奏摺》，檔案編號：04-01-16-0116-087。

一、挑取養育兵。先儘本佐領内十歲以上者挑取，不得其人，准於參領内及通旗挑取。如仍不敷，再將本佐領下九歲以下六歲以上者挑取。惟實在鰥寡及貧苦無依者，取具該旗族長及佐領圖結，方准不論年歲挑取。

二、旗人新生子女及夭亡者，限十日内報明族長，親驗加結，並本旗近支連名保結，限十日内具報佐領，委領催查明，限五日内轉報參領，於每月十五日加結呈報該旗都統查核，年終彙造户口册時，揀派參領二員覆查。三年比丁時，專派妥員，再加詳查。

三、挑取各項錢糧，俱於前期令參領、佐領等公同看視，令同挑之人當堂按名畫押，出具並無抱養虛捏情弊甘結。如無人承保，即不准挑取。徇情濫保，許同挑之人攻發。

四、舊制旗人無嗣，先儘同父周親，次及五服之内，如俱無，方准擇遠房及同姓爲嗣。如同姓無人，請繼另户異姓親屬者，查非户下家奴及民人子弟，取具兩姓族長參領印甘各結，准其過繼，嗣經刑部删除，應請改復舊制。得旨：前經降旨令八旗清查抱養民人之子，據該都統等先後覆奏，復經申諭將各旗奏摺彙交八旗都統等查明，另有别項情形者，公同會議，並令定立章程，俾嗣後弊絶風清，勿任仍前故轍。

兹據該都統等會議具奏，所有世管佐領玉慶、富克善、雲騎尉扎普善、恩騎尉五聖保、特保，俱著銷除旗檔，改入民籍，其世職革退另襲。翼長雅爾哈，步軍校青山、富太、托克托布，護軍富隆阿及已故城門領穆克登布、驍騎校富勒渾，均經出兵立功，本身及其子孫俱著改入各該旗漢軍。外火器營向無漢軍人員，俱著暫行留任，俟該旗對品缺出，再行調補。翼長雅爾哈由外火器營出身，立有軍功，洊升翼長，熟悉營務，著加恩不必對品調補，仍留本營，其子孫不准挑選外火器營差使。委護軍參領莫爾慶額，護軍崇祥、存陞，養育兵成祥，據該族長等連名呈首，本人堅不承認，俱著交刑部審明辦理。其餘官二十五員，兵兼十五、善射一名、副榜一名、兵丁閑散二千三百六十五名，俱著免其治罪，照乾隆二十一年之例，另册注明，及身而止。至該都統等所議章程，均屬妥協，著即照所議辦理。各該旗務當實力奉行，以期經久無弊。[①]

① 《宣宗成皇帝實録（一）》卷二十六，道光元年十一月，第464—466頁。

6.【光緒二十年六月二十日】此具奏日期刊本、稿本均缺，兹據原件校補。

【案】此案於同日得清廷批示，“上諭”曰：

光緒二十年六月二十日，内閣奉上諭：國子監司業瑞洵奏請清查民人冒入旗籍，以别流品一摺。民人假冒旗籍，本干例禁，若如該司業所奏竄名、報捐、送考等弊，諸多蒙混，該管參、佐、管、領各官從不舉發，殊屬不成事體！著八旗都統、内務府大臣按照原奏各節，確切查明，參酌成案，奏明辦理。欽此。[①]

【案】光緒二十年九月初十日，管理鑲黄旗滿洲都統事務和碩慶親王奕劻等覆奏曰：

管理鑲黄旗滿洲都統事務和碩慶親王臣奕劻等謹奏，爲遵旨查照成案，據實覆陳，仰祈聖鑒事。

光緒二十年六月二十日，内閣奉上諭：國子監司業瑞洵奏請清查民人冒入旗籍，以别流品一摺。民人假冒旗籍，本干例禁，若如該司業所奏竄名、報捐、送考等弊，諸多蒙混，該管參、佐、管、領各官從不舉發，殊屬不成事體！著八旗都統、内務府大臣按照原奏各節，確切查明，參酌成案，奏明辦理。欽此。欽遵鈔出到旗。

臣等公同查閲，原摺内稱：各旗丁册原有編審之例，本爲杜絶假冒，今則厮輿之卒皆蝕錢糧，勳舊之家亦多乞養。叩以清語而不曉，詢以姓氏而不知。始猶竄名閑散，漸至報捐、送考矣。初僅承嗣孤孀，繼且廕官襲爵矣。迨其一旦得志，竟儼然以閥閲世家自托名種，初不計識者之議其後也。此種弊端，外旗固所不免，等語。查各旗辦理編審丁册成案，向於三年編審一次，比較舊册，事故者聲明裁除，新增者聲明注入，具册二分，該佐領及驍騎校、領催、族長等並於册内聯名畫押，鈐用都統印信，一分送部稽核，一分存旗備查。此編審之例迄今恪守，未敢因循廢弛，且每遇挑補兵缺，由該佐領取具挑缺人等，互相聯名保結，如有假冒不實之弊，該兵等同挑一缺，皆存幸得之心，何能代爲欺隱？此難混入旗籍冒食糧餉之實在情形也。

---

① 《光緒朝上諭檔》第20册，第375頁。又，《德宗景皇帝實録（五）》卷之三百四十三，光緒二十年六月，第389頁。

查報捐、送考、廕官、襲爵各節，事屬名器，所關尤當慎益加慎，設有假冒虛捏，或爲同旗應試者指摘，或爲本族當襲者爭論，該管各官耳目切近，易於查訪確實，不難敗露，曷敢曲予容隱，遽出印甘各結，致干咎戾！臣等公同參酌，編審之例，本極周詳，誠恐日久生懈，猶有不實不盡，自應嚴飭各佐領嚴詢密察，如有抱養民人之子者，或曾經立功，准其聲明自首，均照成案辦理。儻不自首，別經發覺，不惟照例斥革銷檔，且將該管參、佐領、族長等一並分別參辦。至報捐、送考、廕官、襲爵，名器所關，尤當加意查詢確實，再行呈明核辦。儻有蒙混情弊，臣等查出，抑或別經發覺，將該管官立予參處。

再，五旗包衣向隸王公屬下，如遇送考，該管包衣參、佐領、管領等務當詳查確實，出具確實甘結，存案備查。儻有虛冒取巧等弊，一經查出，由該旗都統分別參處。除内務府三旗應查各節由内務府大臣另行具奏外，所有臣等查明各節覆奏緣由，謹合詞恭摺具陳。伏乞聖鑒訓示，遵行。再，此摺係鑲紅旗滿洲主稿。合並聲明。謹奏請旨。光緒二十年九月初十日。

管理鑲黄旗滿洲都統事務和碩慶親王臣奕劻，副都統臣芬車，副都統臣宗室德隆（差）；鑲黄旗蒙古都統臣榮貴（假），署副都統臣宗室德隆（差），署副都統臣巴克坦布；管理鑲黄旗漢軍都統事務郡王銜多羅貝勒臣載瀅，副都統臣嵩山（差），副都統臣蒙年（差）。

管理正黄旗滿洲都統事務和碩禮親王臣世鐸，副都統臣色楞額，副都統臣宗室阿克丹（進班）；管理正黄旗蒙古都統事務和碩睿親王臣魁斌（假），署副都統臣宗室阿克丹（進班），副都統公臣恩壽；正黄旗漢軍都統兼署鑲白旗都統臣懷塔布（差），副都統臣德魁，副都統臣春齡（感冒）。

管理正白旗滿洲都統事務親王銜多羅克勤郡王晋祺（差），副都統臣巴克坦布，副都統臣奕功；正白旗蒙古都統臣宗室敬信（差），副都統臣英信，副都統臣明安；署正白旗漢軍都統臣果勒敏（值班），副都統臣宗室善耆（差），副都統臣定昌。

正紅旗滿洲都統臣額勒和布，副都統臣明秀（進班），署副都統臣慶音布；正紅旗蒙古都統臣宗室麟書，副都統公臣載瀾，副都統臣克們臺；正紅旗漢軍都統臣熙敬，副都統臣安興阿（差），副都統臣瀅深（差）。

鑲白旗滿洲都統固倫額駙公臣符珍（假），副都統臣慶音布，副都統臣立山；管理鑲白旗蒙古都統事務喀爾喀札薩克和碩親王臣那秀圖，副都統臣謙光，副都統臣明惠；鑲白旗漢軍都統公臣桂祥（差），副都統臣玉書（差），署副都統臣載瀾。

鑲紅旗滿洲都統臣宗室福錕（假），副都統臣長麟，副都統臣彭壽；鑲紅旗蒙古都統臣松溎（差），副都統臣恩普，副都統臣廣忠（差）；管理鑲紅旗漢軍都統事務郡王銜多羅貝勒臣載濂（差），副都統臣色普徵額（差），副都統臣英廉。

正藍旗滿洲都統貝勒銜固山貝子臣奕謨，副都統臣秀吉，副都統臣希朗阿（差），副都統臣耆齡（差），副都統臣鳳鳴（差）；署正藍旗漢軍都統臣宗室敬信，副都統臣福森布，副都統臣福琜禮。

管理鑲藍旗滿洲都統事務多羅郡王臣載漪，副都統臣海緒，副都統臣崇光；鑲藍旗蒙古都統臣恩佑（差），副都統臣愛隆，副都統臣玉璋（差）；管理鑲藍旗漢軍都統事務和碩肅親王臣隆懃（感冒），副都統臣吉烜（差），副都統臣花尚阿（假）。①

【案】同日，奕劻等奏旋得允行，《光緒朝上諭檔》載曰：

光緒二十年九月初十日，内閣奉上諭：前據國子監司業瑞洵奏請清查民人冒入旗籍，以別流品一摺，當令八旗都統等確切查明，參酌成案，奏明辦理。茲據奕劻等查明覆奏，各旗編審之例本極周詳，誠恐日久懈生，著該都統等分飭各佐領，嚴詢密察，均照成案辦理。至報捐、送考、廕官、襲爵，尤當加意查詢，倘有蒙混情弊，即將該管官立予參處。餘依議。該衙門知道。欽此。②

① 臺北“故宮博物院”藏：《軍機及宮中檔》，文獻編號：135332。
② 《光緒朝上諭檔》第20册，第447頁。

〇三、濫保匪人請敕部申明定例片

光緒二十一年三月二十九日（1895年4月23日）

再，濫保匪人，例有常典。近年，各項明保、密保人員冒叨寵榮，猥雜不堪言狀。剡章鋪叙，動援以人事君之義，藉辭論薦，汲引親知。殆至劣蹟敗露，褫革隨加，而國民受害已深，懲創實嫌其晚。方今時局孔艱，需賢尤亟，欲爲官方籌澄叙之道，必先使臣工絶欺飾之私，自非嚴加處分，恐仍無以戒方來而垂厲禁！合無請旨敕下部臣，申明定例，通行中外，並擬嗣後遇有此等情弊，一經舉發，即應由該部查取原保大臣職名，具摺奏參，國法一伸，積習自可稍挽矣。管見附陳，伏祈聖鑒。謹奏。（第26—27頁）

【案】此奏片原件[①]、録副[②]現藏於中國第一歷史檔案館，兹據校勘。再，此片具奏日期目録僅署“光緒二十一年”，未確。查《軍機處隨手登記檔》[③]，知爲“光緒二十一年三月二十九日”，兹據校正。

【案】此案即於是日得旨允行，《光緒朝上諭檔》載曰：

光緒二十一年三月二十九日，内閣奉上諭：瑞洵奏，各項保舉人員，請申明定例等語。朝廷簡用人才，全在中外大員核實保薦，方可收群策群力之效。乃近來臣工薦舉雖不乏可用之員，而徇情濫保以致劣蹟敗露者亦復不少，殊非以人事君之義！著通諭各部院及各省督撫，嗣後保舉人才，務當秉公核實，不准稍涉冒濫。如保舉之員有犯貪劣不職者，定將原保大臣交部查取職名，照例參處，以示澄叙官方之至意。欽此。[④]

---

① 中國第一歷史檔案館藏：《録副奏片》（應爲原件），檔案編號：03-5322-134。

② 中國第一歷史檔案館藏：《録副奏片》，檔案編號：03-5335-042。

③ 中國第一歷史檔案館藏：《軍機處隨手登記檔》，檔案編號：03-0284-1-1221-087。

④ 《光緒朝上諭檔》第21册，第104頁。又，《德宗景皇帝實録（五）》卷之三百六十四，光緒二十一年三月，第763—764頁。

○四、查明捏飾請將保案撤銷摺

光緒二十一年四月初九日（1895年5月3日）

國子監司業奴才瑞洵跪[1]奏，爲查明捏飾，請將保案降旨撤銷，以重功名而昭核實，恭摺仰祈聖鑒事。

竊維軍營章奏，飾勝諱敗，沿習成風，久邀聖明洞鑒。然未有如葉志超[①]之軍報，竟無一字之不虚者，當該革員率軍内渡之時，叠據電稱，路遇日兵攔截，皆經擊退，先後殲斃五千餘人，請將出力文武各員分别保奬，等情。並由北洋大臣李鴻章[②]代爲電奏，朝廷閔勞將士，甄敍有加，且以該革員督師禦敵，力挫凶鋒，

① 葉志超（1839—1901），字曙青，安徽合肥人。以淮軍末弁從劉銘傳討捻，積功至總兵，賜額圖渾巴圖魯勇號。光緒初，署正定鎮總兵。九年（1883），實授正定鎮總兵。十五年（1889），擢直隸提督。十七年（1891），賞黄馬褂、雲騎尉世職。二十年（1894），授平壤諸軍總統，旋棄城逃跑。二十一年（1895），械送京師，定斬監候。二十七年，卒。

② 李鴻章（1823—1901），字少荃，安徽合肥人。道光二十四年（1844），中舉人。二十七年（1847），中式二甲三十六名進士，改庶吉士。道光三十年（1850），授武英殿編修、國史館協修；從曾國藩游，講求經世之學。咸豐三年（1853），辦理團練。五年（1855），以軍功賞知府銜，並戴花翎。六年（1856），以功保道員，請旨簡放，並加按察使銜。九年（1859），授福建延建邵道（未赴任）。同治元年（1862），署江蘇巡撫，旋實授，署辦理通商事務欽差大臣，兼南洋通商大臣。二年（1863），署五口通商大臣，晋太子少保銜。三年（1864），賞騎都尉，戴雙眼花翎，封一等肅毅伯，任江南鄉試監臨官。四年（1865），署兩江總督。五年（1866），授欽差大臣。六年（1867），調補湖廣總督，賞騎都尉。七年（1868），總統北路軍務，晋太子太保銜，擢協辦大學士。八年（1869），兼署湖北巡撫，督辦剿苗軍務。九年（1870），督辦陝西軍務，調直隸總督，攝長蘆鹽政，兼北洋通商事務大臣。十二年（1873），授武英殿大學士。十三年（1874），改文華殿大學士。光緒五年（1879），加太子太傅銜。六年（1880），巴西通商，以全權大臣訂約。八年（1882），丁母憂，服滿，駐天津督練各軍，並署通商大臣。九年（1883），署直隸總督，兼通商大臣。十年（1884），補直隸總督，兼北洋通商事務大臣、文華（接上页）殿大學士。十一年（1885），授全權大臣，與法增減前約。十二年（1886），以全權大臣定法國通商滇粤邊界章程。二十年（1894），賞三眼花翎。二十一年（1895），抵馬關，與日訂約。旋任致賀俄國加冕頭等專使大臣。二十二年（1896），命直總理各國事務衙門，兼經筵講官。二十三年（1897），授武英殿總裁。二十五年（1899），調商務大臣，署兩廣總督。二十六年（1900），充議和全權大臣，總督直隸，兼北洋通商大臣、權長蘆鹽。二十七年（1901），充政務處督辦大臣，旋署總理外務部事。是年，卒於任，年七十有九。贈太傅，晋封一等侯，謚文忠。著述有《李文忠公全集》。

寵賜多珍，備極優異。在聖主論功行賞，一秉大公，初不料外間之欺罔一至此也。兹經宋慶①查明覆奏[2]，欽奉上諭：葉志超自公州退回平壤，並未接仗，沿途所報戰狀盡係虚揑，等因。欽此[3]。綸音宣示，情僞昭然，律以虚報戰功、玩視軍務，該革員固罪不容誅，而僨軍將吏並邀謬舉，共肆欺蒙，其咎亦均無可免。若於前次保案不行撤銷，不惟名器私濫，恐開輕爵之端，且恩章特沛，中外共知，垂之國史，傳之四方，更奚足以重詔令而厲天下萬世！可否降旨收回成命，並將葉志超所頒賞件比照行間獲罪追奪封贈之例，飭令恭繳之處，伏候宸裁。

奴才前於戰事初起，敬陳管見，即以明賞罰首瀆天聽，蓋以用兵之要，全恃此以激厲士氣、震懾人心。功罪不明，即已足以致敗；紀綱虧替，戰事愈益難平。區區愚慮，實在於此，固非敢以操切之説進也。是否有當，恭摺具陳。伏祈聖鑒訓示，施行。謹奏。光緒二十一年四月初九日[4]。（第23—24頁）

【案】此摺原件、録副查無下落，兹據稿本校勘。

1.【國子監司業奴才瑞洵跪】此前銜係據推補。

2.【案】光緒二十年十一月十五日，四川提督宋慶具奏葉志超等被參各情，曰：

幫辦北洋軍務四川提督奴才宋慶跪奏，爲遵旨查辦統將被參各情，恭摺據實覆陳，仰祈聖鑒事。

竊奴才於光緒二十年九月十二、十九、二十等日在九連城行營，三次接到軍機大臣字寄，奉旨查辦衛汝貴、葉志超等被參各節，遵即一面明察暗訪，一面專差密詢賈起勝去後。乃因軍務倥傯，輾轉奔馳，去差亦轉折道路追隨，今始回營。所查各節亦皆逐細訪查，不敢含糊具奏，是以遲延。旋由總理衙門轉傳十月初五日奉旨：昨已降旨將衛汝貴革職拿問，交刑部治罪，著宋慶即派員押解來京，毋任逗留。欽此。當經奴才傳旨革職拿問，派員押解奉天，咨由將軍裕禄派員接解

① 宋慶（1820—1902），字祝三，山東萊州人。咸豐三年（1853），充亳州練長。六年（1856），保守備。八年（1858），補千總，戴藍翎。同年，保參將，賞戴花翎。同治元年（1862），保總兵。加毅勇巴圖魯名號。四年（1865），授河南南陽鎮總兵。七年（1868），擢湖南提督，賞格洪額巴圖魯，封二等輕車都尉。十三年（1874），調補四川提督。光緒六年（1880），會辦奉天防務。十六年（1890），加太子少保。二十年（1894），晋尚書銜，幫辦北洋軍務。二十四年（1898），總統毅軍、武衛左軍。二十八年（1902），卒於任。晋封三等男爵。謚忠勤。

入都，以昭慎重。又接電傳十月二十四日奉旨：平壤之役，葉志超恇怯退縮，毫無布置，雖未若衛汝貴之罪狀纍纍，而僨軍之咎則同，刻已交宋慶查辦。宋慶軍事紛繁，尚未查覆。葉志超著先行革職，以肅軍紀。欽此。正在核辦間，又接總理衙門電傳十一月初五日奉旨：前諭該提督查辦葉志超、衛汝貴，迄今未據覆奏，近日尚無戰事，著宋慶趕緊辦理，由驛馳覆。欽此。各等因。仰見聖明體諒下情，無枉無縱，欽感莫名！

奴才遵查原参，衛汝貴聲名甚劣，所帶營勇並有不服管束，沿途騷擾，臨陣退縮逃脱等事。查衛汝貴向來打仗尚屬奮勇，其所部盛軍勇隊在小站一帶屯田多年，耕種時多，訓練時少。衛汝貴平時待兵寡恩，赴韓援剿，進兵甚急，後路押運車輛弁勇既無管束，未免沿途騷擾，以致聲名狼籍。其在韓境滋擾尤甚，殊失保衛藩服之政體，韓民怨謗實深。

又，原奏衛汝貴駐軍平壤，恣意冶游，士卒亦皆占據民房，姦淫搶掠，無所不至。八月十七日，該軍譁潰，盛宣懷之弟爲該軍營務處，彈壓被殺。次日倭人來攻，衛汝貴先逃，其潰軍亦即紛然鳥散，器械、軍裝全行撇棄，等事。查衛汝貴前在平壤恣意冶游，尚無其事，惟韓官向蓄官妓，平壤道邀約各軍統領筵宴，例設官妓伺候，訪問各軍，皆稱拒絶，想即此事傳聞之誤。當賊來撲營時，衛汝貴持刀於槍彈如雨中，往來督戰，無如此進彼退，該鎮力顧營壘，尚非畏縮，旋與各軍同退，亦非先逃。前在沙河，查其兵槍，尚有八成。其潰勇紛然鳥散，器械、軍裝全行撇棄，乃傳聞過實之詞。

至盛宣懷之弟在該軍辦理營務處，係於八月十六夜督率鬪戰，中倭槍陣亡，並非彈壓被殺。奴才前派往平壤督隊之弁目擊其事，訪問各軍兵勇，所説亦同。旋於十月初六日奉電傳旨，著將衛汝貴革職拿問，交刑部治罪，當由奴才傳旨拿問，派員押解奉天，咨由裕禄改派妥員解送刑部，聽候訊辦。

又，查原奏内稱：葉志超自牙山退軍，一路本無戰功，捏稱倭兵突來圍襲，奮勇鏖戰，設伏追敵。及奉命統率諸軍，各將領均不受節制。此次敗北，有謂其身先士卒而奔者，情形狼狽，不復成軍，失律之咎，恐亦難辭，等事。查該提督當時因牙山非扼守地，退兵成歡，突於六月二十六日二更時分，倭兵兩股潛來偷營，幸我軍先有準備，鏖戰多時，倭兵死傷甚衆，我軍弁勇亦有傷亡。嗣由公州退回平壤，未再接仗。訪問該軍弁勇，所説相符。迨抵平壤，即行抱病。八月初八日，奉到總統前敵各軍之命，督同各將力疾布置，未及旬日，即行潰退。詢問各軍，尚無不受節制，且彼時先行敗退之江自康當經嚴參，其到義州亦復在後，尚非身先士卒而奔。惟其抱病因循，督剿不力，當撤兵之際不能按定次序，況安州尚有馬步八營，可爲策應，到彼時又不能整隊徐行，直過鴨緑江始止，實無統馭之才。誠如聖諭，雖未若衛汝貴之罪狀纍纍，而僨軍之咎則同，現已奉旨先行革職，咎無可辭。

又，原奏内稱：衛汝貴與賈起勝從前分統盛軍，聲望、才畧不如賈起勝。上年李鴻章之子李經邁以私函向衛汝貴及賈起勝各索銀三萬兩，許以總統盛軍。賈起勝置之不理，衛汝貴獨如數致送，不數日即委總統，因而克扣兵餉，士卒離心。此次所領餉銀二十萬兩，竟扣出八萬兩，由天津商號滙寄家中，應發之餉故意延宕，以致軍心不服。又，海軍提督丁汝昌，當大東溝接戰之時，被倭人炸彈打破望臺板，臂受板傷，因流黄水，並非傷重難期速痊者，比而請假調理，竟可置身事外，等事。查去差現始回營，接賈起勝密覆：竊查於十九年正月二十五日，由盛軍會統改派天津營務處，均係奉公而行，但驟然改委，多年將士愛戴流連，不無私意揣測，並未接李經邁私函，理合據實聲覆，等語。並專差密查天津各商號，實無衛姓兑滙銀八萬兩之事。詢之該軍弁勇，據云在平壤時，發餉未能如期，交卸後均已清結。

又，查丁汝昌前在大東溝戰剿，係被倭人炸彈打破望臺板，腿受板傷甚重，左臉面並被火彈擦過，鬚髮蜷焦，面有黄水，當時回至旅順，奴才親往看視，見其腿腫筋傷，不能步履。奴才九月初一日由旅順起程時，尚未能起，已早力疾銷假，尚非置身事外。惟統領兵船多年，未能得力，奉旨撤銷議叙，革去尚書銜，咎實難辭。所有奴才遵旨查辦緣由，理合據實覆陳，未敢稍涉徇隱，自貽咎戾。伏乞皇上聖鑒。謹奏。光緒二十年十一月十五日。[①]

3.【案】此"上諭"内容屬節略，《光緒朝上諭檔》載曰：

光緒二十一年正月初三日，内閣奉上諭：已革提督葉志超，由公州退回平壤，

① 中國第一歷史檔案館藏：《硃批奏摺》，檔案編號：04-01-16-0243-111。

並未接仗。迨行抵平壤後，又復漫無布置，節節潰退，前經降旨拿交刑部治罪。玆據刑部奏稱，葉志超現已解送到部，請旨辦理，等語。革員葉志超應得罪名，即著刑部嚴行審訊，按律定擬具奏。欽此。①

4.【光緒二十一年四月初九日】此具奏日期，因無原件，實難確定。玆據本文内容確定爲"光緒二十一年"，再查四月初九日《軍機處隨手登記檔》②，僅署"司業瑞洵摺"等字様，而摺件名目脱落，無從辨認。玆據刊本摺件前後順序及内容推斷，此奏日期應爲"光緒二十一年四月初九日"。

○五、請敕徐用儀明白回奏片

光緒二十一年四月初九日（1895年5月3日）

再，聞浙江京官上恭親王之書，係出軍機大臣徐用儀③授意，先令呈遞封奏，

① 《光緒朝上諭檔》第21册，第4頁。又，《德宗景皇帝實録（五）》卷之三百五十八，光緒二十一年正月，第657頁。

② 中國第一歷史檔案館藏：《軍機處隨手登記檔》，檔案編號：03-0284-2-1221-097。

③ 徐用儀（1826—1900），字吉甫，號筱雲，浙江海鹽人。咸豐九年（1859），中式舉人，旋捐刑部主事。同治元年（1862），選軍機章京。二年（1863），充總理各國事務衙門行走。次年，補刑部主事。七年（1868），升員外郎。八年（1869），補郎中，任方略館纂修。同年，授御史。九年（1870），任方略館收掌兼纂修官。十一年（1872），授五品京堂。十二年（1873），升鴻臚寺少卿。光緒三年（1877），調太僕寺少卿。五年（1879），轉大理寺少卿。是年，補太常寺卿。七年（1881），署左副都御史。八年（1882），授大理寺卿。同年，署工部右侍郎兼管錢法堂事務。九年（1883），調補工部左侍郎，署兵部右侍郎。十年（1884），遷工部右侍郎，兼署兵部右侍郎。十一年（1885），兼署兵部左侍郎。十三年（1887），署刑部左侍郎。次年，署刑部右侍郎。十五年（1889），授工部左侍郎、兵部右侍（接上页）郎、兵部左侍郎。十六年（1890），補户部右侍郎。十八年（1892），調吏部右侍郎、吏部左侍郎。十九年（1893），任軍機大臣上行走。二十年（1894），加太子少保銜。二十三年（1897），兼署户部左侍郎。同年，授户部右侍郎兼管錢法堂事務。二十四年（1898），授會典館副總裁。二十五年（1899），擢左都御史，署吏部尚書。同年，補授兵部尚書。二十六年（1900），與立山、聯元等同遭冤殺。同年，昭雪開復。宣統元年（1909），追謚忠愍。

繼以樊恭煦[①]等不以爲然，衆多引去，餘十四人，遂改爲上書[1]。該編修戴兆春[②]、陳昌紳[③]等與徐用儀皆係同鄉，往來狎熟，主使本在意中。而徐用儀權勢絶倫，炙手可熱，亦足能驅遣若輩，聽其指揮。本月初九日，皇上召見樊恭煦時，李鴻藻[④]、長麟次第進見。樊恭煦尚在候傳，徐用儀竟敢私過直廬，責其不附和議。該大臣近依禦闥，渥荷殊恩，苟一意主和，何不可自行陳奏？而顧密屬同鄉，於恭親王前肆爲矯誣，煽惑朝政，殊非忠誠事君之道！應請敕令徐用儀明白回奏，及應如何嚴斥之處，出自聖裁。謹奏。（第 24—25 頁）

---

① 樊恭煦（1843—？），字介軒，浙江仁和人。同治元年（1862），順天鄉試中舉。十年（1871），中式進士，改庶吉士。十三年（1874），授翰林院編修，後充國史館纂修。光緒二年（1876），充順天鄉試同考官。五年（1879），簡陝西學政。九年（1883），補右春坊右贊善。十年（1884），轉左春坊左贊善。同年，授右春坊右中允、左春坊左中允、日講起居注官。十二年（1886），補文淵閣校理。十三年（1887），遷翰林院侍講學士、會典館總纂。十四年（1888），放廣東學政。十八年（1892），授咸安宫總裁，後補日講起居注官。三十四年（1908），充江蘇提學使。宣統元年（1909），署江蘇布政使。

② 戴兆春，生卒年未詳，浙江錢塘人。光緒三年（1877），中式進士，改翰林院庶吉士。六年（1880），授翰林院編修。二十六年（1890），放陝西陝安道。二十九年（1903），因病開缺。

③ 陳昌紳，生卒年未詳，字杏孫、稚亭，浙江錢塘人。光緒十二年（1886），中式進士，改翰林院庶吉士。十六年（1890），授翰林院編修。有《分類時務通纂》及詩作傳世。

④ 李鴻藻（1820—1897），字蘭蓀，號石孫，直隸高陽人。道光二十四年（1844），中舉。咸豐二年（1852），中式進士，選庶吉士。三年（1853），授編修。次年，補功臣館纂修。五年（1855），充上書房行走。同年，任山西鄉試副考官。七年（1857），授河南學政。十一年（1861），選穆宗毅皇帝師傅。同年，署文淵閣校理。同治元年（1862），任弘德殿授讀、國子監祭酒、日講起居注官。同年，升翰林院侍講、翰林院侍讀。三年（1864），補内閣學士兼禮部侍郎銜。是年，署户部左侍郎兼管三庫。四年（1865），充軍機大臣上學習行走，兼弘德殿行走。同年，署文淵閣直閣事、户部右侍郎兼管錢法堂事務。五年（1866），調禮部右侍郎，署禮部左侍郎。八年（1869），補經筵講官。十年（1871），遷左都御史。十一年（1872），授武英殿總裁、工部尚書。同年，加太子少保。十三年（1874），充會試副考官。光緒元年（1875），授實録館總裁。同年，任順天鄉試覆試閱卷大臣。二年（1876），授總理各國事務衙門行走。三年（1877），丁母憂，回籍終制。六年（1880），署吏部尚書、軍機大臣上行走、總理各國事務衙門行走。七年（1881），擢協辦大學士，管理户部三庫事務，授經筵講官。同年，補兵部尚書。八年（1882），調補吏部尚書、武英殿總裁。十一年（1885），授内閣學士兼禮部侍郎銜。同年，署吏部左侍郎、右侍郎。十三年（1887），任玉牒館副總裁、武英殿總裁。同年，督辦河南鄭州大工事宜。是年，調補禮部尚書。十四年（1888），充大徵副使，兼署左都御史。次年，充會試正考官。十八年（1892），授會典館副總裁，署經筵講官，兼署刑部尚書。二十年（1894），授軍機大臣、方略館總裁。同年，充會試正考官。二十二年（1896），調禮部尚書。同年，任教習庶吉士，充考試、閱卷大臣。是年，擢協辦大學士，調吏部尚書。二十三年（1897），卒於任。贈太子太傅，謚文正。

【案】此奏片原件[①]現藏於臺北“故宫博物院”，兹據校勘。再，此片具奏日期目録署“光緒二十年九月二十一日”，未確。兹據本文内容確定爲“光緒二十一年”，再查四月初九日《軍機處隨手登記檔》[②]，僅署“司業瑞洵摺”等字樣，而摺件名目脱落，無從辨認。兹據刊本摺件前後順序及内容推斷，此片之具奏日期應爲“光緒二十一年四月初九日”。

1.【案】翰林院編修戴兆春等十四人爲嚴密籌防倭人進犯事呈文，曰：

翰林院編修戴兆春等再上書王爺殿下：竊自古馭夷之道，不外和、戰、守三策。此時事勢固惟壹意主和，以全大局，而戰守不可不處處嚴防。現在鳳凰城、山海關内外、沿海均有防軍，倭人諒難長驅直入，惟恐倭人避實就虚，不必徑擾陪京，而潜由山海關外繞北趨西，近則居庸、古北等口，遠則張家、殺虎等口，處處皆可内犯，出京師之背，都下必岌岌可危。竊謂宜速調集大支勁旅，分防各口，扼要駐扎，庶足壯前敵之聲威，作京畿之拱衛。現雖一面議撫，誠恐倭人狡計百出，陽就撫局，陰圖内犯。如此嚴密籌防，萬一撫局不成，寇氛日熾，而有備無患，不至進退失據，爲敵所乘。是否有當，伏祈鑒察。翰林院編修戴兆春、陳昌紳、姚士璋，刑部主事錢能訓、徐宗溥、夏敦復、孫寶琦，工部主事金蓉鏡、周頌、夏偕復、孫寶瑄，國子監學正學録姚詒慶，候選知縣湯壽潛、李鵬飛，同拜上。[③]

【案】翰林院編修戴兆春等十四人爲敵强我弱呈文，曰：

翰林院編修戴兆春等叩首上書王爺殿下：竊惟近日軍威大挫，敵焰日張，傳聞倭人增添陸兵九萬人，用水師鐵艦護送，直攻山海關，専意注重京師，大局岌岌可危。中國兵單餉絀，船械俱乏，戰、守二者萬不足恃，不待智者而始知都人士憤惋竊歎，私居議論，或多以和議爲然，顧尚未敢有昌言於皇太后、皇上之前者。

伏惟殿下勳舊懿親，出持大計，以宗社生靈爲重，除權宜議款外，别無長策，固已在殿下遠謀深慮之中，似萬萬無待於芻言。而兆春等鰓鰓過計，竊意殿下上顧宗社，下畏清議，兩者兼權，或至持重不發，而樞垣譯署諸臣明知事勢宜然，

---

① 臺北“故宫博物院”藏：《軍機及宫中檔》，文獻編號：135556。

② 中國第一歷史檔案館藏：《軍機處隨手登記檔》，檔案編號：03-0284-2-1221-097。

③ 中國第一歷史檔案館藏：《呈文》，檔案編號：04-01-01-0998-027。

斷不敢冒天下之大不韙。事機已間不容髮，而濡忍不决，貽誤非淺，殊不知和之一字爲南宋以後諸儒之第一惡名，而南宋以前無此成見也。三代以下，主戰亡國者有之，未有以主和而遽亡其國者。漢高以三十萬困於平城，非婁敬之策，漢社已屋。先主敗於猇亭，吴蜀不共戴天，而武侯卒不與吴爭，後人無譏其忘仇蒙垢者。唐回紇、吐蕃辱肅、代、德三宗極矣，而汾陽、鄴侯皆議主款。及北宋之寇萊公、范文正公、富鄭公、司馬温公，於遼、夏無不議和，神宗踐祚，富公即云：願陛下二十年口不言兵。此十數公者，豈皆古來無氣男子哉？誠知其時其勢皆有所不可耳。迨遼、金構釁，航海夾攻之邪説起，蔡攸、童貫思恢復幽、薊之奇功，横挑邊釁，宣和因而北轍。韓侂胄希不世之勳，一戰而要領不保，金人以忠繆謚之。此非古事利害之昭昭者乎？然徵引古事，猶不如述本朝，我太祖高皇帝之肇興東土也，以明人陷害我景祖、顯祖之仇起兵伐明，薩爾滸之戰，破明兵七十餘萬，然一勝之後，遂降志忍辱，修書通好。太宗文皇帝之世，國勢日强，無堅不摧，乃猶遺明帝書，願修和好，至於十餘次之多，而明之君臣執迷不悟，屢以傾國之師出關來犯，力屈於東，是以禍延於西，以致不可收拾。

竊謂國家比時當以明之不肯言和者爲殷鑒，而以我太祖、太宗之待明者待日本。夫以日本滅我朝鮮之憾，斷不如明人害我二祖不共戴天之甚。以今日吏治、軍政之不舉，萬萬不如國初之强盛。乃太祖、太宗猶屈意言和，數十年之中，愛民如子，惟專以求人才、講武備爲務，大智大勇，卒雪大恥。則我今日萬不得已而與日本議撫，困心衡慮，奮然振作，豈有將來不可報仇雪恥乎？且我見屈於日本，徒見日本之强，亦知當日日本之見屈於他國乎？同治元年至三年，英與法、美諸國屢以與日本小嫌，合力攻擊，逼償兵費至三千萬之多，日人乃甘心受之。明治改元，奮然崇尚西法，百務具舉，嘗貸洋債至二萬餘萬，整頓商務，貨價進出口比較十年之中，共赢洋銀二千三百餘萬元，洋債次第歸繳，國勢日盛，臺西諸國亦不敢侮。設使當日日人惟務氣矜，輕於一擲，則源氏已不血食矣。故以自古及今之有國家者言之，往往當積弱之後，和則猶可圖存，戰則日瀕於危。而以本朝之開國言之，祖、宗躬抱大恨，勢處全盛，猶且降心修好，從不肯輕於一戰。而以今日之時勢言之，日本爲英所陵逼，而日本因此轉弱爲强，尤爲目前指點，萬勿以權宜言和爲可恥也！

我皇上聰明天亶，秉承皇太后懿旨，當此安危呼吸之際，自有聖謨廣運，特恐言事諸臣非不忠義奮發，徒執一定之理，不知事勢之急，猶有始終主戰之説淆惑聖聽者，則爲患滋亟矣。惟殿下仔肩獨任，寸衷之所執，萬夫非之而不撓，迅速敷奏，機在旦夕，九廟在天之靈，實式馮之！兆春等豈不知附和戰説以爲名高，又豈不知自安緘默！惟念大局日亟，故不避斧鉞之誅，冒死上陳，伏乞鑒察。翰林院編修戴兆春、陳昌紳、姚士璋，刑部主事錢能訓、徐宗溥、夏敦復、孫寶琦，工部主事金蓉鏡、周頌、夏偕復、孫寶瑄，國子監學正學録姚詒慶，候選知縣湯壽潛、李鵬飛，同拜上。[①]

○六、神機營當差司員可否酌定額缺由各衙門保送片

光緒二十一年四月初九日（1895年5月3日）

再，海軍衙門現已遵議裁撤，奉旨俞允。具仰皇上循名責實之至意，欽服莫名！奴才竊查該衙門當差各員，自總辦以至委員，人數實已甚夥，濫竽所不待言。兹以時勢所迫，暫行議裁，賢者固無怨尤；其不肖者，利禄薰心，惟以有事爲榮，一旦奪其美差，豈復能安愚拙？勢將别圖進取，必欲得而甘心，請托鑽營，靡所不至。向之借徑神機營以入海軍者，轉復藉口於原衙門人員，希冀回營，討取生活，斯固事理之必然者也。

現當海宇驛騷，外患未艾，整軍經武，實繫要圖。神機營治兵爲先，訓練乃其本務，至於在營文武各員，僅供差遣，何用廣事搜羅？近年風氣所趨，各部、院精幹司員每於本職之外，多兼别衙門差使，以爲光寵。而神機營例有保奬，尤足歆動人心，似聞踵趾相接，頗有積薪之慨，是非差立，限斷殊無，以防弊端而

① 中國第一歷史檔案館藏：《呈文》，檔案編號：04-01-30-0517-007。

飭戎政，可否倣照總理各國事務衙門考取章京成案，酌定額缺，由各衙門咨送人員，認真考試，隨時傳補，以期整頓而免冗濫，仰候宸斷，施行。謹附片具奏。（第 25—26 頁）

【案】此奏片原件查無下落，待考。再，此片具奏日期，查光緒二十一年四月初九日《軍機處隨手登記檔》①，僅署“司業瑞洵摺”等字樣，而摺件名目脱落，無從辨認。兹據刊本摺件前後順序及内容推斷，此片具文時間應爲“光緒二十一年四月初九日”。

◎七、南漕改折摺

光緒二十一年十月二十五日（1895 年 12 月 11 日）

國子監司業奴才瑞洵跪[1]奏，爲南漕改折，利益甚多，有裨時局，籲懇敕催疆臣迅速籌議，及時試行，以破積習而堅衆志，恭摺具陳[2]，仰祈聖鑒事。

竊南漕改折一事，前奉諭旨敕下兩江總督，江蘇、浙江各巡撫會同籌議，聞兩江督臣[3]張之洞②深知利便[4]，决意請行，大指以民間完本完折，俱仍其舊，由

① 中國第一歷史檔案館藏：《軍機處隨手登記檔》，檔案編號：03-0284-2-1221-097。
② 張之洞（1837—1909），字孝達，號香濤、香岩，又號壹公、無競居士，晚年自號抱冰，直隸南皮人。道光十七年（1837），生於貴州。二十九年（1849），考中秀才。咸豐二年（1852），中順天府解元。同治二年（1863），中式進士（探花），授翰林院編修。六年（1867），出任浙江鄉試主考官，提督湖北學政。十一年（1872），加侍讀銜。十二年（1873），任四川鄉試主考官、四川學政。光緒二年（1876），調文淵閣校理，兼國子監司業。五年（1879），改詹事府左春坊左中允、司經局洗馬。六年（1880），升翰林院侍講、侍讀、詹事府左春坊右庶子、日講起居注官。七年（1881），補翰林院侍講學士，擢内閣學士，兼禮部侍郎銜，旋授山西巡撫。十年（1884），升調兩廣總督，起用退休老將馮子才，於廣西邊境擊敗法軍，設廣東水陸師學堂，立廣雅書院。十二年（1886），兼署廣東巡撫。十五年（1889），調補湖廣總督。次年，創建兩湖書院。十九年（1893），兼署湖北巡撫，創辦自强學堂（武漢大學前身）。次年，

官全行折價解京爲主。其與蘇撫再四籌商[5]，皆持此議。乃該撫臣[6]趙舒翹①遽行[7]電致户部，以開徵在即，議尚未定，是否照舊起運，抑酌量先行折徵，請部核示，經部覆令[8]照舊起運。旋接張之洞來電，力陳折漕之利，極詫蘇電之非，並縷述擬辦情形，經部又以"本年仍運本色，明歲各漕或運或折，由該督撫會籌具奏"等語見覆。詳繹部臣不輕立論之意，固以兹事體大，須候聖裁，未敢率憑臆斷，亦實慮太倉儲峙非充支放，或虞不繼。近畿灾荒屢告，采買亦甚爲難，而且動款購運，皆須巨貲，尤非一時能辦。此所以遲迴審顧不敢遽議更張[9]。然以奴才反復推求，碻知其中情事萬無一可慮者，請爲皇上詳悉陳之。

天庾正供，歲有常數，改折若行，明年南漕不來，而官俸甲米依舊開支，辦理自極支絀[10]。然官員、兵丁向來[11]領米，能食者少，糶變者多，往往將票賣與米鋪[12]，大約每石僅[13]賣銀一兩二三錢。今擬官俸甲米除向領折色仍照舊例[14]辦理外，其官俸應領五成本色、甲米應領二斗本色者，每石折放實銀二兩，較之定價粳米每石一兩四錢，開放三成實銀，僅折銀四錢二分者，所得奚啻[15]倍蓰！且即以漕折解部之款抵充俸糈折放之需，於庫帑固無所損，而漕米無可新收，倉米即無須開放，於倉場亦自無傷[16]。此弊之無可慮者也。

若謂[17]領折買食可以相安者，仍恃歲有南糧百餘萬石爲之流通耳。今[18]市廛驟闕此米，則米價必一切踴貴[19]，似於民食有妨。然去年順直歉收，海氛不靖，京城粟米麥豆每石貴至一倍有餘，而南來[20]包米每包向賣三兩數錢者，不過略貴

（接上頁）署兩江總督。二十二年（1896），調湖廣總督，仿德國制式改湖北舊軍爲新式陸軍，並創辦湖北武備學堂。二十六年（1900），兼署湖北提督。次年，加太子少保銜。二十八年（1902），授督辦商務大臣。次年，任經濟特科閲卷大臣。三十三年（1907），調補湖廣總督、協辦大學士，遷體仁閣大學士，兼管學部。次年，授督辦粵漢鐵路大臣，晋太子太保。宣統元年（1909），任實録館總裁官，卒於任。追謚文襄。翌年，歸葬南皮。有《張文襄公全集》《廣雅堂集》《學堂章程》等行世。

① 趙舒翹（1847—1901），字展如，號琴舫，陝西長安人。同治九年（1870），補廩生。十二年（1873），中舉人。十三年（1874），中式進士。光緒六年（1880），充漢提牢。七年（1881），補直隸司主事。八年（1882），升陝西司員外郎。同年，轉福建司主事。九年（1883），補湖廣司郎中。十二年（1886），放安徽鳳陽府知府。十七年（1891），遷浙江温處道。十九年（1893），升浙江按察使。同年，授浙江布政使。二十一年（1895），擢江蘇巡撫。二十三年（1897），調刑部左侍郎，兼禮部左侍郎。二十四年（1898），授刑部尚書、總理各國事務衙門行走。二十五年（1899），充軍機大臣上學習行走、刑部尚書，兼理順天府府尹事務。二十六年（1901），以力拒外寇罪，遭冤殺。著有《提牢備考》《慎齋文集》《慎齋别集》《温處鹽務記略》等。

數錢至四兩而止，民間多有改食麵爲食米者，可見南米之來源源不絕，官米既少，商米自多，一定之理。今擬請於京師、通州、天津三處廣招殷商[21]，給予護照，令其購運，經過關卡免徵，或准帶免他稅，以廣招徠；或由部借撥巨款，以資接濟，務期合於近年南漕米數[22]。四方商賈占望緩急，輦轂所需，多多益辦，百數十萬石米糧[23]，似尚無難招運。況京東[24]玉田、豐潤等縣暨奉天、牛莊皆係產米之區，不患無米，果再能[25]於天津、河間、永平、遵化四府州多水之區疏通溝渠[26]，營治稻田，墾成萬頃，即足當南漕之數。天津小站屯田，成效已見，似非竟不能行[27]。此又弊之無可慮者也。

運費所節，僅就蘇、寧兩屬計之，常年可八十萬。若白糧及浙江一律倣行，兩湖並停采買，一次擴充，連類而及，則挑河、建閘、修船、簽軍，以及加增脚價、津貼、工食諸費，並可全減，甚至漕運總督與所屬糧道、同知、通判、主簿、閘官及三十四衛十四所、冗官、冗兵、倉場侍郎，暨坐糧廳監督以及各倉監督等官，悉可裁汰，經費所省，又何止七八百萬。國家無纖毫之損，府庫得千萬之贏，理財之效，無甚於此[28]。然使辦理周章，易滋擾累，奴才亦不敢爲此紛更之請也。查江蘇藩司所屬，徵收情形雖有不同，終是折多本少，事固輕而易舉。張之洞電致户部辦法，縷析條分，實已得其要領。其[29]議於民間向完本者，絶不强其完折，照舊開徵，並無關涉。其收本解折與收折解折之價分爲兩種，俱照市價而又略寬，確係曲順民情，毫無格礙[30]。

至江寧藩司所屬州縣，向來即係全完折色，若將糧道所收折價解部，尤爲直截了當，更不費事。夫以漕糧飛輓，涉數千里險遠，費數百萬金錢，經時累月，始達京師[31]，其究竟乃歸於霉變而不可食，爲售銀一兩之用。蠹耗如斯，良可憤歎[32]！今議全行改折，則重運變爲輕齎，節無算之虛糜，除無窮之侵蝕，删冗濫而歸簡易，省轉般而杜驛騷，較之運一石之糧破數石之費，得失灼然，無容覼縷。至東運由漸而改，不憂河道淺阻之艱，漕弊不禁自除，更無大倉朽腐之累，尤成效之顯見者，何憚而不爲哉[33]！

屬兹帑藏虛竭，司農憂勞[34]，若使歲增羡餘[35]，於度支不無裨補。即臺西各國[36]見我果能自强，亦當悚然改觀，心存敬畏。從此破除錮弊，咸與維新，勃興之機，捷於影響[37]。此又理勢自然、無待蓍蔡者也。奴才曾於四月初九日瀝陳[38]時局孔艱摺内申明“將來政事、律例[39]略爲修改”一語，即已微引其端。近[40]更參酌時勢，諏訪人言，南漕改折[41]，實屬利國利民、百年不易之至計！事關變法，早辦一日，即立湔漕務積年之弊，亦兼慰天下望治之心。若復再事因循，竊恐難期振作[42]，自强之事，何日能行！合無仰懇敕催該督撫臣張之洞等和衷商榷[43]，迅速覆陳，冀得早日舉行，以收窮變通久之效。奴才爲補救時艱、廓清宿弊起見，是否有當，謹[44]恭摺上陳。伏祈皇上聖鑒，施行。謹奏。光緒二十一年十月二十五日[45]。（第27—31頁）

【案】此摺原件①現藏於中國第一歷史檔案館，兹據校勘。

1.【國子監司業奴才瑞洵跪】刊本無此前銜，兹據校補。

2.【具陳】刊本作“上陳”。

3.【兩江督臣】刊本奪“兩江”。

4.【深知利便】刊本作“深悉利益”。

5.【再四籌商】刊本作“往復籌商”。

6.【該撫臣】刊本奪“該”。

7.【遽行】刊本奪“遽行”。

8.【覆令】刊本作“復以”。

9.【不敢遽議更張】刊本作“而不敢遽議更張也”。

10.【辦理自極支絀】刊本作“有出款無入款，倉場自形支絀，辦理必費躊躇”。

11.【向來】刊本脱“向來”。

12.【往往將票賣與米鋪】此句刊本脱，兹據補。

13.【僅】刊本作“可”。

14.【舊例】刊本作“向例”。

15.【奚啻】刊本作“何止”。

16.【案】劃綫部分刊本作“且官兵可沾實惠，無須領票轉賣米鋪，一再

① 中國第一歷史檔案館藏：《録副奏摺》，檔案編號：03-6251-068。

折耗”。

17.【若謂】刊本僅作“夫”。

18.【今】刊本作“若”。

19.【則米價必一切踴貴】刊本作“則米價、雜糧自必一切騰踊”。

20.【南來】刊本作“商米”。

21.【般商】刊本作“商賈”。

22.【案】劃綫部分刊本作“令其購米販運，免徵關卡厘税，務合近年南漕米數”。

23.【百數十萬石米糧】刊本作“二百萬石米糧”。

24.【京東】刊本作“順直”。

25.【果再能】刊本作“更能”。

26.【溝渠】刊本作“溝洫”。

27.【案】劃綫部分刊本作“計其所收，亦足抵南糧之半，億兆所托，無虞乏食。積粟苟多，即奸商亦無能居奇抬價”。

28.【案】劃綫部分刊本作“以抵采運經費，不致不敷。如是，則南民所完之數即北人所得之數，國家無纖豪之損，河海節賫送之勞，漕弊亦不禁自除，經國遠猷，似在於此”。

29.【其】刊本奪“其”，兹據補。

30.【毫無格礙】刊本作“全無窒礙”。

31.【案】劃綫部分刊本作“涉數千里艱阻，擲數百萬帑項，竭黎民之膏血，招官吏之蝨蠹，經旬累月，始達京師”。

32.【蠹耗如斯，良可憤歎】刊本無此句，兹據校補。

33.【案】劃綫部分刊本作“一轉移間，而重運可改輕賫，省無算之虚糜，除無窮之耗蝕。通計蘇、寧兩屬運需、例給等項，無庸開支，所省業已不貲。若白糧及浙江一律仿行，兩湖全停采買，以次擴充，連類而及，則挑河、建閘、修船、簽軍諸費並可全減，甚至漕運總督與所轄之糧道、同知、通判、主簿、閘官及三十四衛、十四所諸官、冗兵、倉場侍郎暨坐糧廳監督以下各官，皆可裁汰，經費所省又何止五六百萬！此則删冗濫而歸大省，杜紛擾而振宏綱，於公有益，亦復於民無害者也”。

34.【屬兹帑藏虚竭，司農憂勞】刊本作“屬兹時事孔艱，司農仰屋”。

35.【歲增羡餘】刊本作“歲省千萬”。

36.【即臺西各國】刊本作“而歐洲各國”。

37.【案】劃綫部分刊本作“將孱弱可化盛强，貧窘可變殷實，勃興之機，捷於桴鼓”。

38.【瀝陳】刊本作“具陳”。

39.【政事、律例】刊本作“律例、政事”。

40.【近】刊本作“今”。

41.【改折】刊本作“折徵”。

42.【案】劃綫部分刊本作“若仍拘守成章，竊恐難期整頓”。

43.【和衷商榷】刊本作“和衷籌議”。

44.【謹】刊本奪“謹”，兹據補。

45.【光緒二十一年十月二十五日】此具奏日期刊本缺，兹據校補。

【案】此摺即於當日下部議，《清實録》載曰：“國子監司業瑞洵奏，南漕改折，利益甚多，請飭張之洞等迅速籌議。下户部議。”①

【案】光緒二十二年正月初九日，湖廣總督張之洞奏報南漕改折辦法，曰：

署理兩江總督湖廣總督臣張之洞跪奏，爲南漕改折，有利無弊，謹籌議辦法，恭摺覆陳，伏祈聖鑒事。

竊臣前奉寄諭，飭將折南漕一事各就本省情形，悉心籌畫，酌度辦法，分晰覆奏，當經咨行欽遵籌辦去後。隨據各司道分别籌議詳覆，正核辦間，叠准户部電稱：本年將次開徵，應仍辦本色。又稱：近畿連年荒歉，糧缺價昂，采辦不易。本年冬漕衹可仍運本色，明歲或運或折，由江、浙督撫會籌具奏，各等因。臣即經照録部電，分飭將本年冬漕一律遵照起運。惟查轉漕爲國家大政，已歷二百餘年，固未可輕言更改。但從前未通海運，商賈絶少貿遷，京倉正供以及官俸、兵米無不仰給東南，是以總漕特設專官，運河時加修浚，淮、黄蓄泄，閘壩啓閉，

① 《德宗景皇帝實録（五）》卷之三百七十八，光緒二十一年十月，第949頁。

尤極紛紜，曾不惜歲糜千餘萬兩之帑，以轉南省數百萬石之糧，誠以藉一綫之漕渠供無窮之飛挽，非官之力不能爲，此外固別無轉運之術。且百年以前，倉弊較少，故不得不沿襲舊例，雖極種種勞費而不辭。迨海運開而河運已成駢枝，商運通而官運轉形勞費，折漕行而本色並非定章，是則情事之遞遷，即利病之殊致。至若海警猝聞，轉輸非便，則官運所窒礙者，商運或尚可通行，建議諸臣先已陳及。今以江蘇徵漕言之，其隸江安糧道所轄者，寧屬例徵大米，每石向折解銀一兩八錢。淮、揚、通三屬亦徵大米，向折解銀二兩一錢。徐屬例徵粟米，每石向折解銀一兩四錢，均由州縣解道，由道購米起運，米價、運費共支銷銀三十四萬餘兩，其實運米衹十二萬餘石耳。

今若一律提解現銀，每石已合銀二兩八錢有餘，若折發俸米、餉米，即照江蘇原買米價發給，江蘇石大，京城石小，或京城一石作銀一兩四五錢，或一石作銀二兩，在官兵所領之銀，已較從前米票折變之價增至一倍、兩倍，而國計尚有盈餘，況隨漕輕齎席木等銀萬餘兩，並可提解户部。其隸江蘇糧道所轄者，固有全完本色、全收折色、本折兼收之異，然臣查全完本色者，衹蘇屬數縣耳。餘則收本色者，爲時不過旬餘，爲數不及一半，餘皆統收折色。至松、常、鎮、太等府州，雖有本、折兼完之説，而完本者更不及一二成，且有向來全完折色者矣。如恐不便於民，或慮民間米便錢稀，則臣本係持本、折聽民自便之議，但使完本色者由州縣照市價以米易銀，完折色者由州縣以錢易銀，統由糧道匯收解部，則民間絲毫無所增改，自無紛擾之虞。州縣原定公費一千文，並不議裁，自無辦公掣肘之虞。況折徵之價仍循舊章，以市價之低昂爲准，由藩司、糧道核定，詳明督撫批准通行，原無抑勒之事，而國家已省蘇屬六十餘萬之運費矣。況都下軍民南方朝士，或食粟麥雜糧，或食畿輔北稻，從無必需南米之事，徒令船户攙水，倉胥耗蠹，歸之黴朽塵沙，是不惟虛糜大宗之帑金，抑且暴殄有用之食米。

自咸豐以來，湖北折漕而官民稱便，湖南、江西、安徽、河南等省折漕而官民亦無不便，江蘇情事當不致大相懸殊。統而計之，寧、蘇兩屬歲可省銀八十萬兩，所不利者，僅兩糧道衙門吏胥之規費及采買辦運之染指者耳。今擬仿照湖北折漕成案，每年另增糧道公費，江蘇漕多事繁，應較湖北從優，或銀一萬二千兩，或再酌增數千兩，即於應解銀内准其坐支，如此則官民兩不相妨，國家歲省虛糜之費八十萬。若浙江及他省采買者，亦並改解折色，所省又數十萬，而漕標之支銷，衛所之虛耗，挑河駁船之經費，運船帶貨優免之税厘，各種巨款，尚不與焉。

若慮京倉不可空虛，則由户都每年酌提折價，就近在京通購米十萬石，存倉積之，十年亦自不少，轆轤收放，總以倉存好米百萬石爲度，就地坐收，既可免由津運通耗費攙變之弊，數少易察，更可無倉胥陳朽盜竊之憂，萬一間有荒歉之年，則米價既然翔貴，南北商販自必聞風争趨，電信一傳，海輪經旬可達，關東糧數日可到，臨時采買，亦尚不難。且災年雜糧盡可救饑，豈尚拘拘於南米哉！惟另有白糧一項，本係上供玉食，自應敬謹解京。然白糧兼供王公及三品以上大員俸米，應否酌定若干萬石，著爲永額，由糧道專員齎解，以奉天庾，餘俱一律改折，自應恭候欽定。

所有微臣遵旨籌議南漕改折有利無弊緣由，現當交卸回郢，不及會商江蘇、浙江兩撫臣會奏，謹就管見覆陳。伏候聖明裁擇，敕下户部暨本任兩江督臣、江蘇撫臣核議施行。理合恭摺具陳。伏祈皇上聖鑒。謹奏。正月初九日。

光緒二十二年二月初二日，奉硃批：户部議奏。欽此。①

○八、滿御史保送舊例請敕部酌議變通摺

光緒二十二年二月十四日（1896年3月27日）

國子監司業奴才瑞洵跪[1]奏，爲滿御史保送舊例，請敕酌議變通，倣照漢員，一體考試，以重言職，恭摺具陳，仰祈聖鑒事。

竊查御史一官，滿、漢並設，漢御史向以編、檢及閣、部正途人員保送，滿御史則保送不論正途、異途。詳繹例意，以滿員科甲出身較少，故不必定用正途。

① 中國第一歷史檔案館藏：《録副奏摺》，檔案編號：03-6253-025。

非謂此官爲無足重輕之官，遂可以目不識丁者貿然踐其職也。乃各衙門每遇保送之時，多將明幹之員留署當差，而以不甚得力者敷衍塞責，以致濫竽備數，倫類不齊。怯懦者緘口結舌而不言，狡詐者蕩檢踰閑而不恤。甚至文義未諳，體例不講，偶有陳奏，傳爲笑談[2]。夫朝廷耳目之司，風憲紀綱之地，即不望其貫通經史，發爲讜言，衡量古今，裁成篤論，亦當人才略勝，始入臺班，文字較通，纔塵聖覽，而顧使齷齪凡猥之輩，皆得忝冒於其間[3]，於國家慎重言官之本意不相剌謬歟？查漢御史保送後，仍俟欽派大臣考試，滿員則不必考試，而即與漢員同邀記名。恭讀同治二年上諭：漢員保送御史，例須考試，滿員則向不預考，殊非慎簡言官之道！以後保送滿洲御史，著即由各衙門堂官認真考試，擇其通曉清、漢文字，品行端謹者，出具切實考語，保送候簡，以期臺諫得人，力除積習。欽此。果使各堂官恪遵功令，考試綦嚴，未始不可拔真才而清言路。乃近來考送一事，率皆視若具文，儘有未經考試即行保送者，不才謬舉，泄沓如前。二十年來，未聞成效。

奴才檮昧，擬請敕下吏部，將滿御史保送舊例酌議變通，倣照漢員，一體請簡大臣考試，以昭核實。如蒙俞允，以後各衙門保送時，應否稍增員數以備考選之處，應請敕部一並妥議。奴才亦知此事屢經臣工條奏，均以格於成例未及准行。第思時局艱難，諫垣劇要，用人得失，關繫匪輕，似稍事更張[4]，不爲無益。芻芻之愚，謹繕摺具陳。伏祈皇上聖鑒。謹奏。光緒二十二年二月十四日[5]。（第31—33頁）

光緒二十二年二月十四日，奉旨：欽此[6]。

【案】此摺原件①、録副②均藏於中國第一歷史檔案館，兹據校勘。

1.【國子監司業奴才瑞洵跪】刊本無此前銜，兹據校補。

2.【笑談】刊本作"笑譚"。

3.【皆得忝冒於其間】刊本作"皆得冒居持禄，竊位於其間"。

---

① 中國第一歷史檔案館藏：《録副奏摺》，檔案編號：03-5338-073。

② 中國第一歷史檔案館藏：《録副奏摺》，檔案編號：03-5338-072。

4.【更張】刊本作“變通”。

5.【光緒二十二年二月十四日】刊本缺具奏日期，兹據原件校補。

6.【光緒二十二年二月十四日，奉旨：欽此】此奉旨日期與内容，據録副校補。

【案】此案清廷即於當日下部議奏，《光緒朝上諭檔》載曰：

光緒二十二年二月十四日，内閣奉上諭：國子監司業瑞洵奏，各衙門保送滿洲御史，請仿照漢御史一體考試一摺，著吏部議奏。欽此。①

① 《光緒朝上諭檔》第22册，第49頁。又，《德宗景皇帝實録（六）》卷三百八十五，光緒二十二年二月上，第32頁。

卷之二　學士集

光緒己亥訖（1899）

〇一、南漕改折有益無損請飭疆臣妥議摺

光緒二十四年七月二十七日（1898年9月12日）

日講起居注官翰林院侍講學士奴才瑞洵跪[1]奏，爲南漕改折有益無損，仍請飭下疆臣妥議施行，毋循故事，以期湔除積弊，裨佐時艱，恭摺仰祈聖鑒事。

竊奴才伏維人臣以身事主，當時時存苟利國家之念，不可執偏私而誤公朝；大臣奉上竭忠，當事事以和衷共濟爲公[2]，不可分畛域而膠成見。向來朝廷有所敷施，外省有所舉動，往往言官以爲可行，部議必與之扞格；疆吏以爲可辦，廷臣每斥其更張。意見參差，是非紛糾，雖有良法美意，一誤再誤，支吾絆掣，必致廢輟不行而後已。此即在太平全盛、晏安無事之時，猶必牽率因循、隱釀異時之患，而況國家多事之秋哉！即如南漕改折一事，張之洞在署兩江總督任内奉旨籌議，力請全改，可謂公忠體國，獨任其難！部臣明知公議所在，人人以爲可行，不能悍然而阻之也。於是試爲游移兩可之辭、得過且過之計，藉端推諉，輾轉宕延，並無一定切實辦法。及奴才續行條陳，奉旨交議，聞初議亦謂可行，已將具摺奏准。嗣以尚書敬信①瞻徇迴護，力持不可，與同官意見不合，仍復中止。以欽

① 敬信（1832—1907），清宗室，滿洲正白旗人。咸豐初年，充宗人府效力筆帖式。九年（1859），補七品筆帖式。同治元年（1862），委署主事。九年（1869），選理事官。光緒元年（1875），監修普祥峪。次年，升户部銀庫郎中。五年（1879），補内閣侍讀學士、太常寺卿。六年（1880），授内閣學士，兼禮部侍郎銜。同年，補正紅旗蒙古副都統、刑部右侍郎。八年（1882），兼署左翼前鋒統領，管理火器營事務，旋署正黄旗蒙古副都統。同年，調兵部右侍郎、左翼總兵、工部左侍郎。九年（1883），補鑲藍旗滿洲副都統、户部右侍郎兼管錢法堂事務。同年，因病乞休。十年（1884），轉禮部右侍郎、兼署工部右侍郎管錢法堂事務。是年，充鑲白旗漢軍副都統，充專操大臣、經筵講官。同年，署鑲紅旗蒙古副都統。十二年（1886），任鑲白旗滿洲副都統，署户部左侍郎兼管三庫事務，補禮部左侍郎，署正藍旗滿洲副都統。同年，授玉牒館副總裁，承修會典館工程。十四年（1888），補户部右侍郎兼管錢法堂事務。次年，授吏部右侍郎，署禮部右侍郎。十七年（1891），任鑲黄旗滿洲副都統，兼署都察院左都御史。次年，署

奉上諭謂應及時舉辦者而尚不能行。朝廷每有變法自强之端，必且多方阻撓，同歸於廢棄敗壞，不爲挽救。以此歎易轍改弦之非易易也！嗣張之洞於交卸回鄂時，復以改折有利無弊，專摺覆陳，不知該部如何定議。

夫以國家歲轉南漕百餘萬石，船運至京，關繫數十萬人計口授食之需，向使輪舶未通，臣亦何敢冒昧上陳，力言改折！今則海道暢行，有如衽席，南來包米，盈溢市廛，官運朝更，商販夕涌，顧必苦守舊章，牢不可破，坐令百萬金錢耗蠹於官吏户胥之囊而不思變計，豈不可惜！且自咸豐以來，湖北折漕而官民稱便，湖南、江西、河南、安徽等省折漕，而官民亦無不稱便，何於兩江獨不可行？況以蘇屬而論，全完本色者不過數縣，餘皆統收折色，若松、常、鎮、太等府州，雖有本、折兼完之説，而完本者更不及三成。至江寧藩司所屬州縣，向來即係全完折色，是則本色早非定章，河運已無實際。今昔情形迥有不同，部臣職屬大農，豈於河漕利弊茫無所知？殆亦徒恃氣矜，並未平心體察耳！邇者部庫艱難，度支告匱，借用洋款，費舌敝唇焦之力，猶且金鎊扣頭，折閲巨萬，抵押重息，虧耗多端，何如取數百餘萬中飽而歸諸公家之爲愈哉？應請敕下兩江總督、江蘇巡撫，再行妥議，請旨施行，勿以錮習而志在苟安，勿以内重而意存遷就，俾多年積弊漸次可除，或於時艱少補萬一。芻蕘之愚，是否有當，謹具摺瀝陳。伏祈皇上聖鑒。謹奏。光緒二十四年七月二十七日[3]。（第35—38頁）

【案】此摺原件①現藏於中國第一歷史檔案館，兹據校勘。

1.【日講起居注官翰林院侍講學士奴才瑞洵跪】刊本無此前銜，兹據補。

2.【爲公】刊本作“爲心”。

3.【光緒二十四年七月二十七日】刊本無此具奏日期，兹據校補。

（接上頁）正藍旗護軍統領、刑部左侍郎。十九年（1893），遷都察院左都御史。翌年，擢兵部尚書，賞戴花翎。同年，任正白旗蒙古都統，充總理各國事務衙門行走，兼署理藩院尚書。二十一年（1895），調補户部尚書，兼署步軍統領。二十六年（1900），補兵部尚書、留京辦事大臣。同年，授吏部尚書，署禮部尚書，任内大臣。次年，管理理藩院事務，署步軍統領。二十九年（1903），補正紅旗滿洲都統、協辦大學士。同年，授體仁閣大學士。三十年（1904），因病乞休。三十三年（1907），卒。贈太子少保，謚文恪。

① 中國第一歷史檔案館藏：《録副奏摺》，檔案編號：03-6316-056。

【案】此摺及所附各片，即於當日得旨，下部議奏。《光緒朝上諭檔》載曰：

光緒二十四年七月二十七日，内閣奉上諭：侍講學士瑞洵奏，南漕改折，有益無損，請飭妥議施行，及每年豫提折價，於津、通一帶購米，以實倉庾，並衛弁屯田裁並，改由地方官徵租各摺片，著派奕劻、孫家鼐，會同户部，妥議具奏。欽此。①

〇二、衛弁屯田裁撤歸並片

光緒二十四年七月二十七日（1898 年 9 月 12 日）

再，奴才正摺所請改折南漕，如蒙宸衷獨斷，特旨施行，不特監兑、押運各費可裁，即倉、漕、糧、衛等官並可酌汰，每年約可省銀五六百萬[1]。米既改折，州縣自無從浮收，所存於民者，其利尤大，固非沾沾守舊一孔之見者所能知也。此外尚有衛弁屯田一項，再能裁撤歸並，認真整頓，改由地方官徵租，計一歲所入，又可收回中飽銀七八百萬之數。理財大宗，無逾於此。如聖明以爲可行，臣當再詳悉具奏。謹先附陳大概情形。伏祈聖鑒。謹奏。（第 38 頁）

【案】此片原件②現藏於中國第一歷史檔案館，玆據校勘。

1.【五六百萬】刊本作“五六百萬兩”。

---

① 《光緒朝上諭檔》第 24 册，第 286 頁。又，《德宗景皇帝實録（六）》卷四百二十五，光緒二十四年七月下，第 581 頁。

② 中國第一歷史檔案館藏：《録副奏片》，檔案編號：03-6316-057。

○三、南漕改折提價購米實倉片

光緒二十四年七月二十七日（1898 年 9 月 12 日）

再，南漕既議改折，則有漕省分均應一律辦理，京倉自難任其空虚，應由户部每年預提折價銀兩，就近於津、通一帶購買好米，以一百萬石爲率，逐年收放，以實倉庾。所有采運、存儲一切事宜，當留倉場侍郎一員督辦。又，漕米向有白糧一項上供玉食，自應循舊敬謹解京。至王公及三品以上大員俸米，應否酌定若干，著爲定額，統由各該省專員齎解，抑或一律改折，應請敕下户部一並核議。謹附片具陳。伏祈聖鑒。謹奏。（第 38—39 頁）

【案】此片原件[①]現藏於中國第一歷史檔案館。

○四、劾尚書敬信片

光緒二十四年七月二十七日（1898 年 9 月 12 日）

再，奴才正繕摺間，恭讀昨日上諭，知户部主事吴錫寯[②]條陳亦有請裁衛所之

① 中國第一歷史檔案館藏：《録副奏片》，檔案編號：03-6316-059。

② 吴錫寯，生卒年未詳，陝西渭南人。光緒十六年（1890），中式進士。是年五月，選主事，分部學習。後補户部主事。

議[1]，並蒙垂詢漕督一缺是否應裁，著兩江總督、江蘇巡撫一並議奏。伏查奴才於光緒二十一年十月間，曾以南漕改折有裨時局，具疏上陳，業將倉、漕、糧、衛等官可裁情形據實聲明，蒙交户部議奏。當時若早准行，此三年中當已節省千數百萬之款，徒以尚書敬信不悉外情，偏執私見，不顧公家之急，不察庫帑之艱，推諉宕延，因循錮弊，並不殫心區畫，及時試行，遲至今日，仍不能舍奴才原議，另籌辦法，真可歎也。慺慺下情，理合附陳。伏祈聖鑒。謹奏。（第39—40頁）

【案】此片原件①現藏於中國第一歷史檔案館，兹據校勘。

1.【案】光緒二十四年七月二十三日，户部主事吴錫寯爲裁汰冗員呈文曰：

户部主事吴錫寯呈，爲裁汰冗員，敬陳管見，懇祈代奏事。

本月十四日，恭讀上諭：朕維授事命官，不外總核名實，現當開創百度，事務煩多。度支歲入有常，豈能徒供無庸之冗費，致礙當務之急需，如詹事府，本屬閑曹，無事可辦。其通政司、光禄寺、鴻臚寺、太僕寺、大理寺等衙門，事務甚簡，半屬有名無實，均著即行裁撤，歸並内閣及禮、兵、刑等部辦理。其餘京外尚有應裁文武各缺及一切裁減歸並各事宜，著大學士、六部及各直省督撫分别詳議籌辦，仍將籌議情形迅速具奏，内外諸臣即行遵照，切實辦理，不准藉口體制攸關，多方阻格，並不得以無可再裁敷衍了事，等因。仰見我皇上循名核實、孜孜求治之至意！

司員竊思國家設官分職，文武各有專司，獨衛缺一項以武弁而儼同文吏，無益於國，有損於民，似有宜於急裁者。我朝沿前明舊制，軍户錢糧概歸衛官徵收。一衛所轄近或隔縣，遠且隔省，軍户自行完納，往返稽遲，必至廢時失業，一遇衛官下鄉催徵，而車馬、僕役之需，均由軍户供應，且有以路途太遠勒索軍户程儀者。其平日修糧船有費，造軍册有費，陋規繁多，不勝枚舉。夫州縣之貪廉，尚有本管道府之覺察，而衛官則除遠距數千百里之漕督、數十百里之糧道外，其餘概不統屬，上司之考查莫及，軍户之呼籲無由。况既係守備等武職，不使管帶漕標之兵，反予徵收錢糧之責，名實殊不相副。似此不文不武之員，其冗孰甚，

① 中國第一歷史檔案館藏：《録副奏片》，檔案編號：03-6316-058。

宜予裁撤！所有軍田撥歸各州縣徵收，以昭畫一。至各京卿已奉旨聽候另行録用，其餘微員末秩，若概令回籍，其中不無可造之材。若亦歸並内閣各部一律補用，是卿寺衙門因冗而裁，而閣部衙門反因裁而冗，於裁汰之本意又未免兩歧。

方今各直省設立鐵路、礦務、農、工、商各局及大小學堂亦均開辦，宜將各員量材發往各局差遣，俾資歷練。其通洋文者，准充小學堂教習；其年少聰悟者，選送大學堂肄業，學成後再行酌用，似於裁汰冗員之中仍寓造就人材之意。再，駐洋大臣率以卿貳充任，刻下各寺衙門既已裁撤，宜另賞給銜階，以免外洋藉口詰問。司員愚昧之見，是否有當，伏乞代奏皇上聖鑒。謹呈。光緒二十四年七月二十三日。①

○五、瀝陳下情懇恩賞給假期摺

光緒二十五年十一月初四日（1899年12月6日）

奴才瑞洵跪[1]奏，爲瀝陳下情，籲懇天恩賞給假期，俾資料理一切，請俟明正起程，冀可努力邊陲，專心圖報，仰祈聖鑒事。

竊奴才前承恩命賞給副都統銜，作爲科布多參贊大臣，續奉批旨兼總理各國事務大臣銜。旬月之間，叠叨殊遇，至渥極優！嗣謁軍機大臣大學士臣榮禄②，復

① 中國第一歷史檔案館藏：《呈文》，檔案編號：03-5363-100。

② 榮禄（1836—1903），字仲華，號略園，滿洲正白旗人。咸豐二年（1852），封騎都尉，兼雲騎尉。八年（1858），充工部主事，轉員外郎。次年，任户部銀庫員外郎。十年（1860），補道員。十一年（1861），任神機營大臣。次年，補文案處翼長。同治三年（1864），拔營翼長。次年，授神機健鋭兩營馬隊專操大臣、神機營威遠隊專操大臣，管理健鋭營事務，加副都統銜。五年（1866），署正藍旗蒙古副都統，充正藍旗專操大臣。同年，實授正藍旗蒙古副都統，轉鑲白旗滿洲副都統。七年（1868），補左翼總兵。同年，管理溝渠河道事務。十年（1871），署工部左侍郎，改工部右侍郎，兼管錢法堂事務。十二年（1873），調户部左侍郎管理三庫事務，兼署吏部左侍郎。十三年（1874），補授正藍旗護軍統領、左翼監督、總管内務府大臣。光緒元年（1875），兼署步軍統領、鑲藍旗蒙古副都統。三年（1877），授步軍統領、鑲黄旗護軍統領。次年，充紫禁城值年大臣、都察院左都御史。同年，遷工部尚書。十三年

蒙祇述皇太后懿訓，敬悉臣過蒙天語褒嘉，慈懷體諒，荷聖恩之逾格，值時事之多艱，尤臣子竭誠效力之秋，能勿感激馳驅、亟圖報稱於萬一！惟奴才此次蒙簡邊缺、未能早日起程者，一由於整裝之不易，一由於清累之尤難，加以嚴冬馳逐，蒙情所憚，亦有不得不量加體恤者。緣奴才雖係勳門世胄，累代將相，並無恒產積蓄。先臣恭鏜[①]歷任又多邊漠之區，清操直節，身後蕭條。奴才頻歲供職翰林，惟仗典質借貸，用資敷衍。自以世受國恩，幼承家訓，清白自矢，亦從不妄使一錢，以致奴才長年賠累，積欠商家質庫暨親友銀項已在萬兩之外。京師人情習於涼薄，今見奴才外任邊遠缺分，皆來商索欠款。奴才四處張羅，迄無以應。至馳驛赴任，雖荷恩施，要不過僅資人馬之力，究須寬備盤川，至今亦未籌出。

又，奴才尚擬携眷，兩子一女皆須隨任，長途艱遠，科地早寒，均須多備皮衣，舉凡製辦、服用、衣物，以及跟役、僕婦等安家、治裝等項，無不需費，直已無從設措，債累一日不了，一日不能脱身；衣裝一日不齊，一日不能就道。凡此種種艱窘，皆足以亂心曲而阻行期。日夜焦憂，莫可名狀！竊維奴才以庸膚之質，膺特達之知，擢自詞垣，授以邊寄，奴才竟不克迅速就道，馳赴新任，早慰宸廑，上負聖慈委寄之殷，下辜邊氓仰望之切，撫躬循省，内疚殊深！再四思維，刻下口外早已大雪封山，臺站亦多遷徙禦冬，即使奴才勉强前往，車馬、烏拉需用較多。當此墮指裂膚之時，似亦難强令支應，致失蒙心，仍須在張家口駐候度

(接上頁)(1887)，補鑲藍旗蒙古都統。次年，任領侍衛内大臣，兼署鑲藍旗漢軍都統。十五年(1889)，任扈從鳳輿大臣、專操大臣、稽查内七倉大臣、管理右翼幼官學大臣，署鑲紅旗漢軍都統。十七年(1891)，調西安將軍。二十年(1894)，任步軍統領。次年，轉兵部尚書。二十二年(1896)，擢協辦大學士、玉牒館副總裁。次年，任經筵講官。二十四年(1898)，補文淵閣大學士，管理户部事務。同年，署直隸總督兼辦理通商事務大臣、北洋大臣。同年，兼任軍機大臣上行走、管理兵部事務。二十五年(1899)，任文淵閣領閣事，充正藍旗滿洲都統，兼崇文門正監督。次年，任内大臣，管理户部事務。二十七年(1901)，晋太子太保，升文華殿大學士。次年，兼崇文門副監督。二十九年(1903)，卒於任。贈太傅，封一等男爵，謚文忠。有《武毅公事略》《榮文忠公集》《榮禄存札》等行世。

① 恭鏜(1837—1889)，字振魁，滿洲正黄旗人，博爾濟吉特氏，生員出身。咸豐初年，充刑部筆帖式。四年(1854)，選吏部主事。同治元年(1862)，補員外郎。次年，升御史。三年(1864)，兼管内務府銀庫員外郎。同年，升郎中，兼内務府六庫郎。五年(1866)，充總理各國事務衙門章京、理藩院内外館監督。六年(1867)，兼理步軍統領衙門章京。是年，放湖北荆宜施道，加按察使銜。十年(1871)，遷奉天府府尹。光緒元年(1875)，署盛京將軍。三年(1877)，授二等侍衛，任烏魯木齊領隊大臣。同年，署烏魯木齊都統。五年(1879)，擢烏魯木齊都統。九年(1883)，調補西安將軍。十二年(1886)，署黑龍江將軍。十四年(1888)，授黑龍江將軍。十五年(1889)，補授杭州將軍。同年，晋京陛見，卒於天津途次。

歲，則又不如稍緩行期，猶得近侍闕廷，少伸犬馬依戀之誠矣。用是萬不得已，據實上陳，合無仰懇天恩賞給奴才假期兩個月，俾資料理一切，一俟明正，即當請訓起程，加站前進，仍期於限内到任。就此賞假期内，一則奴才可將家務私事通盤料簡清楚，無憂内顧，從此即可努力邊陲，專心辦事，勉圖績效，略副古人盡瘁之義，不敢顧惜微軀。無論年分久暫、公事難易，奴才祇供驅策，决不稍有規避。一則奴才尚有籌備邊務、請練蒙兵條陳，擬俟呈請軍機大臣大學士臣榮禄代奏，如奉恩旨准辦，則籲催餉款，籌定營章，商調人員，安設局處，在在皆宜有所秉承。奴才並可在京與樞部諸臣面商布置，請示機宜。其重大之件，仍當隨時奏請諭旨定奪，不敢藉耽安逸。至奴才如蒙賞假，未到任以前，應否請派大員署理，均出自高厚鴻施。

奴才以上所陳，皆係實在情形，惟以臣子苦衷上求諒於君父，冒瀆至此，歉悚難安！第聖明既已特鑒愚誠，而臣子何敢稍存欺罔？奴才粗明大義，遇事直言，豈移任邊方頓易初志！躊躇往復，與其沿襲舊套，蹈揑飾之愆，不如披瀝實陳，受冒昧之罪。謹將縷縷下情繕摺敬陳，不勝感愧恐懼待命之至。再，奴才現在請假，此後遇有應行奏請之事，仍擬隨時具摺請旨，自行呈遞。合並聲明。伏祈皇太后、皇上聖鑒訓示。謹奏。光緒二十五年十一月初四日 2。（第 41—44 頁）

【案】此摺原件①現藏於中國第一歷史檔案館，兹據校勘。

1.【奴才瑞洵跪】刊本無此前銜，兹據校補。

2.【光緒二十五年十一月初四日】刊本無此具奏日期，兹據校補。

【案】此摺即於當日得允行，《光緒朝上諭檔》載曰：

光緒二十五年十一月初四日，内閣奉上諭：瑞洵奏，瀝陳下情，懇請賞給假期一摺。瑞洵著賞假兩個月，假滿即行啓程。原奏語多拉雜，並著傳旨申飭！至所稱籌備邊務各節，事關重要，豈懸揣所能定議！著俟到任後，體察情形，再行奏明請旨。欽此。②

---

① 中國第一歷史檔案館藏：《録副奏摺》，檔案編號：03-5382-012。

② 《光緒朝上諭檔》，第 331 頁。又，《德宗景皇帝實録（六）》卷四百五十四，光緒二十五年十一月上，第 987 頁。

○六、叩謝天恩摺

光緒二十五年十一月初五日（1899年12月7日）

奴才瑞洵跪[1]奏，爲叩謝天恩事。

奴才昨日具摺瀝陳下情，奉上諭：瑞洵著賞假兩個月，假滿即行起程。欽此。鴻施逾格，感激難名！伏念奴才冒昧陳請，措辭失當，正深惶懼，乃荷天恩寬恕，不加嚴譴，仍賞假期，並命傳旨申飭。仰見聖慈訓誡之中仍寓成全之意，奴才跪聆之下，悚愧尤殷。

奴才惟有趕緊治裝，俟有就緒，即當跪請宸訓，迅速起程，力贖愆尤，勉圖報效，冀稍仰副高厚生成於萬一。爲此具摺叩謝皇太后、皇上天恩。謹奏。光緒二十五年十一月初五日[2]。（第44—45頁）

【案】此摺兩岸故宫查無下落，待考。

1.【奴才瑞洵跪】此前銜據前摺推補。

2.【光緒二十五年十一月初五日】此具奏日期，據前摺及本摺内容校補。

卷之三　荷戈集

光緒庚子六月起八月訖（1900）

〇一、具報抵任接印日期叩謝天恩摺

光緒二十六年六月初八日（1900 年 7 月 4 日）

奴才瑞洵跪[1]奏，爲恭報奴才抵任接印日期，叩謝天恩，仰祈聖鑒事。

竊奴才於光緒二十五年九月初七日欽奉恩旨[2]：瑞洵著賞給副都統銜，作爲科布多參贊大臣，照例馳驛前往。欽此。嗣於是月二十八日又奉恩旨：瑞洵著兼總理各國事務大臣銜。欽此[3]。當於光緒二十六年正月初六日請訓，仰蒙召見，誨諭周詳，勖勉殷切，跪聆之下，欽感莫名！陛辭後，遵即束裝起程，至張家口重整[4]車輛，添備行糧，旋復進發，風雪無阻。四月二十九日，至烏里雅蘇臺，晤將軍連順①，會商一切。兹於五月二十一日馳抵科布多城。六月初二日，准暫護參贊印務幫辦大臣禄祥②將參贊大臣銀印一顆，暨報匣、令箭等件，派委承辦印務章京主事職銜英秀③齎交前來。奴才當即恭設香案，望闕叩頭謝恩，祇領任事。

伏維科布多爲朔漠岩疆，錯列蒙旗，衺連哈部，方域遼廓，兵備空虚，加以

---

① 連順（1844—1906），字捷安，滿洲鑲藍旗人，依爾根覺羅氏。同治元年（1862），以軍功加協領銜。十三年（1874），晉副都統銜。光緒十一年（1885），遷都統銜。十四年（1888），補金州副都統。二十二年（1896），授科布多參贊大臣。同年，調庫倫掌印辦事大臣。二十五年（1899），調補定邊左副將軍。三十年（1904），補鑲藍旗蒙古副都統。三十一年（1905），署鑲黄旗漢軍都統，授進内大臣。三十二年（1906），卒於任。

② 禄祥（？—1901），光緒二十四年（1898），補科布多幫辦大臣。二十六年（1900），護理科布多參贊大臣。二十七年（1901），因病出缺。

③ 英秀（1852—？），鑲藍旗滿洲吉玉佐領下人，軍功出身。光緒六年（1880），充科布多糧餉處差使。九年（1883），選科布多委署筆帖式。十一年（1885），保筆帖式。十四年（1888），保補用驍騎校。十九年（1893），補科布多委署主事。同年，保防禦。二十二年（1896），補俄商事務局承辦章京主事。是年，保即補佐領。二十三年（1897），授兵部事務處承辦章京主事。次年，保協領。二十八年（1902），升三等侍衛。同年，授科布多幫辦大臣。二十九年（1903），護理科布多參贊大臣。三十一年（1905），署科布多參贊大臣。

界接俄鄰，交涉尤關緊要。奴才久玷詞曹[5]，初膺疆寄[6]，才軽任巨[7]，深懼弗勝[8]，惟有恪遵宸訓，任怨任勞，將一應公事[9]認真整頓，並隨時與幫辦大臣禄祥妥慎籌商，和衷共濟，固不容過形操切，亦不敢稍涉因循，總期仰體時艱，勉維邊局，藉酬高厚鴻慈於萬一[10]。所有奴才抵任接印日期並叩謝天恩缘由，理合恭摺具陳。伏祈皇太后、皇上聖鑒。再，奴才因核辦交代，是以接印較遲。合並聲明。謹奏。光緒二十六年六月初八日[11]。

光緒二十六年七月十六日奉到回摺，硃批：知道了。欽此（六月二十九日）。（第52—53頁）

【案】此摺原件①、録副②均藏於中國第一歷史檔案館，兹據校勘。

1.【奴才瑞洵跪】刊本無此前銜，兹據校補。

2.【欽奉恩旨】刊本作“奉旨”。

3.【案】劃綫部分原件、録副均缺，兹據刊本保留。

4.【重整】刊本作“整理”。

5.【久玷詞曹】刊本作“久叨侍從”。

6.【初膺疆寄】刊本作“初領邊陲”。

7.【才軽任巨】刊本作“任巨才軽”。

8.【深懼弗勝】刊本作“懼難勝任”。

9.【一應公事】刊本作“一切公事”。

10.【案】劃綫部分刊本作“期仰酬高厚鴻慈於萬一”。

11.【光緒二十六年六月初八日】刊本無具奏日期，兹據原件校補。

① 中國第一歷史檔案館藏：《硃批奏摺》，檔案編號：04-01-16-0264-043。

② 中國第一歷史檔案館藏：《録副奏摺》，檔案編號：03-5390-060。

〇二、揀補筆帖式員缺摺

光緒二十六年六月初八日（1900 年 7 月 4 日）

奴才瑞洵、禄祥跪[1]奏，爲揀補筆帖式員缺，以資辦公，恭摺仰祈聖鑒事。

竊查科布多糧餉事務處筆帖式松祥，前於查辦案内經烏里雅蘇臺將軍連順奏參，奉上諭：筆帖式松祥行賄招議，著革職咨回原旗。欽此。所遺員缺亟宜揀員擬補，惟奴才瑞洵甫經受任，於各衙門當差人員賢否尚未周知，未便率擬出考，當經商由奴才[2]禄祥秉公遴選，查有補用驍騎校候補筆帖式春普，通曉滿蒙，差使勤奮，堪以擬補。如蒙俞允，應俟該員五年期滿，如願就武，回城後循例俟補驍騎校後，以防禦補用，先换頂戴。其該員應找支銀糧，俟奉旨之日照例開支報部。遇有差便，給咨該員赴部，帶領引見。

至遞遺候補筆帖式一缺，應由臣等揀員充補，照例咨部。所有揀員請補筆帖式緣由，理合恭摺具陳。伏祈皇太后、皇上聖鑒。謹奏。光緒二十六年六月初八日[3]。

光緒二十六年七月十六日，奉到回摺。光緒二十六年六月二十九日，奉[4]硃批：著照所請，該部知道。欽此。（第 54—55 頁）

【案】此摺原件①、録副②均藏於中國第一歷史檔案館，兹據校勘。

1.【奴才瑞洵、禄祥跪】刊本無此前銜，兹據校補。

2.【奴才】刊本作“臣”，兹據校正。

① 中國第一歷史檔案館藏：《硃批奏摺》，檔案編號：04-01-16-0264-041。

② 中國第一歷史檔案館藏：《録副奏摺》，檔案編號：03-5390-058。

3.【光緒二十六年六月初八日】刊本無具奏日期，兹據原件校補。

4.【光緒二十六年六月二十九日，奉】此奉硃批日期等，據録副校補。

〇三、馳驛赴任臺站支應情形暨科布多得雨片

光緒二十六年六月初八日（1900年7月4日）

再，奴才瑞洵遵旨馳驛赴任，道經察哈爾、烏里雅蘇臺、内外盟蒙古。各臺站烏拉支應無誤，蒙情亦均安謐。迨入科布多境所屬阿勒噶拉圖，至哈喇烏蘇七臺，奴才就便留心察查，該官兵等奉差馴謹，駝馬、氈房等項均無缺乏，青草自入四月始漸滋長。奴才每至一臺，必嚴禁差弁、跟役索擾，該弁等尚知遵奉，蒙情無所疑懼，用得遄行無滯。奴才到科布多時，正值地方苦旱，經禄祥與奴才商酌，於五月二十八日設壇三日，虔誠祈禱，仰托聖主鴻福，旋即渥沛甘霖，農田、游牧均獲霑足，衆情歡抃，差堪上慰宸廑。謹附片陳明。伏祈聖鑒。謹奏。六月初八日[1]。

光緒二十六年六月二十九日，奉[2]硃批：知道了。欽此。（第55—56頁）

【案】此片缺原件，録副[①]現藏於中國第一歷史檔案館，兹據校勘。

1.【六月初八日】刊本無此具奏日期，兹據校補。

2.【光緒二十六年六月二十九日，奉】此奉硃批日期等，據録副校補。

---

① 中國第一歷史檔案館藏：《録副奏片》，檔案編號：03-6035-098。

〇四、請頒御筆押封片

光緒二十六年六月初八日（1900 年 7 月 4 日）

再，謹查科布多陳奏事件，向用内頒報匣馳遞，奉有御筆押封三分。嗣經軍機處存留一分，其奴才衙門刻止敬存二分，而奉頒報匣則仍存四分。近年科布多公事較繁，均須隨時敷奏，且奴才瑞洵復有面奉諭旨、飭令詳察具奏各要件，俟將情形體察明白，即當分晰覆陳，不敢延緩。合無仰懇天恩即予賞頒押封二分，奴才等當敬謹祇領備用，實深感荷！謹附片陳請。伏祈聖鑒。謹奏。六月初八日[1]。

光緒二十六年六月二十九日，奉[2]硃批：著照所請。欽此。（第 56 頁）

【案】此片原件①、録副②現藏於中國第一歷史檔案館，兹據校勘。

1.【六月初八日】刊本無此具奏日期，兹據校補。

2.【光緒二十六年六月二十九日，奉】此奉硃批日期等，據録副校補。

---

① 中國第一歷史檔案館藏：《硃批奏片》，檔案編號：04-01-02-0130-007。

② 中國第一歷史檔案館藏：《録副奏片》，檔案編號：03-5739-016。

○五、請敕總理衙門頒發書圖片

光緒二十六年六月初八日（1900 年 7 月 4 日）

再，辦理交涉自須熟悉約章成案，然要非考覽於平時，亦斷難取辦於臨事。總理衙門排印洋務各書，如公法約章之類皆所必需。至中俄分界、通商條款及新舊中俄連界地圖，尤有關係，均須各存一分，以便稽考。科布多僅有《通商約章類纂》一部，此外皆無，以致遇事無所折中，動形棘手，相應懇恩敕下總理衙門，將應用書圖飭檢齊全，俟交科布多差弁承領，賫回備用，實於辦理洋務有裨。除咨呈總理衙門查照外，謹附片陳請。伏祈聖鑒。謹奏。六月初八日[1]。

光緒二十六年六月二十九日，奉[2]硃批：該衙門知道。欽此。（第 56—57 頁）

【案】此片缺原件，録副①現藏於中國第一歷史檔案館，兹據校勘。

1.【六月初八日】刊本無此具奏日期，兹據校補。

2.【光緒二十六年六月二十九日，奉】此奉硃批日期等，據録副校補。

---

① 中國第一歷史檔案館藏：《録副奏片》，檔案編號：03-5739-018。

○六、請敕部院各發則例各書片

光緒二十六年六月初八日（1900年7月4日）

再，奴才衙門所存官書，如則例、章程之類，僅有《中樞政考》及早年《户部則例》，此外概屬闕如，以至遇事茫然，無所查考，頗覺掣肘。查户、兵兩部《續修則例》及《軍需則例》、理藩院《續修則例》，均爲地方軍營辦事所必需。臣等現擬遇有便員晋京，即飭赴各衙門請領。合無仰懇天恩敕下該衙門，將應用則例各書各發一部，俟交該委員領齎回營，以資遵守。除分咨查照外，理合附片籲陳。伏祈聖鑒。謹奏。六月初八日[1]。

光緒二十六年六月二十九日，奉[2]硃批：該衙門知道。欽此。（第57—58頁）

【案】此片缺原件，録副①現藏於中國第一歷史檔案館，兹據校勘。

1.【六月初八日】刊本無此具奏日期，兹據校補。

2.【光緒二十六年六月二十九日，奉】此奉硃批日期等，據録副校補。

---

① 中國第一歷史檔案館藏：《録副奏片》，檔案編號：03-5739-017。

○七、更定補缺辦法片

光緒二十六年六月初八日（1900年7月4日）

再，科布多糧餉處、印務處、辦理蒙古事務處暨續設稽查俄商局，承辦章京、幫辦章京之外，均各設有筆帖式員缺。遇有缺出，向係於綏遠城滿營換防應升、應補人員内酌量揀補。在未補缺之先，原可量材器使，若既經補缺，補何衙門之缺，即應辦何衙門之事，其才具有餘者，或兼别衙門行走。邊地軍營，原無不可，官缺固不容紊亂也。乃奴才等近日揀選擬補筆帖式松祥參革遺缺，因未聲明缺分，詳加察詢，始知近年辦法，奏補摺内多不聲明何處遺缺，且往往補此衙門之缺，轉調當别衙門之差，如松祥當初所補係糧餉處之缺，而奏補後又令在印務處當差，順倒錯亂，紛然無主，竟有問之本人亦但知爲筆帖式而不知爲何衙門之缺者。雖係前大臣寶昌①通融辦理，自係因公起見[1]，但究嫌迹涉紛更，自應即行改正，擬請嗣後凡係揀補官缺，均應奏明何衙門所出之缺，以何項人員擬補，不得稍涉籠統，以昭核實而杜流弊。

至另摺請補筆帖式，原係松祥糧餉處之缺，揀補之春普，即應令歸糧餉處當差，以後再有别項補缺，即照此辦理。奴才瑞洵體察此處人情習於便安，憚於振作，公事廢弛，錮弊因仍，已成積重難返之勢。若不破除情面、隨事厘整，以冀挽回，科布多之事局將不可問。奴才瑞洵奉命整頓，責無旁貸，是以與奴才[2]禄祥商定，此後無論大小事件，均當切實辦理，嫌怨所不敢避。所有更定補缺辦法

---

① 寶昌，生卒年未詳，滿洲正黄旗人。光緒初年，補翰林院侍讀學士，選日講起居注官。八年（1882），授詹事府少詹事。同年，簡詹事府詹事。十二年（1886），補内閣學士，兼禮部侍郎銜。十五年（1889），遷禮部右侍郎。是年，充山東鄉試正考官。二十年（1894），補太僕寺卿。二十二年（1896），加副都統銜。同年，授科布多參贊大臣。

及奴才等會商整頓緣由，理合一並附陳。伏祈聖鑒訓示。謹奏。六月初八日[3]。

光緒二十六年六月二十九日，奉[4]硃批：知道了。欽此。（第58—59頁）

【案】此片缺原件，録副①現藏於中國第一歷史檔案館，茲據校勘。

1.【自係因公起見】此句刊本疑奪，茲據校補。

2.【奴才】刊本作“臣”。

3.【六月初八日】刊本無此具奏日期，茲據校補。

4.【光緒二十六年六月二十九日，奉】此奉硃批日期等，據録副校補。

○八、臺站遭災亟籌賑濟以恤蒙古摺

光緒二十六年七月初六日（1900年7月31日）

奴才瑞洵、禄祥跪[1]奏，爲臺站遭災，亟籌賑濟，以恤蒙古而廣皇仁，恭摺仰祈聖鑒事。

竊查科布多所屬扎哈沁二旗，向例支應南八臺差使，西接新疆古城之漢三塘地方，軍興之時，轉運不誤。每臺人户不多，所領錢糧有限。上年冬令，風雪過大，牲畜受傷。甫及今春，雪化草生，又復亢旱無雨，赤地千里，草枯泉竭。疊據該旗稟求賑濟前來。臣等派員往查屬實，並細詢和碩貿易商人，僉稱被災甚重，牲畜倒斃疲瘦者，不堪寓目。查札哈沁八臺接送新疆來往文報，支應伊犁、塔爾巴哈臺貢馬，差使繁重，既係被災屬實，自應即時賑撫，並令添補四項牲畜，庶該旗養贍有賴，兼可不誤臺差。惟是科布多庫存常年經費僅敷例支，斷難挪借他用。

茲查倉儲糧石除正額應存之外，尚爲有餘，且臣等查閲舊卷户部來文，曾有

① 中國第一歷史檔案館藏：《録副奏片》，檔案編號：03-5390-059。

令將餘糧變價抵餉之案。彼時各旗無灾既可變價抵餉，今日各旗求賑即可變價救灾。况本年古城一帶雨澤稀少，現在禁糧出境，科布多向恃西路來糧，來路既阻，此間糧價遂亦大昂。若將餘糧出糶變價，既可免科商居奇之虞，又可救蒙古被灾之急，實爲一舉兩得。惟若俟奏請明旨再行辦理，未免緩不濟急，現擬將存儲年代稍遠之糧出糶千石，可得銀二千餘兩，由臣等遴委妥員前往該旗，分别被灾輕重，沿臺散放，務使實惠均霑，以仰副朝廷優恤蒙古之至意。一俟放竣，再行據實開單具奏。所有臺站遭灾亟籌賑濟緣由，理合具摺馳陳。伏乞皇太后、皇上聖鑒。謹奏。光緒二十六年七月初六日[2]。

光緒二十六年閏八月初九日，奉軍機處知會，旨：該衙門知道（七月二十四日旨）。（第59—61頁）

【案】此摺原件、録副均查無下落。再，此摺刊本無具奏日期，因查光緒二十六年七月二十四日《軍機處隨手登記檔》①，則載有“硃批瑞洵、禄祥摺，奉旨：八月初八日，補録知會，安摺發回”等字樣，摺片凡九件，其中即有此摺。由於此件檔案並未記録具奏日期，兹據同批摺件定爲“光緒二十六年七月初六日”。其他待考。

1.【奴才瑞洵、禄祥跪】刊本無此前銜，兹據《軍機處隨手登記檔》校補。

2.【光緒二十六年七月初六日】刊本無具奏日期，兹據《軍機處隨手登記檔》校補。

【案】此摺於是年七月二十四日得旨，下部知道。《清實録》：“科布多參贊大臣瑞洵等奏，臺站遭灾，亟籌賑濟，以恤蒙古。下部知之。”②

---

① 中國第一歷史檔案館藏：《軍機處隨手登記檔》，檔案編號：03-0305-1-1226-196。

② 《德宗景皇帝實録（七）》卷四百六十七，光緒二十六年七月下，第125頁。

○九、請准撥款修理倉廒摺

光緒二十六年七月初六日（1900年7月31日）

奴才瑞洵、禄祥跪[1]奏，爲科布多倉廒年久失修，情形較重，籲懇天恩准予撥款修理，並擬添廒座，以重積儲而備擴充，恭摺仰祈聖鑒事。

竊查科布多城倉共計十五廒，每廒五間，自光緒十年奏准由户部撥款興修後，迄今十六年之久，因未籌辦歲修，致多傾圮滲漏。奴才赴倉盤查時，親見該倉椽望不全，樑柱欹斜，露明處所太多，實屬難蔽雨雪，並有數間全無地板，尤虞潮濕，殊非慎重積儲之道，亟應趕緊繕修。現飭蒙古事務處承辦章京英秀，會同糧餉章京榮臺，詳細查勘，應修舊七廒共三十五間，再添修三廒共十五間，以備將來廣屯儲峙之用。應需錢糧若干，令即切實查估去後。玆據該章京等禀稱：遵帶匠役連日赴倉查勘估算，除舊料尚有可用外，撙節核計，應需工料一切實銀五千八百七十六兩零，並聲明儘此辦理，不再續請估撥，等情。開具辦法清摺呈核前來。

查科布多地屬邊陲，工料、運價異常昂貴，迥與内地不同。今該章京等所估銀數尚屬核實，惟科城無款可籌，而要工又不可緩，再四籌思，查有已革理藩院主事麟鎬有應交銀四千兩，係奉上諭飭交該旗追繳之款，若以此項撥作修倉之用，尚非無著，合無仰懇天恩俯准賞給，俾濟工需，並乞敕下正藍旗蒙古都統嚴追該革員，勒限措繳，無任飾詞延宕。奴才等一面派員晋京赴正藍旗都統衙門領解，回營應用。尚欠銀兩一千八百七十六兩零，即請動用餘糧變價抵補。除咨明部、旗查照外，所有科布多倉廒請款修理，並擬添廒座各緣由，謹恭摺具陳。伏祈皇太后、皇上聖鑒。謹奏。光緒二十六年七月初六日[2]。

同日，奉軍機處知會，奉旨：著照所請，該衙門知道。（第61—62頁）

【案】此摺原件[①]現藏於中國第一歷史檔案館，兹據校勘。

1.【奴才瑞洵、禄祥跪】刊本無此前銜，兹據校補。

2.【光緒二十六年七月初六日】刊本無具奏日期，兹據補。

【案】此摺於是年七月二十四日得允行。《清實録》："又奏，倉厫年久失修，懇准撥款修理，並擬添厫座，以重積儲。如所請行。"[②]

一〇、餘糧收放仍循舊章辦理片

光緒二十六年七月初六日（1900 年 7 月 31 日）

再，科布多倉儲每年屯田收數在七千石上下，每石向交餘糧六升，統計一年除正額外，可收餘糧四百餘石，除去烏里雅蘇臺每年領去餘糧一百餘石外，尚存三百石上下。緣科布多所領經費毫無盈餘，故數十年來，凡歲修城垣、廟宇以及貼餧貢馬，無不取給於此，甚至隨時抖晾糧石、雇用蒙人，均係以此餘糧發給工資。雖有屯田兵丁應當此差，然每遇倉廒蒸鬱起火之時，多在屯田播種收穫之際，其勢斷難舍彼顧此，歷任大臣皆以公存餘糧辦此公事，故科布多一城甚少因修工請款之案。況所收正糧每年放項，尚屬有盈無絀，所餘之糧，照例收倉，年復一年，存儲愈多，不過積壓霉爛。雖辦公偶一動用，而積存仍復不少。

奴才等此次奏請變價千石賑濟札哈沁者，職是故也。自前大臣寶昌貪取一時之利，舉十餘年所存一旦欲據爲己有，奏明祇存四百餘石，經臣禄祥參奏[1]，始經查悉實存糧數。但自清查後，糧石固不敢提用，而辦公則已無項可指矣。夫以本

① 中國第一歷史檔案館藏：《録副奏摺》，檔案編號：03-6652-127。

② 《德宗景皇帝實録（七）》卷四百六十七，光緒二十六年七月下，第 125 頁。

地餘款辦理本地公事，各省皆是如此，必爲朝廷所許，但使不入私橐，即不失以公濟公之意。若必因噎廢食，將致一籌莫展。如遇歲修城垣、廟宇一切工程及貼餧貢馬，均須逐項另行請款，不僅煩瀆聖聰，司農恐亦不暇及此。

查烏里雅蘇臺每年所領餘糧一百餘石，前大臣寶昌奏請作正開銷，旋經烏里雅蘇臺將軍奏明下情，仍照歷年辦法，已蒙俞允。嗣准户部咨開：科布多歷年收放糧石所加餘糧六升之數，向不造入報銷册内，今既將放數造入開除項下，亦應將收數造入新收項下，出入方足相抵，令將現存餘糧四百餘石作爲舊管，以後按年收放，照數出入，等語。自應照辦，惟查餘糧放數不止烏城每年所領之一百餘石，舉以上指稱各項皆所必需，事悉因公，勢難責以賠墊，自須一一列入放數，似屬徒添具文，無裨實際。且每年餘糧爲數無多，又有各項待支，初非該管人員入己。奴才等愚見，百餘年舊章不必更改，仍以循照辦理、有益公務爲便。奴才等受恩深重，具有天良，亦斷不任屬員蒙蔽，自干咎戾。所有科布多餘糧收放仍請循舊辦理下情，理合附片陳明。伏乞聖鑒訓示。謹奏。

光緒二十六年七月二十四日，奉[2]旨：該部知道。（第62—64頁）

【案】此片原件[①]現藏於中國第一歷史檔案館，兹據校勘。再，此片具奏日期，目録署爲“光緒二十六年七月二十四日”，即奉旨日期，未確。因查《軍機處隨手登記檔》[②]，據同批摺件，應爲“光緒二十六年七月初六日”。

1.【案】光緒二十五年八月十一日，科布多幫辦大臣禄祥以參贊大臣寶昌等目無法紀，任意妄爲，具摺請旨嚴查，曰：

奴才禄祥跪奏，爲參贊大臣貪婪强横，與司員朋比爲奸，扣贓爲證，據實糾參，請旨嚴查，恭摺仰祈聖鑒事。

竊奴才於光緒二十四年二月到任，查得參贊寶昌實在劣迹並一切風聞各事，謹爲我皇太后、皇上縷晰陳之。寶昌奏調司員麟鎬，原爲辦理張子全命案，及麟鎬來科，反爲寶昌畫策，勸令事主具結，遂借此案向杜爾伯特旗下索賄銀數千兩，

① 中國第一歷史檔案館藏：《録副奏片》，檔案編號：03-6579-022。
② 中國第一歷史檔案館藏：《軍機處隨手登記檔》，檔案編號：03-0305-1-1226-196。

並將理藩院章京一缺使麟鎬充補，以爲後日得財分肥之地。此寶昌與麟鎬因命案詐贓之情形也。

又，聞倉内餘糧原係數千石，亦麟鎬與寶昌主謀，欺罔君上，祇言四百石之數，奏明在案。奴才到任後，借翻糧之便，擬盤查倉内糧石，寶昌與麟鎬阻撓不給倉門之鑰，其以多報少之情弊可想而知。奴才未到任以前，寶昌、麟鎬盜賣軍糧數百石，前已稟懇烏里雅蘇臺將軍、大臣代奏在案。奴才到任以後，秋季開放滿、漢兩營糧石，寶昌與麟鎬又蒙混盜賣軍糧八百石。至冬季開放兵糧，仍欲盜賣軍糧，奴才查知，遂於放完官糧之日將倉鑰扣留奴才署中。寶昌隨即至署，大言索要，百般强横。奴才亦祇逆來順受而已。此寶昌與麟鎬盜賣軍糧之情形也。

其餘放缺、派差等事，不論其人之才能優劣與資格之淺深，有麟鎬爲之開説，祇以財賄之多寡爲斷。此寶昌與麟鎬放缺索賄之情形也。以上借命案以詐贓、賣軍糧以分肥、因放缺而索賄，種種情形。奴才去年復經具禀烏里雅蘇臺將軍、參贊大臣，並將扣留作證寶昌令麟鎬送來銀帖二張，銀係二百兩，一並呈明，亦在案。

至軍務臺報、保獎蒙古章京、臺吉等咨文，尾開八員，風聞寶昌與麟鎬私賣獎札三十餘張，約得銀數百兩。今年春季，又派麟鎬往杜爾伯特驗屍，私放該旗梅楞巴達拉虎。迨麟鎬回科後，有梅楞那楚克送至科城，商號大盛魁轉給麟鎬銀一千一百一兩。似此貪墨，有玷官箴，而寶昌與麟鎬所恃不恐者，印信與報匣皆在參署存留，與奴才無一毫之權耳。寶昌於五月三十日酉刻接到硃批：賞假一個月。欽此。隨稱病愈，於六月初一日出城拜廟，隨意微服冶游，實屬不知體制，任性妄爲。奴才屢讀上諭，於封疆大吏莫不誠以實心任事，潔己奉公。聖訓煌煌，本宜恪恭遵守，乃寶昌目無法紀，逐利而行。奴才聞見確切，實有不能緘默者。

謹將其貪贓受賄、盜賣軍糧，毫無忌憚各情形，據實繕摺糾參，以儆官邪而除貪暴。奴才迫於無法，祇有請旨嚴察，是否之處，伏乞皇太后、皇上聖鑒訓示。謹奏。光緒二十五年八月十一日。[①]

【案】同日，禄祥以寶昌委任親信、損公受賄，附片曰：

---

① 中國第一歷史檔案館藏：《録副奏摺》，檔案編號：03-5379-071。

再，奴才查科城滿、緑兩營兵弁，其口糧本仰給於内地，每年往古城一帶采買，以足兩營之口食，奏明在案。去年采買米麵，司員麟鎬保薦候補筆帖式溥涌，寶昌派巡捕沙玉福總司其事。及所買米麵運至科城，米多攙雜，麵不潔白，而價值比往年甚昂，蓋因沙玉福等從中漁利分肥，買騾二頭送與寶昌、麟鎬二人，故米麵粗而價貴。寶昌受賄，隱忍不言，奴才亦無可如何耳，致使滿漢兵弁謗讟沸騰。今年采買米麵，奴才與寶昌商酌，擬分派弁兵采買，令其實心任事，不得舞弊。而寶昌竟多方阻撓，其貴差之情可想見矣。每年由歸綏道庫領餉原分頭、二起，今年頭起餉差，寶昌派弁兵六名，於三月二十九日起程，令奴才派弁兵四名領二起餉，六月間派妥。至八月中旬，寶昌仍未給傳單，差弁何能前往？該二起餉銀亦二萬餘兩。

伏思餉銀本係國家養兵之用，總以慎重爲要，而寶昌如此存心，實於公務有礙。科城設立俄商局，有巡邏兵役十六名。寶昌到任後，令其家人盡數充補，食其糧而終未當差。律以餉不虛糜之義，未免背繆。

至軍務臺報五年班滿，保奬緑營兵丁，經部核准應給奬札，因二月二十日寶昌夫人生日，傳令滿、漢兩營兵弁爲之賀壽。奴才署中兵丁往參署拜壽，未具祝儀，寶昌遂藉此不給奴才署中兵丁奬札，其餘兵弁皆已給之矣。此寶昌偏僻妄爲、不顧大局各情形，奴才謹附片具陳。伏乞聖鑒訓示。謹奏。[①]

【案】此案旋於是年九月初五日得旨，清廷飭令連順嚴查參辦。“廷寄”曰：

軍機大臣字寄：烏里雅蘇臺將軍連，光緒二十五年九月初五日奉上諭：禄祥奏，科布多參贊大臣寶昌辦理張子全命案，聽信司員麟鎬，向杜爾伯特旗索賄銀數千兩，並將理藩院章京缺使麟鎬充補，又有盜賣軍糧、放差索賄及采買米麵，多方阻撓，並藉端不給兵丁奬札等事，請飭嚴查各摺片。前因貴恒等代奏禄祥呈稱司員麟鎬與寶昌交往，種種貪鄙情形，曾經諭令貴恒等查辦，貴恒旋即交卸，未即覆奏，著連順到任後，即行按照前後指參各節，確切查明，從嚴參辦，毋稍徇隱！原摺片均著鈔給閲看。將此諭令知之。遵旨寄信前來。[②]

---

① 中國第一歷史檔案館藏：《録副奏片》，檔案編號：03-5385-022。

② 《光緒朝上諭檔》第25册，第206頁。又，《德宗景皇帝實録（六）》卷四百五十，光緒二十五年九月上，第940—941頁。

2.【光緒二十六年七月二十四日，奉】此奉旨日期等，據《軍機處隨手登記檔》[①]校補。

【案】此奏片亦於同日得旨允行，《清實録》："又奏，科布多收放餘糧，請仍循舊辦理，不必造入報銷。下部知之。"[②]

一一、調補蒙古印務兩處承辦章京片

光緒二十六年七月初六日（1900年7月31日）

再，辦理蒙古事務處章京一缺，承辦各部落蒙古暨各卡倫、臺站一切事件，責任既重，事務尤繁，非熟悉情形、通曉滿蒙、有守有爲之員，難期措理裕如、衆情允洽。自革員麟鎬委充章京以來，遇事紛擾，百計婪索。科布多所管各和碩本非富足，自經麟鎬朘削，生計益形枯窘，且教誘蒙古請托鑽營，習於行賄，敗壞風氣，尤爲可惡，亟應設法挽回，用心培養，俾還渾樸之舊，此缺自應仍請由外揀補，以期得力。查有現充印務處承辦章京主事職銜英秀，明白老練，滿蒙皆優，在營二十餘年，邊情極爲透徹，遇事尚知持重，擬請調補蒙古事務處章京，以資整頓。所遺印務處承辦章京，查有該處幫辦章京主事職銜玉善，心地尚好，資序亦深，堪以充補。

又，蒙古事務處幫辦章京主事職銜全安請假回旗，員缺亦難虚懸，查有委署主事鍾祥，人尚明晰，才堪造就，堪以充補。如蒙俞允，該三員均俟年滿，如願就武，回城後仍如原保補用，俟遇有差便，給咨該員等赴部，帶領引見。其鍾祥所遺委署主事一缺，應俟遴選得人，再行請補。又，奴才瑞洵到任未久，仍由奴

① 中國第一歷史檔案館藏：《軍機處隨手登記檔》，檔案編號：03-0305-1-1226-196。

② 《德宗景皇帝實録（七）》卷四百六十七，光緒二十六年七月下，第125頁。

才[1]禄祥出考。謹附片具陳。伏乞聖鑒。謹奏。

光緒二十六年七月二十四日，奉[2]旨：著照所請，該衙門知道。（第64—65頁）

【案】此片原件①現藏於中國第一歷史檔案館，兹據校勘。

1.【奴才】刊本作“臣”。

2.【光緒二十六年七月二十四日，奉】此奉旨日期等，據《軍機處隨手登記檔》②校補。

一二、請補印務處幫辦章京片

光緒二十六年七月初六日（1900年7月31日）

再，印務處幫辦章京玉善升補印務處承辦章京，所遺幫辦章京主事職銜一缺，查有補用防禦印務處筆帖式崇文，公事明白，人亦向上，堪以充補，應俟該員七年期滿，如願就武，回城後循例俟補防禦後，以佐領補用，先换頂戴；俟遇有差便，即給咨該員赴部，帶領引見。其所遺印務處筆帖式一缺，應俟遴選得人，再行請補。爲此附片具陳。伏祈[1]聖鑒。再，奴才瑞洵到任未久，仍由奴才[2]禄祥出考。合並聲明。謹奏。

光緒二十六年七月二十四日，奉[3]旨：著照所請，該衙門知道。（第66頁）

【案】此片原件③現藏於中國第一歷史檔案館，兹據校勘。

1.【伏祈】刊本作“伏乞”。

① 中國第一歷史檔案館藏：《録副奏片》，檔案編號：03-5390-122。

② 中國第一歷史檔案館藏：《軍機處隨手登記檔》，檔案編號：03-0305-1-1226-196。

③ 中國第一歷史檔案館藏：《録副奏片》，檔案編號：03-5390-121。

2.【奴才】刊本作“臣”。

3.【光緒二十六年七月二十四日，奉】此奉旨日期等，據《軍機處隨手登記檔》① 校補。

一三、到任盤查倉糧摺

光緒二十六年七月初六日（1900年7月31日）

奴才瑞洵跪[1]奏，爲到任盤查倉糧，恭摺具陳，仰祈聖鑒事。

竊奴才到任應行盤查倉糧，查定邊左副將軍連順覆奏查辦寶昌參案摺内聲明：科城倉儲多年未經册報。光緒二十三年，寶昌附奏倉存餘糧四百餘石，數目是盈是絀，應俟奴才到任核辦交代，再行清理，等語[2]。自應遵照原奏辦理。比經諭飭該管糧餉章京榮臺造呈實在數目清册，以憑查奏，毋稍蒙混去後。嗣據該章京造册請查前來。

臣當於六月二十二日率同司員赴倉，認真盤查，計自烏城派員清查，截至光緒二十五年十二月止，實存正餘糧石一萬五千二百三十五石，除去本年春、夏兩季支放，應存正額無虧，尚存餘糧一千餘石，核與將軍連順原查數目相符。除飭該章京實心經理，慎重收發，暨咨户部查照外，所有臣盤查倉糧緣由，理合繕摺具陳。伏祈皇太后、皇上聖鑒。謹奏。光緒二十六年七月初六日[3]。

光緒二十六年七月二十四日，奉[4]旨：知道了。（第66—67頁）

【案】此摺原件② 現藏於中國第一歷史檔案館，兹據校勘。

---

① 中國第一歷史檔案館藏：《軍機處隨手登記檔》，檔案編號：03-0305-1-1226-196。

② 中國第一歷史檔案館藏：《録副奏摺》，檔案編號：03-6579-023。

1.【奴才瑞洵跪】刊本無此前銜，玆據校補。

2.【案】光緒二十六年二月十二日，定邊左副將軍連順覆陳查辦寶昌被劾之案，曰：

奴才連順跪奏，爲查明大臣互劾各情，據實覆陳，恭摺仰祈聖鑒事。

竊前因科布多幫辦禄祥揭稟參贊寶昌任用司員，納賄賣糧，種種貪鄙，經將軍貴恒等據呈代奏，奉旨：派貴恒、志鋭確切查明，據實具奏。嗣因貴恒開缺，蒙派奴才到任，會同查辦。又奉上諭：限一個月，據實覆奏。當經志鋭片奏奴才連順到任需時，未敢冒昧查辦。惟限期緊迫，陳明請旨遵辦，奉硃批：著俟連順到任後，會同辦理。欽此。奴才到京陛見，仰蒙欽派督辦蒙古鄂爾河等處礦務，當即奏明遶道先赴庫倫，籌商礦事，先後兩次承准軍機處大臣字寄：光緒二十五年九月初五日，奉上諭：禄祥奏，科布多參贊大臣寶昌辦理張子全命案，聽信司員麟鎬，向杜爾伯特旗索賄銀數千兩，並將理藩院章京缺使麟鎬充補，又有盜賣軍糧、放差索賄，及采買米麵，多方阻撓，並藉端不給兵丁獎札等事，請飭嚴查各摺片。前因貴恒等代奏禄祥呈稱，司員麟鎬與寶昌交往，種種貪鄙情形，曾經諭令貴恒等查辦，貴恒旋即交卸，未及覆奏，著連順到任後，即行按照前後指參各節，確切查明，從嚴參辦，毋稍徇隱。原摺片均著鈔給閲看。將此諭令知之。欽此。九月初七日，奉上諭：前因禄祥奏參科布多參贊大臣寶昌貪婪强横各節，當經諭令連順確查，並將寶昌開缺，聽候查辦。玆據寶昌奏稱，幫辦大臣禄祥信用奴僕、任性妄爲，及違例專差由臺遞送私信，各等語。著連順歸入前案，一並確切查明，據實具奏，毋稍徇隱。原摺片著鈔給閲看。將此諭令知之。欽此。奴才欽遵之下，於十月二十六日到任，即遴派委員兵部員外善貴、户部主事職銜貴興，前往科布多明察暗訪，並盤倉調卷，擇傳人證，妥速辦理去後。嗣將人證、卷宗陸續傳到。玆據委員稟覆前來。

奴才逐加覆核，原參各摺片不止一次，語多重復、參差，未便按段冗叙。查貴恒、志鋭代奏，暨禄祥參奏寶昌各款，以命案索賄、盜賣軍糧、扣贓作證、放官派差、納賄分肥各節爲大端；查寶昌奏參禄祥各款，以聽信奴僕、濫用非刑、違例由臺專遞私信各節爲大端。謹將端要簡明陳之。

查張子全命案索賄一節，卷查光緒二十年三月間，民人張子全牽駝一隻，載貨赴杜爾伯特旗下貿易，人貨俱無下落。嗣經屍親張子異等控告，訪得撿獲原駝之人，浮言隨指爲係蒙人瓦齊爾並妻德濟特所害，拖延三四年之久，反覆熬審，終無確據。寶昌到任，調委麟鎬審訊，以蒙地遼濶，風雪迷人，野獸侵害，常無下落，比照商民韓興元風雪凍死，屍身尋獲尚速，幸未被野獸侵食情形，擬議奏結在案。寶昌稱之爲能，是以與麟鎬奏補蒙古處章京之缺，經部照例核准。彼時即有人傳説瓦齊爾之妻德濟特係右翼親王之甥女，家道殷實，麟鎬有索賄情事。

奴才此次自應傳調人證，澈底究問，惟據杜爾伯特盟長回文呈覆，瓦齊爾夫婦及克什克圖均已先後因傷、因病身故，兼之屍親均已星散回籍，無從追訊。因傳該旗通事元盛德字號衞培掄到案查問，據供該號執事人范通上年因病出號回籍，伊接管鋪事時，問知蒙人克什克圖向與該旗辦事，陸續運存該號銀七千兩，均撥與麟鎬名下。麟鎬自己取用銀四千兩，爲寶昌撥銀三千兩，等情。及咨詢寶昌，則云杜爾伯特右翼親王因授盟長兼副將軍，由麟鎬經手送謝儀銀三千兩，未敢入己，留作地方公用，並非張子全命案賄銀。其麟鎬之四千兩，當初實不知情，等語。此事訪訊頗費周折，在寶昌雖存避就，然無論命案、謝儀，總之同屬受賄。此查明賄銀七千兩與原參數目尚爲符合者也。

查盗賣軍糧一節，科城倉儲多年未經册報。二十三年，寶昌奏報倉存餘糧四百餘石，數目是盈是絀，一時無憑，按年推算，須俟新任參贊大臣瑞洵到任，核辦交代，再行清理外，現據委員善貴等此次到科盤量，截至二十五年十二月爲止，倉内實存正餘糧一萬五千五百三十五石。二十三年冬間，寶昌飭糧餉章京榮臺將剔出受潮帶霉變之餘糧一百三十四石有零，按照舊規，變賣價銀，存作隨時補修倉廒之用，當時糧價每石值銀三兩三四錢，應合銀四百餘兩，而此項霉糧每石祇能賣銀二兩，共變價銀二百六十九兩零，係賣與永興恒、廣興隆、三和義三家分領。原參謂其私行打出三次，當係因此訛誤。又訊據榮臺供稱，二十四年秋間，承參贊吩咐由倉打出麥糧八百石，分給磨房廣興隆等五家承領，冬春之間，業已均由弁兵應領糧票，陸續照數扣回，緣磨房支應兵丁，隨時取麵，是以倉中亦與磨房有此通融辦法，雖係預發，實與倉儲毫無出入，等語。奴才復飭詳查，委係如數扣放，尚非盗賣。

查扣贓作證及放官派差、納賄分肥各節，寶昌差派巡捕沙玉福前往杜爾伯特旗下稽查無票貿易之人，查出商民趙汝霖貿易多年，並無官票，寶昌令照向章罰銀充公，經麟鎬手議罰，因稽查得力，獎賞沙玉福銀四十兩，分送寶昌銀一百五十兩、禄祥銀一百兩。因衙署應修，作爲經費。又，松祥補放筆帖式，經麟鎬手，分送寶昌、禄祥銀各一百兩，禄祥將此二項二百兩扣作參案證據，咨詢寶昌，據稱趙汝霖罰款一百五十兩，業已補修衙署，支用無餘；松祥之一百兩，現應交出，備充用公。審問麟鎬，據供並未染指。

又，二十四年寶昌派筆帖式溥涌、巡捕沙玉福赴古城采買米麵，價值比上次較昂。訊係時價不同，尚無漁利作弊實據。寶昌、麟鎬買騾，詢係自行交帶現銀，不與米麵價值相涉。原參謂其賄送，亦無證見。至原參軍務、臺報、保獎蒙古八員、風聞寶昌與麟鎬私賣獎札三十餘張，約得銀數百兩；又參麟鎬奉差驗屍，私放梅楞巴達拉虎，由大盛魁轉給麟鎬銀一千一百兩，明查暗訪，咨獎臺員，奉差驗屍，均有案可憑；私賣私放，並無其事。其餘所參寶昌微服冶游，爭扣倉鑰，遲發領餉、傳單，家人充補局役，賀壽起嫌，不給兵丁獎札，或尚有因，或無實據。惟大端業已顯然，小節似不必苛究，致繁案牘。以上係查明寶昌被參之情形也。

至寶昌奏參禄祥聽信奴僕、濫用非刑一節，查科城二十四年五月間，有蒙古達爾札、車林二人商同盗馬六匹之案，内有偷去禄祥所挑貢馬三匹，曾經禄祥督飭審訊，衹用鞭責，成招後因係初犯，照例遞減至徒一年者，枷號二十日，解烏轉飭該旗收管有案。查無擅用畫眉、架壓槓石、口袋各種非刑之事。審訊吴堃、周瑞，與此案均無干涉。並徧行查訪，禄祥亦無專信周瑞福之聲氣。

原參違例專差由臺遞送私信一節，係禄祥急欲奏參寶昌，因無印信、報匣，不得不專差吴堃、周瑞赴烏城賫呈奏摺，前護將軍志鋭代爲發遞，早在聖明洞鑒之中。原參謂麟鎬請咨回旗，禄祥堅不列銜，以致奏報遲延。查麟鎬係奉旨查辦之員，原不應給咨回旗，是以行至烏城，經志鋭扣留，奏明有案。又謂禄祥嗜好甚深，任性妄爲，應補麟鎬章京遺缺，不照部示舊例各情，乃係兩人冰炭、互相傾毁之言，不足深究。此又查明寶昌參劾禄祥之情形也。

惟查開缺參贊大臣寶昌咨覆所存贓罰銀兩充公，雖屬賄未入己，而身爲大臣，不能正己率屬，致滋流弊，相應請旨革職，以示懲儆。理藩院候補主事麟鎬，雖具結聲明願將所得賄銀四千兩交出充公，而該員通賄營私，聲名惡劣，應請革職永不叙用，並請敕下鑲藍旗蒙古都統勒限轉飭該家屬，在京就近呈繳，逾限不交，再行監追查鈔，從嚴懲戒。筆帖式松祥、外委沙玉福行賄招議，應請一並革職，將松祥咨回原旗，並查沙玉福及家丁周瑞平日均不安分，應各解交原籍管束，不准逗留在外滋事。幫辦大臣禄祥雖有違例派人行走臺站之咎，實屬迫於情急所致。糧餉章京筆帖式榮臺係聽上司諭令，且所管糧石尚無出入情弊，均請免其置議。此外，浮存銀兩之元盛德范通業已因病出號，且係通事之家，通挪墊付，事所恒有，礙難律以不應，亦請免議。除將科城現存之贓罰銀三千三百兩由奴才提烏儲庫，遇有需項，再行奏明動用外，所有奴才遵旨查辦科城大臣互相參劾各緣由，據實具陳，是否有當，伏乞皇太后、皇上聖鑒訓示。謹奏。光緒二十六年二月十二日。①

【案】此案於是年二月三十日得旨，從如所擬。《光緒朝上諭檔》載曰：

光緒二十六年二月三十日，内閣奉上諭：連順奏，遵旨查明大臣互劾各情，據實覆陳一摺。前因寶昌、禄祥互相參揭，先後諭令連順確查。兹據查明覆奏，所參各節或事出有因，或查無實據。惟寶昌將所存贓罰銀兩充公，雖未入己，究屬不能正己率屬。開缺科布多參贊大臣寶昌，著即行革職。理藩院候補主事麟鎬通賄營私，聲名惡劣，著革職永不叙用。所得賄銀，並著鑲藍旗蒙古都統勒限該家屬如數追繳。筆帖式松祥、外委沙玉福，分賄招議，著一並革職。松祥並著咨回原旗。沙玉福及家丁周瑞，均著解交原籍，嚴加管束，不准逗留滋事。禄祥違例派人行走臺站，係迫於情急所致；糧餉章京筆帖式榮臺所管糧石，尚無出入情弊，均著免其置議。餘著照所請辦理。該衙門知道。欽此。②

3.【光緒二十六年七月初六日】刊本缺具奏日期，兹據校補。

4.【光緒二十六年七月二十四日，奉】此奉旨日期等，據《軍機處隨手登記檔》③校補。

---

① 臺北"故宫博物院"藏：《軍機及宫中檔》，文獻編號：408004249。

② 《光緒朝上諭檔》第26册，第60—61頁。又，《德宗景皇帝實録（七）》卷四百六十，光緒二十六年二月下，第35頁。

③ 中國第一歷史檔案館藏：《軍機處隨手登記檔》，檔案編號：03-0305-1-1226-196。

一四、盤查銀庫軍器庫片

光緒二十六年七月初六日（1900 年 7 月 31 日）

再，奴才到任應將庫存銀兩暨庫儲軍器盤查。兹據糧餉章京榮臺、印務章京玉善分造細册，請查前來。奴才率同司員前往逐細盤查，所有庫存正款暨軍器各件均與册造相符，尚無虧短。除飭該章京等認真經理並咨部查照外，理合附陳。伏祈聖鑒。謹奏。

光緒二十六年七月二十四日，奉旨[1]：知道了。（第 67—68 頁）

【案】此片原件①現藏於中國第一歷史檔案館，兹據校勘。再，此片具奏日期，目録、原件均署爲“光緒二十六年七月二十四日”，即奉旨日期，未確。兹據刊本、《軍機處隨手登記檔》②之同批摺件，應爲“光緒二十六年七月初六日”。兹據校正。

1.【光緒二十六年七月二十四日，奉旨】此奉旨日期等，據《軍機處隨手登記檔》③校補。

---

① 中國第一歷史檔案館藏：《録副奏片》，檔案編號：03-6579-024。

② 中國第一歷史檔案館藏：《軍機處隨手登記檔》，檔案編號：03-0305-1-1226-196。

③ 中國第一歷史檔案館藏：《軍機處隨手登記檔》，檔案編號：03-0305-1-1226-196。

一五、接讀電旨懇請回京報效摺

光緒二十六年七月初六日（1900 年 7 月 31 日）

奴才瑞洵跪[1]奏，爲接讀電旨，擬請恩准回京，勉圖報效，恭摺仰祈聖鑒事。

竊奴才自接科布多參贊之任業已四旬有餘，邸鈔既不得見，文報亦復罕通，京師消息毫無聞知，遥企闕廷，彌殷瞻戀！兹於七月初二日接准塔爾巴哈臺參贊春滿[①]來咨，恭録五月電旨四道，乃知中外開釁，相見兵戎，並悉變由拳民仇教，俄以代剿爲辭，各國風從，洋兵續集，炮臺盡失，畿輔戒嚴。五内摧傷，憂憤欲死！現又荏苒月餘，尚不知軍情何若。

奴才身羈絶域，心係朝廷，自維雖乏才能，惟此一片血誠，期報國恩而匡時局，赴湯蹈火，在所不辭！惟是處兹裔塞瘠區，無兵無餉，徒喚奈何。然遇君父之急，自應奔赴，以圖報效。科布多雖爲邊要，較之東三省，尚爲外國緩圖，擬請旨俯准奴才回京，祗候任使，細流土壤，稍補萬一！此奴才夙夜焦急、祷祀以求者也。所有接讀電旨、自請回京報效下情，不揣冒昧，謹繕摺馳陳。伏祈皇太后、皇上聖鑒，俯允。不勝迫切待命之至。謹奏。光緒二十六年七月初六日[2]。

旨：毋庸來京（七月二十四日）[3]。（第 68—69 頁）

【案】此摺原件、録副查無下落，待考。

---

① 春滿（1839—1905），字少珊，滿洲鑲白旗人，伊爾根覺羅氏，克勇巴圖魯。同治二年（1863），任吉林伊通驍騎校。三年（1864），調三姓正白旗防禦。四年（1865），擢吉林滿洲正黄旗佐領。七年（1868），調補烏拉正黄旗佐領、烏拉鑲白旗佐領。光緒三年（1877），加副都統銜。九年（1883），署理伊犁索倫領隊大臣，旋實授。十二年（1886），調入額魯特領隊大臣，署理塔爾巴哈臺參贊大臣。十九年（1893），調補察哈爾領隊大臣。二十三年（1897），任伊犁副都統。三十一年（1905），卒。

1.【奴才瑞洵跪】刊本無此前銜，玆推補。

2.【光緒二十六年七月初六日】刊本缺具奏日期，玆推補。

3.【案】此奉旨日期與内容，與《軍機處隨手登記檔》[①]記述一致。又，《清實録》："又奏，中外開釁，懇准回京，勉圖報效。得旨：毋庸來京。"[②]

一六、密奏擬調旗兵暨辦理蒙團請撥餉項片

光緒二十六年七月初六日（1900年7月31日）

再，密陳者，奴才自聞洋人構衅、中外交綏之耗，當以兵端既啓，邊境宜防，科布多迤北一帶處處與俄界毗連，亟應妥籌扼守，節經密飭沿邊卡倫侍衛等嚴密偵探，切實防範，並於所屬各蒙古王公、盟長、札薩克等來謁時，面諭簡練隊伍，各爲守禦，勿稍大意，以重邊防。惟科布多公事廢弛已久，雖有卡倫，額設官兵本屬有限，早成具文。至滿、緑换防，連官帶兵統共不過二百七十餘員名，皆各有專差，向無操演，人數寥寥，雖現已督飭練技，尚不及北洋諸軍萬分之一，毫不足恃。此外，蒙古各部落雖可挑拔兵丁，奈何餉械兩缺，亦難空言選練，更不能倉猝成軍。竭蹶情形，奴才到任以來，目擊心傷，殊增浩歎。此皆歷任大臣不肯認真辦事，惟知因循敷衍，致成今日局面，憤憾何極！即使奴才殫竭血誠，趕緊整頓，已有不及之勢矣。

奴才五中焦慮，枕戈待旦，恒至夜不成寐，自念世受國恩，忝膺重寄，儻使地方若有疏失，何以仰副委任！奴才既具天良，即不敢以無兵無餉藉辭諉卸，自不能不於無可設法之中勉圖布置。查科布多距新疆古城不過千數百里，該處滿兵

---

① 中國第一歷史檔案館藏：《軍機處隨手登記檔》，檔案編號：03-0305-1-1226-196。

② 《德宗景皇帝實録（七）》卷四百六十七，光緒二十六年七月下，第125頁。

尚有千餘人，且離彼界尚遠，官兵閑置非宜。值此緩急之時，該滿兵渥受朝廷豢養深恩，尤當奮圖報效，若以暫行移駐科布多，便可化無用爲有用，且可仍帶原食餉項，不必另籌。惟若俟奏明奉旨再辦，實已緩不濟急，事關大局，不敢拘泥，奴才現已咨商新疆撫臣饒應祺[①]，切懇轉飭該城守尉，挑撥精壯二千名，迅派曾經戰陣之官弁管帶，前來科布多，由奴才酌量飭令分防要隘。至該旗兵既經移戍，營力較單，應由該撫酌量地方情形，增調漢隊填扎，以新疆尚可就地募兵籌餉，與科布多枯窘爲難情形不同也。臣非不知新疆界連英、俄，防務同形吃重，無如科布多兵餉兩缺，一時猝難籌備，若不借助鄰封，實屬難以自立，况北路若將有警，即古城亦難保無虞，尤宜未雨綢繆，並籌兼顧。刻下强敵在邇，大局甚危，值此主憂臣辱之時，何可尚存此疆爾界之見，允宜各攄忠義，共濟時艱。然奴才借兵之舉不過暫顧眉急，仍當自謀召募，加意操練，爲日後振奮自强之基。

合無請旨迅飭撫臣饒應祺，不分畛域，速行派撥兵隊前來科布多，以資防守，一俟邊務稍鬆，即飭各回營旗，若科布多再不增兵置戍，赤手空拳，奴才何能抵禦？萬一有失，奴才惟有一死塞責，不能再報國恩矣。並求准所調官兵暫聽奴才節制調遣，俾免呼應不靈。至奴才現仍擬一面挑選蒙兵，辦理團練，不得不量請款項，以資津貼而期飽騰，惟有仰懇天恩敕下户部，無論何款，即行撥給銀三十萬兩，飛速轉電塔爾巴哈臺，知照科布多，以便迅派幹員馳赴請領，解營濟用，聊爲接濟。邊事幸甚！奴才幸甚！口外人心浮動，風謡易起，奴才現惟諄飭所屬，處以鎮静，切戒張皇，衹可暗中籌布，不動聲色，故現在北路雖風鶴時聞，而尚未十分震動，請釋慈廑。所有擬調兵丁，暨一面辦理蒙團，請撥餉項緣由，謹附

---

① 饒應祺（1837—1903），字子維，號春山，湖北恩施人。幼穎悟好學，試作渾天儀，旋轉合度；入縣學，中秀才，選貢生，咸豐九年（1859），由候補訓導薦爲國子監學正。同治元年（1862），中式舉人，任刑部江西司行走，授知縣。旋以丁父憂回鄉守制，後入湖廣總督李鴻章幕。同治六年（1877），至陝甘總督左宗棠軍中供職，隨左攻克金積堡、巴燕戎格等地，以軍功擢知府。光緒三年（1877），任同州（今陝西大荔）知府，興修水利。四年（1878），加鹽運使銜。十年（1884），授甘肅甘州（今甘肅張掖）知府，設紡織局、孤嫠所，捐廉俸購紡織機，州民穿用有餘。十一年（1885），升補蘭州道員，署按察使銜。十五年（1889），調補新疆喀什噶爾道員，後改鎮迪道，仍兼按察使銜。十七年（1891），署新疆藩司。十九年（1893），實授甘肅新疆布政使。二十一年（1895），以藩司署理甘肅新疆巡撫。二十二年（1896），擢新疆巡撫。二十八年（1902），調補安徽巡撫。次年，行抵哈密，因病出缺。賜恤如例。有《饒應祺文獻集成》存世。

片據實密陳。伏祈聖鑒訓示。謹奏。

旨：即著就地籌款，挑練蒙兵，自固邊防。咨商鄰省，徒誤事機（七月二十四日）[1]。（第 69—72 頁）

【案】此片原件、録副查無下落，待考。

1.【案】此奉旨日期與内容，與《軍機處隨手登記檔》① 記述一致。又，《清實録》："又奏，請調古城滿兵防科，並請撥款挑練蒙兵。得旨：即著就地籌款，挑練蒙兵，自固邊防；咨商鄰省，徒誤事機。"②

一七、籌辦蒙團請留大員相助摺

光緒二十六年七月十二日（1900 年 8 月 6 日）

奴才瑞洵、禄祥跪[1]奏，爲籌辦蒙團，調隊防守，請留大員相助，以固邊圉，恭摺仰祈聖鑒事。

竊自中外開衅，奴才等欽遵諭旨，布置防守，所有辦團、守卡、請餉、借兵諸事，均已隨時馳奏。惟奴才瑞洵甫經到任，情形未熟，所有籌備各事宜，深虞疏誤，幸賴有調補索倫領隊大臣志鋭③赴任，過此暫住，相助爲理。該大臣五月

---

① 中國第一歷史檔案館藏：《軍機處隨手登記檔》，檔案編號：03-0305-1-1226-196。

② 《德宗景皇帝實録（七）》卷四百六十七，光緒二十六年七月下，第 125 頁。

③ 志鋭（1852—1911），字伯愚、廓軒，號公穎、迂安、姜盦，滿洲正紅旗人。光緒二年（1876），鄉試中舉。六年（1880），中式進士，改翰林院庶吉士，授編修，旋補翰林院侍讀。光緒十五年（1889），充詹事府詹事。二十年（1894），升禮部右侍郎，充會試朝考閱卷大臣。是年，調補烏里雅蘇臺參贊大臣。二十五年（1899），轉伊犁領隊大臣。三十二年（1906），授寧夏副都統。宣統二年（1910），遷杭州將軍。翌年，調伊犁將軍，加太子少保。三年（1911），卒於任。著有《同聽秋聲館長短句》《廓軒竹枝詞百首》《寧西藏賦》《魁城賦》等。

到科，彼時即因札哈沁被災，駝馬倒斃，未能行走，留滯至今。奴才瑞洵到任後，與奴才禄祥商定，奏請籌款賑撫，現始派人前往放賑、設臺。又因中外衅啓，奴才等飭令各旗仿行清野之法，期斷俄人來路。蒙人皆遷避入山，一時亦難湊集，該大臣祇得在此守候。又值奴才瑞洵憂勞多病，不得不幫同辦理一切。查該大臣久任烏里雅蘇臺參贊，官聲甚好，三札兩盟蒙衆無不信服。當此緩急需人之際，若令幫同籌辦蒙團，情形既熟，呼應亦便。况奴才瑞洵曾經奏請咨調古城旗兵，如果前來，亦乏統率。該大臣世受國恩，在任在科，同一報效，伊犁防營較多，亦不少該大臣一人，與其一時不能到任，不如在此隨地效忠。可否擬懇天恩暫留該大臣幫辦團務，並可由奴才等咨調索倫防兵五百名，自備駝馬，趲程前來，協同守禦，以厚兵力。索倫兵隊係該大臣專責，必能助防得力，一俟軍事大定，再令馳赴任所。

奴才等忝膺疆寄，值此時艱，集益維持，何敢自恃以人事君之義，理所當爲，故敢不避冒昧，總期有益事機。現在辦理蒙團，得與該大臣悉心籌畫，奴才等深資襄助。所有請留大員幫辦團務緣由，理合恭摺具陳。伏祈皇太后、皇上聖鑒，俯允施行。

再，奴才等具陳摺件，因報匣未回，此次係用夾板，由驛馳遞。現在軍事甚迫，似未便稍涉拘泥，或致貽誤事機，擬懇天恩嗣後遇有陳奏事件，如遇報匣未回，即用夾板封遞，以免遲延，一俟軍事大定，再行照舊專用報匣。合並陳明。謹奏。光緒二十六年七月十二日[2]。

光緒二十六年閏八月初九日，奉軍機處知會，奉旨：著不准留（七月二十八日旨）。（第72—74頁）

【案】此摺原件、録副查無下落，待考。

1.【奴才瑞洵、禄祥跪】刊本無此前銜，兹據《軍機處隨手登記檔》①校補。

2.【光緒二十六年七月十二日】此具奏日期，據刊本“後記”補。

---

① 中國第一歷史檔案館藏：《軍機處隨手登記檔》，檔案編號：03-0305-1-1226-200。

一八、更正筆誤片

光緒二十六年七月十二日（1900年8月6日）

再，前因科布多倉廒亟須修理，擬將革員麟鎬應交銀四千兩懇恩撥給，俾濟工需，請敕該旗勒追措繳等情，於七月初六日具摺馳陳在案。惟查該革員麟鎬係鑲藍旗蒙古人，繕摺誤爲正藍旗蒙古。昨查該革員履歷，始悉筆誤，殊屬疏忽，自應奏明更正。奴才等所請，如蒙俞允，再請敕下鑲藍旗蒙古都統衙門，嚴行追繳，以便赴領，解回應用。除再咨部、旗查照外，所有更正筆誤緣由，理合附片具陳。伏祈聖鑒。謹奏。

光緒二十六年七月二十八日，奉旨[1]：該衙門知道。（第74—75頁）

【案】此片原件、録副查無下落，待考。

1.【光緒二十六年七月二十八日，奉旨】此奉旨日期等，據《軍機處隨手登記檔》[①]補。

① 中國第一歷史檔案館藏：《軍機處隨手登記檔》，檔案編號：03-0305-1-1226-200。

一九、請領火藥辦理清野情形片
光緒二十六年七月十二日（1900年8月6日）

再，現在辦理蒙古團練，必須發給軍火，科布多庫存火藥無多，且早受潮過半，不甚適用，若由京部請領，殊覺不及。聞烏里雅蘇臺存儲尚多，奴才等已派員持咨往領一萬觔備用。至屢奉諭旨，嚴加防守，斷其接濟。查蒙地遼闊，居人散處，路路可通，到處能掠，雖經札飭，亦屬具文。惟有清野之法，光緒二十一年，玉門賊竄出關。烏里雅蘇臺於三札兩盟行之有效。現在奴才等業已倣照辦理，派員前赴沿路各旗，督令將四項牲畜牧放僻路、深山，人户亦隨之遠避。况西北一帶本年亢旱異常，如此挪移，不啻赤地千里，料其行軍，當不出此。團練之法亦與内地不同，並無村鎮可守，現惟每旗各辦一團，除操演槍械外，專令督催各旗人户、牲畜遠避，以補辦理清野委員之不及。邊遠瘠區，兵餉兩缺，亦祇得如此布置，藉固邊防。所有請領火藥，辦理清野各緣由，理合附片具陳。伏祈聖鑒。謹奏。

光緒二十六年七月二十八日，奉旨[1]：知道了。（第75—76頁）

【案】此片原件、録副查無下落，待考。

1.【光緒二十六年七月二十八日，奉旨】此奉旨日期等，據《軍機處隨手登記檔》[①]補。

---

① 中國第一歷史檔案館藏：《軍機處隨手登記檔》，檔案編號：03-0305-1-1226-200。

二〇、密奏遵旨妥籌布置並陳管見摺

光緒二十六年七月十二日（1900年8月6日）

奴才瑞洵跪[1]奏，爲遵旨妥籌布置，並陳管見，恭摺密陳，仰祈聖鑒事。

竊奴才於光緒二十六年七月初六日申刻承准軍機處大臣字寄：六月十七日，奉上諭：現在外國業已開衅，西北邊界一帶均與俄人接壤，亟應嚴加防守，著饒應祺、長庚①、春滿、瑞洵等各就所轄地方，妥籌布置，總期聯絡一氣，扼要嚴防，以阻敵人進兵之路。如能以精兵攻其後路，藉資牽制，尤爲上策。將此由六百里加緊各諭令知之。欽此。遵旨寄信前來。

奴才伏維時局、軍情如此吃緊，自應妥籌防守，上慰宸廑，是以於七月初二日接准塔城來咨，恭讀五月電旨，即以外衅既開，邊防宜固，已經密飭各卡倫侍衛隨時偵探馳報，並咨商新疆撫臣選撥古城旗兵二千名，前來助守，仍一面辦理蒙團，並懇天恩飭部撥給餉項，均於七月初六日附片密奏在案。旋於初九日奉到督辦處札文，知已奉旨設立督辦處，具見朝廷慎重兵事至意，奴才敢不仰體宵旰

---

① 長庚（1844—1914），字少白，伊爾根覺羅氏，滿洲正黄旗崇年佐領下人，監生。同治三年（1864），入烏魯木齊都統平瑞幕。六年（1867），捐縣丞指分山西，旋保補缺後以知縣用。九年（1870），管解撥償俄國銀兩，加知州銜。次年，經伊犁將軍榮全奏調，充文案翼長，保山西知縣，賞戴花翎。十三年（1874），調金順軍營，總理營務。光緒元年（1875），經烏魯木齊都統景廉奏調，赴新疆軍營。二年（1876），保山西直隸州知州，晋知府銜。同年，保山西候補知府，升鹽運使銜。四年（1878），署伊犁巴彦岱領隊大臣。六年（1880），保升陝西題奏道員，加二品頂戴。七年（1881），補伊犁巴彦岱領隊大臣，加副都統銜。八年（1882），丁母憂，扶柩回旗安葬。十二年（1886），授伊犁副都統。十四年（1888），調補駐藏辦事大臣。十六年（1890），擢伊犁將軍。二十二年（1896），任鑲藍旗漢軍都統。翌年，調成都將軍。二十八年（1902），前往阿爾臺山，查勘科塔兩城借地。三十年（1904），遷兵部尚書。次年，充考驗改編三鎮新軍。宣統元年（1909），補授陝甘總督，兼會辦鹽政大臣。民國三年（1914），卒，謚恭厚。有《温故録》行世。

憂勤，勉竭愚誠，殫心規畫！現已設立籌防處，揀派人員，專辦防守事宜，暨一切摺報、文件，仍由奴才督率，並於所管卡倫八處加派弁兵，嚴爲防探。其歸烏里雅蘇臺所轄卡倫，亦經咨請將軍派兵照辦，以期聯絡蒙旗，均已嚴飭禁雇牲畜，不准攬載。尚恐蒙古貪利，陽奉陰違，復又曉以恩義，許給津貼。奴才仍當不時派人巡查，總期斷絶接濟，免滋他虞。

惟查俄人進兵捷徑當在恰克圖、庫倫之間，蓋俄人東悉畢里亞鐵路距恰克圖衹百餘里，該處設有車棧。其迤東之第二十六卡倫名齊克代，距直隸多倫廳僅止六站，道路平衍，向無人煙，逆料俄人若由北路進兵，要以此二處最爲近便。奴才愚見此時庫倫實係兵衝，最爲吃重，似須特派知兵重臣，多撥得力勁兵，認真堵禦，方爲上著。

至科布多邊界處處與俄毗連，俄人疑兵散隊四出游弋，事必有之，其大股正兵恐未必取道於此，然奴才職在守土，亦應防其侵軼，斷不敢恃其未來，稍涉大意。俟將蒙兵挑選精壯，必即分撥各要隘，嚴加防範，惟當激勵衆心，合成城之志，爲固圉之謀，縱兵餉兩缺，情見勢絀，奴才止憑此一片血誠，以忠義感動人心，誓以死守，絶不少有退縮，或冀仰托朝廷威福，危疆可保無恙。此奴才夙夜焦急、禱祀以求者也。尚求我皇太后、皇上俯察奴才甫經到任爲難苦衷，垂念科布多空虛竭蹶，與烏魯木齊、伊犂、塔爾巴哈臺等處兵食均足情形不同，逾格施恩，飭督辦處統籌接濟，以免貽誤戎機、有礙邊局。奴才幸甚！地方幸甚！所有遵旨妥籌布置各情形，謹繕摺密陳。是否有當，伏祈皇太后、皇上聖鑒訓示。謹奏。光緒二十六年七月十二日[2]。

光緒二十六年七月二十八日，奉旨[3]：知道了。仍著嚴防，隨時具奏（七月二十八日）。（第76—79頁）

【案】此摺原件、録副查無下落，待考。

1.【奴才瑞洵跪】刊本無此前銜，兹據《軍機處隨手登記檔》① 校補。

2.【光緒二十六年七月十二日】此具奏日期，據刊本“後記”補。

① 中國第一歷史檔案館藏：《軍機處隨手登記檔》，檔案編號：03-0305-1-1226-200。

3.【光緒二十六年七月二十八日，奉旨】此奉旨日期等，據《軍機處隨手登記檔》補。

二一、請挪借商款辦理蒙團暨擬招勇營片

光緒二十六年七月十二日（1900年8月6日）

再，奴才瑞洵昨於七月初六日已將科布多無兵無餉，暨擬就地辦理蒙古團練以圖自守各情，附片密陳，自應敬候諭旨，再爲遵辦。惟馳遞摺報，往返總在四十日内外，刻下邊情吃緊，實恐緩不濟急，雖餉項缺乏，亦不宜稍涉停待，事關大局，何敢拘牽！奴才現已向此處商鋪面議，暫行挪借銀兩，以資支放。誠以蒙兵窮苦，縱先不必給餉若干，亦實無令其枵腹荷戈之理，不能不量予津貼也。

又，昨向新疆撫臣饒應祺借撥旗兵一節，如該撫或不允行，奴才亦惟有於烏魯木齊、古城一帶，自行招募兩三營，爲保衛地方之計，即爲日後添練兵隊之漸，亦擬借挪商款，多固難籌，三四萬金尚可辦到。惟須奴才予以印據，許俟請款一到，即行撥還，方可相信。至奴才面奉諭旨，飭令體察情形、籌辦練兵一節，現值外患突起，兵端已開，不知宵旰如何憂勞，奴才實不敢以之瑣瀆聖聰，請俟軍事大定，當再詳悉覆陳。此時權宜辦法，一面選練蒙團，一面略募漢隊，先顧眉急，似尚不至大費餉力、重煩度支，而於防務亦無虞偏廢。總之辦事不宜鋪張，不宜廢弛。

若中外臣工早能激發天良，肯於任事，力維大局，何至京師戒嚴如此之急？奴才既膺重寄，即當首顧責成，雖不能立功，又豈可爲國家貽患！奴才現在事事認真，處處核實，不過勉圖報稱，盡職分所當爲，其知者以爲效忠，不知者以爲多事，奴才亦不暇顧及矣！區區下情，理合附片陳明。伏祈聖鑒訓示。謹奏。

（奉旨）：即著就餉籌辦，力求核實，無稍虛糜。（七月廿八日）[1]。

●以上各摺片皆七月十二日拜發。（第 79—80 頁）

【案】此奏片原件、録副查無下落，待考。

1.【案】此奉旨日期與内容，與《軍機處隨手登記檔》① 記載一致。

二二、邊防吃緊差委需人請添設額缺摺

光緒二十六年七月二十二日（1900 年 8 月 16 日）

奴才瑞洵、禄祥跪[1]奏，爲邊防吃緊[2]，差委需人，援案請添額缺，以資辦公，恭摺仰祈聖鑒事。

竊查科布多前因邊務較繁，經前大臣清安② 等於光緒六年四月間專摺奏請，於額設各處章京、筆帖式之外添設糧餉處幫辦章京一缺、筆帖式一缺、候補筆帖式一缺，印務處添設筆帖式一缺、候補筆帖式一缺，蒙古事務處添設幫辦章京一缺、筆帖式一缺、候補筆帖式一缺，以資辦公，等因[3]。經吏部議准覆奏，奉旨：依議。欽此。欽遵。嗣於光緒十一年間，復經遵照部咨，以軍務已鬆，陸續奏明裁

---

① 中國第一歷史檔案館藏：《軍機處隨手登記檔》，檔案編號：03-0305-1-1226-200。

② 清安（？—1893），字吉甫，號芝軒，滿洲鑲黄旗人。道光三十年（1850），中式翻譯進士，改翻譯庶吉士。咸豐二年（1852），授編修。翌年，選詹事府右贊善。三年（1853），補日講起居注官。歷充翰林院侍講、侍讀學士。八年（1858），充翻繹鄉試副考官。十年（1860），升内閣學士，署正紅旗漢軍副都統、工部左侍郎。同年，授鑲紅旗漢軍副都統。十一年（1861），調補盛京工部侍郎、盛京刑部侍郎。同治元年（1862），補盛京禮部侍郎。八年（1869），授臺寧鎮總兵官，兼總管内務府大臣。光緒四年（1878），調正白旗漢軍副都統，署鑲紅旗護軍統領。同年，授科布多參贊大臣。十年（1884），調工部右侍郎，兼管錢法堂事務。十三年（1887），任右翼前鋒統領，署理正紅旗漢軍副都統。次年，署禮部左侍郎、正藍旗滿洲副都統、禮部右侍郎。同年，補鑲紅旗滿洲副都統、正黄旗滿洲副都統。十五年（1889），充滿洲翻譯鄉試、會試正考官。十六年（1890），授刑部右侍郎、左侍郎。十七年（1891），授考試滿洲翻譯官。十九年（1893），卒。

撤在案[4]。奴才瑞洵到任以來，體察此處公事較昔殷繁，不啻倍蓰，邊地本屬乏才，軍營又當用武，不但差遣缺人，即遇辦理尋常公事亦復動行竭蹶，左右支絀，難期妥速。況兼奴才等現籌整頓，尤虞寡助，雖經奴才瑞洵遇事親裁，奏咨公牘皆自定稿，然亦係擇其要端，未能兼及瑣務，且如遇查辦邊界地方及臺卡事宜，亦萬不能皆由奴才等自行前往。矧值外衅既啓[5]，時局孔艱，邊備、軍籌，尤宜隨時策畫，不容疎懈。凡此種種情形皆關緊要，斷非添設額缺，難資分任。既有舊案可援，又係暫設之舉，實不得不權宜辦理。

兹擬除印務、蒙古兩處業經續設幫辦章京，無庸再議外，應懇天恩俯准，仍將糧餉處添設幫辦章京一員正缺、候補筆帖式一員，印務處添設正缺、候補筆帖式各一員，蒙古事務處添設正缺、候補筆帖式各一員，以資辦公。如蒙俞允，仍於三處應升應補人員内遴選補充，並當咨行綏遠城將軍，將明年應行調補换防新兵先期揀選，飭令早日來營，俾期差委有人，無虞廢弛。至所添派各員應支鹽菜等項，查科布多加增一項尚有盈餘，向係另外存儲、歸入年底報銷之款，擬即由此項暫行墊發。奴才等爲慎重邊防、差委需人起見，是否有當，理合恭摺具陳。伏乞[6]皇太后、皇上聖鑒訓示。謹奏。

閏八月十三日接軍機處知會，八月十五日旨：著照所請，該衙門知道（七月廿二日拜發）。（第80—81頁）

【案】此摺原件①現藏於中國第一歷史檔案館，兹據校勘。

1.【奴才瑞洵、禄祥跪】刊本無此前銜，兹據原件校補。

2.【邊防吃緊】此句原件空缺，兹據刊本校補。

3.【案】光緒六年四月十三日，科布多參贊大臣清安等爲邊務較繁，奏添缺額，曰：

奴才清安、桂祥跪奏，爲邊務較繁，請添缺額，恭摺仰祈聖鑒事。

竊奴才等巻查科布多額設章京四缺、糧餉處承辦章京一缺，由吏部於各衙門筆帖式内帶領引見，派往作爲委署主事，三年期滿，奏請更换；印務處承辦章京一

① 中國第一歷史檔案館藏：《録副奏摺》，檔案編號：03-5942-144。

缺、幫辦章京一缺、辦理蒙古事務處承辦章京一缺，每遇缺出，均由本城筆帖式内揀選，奏請賞加主事職銜，作爲承辦章京，七年期滿，照例更换。如願入京城部、院當差者，以主事候補；願改武職者，回綏遠城以防禦候補。筆帖式三缺五年期滿，如願入京城部、院當差者，以筆帖式候補；願改武職者，回綏遠城以驍騎校候補。又，候補筆帖式三缺向由换防委筆帖式内選補。此科城原設之缺額也。

奴才等查科城軍務較繁，原設三衙門章京等缺爲數過少，遇有差委，實不敷分派。奴才等商酌，擬請糧餉處添設幫辦章京一缺、筆帖式、候補筆帖式一缺，印務處加添筆帖式一缺、候補筆帖式一缺，辦理蒙古事務處加添幫辦章京一缺、筆帖式一缺、候補筆帖式一缺，以資辦公。如蒙俞允，仍於三衙門筆帖式内悉心遴選，按照舊章，奏請補授。奴才等因邊務較繁、量加缺額、以重軍務起見，是否有當，伏祈皇太后、皇上聖鑒。謹奏。光緒六年四月十三日。①

光緒六年五月初二日，軍機大臣奉旨：該部議奏。欽此。②

4.【案】光緒十一年十二月二十六日，科布多參贊大臣沙克都林札布等具摺奏請裁減筆帖式三缺，曰：

奴才沙克都林札布、額爾慶額跪奏，爲請將三衙門續設各缺酌留幫辦章京二缺，裁減筆帖式三缺，以節餉項，恭摺具陳，仰祈聖鑒事。

竊查科城額設三衙門承辦章京主事職銜三員、幫辦章京主事職銜一員、筆帖式三員，内有委署主事一員，前於光緒六年間因邊務殷繁，經奴才清安等奏請添設幫辦章京主事職銜二員、筆帖式二員，年滿照例分别補用，等因。奉旨：該部議奏。欽此。旋准部咨議准在案。奴才等伏思三衙門辦事人員本屬無多，辦理滿、蒙、漢一切事件並差遣、委用皆由該員等兼攝分辦。邇來日行事件較前諸多倍增，且辦理俄國交涉事件，及新增哈夷事務，在在需員。來年猶屆查勘邊界之期，整頓卡倫，安置哈民，現又當清厘款項，造辦報銷，尤爲需員在急。查暫行調留各員，均已陸續遣撤，兹復經奴才等裁撤十餘員名，一律規復舊制。

惟查續設幫辦章京、筆帖式等五缺，各有經手事件，以專責成，與暫行調留

---

① 中國第一歷史檔案館藏：《硃批奏摺》，檔案編號：04-01-16-0210-052。

② 中國第一歷史檔案館藏：《録副奏摺》，檔案編號：03-5150-034。

者不同。此項缺分本難遽請裁減，然際兹餉絀之時，不能不力籌撙節，若全行裁撤，實屬辦公乏人，惟有仰懇天恩俯准，酌留幫辦章京二缺，以資辦公。其筆帖式三缺一律裁減，應支銀糧擬自光緒十一年十一月底截止，以節餉項，仍照舊案，均送部帶領引見後回城候補。如此變通辦理，實於公務有裨。奴才等但能撙節，萬不敢稍涉靡費。所有請將三衙門續設各缺酌留幫辦二缺、裁減筆帖式三缺緣由，謹恭摺具陳。伏祈皇太后、皇上聖鑒。謹奏。光緒十一年十二月二十六日。①

光緒十二年正月二十六日，軍機大臣奉旨：該部知道。欽此。②

5.【外衅既啓】此句原件空缺，兹據刊本補。

6.【伏乞】刊本作“伏祈”。

二三、辦理保甲情形片

光緒二十六年七月二十二日（1900年8月16日）

再，科布多所屬雖多蒙古部落，而附城内外哈夷、纏回人類紛雜，山西商賈又多托足於斯，向未辦過保甲，似於詰姦禁虣有所未盡。且現值外夷構兵，敵情叵測[1]，稽查奸細，尤爲要務。奴才等現飭該管印務處章京等將所有户口逐細編查，按家填寫門牌，注明姓名、丁口數目，以便察核。其蒙古各旗則飭速將丁户造具清册，藉以挑選精壯，總期奸宄不致溷迹，庶免他虞。所有辦理情形，謹附片陳明。伏祈聖鑒訓示。謹奏。

光緒二十六年八月十五日，奉[2]旨：知道了。（第82頁）

---

① 中國第一歷史檔案館藏：《硃批奏摺》，檔案編號：04-01-12-0533-089。

② 中國第一歷史檔案館藏：《録副奏摺》，檔案編號：03-5093-015。

【案】此奏片原件①現藏於中國第一歷史檔案館，兹據校勘。再，此片具奏日期，原件目録署“光緒二十六年八月十五日”，即奉旨日期，未確。兹據刊本及《軍機處隨手登記檔》②，應以“光緒二十六年七月二十二日”爲是。兹據校正。

1.【現值外夷構兵，敵情叵測】此句原件空缺，兹據刊本校補。

2.【光緒二十六年八月十五日，奉】此奉旨日期等，據《軍機處隨手登記檔》校補。

二四、大臣籌運糧石勞費太甚先行覆陳摺

光緒二十六年七月二十二日（1900年8月16日）

奴才瑞洵跪[1]奏，爲大臣籌運糧石，體察情形，勞費太甚，先行據實覆陳，恭摺仰祈聖鑒事。

竊奴才瑞洵具奏到任日期摺件報匣於本年七月十六日遞回，承准軍機大臣字寄：光緒二十六年七月初一日，奉上諭：毓賢③奏，新疆、甘肅倉存糧石甚多，請飭運京，以濟軍食[2]；端方④奏，撥款派員前往寧夏購米，並先請由寧夏倉廒提借備

---

① 中國第一歷史檔案館藏：《録副奏片》，檔案編號：03-5518-012。

② 中國第一歷史檔案館藏：《軍機處隨手登記檔》，檔案編號：03-0305-1-1226-217。

③ 毓賢（1842—1901），字佐臣，内務府漢軍正黄旗，監生。光緒五年（1879），由選用同知捐納知府，分發山東。十五年（1889），署曹州知府。二十一年（1895），升山東兖沂曹濟道。次年，授山東按察使。二十四年（1898），遷山東布政使。同年，調湖南布政使，署江寧將軍。二十五年（1899），擢山東巡撫。二十六年（1900），調山西巡撫，以庚子事變褫職，發配新疆贖罪。二十七年（1901），以“首禍諸臣”見戮於蘭州。

④ 端方（1861—1911），字午樵、午橋、悟樵，托和洛氏，滿洲正白旗蔭生。光緒八年（1882），中式舉人。十五年（1889），捐納工部員外郎。歷任會典館協修官、纂修官、幫總纂官。十七年（1891），授張家口監督。十九年（1893），升工部郎中。同年，任管理節慎庫監督。二十四年（1898），放直隸霸昌道。是年，補陝西按察使。二十五年（1899），遷陝西布政使。是年，護理陝西巡撫。二十六年（1900），調補河南布政使。二十七年（1901），護理陝西巡撫。同年，遷湖北巡撫。二十八年（1902），

用各摺片[3]。用兵以足食爲先，果能迅速運京接濟軍食，自屬目前至要之務。惟道途遥遠，全恃人力周轉，總須不至貽累民間，方爲妥善。所有一切解運等費，亦須預爲籌計，著永德①等體察情形，趕即會商，切實妥籌，迅速辦理。端方所奏應取道阿拉善部轉運之處，該王向來急公，即著該護撫咨明該王遵照，妥速奮勉籌辦。原摺片均著分别鈔給閲看。將此六百里加緊各諭令知之。欽此。遵旨寄信前來。

伏讀之下，仰見聖謨廣運，籌備精詳，曷勝欽佩！鈔示山西撫臣毓賢摺片，均已詳細閲悉。值此時艱，奴才具有天良，敢不竭力籌辦！惟查毓賢原奏，籌慮固爲公忠，情形未免隔膜，既欲責以辦理，即不得不詳細直陳，且哈拉烏蘇、搜吉東南各臺皆係奴才所轄，爲轉運必由之路。鄂隆布拉克又接古城漢三塘地方，係通西路首站，責任關重，尤不能不審慎圖維，期免貽誤。查原奏謂古城至張家口六千餘里，每駝脚價二兩五錢，一駝可運糧二石。查由古城至科布多，商家駝載，每隻脚價約五六兩，由科布多至口約二十五兩，無論載糧運貨，歷來定價如此。是一駝脚價非三十兩不可。况遠道駝載，取其輕便，一駝祗馱二百觔。新疆糧石較京觔斛倍蓰，一石可三百餘觔，運糧二石，勢須三駝分載。若雇三駝，即需價九十兩，而由新疆至古城、由張家口至京，運費尚不與焉。再將解費算入，大約運糧二石，即費百金。原奏謂由口至京四百餘里，每石運價一兩，自古城至口六千七八百里，每石乃以二兩五錢，該之未免懸殊太甚，恐係核算錯誤。即以原價而論，每糧二石分載三駝，亦必須七兩五錢方能敷用，又况以臺站道里計之，自古城至科布多，實係一千三百六十里，自科布多至口，實係五千八百五十里，已逾七千餘里之程。原奏亦未核實。此情形隔膜、運費懸殊者一也。况近年蒙古

（接上頁）兼署湖廣總督。三十年（1904），兼署江蘇巡撫。同年，署兩江總督。三十一年（1905），補湖南巡撫，出洋考察憲政。同年，擢閩浙總督。三十二年（1906），授兩江總督。三十四年（1908），兼管兩淮鹽政。宣統元年（1909），補授直隸總督，兼理長蘆鹽政。三年（1911），充督辦粤漢川漢大臣，兼署四川總督。同年，卒於任。贈太子少保，謚忠敏。著有《端忠敏奏議》《匋齋吉金録》《匋齋吉金録（續）》《匋齋藏塼記》《歐美政治要義》等。

① 永德（1840—1901），滿洲正白旗人。同治十年（1871），授頭等侍衛。十二年（1873），統帶察哈爾馬隊赴烏里雅蘇臺，加副都統銜。光緒五年（1879），補鑲藍旗漢軍副都統。次年，調察哈爾副都統。九年（1883），署察哈爾都統。十五年（1889），護理察哈爾都統。十七年（1891），遷定邊左副將軍。二十年（1884），擢綏遠城將軍，飭留京當差。二十三年（1897），兼署歸化城副都統。二十七年（1901），卒於任。

牲畜不蕃，駝户稀少，古城徑達山西包頭鎮，本爲通商大路，科布多在古城之北，雇駝繞遠，半不肯來。本年札哈沁因旱成灾，沿路水草並缺，亦難暢行無阻。即使加價雇覓，極力催辦，轉運至口，亦須仲冬。此又緩不濟急者一也。

至於脚價一項，每駝以三十兩計之，如運萬石，需駝五千，即需銀十五萬兩，亦衹可運一次，再運即須另换駝隻，調其勞逸。如遇駝難雇覓，尚恐不能如數運齊。奴才既經奉旨飭籌，敢不悉心策畫，既濟軍食，又圖報稱？無如情見勢絀，緩不濟急，徒費巨帑，無益軍需，古云：千里饋糧，士有饑色。况此萬里之外，費十數萬金，運此區區萬石之糧。京師人海，大兵雲集，不過太倉一粟之微，奴才實未見其可也。查近年新疆平定[4]，商賈流通，包頭、古城[5]係屬通衢，駝車絡繹。奴才愚見，新疆存糧應於古城、包頭兩處設局轉運，半資民力，發給津貼，庶能陸續接濟。且係腹地，沿路應有營隊，亦可照料。蒙古地方遼闊，現辦清野，期斷俄人接濟，益覺人户稀少。馱載糧石，行此綿亘無垠之地，無兵護送，設遇敵兵散隊，難免轉資寇糧。此又不可不預爲慮及者也。

至臺站例設駝隻，爲數不多[6]，前此西路用兵，轉運軍械，派令各盟協助，始能勉强供應。糧石需駝較多，能藉資臺力，亦係實在情形。可否飭督辦軍務處妥慎會商，别籌辦法，如果不嫌遲緩，勢在必行，邊徼瘠區，無從籌費，尚乞天恩敕部速撥專款，以濟要需，每年運解，局、薪各費至少須二十萬兩。奴才再當竭力辦理，爲細流土壤之助，斷不敢憚苦繁難，稍涉諉卸。除一面咨商綏遠城將軍永德等切實妥籌外，謹將籌運糧石勞費太甚情形，先行恭摺據實覆陳。是否有當，伏乞皇太后、皇上聖鑒訓示。再，此摺係奉旨飭令奴才商議之件，是以幫辦大臣禄祥未經列銜。合並聲明。謹奏。光緒二十六年七月二十二日[7]。

旨：前項起運倉米，已有旨改解山西矣（八月十五日）。（第82—86頁）

【案】此摺原件①現藏於中國第一歷史檔案館，兹據校勘。

1.【奴才瑞洵跪】刊本無此前銜，兹據校補。

2.【案】光緒二十六年六月二十七日，山西巡撫毓賢奏請轉運糧餉以濟軍食，曰：

① 中國第一歷史檔案館藏：《録副奏摺》，檔案編號：03-6158-048。

山西巡撫奴才毓賢跪奏，爲新疆、甘肅倉存糧穀甚多，請飭轉運以濟京中軍食，恭摺仰祈聖鑒事。

竊奴才昨奉旨飭令各直省購米運京，在清江設轉運局。仰見宸謨周摯，欽佩殊深！奴才於接見僚屬時不厭博訪周諮，以期集思廣益。兹訪聞新疆二十八廳州縣每年徵糧二十六萬餘石，除折色及支兵米役糧外，尚餘十四萬石，大率稻、麥、豆、穀，分儲各倉，現積存不下二百萬石。甘肅通省每年徵糧四十萬石，除折色及支兵米役糧外，尚餘二十萬石。光緒二十年，總督臣楊昌濬奏糶銀四十萬兩，以濟餉需彼時則糶六留四。近又數年，現倉存亦不下二百萬石。兩省計之，共約存糧穀四百萬石，如轉運到京，可資軍食。據山西補用直隸州知州周克昌詳細言之。奴才專摺入告，可否請旨飭下新疆巡撫、陝甘總督查明確數、設法轉運之處，伏希聖裁。謹恭摺由驛馳陳。伏乞皇太后、皇上聖鑒訓示。謹奏。光緒二十六年六月二十七日。①

【案】同日，毓賢等又附片曰：

再，查新疆古城有通草地臺站大道，計六千七八百里，須行八十程。甘肅由寧夏河運，順黄流而下，直至山西包頭地方，計一千一百里，須行十三程，均可運至張家口。由古城運者，每駝可運二石，每石運脚約二兩五錢；由包頭運者，每石運脚約一兩二錢。再由張家口運京，每石運脚不過一兩。限制草肥駝健之時，如能招集商駝及養駝養馬蒙古部落，曉以大義，自必樂於趨事。如蒙俞允，應請欽派廉能大員督理其事，以昭慎重；並請飭下陝甘、新疆、陝西、山西、綏遠、烏里雅蘇臺、科布多、察哈爾各都統、將軍、督撫，共矢公忠，一體遵照。謹附片具陳。伏乞聖鑒。謹奏。②

3.【案】光緒二十六年六月二十四日，護理陝西巡撫端方爲購糧運京具摺曰：

護理陝西巡撫布政使奴才端方跪奏，爲遵旨妥籌買糧運京，以資接濟，恭摺仰祈聖鑒事。

竊奴才於光緒二十六年六月十四日承准軍機大臣字寄：御史陳璧奏，戰局既

---

① 中國第一歷史檔案館藏：《硃批奏摺》，檔案編號：04-01-35-1221-023。又，《録副奏摺》，檔案編號：03-0158-001。

② 中國第一歷史檔案館藏：《録副奏片》，檔案編號：03-5390-062。

開，宜速籌糧食一摺。著劉坤一於清江浦一帶設立轉運總局，將各處糧食妥籌采買，由内地水陸分運到京，以資接濟。所需脚費，准其作正開銷。山東、山西、陜西、河南等省，並著各該撫派員設局采運。將此由六百里各諭令知之。欽此。遵旨寄信前來。跪誦之餘，仰見朝廷慎重京儲、有備無患至意！奴才當飭司道核議，並往復面商。據司道等詳稱：伏查陜西地居高亢，産米本屬不多，而歲值旱灾，積糧益形匱乏，以合省所出養合省之人，萬口嗷嗷，尚尤棘手。但念皇居爲會垣之極，京倉爲根本所關，戰事一開，衛兵四集，將欲收士飽馬騰之效，必預籌芻飛粟挽之方。

查陜省向日買糧，一在湖北漢口，一在甘肅寧夏，漢口與清江浦輪船易達，東南各督撫必多在彼采買。一源之水，共取易窮，陜省自當别謀他顧。甘肅寧夏屬地近黄河，向産米粟，先其所急，擬在司庫正款項下撥銀十萬兩，在該處口銀采買，但爲數較多，必需委員慎密前往，免致商賈聞風音訊，意在居奇。至購買齊全，取道寧夏運京，路途最遠，若由陜派委領解，中間所過地方皆甘肅、山西等省管轄，誠恐呼應不靈，轉形貽誤。再三籌畫，伏思阿拉善部與寧夏鄰接，該王叨榮貴戚，世渥殊恩，同治初年甘回肇亂，曾經日備餉，遣兵助剿，是其忠誠本固，久在聖明洞鑒之中。可否仰邀温旨，速令阿拉善王量派駝隻，領運此項陜辦米糧，由鄂爾多斯進發；抑或由該王雇覓黄河商船運，直達山西薩拉齊屬包頭地方，交綏遠城將軍，督飭所轄薩部，整備駝馬，接續封運；或由殺虎口度朔大，或由張家口進居庸關，前路直達神倉，尤爲萬分妥慎。

惟近來蒙古生計蕭條，雖報效情殷，不能不酌加津貼，兼之需用脚費奉旨准予作正開銷，擬請即由殺虎口監督、張家口監督、歸綏道三處徵税項下，就近撥發，事竣，歸該將軍等核實報銷。其陜省買穀動用銀數，應俟事竣，造册送部核銷。所有遵旨妥籌買糧運京緣由，是否有當，理合恭摺由驛五百里馳奏，伏乞皇太后、皇上聖鑒訓示。謹奏。六月二十四日。[①]

4.【新疆平定】刊本奪“平定”，兹據補。

5.【包頭、古城】刊本作“自山西包頭達古城”。

① 中國第一歷史檔案館藏：《録副奏摺》，檔案編號：03-6680-004。

6.【爲數不多】刊本作“爲數甚少”。

7.【光緒二十六年七月二十二日】刊本無此具奏日期，兹據校補。

二五、請移駐古城督辦糧運片

光緒二十六年七月二十二日（1900 年 8 月 16 日）

再，奴才正摺所陳運糧不易情形，實因所費太多，所運過少，雖軍食所關甚急，而帑項亦不可濫支，非奴才憚此煩勞，故爲搪塞，在喜事者必且一力擔承，藉此爲報效之地、開保舉之門。值此時艱，苟有天良，何忍出此！然京師根本，籌備宜寬，多盡一分人力，即多濟一分軍需，杯水車薪，究有涓滴之益！擬請飭下督辦軍事諸臣，通盤籌畫，但能别籌辦法，有裨軍食，自當舍難就易。如果勢必需此，奴才瑞洵必當竭盡血誠，設法辦理，運費必力求其省，糧石惟不厭其多。多方雇覓駝隻，極力繞避敵路，得運且運，爲衆擎易舉之謀，收得尺得寸之效。若蒙議准，一俟撥款到營，奴才瑞洵即當移駐古城，盡力督催辦理，雖臺路現在不易行走，奴才當酌帶數人，隻身匹馬，奮勉從事，以期稍效微勞。是否有當，謹附片陳明。伏乞聖鑒訓示。謹奏。

光緒二十六年八月十五日，奉[1]旨：覽。（第 86—87 頁）

【案】此奏片原件①現藏於中國第一歷史檔案館，兹據校勘。

1.【光緒二十六年八月十五日，奉】此奉旨日期等，據《軍機處隨手登記檔》②校補。

---

① 中國第一歷史檔案館藏：《録副奏片》，檔案編號：03-6158-054。

② 中國第一歷史檔案館藏：《軍機處隨手登記檔》，檔案編號：03-0305-1-1226-217。

二六、密陳慮及敵人進兵情形片

光緒二十六年七月二十二日（1900 年 8 月 16 日）

再，奴才瑞洵前奏妥籌布置並陳管見一摺，論及俄人北來當以恰克圖、庫倫兩處爲最便捷之路，請派知兵重臣嚴守庫倫。現聞天津地方有爲各國占踞之説，如果屬實，恐海口炮臺亦難固守。又聞各國均已調派水陸重兵，必均取道於海。外國用兵，向來最爭先著，力戒遲緩。逆料俄兵如不由北路前來，必將取道悉畢里亞鐵路，直達東海之濱，以戰艦運兵，屯聚海參崴、威海等處。我無水師，海上必任各國暢行無阻，南路接濟直無妙法可斷，兵貴神速，此時似必須急攻天津，驅之使去，我能扼守，斯爲上著。若因其無甚蠢動，稍涉輕忽，各國軍隊到齊，剿之恐不甚易。此次軍事關繫安危，較之甲午日本一國，衆寡勢異，幸勝恐不足恃，全局必須統籌。伏願皇太后、皇上力誡統兵諸臣捏飾積習，熟審機宜，慎重出之，則大局幸甚！值此時艱，奴才苟有一知，雖處邊隅，未忍緘默。謹將慮及敵人進兵情形，附片具陳。伏乞聖鑒。謹奏。

光緒二十六年八月十五日，奉[1]旨：留中。（第 87—88 頁）

【案】此奏片原件、録副均查無下落，待考。

1.【光緒二十六年八月十五日，奉】此奉旨日期等，據《軍機處隨手登記檔》①校補。

---

① 中國第一歷史檔案館藏：《軍機處隨手登記檔》，檔案編號：03-0305-1-1226-217。

二七、保舉將才片

光緒二十六年七月二十二日（1900 年 8 月 16 日）

再，現在外衅既開，兵事方啓，折衝禦侮，亟須廣儲將才。奴才苟有所知，不敢不專達上聞，冀副以人事君之義。兹查有前任伊犁鎮總兵王鳳鳴，安徽人，威重果敢，韜略優嫻，曩在卓勝軍，頗著戰功，嗣復統兵駐扎烏魯木齊、瑪納斯、晶河①一帶地方，軍律嚴整，壁壘一新。奴才從前隨侍先臣恭鏜新疆任所，深知其人。

又，查有副將銜直隸補用參將丁春喜，直隸人，樸實勇往，能耐苦勞，歷在奉天、吉林、黑龍江帶隊著績。甲午之役，該員隨同將軍長順②，率皆身臨前敵，未聞却步。奴才竊敬之。奴才去年八月十六日仰蒙召見，猥荷垂問，奴才曾舉其人。

以上兩員皆屬殺敵致果[1]有用之才，現當時局多艱，軍務吃緊，如蒙天恩加以任使，俾統一軍，當能奮力前驅，奴才可保其必不退縮。聞王鳳鳴現在浙江臬

---

① “晶河”，當爲精河。

② 長順（1839—1904），又名常順，字鶴亭、鶴汀，郭博勒氏，滿洲正白旗人，恩特赫恩巴圖魯。咸豐間，充護軍。九年（1859），選藍翎侍衛。十一年（1861），補三等侍衛，升二等侍衛。同治元年（1862），授頭等侍衛，加副都統銜。八年（1869），補鑲黄旗漢軍副都統。翌年，補副都統。十年（1871），授科布多參贊大臣。次年，署烏里雅蘇臺將軍。十三年（1874），充總理營務翼長。同年，以參案革職。光緒四年（1878），署巴里坤領隊大臣。六年（1880），調補哈密幫辦大臣。八年（1882），授伊犁段分界大臣，與俄國代表翡里德簽訂《伊犁界約》。九年（1883），勘分新疆南段界務。是年，遷烏魯木齊都統。十年（1884），補正白旗漢軍都統。十一年（1885），任乾清門侍衛。十四年（1888），擢吉林將軍。十六年（1890），兼署吉林副都統。光緒二十二年（1896），以病去職。三十年（1904），補授吉林將軍。同年，卒於任。贈太子少保、一等輕車都尉，謚忠靖。修有《吉林通志》存世。

司陳澤霖[①]防營，丁春喜在奉天將軍增祺[②]處差委。合無請旨敕下部臣，行催該兩員迅速入都，預備召見。其應如何驅策之處，伏候聖裁。謹此附片奏保。伏祈聖鑒。再，奴才向來最惡濫舉之習，從未保過一人。玆因戎機緊要，正在用人之際，用敢上陳。區區愚悃，合並聲明。謹奏。

旨：留中。（第 88—89 頁）

光緒二十六年八月十五日，奉硃批：王鳳鳴、丁春喜均著交軍機處存記[2]。

【案】此奏片原件[③]現藏於中國第一歷史檔案館，玆據校勘。

1.【殺敵致果】刊本奪“殺敵致果”，玆據補。

2.【光緒二十六年八月十五日，奉硃批：王鳳鳴、丁春喜均著交軍機處存記】此奉旨日期等，據原件及《軍機處隨手登記檔》[④]校補。

---

① 陳澤霖（1830—1903），字經嶰，號雨人，湖北應城人。同治初，由保舉選用從九品捐升知縣，辦理營務。七年（1868），保同知，戴花翎。嗣以進剿甘肅案内保知府。十三年（1874），保升道員。光緒元年（1875），丁父憂，回籍終制。六年（1880），復丁母憂。十三年（1887），捐免保舉，發往山西補用，旋以河工出力，加鹽運使銜。十八年（1892），署蒲州府知府。同年，補潞安府知府。二十四年（1898），升冀寧道。二十五年（1899），署按察使。同年，實授江西臬司。二十六年（1900），赴淮徐辦理練兵事宜。同年，授浙江布政使。二十九年（1903），卒。

② 增祺（1851—1919），字瑞堂，鑲白旗滿洲人，伊拉里氏。同治初年，充直隸包頭軍營前鋒。七年（1868），署綏遠城防營驍騎校。九年（1870），補鑲白正藍旗滿洲驍騎校。十二年（1873），升鑲黄正白旗滿洲防禦。同年，署密雲駐防滿洲佐領。光緒五年（1879），補副前鋒章京。十二年（1886），授鑲黄旗滿洲佐領。翌年，總理黑龍江齊字營文案。十四年（1888），充東三省練兵行營總辦文案。十五年（1889），遷鑲黄正白滿蒙二旗協領，加副都統銜。是年，署營務翼長。十六年（1890），授齊齊哈爾副都統。十七年（1891），督理綏化廳清丈事務。十九年（1893），督理巴彥蘇清丈事務。二十年（1894），護理黑龍江將軍。次年，會辦黑龍江開荒事件，幫辦黑龍江鎮邊軍事宜。二十三年（1897），擢福州將軍。二十四年（1898），授船政大臣。同年，兼署閩浙總督。二十五年（1899），調補盛京將軍。次年，補江寧將軍（未赴任）。二十九年（1903），承修永陵工程。三十三年（1907），調寧夏將軍。是年，授正黄旗蒙古都統。三十四年（1908），補授廣州將軍。宣統二年（1910），兼署兩廣總督。次年，補正白旗蒙古都統，充弼德院顧問大臣，旋去職。民國八年（1919），卒。

③ 中國第一歷史檔案館藏：《録副奏片》，檔案編號：03-5942-145。

④ 中國第一歷史檔案館藏：《軍機處隨手登記檔》，檔案編號：03-0305-1-1226-217。

二八、蒙團辦齊請撥專款摺

光緒二十六年八月初七日（1900 年 8 月 31 日）

奴才瑞洵、禄祥跪[1]奏，爲蒙團現已辦齊，籌墊添補馬匹、軍械各項經費，發給津貼，籲懇天恩，敕部速撥專款，以濟軍需而固邊防，恭摺仰祈聖鑒事。

竊奴才瑞洵前於七月初六日具奏懇請回京報效一摺，附片密陳籌辦蒙團，請撥部款。又於是月十二日具奏妥籌布置一摺，附片具陳[2]借墊津貼、辦理清野各情形，計當均邀御覽。查蒙團辦法與内地情形不同，奴才等前曾附陳令其每旗各辦一團，平時操演槍箭，一遇敵來，即以此團之人保護一旗，將人口、牲畜、氈房向内挪移，使其野無所獲，庶期可斷夷踪。現查科布多所屬共三十旗，以杜爾伯特、烏梁海二處最爲逼近俄壤，烏闌古木、布倫托海實當其衝。其新土爾扈特、和碩特、額魯特、明阿特、札哈沁五處僅有七旗，不連邊界而可扼要隘，如洪果爾鄂隆、烏蘭大壩、沙札蓋、察罕淖爾等當年屯扎重兵之處，則皆在額魯特、札哈沁等旗地方，雖非交戰兵衝，實爲扼守退步。

奴才等通飭各該處按旗分辦，每旗一團，以二百人爲率。杜爾伯特左、右兩翼共十六旗，已選練三千二百名；烏梁海左、右兩翼共七旗，已選練一千四百名；新土爾扈特等共七旗，已選練一千四百名。統三十旗，共得團丁[3]六千名。現據各旗呈報，均已先後挑齊，統令於八月初一日起算成軍，軍火則一旗鳥鎗百杆、弓箭百副。復由城酌發刀矛，但嫌爲數太少，不能徧給。至各團即以本旗盟長、札薩克總管等暫統，以俟悉心遴選，再行奏明派充；並飭知如遇俄夷越界，一面清野，一面節節堅守，總以洪果爾鄂隆、烏蘭大壩、沙札蓋、察罕淖爾爲各旗彙齊之所，原爲散練散防，漸退漸集，聲勢聯絡，首尾相應。其無敵之旗尚可專候調遣，爲後路包抄之用。此布置蒙團已有頭緒之實在情形也。

惟是蒙兵多年不用，器械强半無存，由城發給既少不敷用，由京請領又緩不濟急，現惟令各旗將打牲鳥鎗極力修理、添置，每旗尚可敷百杆之數，弓矢則人人所有，尚不缺乏。不過蒙古大半赤貧，所有添置槍械、鞍韉、馬匹各項，必須預先籌墊經費，方可無虞貽誤。核實估計，截長補短，益寡裒多，每旗至少非五百金，不能望其整齊適用。至各團雖未聚集一處，而操練、巡防，事同一律。既責以同心禦侮，即難令枵腸從戎。查光緒六年奉旨選派札薩克圖汗兵丁二千名來科，駐防回匪，户部咨行所定津貼，每兵祇給三兩，其帶隊各官弁自百兩至十餘兩、數兩不等。至軍火器械，則由神機營撥運，並派員弁前來教演。計駐蒙兵二千，每月發給六千五百兩，聲明如有征調，再當酌量增加。現在各團辦齊，亦與當年駐守無異，自應照依前案發給，兵數已足六千，每月應發津貼銀一萬九千五百兩。至帶隊官弁，當年名目甚多，故駐兵二千，官弁薪公、口分每月即須五百兩。兹查團在各旗，無庸許多官弁，應請減去五百兩，計須再給銀一千兩即可敷用，共合每月需銀一萬九千兩。

又，團既辦齊，即當督飭練技，並各旗添補馬匹、器械經費，每旗以五百兩計之，三十旗共應需銀一萬五千兩，再並入一月津貼，暨帶隊官弁薪公、口分，每月之一萬九千兩，開辦之始，一月内即需銀三萬四千兩，此外尚有奴才等飭令挑選杜爾伯特、額魯特、明阿特三旗精壯兵丁二千名，聽候調遣，尚未報齊，將來到城，尤須發給津貼。其辦理蒙團、添補馬械之三萬四千兩，實屬刻不容緩。奴才等前曾奏懇天恩准由奴才等出用印據，向商號借墊銀兩，緣蒙情近年頗形艱苦，又當用兵之時，未便令其觖望，且俄夷見聞較近，尤難示以貧弱，斟酌再三，祇得冒昧，當由各商借籌銀三萬四千兩，業飭交由各旗按團發給，尚求敕部速爲撥還，以昭大信。

至奴才瑞洵前陳密片曾有籲懇敕下户部撥銀請三十萬之請，實因當時驟聞京師戒嚴之耗，方寸已亂，且目擊嚴疆無備，焦急萬分，私心逆料部中必駁一半，或多半不定，不得不寬爲籌計，以資敷衍，暫顧眉急。儻竟蒙特恩全撥，奴才等即就此三十萬金，將防務妥爲布置，如餉力有餘，並可添募漢勇。所有軍裝、軍械、馬匹、鍋帳、營務、文案，支發各處薪公，在在需費，是所請三十萬兩，合並則見其多，分用尚形其少。即以目下布置情形而論，初辦一月之三萬四千兩，嗣後每月之一萬九千兩，如前請餉銀三十萬兩業經奉部准撥，自當就此款内撙節支用，否則亦必須仰懇天恩，敕部撥給專款，由奴才等派員赴部，並次請領，方可不誤事機，藉籌邊備。

至奴才瑞洵面奉諭旨，體察情形，籌辦練兵，原爲經久防邊之計。刻因宵旰焦勞，未敢瑣瀆，然奴才瑞洵悉心默籌，已有大概辦法。因地制宜，不外民蒙相間爲用，將來挑練蒙古精壯，即擬由此團兵内拔尤充補。是蒙團之練不惟暫時可固邊防，已留將來練兵地步。邊遠瘠區，亦祇得如此辦理，上釋宸廑，下盡臣職而已。合無仰懇聖慈，俯念邊要窮荒爲難之處，特恩允准，敕撥餉項，庶足以濟軍需而固邊防。大局幸甚！奴才等幸甚！如果前請三十萬餉銀得以陸續請領，奴才等自當竭力辦理，既顧邊局，兼圖久遠，將漢隊次第招練，總期實事求是，力任其難，以冀仰答聖恩，不敢稍負委任。

所有蒙團現已辦齊、請旨撥款各情形，理合恭摺詳悉馳陳，並一面咨呈督辦軍務處查照。是否有當，伏祈皇太后、皇上聖鑒訓示。遵行。再，蒙團尚須製辦號衣、號帽、氈房、旗幟、金鼓、軍樂各項，以及戰靴、皮衣等件，現飭該旗從省估計需項若干，容再據實奏報。合並聲明。謹奏。光緒二十六年八月初七日[4]。

光緒二十六年閏八月初三日[5]，硃批：另有旨。

●光緒二十六年九月初七日，承准軍機大臣字寄：科布多辦事大臣瑞、參贊大臣禄[6]：光緒二十六年閏八月初三日，奉上諭：瑞洵等奏蒙團辦齊，請飭部速撥專款，及將連順所辦蒙團停止，並調練蒙兵，應需月餉，暨自陳才不勝任各摺片，覽奏，均悉。從來辦理地方事件，必須詳細籌畫，經費有著，方可舉行。現在國事如此，户部支絀，斷無巨款可以撥給。科布多邊防[7]事宜，該大臣等但當視力所能爲，悉心妥辦，得寸得尺，務求實際，慎勿徒多紛擾也。將此諭令知之。欽此。遵旨寄信前來。（第89—94頁）

【案】此摺原件①及寄信諭旨②現藏於中國第一歷史檔案館，兹據校勘。

① 中國第一歷史檔案館藏：《硃批奏摺》，檔案編號：04-01-01-1041-035。

② 中國第一歷史檔案館藏：《電寄諭旨檔》，檔案編號：1-01-12-026-0144。又，《光緒朝上諭檔》第26册，第321頁。又，《德宗景皇帝實録（七）》卷四百七十，光緒二十六年閏八月上，第171頁。

1.【奴才瑞洵、禄祥跪】刊本無此前銜，兹據校補。

2.【案】劃綫部分刊本错亂，兹據校正。

3.【團丁】刊本作“旗團”。

4.【光緒二十六年八月初七日】此具奏日期據原件校補。

5.【光緒二十六年閏八月初三日】此奉硃批日期，據《軍機處隨手登記檔》[①]校補。

6.【案】劃綫部分刊本缺，兹據校補。

7.【邊防】刊本作“防務”，兹據校正。

二九、科布多辦團與烏里雅蘇臺情形不同片

光緒二十六年八月初七日（1900年8月31日）

再，奴才等正繕摺間，接准烏里雅蘇臺將軍連順咨開，該處現亦辦理蒙團，行知前來。至其如何辦法，未經詳悉知照。查辦團之法不外因地制宜，烏里雅蘇臺、科布多雖云同屬邊陲，情形迥異。科布多所屬三十旗散漫無統，地勢犬牙相錯，非每旗各辦一團，由奴才等統爲稽查調度，不能得力。非如烏里雅蘇臺三扎兩盟，有正、副盟長，事權歸一。且科布多蒙旗半皆窮苦，又非三扎兩盟富足可比。此次辦法幾乎半賑半團，處此時艱，奴才等具有天良，萬不容經手官弁任意開報，總期事有實濟，款不虛糜。特恐如蒙交議，諸臣未曾親歷邊疆，必謂烏、科事同一律，所請當被斥駁，則此蒙團必爲紙上空談，虛應故事，邊備稍疏，萬一外患猝乘，有礙大局，奴才等雖死不能塞責矣。伏求聖明作主，如謂邊塞寥遠，無須如此布置，則乞速降綸音，即行停止，以免日久難於收束。奴才等爲難下情，

① 中國第一歷史檔案館藏：《軍機處隨手登記檔》，檔案編號：03-0305-1-1226-235。

理合附片直陳。伏祈聖鑒訓示。謹奏。

光緒二十六年閏八月初三日[1]，硃批：覽。（第95頁）

【案】此奏片原件、録副均查無下落，待考。

1.【光緒二十六年閏八月初三日】此硃批日期，據《軍機處隨手登記檔》① 校補。

三〇、挑練蒙兵應支餉需情形片

光緒二十六年八月初七日（1900年8月31日）

再，七月初間，接准理藩院飛咨，恭録諭旨，飭令蒙古王公簡練隊伍，辦理邊防。嗣復欽奉嚴加防守寄諭。奴才等欽遵之下，再四籌商，當查科布多轄境遼廓，兵備太虛，本屬可慮。現值外衅猝啓，邊界毗連，尤宜倍加防範。加以新疆回匪近歲頗多反側，今年烏魯木齊、古城一帶亢旱異常，居民難食，饑驅爲盜，亦在意中，更不可無以鎮攝，俾期彈壓邊衅，綏靖地方。體察情形，兵威萬不可少。前雖咨商新疆撫臣饒應祺借撥旗兵，業經奏明，該撫能否照辦，尚不可定。即所辦蒙團亦須酌量責令分駐本旗，未便全行調動。漢勇固較可恃，而餉需不能指准，亦不敢率議開招。

奴才等職在守土，責任匪輕，萬不得已，遂已密札[1]杜爾伯特、額魯特、明阿特等三部落，飭令挑選精壯兵丁二千，各備齊馬匹、器械，以備操防之用。惟查同治十一年間，前大臣長順等因回匪竄擾，防剿吃緊，曾於戰守各兵外奏明挑

① 中國第一歷史檔案館藏：《軍機處隨手登記檔》，檔案編號：03-0305-1-1226-235。

選蒙古兵丁二三百名，認真教練。續經前大臣托倫布[①]等奏稱，此項蒙丁向無坐餉，必須酌給口分，每名三兩，且晝夜巡防，不妨稍爲增益，請額外酌加一兩。又恐該蒙兵視爲常例，並擬變通辦理，改爲犒賞，於軍需項下[2]每月提銀三四百兩，擇其差操勤奮、技藝優長者，分別給奬，期收速效，先後奉旨允准欽遵在案。

兹奴才等挑練蒙兵，事同一律，已先令該旗暫行墊發銀、茶，少資津貼，静候部款一到，即可按月發給口分，切實督操，並當由奴才等調集附城駐扎，隨時校閲，分別優劣，明示勸懲，照依前案辦理，以期鼓勵而資倡率。統計二千人，月費不逾二千金，所用無幾而得力較多。如蒙天恩准其調練，其所需月餉以及賞需各項，須另請估撥，不在團練經費之内。謹將挑練蒙兵應支餉需實在情形附片詳陳，請旨遵行。伏祈聖鑒訓示。謹奏。

光緒二十六年閏八月初三日[3]，硃批：覽。（第96—97頁）

【案】此奏片原件、録副均查無下落，待考。

1.【密札】刊本作“密扎”，非是。

2.【軍需項下】刊本作“軍需十下”，顯誤。

3.【光緒二十六年閏八月初三日】此硃批日期，據《軍機處隨手登記檔》[②]校補。

---

① 托倫布（？—1898），漢軍鑲黄旗，駐防後隸滿洲鑲黄旗。道光二十九年（1849），出戍天津。咸豐二年（1852），隨參贊西陵阿出兵。四年（1854），隨僧格林沁與捻軍作戰，賞戴藍翎。咸豐九年（1859），選乾清門四等侍衛。十一年（1861），補二等侍衛。同治元年（1862），拔頭等侍衛，加綳僧額巴圖魯名號。四年（1865），補京都鑲黄旗漢軍副都統。八年（1869），署正藍旗漢軍副都統，賞换花翎。十年（1871），赴伊犁將軍榮全軍營幫辦營務。十一年（1872），署科布多參贊大臣。十三年（1874），實授科布多參贊大臣。光緒二年（1876），以傷疾舉發疏請開缺。三年（1877），以副都統候補，留神機營差委，仍在乾清門行走。四年（1878），補虎槍營管領，旋授正紅旗蒙古副都統。五年（1879），署正藍旗蒙古副都統、鑲白旗滿洲副都統、鑲藍旗漢軍副都統，管理錫伯甲事務。六年（1880），遷鑲藍旗護軍統領。七年（1881），充善射大臣、保和殿監試大臣。同年，授左翼監督。十年（1884），調補鑲白旗滿洲副都統，旋授右翼前鋒統領，兼專操大臣、御前侍衛行走。十一年（1885），因病開缺。十二年（1886），授察哈爾都統。十五年（1889），開缺晋京。十六年（1890），補授正藍旗蒙古副都統。二十四年（1898），卒於任。

② 中國第一歷史檔案館藏：《軍機處隨手登記檔》，檔案編號：03-0305-1-1226-235。

三一、密陳邊防吃重辦事爲難片

光緒二十六年八月初七日（1900年8月31日）

再，密陳者，科布多與俄接壤，洋人在各旗貿易者較他處爲多，利餌貨誘，非止一日，兼之歷任不能顧息蒙古，訛詐剥削，致失蒙心。如奉旨查辦張子全命案，竟向杜爾伯特索賄之事。此一證也。邊鄙窮蒙，現在可内可外之心，不能保其必無，所以奴才等辦團不惜發給津貼、籌墊各費者，原以堅其依附之誠，使之不能不爲我用。若空諭以嚴斷接濟，整隊守邊，此猶官面文章，非必能奉行維謹也。内地商民每謂洋人尚不擾商，特恐蒙人乘機爲亂，保其財貨，紛紛有遷避之謀。奴才等若任商賈遠遷，此地直無人煙，何以爲守聚之策！再三開導，諭以各旗辦蒙古團者以防俄也，調蒙兵來科者以守城也。

蒙古既已成隊守城，斷無乘機擾商之舉，唇焦舌敝，近始安静如常。然俄情叵測，果於卡倫之外時有散隊窺伺偵探情形，似係俄人守邊之兵，時出游弋，自守兼擾我者。奴才等已飭辦各旗不可妄動，静以俟之。彼若真來，仍用清野包抄之法。此辦理蒙團、安頓商民、籌墊經費爲難之下情不敢據實陳明者也。至奴才等忝膺重寄[1]，同守危疆，又復世受國恩，曷敢規避？然視手握重兵、財力足以自給者，籌布精嚴，相去何啻霄壤！晝夜祇懼，靡有已時，惟祈聖慈垂諒而已。所有邊防吃重、辦事爲難、才不勝任各緣由，惟有附片密陳，籲求訓誨。奴才等不勝悚惶迫切之至。謹奏。

光緒二十六年閏八月初三日[2]，硃批：覽。（第97—98頁）

【案】此奏片原件、録副均查無下落，待考。

1.【忝膺重寄】刊本作“忝膺重”，似奪“寄”字，兹補。

2.【光緒二十六年閏八月初三日】此硃批日期，據《軍機處隨手登記檔》[①]校補。

三二、遴派籌防處委員及開支津貼各項片

光緒二十六年八月初七日（1900 年 8 月 31 日）

再，現因籌布邊防，挑選蒙兵，辦理團練，責重務殷，日不暇給，當經設立籌防處，遴員經理，專辦防守一切事宜，以昭慎重，業於七月十二日遵籌布置摺內奏明在案。查科布多所設俄商局，現因開衅無事，其承辦章京穆騰武即委總辦籌防處事務，而以糧餉、印務、蒙古三處章京榮臺、玉善、英秀佐之，蓋皆有分任之事，必須會同辦理也。該章京等均係滿、蒙世僕，渥受國恩，值此時艱，義應報效，已據聲稱不敢支薪水。

至筆帖式等差使清苦，自應量加體恤，計七員每員給予津貼六兩。書識六名、兵役二十，各每名給予口分四兩。其應需心紅紙張、薪燭各費，每月酌給銀二十四兩。科布多尚有存候部撥扣減六分平一款，即於此項內暫行動支，統俟軍事大定，一並報部核銷。除咨户部查照外，理合先行附片具陳。伏祈聖鑒。謹奏。

光緒二十六年閏八月初三日[1]，硃批：該部知道。（第 99 頁）

【案】此奏片原件、録副均查無下落，待考。

1.【光緒二十六年閏八月初三日】此硃批日期，據《軍機處隨手登記檔》[②]校補。

---

① 中國第一歷史檔案館藏：《軍機處隨手登記檔》，檔案編號：03-0305-1-1226-235。

② 中國第一歷史檔案館藏：《軍機處隨手登記檔》，檔案編號：03-0305-1-1226-235。

三三、遵查科布多礦務難舉請緩開辦摺

光緒二十六年八月初七日（1900年8月31日）

奴才瑞洵跪[1]奏，爲遵查科布多礦産不豐，大工難舉，擬請暫緩開辦，據實覆陳，恭摺仰祈聖鑒事。

竊奴才前於正月陛辭時面奉諭旨，飭令到任後將科布多礦務認真籌辦，據實奏聞。欽此。奴才欽遵之下，時刻在心，值此時艱，但能有利可興，敢不竭力開辦？惟到任以來訪悉科布多新、舊礦産衹有三處，一名胡圖斯拉，在土爾扈特游牧；一名都蘭哈喇、一名寶爾吉，均在札哈沁游牧。查胡圖斯拉傳聞最久，現在金苗已無，都蘭哈喇向産鉛砂，嘉慶年間即經封禁，惟寶爾吉一礦産鉛，兼可提銀，已經新疆巡撫派員開采，會同前參贊大臣寶昌奏明有案[2]，既係該撫主政，奴才即未便攙越。此外徧查科布多所屬，並無礦産。

伏思天地自然之利，順勢取之，自可廣開利源。但值外患頻仍，往往一經洋人，遂致非徒無益。查黑龍江漠河金廠開采有年，獲利亦厚，即係先臣恭鏜創辦，奴才隨任在彼，於一切情形尚爲熟悉[3]。惟科布多與黑龍江情事迴殊，集股則無商可招，覓工則無人可雇，若用機器，必有洋人，後患亦殊可慮。現因庫倫開礦甫停，蒙古復多疑懼，如果查有美礦，自須純用土法開采，一切經費實屬不貲，本重息微，總覺害多利少。第聞塔爾巴哈臺前借阿爾臺山本係有名之區，礦苗所在多有，彼處距塔城較近，内地民人亦多，本係科布多所轄烏梁海游牧地方，將來如能遵旨將該地索還，或可勘察情形，設法辦理。所有奴才遵查科布多礦産不豐，大工難舉，擬請暫緩開辦緣由，理合繕摺據實覆陳。伏乞[4]皇太后、皇上聖鑒訓示。謹奏。光緒二十六年八月初七日[5]。

奉硃批：著照所請，該部知道。（第99—101頁）

光緒二十六年閏八月初三日，奉硃批：著照所請，該部知道。欽此[6]。

【案】此摺原件①、録副②均藏於中國第一歷史檔案館，兹據校勘。

1.【奴才瑞洵跪】刊本無此前銜，兹據校補。

2.【案】光緒二十三年七月二十四日，新疆巡撫饒應祺會同科布多參贊大臣寶昌等，爲會勘科布多屬寶爾吉銀礦暢旺，請旨弛禁試辦，曰：

科布多幫辦大臣臣達新、科布多參贊大臣副都統銜臣寶昌、甘肅新疆巡撫臣饒應祺跪奏，爲會勘科布多屬寶爾吉銀礦暢旺，請旨弛禁試辦，以興地利而裕餉源，恭摺仰祈聖鑒事。

竊臣等欽奉光緒二十二年正月三十日上諭：開辦礦務，以金銀礦務爲最先。除黑龍江漠河早經開辦、新疆和闐業已往勘外，各省如能實力訪查，確有金銀礦地，設法興辦，自較煤礦等項得款爲巨。各將軍、都統、督撫，其各振刷精神，實力奉行，毋得畏難苟安、仍蹈從前陋習，等因。欽此。臣等渥受殊恩，自應共體時艱，實力遵辦。臣應祺查和闐産金之處本多，惟山險路遠，糧貴運艱，工費太多，得不償失。前撫臣陶模委員查勘，業將難辦情形據實覆陳。

臣應祺重加委查，擬聘洋師、購機器，亦恐難期實效，已咨總理衙門酌商辦法，尚無把握。北路昌吉、綏來、庫爾喀喇烏蘇、精河、塔城均有産金處所，委員四出勘采，有携沙來省者，監視淘洗，獲金甚微，不敷工本，尚需設法再籌。惟查有巴里坤界連科布多屬札哈沁之都蘭哈喇銀礦最佳，自嘉慶年奉諭旨封禁，不准開采，咸豐時奏開旋止，每年巴里坤鎮與科布多派員會哨稽查，奏明有案。現既迭奉諄諭，凡屬有礦之處一律開采，臣應祺正擬派員往查，前任魁福與臣達新適遵旨開辦，出示招商辦理，因科屬無熟悉礦務之人，咨商臣應祺會同籌辦。臣應祺復訪聞都蘭哈喇封禁日久，礦洞閉塞，重開甚難，有距科城五臺沙紫蓋地北東二站寶爾吉，亦札哈沁所屬，礦苗最旺，且易采挖，當委候補知府奎光、補用同知柳葆元，於上年冬前赴科城稟商辦理，並飭礦務委員候補知縣齊從賢，帶領匠工，赴山試挖。時雪深地凍，掘地未深，所獲礦苗帶省查煉，不惟無銀，並不出鉛。

① 中國第一歷史檔案館藏：《硃批奏摺》，檔案編號：04-01-36-0111-031。

② 中國第一歷史檔案館藏：《録副奏摺》，檔案編號：03-5391-055。

今年三月，齊從賢復選經煉老匠前赴寶爾吉，掘地二丈餘，另獲新礦數百斤，馱運回省。臣應祺親督匠役，在署設鑪試煉數次，計礦坯百斤，鎔鉛二十斤有奇，每鉛百斤可提足色銀十六七兩或十四五兩，洵屬異常佳礦。其地約三十餘里，如果深掘廣挖，隨處皆是，有增無減，則可大開利源。但深山戈壁，一望瀰漫，附近無柴炭，必馱至十一站之大樹窩，始能采炭鎔煉；米糧、器具、什物又須由距該處十九站之奇臺縣馱運應用，靡費多則餘利少，取課仍屬無幾。

臣應祺飭齊從賢酌帶匠工，再於該廠較近有可鎔礦之處，設法開辦，運脚省一分，則課銀多一分，先行試辦一月，核計每礦一馱，除工食費用外，尚有餘利若干，約能抽十之一二或三分之一；會同酌定收税章程，將來或歸商辦，或官督商辦，按馱就廠收税，准蒙民、漢民一律采挖，由新省委員駐廠，設局經理。開礦徵税、修路運糧諸事，由科城派員稽查彈壓，以防私挖、包庇、隱匿、漏税諸弊，總期商沾餘潤，大利歸公，以副朝廷開礦阜財之意。第封禁日久，相應請旨弛禁，准其開采，一俟議定税課章程，再行奏咨立案，以興地利而裕餉源。所有會勘試辦銀礦緣由，是否有當，謹合詞恭摺具奏。伏乞皇上聖鑒訓示。再，此摺係臣應祺主稿。合並聲明。謹奏。光緒二十三年七月二十四日。[①]

【案】此案於是年八月二十六日得旨允行，“廷寄”曰：

軍機大臣字寄：甘肅新疆巡撫饒：光緒二十三年八月二十六日，奉上諭：饒應祺等奏，會勘科布多屬寶爾吉銀礦暢旺，請弛禁試辦一摺。科城札哈沁所屬寶爾吉地方，另獲新礦，苗甚暢旺，試鍊礦坯，每鉛百斤可提銀十六七兩、十四五兩不等，惟路遠運艱，糜費較多，經該撫復飭委員齊從賢酌帶匠工，於該廠較近處所設法鎔鍊，果能著有成效，洵足以裕餉源。即著照所請弛禁，無論蒙民、漢民，准其一體開采，並著饒應祺揀派妥實可靠之員，駐廠設局，經理其事；酌定税課章程，奏咨立案，並知照寶昌，派員稽查彈壓，以杜弊端。將此由四百里諭令知之。欽此。遵旨寄信前來。[②]

3.【案】光緒十五年正月二十八日，黑龍江將軍恭鏜具摺曰：

---

① 臺北“故宮博物院”藏：《軍機及宮中檔》，文獻編號：141442。

② 《光緒朝上諭檔》第23册，第213—214頁。又，《德宗景皇帝實録（六）》卷四百九，光緒二十三年八月下，第342頁。

奴才恭鏜跪奏，爲督理礦務道員馳抵漠河開辦日期，恭摺具陳，仰祈聖鑒事。

竊照督理黑龍江礦務吉林候補道李金鏞於光緒四年九月間由天津、上海等處，集資製器，來省稟商開辦情形，並領借撥局本庫銀三萬兩，馳往漠河等因，業由奴才會同北洋大臣大學士直隸總督臣李鴻章奏報在案。兹據該道李金鏞稟稱：十月初三日，由省起程，前至黑龍江城招募礦丁、部署轉運各事，於十二月初四日始抵漠河，當即調派隨員將一切應行之事分途辦理，粗克就緒，遂擇十三日開工，並酌擬局章十條，以資共守，合行呈報查核，等情。前來。

奴才伏查黑龍江省礦務，事屬創辦，現值嚴寒冱凍，開采尤難，該道李金鏞志存利濟，勇往有爲，所定局章亦均謹嚴可守。春融而後，脈苗深淺，自有次第可尋，奴才當飭隨時馳報，以重礦政。除將局章咨送總理各國事務衙門備查外，所有督理礦務道員馳抵漠河開辦日期，謹會同北洋大臣大學士直隸總督臣李鴻章，恭摺具陳。伏乞皇太后、皇上聖鑒訓示。謹奏。光緒十五年正月二十八日。[①]

4.【伏乞】刊本作“伏祈”。

5.【光緒二十六年八月初七日】此具奏日期據原件校補。

6.【案】此奉硃批日期與内容，據録副校補。

三四、免繳勘合烏拉票糧單照驗各件片

光緒二十六年八月初七日（1900 年 8 月 31 日）

再，奴才前在途次於四月十五日行至烏里雅蘇臺所管之翁音臺住宿，夜卧看書，忘未息燭，以至不戒於火，衾枕、箱篋悉被焚如。維時奴才已經沉睡，又加煙氣熏迷，竟至不省人事。因在蒙古包内，並無窗櫺，故人亦無由知覺。次晨，

① 中國第一歷史檔案館藏：《硃批奏摺》，檔案編號：04-01-36-0107-002。

巡捕家人等因奴才遲遲未起，當進氈房催請，驚悉烈焰猶然，奴才半身盡在火中，趕即撲滅，一面將奴才救醒，察檢裝盛公牘、什物之小篋已化灰燼，所幸奴才仰托聖主福庇，身體尚屬無恙，僅將髮辮燒落大半，亦未延及蒙古包。

惟查奴才原領户部糧單、照驗，兵部期票勘合、理藩院烏拉票各件，盡皆被燬，不成片段，將來回京無從繳銷，合無仰懇天恩，俯念事出不意，敕下部院查照，准予免繳，出自鴻慈。至各臺取具跟役人等，並無需索甘結，因另在他處，尚皆完全，應另行送部備查。除分各咨衙門查照外，謹附片據實陳明。伏祈聖鑒訓示。謹奏。

硃批：該衙門知道。（第101—102頁）

光緒二十六年閏八月初三日，奉硃批：該衙門知道。欽此[1]。

【案】此奏片缺原件，録副①現藏於中國第一歷史檔案館，兹據校勘。

1.【光緒二十六年閏八月初三日，奉硃批：該衙門知道。欽此】此奉硃批日期與内容，據録副校補。

三五、請宥釋成員榮和片

光緒二十六年八月初七日（1900年8月31日）

再，奴才瑞洵接閲邸鈔，伏讀本年六月初二日上諭：已革副都統壽長②，加恩

① 中國第一歷史檔案館藏：《録副奏片》，檔案編號：03-5518-014。

② 壽長（？—1900），呼爾拉特氏，滿洲正白旗人，黑龍江駐防，監生。道光二十四年（1844），中式進士。同年，授三等侍衛。咸豐五年（1855），補四川永寧協大壩營守備。次年，轉四川提標前營中軍守備。同治十三年（1874），升四川參將，晋二等侍衛，賜男爵。光緒二十一年（1895），擢金州副都統。是年，調滿洲正黃旗副都統。後因事革職。二十六年（1900），俄兵入邊，力疾請戰，爲俄人所執，不屈而死。

著准其釋回。欽此。仰見聖明垂念勳勞、不忘忠裔至意。查壽長與已革副都統榮和①，皆因營務不整，爲御史黄桂鋆② 奏参[1]，經李秉衡③ 查明覆奏，奉旨懲處[2]。奴才去年八月三十日具奏奉天積弊一摺，曾於練兵條内論及，並未專疏特劾，誠以該革員等練兵無效，自屬咎有應得，但皆係勳臣後裔，年力方强，若使督率有人，固非竟不可用，故奴才去秋仰蒙召見，並以此意面陳。此奴才憂國憐才之苦心，該革員等固不得而知也。

兹值時局多艱[3]，用人之際，壽長、榮和同事獲咎，榮和遣戍新疆，現當邊防戒嚴，如榮和者擬懇天恩宥釋，即交伊犁將軍長庚差遣，俾其立功自贖，以蓋前愆。該革員世受國恩，自當感激圖報。奴才爲急切需人起見，可否之處，仍出自逾格鴻慈。不揣冒昧，謹附片上陳。伏乞[4]聖鑒訓示。謹奏。

硃批：著不准行。（第102—103頁）

光緒二十六年閏八月初三日，奉硃批：著不准行。欽此[5]。

【案】此奏片原件④、録副⑤ 現藏於中國第一歷史檔案館，兹據校勘。

---

① 榮和，生卒年未詳，伊爾根覺羅氏，滿洲鑲白旗人，金順之侄。光緒十五年（1889），以花翎佐領雲騎尉，補三等侍衛。十七年（1891），回籍葬親。二十年（1894），晋二等侍衛。次年，升頭等侍衛，加副都統銜。二十二年（1896），補授鑲黄旗漢軍副都統，辦理金礦事務。同年，回籍掃墓。二十四年（1898），進京陛見。翌年，被參革職。二十六年（1900），發交伊犁將軍長庚差遣。宣統元年（1909），釋歸。

② 黄桂鋆（1858—1903），原名桂清，字伯香，號養吾，貴州安順人。光緒八年（1882），取舉人。九年（1883），中式進士，改庶吉士，散館授編修。十四年（1888），充鄉試主考官。十七年（1891），丁憂回籍。二十三年（1897），補福建道監察御史，旋授北京巡視五城街道御史。二十五年（1899），京察一等，記名以府道用。旋奉命協辦北京五城團練，護兩宫逃往西安。歷任廣西思恩、湖南衡州、四川保寧知府。二十九年（1903），卒於杭州。

③ 李秉衡（1830—1900），字鑒堂，遼寧海城人，監生。同治元年（1862），署直隸完縣知縣，加運同銜。歷任直隸冀州棗强縣、大名縣知縣。三年（1864），賞戴藍翎，旋晋知州。五年（1866），賞戴花翎。後補蔚州知州。光緒二年（1876），選寧津縣、清豐縣知縣。三年（1877），升冀州知州。六年（1880），遷直隸永平府知府。八年（1882），調補山東平陽府知府。九年（1883），補廣東高廉道。同年，升浙江按察使，轉廣西按察使。十一年（1885），授廣西布政使。是年，充廣西鄉試監臨官、拔貢會考官。同年，護理廣西巡撫，旋因病去職。二十年（1894），擢安徽巡撫。同年，調補山東巡撫。是年，充山東鄉試監臨官、武鄉試主考官。二十三年（1897），補授四川總督。二十六年（1900），授巡閲長江水師大臣。以庚子戰敗飲金死。謚忠節。

④ 中國第一歷史檔案館藏：《硃批奏片》，檔案編號：04-01-17-0182-090。

⑤ 中國第一歷史檔案館藏：《録副奏片》，檔案編號：03-5391-056。

1.【案】光緒二十五年八月初一日，掌福建道監察御史臣黄桂鋆以奉天仁、育兩軍營務廢弛，請旨查辦，曰：

掌福建道監察御史臣黄桂鋆跪奏，爲奉天仁、育兩軍營務廢弛，請旨查辦，以肅戎政而固邊防，恭摺仰祈聖鑒事。

竊以俄人窺伺東陲，自中國允修鐵路，遂藉保路爲名，添兵運械，藏伏陰謀。朝廷俯察時艱，特命添練新軍，以資戰守。膺斯任者，果能實力整頓，克壯兵威，則所謂虎豹在山，樵薪不采，未始不足銷患於未萌也。乃以臣所聞，竟有大謬不然者。查奉天原設换防軍三十營，專爲通省緝捕之需。現在馬賊横行，綁票勒贖，徧地皆是，而於錦、寧一帶尤甚。初尚遠擾鄉鎮，後漸逼近城邑，致錦州府有白晝闖城之事。新任將軍增祺到任後，更换營弁，已將廢弛炮隊各官列款參劾，於整頓捕務或有轉機。然臣愚以爲防邊之軍，尤重於緝捕。奉天新添仁、育兩軍各十營，以榮和、壽長爲總統。該二員煙癮既深，又復嗜酒，所派統領、營哨等官，半皆人情囑托，親故引緣，其中未嘗從軍中之弁率多充當統領，於兵事毫不諳習，每一指揮號令，士卒靡不譁然。俄人從旁看操，尤訕笑之。且吉林、黑龍江設防各軍均扎防所，原以爲固疆圉、習地勢也。

獨奉天新練兩軍盤踞省城，不修營壘，旅店充塞之餘，即占居民舍，盈街填巷，任意蕩游，大爲地方之擾。而兩總統妄自尊大，往往舍騎乘轎，自壯觀瞻。出門拜客，必响號、鳴金數次而後行。一出則前軍後伍，蜂擁至百數十人，比之督撫體制，有過之而無不及。甚至眷屬出門，亦復如是。迹其一心夸耀，滿目排場，尚能計及士卒之甘苦與國事之艱難乎？蓋榮和技慣鑽營，性喜徵逐，朝讌夕會，日在醉鄉飲酒之餘，但知以吸鴉片、玩舊玉爲消遣；壽長則閉門沉湎，日晡始起，營員有事禀商，往往十數日不得一見，而一切軍政委諸近侍，如此練兵，真如兒戲矣。往歲遼南之戰，兩總統薄有微勞，朝廷不次超擢，畀以練兵重任，宜如何感激圖報！乃當邊防吃緊之時、餉項支絀之日，以幾經厘剔撙節之所出而爲軍餉者，竟恣意揮霍，以爲驕惰淫佚之資，臣不知其天良何在矣！從前三省練兵，營弁多紈絝子弟，十餘年間，兵未出省。甲午之役，一經出師，則望風先潰。覆車在前，其可再誤乎？臣又聞去歲設軍之初，兩總統與將軍依克唐阿共報效銀八萬兩添購軍械，其實依克唐阿捐銀無多，係以舊餘槍枝捏報充數。兩總統則以兵未招齊，一律先支之餉彌補此款，後來尅扣在所不免。

方今時局艱危，以練兵爲第一要務，朝廷特派長順前往吉林稽查練兵事宜，所以慎重操防、杜絶營弊者，至周且遠。奉天爲京師肘腋，較之吉林，關係尤重。兩總統日夜酣嬉，荒廢軍事，竟至於此，一旦用武，必致危敗，而大局不堪設想矣！應請簡派公正大員前往查辦，抑或飭下將軍增祺就近查辦之處，出自聖明裁酌。臣爲整頓營伍起見，謹恭摺具陳。伏乞皇太后、皇上聖鑒訓示。謹奏。光緒二十五年八月初一日。[①]

【案】此案即於當日獲批示，清廷頒布“廷寄”曰：

軍機大臣字寄：盛京將軍增：光緒二十五年八月初一日，奉上諭：有人奏，奉天仁、育兩軍營務廢弛，請旨查辦一摺。據稱奉天仁、育兩軍總統榮和、壽長，煙癮既深，又復嗜酒，所派統領營哨等官，半皆請托，盤踞省城，大爲地方之擾。榮和、壽長又妄自尊大，往往舍騎乘轎，自壯觀瞻。設軍之初，該二員與依克唐阿報效銀兩，亦有不實不盡，後來克扣，在所不免，請飭查辦，等語。覽奏，殊堪詫異！奉天爲根本重地，現值强鄰逼處，正邊防吃緊之時，朝廷幾經籌畫，撙節各項，以爲籌餉練兵之資。若如所奏，則所練各營全不足恃，一旦疆埸有事，貽誤大局，何堪設想！似此喪盡天良，亟應確切查明，嚴行懲辦！增祺身任地方，駐扎同城，耳目甚近，著即按照原參各款，逐一認真嚴查，務將該軍實在情形詳細具奏。倘稍有掩護，定當另簡大員，再行覆查。如有一字欺飾，定惟該將軍是問，恐增祺不能當此重咎也！原摺著鈔給閲看。將此諭令知之。欽此。遵旨寄信前來。[②]

2.【案】光緒二十五年九月初五日，盛京將軍增祺爲查明奉天仁、育兩軍總統榮和、壽長被參各款，據實覆陳，曰：

奴才增祺跪奏，爲遵旨查明仁、育兩軍總統被參各款，據實覆陳，仰祈聖鑒事。

竊奴才於光緒二十五年八月初八日承准軍機大臣字寄：光緒二十五年八月初

① 中國第一歷史檔案館藏：《録副奏摺》，檔案編號：03-5934-002。

② 《光緒朝上諭檔》第25册，第235頁。又，《德宗景皇帝實録（六）》卷四百四十九，光緒二十五年八月，第921—922頁。

一日，奉上諭：有人奏，奉天仁、育兩軍營務廢弛，請旨查辦一摺。據稱奉天仁、育兩軍總統榮和、壽長煙癮既深，又復嗜酒，所派統領、營哨等官半皆請托，盤踞省城，大爲地方之擾。榮和、壽長又妄自尊大，往往舍騎乘轎，自壯觀瞻。設軍之初，該二員與依克唐阿報效銀兩亦有不實不盡，後來尅扣在所不免，請飭查辦，等語。覽奏，殊堪詫異！奉天爲根本重地，現值强鄰逼處，正邊防吃緊之時，朝廷幾經籌畫，撙節各項，以爲籌餉練兵之資，若如所奏，則所練各營全不足恃，一旦疆場有事，貽誤大局，何堪設想！似此喪盡天良，亟應確切查明，嚴行懲辦！增祺身任地方，駐扎同城，耳目甚近，著即按照原參各款，逐一認真嚴查，務將該軍實在情形詳細具奏。儻稍有掩護，定當另簡大員再行覆查，如有一字欺飾，定惟該將軍是問，恐增祺不能當此重咎也！原摺著鈔給閲看。將此諭令知之。欽此。遵旨寄信前來。

奴才遵即認真嚴查，該仁、育兩軍均有廢弛情弊。榮和又於奏定營制擅自更改，是以請旨先將榮和、壽長撤去總統，以便徹查，電由總理各國事務衙門代奏，八月二十日奉旨：增祺電悉，榮和、壽長著撤去總統，即照所請，飭令晋昌、德克登額暫行統帶，俟查覆奏到，再降諭旨。欽此。當經分行欽遵各在案。現照原參各款逐一確查，謹爲我皇太后、皇上縷晰陳之。

如原參奉天新添仁、育兩軍各十營，以榮和、壽長爲總統，該二員煙癮既深，又復嗜酒，所派統領營、哨官，半皆人情屬托，親故引緣，其中未嘗從軍之弁率多充當統領，於兵事毫不諳習，每一指揮號令，士卒靡不譁然；俄人從旁看操，尤訕笑之一節。查該總統榮和、壽長吸煙飲酒，人所共知，察其年力正强，體質尚非孱弱。該兩軍統領、營哨等官因依克唐阿奏令該總統等自行遴派，如仁軍之分統根喜，統領丁春喜、達桂，育軍分統雲海、統領韓登舉，以及營官王明焰、衣巧、永年等，均係曾歷戎行，甲午之役亦頗有能打仗者。其餘營哨各官不下二百餘員，固不能盡得曾經戰陣之人。該總統等本籍吉林、黑龍江，均距奉天不遠，一聞招軍，勢不免親故夤緣，其中人情屬托亦難保其必無。原參既未明指其人，未便一一究詰。其操練一事，查依克唐阿原奏二十營統練洋操，及招募成軍，而依克唐阿適已出缺，該總統等隨後復各自爲操。成營不久，操法未能一律整齊，或爲觀者所訕笑。

又，原參兩軍盤踞省城，不修營壘，旅店充塞之餘，即占居民舍，盈街填巷，任意蕩游，大爲地方之擾一節。查仁、育兩軍之設，初由榮和稟請神機營代奏，願招回獵户二十營，壽長亦奏請於隙地招練二十營，奉旨交依克唐阿議覆，統籌餉項，先練二十營，交榮和、壽長各統十營。彼時並未議及駐扎處所，迨本年正月以後陸續成軍，以二十營之衆全駐於省城，關廂内外，旅舍充塞，實不能容，其間倚强恃衆，口角、鬬毆等事，勢所不免。奴才到任，以爲聚營兵於城市之中，不惟難於稽查，即操練亦諸多不便，非先修營壘不足以資鈐束，故於五月初間即與該總統等籌及於此，復經分派妥員與之會同踩勘。育字軍雖踩定省城西關外西塔地方，因一時實無木料可購，難於興修，壽長先以所勘瀋陽適中之小北河一帶食糧太貴，繼以東流水圍，荒爲窵遠，而城市擁擠，在在堪虞，於是先調育字軍步隊三營，開往法庫門一帶分扎，並調仁字軍馬步各一營，赴錦州一帶剿辦馬賊。旋壽長經奴才連次督催，始將步隊六營於七月初間拔赴開原、鐵嶺等處駐扎。刻下省城除舊有營壘分駐之外，城内祇剩育字軍五營，所有修營需款均已照章發給。其不敷者，爲之先行籌墊，將來由該軍撙節夫價内陸續扣還，並催其趕緊修齊，即可一律歸營，核實操練。

又，原參兩總統妄自尊大，往往舍騎乘轎，自壯觀瞻，出門拜客，必響號鳴金數次而後行，一出則前軍後伍，蜂擁至百數十人，比之督撫體制有過之而無不及，甚至眷屬出門亦復如是一節。查榮和、壽長甲午中東之役，薄有微勞，仰蒙朝廷不次擢用，而條陳練兵各事又均邀允行，未免舉趾日高，每多血氣用事，傍觀竊謂其妄自尊大者，實不乏人。奴才到任後，尚未見其乘轎，亦無隨從百數十人之多。聞其眷屬出門乘轎，容或有之。奉天省城爲陪京重地，無論何署均無鳴金、響炮之制，該總統等亦不敢如斯僭妄，或其操演時所用，而聞者誤以爲出門拜客，亦未可知。

又，原參榮和技慣鑽營，惟喜徵逐，朝讌夕會，日在醉鄉，飲酒之餘，但知以吸鴉片、玩舊玉爲消遣；壽長則閉門沉湎，日晡始起，營員有事稟商，往往十數日不得一見，而一切軍政委諸近侍一節。查榮和性好結納，招客宴會，尚屬往來酬酢之常，謂其技慣鑽營，既無實事可指，則亦無從查知。壽長平居遲起，不喜見客，營員有事稟商，誠有數次而始得一見者。其辦事則多以夜作晝，甚至稽查隊伍，亦有夜間爲之。縣丞雷鈞衡本一狂妄無知之人，經壽長派爲營務處，事無大小，悉以諮之。所參一切軍政委之近侍，不爲無因。

又，原參去歲設軍之初，兩總統與將軍依克唐阿共報效銀八萬兩添購軍械，其實依克唐阿捐銀無多，係以舊餘槍枝捏報充數，兩總統則以兵未招齊，一律先支之餉彌補此款，後來尅扣在所不免一節。卷查上年十二月，依克唐阿向信義洋行定購七密里小口徑毛瑟快槍一萬杆、子彈五百萬粒，共需銀四十八萬五千兩，立有合同，由徵存稅厘款内提銀四十萬五千兩，其不敷銀八萬兩，依克唐阿願凑集廉俸，報效銀四萬兩，榮和、壽長亦願摒擋家資，各報效銀二萬兩。先動正款，陸續歸還，等因。奏奉硃批：覽奏，均悉。該將軍等公爾忘私，深堪嘉尚，所捐款項著户部核給獎叙，餘依議。欽此。現飭糧餉處呈覆：上年十二月二十九日，收到依克唐阿發交此項報效銀四萬兩，並入槍價匯津。至榮和、壽長各報效銀二萬兩，未據籌交，前經護將軍文興、署副都統晋昌行催，壽長迄未咨覆。奴才接任，曾與壽長詢及此款，則云依克唐阿前摺拜發時，並未先行見商。榮和則咨稱，因依克唐阿籌備軍需，遂動一念之誠，情殷報效，現今時勢艱難，實難籌措，各等語。及此奉旨查辦，咨令據實聲覆，壽長忽稱係依克唐阿原議將閑款會同報效，而榮和則又云依克唐阿彼時並未與之先行商酌。核與依克唐阿原奏，既均不相符，自未便勒令籌交，應請旨將榮和、壽長前此報效給獎之案飭部即行撤銷。其不敷銀四萬兩，請由正款支給。至兩軍兵未招齊之時，係先支小口糧以及製辦旗幟、號衣等件，前經依克唐阿酌定每軍各以三萬兩爲限，嗣仁軍報册共用銀四萬九千餘兩，育軍報册共用銀三萬七千餘兩，均經奴才飭交糧餉處查案咨駁，並無以兵未招齊，一律先支之餉彌補報效槍款之事。又，查依克唐阿與信義洋行訂購原係新式快槍，現已收到一千七百餘杆，其中有無以舊槍充數，俟分批驗收，隨時詳查，以昭核實。

以上查明各款，均屬實在情形，斷不敢稍爲隱飾，自蹈罪戾。惟思爲將之道，事必先己，故暑不張蓋，寒不重衣，軍井成而後飲，軍壘成而後舍。勞佚既以身同，然後士卒爲之盡力，漸進於精强，乃能爲折衝禦侮之用。今該副都統榮和、壽長仰荷殊恩，畀以練兵重任，應如何感激奮勉，思致其身不圖，竟爲習氣所染，浸趨驕奢，於兵事未能加意講求，未免有負委任。此次奴才派員分赴兩軍查點兵額，尚均足數。惟密加查訪，實有隨時招補、冒名頂替之弊，雖開革募補爲各營事所常有，然與前兩三月兵册詳加檢校，姓名不符者，育軍至八百餘名，仁軍至千名之多。且榮和復將育軍奏定步隊八營、馬隊二營擅改爲步隊九營、馬隊一營，而於步隊内則又各裁步兵數十名，改爲馬兵。其官弁、兵數雖存，然不思馬隊、步隊臨敵各有所用，今互相混淆，不特紊亂，且尺籍亦無足爲據。似此廢弛情狀，自在聖慈洞鑒之中。惟均係二品大員，應如何懲處，伏候上裁。至奴才奉命節制兩軍，未能嚴加督飭，先事覺察，撫躬循省，咎亦難辭，應請旨將奴才一並議處。除令晋昌、德克登額於該各軍兵餉、軍械一切再爲逐細清查、覆到另行具奏外，所有查明仁、育兩軍總統被參各款，謹據實具摺覆陳。是否有當，伏乞皇太后、皇上聖鑒訓示。謹奏。光緒二十五年九月初五日。①

【案】同日，盛京將軍增祺又以榮和心懷叵測，附片密陳曰：

再，密陳者，查上年依克唐阿原議招募獵户二十營，奏留壽長與榮和各統十營，非止款項難籌，亦以免日後尾大不掉之慮，統領營哨既由該總統等自行選擇，又許之以不掣其肘，事權不可謂不專，而兩總統之氣焰亦自兹以盛。方招募之初，依克唐阿爲之酌定餉章，兩總統則以爲太薄，晋昌復爲之改擬相商。因兩總統之外添有督辦名目，壽長益滋不悦，故將餉章自行酌擬具奏，而榮和繼之。

奴才雖奉節制兩軍之命，亦實非彼所樂與聞也。惟查壽長爲原任欽差大臣西安將軍多隆阿之孫。光緒二十年，以二等侍衛呈請發往前敵，經依克唐阿歷委營官、統領，打仗尚稱勇敢。其臨陣從容不迫，尤爲諸將所深服。在金州副都統任内，辦事亦尚公正，祇以總統練兵以來用人不當，溺於嗜好而不自覺，論其迹則誠有負聖恩。察其年甫三十，膽略甚壯，亦猛將之難得者。現當强敵在側，注意於將之時，應如何恩予矜全，責以桑榆之效，出自聖慈，非敢擅請。榮和爲金順、連順之侄，亦以甲午一役從事前敵，叨膺顯秩。上年，條陳招回獵户二十營，免爲外人所收用，其志意未嘗不可嘉，惟亦過挾獵户以自重，奴才嘗與之論及操練約束，不曰滋事可慮，則曰潰散堪虞，其實原招獵户不過僅及千人，而陸續革除歸遣，祇數百人耳。

---

① 中國第一歷史檔案館藏：《硃批奏摺》，檔案編號：04-01-08-0133-003。

此次奉旨查辦兩軍，派令驛巡道志彭等，分赴該軍點名，榮和竟自勃然大怒，放餉舊册亦不即時送交。及經奴才奏請撤去總統，以便徹查，遵旨飭令德克登額前往接帶，仍復屢次咨問奴才究竟該軍有無弊端，因何撤去總統，俟見覆後以便交代。後經侍郎薩廉、鍾秀及晋昌、恒壽同往相勸，告以仍應遵旨交代爲宜，而榮和則行類顛狂，並云該軍恐有變故，誰能承當，其挾制情形已可概見。迨經一再嚴催，始於上月二十九日交代。奴才前已出示曉諭，此次係總統被人奏參，奉旨查辦，與各營官弁兵勇毫無干涉，訪查人情，亦皆安靖。惟榮和既有此説，奴才不能不據實奏聞，可否先將榮和調京，伏望聖裁。謹奏。①

【案】此案清廷先於八月初六日頒布“廷寄”，飭令四川總督李秉衡前往奉天查辦，曰：

軍機大臣字寄：降調四川總督李：光緒二十五年八月初六日，奉上諭：本月初一日，有人奏奉天仁、育兩軍營務廢弛，請旨查辦一摺。據稱奉天仁、育兩軍總統榮和、壽長，煙癮既深，又復嗜酒，所派統領營哨等官，半皆請托，盤踞省城，大爲地方之擾。榮和、壽長又妄自尊大，往往舍騎乘轎，自壯觀瞻。設軍之初，該二員與依克唐阿報效銀兩，亦有不實不盡，後來克扣，在所不免，請飭查辦，等語。當經諭令增祺秉公確查，未據覆奏。奉天爲根本重地，現值强鄰逼處，正邊防吃緊之時，朝廷幾經籌畫，撙節各項，以爲籌餉練兵之資。若如所奏，則所練各營全不足恃，一旦疆場有事，貽誤大局，何堪設想！似此喪盡天良，亟應確切查明，嚴行懲辦！李秉衡向來辦事認真，不避嫌怨，且籍隸奉天，查訪一切情形，自必詳確，著即馳赴奉天，按照原參各款，逐一嚴查，務將該軍實在情形詳細具奏，諒不至瞻徇情面、稍有掩飾。原摺著鈔給閲看，將此諭令知之。欽此。遵旨寄信前來。②

【案】光緒二十五年九月初七日，四川總督李秉衡奏報查明榮和、壽長被參各款，曰：

奉天查辦事件降調四川總督臣李秉衡跪奏，爲查明仁、育兩軍總統被參各款，

---

① 中國第一歷史檔案館藏：《硃批奏摺》，檔案編號：04-01-17-0164-017。

② 《光緒朝上諭檔》第25册，第238—239頁。又，《德宗景皇帝實録（六）》卷四百四十九，光緒二十五年八月，第922頁。

據實覆陳，請將榮和、壽長分别懲處，恭摺仰祈聖鑒事。

竊臣膺命奉天查辦事件，於八月二十九日將到瀋陽日期具摺馳陳。是日，由驛遞回寧遠州拜發一摺，奉硃批：另有旨。欽此。臣於沿途並到瀋陽後，率同隨員編修王廷相，留心確訪，並將仁、育兩軍初設營制、開支餉期，與前將軍依克唐阿等報效八萬銀款一案，咨由將軍增祺查明案據咨覆。臣細加考核，與原參多半相同，請敬謹陳之。

查原參防營廢弛，款目雖多，綜計五項：曰嗜好，曰情故，曰排場，曰不修營壘，曰報效銀兩不實。嗜好一節，兩總統煙癮俱深，又皆嗜酒，難掩衆目。情故一節，查育軍爲榮和所統，多用其本家子侄；仁軍爲壽長所統，所用類多親故。育軍將弁多庸懦，榮和自以用韓登舉充統領爲得計，實則營哨官弁概不由統領委派。仁軍營委多狡黠，壽長内侄廖姓與該軍營務委員縣丞雷鈞衡尤爲用事，將軍府尹會銜告示，雷鈞衡竟敢抗阻不令張貼，他事之膽大恣横可知。該兩軍總統一以驕、一以惰，其全軍不相聯絡，則實同之。幸得及早撤换，不然恐爲害猶不僅虚糜餉項已也。至各統領有無未嘗從軍之弁，調查履歷，大都有“出征打仗”字樣，此皆軍營板樣故套。惟各營管帶哨弁既多由請托，操練安能認真？民間目爲兒戲。原參所謂士卒譁然，俄人訕笑，誠爲勢所必有。排場一節，出門響號，弁兵隨擁，猶爲統營之常。

至舍騎乘轎一層，詳細訪查，依克唐阿未出缺之先，增祺既到任之後，尚無其事。原參稱眷屬出門亦復如是，查榮和、壽長係屬姻親，榮和與依克唐阿戚屬亦近，女眷出門不過姻好往來，有無夸耀，似乎不必苛求。不修營壘一節，該兩軍自成營後，初以采地爲名，總以請款托故，久之營壘未立。仁軍現以八營分往省北，駐扎吕圖、開原一帶；育軍盤踞省城，不肯遠去，近始遣出三營，餘或借住老營，仍多寄居客店，營址甫在省城迤西勘定，尚未興築。在該總統利其散處，無所稽考，任意缺額，而民間之騷擾不堪問矣。報效一案，原參稱去歲仁、育二軍兩總統與前將軍依克唐阿共報效銀八萬兩添購軍械，其實依克唐阿捐銀無多，係以舊餘槍支捏報充數，兩總統則以兵未招齊，一律先支之餉彌補此款，後此尅扣亦所不免一節。咨由將軍查明覆稱：光緒二十四年十二月初九日，前將軍依克唐阿向信義洋行訂購七密里小口徑毛瑟快步槍一萬杆、子母五百萬粒，立有合同，等語。是添購軍械屬實，並非以舊餘槍支捏報充數。覆咨又稱，前將軍依克唐阿報效銀四萬兩，曾據糧餉處於上年十二月二十九日收到，並入槍價匯津，惟兩總統報效銀兩迄今未交，等語。是兩總統報效四萬兩銀款實係未交，並無先支兵餉彌補、尅扣情事。臣以爲榮和、壽長既已撤去總統，此款自勿庸令其再交，應請將所得獎叙撤銷。又，原參稱馬賊横行，錦、寧尤甚，逼近城邑，致錦州府有白晝關城之事。查五、六月省西綁票之多，自以錦、寧爲最，寧遠州距城二里確有金姓被綁之案。七月間，不知何事，寧遠州城暫閉旋開，徧訪無錦州關城之事，似屬傳聞之誤。其錦、寧事體，臣隨後另有奏陳。以上所查，皆與原參各款多半相同之實在情形也。

方臣未到瀋陽之先，增祺已先奏奉電旨，准將榮和、壽長撤换。壽長當即交割清楚，榮和遲緩數日，屢經增祺嚴催，聞其於二十八日補放哨官、哨長慶喜等十二名，始於二十九日將育字一軍交出。似此延宕，無非爲彌補空額之計。此案既交增祺確查，又特命臣前來認真查辦，實爲整頓防營、維持根本重計，臣何敢稍有瞻徇！查榮和世受國恩，總統防營，不圖報稱，百種荒謬交替之際，又復任意遲緩，實有應得之咎，除育字軍總統已由增祺奏撤外，仍請予以懲處，爲統兵大員縱弛玩視者戒。壽長偏裨之才，不勝統將重任，於營伍亦多不實，厥咎與榮和同。惟係多隆阿之孫，金州之役，頗以忠奮敢戰見稱，此番交割尤極爽速，業將仁軍總統奏撤，再應如何酌懲，或予以愧勵自新之地，均係副都統大員，非臣所敢擅擬，惟祈出自聖裁。至仁軍營務處委員縣丞雷鈞衡，請即行革職，不准復留本營。所有查明總統被參各款，謹據實繕摺覆陳。伏乞皇太后、皇上聖鑒訓示。此摺係借用盛京禮部印信，臣於拜摺後即帶同隨員起程回京。合並聲明。謹奏。九月初七日。

光緒二十五年九月十四日，奉硃批：另有旨。欽此。[①]

【案】此案於二十五九月十四日得允行，清廷頒布“諭旨”曰：

光緒二十五年九月十四日，内閣奉上諭：前據御史黄桂鋆奏参奉天仁、育兩軍總統榮和、壽長各款，當經諭令增祺查参，並特派李秉衡前往查辦。兹據先後

---

① 中國第一歷史檔案館藏：《録副奏摺》，檔案編號：03-5934-089。

奏稱，榮和、壽長廢弛營務，嗜好甚深，驕惰情形，確鑿可指。若不從嚴懲辦，不足以肅軍紀！副都統榮和，總統防營，不圖報稱，種種荒謬，著即革職，解交刑部治罪！副都統壽長信用親故，營伍亦多不實，著即革職，發往軍臺效力贖罪！仁軍營務處委員縣丞雷鈞衡，攬權用事，於將軍府尹所發告示，竟敢抗阻不令張貼，他事之膽大恣横可知，著即行就地正法，以昭炯戒！仁、育兩軍現經另簡錫振等接署總統，即著該將軍督同該總統等力加整頓，隨時認真訓練，務當紀律嚴明，軍威整肅，以期緩急足恃。儻敢再蹈從前積習，定即從重懲處，决不寬貸！欽此。①

【案】光緒二十五年十一月十四日，刑部尚書崇禮等奏聞定擬已革奉天仁、育兩軍總統榮和、壽長罪名一摺，曰：

經筵講官太子少保降一級留任刑部尚書臣崇禮等謹奏，爲已革統兵大員解送到部，遵旨定擬罪名，恭摺仰祈聖鑒事。

光緒二十五年九月十四日，奉上諭：據御史黄桂鋆奏參奉天仁、育兩軍總統榮和、壽長各款，當經諭令增祺查參，並特派李秉衡前往查辦。玆據先後奏稱，榮和、壽長廢弛營務，嗜好甚深，驕惰情形，確鑿可指。若不從嚴懲辦，不足以肅軍紀。副都統榮和總統防營，不圖報稱，種種荒謬，著即革職，解交刑部治罪！副都統壽長信用親故，營務亦多不實，著發往軍臺效力贖罪，等因。欽此。由内閣鈔出到部。

查閲增祺覆奏内稱，該總統吸煙、嗜酒，人所共知。又，營、哨各官二百餘員，不能盡得曾經戰陣之人，因該總統本籍吉林，距奉天不遠，一聞招軍，不免親故夤緣，其中人情囑托亦難保其必無。又，成軍未久，操演未能一律整齊，或爲觀者所訕笑。又，各營全駐省城，關廂内外，旅舍充塞，實不能容。其間倚强恃衆，口角、鬬毆等事，勢所不免。又，朝廷不次擢用，條陳又邀允行，未免舉趾日高，血氣用事。旁觀竊笑，謂其妄自尊大者，實不乏人。又，檢校兵册，前後姓名不符者，育軍至八百餘名之多，且將奏定步隊八營、馬隊二營，擅改爲步

① 《光緒朝上諭檔》第25册，第273—274頁。又，《德宗景皇帝實録（六）》卷四百五十，光緒二十五年九月上，第947—948頁。

隊九營、馬隊一營，各等語。

李秉衡覆奏内稱，該總統等煙癮俱深，又皆嗜酒，難掩衆目。又，育軍多用本家子侄，將弁率多庸懦。又，各營管帶哨弁多由請托，操練安能認真，民間目爲兒戲。又，該軍自成營後，初以踩地爲名，繼以請款托故，營壘未立，盤踞省城，利其散處，無所稽考，任意缺額，而民間之騷擾不堪。又，奉旨撤换後，遲緩數日，屢經嚴催，補放哨官、哨弁十餘名，始將一軍交出，似此延宕，無非爲彌補空額之計，各等語。是該革員等廢弛營務，辜負委任，已據該督等逐節查明，不謀而合，誠宜從嚴懲辦，以肅軍紀。當經鈔録諭旨，飛咨該督遵照，並將已革副都統榮和派員解部去後。

兹據該督僉派佐領遇春、同知祥德等管解該革員起程，於十月二十八日赴部投到。遵即遴派司員，按照原奏，逐層究詰。該革員呈遞親供，於廢弛、嗜好、驕惰各節不置一詞。其不立營壘，則稱係木料難購之故；交割延緩，則稱因造具清册所致；補放官弁，則稱爲交代整齊起見。臣等查該革員身爲總統，營務種種廢弛，業據奉天總督、欽差大臣先後查明，與御史原參均屬相符，荒謬之咎，百喙難辭！且係欽奉特旨交臣部治罪，自未便因其飾詞狡辯、稍涉輕縱。

查例載：總兵將帥玩視軍務，苟圖安逸，故意遷延，不將實在情形具奏，貽誤國事者，擬斬立决。又，律載：斷罪無正條，援引他例，比附加減定擬，各等語。今已革副都統榮和總統奉天育字練軍，嗜好甚深，性復驕惰，營壘既遷延不修，操練復視同兒戲，實屬玩視軍務，苟圖安逸；其擅改營制，又不據實具奏，誠如聖諭，種種荒謬，亟應從嚴治罪。惟該革員駐兵地方並無軍務，與實在臨敵偷安、遷延誤國者，尚屬有間，遽照貽誤國事例擬以駢首，未免情輕法重，律無治罪恰合專條，自應比例量減問擬。榮和合於統兵將帥玩視軍務，苟圖安逸，故意遷延，不將實在情形具奏，貽誤國事者斬罪上量減一等，擬杖一百、流三千里，係已革二品大員，仍恭候欽定。如蒙俞允，應將該革員從重發往新疆效力贖罪。

該革員親供内又稱，前曾報效硫磺六千觔，嗣後製造抬槍一百杆、登山炮二十尊，旋經改造五尊，並修理槍械需銀四千餘兩，又由洋行購妥新式快炮四尊、開花子彈二千顆，需銀二萬二千餘兩，已交八千兩零，均經呈報有案，等語。應令該督查明是否報銷正款，抑係該革員籌購，分别核辦。所有臣等遵旨治罪緣由，理合恭摺具陳。伏乞皇太后、皇上聖鑒。謹奏。光緒二十五年十一月十四日。經筵講官太子少保降一級留任尚書臣崇禮、降一級留任尚書臣趙舒翹、左侍郎臣崇勳、降一級留任左侍郎臣徐承煜、降一級留任右侍郎臣堃岫（假）、降一級留任右侍郎臣梁仲衡。①

3.【時局多艱】刊本作“時局多難”。

4.【伏乞】刊本作“伏祈”。

5.【光緒二十六年閏八月初三日，奉硃批：著不准行。欽此】此奉硃批日期與內容，據録副校補。

三六、滿營兵額先期調補摺

光緒二十六年八月初七日（1900年8月31日）

奴才瑞洵、禄祥跪[1]奏，爲滿營兵額擬請先期調補，恭摺具陳，仰祈聖鑒事。

竊科布多滿營換防官兵每屆三年更換一次，歷經循辦在案。查上次調補官兵，係光緒二十四年十月到防，本應扣至光緒二十七年十月期滿始行更換，惟現因升補章京、筆帖式暨在防病故遺出缺額已至八名之多，又值籌布邊防，差委需人，實屬不敷委用。若必按期調換，未免懸缺待人，自應稍事變通，期於公事無誤。

查該滿兵等到防三月後，向均作爲委署筆帖式，與緑營換防兵丁專應差操不同，擬請旨敕下綏遠城將軍，作速揀選明白公事、通曉清漢文義、書寫端楷之兵八名，造送履歷清册，照案飭令幫同押解科布多後批餉銀，由驛前來。其各兵到防三年例保，應扣歸下届再行辦理，不得與現已到防之兵牽混。除將開除官兵旗分、銜名分咨查照外，所有滿營兵額擬請先期調補緣由，理合恭摺具陳。伏乞[2]

① 中國第一歷史檔案館藏：《録副奏摺》，檔案編號：03-5935-022。

皇太后、皇上聖鑒訓示。遵行。謹奏。光緒二十六年八月初七日[3]。

硃批：該衙門知道。（第103—104頁）

光緒二十六年閏八月初三日，奉硃批：該衙門知道。欽此[4]。

【案】此摺原件①、録副②均藏於中國第一歷史檔案館，兹據校勘。

1.【奴才瑞洵、禄祥跪】刊本無此前銜，兹據校補。

2.【伏乞】刊本作“伏祈”。

3.【光緒二十六年八月初七日】此具奏日期據原件校補。

4.【光緒二十六年閏八月初三日，奉硃批：該衙門知道。欽此】此奉硃批日期與內容，據録副校補。

三七、嚴參革員請旨辦理摺

光緒二十六年八月初七日（1900年8月31日）

奴才瑞洵、禄祥跪[1]奏，爲革員贓款較多，被控有案，據實嚴參，請旨辦理，恭摺仰祈聖鑒事。

竊據管理東七臺、南八臺札蘭章蓋等報稱：前因辦理軍務文報，已革蒙古事務處章京主事麟鎬有咨保翎支、私給獎札、索取部費情事，現經理藩院咨駁，懇請追還，等情。呈訴前來。當即檢閱舊卷，上年八月理藩院咨文早已到城，前大臣寶昌壓擱未辦。查革員麟鎬到科布多三年，因寶昌信任太堅，幾於無惡不作，無案不貪。即以咨保翎支一案而論，明知必干駁斥，該員輒辦蒙文咨部，上既蒙

① 中國第一歷史檔案館藏：《硃批奏摺》，檔案編號：04-01-16-0264-066。

② 中國第一歷史檔案館藏：《録副奏摺》，檔案編號：03-6159-003。

混長官，下爲取信蒙古，以爲索賄憑據，種種貪欺，大率類此。此外向有請領度牒一案，向歸各盟自辦，該員則任意包攬，每旗勒派須足二百喇嘛方爲請領，不足其數，必以賄減。各旗蒙人賣男賣女、折馬、折房者比比，每度牒一張，索費十兩，共請六百五十張，計索費銀六千五百兩，而各旗賄減人數之贓尚不與焉。其他如私放梅楞，驗尸詐賄，盜賣官廠駝馬皮張，强索蒙古王公禮物，又其小焉者也。

查科布多所屬各旗本不富庶，時有偏灾，經麟鎬極力搜括，元氣竟爲之大傷。此次辦理蒙團，所以籌墊經費，亦係目覩情形，不能不稍爲補救。是該革員之各種奇貪，贓私狼籍，不惟壞寶昌之聲名，實有害蒙古之生計，且貽誤邊要大局，實非淺鮮。歷歷按之，殊堪痛恨。前經查辦，請以革職不叙，並僅追贓銀四千兩，猶覺法輕情重，不足示懲。况現經控訴纍纍，尤當爲之料理，以伸蒙人怨讟之氣。謹將該革員贓私款目開繕清單，祗呈御覽。可否請旨敕下鑲藍旗蒙古都統，即將該革員麟鎬嚴行看管，由奴才等派員押解來科，歸案辦理，抑或請敕該旗照奴才等單開款目，按數追繳，咨由奴才等提解，發還各旗，以恤蒙累，伏候欽定。所有革員贓款較多，被控有案，據實嚴參各緣由，謹繕摺具陳。伏祈皇太后、皇上聖鑒訓示。謹奏。八月初七日[2]。

硃批：該衙門知道，單並發。

光緒二十六年閏八月初三日，奉硃批：該衙門知道，單並發。欽此[3]。

呈革員麟鎬贓私款目清單

謹將革員麟鎬贓私款目敬繕清單，祗呈御覽。

計開：一、蒙混咨保翎支，私放獎札，東七臺、南八臺共索銀四百一十兩。二、請領各旗喇嘛度牒六百五十張，共索銀六千五百兩。三、請領度牒各旗賄減人數，共索銀一千餘兩。四、盜賣官存駝馬皮張，共得銀二百兩。以上共合贓銀八千一百餘兩。（第104—107頁）

【案】此摺缺原件，録副[①]與清單[②]均藏於中國第一歷史檔案館，兹據校勘。

1.【奴才瑞洵、禄祥跪】刊本無此前銜，兹據校補。

2.【八月初七日】此具奏日期據録副校補。

3.【光緒二十六年閏八月初三日，奉硃批：該衙門知道，單並發。欽此】此奉硃批日期與内容，據録副校補。

三八、請將糧餉章京榮臺留營差委片

光緒二十六年八月初七日（1900年8月31日）

再，科布多糧餉章京委署主事翰林院筆帖式榮臺，前因到差三年期滿，呈經前大臣寶昌等奏請敕部更换[1]。現該章京仍辦糧餉事務，專候新任前來，始能交卸。至更替之員是否已經引見蒙簡，至今亦未接准部咨。奴才瑞洵訪查該章京榮臺經管糧餉三年以來，實係無過，且翻譯尚爲熟悉，前在翰林院筆帖式任内曾經掌院學士大學士徐桐[③]等保列京察一等，引見記名。使其人稍有不稱，徐桐主持公

---

① 中國第一歷史檔案館藏：《録副奏摺》，檔案編號：03-5391-053。

② 中國第一歷史檔案館藏：《單》，檔案編號：03-5391-054。

③ 徐桐（1820—1900），字豫如，號蔭軒、仲琴，漢軍正藍旗人。道光三十年（1850），中式進士，改庶吉士。咸豐二年（1852），授翰林院編修。次年，任武英殿纂修。八年（1858），充文淵閣校理，任順天鄉試同考官。十年（1860），任實録館協修。同治元年（1862），補實録館纂修、上書房行走。次年，升實録館漢總纂。三年（1864），轉翰林院侍講，署日講起居注官、教習庶吉士。五年（1866），任漢日講官。次年，充侍講學士。七年（1868），任侍讀學士。九年（1870），補太常寺卿，署都察院左副都御史。次年，遷内閣學士，兼禮部右侍郎。十二年（1873），兼署户部左侍郎、工部左侍郎。光緒元年（1875），任實録館副總裁。是年，充順天恩科鄉試副考官。二年（1876），轉吏部右侍郎。次年，補都察院左都御史。四年（1878），擢禮部尚書，兼署吏部尚書。次年，加管理三庫大臣，加太子少保銜。八年（1882），任翰林院掌院學士，兼管八旗官學。次年，補國史館正總裁，兼會試正考官。十年（1884），調吏部尚書，兼兵部尚書，並任上書房總師傅。十四年（1888），兼武鄉試正考官。次年，升協辦大學士，兼會典館正總裁，晋太子太保銜，署工部尚書、户部尚書。二十年（1894），兼署禮部尚書。二十二年（1896），升補大學士，管吏部事務。是年，調體仁閣大學士。二十六年（1900），八國聯軍進京，自縊身亡。著有《治平寶鑒》等。

道，辦事嚴核，亦决不肯輕登薦剡。是其人之可用，固非奴才等之阿私也。

當此布置邊防、急切需人之際，合無仰懇天恩，俯准留營差委，以資臂助，實於現在籌備邊防、整頓地方不無裨益。奴才等爲辦事得人起見，除咨吏部查照外，爲此不揣冒昧，附片籲陳。是否可行，伏祈聖鑒訓示。謹奏。

硃批：著照所請，該部知道。（第107—108頁）

光緒二十六年閏八月初三日，奉硃批：著照所請，該部知道。欽此[2]。

●以上各摺片皆閏八月初三日奉硃批，初四發回。以上摺片均八月初七日拜發。

【案】此奏片原件[①]、録副[②]均藏於中國第一歷史檔案館，兹據校勘。

1.【案】光緒二十六年三月十二日，科布多參贊大臣寶昌以糧餉章京榮臺三年期滿，奏請揀員接替，曰：

奴才寶昌跪奏，爲糧餉章京三年期滿，循例祈請飭部揀員速來接替，恭摺仰祈聖鑒事。

竊查科布多糧餉章京一缺，經吏部議准歸入回疆章程，遇有缺出，由吏部咨取各部、院現任筆帖式內考試，通曉清漢文義者，保送帶領引見，派往作爲委署主事，到任後三年期滿，如果得力，該處大臣奏明，歸於奉旨即用班內升用。其所遺之缺另行奏請更换，仍俟新任人員更替到日，交代清楚，再將年滿之員給咨回京，補行引見。歷經遵辦在案。兹據糧餉事務處承辦章京榮臺呈稱：竊榮臺係由記名理事同知翰林院筆帖式於光緒二十二年九月初四日作爲科布多委署主事，二十三年四月二十日到科任事。接事以來，因前關內回氛未靖，前任章京奎烜病故，欠放各旗、各臺卡餉項紛繁，經章京榮臺不分晝夜，一手清厘，蒙參贊大臣寶昌、幫辦大臣禄祥於二十四年三月初七日附片奏懇恩准，榮臺請以記名理事同知班先帶領引見，先换同知頂戴，等因。於二十四年閏三月二十一日接到原片內開，奉硃批：著照所請，吏部知道。欽此。欽遵在案。兹由光緒二十三年四月

① 中國第一歷史檔案館藏：《硃批奏片》，檔案編號：04-01-13-0434-034。

② 中國第一歷史檔案館藏：《録副奏片》，檔案編號：03-5391-052。

二十日任事起，連閏扣至二十六年三月二十日，三年期滿，自應由京派員來科更替，等情。呈請奏換前來。

查該員榮臺既屆期滿，自應准如所請。其所遺糧餉章京員缺，相應請旨飭下該部，照例揀選通曉滿漢文義之員，令其趕緊來科接替。奴才仍遵舊制，俟新任人員更替到日，交代清楚，再行給咨該員榮臺回京，歸原衙門當差。所有科布多糧餉章京三年期滿，循例祈請飭部揀員接替緣由，理合恭摺具奏。伏乞皇太后、皇上聖鑒。再，幫辦大臣祿祥現在請假，未經列銜。合並聲明。謹奏。光緒二十六年三月十二日。（硃批）：該部知道。①

2.【光緒二十六年閏八月初三日，奉硃批：著照所請，該部知道。欽此】此奉硃批日期與内容，據録副校補。

三九、仍懇馳赴行在跪請聖安摺

光緒二十六年八月二十四日（1900年9月17日）

奴才瑞洵跪[1]奏，爲仍懇馳赴行在跪請聖安，藉伸瞻戀微忱，恭摺仰祈聖鑒事。

竊奴才前於本年七月初六日因洋人構衅，畿輔戒嚴，當經具摺奏請回京報效，迄今四十餘日，尚未奉到批回。正在疑慮之際，忽見伊犁將軍長庚發遞奏事夾板一副，改由臺站馳遞。查閲傳單内開，飭由臺驛各站挨遞山西歸化廳，探詢駐蹕處所，投交行在兵部轉奏，等因。驟聞之餘，驚憂罔措！

伏思京師各軍拱衛森嚴，王大臣籌策周密，必能鞏固無虞。今竟致鑾乘西巡，重煩宸慮，實出遠臣意料之外！惟是皇太后頤養方隆，皇上聖躬關係綦重，尚求

① 中國第一歷史檔案館藏：《硃批奏摺》，檔案編號：04-01-12-0595-014。

珍衛，少節憂勞。上念祖宗垂佑之靈，下副薄海臣民之望。奴才瑞洵職司塞漠，心在闕廷，依戀之忱，實出至誠，不能自已。若非拘於官守，早已星馳就道。現計邊防要務均已遵旨妥籌，辦團練兵，粗可就緒。至借兵籲餉，亦經具疏馳陳。刻雖敵情叵測，軍務方殷，而布置已周，守禦似無疏漏。奴才與幫辦禄祥遇事商榷，尚能和衷，即使奴才暫離數月，該大臣亦能接辦，不致貽誤。

合無仰懇天恩俯准奴才馳詣行在，少伸犬馬戀主之私，並奴才應辦各事亦得藉求訓誨，有所禀承。如蒙俞允，奴才當由臺站星夜馳抵綏遠一帶，叩覲天顔，聽候驅策，實爲奴才欽企禱祀以求者也。所有擬請馳赴行在各緣由，理合繕摺專差齎奏。伏祈皇太后、皇上聖鑒訓示。遵行。再，奴才所有[2]籌辦科布多防守事宜，均於七月初六日、十二日兩次奏報在案，現均逾限，報匣迄未遞回，恐沿途有遺失情節，容俟查明，再行補繕馳遞。合並陳明。謹奏。光緒二十六年八月二十四日，專弁齎遞。

光緒二十六年十一月初八日弁旋回摺，奉硃批：毋庸前來行在（九月初一日，陝西渭南接閏八月廿九日旨）。（第108—111頁）

光緒二十六年閏八月二十九日，奉硃批：毋庸前來行在。欽此[3]。

【案】此摺原件①、録副②均藏於中國第一歷史檔案館，兹據校勘。

1.【奴才瑞洵跪】刊本無此前銜，兹據校補。

2.【所有】刊本作“有所”。

3.【光緒二十六年閏八月二十九日，奉硃批：毋庸前來行在。欽此】此奉硃批日期與内容，據録副校補。

---

① 中國第一歷史檔案館藏：《硃批奏摺》，檔案編號：01-01-16-0264-004。

② 中國第一歷史檔案館藏：《録副奏摺》，檔案編號：03-5566-019。

四〇、籌備防務大概並墊費各情片

光緒二十六年八月二十四日（1900年9月17日）

再，此次軍事掣動全局，凡屬臣民，同深憂憤，俄跨歐亞，我尤腹背受敵，雖漠北極邊，防範難周，亦不能不以全力相顧。奴才自奉嚴防寄諭，盡力圖維，蒙團辦至六七千，經費借籌數萬，其他派兵放卡，清野禦敵，調蒙隊以固城，借旗兵以協守，請撥部款，墊借商資，均已具摺陳奏。又值札哈沁亢旱成灾，哈薩克逃亡甚衆，妥籌賑撫，設法安插，任重事繁，日不暇給。現幸粗有規模，緩急似尚可恃。惟商借古城旗兵，請由部撥專餉奏摺，批諭全未奉到，未免無所適從，祇得竭盡心力，設法維持，應辦必辦，但求有益事機，未必盡合成例，咨部文書想亦遺失，將來部中如以未經立案相責，尚求聖明作主。現在科布多商蒙安靖照常，此則可上慰宸廑，請寬北顧之慮者也。

惟是山西本年應解經費毫無到城信息，本城每月支發既屬萬不可緩，兼之團練防守經費需款甚巨，雖前奏由商借墊，然爲時不能太久，爲數不能太多。此時宵旰焦勞，焉敢再煩聖慮！再四思維，惟新疆鄰省可以協濟，該處藩庫尚有存儲，擬請旨准由奴才等隨時咨商借用，一俟軍事大定，科城請有專款，再行如數撥還。一轉移間，户部既可省度支之煩，邊要亦可無窘乏之慮，於防務大有裨益。所有籌辦防務大概，並墊費借款各情形，理合附片陳懇。伏祈聖恩俯允。遵行。

再，奴才等接准烏里雅蘇臺將軍連順來函，據云七月所發報匣已由張家口駁回，奴才等所發各摺想亦一律延阻。前曾奉旨整頓内地驛站，今即廢弛，不過邊遠陳奏事件，不爲設法轉遞，輒爲駁回，管站官員實屬不知緩急，應請旨敕下該管各官，切實查懲，極力整頓，以昭慎重。合並附陳。謹奏。

硃批：著即咨商新疆巡撫，暫行墊撥。（第111—112頁）

光緒二十六年閏八月二十九日[1]，硃批：著即咨商新疆巡撫，暫行墊撥。

【案】此奏片原件、録副均查無下落，待考。

1.【光緒二十六年閏八月二十九日】此奉硃批日期，據《軍機處隨手登記檔》① 校補。

① 中國第一歷史檔案館藏：《軍機處隨手登記檔》，檔案編號：03-0305-1-1226-261。

卷之四　籌筆集

光緒庚子閏八月起十一月訖（1900）

〇一、瀝陳未能就地籌款實在情形摺

光緒二十六年閏八月二十一日（1900年10月14日）

奴才瑞洵、禄祥[1]跪奏，爲瀝陳未能就地籌款實在情形，恭摺仰祈聖鑒事。

竊奴才等於本年閏八月初九日接奉軍機處交由山西大同縣加封遞回安摺四件、軍機大臣知會一封，謹悉奴才等前於七月初六、十二日兩次奏陳摺件均已仰邀聖鑒。其辦理[2]蒙團請撥部餉一片，奉旨：即著就地籌款，挑練蒙兵，自固邊防，咨商鄰省，徒誤事機。欽此。其借挪商款、支放津貼一片，奉旨：即著就餉辦防，力求核實，無稍虛糜。欽此。欽遵知會前來。跪讀之下，欽感莫名！伏維鑾乘西巡，奴才等不能躬事櫜鞬，馳驅效力，徒以邊庭瑣務上瀆宸聽，尚荷中途批發，俾有遵循，倍深慙悚！現在防守事宜，但使力所能爲，何敢再煩聖慮？無如邊遠瘠區，兵餉兩闕，早在聖明洞鑒。兹者事機湊迫，無可如何，若復隱忍不言，既無術以竟前功，復無策以收後效。再四思維，仍有不得不呼籲於聖主之前者，請爲我皇太后、皇上縷細陳之。

查科布多孤懸西北，本係邊區。所轄蒙古各旗，散處不整；游牧富户，概無聞焉。辦團練兵，尚須籌給津貼，如所謂捐輸報效辦法，斷難責之窮蒙。商民鋪户，不滿五十，坐莊衹有數家，行夥居其大半。春來秋去，向無定踪，較之通都大邑，一經勸諭動積巨款者，實有霄壤之别。此外，零星小販，復無税厘可抽；戍守弁兵，專賴經費接濟。一遇邊警，所有蒙户、商民尚須極力設法禁阻、安置，否則早已星散，便無人煙。此等光景，實不如内地一村一堡之熱鬧。且現值用兵，市面益行蕭索，奴才等此次辦團，籌給津貼，雖云責其防守，實則安其游牧，略示羈縻，以維疆圉，所謂自固邊防者，衹有此法。若欲取財商蒙，藉爲練兵之資，實在無法辦理。此未能就地籌款之實在情形也。

科布多經費一年僅止四萬九千餘兩，本屬枯窘局面，今奉旨敕令就餉辦防，力求核實。奴才等籌度再三，值此時艱，豈敢以虛糜粉飾，藉圖私計！況各省招練各軍，所報餉章、勇數，虛耗甚多，頗有靡費至巨萬者。奴才等平時早已痛恨而深惜之，焉肯自甘尤效！科布多除前借商款外並無防餉，未能就款圖維，兹將歲入、歲支各款謹繕清單，祇呈御覽，自蒙聖明鑒察。此又本無防餉、辦理竭蹶之實在情形也。

奴才等竊維治邊之道，以安静不擾爲先。科布多僻在偏隅，果使烽燧不驚，原可從容坐鎮，不必另生枝節、設法整頓，致蒙多事之譏。無如兵端猝啓，邊境戒嚴，奉旨籌防，責成綦重，而鷩憂時局，控揣敵情，確有强弱之分、虛實之異。奴才等身膺疆寄，即不能殺敵立功，亦何甘束手待斃！當即挑選蒙兵，費盡無窮氣力，始克就緒。該蒙兵迭經駁换，現已一律强壯，槍箭技藝，均本嫺熟，故城守宴然，邊卡安堵，用使敵人泯窺伺之心，游牧保安全之業，實係全賴蒙兵、團練之力。奴才等初以爲積衰難振，竟不料尚能如此。可見兵無强弱，視乎訓練如何，天下固無不可用之兵也。現計各旗團練兵丁六千，另練守城、護卡兵丁兩千，所需津貼銀兩本不爲多，較之武衛諸軍以及内省各軍餉糈優厚，何啻九牛一毛！若彼則協濟不遑，此則艱苦獨異，恐非朝廷體恤蒙古之本心。現既奉旨令奴才等就地籌款，又令就餉辦防。聖主區畫苦衷，奴才等具有天良，豈不知仰體憂勞，勉圖辦理？無如勢處萬難，無從報命，而蒙兵既甚得力，實未敢遽議撤防，以致敵人乘虛而入。然月需二萬數千金，直是無從羅掘，借貸商款既不能多，請撥專餉又未奉准，無米之炊，難責巧婦！況如奴才等才力庸拙，更覺智盡能索，徒唤奈何！刻下又不知軍務何如，洋人是否尚可就撫，但現據卡倫侍衛馳報：俄卡尚在陸續添兵運械，不知是何用心。奴才等處此爲難之時，萬分棘手，然仍不敢稍涉鬆勁，祇有照舊布置，嚴加防守，究應如何辦理之處，惟有仍求格外天恩，俯念窮邊窘迫，勢處萬難，諭示機宜，俾有禀承，藉免貽誤，實深感幸！

至奴才等受恩深重，奉命守邊，當此危時，原應毁家紓難，無如遭此大亂，家産、房地想皆化爲烏有，亦屬報效無從，即使暫行借墊，皆苦無法可施，是以不揣冒昧，據實直陳，仰求垂諒！現在科布多轄境尚幸寸土未失，較之内地總算安静。奴才等不敢大意，自當始終苦守，竭力維持。儻使獲保無恙，是皆聖主威福所致。奴才等不敢居功，堪慰慈廑。所有未能就地籌款實在情形，理合繕摺馳陳。伏祈皇太后、皇上聖鑒訓示。無任悚惶迫切待命之至。再，科布多並無勁兵，止可固守，不宜輕開戰衅。合並聲明。謹奏。光緒二十六年閏八月二十一日[3]。

硃批：另有旨（光緒二十六年十月二十日奉到）。

光緒二十六年九月十七日，奉硃批：另有旨。欽此[4]。

呈科布多歲入、歲出銀兩數目清單

謹將科布多歲入、歲出銀兩各數目繕具清單，祗呈御覽。

計開：應收款項：一、常年應收山西省協撥經費銀三萬三千三百三十三兩五錢，新添經費銀四千兩，加增銀一萬兩，直隸省添撥經費銀二千五百兩。

應放款項：一、參贊大臣一員，應支一年本任養廉銀七百兩，一年副都統銜俸廉、隨甲共銀四百二十七兩。

一、幫辦大臣一員，應支一年本任養廉銀五百二十兩，一年副都統銜俸廉、隨甲共銀四百二十七兩。

一、糧餉處、印務處、蒙古事務章京三員，幫辦章京二員，每員應支一年鹽菜銀一百七十兩四錢，五員共銀八百五十二兩。又，每員應支一年加增銀一百二十兩，五員共銀六百兩。

一、委署章京筆帖式一員，應支一年鹽菜銀一百七十兩四錢，又支一年加增銀一百二十兩。

一、筆帖式二員，每員應支一年鹽菜銀七十二兩，二員共銀一百四十四兩。又，每員應支一年加增銀四十八兩，二員共銀九十六兩。

查以上各員，係屬舊設額缺。至現請添設幫辦章京、筆帖式各缺應支鹽菜、加增等項，尚未算入。合並聲明。

一、帶兵驍騎校一員，應支一年鹽菜銀四十八兩。又，應支一年加增銀三十六兩。

一、額外驍騎校二員，每員應支一年鹽菜銀三十六兩，二員共銀七十二兩。

又，每員應支一年加增銀三十六兩，二員共銀七十二兩。

一、候補筆帖式三員、委署筆帖式十二員，共十五員，每員應支一年鹽菜銀三十二兩四錢，十五員共銀四百八十六兩[5]。又，每員應支一年加增銀二十四兩，十五員共銀三百六十兩。

一、霍呢邁拉扈卡倫侍衛一員，應支一年鹽菜銀九十六兩，又應支一年減半糧折銀十八兩五錢八分五厘。

一、昌吉斯臺卡倫侍衛一員，應支一年鹽菜銀九十六兩，又應支一年減半糧折銀十三兩四錢二厘。

一、俄商局章京一員，應支一年鹽菜銀一百七十兩四錢，又應支一年加增銀一百二十兩。

一、筆帖式二員，每員應支一年鹽菜銀七十二兩，二員共銀一百四十四兩。又，每員應支一年加增銀四十八兩，二員共銀九十六兩，又應支一年心紅紙張銀一百二十兩，又應支一年賃房銀一百九十二兩，又應支柴薪銀二十四兩。

一、字識四名、通事二名、巡邏兵十名，共十六名，每名應支一年口分銀四十八兩，十六名共口分銀七百六十八兩。

一、緑營屯田参將一員，應支一年鹽菜銀八十四兩，又應支一年加增銀一百二十兩。

一、千總二員，每員應支一年鹽菜銀三十二兩四錢，二員共銀六十四兩八錢；又，每員應支一年加增銀三十六兩，二員共銀七十二兩。

一、把總六員，每員應支一年鹽菜銀二十六兩四錢，六員共銀一百五十八兩四錢。又，每員應支一年加增銀二十四兩，六員共銀一百四十四兩。

一、經制外委一員，應支一年鹽菜銀十六兩八錢，又應支一年加增銀二十四兩。

一、馬、步兵二百二十四名，每名應支一年鹽菜銀十兩八錢，二百二十四名共銀二千四百十九兩二錢。又，每名應支一年加增銀十八兩，二百二十四名共銀四千三十二兩。

一、兵役二十二名，每名應支一年鹽菜銀六兩，二十二名共銀一百三十二兩。又，每名應支一年加增銀六兩，二十二名共銀一百三十二兩。

一、駐班處公一員、協理臺吉一員、管旗章京一員、聽差臺吉二員、鄉導兵二名、牧廠協理臺吉一員，通共八員名，應支一年鹽菜銀六百四十四兩四錢，又應支一年減半糧折銀六十一兩三錢六分二厘。

一、明阿特、額魯特参領一員、佐領一員、大錢糧兵四十名、小錢糧六十名，通共官兵一百二員名，應支一年鹽菜銀二千六百一兩六錢，又應支一年減半糧折銀三百七十八兩九錢七厘。

一、喀爾喀屯田参領二員、章京二員、驍騎校三員、兵二百五十名，通共官兵二百五十七員名，應支一年鹽菜銀三千兩二錢，又應支一年減半糧折銀一千三百三十三兩四錢三分八厘。

一、牧廠管旗章京二員、兵三十二名，應支一年鹽菜銀九百五十二兩八錢。

一、二十四卡倫臺吉三十員、兵六百一十名，通共官兵六百四十員名，應支一年鹽菜、羊價銀一萬三千八百六十兩。

一、哈喇烏蘇東十四臺臺吉二員、兵一百六十名，通共官兵一百六十二員名，應支一年鹽菜、羊價銀三千七十二兩，又應支一年減半糧折銀三百五十七兩二錢四分。

一、沙拉布拉克北八臺参領一員、兵四十四名，共官兵四十五員名，應支一年鹽菜、羊價銀八百五十二兩，又應支一年減半糧折銀九十九兩六錢二分六厘。

一、搜吉南八臺兵八十名，應支一年鹽菜銀一千四百四十兩，又應支一年減半糧折銀一百六十五兩二錢一分。

一、官學生二十名，應支一年紙筆銀一百二十兩。

一、烏梁海副都統一員、散秩大臣二員、總管四員，共七員，應支一年俸銀四百六十七兩五錢二厘。

一、明阿特、額魯特、札哈沁總管三員，每員應支一年俸銀六十五兩，共銀一百九十五兩。

一、滿、緑兩營兵共二百四十一名、兵役二十二名，每名應支領三個月柴薪銀二兩四錢，二百六十三名共銀六百三十一兩二錢。

一、屯田、拔割田苗蒙古兵二百名，每名賞一個月鹽菜銀九錢，二百名共銀一百八十兩。

一、采買代烟價銀二百五十三兩二錢。

一、采買農具價銀一百五十五兩一錢三分。

一、糧餉處、印務處、蒙古事務處三處，每處應支一年心紅紙張銀一百二十兩，三處共銀三百六十兩。

查此係該三處辦公應用，至參贊、幫辦兩衙門月需摺奏心紅紙張各項，皆係參贊等自行賠墊，不在此列。合並聲明。

一、東十四臺應支一年羊價銀一百四十兩。

一、南八臺應支一年羊價銀六十四兩。

一、北八臺應支一年羊價銀三十二兩。

一、春秋二季祭祀羊價銀二十四兩。

一、春秋二季祭祀牛價銀八十兩。

一、衆安廟應支一年香燈銀一百二十兩。

一、看守人犯燈油銀一年共銀九兩五錢五分八厘。

一、緑營兵丁一年操賞銀三百兩。

一、每年十屯田秋成後，賞緑營、蒙古官兵銀二百七十餘兩。

一、每年添補耕牛四十四條，每條價銀四兩，共價銀一百七十六兩。查實在市價，每條總須十三四兩，此四兩係屬例價，不敷采買。合並聲明。

一、每年派往京城進馬，東、西兩口領餉、辦茶以及各項差使弁兵，應領製裝銀五百二十兩。

一、正月十五日、六月二十六日兩次緑營、蒙古兵射箭、蹭跤賞項，共銀一百八十餘兩。

一、每年十屯田修理河渠、灌澆屯田，除屯兵外，每屯加添工銀五十餘兩，共銀五百餘兩。

一、參贊、幫辦遇有升調回京，約需車價銀五百八十餘兩。

一、糧餉章京三年期滿，應領車價銀九十餘兩。

一、綏遠城换防滿兵三年期滿，應領製裝銀一百七十餘兩。

一、俄商局修理氈房銀七十餘兩。

以上四項共銀九百一十餘兩。查應需車價、製裝、修理氈房等項，並非常年必需，每年拉展約銀三百餘兩。

一、十屯交糧、采買米麵、修理氈屉，約需銀五十餘兩。以上一年共應放銀四萬八千四百二十餘兩，遇閏月應加放銀三千五百餘兩。查每遇閏月，並無奏撥加給經費，故每年經費雖有盈餘一千上下之譜，而遇有閏月即須補放，以致均勻攤算，每年尚有不敷。合並聲明。

以上一年，連閏月拉展，共應放銀五萬一千九百二十餘兩。除放實不敷銀二千零八十餘兩，此外尚有活支、雜支各項，皆係隨時就事核定，難以預估確數。合並聲明。

覽。[6]

●光緒二十六年十月二十三日，承准軍機大臣字寄：科布多參贊大臣瑞、禄：光緒二十六年九月十七日，奉上諭：瑞洵等奏，邊餉難籌，酌擬裁撤團兵，開單呈覽各摺、片。現在餉需萬緊，所有原練蒙團六千，著全行裁撤；護城、護卡兵二千，著裁去一千五百名，暫留五百名，即著認真挑選，分防各處。查閱單開出入各款，所稱餉項支絀，尚屬實在情形，著户部於邊防經費項下撥給銀一萬兩，交瑞洵等核實支用，不得稍涉鋪張、虛糜帑項爲要！將此由五百里各諭令知之。欽此。遵旨寄信前來。①（第119—132頁）

【案】此摺原件②、録副③及清單④均藏於中國第一歷史檔案館，兹據校勘。

1.【奴才瑞洵、禄祥】刊本無此前銜，兹據校補。

2.【辦理】刊本作“禄理”。

3.【光緒二十六年閏八月二十一日】此具奏日期，據原件校補。

4.【光緒二十六年九月十七日，奉硃批：另有旨。欽此】此奉硃批日期等，據録副校補。

5.【四百八十六兩】刊本作“四百八六兩”，奪“十”字。

6.【覽】此御批據清單校補。

---

① 此“廷寄”亦載於《光緒朝上諭檔》第26册，第371頁，兹據校勘。

② 中國第一歷史檔案館藏：《硃批奏摺》，檔案編號：04-01-01-1041-044。

③ 中國第一歷史檔案館藏：《録副奏摺》，檔案編號：03-6655-056。

④ 中國第一歷史檔案館藏：《單》，檔案編號：03-6653-057。

○二、揀員充補委署主事摺

光緒二十六年閏八月二十一日（1900年10月14日）

奴才瑞洵、禄祥[1]跪奏，爲揀員充補委署主事，恭摺仰祈聖鑒事。

竊查科布多額設委署主事一員，向於所屬正缺筆帖式内揀員充補。查委署主事蒙古處筆帖式鍾祥，前經奏補蒙古處幫辦章京，現已承准軍機處知會，奉旨：著照所請，該衙門知道。欽此。所遣委署主事，自應揀員充補。兹查有四品頂戴補驍騎校後以防禦補用俄商局筆帖式文惠，人尚樸實，當差勤謹，堪以充補。如蒙俞允，應俟該員五年期滿，如願就武，回城后即循向章以防禦遇缺即補，並照主事職銜支給銀糧。遇有差使，再行給咨該員赴部，帶領引見。至該員應找支銀糧，應俟奉旨之日，再行照例開支報部。所有揀充委署主事緣由，理合繕摺具陳。伏乞皇太后、皇上聖鑒。謹奏請旨。光緒二十六年閏八月二十一日[2]。

硃批：著照所請，該衙門知道。（第132—133頁）

光緒二十六年九月十七日，奉硃批：著照所請，該衙門知道。欽此[3]。

【案】此摺原件①、録副②均藏於中國第一歷史檔案館，兹據校勘。

1.【奴才瑞洵、禄祥】刊本無此前銜，兹據校補。

2.【光緒二十六年閏八月二十一日】此具奏日期，據原件校補。

3.【光緒二十六年九月十七日，奉硃批：著照所請，該衙門知道。欽此】此奉硃批日期與内容，據録副校補。

---

① 中國第一歷史檔案館藏：《硃批奏摺》，檔案編號：04-01-01-1041-044。

② 中國第一歷史檔案館藏：《録副奏摺》，檔案編號：03-5392-049。

〇三、擬定軍名暨現在籌防辦法片

光緒二十六年閏八月二十一日（1900年10月14日）

再，查各省練兵，皆有軍名。奴才等所請挑練蒙古團兵，現已奉旨敕辦，應即取名，以昭鄭重。查科布多介居朔漠，練兵義在自强，擬即名爲“朔强邊軍”。且查現在軍務未完，敵情叵測，昨據瑪呢圖噶圖拉幹卡倫侍衛常升馳稟：附近俄屬察罕珠蘇隆地方現來俄兵百餘名，槍械七八車；阿拉克伯克鄂博亦來俄兵百餘名，車載軍火、口糧甚多，等情。奴才等雖早派兵放卡，並調蒙兵前往助防，尚不放心，蓋彼即不來撲城，邊界須防襲取，刻已加委幹員再往確查，如果情形吃緊，奴才瑞洵尚擬自行馳往該處，督率防守。蓋奴才所慮者，惟恐守卡官兵不諳事機，或致輕舉妄動，稍一失宜，邊衅即由此起，非小失也。

奴才愚見，與洋人交仗，必能守而能戰，能戰而後能和，本非剿辦土匪可比，萬萬不宜孟浪從事，故奴才自奉妥籌布置寄諭，仰體聖意，重在防守，並未責以戰事。即與奴才禄祥悉心籌商，處此無兵無餉之區，直難議及打仗。惟有處以鎮静，切忌張皇，禦侮而不招侮，乃爲上策。要在同心堅守，加意嚴防，以免敵人窺我虛實，致滋後患。並將此意迭次密札蒙古各旗，再三申戒，練團自守，各管各旗，萬不准藉端生事、竟與俄人尋衅，以杜猾夷報復來侵之計。如能遵此辦理，即與戰功無異，且能固守保全地方，尚比一味浪戰失地、損威勝强數倍。所幸奴才瑞洵到任以來，於蒙古加意聯絡，格外體恤，又與科布多蒙古各旗多半同族，該各旗頗知敬畏，以故呼應能靈，深資得力。現在所轄地方照常静謐，商、蒙相安。惟近聞新疆一帶逃難百姓太多，幾於盈千累萬，詢係直隸、山東人居多。此輩人類混雜，流離失所，若地方官吏不早設法撫綏，難免窮而生變。

科布多屬界緊與新疆毗連，時切隱憂。奴才現擬選派所練蒙兵二三百名，於交界處所扼要設防，杜其來路，免爲邊患；一面札飭札哈沁南八臺管臺官員，一遇流民越境，即爲阻回，並可否請旨敕下伊犁將軍長庚、新疆巡撫饒應祺，飭屬查明、妥籌辦理之處，伏候宸裁。奴才瑞洵受恩深重，夙蒙知遇，既有所見，不敢不言，亦曲突徙薪之微意也。所有擬定軍名暨現在籌防辦法，理合附片陳明，仰慰聖廑。是否有當，伏候訓示。謹奏。

光緒二十六年九月十七日[1]，硃批：著即咨商長庚、饒應祺，妥籌辦理。（第133—135頁）

【案】此奏片原件、録副均查無下落，待考。

1.【光緒二十六年九月十七日】此奉硃批日期，據刊本及《軍機處隨手登記檔》①校補。

〇四、照舊保護俄商不敢輕開邊衅片

光緒二十六年閏八月二十一日（1900年10月14日）

再，科布多毗連俄界，向准通商，在城貿易者，計有五六家；蒙古各旗居住者，不下四五十家。此次中外開衅，科布多聞警之後，謡言四啓，人心浮動。該俄商不免疑慮，均欲奔回本國，請兵前來護商。奴才夙知外國向於僑寓中國商民，每有齟齬，輒有派兵護商之舉。若任其辦理，不早禁阻，竟致發兵前來，則彼聲勢較衆，後患殆不可言。比值俄商達魯噶呢喀賚阿薩諾福由該國來科布多謁見，奴才當即面加開導，諭以現雖兩國交兵，事由拳匪而起，我國家與俄通好二百餘年，諒不久必歸於和。此處俄國商民既有地方官加意保護，即萬不應再來兵隊，

① 中國第一歷史檔案館藏：《軍機處隨手登記檔》，檔案編號：03-0005-1-1226-278。

各商人亦均不必回國，仍在此安分貿易，免啓蒙人之疑，轉多不便，等語。該達魯噶甚爲感激，已與該商務衙門寄信告知。旋據駐扎庫倫匡索勒施什摩勒福專差來遞文書致謝，並懇仍念和好有年，加意保護。奴才業已覆文照准。此奴才近日辦理洋務之實在情形也。

惟此等辦法實因度勢量力，不敢輕開邊衅，且爲臣子者當爲國家弭患分憂，不當爲國家惹禍生事，區區之愚，實在於此！第恐局外不諒爲難苦衷，專説假話、講空理，或於奴才用意不能深知，且謂奴才畏葸，則以後辦事更形棘手。相應據實直陳，仰求聖明垂察。奴才幸甚！謹奏。

光緒二十六年九月十七日[1]，硃批：知道了。（第135—136頁）

【案】此奏片原件、録副均查無下落，待考。

1.【光緒二十六年九月十七日】此奉硃批日期，據刊本及《軍機處隨手登記檔》[①]校補。

○五、擬裁蒙兵一半大概情形片

光緒二十六年閏八月二十一日（1900年10月14日）

再，科布多地介西北邊陲，向與内地聲氣不甚聯屬。近自外人開衅，宣南道梗，文報至今不通，刻下不知近畿軍情若何？側聞已蒙特派大學士李鴻章辦理撫局，不知確否？奴才愚見，前奉軍機大臣寄諭，令奴才於所轄地方妥籌布置，原因戰衅已開，邊界毗連，不得不嚴加防範。現在如果欲議款，則軍務較鬆，戰守各軍自當亟籌減竈。科布多挑選團練蒙兵，月費津貼款項尚無著落，僅仗借貸商

① 中國第一歷史檔案館藏：《軍機處隨手登記檔》，檔案編號：03-0005-1-1226-278。

款及動用庫存平餘各項雜款，爲數不過二萬金上下，業已搜羅一空，實無別法可以支撑局面。現若全行裁撤，恐有疏虞；照舊演練，又無接濟，籌慮已窮，萬分憂灼，萬不得已，衹有减半留半辦法，擬將原練團兵六千裁去三千，護城、護卡兵二千裁去一千，諭以將來餉足，再行多練，以資調劑而備緩急。現存共止四千名，不過勉强分布，聊壯聲威而已。至已裁去之兵四千，止給八月、閏八月兩個月津貼，現已飭知各旗，截至閏八月底止，遵照裁撤。該蒙兵多在本旗駐防，即無所謂資遣餉項，即請不必發給，以節糜費。此係恐勞聖廑，先陳大概擬辦情形，容再詳細具奏。奴才瑞洵謹附片具陳。伏祈聖鑒訓示。謹奏。

硃批：覽。（第 136—138 頁）

光緒二十六年九月十七日，硃批：覽。欽此[1]。

【案】此奏片缺原件，録副①現藏於中國第一歷史檔案館，兹據校勘。

1.【光緒二十六年九月十七日，硃批：覽。欽此】此奉硃批日期等，據録副校補。

○六、索倫領隊大臣由科起程赴任日期片

光緒二十六年閏八月二十一日（1900 年 10 月 14 日）

再，奴才等前奏請留伊犁索倫領隊大臣志鋭幫辦團務一摺，承准軍機處八月初七日知會：奉旨：著不准留。欽此。查奴才等前者實因籌防緊要，助理需人，適值該大臣赴任伊犁，道經此地，是以商同奏請。兹奉嚴諭，奴才等深悔冒昧，愧悚交並！當即恭録咨行該大臣欽遵。且查現在南八臺業於賑撫之後，安設復舊，

① 中國第一歷史檔案館藏：《録副奏片》，檔案編號：03-6036-032。

並已催令該大臣速赴調任。現據覆稱，定於閏八月二十一日啓程。相應附片陳明。伏祈聖鑒。謹奏。

硃批：知道了。（第 138 頁）

光緒二十六年九月十七日，奉硃批：知道了。欽此[1]。

【案】此奏片缺原件，録副①現藏於中國第一歷史檔案館，兹據校勘。

1.【光緒二十六年九月十七日，奉硃批：知道了。欽此】此奉硃批日期等，據録副校補。

○七、商定新疆撥兵五百名駐防沙紫蓋片

光緒二十六年閏八月二十一日（1900 年 10 月 14 日）

再，前因邊防吃緊，科布多並無兵隊，情形可慮，當以新疆相離較近，曾經咨商該撫饒應祺，借撥旗兵助防，附片陳明在案。兹奉批旨：咨商鄰省，徒誤事機。欽此。查此件已與該撫商定，擬挑精壯兵丁五百名，駐防南八臺之沙紫蓋地方，期與科布多聲勢聯絡。惟新疆向恃各省協餉，現聞多半停解，深虞軍餉不繼，難資得力，不敢指准。奴才等惟當精練蒙兵，自固邊防，即應遵旨不再咨商。理合附片陳明。伏祈聖鑒。謹奏。

硃批：知道了。（第 138—139 頁）

光緒二十六年九月十七日，奉硃批：知道了。欽此[1]。

---

① 中國第一歷史檔案館藏：《録副奏片》，檔案編號：03-6036-034。

【案】此奏片缺原件，録副①現藏於中國第一歷史檔案館，兹據校勘。

1.【光緒二十六年九月十七日，奉硃批：知道了。欽此】此奉硃批日期等，據録副校補。

○八、烏里雅蘇臺擬給火藥觔數片

光緒二十六年閏八月二十一日（1900年10月14日）

再，前因辦理蒙團，必須發給軍火，科布多存儲火藥無多，擬向烏里雅蘇臺咨領一萬觔濟用，當於七月十二日附片陳明，即經派筆帖式文惠帶領兵丁，前往請領。旋准將軍連順等咨覆，以該城火藥現亦無多，無憑照撥[1]，且值舉辦防務，需用同殷，僅爲匀給一千觔。兹據該委員領解到營，當飭儲庫，隨時發給各團操用。至科布多舊存火藥，雖經受潮，現已揀派通曉製造之弁兵，設法收拾，加工浸曬，近日操演即令裝槍試放，均已可用。除咨部查照外，理合附片陳明。伏祈聖鑒。謹奏。

硃批：知道了。

光緒二十六年九月十七日，奉硃批：知道了。欽此[2]。

●以上摺片，光緒二十六年閏八月二十一日拜發，九月十七日到陝，十月二十三日奉到。（第139—140頁）

【案】此奏片缺原件，録副②現藏於中國第一歷史檔案館，兹據校勘。

1.【照撥】刊本作“照”，兹據校正。

① 中國第一歷史檔案館藏：《録副奏片》，檔案編號：03-6036-033。

② 中國第一歷史檔案館藏：《録副奏片》，檔案編號：03-6650-036。

2.【光緒二十六年九月十七日，奉硃批：知道了。欽此】此奉硃批日期等，據録副校補。

○九、欽奉寄諭謹遵辦理並陳下情摺

光緒二十六年九月十一日（1900年11月2日）

奴才瑞洵、禄祥跪[1]奏，爲欽奉寄諭，謹遵辦理，並陳下情，恭摺仰祈聖鑒事。

竊奴才等於本年九月初七日承准軍機大臣字寄：光緒二十六年閏八月初三日，奉上諭：瑞洵等奏蒙團辦齊，請飭部速撥專款，及將連順所辦蒙團停止，並調練蒙兵應需月餉，暨自陳才不勝任各摺片，覽奏，均悉。從來辦理地方事件，必須詳細籌畫，經費有著，方可舉行。現在國事如此，户部支絀萬狀，斷無巨款可以撥給。科布多防務事宜，該大臣等但當視力所能爲，悉心妥辦，得寸得尺，務求實際，慎勿徒多紛擾也！將此諭令知之。欽此。遵旨寄信前來。仰見聖主遠慮深思，明見萬里，殷殷告誡，感悚莫名！

伏思奴才等前因欽奉諭旨，以中外開衅，令於所轄地方妥籌布置，扼要嚴防。欽遵之下，比值夷氛正肆，邊境戒嚴，既無可用之兵，又乏别練之隊，臺卡、城防空虛可慮，衹得挑選蒙兵，辦理團練，以圖自守。當經具摺馳奏，奉旨允准欽遵在案。彼時軍情正在吃緊，萬難稍涉濡緩，奴才等豈不知餉源無出，籌畫爲難！然防務緊要，關繫全局，又與辦理尋常公事不同，不得不借墊商貲，先顧眉急。若必俟款項有著方可舉行，則蒙古不團必散，俄夷不防必來。即邊疆且不守必失，亡羊始議補牢，而引狼早已入室，京畿之事，前鑒匪遥！奴才等身任地方，何敢出此？故一聞亂耗，即將防守事宜速爲籌布，任事似乎太勇，然與其受冒昧之咎，不敢任貽誤之愆，蓋冒昧止過在一身，貽誤則有礙大局也。近月以來，煞費心力，始將科布多保守無恙，商、蒙照常安輯，是整頓之説猶屬空談，防守之嚴是爲實效。此可見信於君父而不必斤斤表白者也。

至請撥蒙團經費一節，亦以既用其力，即不能不恤其身，逆料王大臣籌策公忠，不能漠置邊要於不顧，必可騰挪耗費之餉，以濟邊軍之需。且滿、蒙旗兵初與勇營無異，勇丁口糧不能短欠，豈滿、蒙旗兵本是世僕，又素安分，轉不能稍給津貼以示體恤，竊恐有失人心。奴才等忝膺邊寄，即此不能取信於蒙古，亦慮無顔以對各旗。况當拜發請餉摺件時，尚不知鑾乘西巡確信，若早得京師知照，奴才等奔問不遑，尚安肯以邊庭瑣務上瀆宸聰！故自八月中秋以後接到綏遠城將軍永德來文，始知聖駕已幸山西，奴才等當即具摺跪請聖安，奴才瑞洵並請馳赴行在，專弁齎遞，此外未敢瀆奏。奴才等懇懇愚忠，當蒙鑒諒。

至奴才等辦理乖方，竟以恐多紛擾上廑聖慮，惶悚尤深！查奴才等自奉籌防諭旨，悉心妥商，即以兵備太單，敵情叵測，總以鎮静不擾爲主，不令俄人窺我虚實，且稍涉紛亂，則蒙古以及商民必啓猜疑。奴才等一言一動，均爲觀聽所繫，不止辦事宜加慎重已也。現在地方幸獲保全，尚能仰副聖意，而於俄商曲加保護，尤見奴才等弭患苦心。若以奴才等夙願所存，惟以殺敵爲志，然時勢所迫，無可如何，在朝廷方悔兵禍，豈臣子敢挑衅端！故且忍之須臾，不敢稍形激烈，恐爲壽山[①]之續，上負委任。兹蒙嚴旨以紛擾切戒，奴才等自當始終遵奉，永作官箴。惟請將連順所辦蒙團停止一節，查奴才等前於具報蒙團辦齊摺内，附片奏稱科布多與烏里雅蘇臺情形不同，慮及如蒙交議被駁，致疏邊備，奴才等耽罪不起，是以叩求聖明作主，如謂邊塞寥遠，無須如此布置，則乞速降綸音，即行停止，以免日久難於收束，奴才等係指請停科布多團練而言，原片内未將“科布多”三字

---

① 壽山（1860—1900），即袁壽山，字眉峰，漢軍正白旗人。光緒三年（1877），於黑龍江城學習當差。五年（1879），以辦理中外交涉事務功，加五品頂戴。旋丁憂回旗。九年（1883）帶領引見，以員外郎用，入神機營當差。同年，襲騎都尉。十一年（1885），由善慶調通州防營。是年，撤防回京。十三年（1887），保郎中。次年，監修頤和園工程。二十年（1894），加三品銜，自請赴黑龍江軍營效力，招募敵愾兩營帶赴前綫，並任敵愾步隊統領，與倭寇接戰。同年，兼統鎮邊軍全營馬隊。二十一年（1895），保知府，晋花翎。二十二年（1896），授鎮邊軍左路統領，帶中營移札黑龍江城。二十四年（1898），補河南開封府遺缺知府。同年，授黑龍江副都統，幫辦邊防練軍事宜。二十五年（1899），署黑龍江將軍。二十六年（1900），在任殉節。

詳細聲叙，殊屬疏漏。即此可見奴才等才力不及，思慮未能周到。雖以奴才瑞洵年志方强，值此時艱，守此危地，存亡呼吸，亦實覺重任難勝。

現在大局未定，軍務未完，奴才瑞洵受國厚恩，義無退避，然邊疆重要，辦事爲難，整飭未能，敷衍不可，又夙性戇直，不合時宜，深恐致誤邊事，有忝職守，總求天恩以地方爲重，另簡賢能前來接替。奴才瑞洵仍當馳詣行在，勉圖報效，俾免奴才僨事辜恩，尤奴才瑞洵瞻戀闕廷、私衷盼禱者也。總之，既蒙訓誡，此後遇事自當格外謹慎，請旨辦理，萬不敢再爲多事，並當倍加鎮定，以期仰慰宸廑。所有欽奉寄諭，謹遵辦理，並陳下情緣由，理合繕摺覆陳。伏乞皇太后、皇上聖鑒訓示。謹奏。光緒二十六年九月十一日[2]。

硃批：知道了。即著將地方應辦事宜認真整頓，仍毋事紛擾爲要（光緒二十六年十一月二十二日奉到）。（第140—144頁）

光緒二十六年十月十二日，奉硃批：知道了。即著將地方應辦事宜認真整頓，仍毋事紛擾爲要。欽此[3]。

【案】此摺原件①、録副②均藏於中國第一歷史檔案館，兹據校勘。

1.【奴才瑞洵、禄祥跪】刊本無此前銜，兹據校補。

2.【光緒二十六年九月十一日】此具奏日期據原件校補。

3.【光緒二十六年十月十二日，奉硃批：知道了。……欽此】此奉硃批日期與内容，據録副校補。

① 中國第一歷史檔案館藏：《硃批奏摺》，檔案編號：04-01-01-1041-081。

② 中國第一歷史檔案館藏：《録副奏摺》，檔案編號：03-6036-051。

一〇、地方公事擬隨時妥辦暫緩具奏片

光緒二十六年九月十一日（1900年11月2日）

再，奴才等前於八月初七日與蒙團辦齊摺同日拜發請暫緩開辦礦務，暨嚴參革員麟鎬，並請調補兵額共三摺，又請留糧餉章京榮臺差委，請將戍員榮和開釋，暨奴才瑞洵免繳糧單、照驗各件共三片，均未奉到軍機大臣知會諭旨，不知是否已邀御覽。奴才等原不敢再爲瀆請，惟所奏多係地方應辦事件，無論准、駁，必以欽奉諭旨，奴才等方有遵循。而跪請聖安之摺，亦未奉批回，區區戀主之誠，尤難少釋！

查奴才等忝膺邊寄，爲一方表率，蕃夷視聽所繫，且慮此風一播，必疑大臣已爲朝廷所棄，將無奏事之權，竊恐諸部解體，敵國[1]益以生心，而屬員、弁兵亦皆無能約束，似屬稍有關係。奴才等愚昧，敢求聖慈仍賜分別訓示，無任感盼！至此後地方公事即由奴才等隨時斟酌妥辦，擬請暫緩具奏，以免瑣瀆聖聰。俟軍務大定，再爲照舊辦理。是否有當，謹附片冒昧具陳，不勝待罪之至。伏祈聖鑒[2]。謹奏請旨。

硃批：另有旨。（第144—146頁）

光緒二十六年十月十二日，奉硃批：另有旨。欽此[3]。

【案】此奏片缺原件，録副[①]現藏於中國第一歷史檔案館，兹據校勘。

1.【敵國】刊本奪“國”字，兹據補。

2.【伏祈聖鑒】此句刊本奪，兹據校補。

3.【光緒二十六年十月十二日，奉硃批：另有旨。欽此】此奉硃批日期等，

① 中國第一歷史檔案館藏：《録副奏片》，檔案編號：03-6688-102。

據録副補。

【案】此奏於是年十月十二日奉嚴旨申飭，"廷寄"曰：

軍機大臣字寄：科布多參贊大臣瑞、禄：光緒二十六年十月十二日奉上諭：瑞洵等八月初七日所發摺、片、單共十二件，於閏八月初三日奏到，當將辦理蒙團一事寄諭該參贊等遵照。其摺件均經批諭，於初四日由太原發驛遞回。軍機處辦理事件，從無積壓之弊。該參贊甫於接奉寄諭之後，不加詳察，輒疑遞到摺件一概壓擱，實屬不知大體。以上各摺片究竟曾否收到，著即查明具奏。至所稱地方公事暫緩具奏等語，該參贊等身膺邊寄，於應奏事件自應照常辦理，豈能概不具奏！所請尤屬非是，著傳旨申飭！仍懍遵前旨，隨時穩慎辦理，毋再誤會爲要！將此諭令知之。欽此。遵旨寄信前來。①

一一、本年科屬蒙古各旗呈進博勒克擬請展緩摺

光緒二十六年九月二十四日（1900年11月15日）

奴才瑞洵、禄祥跪[1]奏，爲科布多所屬蒙古各旗本年應行晋京呈遞博勒克，籲懇天恩准其展緩，以示體恤而資維繫，恭摺仰祈聖鑒事。

竊查向來每届冬令，科布多所屬杜爾伯特、新土爾扈特、和碩特、札哈沁各旗汗王、貝勒、貝子、公、札薩克臺吉等均應派員晋京，跪請聖安，並呈遞博勒克，就便請領俸銀、俸緞，節經循辦有年。現值匪教構難，聖駕巡幸山西，京師已爲外人占踞，未經收回。據各旗呈請指示遵辦前來。

奴才等伏維撫局急切難定，軍務尚未解嚴，自難指令晋京。惟若令該蒙古改

① 中國第一歷史檔案館藏：《電寄諭旨檔》，檔案編號：1-01-12-026-0286。又，《德宗景皇帝實録（七）》卷四百七十四，光緒二十六年十月，第237頁。

赴山西行在，又慮人地生疏，應進一切貢物，無從購備佳品，不足以昭誠敬[2]。即俸銀、俸緞亦恐此次未能依期照發，諒户部、理藩院自當奏請展緩。奴才等公同商酌，該蒙古各旗本年應行派員晋京呈遞博勒克一節，合無仰懇天恩准其展緩，一俟事局大定，再照舊章辦理。其應領俸銀、俸緞亦應令將來晋京補領，以示聖朝優恤蒙古之至意！如蒙俞允，應俟奉到諭旨，當由奴才等恭録轉飭欽遵。奴才等爲維繫蒙心起見，是否有當，未敢擅專，理合繕摺馳陳。伏祈皇太后、皇上聖鑒訓示。謹奏。光緒二十六年九月二十四日[3]。

光緒二十六年十月二十三日[4]，硃批：著照所請，該衙門知道（光緒二十六年十二月初五日奉到）。（第146—148頁）

【案】此摺原件①現藏於中國第一歷史檔案館，兹據校勘。

1.【奴才瑞洵、禄祥跪】刊本無此前銜，兹據校補。

2.【案】劃綫部分刊本作“諸多窒礙，非所以昭誠敬”。

3.【光緒二十六年九月二十四日】此具奏日期據原件補。

4.【光緒二十六年十月二十三日】此奉硃批日期，據《軍機處隨手登記檔》②校補。

一二、揀補印務蒙古兩處筆帖式摺

光緒二十六年九月二十四日（1900年11月15日）

奴才瑞洵、禄祥跪[1]奏，爲揀補筆帖式員缺，以資辦公，恭摺仰祈聖鑒事。

① 中國第一歷史檔案館藏：《硃批奏摺》，檔案編號：04-01-30-0379-025。
② 中國第一歷史檔案館藏：《軍機處隨手登記檔》，檔案編號：03-0305-2-1226-314。

竊查科布多印務處筆帖式崇文、委署主事蒙古處筆帖式鍾祥，均已奉旨准補本衙門主事職銜幫辦章京。該二員所遺員缺，自應揀員充補。其印務處筆帖式一缺，查有委署筆帖式清林，謹飭不浮，兼通滿漢，堪以擬補。其蒙古處筆帖式一缺，查有委署筆帖式錫齡阿，文理明通，人亦體面，堪以擬補。如蒙俞允，應俟該員等五年期滿，如願就武，回城後循例俟補驍騎校後以防禦補用，先換頂戴。

其該員等應找支銀糧，俟奉旨之日照例[2]開支報部，遇有差便，先行給咨該員等赴部，帶領引見。所有揀員請補筆帖式緣由，理合繕摺具陳。伏乞[3]皇太后、皇上聖鑒。謹奏請旨。九月二十四日[4]。

硃批：著照所請，該部知道。（第148—149頁）

光緒二十六年十月二十三日，奉硃批：著照所請，該部知道。欽此[5]。

【案】此奏片缺原件，録副①現藏於中國第一歷史檔案館，兹據校勘。

1.【奴才瑞洵、禄祥跪】刊本無此前銜，兹據校補。

2.【照例】刊本作“例照”。

3.【伏乞】刊本作“伏祈”。

4.【九月二十四日】此具奏日期據録副校補。

5.【光緒二十六年十月二十三日，奉硃批：著照所請，該部知道。欽此】此奉硃批日期與内容，據録副校補。

一三、揀補新添糧餉處筆帖式摺

光緒二十六年九月二十四日（1900年11月15日）

奴才瑞洵、禄祥跪[1]奏，爲揀補添設筆帖式員缺，以資辦公，恭摺仰祈聖鑒事。

① 中國第一歷史檔案館藏：《録副奏摺》，檔案編號：03-5392-141。

竊查前因邊防吃緊，差委需人，經奴才等援案奏請添設額缺，現已承准軍機處知會，奉旨：著照所請，該衙門知道。欽此。查科布多現在辦理邊防，添練蒙兵，糧餉收支，事尤繁劇，自應先將添設該處筆帖式一缺揀員擬補，以資分任。兹查有補驍騎校後以防禦補用先换頂戴候補筆帖式景善，資勞較深，當差勤苦，堪以擬補。

查該員前因經理臺站軍務文報出力，於光緒二十四年間保有防禦補用升階，奉部議准。此次擬補員缺，如蒙俞允，應俟該員五年期滿，如願就武，回城後仍照原保以防禦補用，先换頂戴。其該員應找支銀糧，俟奉旨之日照例開支報部，遇有差使，再行給咨該員赴部，帶領引見。至遞遺候補筆帖式一缺，應由奴才等揀員充補，照例咨部。所有揀員充補添設筆帖式員缺緣由，理合繕摺具陳。伏祈皇太后、皇上聖鑒訓示。謹奏。光緒二十六年九月二十四日[2]。（第149—150頁）

光緒二十六年十月二十三日，奉硃批：著照所請，該部知道。欽此[3]。

【案】此摺原件①、録副②現均藏於中國第一歷史檔案館，兹據校勘。

1.【奴才瑞洵、禄祥跪】刊本無此前銜，兹據校補。

2.【案】劃綫部分刊本署“下闕”字樣，兹據校補。

3.【光緒二十六年十月二十三日，奉硃批：著照所請，該部知道。欽此】此奉硃批日期與内容，據原件、録副校補。

一四、奉到硃批日期並自請處分片

光緒二十六年九月二十四日（1900年11月15日）

再，奴才等前因八月初七日具奏各事，僅止辦理蒙團防守事宜各摺片，於九

① 中國第一歷史檔案館藏：《硃批奏摺》，檔案編號：04-01-01-1041-085。

② 中國第一歷史檔案館藏：《録副奏摺》，檔案編號：03-5392-142。

月初七日奉到閏八月初三日軍機大臣字寄上諭一道，其餘各件均未奉到批旨，奴才等不勝盼切，當於九月十一日附片陳明。嗣經遲至九月十七日始據哈喇烏蘇臺送到閏八月初四日軍機處交由山西巡撫轉遞批回安摺、奏摺各件，計四十三日始到。查軍機處於閏八月初三日先將廷寄交遞，初四日即將各摺交遞，並未耽延，不解途中何以竟至遲逾十日。現既欽奉批旨，不但遇事有所遵循，奴才等依戀之誠亦可少紓。准駁各件，具仰聖心權度，至公至平，曷勝欽佩！此後奴才等益當各勤職守，力顧邊防，期副朝廷善後圖强之至意。

至奴才等前次片奏，委因疑慮交縈，又以過蒙優眷，自當遇事直陳，而殊不覺其冒昧也。至今思之，歉悚萬分！查前片係奴才瑞洵主稿，應懇天恩將奴才瑞洵量予處分，庶稍釋隱微之疚，實感生成之德！謹將奉到硃批日期及感悚下情附片具陳。伏祈聖鑒訓示。謹奏。

光緒二十六年十月二十三日[1]，硃批：瑞洵著交部議處。（第150—151頁）

【案】此奏片原件①現藏於中國第一歷史檔案館，兹據校勘。再，此片原件具奏日期目録僅署“光緒朝”，未確。查刊本及《軍機處隨手登記檔》②，均署爲“光緒二十六年九月二十四日”，確。兹據校正。

1.【光緒二十六年十月二十三日】此奉硃批日期，據《軍機處隨手登記檔》校補。

【案】參贊大臣瑞洵自請議處之奏，旋於光緒二十七年四月初七日經兵部尚書裕德等核議，請照公罪例准予抵銷，具摺曰：

經筵講官兵部尚書臣裕德等跪奏，爲遵旨議處具奏事。

光緒二十七年二月十一日，准吏部片送内閣鈔出科布多參贊大臣瑞洵等片奏：前因八月初七日具奏辦理蒙團防守事宜各摺片，於九月初七日奉到軍機大臣字寄上諭一道，其餘各件均未奉到批旨。奴才於九月十一日附片陳明，嗣經遲至九月十七日，始據哈喇烏蘇臺送到軍機處交由山西巡撫轉遞批回奏摺各件。奴才等前

①　中國第一歷史檔案館藏：《硃批奏片》，檔案編號：04-01-02-0130-030。

②　中國第一歷史檔案館藏：《軍機處隨手登記檔》，檔案編號：03-0305-2-1226-314。

次片奏委因疑慮交縈，又以過蒙優眷，自當遇事直陳，而殊不覺其冒昧也。查前片係奴才瑞洵主稿，應懇天恩將奴才瑞洵量予處分，等因。光緒二十六年十月二十三日，奉硃批：瑞洵著交部議處。欽此。欽遵鈔録原奏送部前來。

查定例：官員犯不應輕律，笞四十，公罪罰俸六個月，等語。此案科布多參贊大臣瑞洵陳奏辦理蒙團防守事宜摺片，奉到軍機處大臣字寄上諭一道，其餘各件均未奉到批旨，附片陳明，嗣經接到批回奏摺各件，覺其冒昧，自請議處，欽奉硃批交部議處，應請將科布多參贊大臣瑞洵照官員犯不應輕律，笞四十，公罪罰俸六個月例，議以罰俸六個月，係屬公罪，例准抵銷。可否准予抵銷之處，恭候欽定。所有遵旨議處緣由，是否有當，伏乞皇太后、皇上聖鑒訓示。遵行。再，管理臣部事務大學士榮禄，左侍郎貽穀、葛寶義均現在行在，未經列銜。合並聲明。謹奏請旨。四月初七日。

經筵講官兵部尚書臣裕德，經筵講官尚書臣徐會澧，右侍郎臣文治（學差），署右侍郎臣景澧，右侍郎臣陸寶忠（學差），經筵講官署右侍郎臣徐琪。光緒二十七年四月二十一日，奉硃批：准其抵銷。欽此。①

一五、前報俄卡添來兵械現已撤回片

光緒二十六年九月二十四日（1900年11月15日）

再，前據瑪呢圖噶圖拉幹卡倫侍衛常升報稱俄卡添兵運械[1]各情，曾於閏八月二十一日附片陳明，並擬情形吃緊，奴才瑞洵尚應馳往督防。旋於九月十五日，據卡倫侍衛常升並偵探委員會稟稱：前報察罕珠蘇隆及阿拉克伯克地方添來俄兵，現均陸續撤回，等語。

---

① 中國第一歷史檔案館藏：《録副奏摺》，檔案編號：03-5405-038。

奴才伏維夷情叵測，邊地空虛，仍應嚴加防範。前練蒙兵因餉需無著，業經裁撤一半，兵力已嫌單薄，未便損之又損。惟俄兵即已撤回，奴才即不必前去，仍在科布多彈壓撫綏，遥制一切。理合附片具陳。伏祈聖鑒。謹奏。

光緒二十六年十月二十三日[2]，硃批：知道了。

●以上各摺、片皆光緒二十六年九月二十四日拜發，十月二十四日到陝，十二月初五日奉到。（第151—152頁）

【案】此奏片原件、録副均查無下落，兹據稿本校勘。

1.【俄卡添兵運械】刊本作"俄添卡兵運械"，兹據稿本校正。

2.【光緒二十六年十月二十三日】此奉硃批日期，據《軍機處隨手登記檔》①校補。

一六、恭祝萬壽並陳俄兵現已撤回電請代奏摺

光緒二十六年九月三十日（1900年11月21日）

陝西省軍機大臣鈞鑒[1]：側聞聖駕巡幸西安，不勝敬係！祈代恭祝皇太后萬壽天喜，跪請聖安。邊防嚴備，亦未開釁。前奏卡倫添來俄兵現已撤回，瑞洵受恩深重，自當力任艱難，保固疆圉，請寬慈廑！伏求[2]代奏。

科布多參贊大臣瑞洵，九月三十日電。（第160—161頁）

【案】此電奏②保存於中國第一歷史檔案館，兹據校勘。再，據具奏日期，此

① 中國第一歷史檔案館藏：《軍機處隨手登記檔》，檔案編號：03-0305-2-1226-314。

② 中國第一歷史檔案館藏：《電報檔》，檔案編號：2-02-12-026-0072。

件移前。

1.【陝西省軍機大臣鈞鑒】原電無此前銜，僅署“瑞洵來電，十月十一日”字樣。

2.【伏求】刊本作“伏祈”，兹據校正。

一七、謹獻愚忱摺

光緒二十六年十一月二十二日（1901年1月12日）

奴才瑞洵跪[1]奏，爲遵旨謹獻愚忱，恭摺敬陳，仰祈聖鑒事。

竊奴才於九月初十日伏讀七月二十八日上諭：自來圖治之原，必以明目達聰爲要。此次内訌外侮，倉猝交乘，頻年所全力經營者毀諸一旦，是知禍患之伏於隱微，爲朕所不及覺察者多矣！懲前毖後，能不寒心！自今以往，凡有奏事之責者，於朕躬之過誤、政事之闕失、民生之休戚，務當隨時獻替，直陳毋隱，等因。欽此。竊謂爲政在人，古今通義，得其人則治，不得其人則亂，成敗之幾，捷於桴鼓。而樞密清嚴，封疆重要，尤爲衆情所瞻矚、庶政之綱維。此次大局貽誤，執咎者自無可辭。

奴才遠在邊陲，於用兵原委未能深悉，固未便以臆度之詞輒行論列，第重以詔書廣納，諄切疇咨。奴才世受國恩，值此時會艱難，亦不敢苟安緘默。惟奴才愚見，求言罪己，固屬人主美德，要亦貴有納諫之真誠、省躬之實意。此後維持危局，旋轉天心，諒皇上必能容忍以圖恢復交儆，以敕臣工就其禍變之由來，以爲挽回之致力，必不以數行諭旨畢乃事也。

顧奴才等檮昧，所尤惓惓不忘而欲進之皇上者，惟在深宮孝養之大端。伏維皇太后自垂簾聽政以來，憂勤惕厲，實未嘗一日得享太平之樂，聖德之仁明懿美，蓋從古所未有，亦薄海所同欽。現因中外構兵，以致鑾輿西幸，避狄居岐，不遑暇逸，焦勞可知！奴才自聞車駕之播遷，實已心神之飛越，奔問之義，時切臣衷！顧以職守攸羈，未敢貿然就道。前請馳詣行在一摺，已奉硃批：毋庸前來。欽此。奴才伏願我皇上近侍慈顏，益隆孝養，凡百庶事更宜秉命而行，承歡彌篤。雖天子之孝，固與臣庶不同，然值此國家多事、重勞宵旰之時，舉凡問安視膳，晨昏定省，當更有曲慰慈心，而副天下臣民之望者，益知頤養璇宫，即以常蒙福蔭，所謂和氣致祥，重闈篤慶，亦足以彈壓戎釁、毗益時艱矣。奴才懇款愚忱，未能面奏，謹恭摺敬陳。伏祈皇太后、皇上聖鑒。謹奏。光緒二十六年十一月二十二日[2]。

光緒二十七年二月初五日，奉軍機處知會：旨：留中。欽此。（二十六年十二月廿三日知會）。（第152—155頁）

【案】此摺原件[①]現藏於中國第一歷史檔案館，兹據校正。

1.【奴才瑞洵跪】刊本無此前銜，兹據校補。

2.【光緒二十六年十一月二十二日】此具奏日期據原件補。

一八、循例查驗官廠擬籌整頓摺

光緒二十六年十一月二十二日（1901年1月12日）

奴才瑞洵跪[1]奏，爲循例查驗官廠牲畜，擬籌整頓，恭摺仰祈聖鑒事。

竊查舊章，奴才到任除盤查倉庫外，尚應將吐們圖官廠牲畜查明具奏。近年以來，因塔爾巴哈臺馬匹、牛隻早停調取，哈薩克交馬之例亦不照行情，事與從前迥異，管理官廠蒙古官員亦即視爲具文，以致牧務漸就廢弛，殊失當初立法之意。奴

---

① 中國第一歷史檔案館藏：《録副奏摺》，檔案編號：03-5566-112。

才到任時，正值中外交綏，籌布邊防，軍書旁午，實已兼顧不及，未能往查。

茲因邊務較鬆，奴才即於十一月十七日帶領蒙古事務處承辦章京英秀等前往該廠，查得現存駝六百五十五隻、馬二百四十九匹、牛隻無存，核與節年册報尚屬相符。惟查口外地方牧放，爲蒙古命脈所繫，古今籌邊之臣無不以考牧[2]興屯爲經久至計。奴才愚見，科布多官廠事宜尚應設法整頓，容奴才與幫辦大臣祿祥妥籌辦法，督飭該章京盡力爲之。所有查驗官廠現存牲畜數目，暨擬籌整頓緣由，理合繕摺具陳。伏祈皇太后、皇上聖鑒。謹奏。光緒二十六年十一月二十二日[3]。

光緒二十七年二月初五日遞回，光緒二十六年十二月二十二日[4]，奉硃批：知道了。（第155—156頁）

【案】此摺原件①現藏於中國第一歷史檔案館，茲據校勘。

1.【奴才瑞洵跪】刊本無此前銜，茲據校補。

2.【考牧】刊本誤作"考收"，茲據校正。

3.【光緒二十六年十一月二十二日】此具奏日期據原件補。

4.【光緒二十六年十二月二十二日】此奉硃批日期，據《軍機處隨手登記檔》②校補。

一九、前交新疆電奏暨先聲明遵旨現辦裁留蒙兵片

光緒二十六年十一月二十二日（1901年1月12日）

再，奴才瑞洵前聞鑾輿於閏八月初八日巡幸陝西，當於九月二十九日密具電

① 中國第一歷史檔案館藏：《硃批奏摺》，檔案編號：04-01-01-1031-027。

② 中國第一歷史檔案館藏：《軍機處隨手登記檔》，檔案編號：03-0305-2-1226-372。

奏，跪請聖安，並陳邊防嚴備情形，請由軍機大臣代奏，等因。緣科布多並不通電，即派妥弁馳赴新疆省城，交該官電局總辦委員，即爲電寄西安行在軍機處。嗣據該局員覆禀：遵於十月初九日敬謹發寄，計當早呈御覽。至九月十七日寄諭，已於十月二十三日奉到。裁留蒙兵事宜，謹即恪遵諭旨辦理，刻已辦有眉目，容即詳悉繕摺奏陳，合先附片聲明。伏祈聖鑒。謹奏。

硃批：知道了。（第157—158頁）

光緒二十六年十二月二十二日，奉硃批：知道了。欽此[1]。

【案】此奏片原件①、録副②現均藏於中國第一歷史檔案館，玆據校勘。

1.【光緒二十六年十二月二十二日，奉硃批：知道了。欽此】此奉旨日期等，據録副校補。

二〇、奏事暫用夾板片

光緒二十六年十一月二十二日（1901年1月12日）

再，奴才等七月初六日、八月初七日兩次拜發摺件，均用報匣，交由臺站馳遞，現已先後奉到諭旨，其報匣未蒙遞回。查奴才衙門雖尚存有報匣兩分，而前請御押尚未奉到，無從封發。此後凡有應奏摺件，自可暫用夾板，鈐用印花封遞。一俟事局大定，再請頒發御押報匣，以規舊制。理合附片陳明。伏祈聖鑒。謹奏。

硃批：知道了。（第158頁）

光緒二十六年十二月二十二日，奉硃批：知道了。欽此[1]。

① 中國第一歷史檔案館藏：《硃批奏片》，檔案編號：04-01-02-0128-009。

② 中國第一歷史檔案館藏：《録副奏片》，檔案編號：03-5396-022。

【案】此奏片缺原件，録副[①]現藏於中國第一歷史檔案館，兹據校勘。

1.【光緒二十六年十二月二十二日，奉硃批：知道了。欽此】此奉旨日期等，據録副補。

二一、更正官兵治裝銀兩仍由房租項下動支片

光緒二十六年十一月二十二日（1901年1月12日）

再，查科布多每於派委員弁、兵丁出外差遣，均經放給治裝銀兩，每官九兩六錢，每兵六兩四錢，向於房租項下動支，曾經奏明在案。奴才等前於瀝陳邊餉難籌摺内，將每年出入款目開單呈覽，因統核一年實在放項，致將此項治裝銀兩一並列入，雖云核實，究與奏案不符。應將此項更正，仍照舊章，動用房租，另款造報。爲此附片具陳。伏祈聖鑒，敕部查照。謹奏。

硃批：該部知道。（第158—159頁）

光緒二十六年十二月二十二日，奉硃批：該部知道。欽此[1]。

【案】此奏片缺原件，録副[②]現藏於中國第一歷史檔案館，兹據校勘。

1.【光緒二十六年十二月二十二日，奉硃批：該部知道。欽此】此奉硃批日期與内容，據録副校補。

---

① 中國第一歷史檔案館藏：《録副奏片》，檔案編號：03-5396-020。

② 中國第一歷史檔案館藏：《録副奏片》，檔案編號：03-6160-032。

二二、附生崔象侯咨部留營仍應奏明片

光緒二十六年十一月二十二日（1901年1月12日）

再，科布多地屬邊陲，人才罕到，而整頓公事，籌備邊防，亦復均需指臂。奴才瑞洵正月陛辭，曾蒙訓示，可以調員。到任以來，體察情形，誠如聖諭必須有人差委。惟現值軍務未竣，内地道梗，調員誠恐未必能來，且苟非其人真能作事，相知有素，奴才亦不敢濫舉。兹查奴才由京起身時，曾約直隸昌黎縣附生崔象侯同來任所，幫理文案要件，前已隨抵科布多。奴才詳加察看，復量派差使，以資考驗。前者札哈沁[1]賑撫事宜，即委該附生往辦，竟能一塵不染，使朝廷實惠及於窮蒙，委緣該附生甫離學舍，未沾官場習氣故也。

查該附生讀書本色，操行篤實，加以歷練，可資任使。奴才前已將其咨明吏部，留營差委，現在參贊衙門文案處當差，並委籌防處辦事。該附生尚無官階，本可不必具奏，惟事關留營，仍應據實陳明。伏祈聖鑒，懇恩俯准。謹奏。

硃批：知道了。（第159—160頁）

光緒二十六年十二月二十二日，奉硃批：知道了。欽此[2]。

【案】此奏片缺原件，録副①現藏於中國第一歷史檔案館，兹據校勘。

1.【札哈沁】刊本誤作“哈札沁”，兹據校正。

2.【光緒二十六年十二月二十二日，奉硃批：知道了。欽此】此奉硃批日期與内容，據録副校補。

---

① 中國第一歷史檔案館藏：《録副奏片》，檔案編號：03-5396-021。

二三、遵旨裁撤蒙兵所欠商款兵餉懇敕部墊發摺
光緒二十六年十一月二十六日（1901年1月15日）

奴才瑞洵、禄祥跪[1]奏，爲遵旨裁撤蒙兵，具報用過薪費、津貼等項經費不敷，仍借商款墊給，並欠發兵餉數目，籲懇天恩敕由户部先行墊發銀十數萬兩，即由山西、河南兩省舊欠科布多經費項下提還歸款，以資清理而恤邊艱，暨蒙恩敕部撥給銀一萬兩，謹擬撙節支用，專供要需，俾重帑項，恭摺覆陳，仰祈聖鑒事。

竊本年十月二十三日承准軍機大臣字寄：光緒二十六年九月十七日，奉上諭：瑞洵等奏，邊餉難籌，酌擬裁撤團兵，開單呈覽各摺、片。現在餉需萬緊，所有原練蒙團六千，著全行裁撤；護城、護卡兵二千，著裁撤一千五百名，暫留五百名，即著認真挑選，分防各處。查閱單開出入各款，所稱餉項支絀，尚屬實在情形，著户部於邊防經費項下撥給銀一萬兩，交瑞洵等核實支用，不得稍涉鋪張、虛糜帑項爲要！將此由五百里各諭令知之。欽此。遵旨寄信前來。仰見聖主體恤邊艱，明見萬里，跪讀之下，欽感曷任！

查奴才等前因軍務較鬆，餉需無著，酌擬將原練蒙團，暨護城、護卡各兵八千名裁撤一半，先將大概擬辦情形於閏八月二十一日附片奏明。拜摺後，當即悉心斟酌，分札各旗遵照，並將留防四千名駐扎處所、管帶銜名詳慎酌定。正在繕摺具陳間，適欽奉寄諭前因，垂示機宜，至明且切！奴才等頓覺有所遵循，應即遵旨辦理。查該蒙古官兵月需薪費、津貼各項，自八月起至九月止，尚均賴有借挪之款，按月核發。惟十月分實因籌措爲難，尚在懸欠，刻雖蒙恩撥給萬金，但此款係當餉項萬艱時特予匀撥，奴才等自當核實支用，不敢輕易挪動，致負聖慈。且派員赴領解到，亦復需時。奴才等再四籌商，該蒙古官兵欠領十月分餉項，祇好許俟將來有款再行補發，但使不至脱空，無妨稍稽時日。現已據委員分赴各

旗商量覆稟，該官兵等尚肯遵從，幸無間言。刻已將敕裁團兵、護城、護卡兵復共裁去三千五百名，均截至十月底止，算清口糧，一律裁撤，仍遵旨暫留五百名，分防各處。已於另片附陳。此遵裁蒙兵辦理情形也。

查原練蒙兵共八千名，應需津貼銀數，暨帶隊官弁薪公、口分，均係查照光緒六年户部會同神機營奏定章程開支，計初辦一月，薪餉一萬九千兩，並各旗添補馬匹、器械經費，每旗酌發五百兩。計三十旗，發過一萬五千兩，共用銀三萬四千兩。又，守城、護卡兵二千，月需津貼銀八千兩，官弁薪費銀五百兩。統共一月用銀四萬二千五百兩。又，添設籌防處，暨加派弁兵前往卡倫八處偵探，分駐東七臺、南八臺，督催轉遞新疆各處及本城軍務摺奏、文報，以及一切有關防務雜支各款，每月支銀五百餘兩。計除初辦一月用銀四萬三千餘兩外，次月即減用銀二萬八千餘兩。旋經奴才等附奏，請將蒙兵酌裁，玆奉諭旨敕將原練團兵全行裁撤，護城、護卡兵裁去一千五百名。所欠該蒙古官兵十月分薪費、津貼各項，應俟請款解到，再爲找發。統計此次辦理邊防，挑練蒙兵，據籌防處會同糧餉處核算清楚，共實用銀九萬五千八百六十兩零，除奏明動支庫存平餘各項銀二萬兩，續又動支舊經費銀一萬二千三百餘兩外，餘皆陸續借貸商款支給。計先已奏明借過商款銀三萬四千兩，後又借用商款銀一萬六千兩。至十月分應給該官兵薪費、津貼各項一萬三千五百餘兩，則不能再借，竟致欠發矣。

查所欠商款均係西商暨京莊分認挪湊，經已發給印據，許俟餉到即還，萬難久爲延欠，以致失信商民。其欠發官兵餉項，亦是暫時支吾，終須設法籌給，好在爲數不過十萬，尚不爲多。即以山西一省言之，截至光緒十三年，舊欠烏里雅蘇臺、科布多經費，已積至三十萬兩，係經前撫奏請停解，奉旨行令體察情形，設法籌撥之款。旋據該前撫剛毅[①]酌定，自光緒十四年起，按年撥還科布多

---

① 剛毅（1834—1900），字子良，滿洲鑲藍旗生員。同治初，充刑部筆帖式。五年（1866），補刑部主事。八年（1869），升刑部員外郎。光緒五年（1879），升郎中。六年（1880），補廣東惠潮嘉道。次年，遷江西按察使。八年（1882），調直隸按察使。同年，升廣東布政使，轉雲南布政使。十一年（1885），擢山西巡撫。十四年（1888），調補江蘇巡撫。十八年（1892），調廣東巡撫。二十年（1894），任軍機大臣，禮部左右侍郎，署禮部右侍郎，兼方略館總裁。次年，任户部右侍郎，兼管錢法堂事務。是年，充滿洲翻譯副考官。二十二年（1896），授工部尚書，兼崇文門監督、會典館正總裁。二十三年（1897），調刑部尚書。次年，補正紅旗蒙古都統、兵部尚書，升協辦大學士、經筵講官。同年，充翻譯閱卷官。二十五年（1899），任内大臣。二十六年（1900），隨慈禧西巡，卒於途。

銀二千五百兩，計須六十餘年始可解清，從來無此辦法，實屬意存漠視！而臺費、軍餉該省尚欠銀三萬四千兩，河南省亦欠臺費、軍餉銀五萬七千兩。統計三項已在二十萬兩以外。若使各該省顧全大局，源源接濟，雖邊荒枯窘，尚不至如此爲難。現值時事孔艱，庫儲奇絀，可以想見。此項借墊商款、欠發兵餉，自可仍由山西、河南兩省提撥欠餉，庶事理順而籌措非難。惟出納之權操之該省，恐將有所藉口，不肯竭力匀撥，仍是有名無實。

奴才等悉心商酌，惟有暫請由户部墊撥銀十數萬兩，先應科布多之急，仍請旨敕部即由山西、河南兩省分别舊欠多寡，指令[2]迅籌解還[3]部庫。如此一轉移間，不過暫時挪墊，於度支毫無所損，而科布多即可藉資周轉，不至貽累商蒙，似屬情理兼盡，便宜可行。合無仰懇天恩俯念辦防有效，用帑無浮，借貸、欠發各款爲數不多，特准所請，敕下户部暫行墊撥銀十數萬兩，即由山西、河南兩省舊欠科布多經費項下酌量提還部庫，俾資清理而恤邊艱，出自逾格鴻慈！如蒙俞允，並請敕下户部迅速咨照，奴才等以便派員請領趕解回營濟用，實深感幸！所有遵旨裁撤蒙兵，具報用過薪費、津貼等項數目，暨經費不敷，仍借商款墊給，並欠發兵餉，懇恩敕部墊撥各緣由，理合繕摺馳陳。伏祈皇太后、皇上聖鑒訓示，施行。謹奏。

光緒二十七年二月初五日遞回，奉硃批：户部議奏。（第161—165頁）

光緒二十六年十二月二十五日，奉硃批：户部議奏。欽此[4]。

【案】此摺原件①、録副②現均藏於中國第一歷史檔案館，兹據校勘。

1.【奴才瑞洵、禄祥跪】刊本無此前銜，兹據校補。

2.【指令】刊本奪“指”字，兹據補。

3.【解還】刊本誤作“借還”，兹據校正。

4.【光緒二十六年十二月二十五日，奉硃批：户部議奏。欽此】此奉硃批日期與内容，據録副校補。

① 中國第一歷史檔案館藏：《硃批奏摺》，檔案編號：04-01-01-1039-066。

② 中國第一歷史檔案館藏：《録副奏摺》，檔案編號：03-6160-038。

二四、挑留蒙兵五百名分防各處片

光緒二十六年十一月二十六日（1901年1月15日）

再，遵旨挑選蒙兵五百名，已經認真遴拔，係留杜爾伯特三百名，擬以二百名駐扎烏蘭古木，委左翼正盟長札薩克固山貝子察克都爾札布管帶；以一百名調駐科布多城，爲巡徼之用，稍壯聲威，委副將軍連賚汗噶勒章那木濟勒分帶。又留烏梁海兩翼二百名，駐扎布倫托海，委左翼散秩大臣額爾克舒諾分帶。馬匹、器械均尚强壯整齊。飭令該汗王、大臣等認真防守邊界，彈壓地方。惟現值嚴冬，風雪凛烈，應每兵賞給皮衣一件，以資禦寒。

第查市價，羊皮袄一件，總需銀六兩零，按照辦過成案，未免浮多，而非此數又不能購。現在餉需支絀，當由奴才等斟酌，每兵擬即賞銀二兩，令其自行製買，庶於恤兵之中仍寓節帑之意。動支銀兩，應請歸於防案作正開銷。爲此附片具陳。伏乞[1]聖鑒，敕部查照。謹奏。

硃批：該部知道。（第165—166頁）

光緒二十六年十二月二十五日，奉硃批：該部知道。欽此[2]。

【案】此奏片缺原件，録副①現藏於中國第一歷史檔案館，兹據校勘。

1.【伏乞】刊本作“伏祈”，兹據校正。

2.【光緒二十六年十二月二十五日，奉硃批：該部知道。欽此】此奉硃批日期與内容，據録副校補。

① 中國第一歷史檔案館藏：《録副奏片》，檔案編號：03-6160-040。

二五、預籌留兵餉項片

光緒二十六年十一月二十六日（1901 年 1 月 15 日）

再，挑留蒙兵五百名，分防處所已於另片陳明。查此項官兵月需薪費、津貼各項，按照光緒六年駐練蒙兵成案，撙節核計，一月所需已在二千兩以外，一年額餉至少須有二萬五千兩，方足以供支放。現雖蒙恩敕撥銀一萬兩，即使全充兵餉，亦不過將敷五月之需，仍應預爲籌計，以免臨渴掘井。查奴才等前奏嚴參革員麟鎬，請追贓款，除應交之四千兩擬請撥作修倉之用，業蒙恩旨允准。其續請追繳之八千餘兩，奉硃批：該衙門知道。單並發。欽此。奴才等再三商酌，若能將此前後兩款銀一萬二千餘兩全數追出，似於科布多不無小補。且該革員在科布多所婪之財，仍令還諸科布多，亦屬名正言順，並非奴才等辦事過於刻核也。第恐該革員近在京師，挾其多金，或將大施手眼，賄通官吏，並不認真勒追，必又成紙上談兵之公事。可否再懇天恩特降嚴旨，敕令鑲藍旗蒙古都統衙門，嚴行追繳，俾濟急需，出自鴻慈。謹附片再陳。伏祈聖鑒。謹奏。

硃批：該衙門知道。（第 166—168 頁）

光緒二十六年十二月二十五日，奉硃批：該衙門知道。欽此[1]。

【案】此奏片缺原件，録副①現藏於中國第一歷史檔案館，玆據校勘。

1.【光緒二十六年十二月二十五日，奉硃批：該衙門知道。欽此】此奉硃批日期與内容，據録副校補。

---

① 中國第一歷史檔案館藏：《録副奏片》，檔案編號：03-6160-039。

二六、欽奉寄諭瀝陳感悚下悃摺

光緒二十六年十一月二十六日（1901年1月15日）

奴才瑞洵、禄祥跪[1]奏，爲欽奉寄諭，瀝陳感悚下悃，恭摺仰祈聖鑒事。

竊於本年十一月二十二日承准軍機大臣字寄：光緒二十六年十月十二日，奉上諭：瑞洵等八月初七日所發摺、片、單共十二件，於閏八月初三日奏到，當將辦理蒙團一事寄諭該參贊等遵照。其摺件均經批諭，於初四日由太原發驛遞回。軍機處辦理事件從無積壓之弊，該參贊甫於接奉寄諭之後，不加詳察，輒疑遞到摺、片一概壓閣[2]，實屬不知大體！以上各摺片究竟曾否收到，著即查明具奏[3]。至所稱[4]地方公事暫緩具奏等語，該參贊等身膺邊寄，於應奏事件自應照常辦理，豈能概不具奏？所請尤屬非是！著傳旨申飭，仍懔遵前旨，隨時穩慎辦理，毋再誤會爲要！將此諭令知之。欽此。遵旨寄信前來。跪誦再三，感激零涕！查奴才等於八月初七日具奏摺片各件，已於九月十七日奉到硃批，業於九月二十四日附片陳明。奴才瑞洵並自請議處，計當早蒙宸鑒。

伏思奴才等前因欽奉寄諭，未曾奉到批回摺件，蒿目時艱，忘其迂謬，一時誤會，以爲行在政務殷繁，宵旰憂勞，或係軍機大臣於各處尋常奏事摺件暫請停辦；又因奴才瑞洵自八月間聞警以來，驚憂成疾，並聞聖駕播遷，焦灼萬分，五中焚搗，終日徬徨，不知所措。彼時忽明忽昧，言動恒至顛倒錯誤，故於瀝陳下情摺片竟至措辭失當。直至十月初間，奴才瑞洵心中方漸明白，始悟前言冒昧，不但上負聖主，亦無以對軍機大臣，愧悔萬分！兹奉訓示各節，乃荷逾格體諒，不加嚴譴，並蒙傳旨申飭，備荷聖恩寬大，特予優容，且於訓敕之中仍示保全之意。奴才等具有天良，伏讀訓辭，能不知感知奮、益圖報稱於萬一！謹當於地方應辦事宜，恪遵節次諭旨，認真整頓，穩慎辦理，期慰聖廑。

至口外地方事雜言龐，凡有措施，尤貴體察情形，不動聲色，隨宜籌布，公事雖應整飭，而舊章若無窒礙，實亦不宜輕事紛更，致涉煩擾。聖諭一再申儆，洵已明見萬里之外，奴才等更覺欽服無量！此後辦事自應奉爲規戒，總須按部就班，務求實際，仍時存綏靖邊圉、保愛蒙民之心，弊則去其太甚，事必求其可行，不敢粉飾鋪張、貽誤邊要，以冀無負聖慈諄諄誥誡之至意！謹將欽奉寄諭感悚下忱，繕摺覆陳。伏祈皇太后、皇上聖鑒訓示。謹奏。光緒二十六年十一月二十六日[5]。

光緒二十七年二月初五日遞回，奉硃批：知道了。（第168—171頁）

光緒二十六年十二月二十五日，奉硃批：知道了。欽此[6]。

【案】此摺原件①、録副②現均藏於中國第一歷史檔案館，兹據校勘。

1.【奴才瑞洵、禄祥跪】刊本無此前銜，兹據校補。

2.【壓閣】刊本誤作"壓擱"，兹據校正。

3.【查明具奏】刊本作"具名所奏"。

4.【所稱】刊本誤作"具稱"，兹據校正。

5.【光緒二十六年十一月二十六日】此具奏日期據原件校補。

6.【光緒二十六年十二月二十五日，奉硃批：知道了。欽此】此奉旨日期等，據録副補。

二七、科布多部院額缺章京筆帖式請予例保摺

光緒二十六年十一月二十六日（1901年1月15日）

奴才瑞洵、禄祥跪[1]奏，爲科布多部院額設章京、筆帖式等員差使勞苦，籲懇天恩俯准援案，按照邊省軍營勞績，一律擇尤保獎，並定年限、員數，以杜冒

① 中國第一歷史檔案館藏：《硃批奏摺》，檔案編號：04-01-02-0598-032。

② 中國第一歷史檔案館藏：《録副奏摺》，檔案編號：03-5739-079。

濫，俾勵群才而裨邊務，恭摺仰祈聖鑒事。

竊前因科布多滿、緑兩營官弁兵丁戍防年滿出力，擇尤請保，擬將滿營三年班滿候補筆帖式、委署筆帖式、委驍騎校等請以本城驍騎校補用，緑營五年班滿官弁酌保升階、加銜等項，其兵丁等酌給六七品頂戴、功牌，等因。經前參贊大臣沙克都林札布①等奏奉兵部議准遵辦，嗣復經該大臣以科布多三部院額缺章京、筆帖式等遠戍寒邊，十餘年之久始能遞升章京，差使艱苦，升途壅滯，承辦公事，倍著勤勞，其候補官弁已奉准保，該章京等實缺人員轉不能仰邀獎叙，未免向隅，奏懇天恩，請照尋常勞績酌保，蒙[2]敕部議奏。旋經兵部議覆，以該大臣前既請規舊制，今復列保，核與原奏不符，奏駁咨復在案。

奴才等查科布多近年員少務殷，迥與從前人浮於事不同。糧餉處綜核錢糧，印務處司理文案，已屬紛繁，而尤以蒙古事務處承辦章京職事爲最劇要，所管蒙古各旗並臺站、卡倫之外，更有哈薩克部衆，其與俄屬哈薩克常有交涉控案，膠葛難理，故非熟悉情形者，不能勝任。至額缺筆帖式等在候補時差使尚輕，迨經補缺，即有辦事責成，其差使亦增益矣。故前大臣洞悉此情，祇以前請酌保滿、緑兩營班滿官弁摺内未同列請，又未將規復舊制緣由詳細聲明，在部臣考核從嚴，自不能不行議駁，實則該大臣所稱辦理規制事宜，係指從前辦理軍務並籌防剿、調兵撥餉，添用文武員弁各事，皆係按照軍需辦法。至光緒十二年間，裁兵節餉，清理銷案，一切便照舊章辦理而言。奴才等詳閱舊牘，知其所謂規制者如此，並非指額缺章京等向無保獎而言也。且查烏里雅蘇臺、科布多兩城早年滿、緑兩營换防，初無保獎之章，烏城請保始於前將軍杜嘎爾②，科布多前大臣沙克都林札布

① 沙克都林札布（1842—1897），字振亭，庫楚特依巴圖魯。咸豐六年（1856），授騎都尉，兼雲騎尉。同治三年（1864），補二等侍衛，旋晋頭等侍衛。四年（1865），加副都統銜。十一年（1872），調馬隊全營翼長。光緒二年（1876），幫辦軍務。十年（1884），升科布多參贊大臣。十五年（1889），調補吉林副都統。十九年（1893），署吉林將軍。二十一年（1895），調寧古塔副都統。二十二年（1896），授琿春副都統，幫辦吉林邊防事宜。二十三年（1897），卒於任。

② 杜嘎爾（1827—1889），哈勒斌氏，滿洲正藍旗人，黑龍江駐防。初從都興阿與太平軍作戰，充領催。咸豐二年（1852），補藍翎委參領。七年（1857），升齊齊哈爾鑲白旗驍騎校，轉黑龍江正白旗防禦委參領。同年，補佐領，加蟒賚巴圖魯勇號。八年（1858），授呼倫貝爾公中佐領。十年（1860），補授墨爾根城鑲白旗協領。次年，授翼長。同治元年（1862），升京口副都統。三年（1864），補寧夏副都統。五年（1866），調正藍旗蒙古副都統。六年（1867），授盛京副都統。同年，署察哈爾都統。十二年（1873），署烏里雅蘇臺參贊大臣。光緒二年（1876），實授烏里雅蘇臺參贊大臣。六年（1880），擢烏里雅蘇臺將軍。十四年（1888），以病乞休。十五年（1889），卒。謚武靖。

踵而行之，皆得蒙被[3]渥恩。即部臣持議，亦頗鑒及邊遠苦寒，意存寬大，不但該官弁等感激報效，即奴才等忝膺邊寄，亦無非仰籍朝廷德意，得以鼓勵人才。誠以用人之道，全在信賞必罰，嚴其責備，即不得不厚其體恤也。

奴才瑞洵到任半年有餘，隨時體察，與奴才禄祥力籌整頓，期副委任。尚未大滋賈越者，實亦甚賴該部院章京、筆帖式等勖勸之力。所尤難者，奴才瑞洵下車之始，適奉中外開衅，籌布邊防之諭，維時人心浮動，勢將瓦解，兵單餉闕，備禦全無。蒙古離其游牧，商賈停其貿遷，土匪莠民又多乘機蠢動，戰守兩無所恃。當經奴才等一面妥籌布置，挑練蒙兵，以助士卒之氣；一面諄切曉諭，以安商蒙之心。復深恐各和碩或於俄商頓生侮虐，致滋衅端，又經奴才等不避嫌怨，出示加札，嚴飭照常保護，内謀防守，外示羈縻，並奏設籌防處，飭將蒙團練兵督促辦齊，分派駐扎，嚴密防維，衆心遂克大定。該章京等隨同籌辦，寢處不遑，或稽查保甲，或整飭臺站，或分赴蒙旗，督催清野，簡校團兵；或隨辦城防，管帶營弁，搜捕賊匪。口外天氣早寒，奔奏馳驅，飲冰履雪，未敢稍耽安逸。即有一事之誤、一念之差，奴才瑞洵必即加以責斥，不少寬假。該章京等尚能見諒愚誠，無復怨望，尤奴才等所不安於心者也。

覆查辦理邊防省分本有保案，第值大局如此，若非他處辦有成案，奴才等亦不敢冒昧瀆請爲天下先。惟奴才等平心商酌，該章京等實屬多年出力，例保似不可無，且與滿、緑兩營候補官弁准奬之案比較，亦未免稍欠公允。並查糧餉處承辦章京與蒙古處承辦章京本皆京缺，現糧餉章京尚由京簡，三年期滿，例得奏保班階花樣。蒙古處章京，舊例原與糧餉章京一樣，因近年多由綏遠城換防人員揀補，並未聲請保奬，以致遺漏。

伏思奴才等世受國恩，身膺重任，不避艱險，分所應爲。至該員等職分尚微，竟能趨事赴功，不辭勞瘁，若不量加鼓勵，實無以酬勞而勸來者。况年來科布多事艱餉絀，每届换防，綏遠城兵丁多不肯來，若不懸奬以招，恐再過數年，將至無人應調！合無仰懇天恩逾格，將科布多部院章京、筆帖式等恩沛鴻施，俯准援案保奬，以昭激勸，實於安邊勵材不無裨益。如蒙俞允，奴才等當照邊省軍營勞績核辦，並嚴定限制，請保以三年爲期，列保以數員爲度，以杜冒濫。該員等或有始勤終惰不能得力者，則當隨時參劾。如届請保年分，若均屬不堪列保，並當停辦，任缺勿濫。奴才等爲勵群才以裨邊務起見，是否有當，謹恭摺具陳。伏祈皇太后、皇上聖鑒訓示。謹奏[4]。光緒二十六年十一月二十六日[5]。

硃批：著照所請，該衙門[6]知道。（第171—175頁）

光緒二十六年十二月二十五日，奉硃批：著照所請，該衙門知道。欽此[7]。

【案】此摺原件①、録副②現均藏於中國第一歷史檔案館，兹據校勘。

1.【奴才瑞洵、禄祥跪】刊本無此前銜，兹據校補。

2.【蒙】刊本奪"蒙"字，兹據補。

3.【蒙被】刊本作"被蒙"。

4.【案】劃綫部分刊本作"應俟該員五年期滿，如願就武，回城後仍照原保以防禦補用，先换頂戴。其該員應找支銀糧，俟奉旨之日，照例開支報部，遇有差使，先行給咨該員赴部，帶領引見。至遞遺候補筆帖式一缺，應由奴才等揀員充補，照例咨部。所有揀員充補添設筆帖式員缺緣由，理合繕摺具陳。伏祈皇太后、皇上聖鑒訓示。謹奏"。

5.【光緒二十六年十一月二十六日】此具奏日期據原件校補。

6.【該衙門】刊本作"該部"。

7.【光緒二十六年十二月二十五日，奉硃批：著照所請，該衙門知道。欽此】此奉旨日期與内容，據録副校補。

① 中國第一歷史檔案館藏：《硃批奏摺》，檔案編號：04-01-16-0265-084。

② 中國第一歷史檔案館藏：《録副奏摺》，檔案編號：03-5946-051。

卷之五　籌筆集

光緒庚子十二月（1900）

〇一、敬捐款項建修廟宇豫祝萬壽摺

光緒二十六年十二月初四日（1901年1月23日）

奴才瑞洵、禄祥跪[1]奏，爲敬捐款項，建修廟宇，豫祝萬壽，謹擬全工告成，籲懇天恩賞賜廟名，藉抒臣悃而順群情，恭摺仰祈聖鑒事。

竊查科布多爲西北岩鎮，而制度簡略，城垣、衙署僅具規模。除著名[2]衆安寺係屬乾隆年間敕建，此外別無大昭。其列在典禮者，亦多闕如，萬壽宫並未興修，尤不足以隆體制。奴才瑞洵詳加訪察，城南門外舊有廟基，該處山水朝拱，地勢宏敞，實擅形勝。當與奴才禄祥熟商。伏念奴才等渥受厚恩，毫無報稱，今值時局孔棘，鑾駕西巡，奴才等未能從事櫜鞬，馳驅效力，揆之臣職，竊有未安，謹擬於此建修廟宇，鳩工庀材，不日經營，宏規大啓，將來招集剌麻，恭誦皇經，豫祝皇太后七旬萬壽，以爲祝厘祈福之所。即恭逢萬壽聖節及元旦，長至令節，奴才等並可率領蒙古王公等，在此行禮，稍抒臣子愛敬之誠，藉慰蕃夷觀瞻之願，實屬吉祥美事！惟科布多近年籌款維艱，必須奴才等首先提倡，已由奴才瑞洵先捐廉銀二千兩，奴才禄祥捐廉銀四百兩，作爲報效，以資表率。滿、緑兩營官弁各有捐貲，蒙古各旗及商民等亦多樂輸，現已可期集腋。

查此工從本年七月間諏吉開工，至九月底暫行停止，工程已得大半，明年冬間約可報竣。其廟中應購經卷各件及香燈、供品、茶麵銀兩，應由奴才等隨時籌辦。此不過奴才等區區懇款效壤流之助、展嵩祝之忱。且係捐貲報效，不請官款，即督修各員亦係分所應爲，擬請將來工竣，當將蒙古各旗，滿、緑兩營及商民等捐貲數目統繕清單，祇呈御覽，不敢稍涉鋪張，辦報銷、請議叙。惟奴才等私衷籲請，祇俟全工告成，仰懇天恩准照科布多阿爾臺山承化寺成案，寵賜嘉名，感戴慈施，永無涯量。爲此恭摺敬陳。伏祈皇太后、皇上聖鑒訓示。不勝榮幸欽企之至。謹奏。光緒二十六年十二月初四日[3]。

光緒二十六年十二月初五日拜發[4]。二十七年二月十四日遞回，奉硃批：知道了（正月初三日。此用賀摺寫）。（第177—180頁）

光緒二十七年正月初二日，奉硃批：知道了。欽此[5]。

【案】此摺原件①、録副②現均藏於中國第一歷史檔案館，兹據校勘。

1.【奴才瑞洵、禄祥跪】刊本無此前銜，兹據校補。

2.【著名】刊本奪“著名”，兹據校補。

3.【光緒二十六年十二月初四日】此具奏日期據原件、録副校補。

4.【案】此拜發日期與原件具摺日期不一致，存疑。

5.【光緒二十七年正月初二日，奉硃批：知道了。欽此】此奉硃批日期等，據録副校補。

〇二、邊城需餉萬緊懇敕催山西仍舊籌撥摺

光緒二十六年十二月十九日（1901年2月7日）

奴才瑞洵、禄祥跪[1]奏，爲邊城需餉萬緊，協解難期，籲懇天恩敕催山西巡撫仍舊迅予籌撥，以支危局而防患萌，繕摺馳陳，仰祈聖鑒事。

竊科布多歲需經費全仗山西協撥，前於瀝陳邊餉難籌摺内業將出入款項繕單，祗呈御覽，支絀情狀早在聖慈洞鑒之中，無須再爲瀆奏。惟查本年該省應協經費，前一半銀二萬四千九百兩零，業經解到；其後一半銀二萬四千九百兩零，據領餉、

① 中國第一歷史檔案館藏：《硃批奏摺》，檔案編號：04-01-14-0095-078。

② 中國第一歷史檔案館藏：《録副奏摺》，檔案編號：03-5567-002。

催餉員弁先後飛禀，據稱毫無撥解之信，恐不可靠，等語。奴才等日前又接烏里雅蘇臺軍幕函告：山西省有將應解京、協各餉暫行停解之説，不知科布多經費是否並在奏停之數。第思奴才等所管滿、緑兩營官弁、兵丁以及蒙古臺站、卡倫，暨屯田要需並一切例支之項，向賴經費解到，按時開放。刻下時日已逾，無項支發，該官兵等計口授食，嗷嗷待哺，不啻嬰兒失乳，危迫萬分，且臺站係屬邊陲，卡倫緊鄰外界，無一不關緊要。兹若以有著之款竟致變爲無著，當兹邊防吃緊，餉需匱乏，士卒飢潰，實在意中。况科布多久爲著名奇冷之區，現當嚴冬凜冽，該滿、蒙、漢各弁兵等冒風履雪，不懈操防，目睹情形艱辛，亦復可閔！並且科布多逼近彼疆，目下和局尚無成議，俄卡毗連，時虞窺伺。消息易通，儻此窘迫瘠苦、不能自守之情一經宣播，非特易滋邊患，益將招侮强鄰。

奴才等忝膺閫寄，值此時艱，焦灼萬分，無以爲計，兼之本年兵禍蔓延，市廛減色，貨畜滯銷，商賈亦極空乏，無能多爲通挪。現奴才等悉心商酌，祇好擇其最要、最苦者，如屯田、差操弁兵、官弁應支鹽菜，仍當設法籌放一半，已擬再行借墊，爲數萬不能多，不過三數千兩之譜，稍資津貼。其餘臺卡要需之類，實皆力有未逮矣。萬不得已，惟有仰懇天恩速降諭旨，敕催山西巡撫轉飭藩司，仍將科布多應得本年後一半經費迅速籌撥，以資接濟，實感鴻慈逾格。

至山西本年苦旱，徭役繁興，拮据本係實情。奴才等亦知諒及，但科布多窮邊苦寒，餉數原屬有限，早成枯窘局面，且出入款項又皆鍼孔相符，毫無餘剩[2]，若欲另辦一事，即苦無資擴充，本非經久之道。然若並此不給，則萬里邊疆，滿城兵卒，將有坐困之虞！奴才等現在通盤籌畫，撙節估計，年例、額支，究竟應有餉項若干，方足以敷衍；籌備邊務要端，尚須另請款項若干，始能舉辦。俟得實在確數，當再具摺馳陳，籲求高厚。總之，欲將地方應辦事宜擇要舉行，斷非財力不辦。至目前科布多需餉萬緊，事關大局，恐以停緩貽誤，自應叩求敕由山西仍舊籌撥，暫顧燃眉之急。所有懇請敕催經費各緣由，謹由驛五百里馳陳。伏祈皇太后、皇上聖鑒訓示，施行。謹奏。

光緒二十六年十二月十九日拜發。二十七年正月十六日，奉硃批：户部速議具奏（二月二十九日遞回）。（第180—183頁）

光緒二十七年正月十六日，奉硃批：户部速議具奏。欽此[3]。

【案】此摺原件①、録副②現均藏於中國第一歷史檔案館，兹據校勘。

1.【奴才瑞洵、禄祥跪】刊本無此前銜，兹據校補。

2.【餘剩】刊本作“剩餘”，兹據校正。

3.【光緒二十七年正月十六日，奉硃批：户部速議具奏。欽此】此奉硃批日期與内容，據録副校補。

○三、請敕整頓臺站摺

光緒二十六年十二月十九日（1901年2月7日）

奴才瑞洵、禄祥跪[1]奏，爲蒙古臺站漸形懈弛，亟應趕緊整頓，以重郵傳，免誤事機，繕摺具陳，仰祈聖鑒事。

竊查口外設立蒙古臺站，專爲接遞烏里雅蘇臺、科布多、庫倫各城往來摺報、公文，暨轉運軍火、餉項各差，至摺報尤當迅速馳遞，不容刻延，庶不失當初設臺本意。乃今年自外人開衅以來，管臺蒙員怠惰因循，毫無經理，致臺務漸就懈弛。查從前科布多拜發摺件，無論冬夏，由京遞回不過二十餘日，接遞尚爲迅速，近則每每遲逾，即如奴才等昨於九月十一日拜發奏事摺件，係行在軍機處於十月十二日交由陝西巡撫衙門加封，發驛遞回，是月二十二日即到直隸萬全縣驛，而遲至十一月二十二日，奴才等始行接到。查自陝西省城至張家口二千餘里，十日即能遞到，然核與軍機處批明“五百里”字樣，已屬遲延。乃張家口至科布多係四千九百餘里，竟至行走三十日，稽核里數、日期，是蒙古臺站耽誤無疑。惟查科布多遠在極邊，與俄接壤，自内地辦理軍務，邊防戒嚴，聲氣又復隔閡，一切

① 中國第一歷史檔案館藏：《硃批奏摺》，檔案編號：04-01-01-1042-027。

② 中國第一歷史檔案館藏：《録副奏摺》，檔案編號：03-6655-004；03-6655-005。

籌畫布置，多須請旨遵行，全賴各臺迅遞。

刻下撫局尚未告成，設有特旨敕交緊要事件，若任各臺耽延，必致貽誤邊事。揆時度勢，似不能不酌加整頓，總期早奉一日[2]綸音，早得一日遵守。除科布多所屬各臺應由奴才等嚴飭整頓外，相應請旨敕下烏里雅蘇臺將軍、大臣、察哈爾都統，即將所屬各臺認真整頓，或稍加津貼，或量許獎勵，務使摺報、公文隨到隨遞，毋得積壓。如果稍有耽擱，即行從嚴懲辦。似此稍加振作，或不致貽誤事機。奴才等爲慎重陲傳起見，是否有當，謹繕摺具陳。伏祈皇太后、皇上聖鑒訓示。謹奏。

光緒二十六年十二月十九日拜發。二十七年二月二十九日遞回，奉硃批：著兵部迅飭該管將軍、都統，認真整頓，以重陲政（正月十六日[3]）。（第183—184頁）

光緒二十七年正月十六日，奉硃批：著兵部迅飭該管將軍、都統，認真整頓，以重陲政。欽此[4]。

【案】此摺缺原件，録副①現藏於中國第一歷史檔案館，兹據校勘。

1.【奴才瑞洵、禄祥跪】刊本無此前銜，兹據校補。

2.【一日】刊本奪“一日”，兹據補。

3.【正月十六日】此奉硃批日期，刊本作“正月十七日”，刊本誤，兹據録副校正。

4.【光緒二十七年正月十六日，奉硃批：……欽此】此奉硃批日期等，據録副校補。

① 中國第一歷史檔案館藏：《録副奏摺》，檔案編號：03-7139-023。

〇四、整頓商人貿易驗票章程摺

光緒二十六年十二月十九日（1901年2月7日）

奴才瑞洵、禄祥跪[1]奏，爲整頓商民貿易驗票章程，以申邊禁而杜弊端，繕摺具陳，仰祈聖鑒事。

竊查理藩院則例内開[2]：商人出外貿易，由察哈爾都統、綏遠城將軍、多倫諾爾同知衙門領取部票，該衙門給發部票時，將該商姓名及貨物數目、所往地方、起程日期另繕清單，黏貼票尾，鈐印發給；一面知照所往地方大臣，不准聽其指稱未及領取部票，由别衙門領用路引爲憑，違者查出，照無部票例治罪。其商人部票，著該地方大臣查驗存案，務於一年内勒限催回，免其在外逗留生事，等語。查科布多近年以來，貿易商人凡請領部票前來者，雖經該管衙門照例開列該商姓名、領票若干、貨馱若干，黏單票尾，知照奴才等衙門存案備查。惟領票前來貿易各商，多有不入科布多城呈驗部票，竟自匿票潛往所屬各和碩貿易。即間有前來驗票者，亦僅爲坐商，其行商迄無一人呈驗，漫無稽核，任其越界漁利，盤剥蒙古，殊屬不合，自非重申例禁、設法釐整不可。

正在核辦間，適准綏遠城將軍永德咨開：據本處商民稟，因現在京路不通，無從請領部票，商民以出藩貿易爲生，請以上年餘剩部票，鈐蓋將軍印信，發給出藩貿易，暫行權變辦理。自係實情，應即照准。擬將本處餘剩部票鈐蓋印信發給，後有不敷，暫由本處發給將軍印票，飭交該商持往貿易，隨回隨繳，等因。咨請查照前來。查該將軍變通辦法，雖爲恤商起見，惟於該商匿票、繞越諸弊尚未議及，奴才等忝膺邊寄，期於地方有益，自應先將積弊剔除，所謂去其害馬也。若僅申明定例，不過出示曉諭，仍屬具文。

奴才等悉心參酌，擬請嗣後凡有請領部票前來科布多貿易商人呈請查驗，即由參贊衙門於該票加蓋印花，再行發交該商承領，以備回繳稽查，庶足以遏私販之來源、杜一切之弊竇，即與例意亦屬符合。如蒙俞允，應請旨敕下綏遠城將軍轉飭所屬，即行曉示該商遵照，嗣後凡來科布多貿易，務於到時遵例將票先行呈驗，以便由參贊衙門加蓋印花，以嚴稽核。如仍前私行貿易，定當照例辦理，枷笞遞籍，貨物一半入官。其該商回繳部票時，如無科布多參贊衙門印花，即係隱漏，應將該商量加懲辦，以儆巧僞。奴才等爲申邊禁、杜弊端起見，是否有當，謹繕摺具陳。伏祈皇太后、皇上聖鑒訓示。再，現既據綏遠城將軍咨會變通辦法，自可暫行照辦，仍由奴才等咨行該將軍轉飭該商，於所發之票呈驗時，仍請加蓋科布多參贊衙門印花，以免兩歧。合並聲明。謹奏。

光緒二十六年十二月十九日拜發，二十七年二月二十九日遞回，奉硃批：該衙門議奏。（正月十六日[3]）。（第 184—186 頁）

光緒二十七年正月十六日，奉硃批：該衙門議奏。欽此[4]。

【案】此摺原件①、録副②現均藏於中國第一歷史檔案館，兹據校勘。

1.【奴才瑞洵、禄祥跪】刊本無此前銜，兹據校補。

2.【内開】刊本奪“内”字，兹據校補。

3.【正月十六日】此奉硃批日期，刊本作“正月十七日”，刊本誤。兹據録副校正。

4.【光緒二十七年正月十六日，奉硃批：該衙門議奏。欽此】此奉硃批日期與内容，據録副校補。

【案】光緒二十七年二月三十日，大學士昆岡等議覆瑞洵等奏請整頓貿易章程，曰：

經筵日講起居注官翰林院掌院學士管理理藩院事務都統臣宗室昆岡等謹奏，爲遵旨議奏事。

准行在户部咨稱：科布多參贊大臣瑞洵等奏，整頓商民貿易章程一摺，於光緒二十七年正月十六日奉硃批：該衙門議奏。欽此。查係理藩院應議之件，鈔録

① 中國第一歷史檔案館藏：《硃批奏摺》，檔案編號：04-01-01-158-0436。

② 中國第一歷史檔案館藏：《録副奏摺》，檔案編號：03-7371-001。

原奏，行文查照辦理，等因。前來。查原奏内稱：科布多近年貿易商人，凡請領部票前來者，雖經該管衙門照例開列該商姓名、領票若干、貨馱若干，黏單票尾，知照備查。惟領票前來貿易各商，多有不入科布多城呈驗部票，竟自匿票潛往所屬各和碩貿易，即間有前來驗票者，亦僅爲坐商，其行商迄無一人呈驗。漫無稽查，任其越界漁利，盤剥蒙古，殊屬不合！自非重申例禁、設法釐整不可。正在核辦間，適綏遠城將軍永德咨開：據本處商民稟，因現在京路不通，無從請領部票，商民以出藩貿易爲生，請以上年餘剩部票鈐蓋將軍印信，發給出藩貿易，暫行權變辦理。自係實情，應即照准。擬將本處餘剩部票鈐蓋印信發給，後有不敷，暫由本處發給將軍印票，飭交該商持往貿易，隨回隨繳，咨請查照。查該將軍變通辦法，雖爲恤商起見，惟於該商匿票、繞越諸弊尚未議及，自應先將積弊剔除。若僅申明定例，不過出示曉諭，仍屬具文。擬請嗣後凡有請領部票前來科布多貿易商人呈請查驗，即由參贊衙門於該票加蓋印花，再行發交該商承領，以備回繳稽查，即與例意亦屬符合。如蒙俞允，應請旨敕下綏遠城將軍轉飭所屬，即行曉示該商遵照，等語。

臣等查臣院例載：商人出外貿易，由察哈爾都統、綏遠城將軍、多倫諾爾同知衙門領取部票。該衙門給發部票時，將該商姓名及貨物數目、所往地方、起程日期另繕清單，黏貼票尾，鈐印發給；一面知照所往地方大臣、官員衙門，不准聽其指稱未及領取部票，由別衙門領用路引爲憑，違者查出，照無部票例治罪。其商人部票，著該地方大臣查驗存案，務於一年内勒限催回，免其在外逗留生事。如商人已到所往地方，欲將貨物轉往他方貿易者，即呈報該衙門給與印票，亦知照所往地方大臣、官員衙門。儻並無部票、私行貿易者，枷號兩個月，期滿笞四十，逐回原籍，將貨物一半入官，等語。

再查前據綏遠城將軍永德咨稱，以商民請領部票路徑不通，請用剩票不足，暫發給將軍印票一事，曾經臣院以和局有成，路徑已漸通暢，諸部院公牘已次第舉辦，自未便以一時之兵端遂改歷年之成法，曾經咨覆照常辦理，等因。在案。兹據該大臣瑞洵等所奏，以行商、坐商考稽難於畫一，請一律到科呈驗部票。自係整頓商務、嚴杜偷漏起見。而定例所載極爲詳明：凡商人出外貿易，赴蒙古地方，例由察哈爾都統、綏遠城將軍、多倫諾爾同知按年分季，豫領臣院信票，隨呈辦公銀兩。其發給時由各處填注姓名、貨物數目，知照所往地方查驗。如商人已到所往地方，欲將貨物轉往他方貿易者，即呈報該處衙門給與印票，仍知照所往地方。如商民徑往蒙古各旗貿易，亦由各該旗官員查驗票尾，向均注明。

是例定之辦法極爲詳晰，雖未明指行商、坐商，而其寓意亦即了然，並無不准查驗之理，且各處按年豫領信票，由各該處隨時發給，於票尾照例注明該商姓名、貨物、前往地方。其限滿繳銷時，仍詳注細册，隨票呈報，以資考核。若謂其中尚有隱匿偷漏情事，臣等亦不能保其必無，宜如何杜偷漏以利商賈之處，臣等未敢懸揣，公同商酌，擬請飭下綏遠城將軍、察哈爾都統，詳細體察情形，妥爲擬定，以杜弊端。所有遵議覆奏緣由，理合恭摺具陳。伏乞皇太后、皇上訓示。謹奏。光緒二十七年二月三十日。

經筵日講起居注官翰林院掌院學士管理理藩院事務都統臣宗室昆岡，尚書臣宗室阿克丹，左侍郎副都統臣宗室壽耆，右侍郎副都統臣宗室會章。[①]

光緒二十七年三月十二日，奉硃批：依議。欽此[②]。

○五、請撤銷筆帖式春普保案片

光緒二十六年十二月十九日（1901 年 2 月 7 日）

再，查補驍騎校後以防禦即補先換頂戴糧餉處筆帖式春普，從前差使尚勤。自補缺後，志氣頹懈，嗜酒廢公，且於言動亦多放縱。現當整頓之際，未便稍事姑息，致滋效尤，相應請旨將該筆帖式春普前請年滿回城補驍騎校後以防禦即補先換頂戴保案，即予撤銷，仍留營效力，以觀後效。爲此附片奏參。伏祈聖鑒訓示。謹奏。

---

① 中國第一歷史檔案館藏：《硃批奏摺》，檔案編號：04-01-06-0012-020。

② 中國第一歷史檔案館藏：《録副奏摺》，檔案編號：03-7131-002。

光緒二十六年十二月十九日拜發，二十七年二月十九日遞回，奉硃批：著照所請，該部知道（正月十六日[1]）。（第187頁）

光緒二十七年正月十六日，奉硃批：著照所請，該部知道。欽此[2]。

【案】此片原件①、録副②現均藏於中國第一歷史檔案館，兹據校勘。

1.【正月十六日】此奉硃批日期，刊本作“正月十七日”，刊本誤。兹據録副校正。

2.【光緒二十七年正月十六日，奉硃批：……欽此】此奉硃批日期等，據録副校補。

○六、查驗官廠片

光緒二十六年十二月十九日（1901年2月7日）

再，查科布多官廠牧放牛、馬、駝隻三項牲畜，前遵部議整頓馬政章程，飭令該管蒙古員弁認真經理，秋季派員稽查，年底奏報一次，節經循辦在案。本年八月間，業經派員查驗，該廠舊存馬一百十三匹，新收由烏里雅蘇臺解到馬二百匹，共馬三百十三匹。舊存駝七百七十四隻，牛隻舊存。除動用並例倒外，實尚存馬二百五十八匹、駝六百七十七隻，尚無缺額情弊；逐一烙印，仍飭該管協理臺吉等妥爲牧放，以備應用。現届年底，理合奏報。伏祈聖鑒。謹奏。

光緒二十六年十二月十九日拜發，二十七年二月二十九日遞回，奉硃批：兵部知道（正月十六日[1]）。（第187—188頁）

光緒二十七年正月十六日，奉硃批：兵部知道。欽此[2]。

---

① 中國第一歷史檔案館藏：《硃批奏片》，檔案編號：04-01-17-0179-043。

② 中國第一歷史檔案館藏：《録副奏片》，檔案編號：03-5948-040。

【案】此片缺原件，録副[1]現藏於中國第一歷史檔案館，兹據校勘。

1.【正月十六日】此奉硃批日期，刊本作“正月十七日”，刊本誤。兹據録副校正。

2.【光緒二十七年正月十六日，奉硃批：兵部知道。欽此】此奉旨日期等，據録副校補。

○七、采買耕牛請免例價片

光緒二十六年十二月十九日（1901年2月7日）

再，屯田應用耕牛，按現在市價至省需銀十二兩，而例定價止四兩，實屬采辦維艱。查從前各任皆按十二兩開銷，屢經户部斥駁，自是無敢再言牛事者，故前大臣寶昌任此三年，從無奏咨添買耕牛之案，實則恐誤屯田。光緒二十四年間，確係照市價購買五十二隻，該價已於糧餉處墊給，仍亦未敢報部。現在十屯牛隻不敷耕作，必須再添百隻。據總管十屯事務換防參將祥祐禀請核辦前來。

奴才等查屯田關係軍食，多資牛力，必須足敷，係屬實在情形，自應准其添購。惟若必以例價相繩，不但無人敢於承辦，即使責該參將以賠墊，似亦非政體所宜，更恐別滋弊端。且奴才等稔知巡撫袁世凱[2]等所統武衛軍購買戰馬，皆蒙特

① 中國第一歷史檔案館藏：《録副奏片》，檔案編號：03-6053-039。

② 袁世凱（1859—1916），字慰亭、慰廷，號容庵，河南項城人。光緒五年（1879），捐納中書科中書。七年（1881），幫辦山東海防事宜。次年，總理前敵營務處，賞戴花翎，保知府。十一年（1885），辦理朝鮮商務。旋保道員，加三品銜。十七年（1891），在籍丁憂。十九年（1893），補浙江温處道。同年，赴平壤辦理撫輯事宜。二十一年（1895），總理前敵營務處。同年，督練新建陸軍。二十三年（1897），授直隸按察使。二十五年（1899），升工部右侍郎。同年，署山東巡撫。二十六年（1900），還山東巡撫。翌年，署直隸總督。二十八年（1902），擢直隸總督。三十三年（1907），授外務部尚書。宣統三年（1911），充總理大臣。民國元年（1912），任中華民國總統。五年（1916），稱帝，旋被迫退位。同年，病逝。有《袁世凱奏議》存世。

恩，免照例價，實用實銷。況此邊城瘠苦之區，更非内地軍營可比，早在聖慈體恤之中。合無仰懇天恩，准將科布多采買耕牛按照市價，據實開報，並將寶昌任内墊款一並作正開銷，庶從此購辦既易，管屯員弁無所畏難，耕穫更期得力。但使每年糧石溢收，則利益自在其中矣。奴才等愚見未知是否，謹附片上陳。伏祈聖鑒。再，十屯牛隻節年例倒之數總未造報，已飭該參將詳加核算稟明，咨部辦理。合並聲明。謹奏。

光緒二十六年十二月十九日拜發，二十七年二月二十九日遞回，奉硃批：户部議奏（正月十六日[1]）。（第188—189頁）

光緒二十七年正月十六日，奉硃批：户部議奏。欽此[2]。

【案】此片原件①、録副②現均藏於中國第一歷史檔案館，兹據校勘。

1.【正月十六日】此奉硃批日期，刊本作“正月十七日”，刊本誤。兹據録副校正。

2.【光緒二十七年正月十六日，奉硃批：户部議奏。欽此】此奉旨日期等，據録副校補。

○八、設立籌邊文案處片

光緒二十六年十二月十九日（1901年2月7日）

再，現因辦理公事須防漏泄，已於奴才瑞洵署内設立籌邊文案處，遴委妥實人員經理。凡遇重大事件，文牘均由奴才隨時核示擬辦，期昭慎密。至例行公事，

① 中國第一歷史檔案館藏：《硃批奏片》，檔案編號：04-01-23-0225-007。

② 中國第一歷史檔案館藏：《録副奏片》，檔案編號：03-7070-062。

仍由各該衙門照舊辦理。相應附片陳明。伏祈聖鑒。謹奏。

光緒二十六年十二月十九日拜發，二十七年二月二十九日遞回，奉硃批：知道了。（正月十六日[1]）。（第189—190頁）

光緒二十七年正月十六日，奉硃批：知道了。欽此[2]。

【案】此片缺原件，録副[①]現藏於中國第一歷史檔案館，兹據校勘。

1.【正月十六日】此奉硃批日期，刊本作“正月十七日”，誤。兹據録副校正。

2.【光緒二十七年正月十六日，奉硃批：知道了。欽此】此奉旨日期等，據録副校補。

○九、請將代放烏里雅蘇臺臺站卡倫餉項敕由該城自行籌放摺

光緒二十六年十二月二十九日（1901年2月17日）

奴才瑞洵、禄祥跪[1]奏，爲經費不繼，支款暫停，所有代放烏里雅蘇臺所管臺站、卡倫蒙古官兵餉銀委屬力難兼顧，瀝陳實在情形，籲懇天恩俯准敕由該管將軍自行籌辦，冀免貽誤而紓餉力，恭摺仰祈聖鑒事。

竊查烏里雅蘇臺所管索果克等十六卡倫臺吉、兵丁，暨布古圖等七臺臺吉、兵丁，每年應支銀糧及卡倫春夏二季糧折、煙、茶等項，向由科布多代放，於倉庫項下動支，節經循辦在案。惟現在科布多庫儲虛竭，本年山西應解後一半經費又未能按期報撥，滿、緑兩營官弁、兵丁嗷嗷待哺，窮困不堪言狀。屯田、臺卡

① 中國第一歷史檔案館藏：《録副奏片》，檔案編號：03-5740-003。

要需及一切例支悉皆無項可指，商鋪挪墊已窮，且前欠未還，亦難多借，艱窘情形，奴才等仰屋空嗟，實苦點金乏術。昨於十二月十九日業經拜摺具陳。

查此項烏里雅蘇臺所管卡倫、臺站應支銀糧，原應歸該城自行核辦，乃前將軍等當日定議，考核權衡，仍歸烏里雅蘇臺主持，銀糧支放則委科布多辦理，意在自節餉項，並未統籌全局，本不得事理之平，殊欠公允。然同爲國家地方公事，又何畛域之分？如果科布多庫款充盈，奴才等亦絕不存推諉。無如刻下局面已實自顧不暇，萬無餘力他及，且臺站係屬邊陲，卡倫多連俄界，在在吃重，又恐以餉需頓乏，或致疎虞。轉眼來春即屆請領之期，奴才等竟不知如何支應。興言及此，焦灼萬分，再四籌維，該臺卡應支糧石及茶、煙各項，尚可由奴才等設法照舊籌放。然山西省應協磚茶亦迄未能辦解，即此已形嘐力。至所需餉項爲數一萬三千餘兩，實係無從籌措。謹將代放該臺站、卡倫蒙古官兵銀糧各項數目敬繕清單，祇呈御覽。

合無仰懇天恩俯念科布多經費不繼、窮迫萬艱，准將代放烏里雅蘇臺所管臺卡餉銀等項暫歸該城自行籌放，以免貽誤而紓餉力，出自鴻慈逾格。如仍應由科布多代放，則此項關係緊要，萬難停緩，惟求特敕户部迅即撥給銀兩，以濟急需，伏候聖裁！值此時艱，苟非勢到萬難，奴才等亦不敢冒昧瀆奏，不勝憂慮迫切待命之至。爲此繕摺據實馳陳。伏祈皇太后、皇上聖鑒訓示。遵行。謹奏。

光緒二十六年十二月二十九日拜發，二十七年正月二十七日，奉硃批：户部議奏，單並發。欽此（接軍機處五月十八日知會）。

呈代放烏里雅蘇臺蒙古官兵銀糧清單

謹將每年代放烏里雅蘇臺所管卡倫蒙古官兵銀糧、茶、煙，暨臺站蒙古官兵銀糧數目敬繕清單，祇呈御覽。

計開：索果克卡倫圖薩拉克齊一員、臺吉一員、兵五十名。嘎魯圖卡倫臺吉一員、兵四十名。哈克淖爾卡倫臺吉一員、兵四十名。達爾沁圖卡倫臺吉一員、兵四十名。烏魯圖淖爾卡倫圖薩拉克齊一員、臺吉一員、兵三十名。罕達蓋圖卡倫圖薩拉克齊一員、臺吉一員、兵三十名。哈韜烏里雅蘇臺卡倫臺吉一員、兵三十名。鄂勒克鄂博卡倫臺吉一員、兵三十名。奇格爾素特依卡倫臺吉一員、兵三十名。博托果尼和壘卡倫臺吉一員、兵三十名。伯羅依奇格圖卡倫臺吉一員、兵三十名。鄂爾濟呼布拉克卡倫臺吉一員、兵三十名。奇奇爾噶那卡倫臺吉一員、兵三十名。津吉里克卡倫臺吉一員、兵三十名。薩木噶勒卡倫臺吉一員、兵三十名。額爾遜卡倫圖薩拉克齊一員、臺吉一員、兵三十名。

以上十六卡倫，共設圖薩拉克齊、臺吉二十員，兵五百三十名。通共一年應放鹽菜銀一萬一千四百六十兩，應放糧五百五十四石二斗三升二合，應放茶一千九十五塊，應放煙三千三百四十包。

阿勒達勒臺管臺臺吉一員、蒙古字識一名、兵十一名。博勒霍臺兵十一名。呼都克烏蘭臺兵十一名。依克哲斯臺兵十一名。巴噶哲斯臺兵十一名。珠勒庫珠臺兵十一名。布古圖臺水手四名、兵十一名。

以上七臺共設臺吉一員、兵八十二名，通共一年應放鹽菜、糧折銀一千七百五十七兩八錢六分五厘，應放糧七十四石三斗三升一合六勺，應放羊價銀七十兩。

以上代放卡倫、臺站餉項，共應需銀一萬三千二百八十七兩八錢六分。（第190—195頁）

覽[2]。

【案】此摺原件①、録副②、清單③現均藏於中國第一歷史檔案館，兹據校勘。

1.【奴才瑞洵、禄祥跪】刊本無此前銜，兹據校補。

2.【覽】此御批據清單校補。

① 中國第一歷史檔案館藏：《硃批奏摺》，檔案編號：04-01-35-1055-030。

② 中國第一歷史檔案館藏：《録副奏摺》，檔案編號：03-6161-024。

③ 中國第一歷史檔案館藏：《單》，檔案編號：03-6161-025。

一〇、請將見辦撫局敕由軍機處知會片

光緒二十六年十二月二十九日（1901 年 2 月 17 日）

再，科布多地介西北邊陲，與內地聲氣不甚聯屬，向來邸報均不能應期遞到。自奴才到任後，始經函商新疆撫臣饒應祺屬飭官電局，按月彙寄京報，然已必須四十餘日始克接讀，而於現在辦理撫局有無成議，仍無由而知。查科布多毗連俄界，邊防關重，若洋人尚可就款，則防務自當較緩[1]，倘竟要求太甚，萬難允從，則一切備禦仍須妥爲布置，仍難鬆勁[2]。然西北口外，兵備久虛，毫無可恃，與俄交涉，僅仗筆舌。

奴才到邊不及一年，已經唇焦管禿，其中爲難不敢瀆奏。奴才愚擬刻下各國如已退兵，撫議有成，擬懇聖慈敕令軍機大臣，將現在情形擇要知會，俾奴才等有所秉承，似於邊務有裨。愚昧之見，是否可行，伏祈聖鑒。謹奏。

光緒二十六年十二月二十九日拜發，二十七年正月二十七日，奉硃批：依議。欽此（五月十八日軍機處知會，六月二十四日接到）。（第 195—196 頁）

【案】此奏片缺原件，録副①現藏於中國第一歷史檔案館，兹據校勘。

1.【較緩】刊本作“較鬆”。

2.【仍難鬆勁】刊本作“自難懈弛備”。

---

① 中國第一歷史檔案館藏：《録副奏片》，檔案編號：03-6161-025。

卷之六　游刃集

光緒辛丑正月起三月訖（1901）

〇一、山西應協官茶遲無報解請旨敕催摺

光緒二十七年正月十五日（1901年3月5日）

奴才瑞洵、禄祥跪[1]奏，爲山西省應行采辦官茶遲無報解，擬懇天恩敕催該省照章協濟，以顧要需，繕摺具陳，仰祈聖鑒事。

竊查科布多蒙蕃錯處，賞賚多用磚茶，每届五年循案咨行山西巡撫飭屬采辦一次，即由該省動款造銷，辦理有年。查前大臣寶昌等因采辦届期，業於光緒二十五年三月間奏奉批旨[2]，當經咨行山西巡撫飭屬照章采辦磚茶八千塊，趕即運儲歸綏道庫，並經該前大臣等派員前往領取，迄今將及二年，並無協解消息。而本城應放衆安廟及屯田、卡倫各項蒙兵支項並緑營賞需，每歲所用磚茶總在三千餘塊，按季發放，刻難容緩。並查口外風俗，磚茶乃蒙古性命，功同五穀，且以茶易牲畜，可資養贍身家，一經欠缺，不啻斷炊，游牧地方血脈即不流通。又兼軍興以來庫款萬分支絀，科布多常年經費業經山西巡撫錫良①奏請暫行停解。本城去年後一半經費即已逾期未撥，應放各項現皆無法籌措，窮邊缺餉情形已屬可危。儻使此項官茶再延時日，或亦一律停辦，則各處蒙古官兵無茶可放，益不聊生。科布多又無從籌款自購，窘迫既深，堪虞飢潰[3]。

---

① 錫良（1853—1917），字清弼，拜嶽特氏（巴嶽特氏），蒙古鑲藍旗人。同治十三年（1874），中式進士。光緒六年（1880），選山西汾西縣知縣。同年，調山西平遥縣知縣。八年（1882），補陽曲縣知縣。十年（1884），代理直隸州知州。十四年（1888），拔山西絳州直隸州。二十年（1894），升沂州知府，旋授兖沂曹濟道，調山西冀寧道。二十四年（1898），授山西按察使。二十五年（1899），調湖南按察使。同年，遷湖南布政使，護理湖南巡撫。二十六年（1900），遷山西巡撫。二十七年（1901），擢河東河道總督，兼署河南巡撫。二十八年（1902），補授熱河都統。次年，署四川總督。三十年（1904），實授四川總督。三十三年（1907），調補雲貴總督。宣統元年（1909），充欽差大臣。同年，補東三省總督，兼管三省將軍事務。是年，兼署奉天巡撫。三年（1911），授熱河都統。民國六年（1917），病逝。謚文誠。

奴才等再四思維，莫名焦灼，惟有仰懇天恩俯念邊城瘠苦，需茶孔殷，請旨敕下山西巡撫，趕緊飭屬采辦磚茶八千塊，迅即運至歸綏道庫，以便本處委員領取，速解來營，以濟要需而支危局。奴才等爲體恤蒙艱、保全地方起見，所有山西省應行采辦官茶遲無報解，擬請仍由該省照章協濟緣由，是否有當，謹繕摺馳陳。伏祈皇太后、皇上聖鑒訓示。謹奏。

光緒二十七年正月十五日拜發。本年三月十一日遞回，奉硃批：著岑春煊[①]飭屬趕緊采辦報解。欽此（二月十二日[4]）。（第198—199頁）

【案】此摺原件[②]、録副[③]現均藏於中國第一歷史檔案館，兹據校勘。

1.【奴才瑞洵、禄祥跪】刊本無此前銜，兹據校補。

2.【案】光緒二十五年三月二十二日，科布多參贊大臣寶昌等爲辦茶備賞具摺曰：

奴才寶昌、禄祥跪奏，爲循例采辦磚茶以備賞項，恭摺具陳，仰祈聖鑒事。

竊照科布多蒙兵雜處，賞賚多用磚茶，每歲所需不下二千餘塊。如遇支放不敷，先行奏聞，行知山西巡撫采辦，以備委員領取，每届五年，采辦一次，歷經遵辦在案。兹查庫存磚茶放至光緒二十四年底，所剩無多，而本年應放衆安廟及屯田、卡倫各項蒙兵賞項，不敷一歲之需。查照舊章，自應預爲采辦。如蒙俞允，由奴才等咨行山西巡撫，趕即飭屬采辦磚茶八千塊，務於本年秋間運至歸綏道庫，再由奴才等派員領取，由驛遞運科布多城收儲，以備散放。所有動支數目統俟造

① 岑春煊（1861—1933），又名岑春澤，字雲階，號西林，廣西西林人。光緒十一年（1885），中式舉人。選工部主事、工部郎中。十五年（1889），以五品京堂候補。十八年（1892），補光禄寺少卿。同年，轉太僕寺少卿。二十年（1894），署大理寺卿。二十四年（1898），放廣東布政使。同年，調甘肅布政使。二十六年（1900），遷陝西巡撫。次年，調補山西巡撫。二十八年（1902），補廣東巡撫。同年，署四川總督。二十九年（1903），署兩廣總督。三十二年（1906），擢雲貴總督。三十三年（1907），調補四川總督。同年，授郵傳部尚書、兩廣總督。民國元年（1912），主張共和，組建國民公党，任名譽總理。次年，反袁，任各省討袁軍大元帥。二次革命失敗後，流亡南洋。五年（1916），任護國軍都司令、軍務院副撫軍長。七年（1918），任廣東護法軍政府主席。次年，通電辭職，隱居上海。二十二年（1933），病逝。著有《樂齋漫筆》等。

② 中國第一歷史檔案館藏：《硃批奏摺》，檔案編號：04-01-14-1046-057。

③ 中國第一歷史檔案館藏：《録副奏摺》，檔案編號：03-6519-019。

報，再行入册核銷，理合循例奏聞。伏祈皇太后、皇上聖鑒。謹奏。光緒二十五年三月二十二日。（硃批）：知道了。[①]

3.【窘迫既深，堪虞飢潰】刊本奪此句，兹據校補。

4.【二月十二日】此奉旨日期，刊本作"二月十三日"，而録副作"光緒二十七年二月十二日"，確，兹據校正。

○二、續調滿兵三名請由綏遠揀派片

光緒二十七年正月十五日（1901年3月5日）

再，科布多滿營換防官兵每届三年由綏遠城更换一次，節經循辦在案。查此項官兵前因升補章京、筆帖式暨請假、咨回等項，遺出缺額八名，因值籌布邊防，需人急切，經奴才等於光緒二十六年八月初七日專摺奏請先期由綏遠城調補，業經奉旨允准欽遵在案。現又出有新補筆帖式遺出三額，並應奏明調補。伏查科布多額設滿營换防官兵僅止十七名之數，除去先後所遺缺額十一名，現在祇餘六名，實屬事繁人少，不敷差委。且現值整頓一切，相需尤殷，相應請旨敕下綏遠城將軍，再行揀選明白公事、通曉滿蒙文義、書寫端楷之兵三名，並照章另派换防帶兵驍騎校一員，與前次調補之兵八名一並造具履歷清册，飭交該换防驍騎校管帶，迅速由驛前來。

其該各兵到防三年例保，應扣歸下届另行辦理。除將開除官兵旗分、銜名咨行綏遠城將軍查照並咨部外，所有續調防兵暨帶兵驍騎校緣由，理合附片具陳。伏祈聖鑒訓示，施行。謹奏。

---

① 中國第一歷史檔案館藏：《硃批奏摺》，檔案編號：04-01-01-1035-044。

光緒二十七年正月十五日拜發。本年三月二十一日遞回，奉硃批：著奎成[①]照章派撥前往。欽此（二月十二日[1]）。（第200—201頁）

【案】此奏片缺原件，録副[②]現藏於中國第一歷史檔案館，兹據校勘。

1.【二月十二日】此奉旨日期，刊本作“二月十三日”，而録副作“光緒二十七年二月十二日”，確，兹據校正。

○三、覆陳科布多應辦事宜請旨遵行摺

光緒二十七年二月初三日（1901年3月22日）

奴才瑞洵跪[1]奏，爲遵查科布多應辦事宜，據實覆陳，請旨遵行，恭摺仰祈聖鑒事。

竊奴才奉命出鎮邊疆，自維才力庸虛，驟膺艱巨，夙夜戰兢，深以不克勝任爲懼。上年正月陛辭之時，荷蒙懿旨以地方緊要，時事艱難，令將練兵、墾田、開礦三端，任勞任怨，認真辦理，其餘應辦事宜均須體察情形，隨時奏明，等論。嗣於上年十一月二十二日接到遞回瀝陳下情之摺，又奉硃批即著地方應辦事宜認真整頓之旨，仰承訓諭，欽悚難名！伏維奴才去夏六月接任，即因開衅遵旨備邊，日不暇給，僅將礦務情形繕摺敬陳，未遑他及。近復詳加體察，反復籌商，確見練兵、墾田二端誠爲邊防最大之政，其次則畜牧亦屬要圖，均宜加意經營，及時

① 奎成，生卒年未詳，字耀文，鄂哲忒氏，蒙古正黄旗人。咸豐年間，充領催，委印務筆帖式。同治二年（1863），補驍騎校。六年（1867），選印務章京。十二年（1873），升公中佐領。光緒元年（1875），補副參領。五年（1879），遷參領。十年（1884），授印務參領。二十三年（1897），授歸化城副都統。二十七年（1901），署綏遠城將軍。

② 中國第一歷史檔案館藏：《録副奏片》，檔案編號：03-6037-027。

興舉。而目下亟應籌畫布置、不容延緩者，尤在索歸烏梁海借地，仍還原旗，並安插蒙古、哈薩克一事，其中緩急機宜實爲邊疆大局所係，略陳梗概，伏候聖裁。

科布多近二十年民夷錯處，良莠混淆，蒙古性懦而近愚，哈薩克勢衆而多悍，俄之恣横更不待言，而竄匪、莠民又每狡焉思逞，且遇有命盜案件，哈夷惟欲私結，若必以法律相繩，即聚衆恃强，抗不遵斷，蓋深窺底緼，知無兵力以制之也。兼之壤接新疆，本回匪出没之地，往年綏來之變，覆轍方遒，更復時虞蠢動。儻或倉卒有警，軍隊毫無，不能彈壓，其患何堪設想！至地方敷衍難恃，自宜妥爲置防。即俄人要約雖堅，究應暗爲設備。綜計數者，縱使損之又損，亦必須添練蒙、漢勁旅千餘人，方敷鎮撫之用，勇營尤不可無。此兵必須練，不能不預爲陳明者也。

科布多屬地不乏膏腴，既欲爲邊地策治安，必先爲士卒謀生聚。恭讀康熙、乾隆年間諭旨，屢於科布多可墾之處申命再三，是邊地可耕，早垂聖訓，况奴才前奉諭旨，諄諄以墾田爲必辦之事，尤難置爲緩圖。且烏蘭古木、布倫托海、察罕淖爾、布拉罕河、青格里河、額爾濟斯河等處，又皆有舊迹可尋，徒以創辦需費甚巨，蒙古又無力自謀墾種，以致天地自然之利莫開其源。現值外患頻乘，我不自籌，恐彼族將攘臂而爭，妄思侵占，轉致難於拒絶。此田必須墾，亦宜預爲陳明者也。

口外之地，畜牧爲蒙古命脈，駝、馬、牛、羊皆所必須，雖舊章有調取駝、牛之例，哈薩克有交馬之條。今時事迥殊，並難規復，僅此數百駝、馬，即支差尚有不敷，何能望其蕃衍？今欲整理，和碩既非富足，捐輸勢不克行，自不能不資購買。然亦必須仿照伊犁孳生廠辦法，方有利益，故將軍長庚曾因試辦，專疏請撥屯牧經費，今已卓著成效。此畜牧必須講求，亦宜預爲陳明者也。

至所屬哈薩克，自歸科布多以來，統計三四千户，查奏案約二萬餘名口，迄今四出爲患，尚未安置妥地，暫令雜居於烏梁海游牧，已非舊制。前曾奉旨准其收撫，即應早籌完策。哈夷性多疑慮，旋聚旋潰，且攘竊成風，漫無約束，往往百十成群，聯鑣疾走，殺掠人畜，常啓爭端，官法竟不能制。苟非擇地安插，徐施教養，並濟恩威，終慮野性難馴，萬非久安之道。然欲爲哈夷謀綏輯，則阿爾臺山地方即未便任令塔爾巴哈臺久假不歸。今若再任藉延，不即索取，哈固未爲如願，蒙亦豈能甘心喧賓奪主之嫌？積久必成仇隙。此借地必須索還，亦宜預爲陳明者也。

現值大亂甫定，正懲前毖後、力圖振作之時，且科布多切接俄疆，見聞較近，若於應辦事宜仍事因循，毫無進步，不惟重貽邊患，實足見笑强鄰！况地方廢弛太深，已有江河日下之勢，成法自須維繫，積習尤必掃除。惟此四者，事端繁要，措置維艱，苟非聖明主持、部臣協力，奴才駑鈍，斷難興廢舉墜，宏此遠謨。謹先體察情形，據實覆奏，應否設法厘章，妥慎擬辦之處，惟有籲懇聖慈，特賜宸斷，俾有遵循。祗俟欽奉諭旨，當再由奴才詳悉斟酌，逐漸整理，縱須稍資財力，亦當勉體時艱，總期於國計、邊籌兼權並顧，仰副深宫圖强之意，少贖奴才貽誤之愆。所有遵查科布多應辦事宜，請旨遵行緣由，是否有當，謹繕摺據實覆陳。伏乞[2]皇太后、皇上聖鑒訓示。謹奏。

光緒二十七年二月初三日拜發。光緒二十八年二月初八日遞回，奉硃批：所陳各節，著即妥籌經費，再行次第舉辦，以收實效。欽此（十二月初六日）。

●本日，貴大臣具奏摺件係二月間拜發，何以遲至本月始到，相應知會貴大臣查明咨覆可也。爲此知會。十二月初六日[3]。（第201—205頁）

【案】此摺缺原件，録副[①]現藏於臺北“故宫博物院”，兹據校勘。

1.【奴才瑞洵跪】刊本無此前銜，兹據校補。

2.【伏乞】刊本作“伏祈”。

3.【案】劃綫部分文字録於眉邊附注。

① 臺北“故宫博物院”藏：《軍機及宫中檔》，文獻編號：146426。

○四、札哈沁賑濟辦竣動用款目開單具報懇免造銷摺

光緒二十七年二月初八日（1901 年 3 月 27 日）

奴才瑞洵、禄祥跪[1]奏，爲札哈沁臺站賑濟，並添補駝馬，辦理完竣，謹將動用款項繕單具陳，籲懇天恩准免造册報銷，以歸簡易，恭摺仰祈聖鑒事。

竊前因札哈沁叠報被灾，駝馬牛羊倒斃殆甚，無力支應臺差，請籌賑濟等情。前大臣寶昌未及核辦，移交前來。奴才等派查屬實，當於光緒二十六年七月初六日具摺奏明，籌款賑濟，並添補牲畜，以保臺站。嗣承准軍機大臣知會，奉旨：該衙門知道。欽此。奴才等拜摺後，當即揀派候補筆帖式景善、附生崔象侯，帶領通事、官兵，輕騎減從，並發給該委員、通事、官兵等盤費，前往札哈沁沿臺查明辦理，不准擾累，並因酌恤銀兩又恐蒙古隨手妄用，改擬放給羊隻，較有實際。計每官兵均分給乳羊七隻，俾資養贍家口。復經按臺添給駝五隻、馬十匹，以供差徭。計自去年七月十二日辦起至八月二十九日，一律辦竣。該臺站官員、兵丁均霑實惠，無不感頌皇仁，歡聲雷動。據該委員取具各臺領結暨該總管等印文呈報。

至三項牲畜係由科布多城市采買，均飭勉照例價開銷，且較之光緒十年撫恤蒙、哈准銷成案，采買價值均有減少，尚屬核實。統計賑濟臺站、放給羊隻，暨該八臺買補駝馬價值，並委員、官兵等應支盤費，實共用銀二千六百四十一兩一錢二分。查此款前已奏請動支餘糧千石變價，計得銀二千五百兩，尚不敷銀一百四十兩一錢二分，已由糧餉處扣平項下提撥發給。兹將動用款目謹繕清單，祇呈御覽，仰懇敕部查照備案。事關藩部，用款無多，應乞天恩邀免造册報銷。除咨部外，爲此繕摺具陳。伏祈皇太后、皇上聖鑒訓示。謹奏。

光緒二十七年二月初八日拜發。本年四月十一日遞回，奉硃批：著照所請，

户部知道，單並發。欽此（三月初五日[2]）。

賑濟蒙古官兵等銀兩繕具清單

謹將賑濟南八臺札哈沁蒙古官兵采買牲畜，暨委員、官兵盤費動用銀兩，繕具清單，敬呈御覽。

計開：一、收由科布多倉儲提用年遠餘糧一千石，按照例價變賣銀二千五百兩。

一、支由科布多街市購買騸駝四十隻，每隻價銀三十四兩二錢，共銀一千三百六十八兩。

一、支由科布多街市購買騸馬八十匹，每匹價銀七兩五錢三分，共銀六百二兩四錢。

一、支由科布多街市購買乳羊五百六十隻，每隻價銀一兩一錢，共銀六百十六兩。

以上購買三項牲畜，共需用價銀二千五百八十六兩四錢。

一、放搜吉臺騸駝五隻、騸馬十匹，委章蓋一員、兵九名，每員名乳羊七隻。

一、放察罕布爾噶蘇臺騸駝五隻、騸馬十匹，委章蓋一員、兵九名，每員名乳羊七隻。

一、放達布索圖淖爾臺騸駝五隻、騸馬十匹，委章蓋一員、兵九名，每員名乳羊七隻。

一、放那林博勒齊爾臺騸駝五隻、騸馬十匹，委章蓋一員、兵九名，每員名乳羊七隻。

一、放依什根托羅蓋臺騸駝五隻、騸馬十匹，委章蓋一員、兵九名，每員名乳羊七隻。

一、放札哈布拉克臺騸駝五隻、騸馬十匹，委章蓋一員、兵九名，每員名乳羊七隻。

一、放錫博圖臺騸駝五隻、騸馬十匹，委章蓋一員、兵九名，每員名乳羊七隻。

一、放鄂隆布拉克臺騸駝五隻、騸馬十四，委章蓋一員、兵九名，每員名乳羊七隻。

以上八臺，共放給騸駝四十隻、騸馬八十四、乳羊五百六十隻。

一、支委員二員，每員月給盤費銀六兩，由七月十二日起至八月二十九日止，計一個月十八日，共銀十九兩二錢。

一、支通事一名，月給盤費銀三兩，由七月十二日起至八月二十九日止，計一個月十八日，共銀四兩八錢。

一、支隨帶差遣兵八名，每名月給盤費銀二兩四錢，由七月十二日起至八月二十九日止，計一個月十八日，共銀三十兩七錢二分。

以上放給各臺官兵三項牲畜采買價值暨委員、官兵盤費，共合用銀二千六百四十一兩一錢二分。除將倉糧一千石變價銀二千五百兩動用外，尚不敷銀一百四十一兩一錢二分，已由科布多錢糧處扣平項下提補。合並聲明。（第205—209頁）

覽[3]。

【案】此摺原件①、録副②及清單③現均藏於中國第一歷史檔案館，兹據校勘。

1.【奴才瑞洵、禄祥跪】刊本無此前銜，兹據校補。

2.【三月初五日】此奉硃批日期，刊本作“三月初六日”，録副作“三月初五日”。兹據録副校正。

3.【覽】此御批據清單校補。

① 中國第一歷史檔案館藏：《硃批奏摺》，檔案編號：04-01-30-0219-028。

② 中國第一歷史檔案館藏：《録副奏摺》，檔案編號：03-6162-008。

③ 中國第一歷史檔案館藏：《單》，檔案編號：03-6162-009。

◎五、崇凌請恤片

光緒二十七年二月初八日（1901年3月27日）

再，辦理軍務、防務積勞身故人員例准給恤。兹查有補用驍騎校額外驍騎校崇凌，自去年布置邊防，即委該員在籌防處充辦事官，並因試行清野之法，派員分查，又委該員赴烏梁海一路閱視。維時正當八月，雨雪載塗，罔辭寒苦，以致感疾，回營遽歿。該員人極樸實，殊甚憫惜！查烏里雅蘇臺、科布多辦事向均按照軍營規制，現在尚未撤防，相應請旨將該驍騎校崇凌照軍營積勞病故例，交部議恤，出自天恩。理合附片陳請。伏乞[1]聖鑒。謹奏。

光緒二十七年二月初八日拜發。本年四月十一日遞回，奉硃批：著照所請，該部知道。欽此（三月初五日[2]）。（第209—210頁）

【案】此奏片缺原件，録副①現藏於中國第一歷史檔案館，兹據校勘。

1.【伏乞】刊本作“伏祈”。

2.【三月初五日】此奉硃批日期，刊本作“三月初六日”，録副作“三月初五日”。兹據録副校正。

① 中國第一歷史檔案館藏：《録副奏片》，檔案編號：03-0949-015。

○六、揀補額外驍騎校摺

光緒二十七年二月初八日（1901年3月27日）

奴才瑞洵、禄祥跪[1]奏，爲揀補額外驍騎校員缺，仰祈聖鑒事。

竊查科布多戍防滿營，設有額外驍騎校二缺，遇有缺出，向由奴才等揀員充補。兹查額外驍騎校崇凌據報病故，所遺之缺查有委署筆帖式錫麟圖，翻譯通曉，當差克勤，堪以擬補。如蒙俞允，應俟該員三年期滿回綏遠城後，以驍騎校補用。其應找支銀糧，俟以奉旨之日開支，仍遇有差便，給咨該員赴部引見。爲此謹奏。

光緒二十七年二月初八日拜發。本年四月十一日遞回，奉硃批：著照所請，該部知道。欽此（三月初五日[2]）。（第210頁）

【案】此摺原件①、録副②現均藏於中國第一歷史檔案館，兹據校勘。

1.【奴才瑞洵、禄祥跪】刊本無此前銜，兹據校補。

2.【三月初五日】此奉硃批日期，刊本作“三月初六日”，録副作“三月初五日”。兹據録副校正。

---

① 中國第一歷史檔案館藏：《硃批奏摺》，檔案編號：04-01-16-0267-027。

② 中國第一歷史檔案館藏：《録副奏摺》，檔案編號：03-5949-014。

○七、調取駝隻摺

光緒二十七年二月初八日（1901 年 3 月 27 日）

奴才瑞洵、禄祥跪[1]奏，爲科布多官廠駝隻不敷應用，援案請由烏里雅蘇臺調取，以供要需，恭摺具陳，仰祈聖鑒事。

竊奴才等前據駐班處公銜三等臺吉色哷寧等呈：據管理官廠協理臺吉沙克都爾札布申稱：官廠存駝，爲數現本無多，且差務繁重，並無緩歇，更兼迭次因災，報倒甚多，不敷應差，等情。祈請轉呈核辦前來。

查該廠牧放駝隻，每年春、夏采運木植，修造農具，兼運秋冬屯田收糧，暨赴古城采買官兵糧糈，並備補立各項例倒之用，據稱不敷應差，係屬實在情形。向章科布多官廠駝隻，每遇不敷使用，應由奴才等咨商烏里雅蘇臺將軍，由所屬孳生群内調取，節經辦理在案。現因科布多整理一切，差務倍增，若必往返咨商，誠恐緩不濟急，有誤要需，自應先行具奏。除仍一面咨明烏里雅蘇臺將軍查照外，應懇天恩敕下烏里雅蘇臺將軍，即由所屬孳生群内，飭令揀撥口輕膘壯騸駝二百隻，派員護送前來，以資應用。理合繕摺具陳。伏祈皇太后、皇上聖鑒。謹奏。

光緒二十七年二月初八日拜發。本年四月十一日遞回，奉硃批：該衙門知道。欽此（三月初五日[2]）。（第 210—211 頁）

【案】此摺原件①、録副②現均藏於中國第一歷史檔案館，兹據校勘。

1.【奴才瑞洵、禄祥跪】刊本無此前銜，兹據校補。

① 中國第一歷史檔案館藏：《硃批奏摺》，檔案編號：04-01-30-0206-037。

② 中國第一歷史檔案館藏：《録副奏摺》，檔案編號：03-6162-007。

2.【三月初五日】此奉硃批日期，刊本作“三月初六日”，録副作“三月初五日”。兹據録副校正。

○八、具報十屯分數並官弁兵丁奬賞開單摺

光緒二十七年三月初十日（1901年4月28日）

奴才瑞洵、禄祥跪[1]奏，爲具報收穫糧石分數，照章請將該管官員、兵丁分别給予奬賞，繕單奏陳，仰祈聖鑒事。

竊查科布多光緒二十六年所種屯田十分，共收三色糧六千三百三十一石五斗。奴才等當派筆帖式景善，會同統轄屯田參將世襲騎都尉祥祐等，將所收糧石内揀擇乾潔三色糧七百石收入屯倉，以爲今年籽種，其餘糧石均運交城倉收納。查例載：種地官兵，各視其收穫糧石分數，量加鼓勵，等語。此次該屯田總管、專管千總、把總，蒙古總管、專管參領、驍騎校、委章京及緑營、蒙古兵丁應得議叙、賞項，據屯田參將世襲騎都尉祥祐呈請核辦前來。奴才等覆核無異，應懇天恩將該屯田參將祥祐交部照例議叙，其官弁、兵丁謹繕清單，恭摺具陳。伏祈皇太后、皇上聖鑒，敕部核覆施行。謹奏。

光緒二十七年三月初十日拜發。本年五月十五日遞回，奉硃批：該部知道，單並發。欽此（四月初九日[2]）。

呈十屯分數並官弁兵丁奬賞清單

謹將光緒二十六年十屯收成分數，暨官弁兵丁應給議叙、賞項，敬繕清單，祗呈御覽。

計開：發領籽種小麥三百八十石，今收小麥四千七百八十三石五斗。發領籽種青稞二百五十石，今收青稞九百一十五石。發領籽種大麥七十石，今收大麥六百三十三石。查每歲十屯地，内例應動用籽種糧七百石。上年連籽種共收穫三色糧六千三百三十一石五斗，統計收成分數在九分零四毫五絲。今將所收三色糧石仍照舊例存留籽種七百石收入屯倉外，其餘糧五千六百三十一石五斗，均收入城倉，訖。

統轄屯田直隸昌平營參將世襲騎都尉祥祐、總管屯田宣化鎮屬多倫協中營千總傅鎮海、總管屯田宣化鎮標右營把總盧慶雲，以上三員均係屯田員弁，統計十屯收成分數在九分零四毫五絲，均應交部議敘。

專管頭[3]、二、三、四屯宣化鎮屬張家口營膳房堡把總趙金鼇，所管四屯拉展收穫糧石在七分九厘四毫二絲零，應毋庸議敘。

專管五、六、七屯宣化鎮標城守營把總李明，所管三屯拉展收穫糧石在九分四厘一毫八絲零，應交部議敘。

專管八、九、十屯宣化鎮屬張家口營洗馬林堡把總丁喜，所管三屯拉展收穫糧石在十分零一厘四毫，應交部議敘。

總管頭、二、三、四、五屯委署蒙古參領阿畢爾米特，所管五屯拉展收穫糧石在八分三厘九毫八絲零，毋庸給賞。

總管六、七、八、九、十屯委署蒙古參領圖布敦，所管五屯拉展收穫糧石在九分六厘九毫一絲零，應給二等賞小彭緞一匹。

專管頭、二屯委署蒙古驍騎校察杭班第，所管兩屯拉展收穫糧石在九分五厘九毫九絲零，應給二等賞小彭緞一匹。

專管三、四屯委署蒙古驍騎校濟克札布，所管兩屯拉展收穫糧石在六分二厘八毫五絲零，應毋庸給賞。

專管五、六屯委署蒙古章京圖伯額爾哲依，所管兩屯拉展收穫糧石在九分六厘二毫四絲零，應給二等賞小彭緞一匹。

專管七、八屯委署蒙古章京那木濟勒多爾濟，所管兩屯拉展收穫糧石在九分八厘零三絲零，應給二等賞小彭緞一匹。

專管九、十屯委署蒙古驍騎校札木色楞，所管兩屯拉展收穫糧石在九分九厘一毫，應給二等賞小彭緞一匹。

收穫糧石在十分、十一分以上二、五、八、十屯緑營兵三十二名，每名應給頭等賞銀一兩五錢；蒙古兵一百名，每名應給頭等賞茶二塊、煙二包。收穫糧石在九分以上六、七、九屯緑營兵二十四名，每名應給二等賞銀一兩；蒙古兵七十五名，每名應給二等賞茶一塊、煙二包。

以上共賞銀七十二兩，除扣二成銀十四兩四錢外，實賞銀五十七兩六錢。共賞小彭緞五匹，每匹折布八匹，每布一匹折銀三錢三分，共合銀十三兩二錢，除扣二成銀二兩六錢四分外，實賞銀十兩五錢六分。共賞茶二百七十五塊，共賞煙三百五十包。（第212—216頁）

覽[4]。

【案】此摺原件①、録副②及清單③現均藏於中國第一歷史檔案館，兹據校勘。

1.【奴才瑞洵、禄祥跪】刊本無此前銜，兹據校補。

2.【四月初九日】此奉硃批日期，刊本作“四月初十日”，録副作“四月初九日”。兹據録副校正。

3.【頭】刊本奪“頭”字，兹據補。

4.【覽】此御批據清單校補。

【案】光緒二十七年六月二十日，理藩院尚書臣宗室阿克丹等奏報瑞洵等開單奏請獎敘科布多屯田官兵一摺，曰：

理藩院尚書臣宗室阿克丹等謹奏，爲科布多屯田官員兵丁收穫糧石，按照分數，循案准予給獎，恭摺仰祈聖鑒事。

竊准行在户部咨稱：科布多參贊大臣瑞洵等奏報屯田收穫分數，照章請將該管官員兵丁分别給獎一摺，光緒二十七年四月初九日奉硃批：該部知道，單並發。欽此。咨行到院。除武職各員由兵部辦理，所有單開之總管頭、二、三、四、五屯委署蒙古參領阿畢爾米特，專管三、四屯委署蒙古驍騎校濟克札布，收穫均在

① 中國第一歷史檔案館藏：《硃批奏摺》，檔案編號：04-01-22-0065-120。

② 中國第一歷史檔案館藏：《録副奏摺》，檔案編號：03-6731-017。

③ 中國第一歷史檔案館藏：《單》，檔案編號：03-6731-018。

九分以下，應毋庸給賞外，其總管六、七、八、九、十屯委署蒙古參領圖布敦，專管頭、二屯委署蒙古驍騎校察杭班第，專管五、六屯委署蒙古章京圖伯額爾哲依，專管七、八屯委署蒙古章京那木濟勒多爾濟，專管九、十屯委署蒙古驍騎校札木色楞等，收穫均在九分以上，應給二等賞小彭緞各一匹；並收穫糧石在十分、十一分以上之蒙古兵二百名，應給頭等賞茶二塊、煙二包；九分以上之蒙古兵七十五名，應給二等賞茶一塊、煙二包，等情。臣等查科布多屯田收穫糧石，歷由該大臣按照向章，核定所收分數，分別給予總管、專管各員，暨兵丁等獎賞緞匹、煙茶等項，以示鼓勵，等因。在案。

現據該大臣瑞洵奏稱，此次收穫糧石在九分以下各官兵毋庸獎賞外，其在九分以上之官員兵丁，所擬獎賞係屬按照向章辦理，擬即如該大臣所奏辦理，以示鼓勵。所有循案核給屯田官兵獎賞緣由，理合恭摺具陳。伏乞皇太后、皇上聖鑒訓示。再，管理臣院事務吏部尚書宗室敬信尚未到任，是以未經列銜。合並聲明。謹奏。光緒二十七年六月二十日。理藩院尚書臣宗室阿克丹，左侍郎副都統臣宗室壽耆，右侍郎副都統臣宗室會章。[①] 光緒二十七年六月二十八日，奉硃批：依議。欽此。[②]

【案】光緒二十七年八月十二日，大學士管理兵部事務昆岡等奏報議覆瑞洵等開單奏請獎叙科布多屯田官兵一摺，曰：

經筵日講起居注官大學士翰林院掌院學士管理兵部事務臣宗室昆岡等跪奏，爲遵旨議叙具奏事。

内閣鈔出科布多參贊大臣瑞洵等奏屯田收穫糧石分數，應請獎叙官兵一摺。查科布多光緒二十六年所種屯田十分，共收三色糧六千三百三十一石五斗，内揀擇乾潔三色糧七百石，收入屯倉，以爲今年籽種。其餘糧石均運城倉收納。該屯田官兵應得議叙、賞項，據屯田參將祥祐呈請核辦前來。奴才覆查無異，應懇天恩將該屯田參將祥祐交部照例議叙。其官弁兵丁謹繕清單，恭摺具陳。伏乞聖鑒，飭部核覆施行，等因。光緒二十七年四月初九日，奉硃批：該部知道。欽此。欽遵到部。除蒙古總管、專管各官由理藩院辦理，其收穫糧石不及八分以上，該管

① 中國第一歷史檔案館藏：《硃批奏摺》，檔案編號：04-01-22-0065-107。
② 中國第一歷史檔案館藏：《録副奏摺》，檔案編號：03-6168-047。

官毋庸給予議叙，兵丁給賞銀兩自行照章辦理外，查定例：科布多屯田官員收穫糧石在八分以上者，專管官加一級，兼轄官記録二次，統轄官記録一次，等語。

今據單開統計十屯地内收成分數在九分零四毫五絲，應請將統轄屯田直隸昌平營參將世襲騎都尉祥祐照例給予記録一次，總管屯田宣化鎮屬多倫協中營千總傅鎮海、總管屯田宣化鎮標右營把總盧慶雲，均按照收穫糧石在八分以上之兼轄官議叙例，給予記録二次。又，據單開五、六、七屯拉展收穫糧石在九分四厘一毫八絲零，八、九、十屯拉展收穫糧石在十分零一厘四毫，應請將專管五、六、七屯宣化鎮標城守營把總李明，專管八、九、十屯宣化鎮屬張家口營洗馬林堡、把總丁喜，均照例各給予加一級，以符定例。所有議叙緣由，是否有當，伏乞皇太后、皇上聖鑒訓示。遵行。再，臣部左侍郎貽穀現在行在，未經列銜。合並聲明。謹奏請旨。光緒二十七年八月十二日。

經筵日講起居注官大學士翰林院掌院學士管理兵部事務臣宗室昆岡，經筵講官兵部尚書臣裕德，經筵講官尚書臣徐會澧，經筵講官左侍郎臣李昭煒，右侍郎臣文治（學差），署右侍郎臣景澧，右侍郎臣陸寶忠（學差），經筵講官署右侍郎臣徐琪。

（硃批）：依議。[①]

○九、請加撥經費片

光緒二十七年三月初十日（1901年4月28日）

再，奴才等前因山西省將經費停解，餉源頓涸，邊事可危，因知烏里雅蘇臺將軍連順等有奏請改撥之議，即經咨商並奏。旋准覆稱，於二月二十六日附片代

① 中國第一歷史檔案館藏：《硃批奏摺》，檔案編號：04-01-22-0065-105。

陳，懇恩敕部另爲籌撥有著的款，並鈔録片稿咨會前來[1]。據原奏所稱科布多常年經費僅言大數五萬餘兩，茲查每年山西省應協常額經費銀三萬三千三百三十三兩零，續添經費銀四千兩，加增鹽菜銀一萬兩。又，該省分還舊欠銀二千五百兩，直隸省應協經費銀二千五百兩，統共銀五萬二千三百三十三兩零。而山西還欠之銀係應帶歸商墊及臺費欠款，隨入隨出，向不作别項開支，近年間亦挪用。然一年止應算有經費四萬九千八百三十三兩零而已，此外再無别省協濟。統計每年應放額支各項共需銀數，實已極力撙節，而遇閏月應加放銀三千五百餘兩，又並無奉撥加給，閏款尚須騰挪墊補。核計一年連閏拉展，共需銀五萬一千九百餘兩，已不敷銀二千零八十餘兩。且去秋籌布邊防，以差委乏人，復經奏添糧餉處幫辦章京一缺，糧餉、印務、蒙古三處筆帖式各一缺。此四員一年又需加放鹽菜、加增銀六百五十兩零，即又增支銀六百五十兩零。所入者止此四萬九千八百餘兩之數，所出者乃在五萬二千五百餘兩之數，實在不敷銀二千七百餘兩。此外尚有雜支、活支各項，則應就事核定，難以預知確數，計再得銀四千兩，即可敷衍。而向遇另案籌辦之事，均係另撥部款，如從前駐練蒙兵，辦理安撫蒙、哈事宜，修理城垣、倉庫工程，或二三十萬，或七八萬，或數千兩不等，皆不與焉。此蓋朝廷衡量重輕，經權互用，既嚴定額餉以節帑，復寬籌用款以治邊，一歸核實，兩無偏廢。

今者就事論事，自不敢於常年餉項遽請多加，而此蒂欠區區數千，實不能不呼籲聖明，量求增益，可否仰懇天恩再於每年加撥銀四千兩，俾資補苴。刻計將軍連順等代陳奏片已邀御覽，應請敕下户部，將奴才等此次所請一並核議具奏，出自逾格慈施。再，直隸去年欠解二千五百兩，與今年應解銀二千五百兩，均難指准，應否照協，抑應另撥，亦應請由部核定。奴才等爲急切需餉、以支邊局起見，是否可行，謹附片詳陳。伏祈聖鑒。謹奏。

光緒二十七年三月初十日拜發。本年五月十五日遞回，奉硃批：户部議奏。欽此（四月初九日[2]）。（第216—218頁）

【案】此奏片缺原件，録副[①]現藏於中國第一歷史檔案館，兹據校勘。

1.【案】光緒二十七年二月二十六日，烏里雅蘇臺將軍連順附片曰：

再，奴才等接准科布多大臣瑞洵、禄祥咨稱：所屬旗緑、蒙古官兵，臺站、卡倫屯兵，應支常年經費等項，向賴山西省每年分次撥解；又，直隸協撥銀二千五百兩，共五萬餘兩。年清年款，按季支放，計口授食，難容缺緩。乃該省自上年撥解過春夏季經費一次之後，竟因荒旱停解，至今毫無指項，臺卡人心頗有摇動。蒙古弁兵思謀生計，不肯實力當差。雖已大費周折，摒擋一時，轉瞬又到領餉之期，無款可放，譁潰堪虞！且科城商鋪因内地兵禍蔓延，貨不流通，家家賠累，殊難通融周轉，餉源涸竭，萬分可危！去年十二月十九、二十九等日，雖將窘迫各情馳摺具奏，但山西無餉可撥，究應如何措處，以支危局，等因。咨商前來。

奴才等查科城窘迫，與烏城無異。所處邊疆形勢又復有唇齒之依。今同屬乏餉，其間彌縫措辦，各自不同，而枵腹待米之急，則一也。即山西省停解科城去年下半年、今年上半年餉數五萬之譜，亦屬相同。總之，此項經費爲平日所專靠，軀命相關，一旦絶望，誰不惶懼？除該城自將艱窘情形陳奏外，仍懇天恩飭下户部，亦照山西停解科城餉數，速爲並籌的款，或由稍裕省分爲撥可靠之餉，派員速解歸綏道衙門，以便接解應急之處，出自鴻慈逾格。所有科城待餉萬殷，並請籌撥的款緣由，謹附片具陳。伏乞聖鑒訓示。謹奏。[②]

2.【四月初九日】此奉硃批日期，刊本作“四月初十日”，録副作“四月初九日”。兹據録副校正。

---

① 中國第一歷史檔案館藏：《録副奏片》，檔案編號：03-6655-089。

② 中國第一歷史檔案館藏：《録副奏片》，檔案編號：03-6162-022。

一〇、酌擬綠營換防全數換官減數換兵摺

光緒二十七年三月初十日（1901 年 4 月 28 日）

奴才瑞洵、祿祥跪[1]奏，爲綠營官兵戍防班滿，照案全數換官，減數換兵，循章先期奏陳，仰祈聖鑒事。

竊查科布多額定綠營戍守換防屯田官十員、兵二百二十四名，向由直隸總督、山西巡撫分別揀派，每届五年班滿，官弁全數更換，兵則酌留一半，教引新換兵丁屯田，以期得力，其餘一半仍由該省更換，疊經奏辦在案。兹據管帶換防兵丁屯田參將世襲驍騎都尉祥祐呈稱：科布多换防官兵向係於五年期滿時，兵丁換半留半、官弁全數遣回更換。前於光緒十七年班滿，經前大臣沙克都林札布等奏請變通辦理，官弁仍舊全行更換，兵丁暫留一班，俟下届再行更換，一再奏陳，奉旨交部議奏[2]。嗣經兵部覆准，奏奉諭旨：依議。欽此。

迨光緒二十二年班滿，復經前大臣魁福①等奏請，遵照烏里雅蘇臺奏准成案，官弁全換，兵丁按一半之半更換，等因。奏咨辦理亦在案[3]。兹查現在換防官兵，自光緒二十三年十一月十五日到防之日起，連閏扣至光緒二十八年九月十五日，係届五年班滿，應如何更换之處，先期呈請核奏前來。奴才等伏查該弁兵等遠戍寒邊，備嘗艱苦，衹以積習頹惰，驟難轉移，自經奴才等隨時整飭，屯田、差操不容懈弛。去夏遵旨辦理邊防，該弁兵奉委分駐臺卡，偵探並演練槍械，較前漸資得力，若撤換一半，即應遣回一百一十二名，遽易新兵，又須從新教練，誠恐

① 魁福（？—1910）原籍吉林，滿洲鑲白旗人，封訥恩登額巴圖魯勇號。同治四年（1865），任驍騎校。七年（1868），調任三姓防禦。九年（1870），補吉林佐領。十一年（1872），署副都統銜。光緒七年（1881），署古城領隊大臣。十二年（1886），擢科布多幫辦大臣。十七年（1891），調補科布多參贊大臣。二十六年（1900），遷察哈爾副都統。宣統二年（1910），卒。

徒滋勞費，無裨操防。且每换一班，往來萬程，人數較多，臺站支應亦極吃力，似可通融辦理。第若竟行停换，又與向例不符，惟有仍照上届兵丁更换一半之半辦法，酌换兵五十六名。其屯田官十員仍舊全换，似尚輕而易舉，且於舊章亦無偏廢。

合無請旨俯准照辦，實於邊防、臺站均屬有益無損。如蒙俞允，當由奴才等咨行直隸總督、山西巡撫遵照辦理，並造具應换官兵銜名清册，分咨查照。理合繕摺陳請。是否有當，伏祈皇太后、皇上聖鑒訓示。再，向遇辦理换防，往返咨會，路逾萬里，且屢煩文牘，及至官兵到防，總在一年有餘，必須先期奏請。合並聲明。謹奏。

光緒二十七年三月初十日拜發。本年五月十五日遞回，奉硃批：著照所請，該部知道。欽此（四月初九日[4]）。（第218—220頁）

【案】此摺原件[①]、録副[②]現均藏於中國第一歷史檔案館，兹據校勘。

1.【奴才瑞洵、禄祥跪】刊本無此前銜，兹據校補。

2.【案】光緒十七年三月十三日，科布多參贊大臣沙克都林札布具摺曰：

奴才沙克都林札布、魁福跪奏，爲復陳留駐緑營换防官兵詳細下情，據實籲懇天恩俯准，援案暫緩更换一班，以資熟手而裨邊務，恭摺瀝陳，仰祈聖鑒事。

竊奴才等前因科布多戍守屯田緑營官兵五年期滿，請將屯田官十員照數更换。其馬步兵二百二十四名，此次應由直隸宣化鎮、山西大同鎮更换一半，懇請留駐一班，俟下届再行更换，等因。具奏奉硃批：仍著照例更换，不得輕改舊章。欽此。仰見聖主慎重邊防，無微不至，跪讀之下，不勝感佩悚惶之至！奴才等亟應恪遵，仍舊更换，何敢再行瀆請，致煩聖聰？惟奴才等仰荷聖恩，畀以邊疆重寄，但使管見所及，而終不敢不據實陳於君父者，爲兵計、爲餉計、爲邊事計也。

奴才等伏查科布多自光緒十二年規復舊制，其外調各項兵丁均已悉數裁撤，現在僅有額設緑營换防屯田兵二百二十四名。此班之兵尚屬整齊，從中委無老弱，

① 中國第一歷史檔案館藏：《硃批奏摺》，檔案編號：04-01-30-0203-011。

② 中國第一歷史檔案館藏：《録副奏摺》，檔案編號：03-6040-030。案：此録副僅存目録，内容無存。

其諳練邊情、熟習屯務者頗不乏人，每派要差，尚稱得力。前經奴才等奏請每屆換班時擇尤酌保一次，以昭激勸，仰蒙恩准。該兵等感戴鴻慈，歡心靡已，均樂效力邊事，益加踴躍。玆現當整頓邊務之時，其操防、屯田、巡邏、偵探並三部院充當書識、經手案卷，以及隨同差遣，辦理蒙哈爭訟、俄人交涉事件，凡一切要差，在在均需熟手，而新換者一時不能熟悉地方、通曉蒙語，實不如熟手得力，且每換一班馳驅萬里，沙漠長途，往返總計一年之久，始能互爲更換。其應由直隸、山西及科布多例支各項，統計需銀數千兩之多，爲數亦頗浩繁。至大兵往返，籌備駝馬，亦甚匪易。值此時事多艱，如暫緩更換一班，不惟省多少兵力、餉力，實於邊務大有裨益。案查光緒十四年間，前烏里雅蘇臺將軍杜嘎爾等請將緑營換防官兵變通更換，官員選留數員，馬步兵二百四十名全行留駐，等因。具奏奉旨允准在案。

奴才等蒞任數載，於玆深知有裨邊務，從中毫無關礙，籌維至再，不敢因原奏未蒙俞允，隨安緘默，惟將一切詳細下情上達宸聽，籲懇天恩可否俯准照案將此項戍守屯田兵一百一十二名暫緩更換一班，以資熟手而裨邊務，俟下屆更換之期再行奏請更換，以符定制；其官員照數全行更換，出自逾格鴻施，非奴才等所敢擅擬。如蒙恩允，除由奴才等分咨直隸總督、山西巡撫遵辦外，仍隨時加察，倘有差操不力者，即行斥革更換，以期仰副聖主慎重邊務、整飭戎行之至意。奴才等愚昧之見，是否有當，謹恭摺瀝陳。伏祈皇上聖鑒訓示。遵行。不勝悚惶待命之至。謹奏請旨。光緒十七年三月十三日。

（硃批）：兵部議奏。①

3.【案】光緒二十二年三月二十六日，科布多參贊大臣魁福具摺曰：

奴才魁福跪奏，爲緑營官兵戍守先後期滿，擬請援案減數換兵，仍舊全數換官，以裨邊務，恭摺具奏，仰祈聖鑒事。

竊查科布多緑營戍守換防屯田官十員、兵二百二十四名，每屆五年期滿，官弁等照數全行更換，兵酌留一半，教引新換兵丁耕種屯田，以期得力，其餘一半

---

① 中國第一歷史檔案館藏：《硃批奏摺》，檔案編號：04-01-0978-061。又，《録副奏摺》，檔案編號：03-9990-066。

奏請由宣化、大同兩鎮更換。前於光緒十七年，值緑營官兵班滿，奴才等因邊務緊要，未容遽易生手，懇請將官弁十員全數更换，馬步兵等暫緩更换一班，等因一摺，於光緒十七年四月初五日奉硃批：兵部議奏。欽此。旋經兵部議准具奏，奉旨：依議。欽此。欽遵咨行，遵辦在案。

當時應换之官弁十員飭往回營，其派來之官弁於十八年七月到防，連閏扣至二十三年六月期滿；暫緩更换之兵丁，自十七年七月班滿留防之日起，連閏扣至二十二年五月，又屆期滿，自應照章更换。惟查科布多兵少差繁，所有屯田、倉庫、監獄以及巡捕戈什暨各部院充當書役各差，在在均資熟手，况值甘肅回氛不靖，遇有差派偵探，又必須通曉蒙語，隨機應變者，乃克有濟，若一旦遽易生手，誠恐無益於用，祗有援照烏里雅蘇臺奏定成案，以半中之半章程，察有當差稍次、年力就衰之兵，擬换五十六名。其官弁十員照舊全行更换，庶臺站省供應之煩，而邊務饒得力及之士。

如蒙俞允，再行造册咨行直隸總督、山西巡撫，轉飭該鎮分别揀派，迅速前來接换。惟查此次官弁不能與兵同時班滿，蓋因兵丁未换可以接續扣滿，而换班之官弁奏咨需時，路程又遠，以至到防較遲，若泥於五年爲期，則應接應之官弁均未届時，而來回之兵丁長途漫無彈壓，難保不滋事端，是以擬請一並更换，以歸畫一而資約束。所有緑營官兵戍守先後期滿，擬請援案减數换兵，仍舊全數换官，以裨邊務緣由，是否有當，理合先期恭摺具陳。伏祈皇上聖鑒訓示。遵行。再，幫辦大臣達新尚未到任，未經列銜。合並聲明。謹奏。光緒二十二年三月二十六日。（硃批）：該部知道。[①]

4.【四月初九日】此奉硃批日期，刊本作“四月初十日”，録副作“四月初九日”。兹據録副校正。

① 中國第一歷史檔案館藏：《硃批奏摺》，檔案編號：04-01-17-0161-002。又，《録副奏摺》，檔案編號：03-6032-027。

一一、請除换防積弊片

光緒二十七年三月初十日（1901年4月28日）

再，科布多换防戍守緑營官兵，每届五年，向由直隸宣化、山西大同兩鎮查照咨文，按額挑補，交换防參將、游擊，督率千總、把總，管帶來防。惟歷次换防兵册均由千總等造呈，其宣化、大同兩鎮印册咨到太遲，其中百弊叢生，有已派來防、不願遠戍、倩人代替者；有未派來防而願到戍、買缺充補者，均由千總等任意抽换，非其宗族，即其親故，大都莊農小貿、無賴流民，以致到防後一經考驗，技藝、營規毫不知曉。似此有名無實，殊失戍守本意，更安望其馴習紀律，毗益操防耶？此種情形經前烏里雅蘇臺將軍崇歡①奏明在案。

科布多如出一轍，相應請旨敕下直隸總督、山西巡撫，轉飭宣化、大同兩鎮，嗣後科布多再届换防，應先由該鎮認真挑選，不得假手營弁。一經定妥，即先造具名册，飛咨奴才等查照，以備防兵到戍，即憑該鎮之册點驗收伍。如此略加厘整，或可稍杜假冒，冀收實兵之用。儻該鎮依前疏懈，任憑管帶防兵之千、把等舞弊，仍以衰劣充數，奴才等即當按名駁回。如情形較甚，並當據實奏明辦理，决不稍涉瞻徇。如蒙聖明以爲可行，伏候命下，奴才等應即欽遵。此次即如此辦理。奴才等係爲剔積弊、以求實際起見。除分咨外，理合附片直陳。伏乞[1]聖鑒

① 崇歡（1834—1901），即覺羅崇歡，滿洲鑲藍旗人。咸豐四年（1854），以候選筆帖式補授鑾儀衛整儀尉。五年（1855），升治儀正。八年（1858），授雲麾使。十年（1860），補協理堂務章京。同治元年（1862），升授冠軍使。七年（1868），補總理堂務章京。十一年（1872），加副都統銜，並賞戴花翎。同年，簡放阿拉楚喀副都統。光緒二年（1876），因失察屬員，降二級調用，開缺回旗。五年（1879），賞給副都統銜，作爲古城領隊大臣。同年，因父年老，開缺終養。十五年（1889），賞副都統銜，補烏里雅蘇臺參贊大臣。二十年（1894），擢烏里雅蘇臺將軍。二十三年（1897），以患目疾開缺，回旗調理，嗣回本任。二十七年（1901），卒於任。

訓示，施行。謹奏。

光緒二十七年三月初十日拜發。本年五月十五日遞回，奉硃批：著照所請。欽此（四月初九日[2]）。（第220—222頁）

【案】此奏片缺原件，録副[①]現藏於中國第一歷史檔案館，玆據校勘。

1.【伏乞】刊本作“伏祈”。

2.【四月初九日】此奉硃批日期，刊本作“四月初十日”，録副作“四月初九日”。玆據録副校正。

一二、故貝子請賞祭摺

光緒二十七年三月初十日（1901年4月28日）

奴才瑞洵、禄祥跪[1]奏，爲奏請事。

竊據杜爾伯特左翼暫護盟長印務協理臺吉達勒錦呈報：本部落正盟長札薩克固山貝子察克都爾札布於光緒二十六年十一月二十七日因病出缺，等情。呈報前來。奴才等恭查道光二十八年間，接准理藩院咨開：嗣後土爾扈特、杜爾伯特、霍碩特汗、親王、郡王、貝勒、貝子病故，照依新定條例，由各該城具奏，就近著大臣一員，帶領章京等前往奠祭，等因。在案。

今杜爾伯特左翼盟長札薩克固山貝子察克都爾札布病故，自應遵照由奴才瑞洵帶領章京一員，前往致祭。所有應需羊、酒價銀，照例由科布多公項下動用，彙咨户部核銷，應請敕下理藩院轉咨内閣，即行撰擬滿洲、蒙古祭文一分，由驛頒發前來，以便遵照辦理。爲此繕摺具陳。伏祈皇太后、皇上聖鑒。謹奏。

---

① 中國第一歷史檔案館藏：《録副奏片》，檔案編號：03-6037-057。

光緒二十七年三月[2]初十日拜發。本年五月十五日遞回，奉硃批：該衙門知道。欽此（四月初九日[3]）。（第 222—223 頁）

【案】此摺缺原件，録副①現藏於臺北“故宮博物院”，兹據校勘。

1.【奴才瑞洵、禄祥跪】刊本無此前銜，兹據校補。

2.【三月】刊本奪“三月”，兹據稿本補。

3.【四月初九日】此奉硃批日期，刊本作“四月初十日”，録副作“四月初九日”。兹據録副校正。

一三、防兵更換管帶片

光緒二十七年三月初十日（1901 年 4 月 28 日）

再，查管帶防兵駐扎烏蘭古木杜爾伯特左翼正盟長固山貝子察克都爾札布現報病故，管帶一差自應另委。查有杜爾伯特札薩克多羅郡王圖柯莫勒，堪以接帶。又，察克都爾札布所遺正盟長一缺，尤關緊要，已飭杜爾伯特左翼副將軍達賚汗噶勒章那木濟勒暫行署理，仍俟揀選妥協，再行請簡。查該汗前派分帶防兵，駐守科布多，兹既委署盟長事務，應飭回旗辦事，另檄杜爾伯特札薩克鎮國公多諾魯布前來接帶，均責成嚴緝賊匪，彈壓地方，用期静謐。除咨部、院查照外，謹附片陳明。伏祈聖鑒。謹奏。

光緒二十七年三月初十日拜發。本年五月十五日遞回，奉硃批：該衙門知道。欽此（四月初九日[1]）。（第 223—224 頁）

---

① 臺北“故宫博物院”藏：《軍機及宫中檔》，文獻編號：173965。

【案】此奏片缺原件，録副[①]現藏於中國第一歷史檔案館，玆據校勘。

1.【四月初九日】此奉硃批日期，刊本作"四月初十日"，録副作"四月初九日"。玆據録副校正。

一四、敬抒管見摺

光緒二十七年三月初十日（1901年4月28日）

奴才瑞洵跪[1]奏，爲敬抒管見，披瀝直陳，仰祈聖鑒事。

竊奴才於本年二月十一日奉到新疆轉遞軍機處要電，祗讀光緒二十六年十二月初十日上諭：自播遷以來，皇太后宵旰焦勞，朕尤痛自刻責，深念近數年積習相仍，因循粉飾，以致成此大衅。現正議和，一切政事尤須切實整頓，以期漸圖富强。懿訓以爲，取外國之長，可補中國之短；懲前事之失，乃可作後事之師。著軍機大臣、大學士、六部九卿、出使各國大臣、各省督撫，各就現在情形，參酌中西政要，各抒所見。通限兩個月，詳悉條議以聞，再由朕上稟慈謨，斟酌盡善，切實施行，等因。欽此。仰見深宫憂勤惕厲，一意振興！奴才寄重籌邊，心殷報國，處班超[②]之地位，未建厥功；乏汲黯[③]之忠誠，徒師其戇。玆荷廣咨下問，察納邇言，奴才昔叨詞職，曾侍講筵，值此時艱，曷敢尚安緘默？

竊維政事之得失，爲國家興替所關；人心之公私，與天下安危相感。伏見近

---

① 中國第一歷史檔案館藏：《録副奏片》，檔案編號：03-6037-056。

② 班超（32—102），字仲升。扶風平陵（今陝西咸陽）人。東漢時期著名軍事家、外交家。博覽群書，投筆從戎，隨竇固出擊北匈奴，又奉命出使西域，三十一年間，平定西域五十多國，爲西域回歸、促進民族融合做出了貢獻。永元十二年（100），因年邁請求回國。十四年（102），拜爲長水校尉。同年九月，病逝。

③ 汲黯（？一前112），字長孺，河南濮陽人。漢景帝時，充太子洗馬。漢武帝時，初爲謁者，後爲東海太守，有政績，升主爵都尉，列於九卿。其爲人耿直，好直諫廷諍，武帝稱其爲"社稷之臣"。主張和親。後免官，居數年，召拜淮陽太守，卒於任。

年以來，聖明在廷，而權要黨局已成，時勢咎徵早伏，幹事初無識力，挾私逞臆，偏激適以誤國家；居心本鮮公忠，濟惡工讒，昏愎因而亂天下，附和傳染，靡焉從風，群策群力，共欺朝廷，以助成此非常之灾、不治之症！奴才每一念及，未嘗不太息痛恨於主謀諸臣也。今者大局甫定，欲圖挽回，要宜先識其受病之原，然後始施方劑。否則藥雖偶效，而疾難遽瘳，非上醫也。命議諸條，事關重大，諒中外諸臣自有嘉謨。玆就奴才愚慮所及，確知有礙整頓者約有四端，臚陳乙覽。

一曰謬見。閉關絶使，既不能行；互市通商，早成創局，且中國邊海要地，或借或讓，多爲外人占居，是交涉不容再不講求矣。而今之士大夫仍諱言洋務，壹安蒙昧，殊不知外國之政藝，仍我朝往昔之遺規。雖彼服色不同，而其富國强兵之術、睦鄰固圉之方，未嘗不堪擇取。若必虛憍頑固，徒執攘夷之高論，詡禦敵之勝籌，何以朝日之役與去年之戰，我皆未能獲勝，而彼乃益稱雄？此中究竟，不待智者而知！此次大變即壞於十數王大臣狃於成見，誤國殃民，致玆巨創，再不改悔，終難久安。此謬見宜化。

一曰空理。趨騖虛名久成痼習。主戰爲君子，主和爲小人，此本千百年來迂腐不通、誤人家國之談，真忠愛者，必能揆時度勢，斷不恃血氣之勇，視朝廷如孤注，輕於一擲，而貽宗社無窮之隱憂。故大學士曾國藩[①]當同治年間辦天津教案，力持不可開衅，實藎臣謀國之忠，當諒其心，而不能訾其過，往事藎可徵也。今之言戰者，懵然於外交無論已，且有稍悉情勢者，明知不敵，姑爲大言以欺

---

① 曾國藩（1811—1872），初名子城、子成、子誠，字居武、伯涵，號滌生，湖南湘鄉人。道光十四年（1834），中舉人。十八年（1838），中式第三甲第四十二名進士，改庶吉士。二十年（1840），授檢討。二十三年（1843），任侍講，充四川鄉試正考官，補文淵閣校理。次年，授侍讀。二十五年（1845），任左、右庶子，充會試同考官、侍講學士、日講起居注官。次年，任文淵閣直閣事。二十七年（1847），授內閣學士，兼禮部侍郎銜。次年，任稽察中書科事務。二十九年（1849），調禮部右侍郎，署兵部左侍郎。次年，兼署工部左侍郎。咸豐元年（1851），署刑部右侍郎，充順天武鄉試正考官。次年，兼署吏部左侍郎，充江西鄉試正考官。是年，丁母憂。四年（1854），賞三品頂戴，旋晋二品頂戴，並賞戴花翎，以兵部右侍郎署湖北巡撫。七年（1857），丁父憂。次年，辦理浙江軍務。十年（1860），署兩江總督，加兵部尚書銜。同年，旋授欽差大臣、兩江總督。十一年（1861），封太子少保。同治元年（1862），擢協辦大學士。三年（1864），晋太子太保，封一等毅勇侯。五年（1866），補授兩江總督。次年，遷大學士，轉體仁閣大學士，賞雲騎尉。七年（1868），調武英殿大學士、直隸總督管巡撫事。九年（1870），以兩江總督充任辦理南洋通商事務大臣。十一年（1872），薨於位。贈太傅，謚文正。有《曾文正公全集》行世。

世，特殉清議以盜名，每謂中華廣土衆民，區區島夷，殲可一鼓。庸詎知兵家者言，知己知彼，百戰百克。縱我不知彼，亦當知我之可恃與不可恃。今乃不自度量，輕談兵事，敺不練之卒，妄與强國爭鋒，輒云洋人必須打，而將卒愞弱不知也。戰事不應和，而社稷顛危不顧也。弄兵輦轂，喋血京師，卒使兩宮出狩，九廟震驚，闤闠成墟，衣冠填壑。縱聖恩寬大，未盡誅夷彼首禍助虐諸臣，清夜捫心，其將何以自處乎？講空理而貽實害至於如此。奴才早年亦執偏論，近則多更世變，深悟其非。此空理宜戒。

一曰訛言。禮義不愆，何恤人言？而今之肯任事、能極諫者，則不能不費躊躇、多瞻顧。蠹弊所在官府，吏胥窟穴其中，黨堅勢固，偶遇有心人建議革除，其作弊者則恐敗露而包庇必力，而護弊者且肆謠諑而傾陷，旋加蜚語中傷，深於矛戟，騰章交劾，迅若雷霆，或罪以亂政，或毁其更章，甚且誣爲徇私，指稱通賄，憑空結撰，衆口鑠金，遂使忠棐苦忱，轉無以求諒於君父。即有一二敢言之士，亦惟隱情惜己，自效寒蟬，坐令因循敷衍之積成風氣。此尤世道之憂，朝廷所宜留神省查而懸爲厲禁者也。此訛言宜懲。

一曰流弊。中國之弊，莫甚於此時矣。陷溺已深，牢不可破，有一事即有一弊，欲興利，恒致弊生，馴至利未見而弊先滋，甚且止見弊而不見利舉。良法美意，悉皆牿亡於無形。而認真除弊者，乃以投鼠生嫌，枉被紛更之謗，因仍故步舞弄如初，奴才深惜之。即以條奏而言，朝廷息兵悔過，詔求直言，何等真切！而大臣仍不言，使小臣言。小臣率草茅新進，諳練未深，更無貫中外、達經權之真學識，不過摭拾浮辭，釣取虚譽。或妄肆抨彈，或巧爲嘗試，甚或滿懷私曲，僞托義憤，以沽直聲，一意熱中，實熟揣摩，以干當路。席珍求聘，情見乎辭。古今上書挾策者，流强半如此。此弊不杜，將群言競進，真僞雜投，恐康[①]梁[②]邪説漸且羼入其中，其害將中於人心、風俗而不可救藥。此固言路一端，而凡事大

① 即康有爲（1858—1927），原名祖詒，字廣廈，號長素，又號明夷、更甡，廣東南海人，人稱康南海。光緒二十一年（1895），中式進士。二十四年（1898），倡戊戌變法，後事敗出逃。民國二年（1913），回國，主編《不忍》雜誌，宣揚儒家學説，任孔教會會長。十六年（1927），卒。

② 即梁啓超（1873—1929），字卓如、任甫，號任公，又號飲冰室主人、飲冰子、哀時客、中國之新民、自由齋主人。光緒年間，中式舉人。二十四年（1898），倡戊戌變法，後事敗出逃。民國時期，任司法總長。宣導新文化，支持五四運動，宣導文體改良的“詩界革命”和“小説界革命”。民國十八年（1929），卒。著有《飲冰室合集》。

都類此。斯即偏於謬見，惑於空理，淆於訛言，而日積月累，醞釀以成之者也。此流弊宜防。

以上四者，皆人心之大患、政事之酷毒，亦即天下國家致敗之由、召亂之本。使不爬羅搜剔，極力禁除，就令敕議諸政一一舉行，恐仍不免摇撼阻撓，有妨致治，用敢懇請宸衷獨斷，可否先於此四者特降諭旨，宣示中外，通飭嚴誡，懲既往以戒方來，伏候聖裁。奴才亦知此言一出，必將不利於人口，然苟利國家死生以之，身名又何足慮！奴才既有所見，不敢不言，亦不忍不言，是用繕摺披瀝直陳。伏祈皇太后、皇上聖鑒訓示。無任激切憂憤之至！謹奏。

光緒二十七年三月初十日拜發。本年五月十五日，奉旨：留中。欽此（四月初九日[2]）。（第224—229頁）

【案】此摺原件、録副查無下落，兹據稿本[①]及《軍機處隨手登記檔》[②]校勘。

1.【奴才瑞洵跪】刊本無此前銜，兹據《軍機處隨手登記檔》校補。

2.【四月初九日】此奉硃批日期，刊本、稿本均作"四月初十日"，《軍機處隨手登記檔》作"四月初九日"。兹據校正。

一五、大學堂不宜開辦片

光緒二十七年三月初十日（1901年4月28日）

再，奴才又有陳者，前奉上諭敕令中外大臣參酌中西政要，條議應因、應革事宜，誠屬强國之轉機、濟時之勝算，慈意至明至決，曷勝欽悚！惟奴才愚見，歐美諸邦無不右武，故於訓練兵士，殫誠竭慮，考究必精，日新月異，不僅以火

① 稿本第445—462頁。

② 中國第一歷史檔案館藏：《軍機處隨手登記檔》，檔案編號：03-0308-2-1227-096。

器爭雄。我於此時懲前毖後，取彼之所長，以補我之不及，則詰戎實爲先急，而緊要關鍵，武備學堂不能不開，宜先於天津原有學堂量加宏擴規模，視諸京師大學堂，其文學堂似可暫緩並舉。人才雖在學校，但吾華讀書之子，敦實行者少，競浮僞者多，且每溺於名利之私，近年乃有謀叛爲盜者，可爲歎恨。講西學者亦未受其益，先中其毒，議院、公司、民權、學會之説，幾於萬喙一音，意似舍中學西，斷非如此不可，竟將中華之經常、政教一筆抹倒，此所謂邪説詖行，禍世誣名之甚者也。

往者京師開辦大學堂，非不法良意美，無如總署當日公事多由張蔭桓①主稿。其奏定規章，聞即出自梁逆啓超之手。該逆又得辦理繹書之事，因即得以乘間抵隙，故章程内竟有將"四書"諸經加以編輯之條。奴才深以爲憂，當即繕具封奏，瀝陳"四書"諸經宜遵列聖欽定，萬萬不應删纂。比時奴才已經管學大臣尚書孫家鼐②奏調到堂[1]，商量學務。旋屬奴才代創開辦學堂大概情形疏稿，適孫家鼐意

① 張蔭桓（1837—1900），字樵野、皓巒，號紅棉主人，廣東南海人，監生。同治二年（1863），捐候補知縣。五年（1866），捐湖北候補知縣。六年（1867），保湖北補用同知，加知府銜。同年，保湖北補用知府，加道銜，晋按察使銜。光緒元年（1875），署山東登青萊道。三年（1877），署東海關監督、山東鹽運使。同年，補授安徽徽寧池太廣道。十年（1884），署安徽按察使，加三品卿銜。同年，充總理衙門學習行走，補太常寺少卿，調補直隸大順廣道。十一年（1885），充出使美國、日斯巴尼亞（即西班牙）、秘魯國大臣。十三年（1887），補通政使司副使。同年，遷太僕寺卿。十六年（1890），授總署大臣、大理寺卿。十七年（1891），署左副都御史、禮部右侍郎。十八年（1892），補户部右侍郎兼管錢法堂事務、户部左侍郎兼管三庫事務。二十年（1894），加尚書銜。同年，授全權大臣，前往日本會議和局。二十三年（1897），充赴英國致賀特使。次年，任俄國租約畫押大臣，兼署吏部右侍郎，授礦務鐵路總局督辦。旋因戊戌變法褫職，充軍新疆。二十六年（1900），被殺。有《經進三洲日記》《鐵畫樓詩文集》《鐵畫樓詩文續集》等行世。

② 孫家鼐（1827—1909），字燮臣，號蟄生、澹静老人，安徽壽縣人。咸豐九年（1859），中式一甲第一名進士（狀元），授翰林院修撰。次年，補武英殿纂修官。十一年（1861），升總纂。同年，充山西鄉試正考官。同治元年（1862），任實録館纂修官。翌年，充會試同考官、翰林院漢辦事官，兼庶常館提調。三年（1864），任詹事府右春坊右贊善。同年，授湖北學政。四年（1865），充詹事府左春坊左贊善、翰林院侍講。六年（1867），升翰林院侍讀。次年，充上書房行走，補翰林院侍講學士，兼日講起居注官。九年（1870），補翰林院侍讀學士，兼武英殿提調。光緒四年（1878），補詹事府少詹事。次年，授内閣學士，兼禮部侍郎，署工部左侍郎，兼文淵閣直閣。六年（1880），補工部左侍郎。八年（1882），兼署吏部左侍郎、禮部左侍郎、吏部右侍郎。同年，充順天鄉試副考官。九年（1883），調户部右侍郎，兼管錢法堂事務，署吏部左侍郎。十一年（1885），署禮部右侍郎。次年，署都察院左都御史。十三年（1887），調補兵部右侍郎。次年，任漢經筵講官。十五年（1889），補吏部右侍郎。同年，署工部尚書。十六年（1890），署刑部尚書，兼署工部左侍郎。同年，擢都察院左都御史。十八年（1892），署户部尚書，兼教習庶吉士。是年，調補工部尚書，兼順天府府尹，並兼總辦慶典大臣。十九年（1893），（接上頁）兼署户部尚書、會典館副總裁。二十年（1894），兼署都察院左都御史、管理溝渠河道大臣。二十二年（1896），授禮部尚書，兼署工部尚書。次年，調吏部尚書。同年，兼充順天鄉試正考官、會試

欲執奏，此節意見相合，奴才遂不必獨奏，即於條目内力言“四書”諸經之不應由梁啓超纂輯，並將總署原章量加改定，臚列上達，得旨允行。原奏具在，可覆按也。脱使當時竟聽其所爲，早已謬種流傳，禍延天下矣。然即此始謀不臧，故舉辦逾年，毫無毗益，祇以奴才經孫家鼐復行奏明，派充文案總辦，專司公牘，不管學課，奴才即亦未便冒昧陳奏。旋奉旨出使，還京即拜出鎮科布多之命，故奴才於大學堂之事未能匡救萬一，至今思之，輒增愧歉！查外國辦事重在核實，徇情較少，故流弊亦輕。我則每辦一事，先滋百弊，局外者妄肆阻撓，局中者復工排擠，均之有敗事無成事，同歸貽誤。即以大學堂論之，總辦始用張元濟①，繼用黄紹箕②，旋用李盛鐸③，終用余誠格④，紛紛紜紜，莫能折衷，彼亦一是非，此亦一是非，開學兩三年，費財百餘萬，未見培出一才、練成一藝。就奴才所知者，

（接上頁）正考官、會典館正總裁。二十四年（1898），授協辦大學士。二十六年（1900），調禮部尚書、翰林院掌院學士。次年，以體仁閣大學士管理吏部事務。二十九年（1903），擢東閣大學士，兼政務處大臣、學務大臣。同年，充考試大臣。三十一年（1905），授文淵閣大學士。次年，兼國史館總裁、文淵閣領閣事。三十三年（1907），授武英殿大學士，兼資政院總裁。三十四年（1908），加太子太傅。宣統元年（1909），卒於任。贈太傅，謚文正。著有《欽定書經圖説》等。

① 張元濟（1867—1959），字菊生，浙江海鹽人。光緒十八年（1892），中式進士，改庶吉士，充總理各國事務衙門章京。二十二年（1896），創辦通藝學堂。二十四年（1898），任南洋公學管理譯書院事務兼總校，嗣任公學總理。同年褫職。二十七年（1901），入商務印書館，歷任編譯所所長、經理、監理、董事長等職。1959年，卒於滬。著有《校史隨筆》等。

② 黄紹箕（1854—1908），字仲韜，號漫庵，浙江瑞安人。光緒五年（1879），中順天府舉人。六年（1880），中式進士，改翰林庶吉士，散館授編修。十一年（1885），充四川鄉試副考官。二十三年（1897），充湖北鄉試正考官。次年，補翰林院侍講。二十五年（1899），轉補翰林院侍讀。嗣任京師編書局監督。三十一年（1905），兼譯學館監督。次年，遷翰林院侍讀學士。三十四年（1908），卒於任。自幼仰承父訓，博覽群書，其藏書處“蓼綏閣”有書一千一百餘部，珍本亦有一百餘種。著有《廣藝舟雙楫評論》《中國教育史》《鮮庵遺集》等。

③ 李盛鐸（1859—1934），字椒微，號木公、木齋，江西德化（今江西九江）人，優廩生。光緒五年（1879），取舉人。十五年（1889），中式進士，授編修。十七年（1891），充江南鄉試副考官。二十年（1894），授會試同考官。二十四年（1898），補江南道監察御史。同年，充出使日本國大臣。二十六年（1900），遷内閣侍讀學士。是年，授順天府府丞。三十年（1904），署太常寺卿。次年，任出使比國大臣。宣統三年（1911），授山西提法使，遷山西布政使。同年，兼署山西巡撫。民國元年（1912），任山西省民政長。三年（1914），任約法會議議員、參政院參政。六年（1917），署農商總長。七年（1918），任安福國會參議院議長。晚年寓居天津。二十三年（1934），卒。編有《木犀軒收藏舊本書目》《木犀軒宋本書目》《木犀軒元版書目》等。

④ 余誠格（1856—？），安徽望江人。光緒十一年（1885），中舉。十五年（1889），中式進士，選庶吉士。十六年（1890），授翰林院編修。次年，充江西鄉試副考官。十九年（1893），補國史館協修官。二十六年（1900），丁憂回籍終制。二十九年（1903），署桂林府知府。三十年（1904），升太平思順道。翌年，升廣西按察使。三十二年（1906），遷廣西布政使。宣統元年（1909），補陝西布政使。次年，調補湖北布政使。三年（1911），擢湖南巡撫。

在學之官、附學之生，康梁之屬，尚不乏人。似此顯耗巨帑，隱壞人才，奴才期期知其不可，恐外國文武學堂不如是也。奴才檮昧，竊以爲京師大學堂似可不開。如仍欲舉辦，其前章亦宜屏棄不行，另當妥擬。管學大臣亦必須真得學通中外、識達經權者，委而任之，方可期興學育才，漸臻成效，京外大臣中如張之洞者，庶爲近之。

以上所陳，雖屬既往之事，要皆當時實在情形，初無一字虛飾。奴才不言，恐無人知，亦無人肯言。尤慮此次欽奉特旨，有取於西政、西學，而亟思所以變通取法，必有以仍開京師大學堂請者，恐蹈從前覆轍，不可不慎，用敢不揣冒昧，附驛馳陳。伏祈聖鑒。謹奏。

光緒二十七年三月初十日拜發。本年五月十五日，奉旨：留中。欽此（四月初九日 [2]）。（第 229—232 頁）

【案】此奏片原件、録副亦查無下落，兹據稿本[①]及《軍機處隨手登記檔》[②]校勘。

1.【案】光緒二十四年七月初五日，管理大學堂事務大臣孫家鼐奏請添設大學堂文案處並以瑞洵爲總辦等事具摺曰：

臣孫家鼐跪奏，爲大學堂文卷日繁，請添設文案處以速公務，恭摺仰祈聖鑒事。

查大學堂原奏章程有總辦、提調、教習各員，皆各有專司，而章奏、文書無人經理，近日豫籌開辦事宜及將來奏咨各件，事極紛繁，且學堂創始，與部院例行文字不同，非學識兼優、通達政事者，未能立言得體。

臣前奏調翰林院侍講學士瑞洵、刑部郎中劉體乾，陳明代臣稽查一切事務，助臣力之所未逮，尚未定有專差。頃者文件煩多，又約翰林院編修朱啓勳一同辦理，今擬定該員等差務名目，以瑞洵爲文案處總辦，朱啓勳、劉體乾爲文案處會辦，庶幾往來文件隨到隨行，且可助臣考究經史、稽核掌故各事。在臣既收指臂

① 稿本第 463—472 頁。

② 中國第一歷史檔案館藏：《軍機處隨手登記檔》，檔案編號：03-0308-2-1227-096。

之助，在諸臣亦有進學之功，實屬兩有裨益。文案總辦擬月支薪資六十兩，會辦仍照提調之例，是否有當，謹具摺請旨遵行。伏乞皇上聖鑒。謹奏。光緒二十四年七月初五日。①

2.【四月初九日】此奉硃批日期，刊本、稿本均作“四月初十日”，《軍機處隨手登記檔》作“四月初九日”。玆據校正。

① 中國第一歷史檔案館藏：《録副奏摺》，檔案編號：03-9448-045。

卷之七　斂鋒集

光緒辛丑四月起六月訖（1901）

〇一、納楚克多爾濟承襲貝子摺

光緒二十七年四月二十一日（1901年6月13日）

奴才瑞洵、禄祥跪[1]奏，爲請旨事。

竊奴才等前據杜爾伯特左翼札薩克固山貝子、旗協理臺吉等呈報：正盟長札薩克固山貝子察克都爾札布於光緒二十六年十一月二十七日因病出缺，所遺札薩克固山貝子之爵，請以伊長子預保應封二等臺吉納楚克多爾濟承襲，並將原領襲爵誥敕一分一並呈送查核具奏前來。

奴才等當即調取已故固山貝子之長子二等臺吉納楚克多爾濟來科布多驗看，茲查得該臺吉納楚克多爾濟，現年四十三歲，老成練達，熟悉旗務，既係預保，應將察克都爾札布所出札薩克固山貝子之爵，籲懇天恩即以二等臺吉納楚克多爾濟承襲。如蒙俞允，該臺吉尚係生身，應俟身熟進京年班時，再爲送院補行帶領引見，可否之處，伏乞皇太后、皇上聖鑒訓示。遵行。

再，原領襲爵誥敕一分，向應咨送理藩院核辦，容俟回鑾再行補送。又，科布多近年辦理承襲，均奉特旨允准，未由理藩院核議，因仍照常辦理。合並聲明。謹奏。

光緒二十七年四月二十一日拜發。本年六月二十四日遞回，奉硃批：著照所請，該衙門知道。欽此（五月十八日[2]）。（第234—235頁）

【案】此摺原件、録副均查無下落，兹據稿本①及《軍機處隨手登記檔》②校勘。

① 稿本第477—481頁。

② 中國第一歷史檔案館藏：《軍機處隨手登記檔》，檔案編號：03-0308-2-1227-134。

1.【奴才瑞洵、禄祥跪】此前銜據《軍機處隨手登記檔》校補。

2.【五月十八日】刊本及稿本均署“五月十九日”，而《軍機處隨手登記檔》則爲“五月十八日”，兹據校正。

○二、奏摺久未遞回請旨敕查摺

光緒二十七年四月二十一日（1901年6月13日）

奴才瑞洵、禄祥跪[1]奏，爲奏摺時日久逾，未經遞回，恐有遺失情節，請旨敕查，恭摺仰祈聖鑒事。

竊自去秋聖駕駐蹕西安，奴才等凡有奏陳摺件，均係拜發後即由所管東十四臺齎遞，經烏里雅蘇臺抵察哈爾察罕拖羅蓋臺，移交直隸萬全縣驛站，轉遞西安行在，發回亦由此路。迨本年正月以後，連接屢次回摺，均係改由甘肅、新疆驛站，移交科布多南八臺遞來，雖屬稍遲，尚幸無大耽誤。惟查奴才等去年十二月二十九日曾經具奏經費不繼，請將代放烏里雅蘇臺臺卡餉項暫由該管將軍自行核辦、期免貽誤一摺，復於今年正月十五日，又具奏山西采辦磚茶遲無報解、請旨敕催一摺，俱仍交由東十四臺馳遞。乃正月十五日拜發之摺，已於三月二十一日經陝西巡撫加封，由甘肅、新疆遞回，而去年十二月二十九日在先拜發之摺，今已延逾至百餘日之久，竟尚未據遞到。公文絡繹，獨無此摺，奴才等不勝詫異！

伏思北路係屬軍營，摺報攸關邊要，自當倍加慎重，豈容稍有疏虞！且於三月二十七日已經接到行在户部咨行遵議此摺奏稿，知已遞到，奉旨交議，自係早經發回。惟由陝西巡撫衙門加封飭遞，是否遞至直隸萬全縣驛由察哈爾臺站遞來，抑改由甘肅、新疆遞來，殊難懸揣，事關重大，自應確查。况已欽奉硃批，尚應恭繳，尤不敢當任其遺失。奴才等所屬東、南兩路臺站業飭挨查，均據呈覆並未奉到。

除烏里雅蘇臺將軍、察哈爾都統已由奴才等咨請飭查外，其内地各省相應請旨敕下直隸、山西、陝西、陝甘、新疆各督撫，一體分別嚴飭有驛官吏，確切詳查，務得實際，咨行查照。如果查有情弊，即由該督撫奏明辦理。其前奏摺件計係一摺、一片，已邀聖鑒，應否由軍機處將所奉批旨敬請鈔示，以便奴才等欽遵辦理，伏候聖裁，奴才等不敢擅請。所有奏摺時日久逾，未經遞回，恐有遺失情節，請旨敕查各緣由，理合繕摺馳陳。伏乞皇太后、皇上聖鑒訓示，施行。謹奏。

光緒二十七年四月二十一日拜發。本年六月二十四日遞回，奉硃批：著兵部飭查知照。欽此（五月十八日 2）。（第 235—237 頁）

【案】此摺缺原件，録副[①]現藏於中國第一歷史檔案館，兹據校勘。

1.【奴才瑞洵、禄祥跪】刊本無此前銜，兹據校補。

2.【五月十八日】刊本及稿本均署“五月十九日”，而録副及《軍機處隨手登記檔》[②]則爲“五月十八日”，確。兹據校正。

○三、雲秀補糧餉幫辦章京片

光緒二十七年四月二十一日（1901 年 6 月 13 日）

再，新添糧餉處幫辦章京一缺，查有俄商局筆帖式雲秀，文義明晰，綜核用心，已令署理無誤，堪以請補。此項添缺與額設無異，應請一體賞給主事職銜，照支銀糧。如蒙俞允，該員七年期滿，如願就武，請俟回綏遠城補防禦後，以佐領補用，先换頂戴，仍俟事局大定，再行送部引見。其所遺俄商局筆帖式一缺，容另揀員請補。爲此附片具陳。伏祈聖鑒。謹奏。

---

① 中國第一歷史檔案館藏：《録副奏摺》，檔案編號：03-5740-035。

② 中國第一歷史檔案館藏：《軍機處隨手登記檔》，檔案編號：03-0308-2-1227-134。

光緒二十七年四月二十一日拜發。本年六月二十四日遞回，奉硃批：該衙門知道。欽此。（五月十八日[1]）。（第238頁）

【案】此奏片原件①現藏於中國第一歷史檔案館，兹據校勘。

1.【五月十八日】刊本及稿本均署“五月十九日”，而《軍機處隨手登記檔》②則爲“五月十八日”，確。兹據校正。

○四、揀補明阿特總管片

光緒二十七年四月二十一日（1901年6月13日）

再，查科布多所屬明阿特總管奇莫特多爾濟，據報病故，業已咨明理藩院在案。所遺總管員缺，查有該旗印務參領達什哲克博，現年三十八歲，在參領任内行走十年，人去得辦事公平，堪以補授。如蒙俞允，實於旗務有裨。至所遺參領、佐領、驍騎校各缺，應由奴才等另行揀員遞補，照例咨報理藩院查照。伏祈聖鑒。謹奏。

光緒二十七年四月二十一日拜發。本年六月二十四日遞回，奉硃批：著照所請，該衙門知道。欽此（五月十八日[1]）。（第239頁）

【案】此奏片缺原件，録副③現藏於中國第一歷史檔案館，兹據校勘。

1.【五月十八日】刊本及稿本均署“五月十九日”，而録副及《軍機處隨手登記檔》④則爲“五月十八日”，確。兹據校正。

---

① 中國第一歷史檔案館藏：《硃批奏片》，檔案編號：04-01-12-0603-079。
② 中國第一歷史檔案館藏：《軍機處隨手登記檔》，檔案編號：03-0308-2-1227-134。
③ 中國第一歷史檔案館藏：《録副奏片》，檔案編號：03-5407-043。
④ 中國第一歷史檔案館藏：《軍機處隨手登記檔》，檔案編號：03-0308-2-1227-134。

〇五、商情窘迫已極懇仍敕部從減墊撥摺

光緒二十七年四月二十一日（1901 年 6 月 13 日）

奴才瑞洵、禄祥跪[1]奏，爲商情窘迫已極，關繫邊局，亟須官爲維持，欠款實難久延，晋、豫籌解不足濟急，再懇天恩仍敕户部暫將此項從減墊撥，以昭大信而顧地方，瀝陳實在情形，恭摺仰祈聖鑒事。

竊奴才等接准行在户部來咨内開：遵議奴才等前奏裁撤蒙兵，具報用過薪費、津貼銀兩，懇敕户部先行墊發銀十數萬兩，俾資清理一摺，議以山西、河南兩省積欠科城餉銀爲數甚巨，應請敕下各巡撫設法籌款，陸續起解，俾該城得以歸還商欠，不致久延。至請由部庫墊撥之處，應毋庸議，等因。二月初二日具奏，奉旨：依議。欽此。鈔録原奏，行令欽遵辦理到城。奴才等再三紬繹，具見部臣籌畫苦心。惟該省財力已殫，一時無由設措，窮塞商貲亦盡，百計難可支吾，區區爲難苦衷，仍有不能不據實上陳、瀝情呼籲者。

伏念時事多虞，理財尤亟，凡爲臣僕，自應共體時艱，豈宜但顧一隅，置天下大局於度外？無如奴才等所處之地瘠苦迥殊内省，所辦之事艱難復異平時。近自兵燹以還，市廛生意鋭減，牲畜麕聚歸化城一帶，不能進京，他物又未能出口，銷路大滯，商蒙群呼賠累。去秋奉旨布置邊防，情事岌岌，萬衆托命，休戚相關。比時傾囊倒囷，以供地方之用者，原非商所樂爲，委因奴才等苦口勸導，極言利害，該商等亦慮洋兵一至，地方必遭蹂躪，即不殺害，亦必勒索，備禦萬不可緩。復諒及奴才瑞洵下車之後與民更始，於籌防竭力辦理，經權互用，或可恃以保全財命，故得各出貲財以紓急難，地方幸獲無虞。是蓋有至誠相感者，自非勢迫刑驅所克臻此也。

且北路爲防戍軍營，口外向稱烏里雅蘇臺爲前營、科布多爲後營，所有商賈

生意皆係隨營買賣，全仗銀茶交易，脈絡貫通。曩日餉多，頗增富庶；近年餉少，即見蕭條，而以去、今兩年爲尤甚。蓋緣餉源頓涸，商人重利，驟失所望。其在京、在晋之聯號並化爲烏有，用是益貧益窘。刻下街市鋪家大半閉歇，蒙、漢官兵賒借概不能行，日用食物益以居奇昂貴，官窮民困，蒙瘠商疲。體察情形，純是暮氣太重。再不遠謀拯濟，將必日形衰敗，尚復成何景象？故奴才等輒謂外侮猶無足慮，内憂實甚可危也。況去年所欠商款亦不盡現銀，茶、布、牲畜隨在勻借抵用，積累而成五萬之數，商力已幾竭矣。所冀有款即還，尚不至重滋虧累，一旦停緩以待將來，即不啻遏其生機，誰不惶懼？目前既先滋疑慮，日後更難望通挪。此商欠必須及時歸還實在情形也。

部臣議令晋、豫兩省設法籌款，亦自煞費躊躇，非不代謀周至，即奴才等前請由部墊發，亦擬由該省提還，豈奴才等可施之部臣者，部臣即不可責以照辦乎？惟内外情勢懸殊，辦法亦大分難易。在户部職掌天下財賦，綜核出納，本有權衡。若使先代該省墊撥，續令該省解還，時日縱或有逾，款項斷非無著。至奴才等乃一邊吏耳，專恃内省協濟，日懸空釜，待人而炊，時時須仰封疆之鼻息，安有權力聳動督撫，要其必成？即去年山西暫將經費停解，奴才等即束手無策，止有具摺請催，幸蒙朝廷厚恩，部臣曲諒，深知邊遠之難，特予代墊，然此所墊乃去年常額一半，經費皆有例支，而且待支固不能挪移分毫以還商欠也。

竊維晋省藩庫之虚、灾區之廣，開捐、辦賑，諸費圖維，新餉尚不能謀，舊欠更不能顧，並聞豫省亦有偏灾。是該二省不能迅速籌解以應科布多之急者，勢使然也。倘仍守株以待，深恐畫餅不克充飢。近日叠據各商稟懇，雖經奴才等與之商量，酌擬起利，冀可緩期。奈該商等惟求措還，不敢領息，情詞迫切。查去年辦理防務，借資商力，本當有以酬勞，重以萬里邊荒，轉輸匪易，每逢闕乏，即賴通融。奴才等此次初舉商債，即已失信，從兹呼應不靈，於辦公亦多窒礙！奴才等夙夜焦慮，往復榷商，值兹軍用空虚，實已窮於爲計。

查前請十數萬兩，原爲既清欠款、兼備籌邊用項，且供留兵餉需。今者實逼處此，縱不敢固執前議，亦實仍不得不借重司農，但求得半之數，能以稍爲清理，暫恤商蒙之艱，即以保全非淺。合無再懇聖慈敕下户部，將科布多辦防欠借商款銀五萬兩暨欠發兵餉銀一萬三千五百餘兩，仍准先行墊撥，俾不至賠累商蒙，而地方即霑利益。核計爲數已減，籌策當不甚難，惟求天恩體諒而已。奴才等待罪危疆，持籌無術，目擊窘迫情形，深慮敷衍因循，釀成邊患，貽誤大局，負咎更重，用敢不揣冒昧，披瀝縷摺奏陳。不勝惶悚待命之至！伏祈皇太后、皇上聖鑒訓示。謹奏。

光緒二十七年四月二十一日拜發。本年六月二十四日遞回，奉硃批：户部議奏，片並發。欽此（五月十八日[2]）。（第239—243頁）

【案】此摺原件①、録副②現均藏於中國第一歷史檔案館，兹據校勘。

1.【奴才瑞洵、禄祥跪】刊本無此前銜，兹據校補。

2.【五月十八日】刊本及稿本均署"五月十九日"，而録副及《軍機處隨手登記檔》③則爲"五月十八日"，確。兹據校正。

〇六、密陳俄情片

光緒二十七年四月二十一日（1901年6月13日）

再，昨據瑪呢圖噶圖勒幹卡倫侍衛常升呈報：阿拉克别克鄂博駐扎守邊俄羅斯托莫占，在彼蓋房居住以來已十餘年，今又有西邊俄人圖克達爾前來，欲蓋新房，正在修理地址，運致木石。飛報前來。奴才等查阿拉克别克河本係中俄兩國定界地方，前數屆查牌博時，俄人即已越界造屋，並屢商劃定界址，經一再派員往勘，因俄人狡賴，迄未辦有頭緒。當初卡倫侍衛既未呈報，前大臣

① 中國第一歷史檔案館藏：《硃批奏摺》，檔案編號：04-01-35-1056-056。
② 中國第一歷史檔案館藏：《録副奏摺》，檔案編號：03-6580-050。
③ 中國第一歷史檔案館藏：《軍機處隨手登記檔》，檔案編號：03-0308-2-1227-134。

等亦未查奏，因循至今，早成反客爲主之勢。奴才等前以今年六月又届會查牌博之期，慮及俄人必將議及界務，奴才等不敢隱匿，當於正月二十四日，業將詳細情形咨呈行在總理衙門查照，核示辦法，並由奴才瑞洵附寄一函，商請一切，尚未奉到覆文。

現在俄人竟又大興土木，加意經營，其心殊屬叵測，且似此得步進步，何所底止！該處距科布多城二十餘站，奴才等聞報之下，深以鞭長莫及爲憂，總因兵備太虚，無從鎮懾。欲收建威銷萌之效，必須未雨綢繆，故奴才瑞洵於二月初三日具奏略陳科布多應辦事宜摺，於遵旨覆奏練兵條内，聲稱地方敷衍難恃，必須妥爲置防，俄人要約雖堅，究應暗爲設備之語，實以因循粉飾，終難自存，時勢日艱，萬不能不籌振作，固非奴才急功近名、迫欲多事也。此摺已專弁賫奏，敬俟回鑾後，即可遞呈。如果能邀特旨俞允，尚可勉圖布置，稍資補救。儻若又被部駁，則直無法可施矣。

至現據該侍衛呈報俄人舉動，事關邊界得失，何敢置之不問！業飛文密飭該侍衛再行查明，如果確在中界内，當設法與之理論阻止。然空言無補，該卡又止十兵，久爲俄所輕視，亦恐難杜狡謀。若過於忍讓，又慮深滋邊患。奴才等於洋務閲歷尚淺，究應如何辦理之處，惟求訓示遵行。至阿拉克别克河界務如何辦法，亦當由總理衙門迅覆，奴才俾有遵循，期免貽誤。是否之處，謹據實密陳。伏候聖裁。謹奏。

光緒二十七年四月二十一日拜發。本年六月二十四日遞回，奉硃批：著再查探實情，相機妥慎因應。欽此（五月十八日 [1]）。（第243—245頁）

【案】此片原件、録副均查無下落，兹據稿本① 及《軍機處隨手登記檔》② 校勘。

1.【五月十八日】刊本及稿本均署“五月十九日”，而《軍機處隨手登記檔》則爲“五月十八日”，兹據校正。

---

① 稿本第511—517頁。

② 中國第一歷史檔案館藏：《軍機處隨手登記檔》，檔案編號：03-0308-2-1227-134。

○七、蒙兵餉章片

光緒二十七年四月二十一日（1901年6月13日）

再，現留蒙兵五百名，係遵旨於護城、護卡兵内挑選杜爾伯特三百名，因烏梁海人較勇敢，布倫托海亦宜置防，復於該部落内挑選二百名，即駐該處。其杜爾伯特之三百名分駐烏蘭古木、科布多城，前已附陳在案。至營制、餉章係按從前科布多駐練蒙兵成案，並參仿伊犁章程，烏蘭古木、布倫托海、科布多城三處之兵，各派參領一員爲營總。又於每百名分左、右兩隊，每隊派帶隊章京一員、隊官一員、筆齊業齊一員、漢字識一員、通事一名，復每處設官醫生一名、獸醫一名，均歸各管帶部勒約束。該官兵操練巡防，並隨時護送洋商，倍形勞苦，除管帶薪費無庸議增外，均將官兵於月支口分外，按照舊案，校核差操，分别獎賞，每官月加二兩，每兵月加一兩。

至該官兵騎操馬匹多係自行牧放，應無庸再給乾銀，以節靡費。應支糧餉、津、賞，仍自光緒二十六年八月初一日起算。至該兵係屬馬隊五百名，向應委管帶二員，兹分扎三處，不得不多添一員，計管帶三員，每員月支薪水銀三十六兩、心紅銀五兩、柴炭銀十兩。現大局漸定，叠奉保護洋人諭旨，倍極嚴切。科布多所屬蒙古部落共三十旗，俄商較多，正資彈壓照料，尚慮地廣兵稀，未能周密，一時恐難裁撤。合將支發餉章緣由，附片陳明。伏祈聖鑒，敕部查照立案。謹奏。

光緒二十七年四月二十一日拜發。本年六月二十四日遞回，奉硃批：該部知道。欽此（五月十八日[1]）。（第245—246頁）

【案】此奏片原件[1]現藏於中國第一歷史檔案館，兹據校勘。

1.【五月十八日】刊本及稿本均署“五月十九日”，而《軍機處隨手登記檔》[2]則爲“五月十八日”，確。兹據校正。

〇八、亟盼部撥片

光緒二十七年四月二十一日（1901年6月13日）

再，接准行在户部咨行，議覆奴才等去年十二月二十九日具奏代放烏里雅蘇臺卡餉項，科布多力難兼顧，請暫由該管將軍自行籌辦一摺：奏稿内稱，該處同處邊疆，自宜兼籌並顧，仍令奴才等照章辦理，不准稍有推諉，等語。既奉部臣嚴駁，自當無論如何爲難，勉力支應，曷敢再瀆！惟奴才等委曲下情，仍有必須陳明者。查去年科布多光景竭蹶萬分，即奴才等應支廉俸，亦皆墊入，實是自顧不暇，萬無餘力他及。臺站、卡倫應放餉項必須實有現銀，斷非空言所能了事，是以據實奏請該城自辦，係爲恐致貽誤起見，亦因去年烏里雅蘇臺尚奉户部於山西籌備餉需項下撥給有著之款五萬兩，聞在常額經費之外，與科布多辦防並未奉部撥給有著之款者，難易大有不同。若非九月奉旨特敕撥銀一萬兩，科布多幾無可指之項。又知烏城辦防僅以蒙兵二千備調、二百護城，用款原屬無多，計將臺卡餉項暫歸該城自放，亦非無款支發。

至去年山西欠解科布多後半年經費，雖經户部代墊，然仍是去年額餉，一俟領到，尚應將去年欠發餉款一律補給。而所云臺卡餉需則係今年應放之款，雖經户部責令照章辦理，但無米爲炊，究難保無貽誤。惟盼奴才等另摺所陳，由部酌

---

① 中國第一歷史檔案館藏：《硃批奏片》，檔案編號：04-01-16-0268-049。

② 中國第一歷史檔案館藏：《軍機處隨手登記檔》，檔案編號：03-0308-2-1227-134。

量塾撥，俾還商欠之請能邀部臣體察邊艱，肯照接濟烏城之案，並准撥發，則奴才等尚可於清還該商後，續議挪借，以爲騰展敷衍之計。蓋俗語有云“好借好還，再借不難”，亦實情也。至部臣關懷大局，慮及故分畛域，有意推諉，則奴才等斷斷不敢出此。所有科布多刻下尚無指項，與烏城情形不同，亟盼部撥各緣由，理合附陳。伏祈聖鑒訓示。謹奏。

光緒二十七年四月二十一日拜發。本年六月二十四日遞回，奉硃批：覽。欽此（五月十八日[1]）。（第247—248頁）

【案】此奏片缺原件，録副①現藏於中國第一歷史檔案館，兹據校勘。

1.【五月十八日】刊本及稿本均署“五月十九日”，而録副及《軍機處隨手登記檔》②則爲“五月十八日”，確。兹據校正。

○九、遵照部議查明節年倒牛數目仍請照章按照市價買補摺

光緒二十七年四月二十一日（1901年6月13日）

奴才瑞洵、禄祥跪[1]奏，爲遵照部議查明屯田耕牛節年例倒數目，詳晰覆陳，並經查出按照市價購買，叠奉户部奏准有案，奴才等前奏未及詳核緣由，恭摺仰祈聖鑒事。

竊於本年三月二十七日接奉行在户部咨行，議奏奴才等前奏屯田耕牛，請照市價采買，實用實銷等因一片。原奏内稱：查例載，采買牲畜，牛每隻銷銀四

① 中國第一歷史檔案館藏：《録副奏片》，檔案編號：03-6580-051。
② 中國第一歷史檔案館藏：《軍機處隨手登記檔》，檔案編號：03-0308-2-1227-134。

兩四錢，科布多屯田耕牛，每年十分内准報倒毙八厘，均有定例可循，自應照例辦理，並令將節年報倒數目查核明確，詳晰奏覆，再行核辦，等語。自爲恪循例章、慎重款項起見。當飭糧餉章京榮臺、管屯换防參將祥祐，一並詳查具報。兹據稟覆前來。奴才等覆加查核，科布多屯田耕牛，每屯額定五十六隻，十屯共五百六十隻，按十分每年應報倒八厘，共四十四隻。溯維科布多置屯之始，皆係特發巨帑，督以重臣，牛、籽、農器悉從寬備。嗣定牛隻由塔爾巴哈臺調取，後因塔城失陷，無從撥用。至同治八年，前大臣奎昌①始奏請由庫存餉内每年撥銀三百兩，爲買補之需，奉旨允准[2]。而自同治九年起至光緒三年止，奎昌、保英②任内陸續買補倒牛，均已每隻按市價銀十二兩，户部均有奏案可稽。

查屯田耕牛例倒及采買，現既經部臣申明舊例，自當遵照辦理。惟查奴才等前次片奏例價不敷，屢經部駁各情，係僅據管屯參將所稟，且衆口一辭，故舉以入告，未及詳查舊卷。此次奉到部咨，行令確查詳奏。奴才等遵即飭查，因該章京、參將仍未能確切查明，復經奴才等檢齊牛事所有户部來文及各前任奏咨稿件，悉心查閱，始知照例采買與逾額報倒係屬判然兩事。前大臣清安任内，光緒七、九、十一三年報倒六百十三隻，沙克都林札布到任不及一年，亦報倒二百六十隻，皆經户部以逾額太多奏參，著落分賠。其於歷年照例買補及按照市價每隻十二兩之數，並未奉部議駁，且叠經部咨奏准有案。一係光緒十一年七月十一日，咨行具奏科布多倒毙耕牛三次違例，奏請將前大臣清安等交部議處、勒賠摺内聲明，臣等竊維科布多自遭兵燹以來，牲畜被擾，牛價昂貴，每隻按市價開支，尚係因時變通。所有歷年奏明采買市價，應請照准，嗣後仍照例由塔爾巴哈臺領取備用。如塔城牧廠未復，科布多缺額耕牛必須買補，亦必照十二兩之數核減采買，以示

---

① 奎昌，生卒年未詳，滿洲鑲紅旗人。道光十六年（1836），中式翻譯進士。咸豐三年（1853），補右中允，充日講起居注官。九年（1859），升左庶子。十年（1860），升太僕寺卿。同治五年（1866），授科布多參贊大臣，加副都統銜。十年（1871），署烏里雅蘇臺將軍。十二年（1873），署察哈爾副都統。同年，署察哈爾都統。光緒二年（1876），擢察哈爾副都統。

② 保英，生卒年未詳，滿洲鑲黄旗人。咸豐三年（1853），赴懷慶府與太平軍作戰，署山東沙溝營都司。七年（1857），補直隸游擊，賞戴花翎，加巴圖魯名號。九年（1859），革職留營，嗣發往新疆效力贖罪。十一年（1861），保游擊。同治二年（1863），保記名總兵。八年（1869），保滿洲鑲白旗記名副都統。同年，赴提督張曜軍營，委派統帶兩翼前鋒八旗護軍營馬隊。同治十年（1871），派赴新疆幫辦署伊犁將軍榮全行營事件。同年，授科布多幫辦大臣。光緒二年（1876），遷科布多參贊大臣。四年（1878），因病乞休。

限制，等語。一係光緒十二年二月十七日，咨行議駁科布多奏屯田耕牛倒斃過多，不敷耕種，請款添補摺内聲明，自光緒十一年正月起至本年五月止，例准倒牛四十四條，應請暫准動用正款，按奏定市價、撙節買補外，其違例多倒牛隻，擬請敕下科布多參贊大臣及管屯各官照例分賠，等語。兩奏均奉旨：依議。欽此。夫部臣原奏一則曰“按照市價，尚係因時變通”，一則曰“按照市價，撙節買補”，是部臣於邊城瘠苦情形早已加以體諒。

至該參將祥祐自管理屯務以來，已閱四年，因誤會部咨，以爲牛價必須按照四兩零，恐干賠累，故節年所報倒斃，辦理極爲小心。而自光緒二十三年起，即未照額補足。其是年一年實共倒牛一百一十五隻，係歸前屯田游擊松恩任內。除逾額多倒七十一隻已據分賠，其例額應補之牛既未買補，又值光緒二十四年正月、二月續倒二十三隻，是以前大臣寶昌查係前後應補六十七隻，即於是年三月購買五十二隻。光緒二十四年三月至年底，又倒二十隻。光緒二十五年一年共倒三十四隻。光緒二十六年一年共倒六十六隻。除去逾額之二十二隻應歸賠補，統計光緒二十三年起至光緒二十六年止，此四年共實倒一百六十五隻，寶昌已買補五十二隻，實尚應補一百一十三隻。此奴才等前奏所以有請添百隻之請也。

在奴才等所請仍是以添爲補，合計尚不足額。然今年如能少倒，尚可少補，於款項即可節省。總之，成例不能不守，然亦不能太拘。如例倒四十四隻，若值不遭灾疫，則倒斃自少，即當按實數開除買補，似可不必故爲揑飾、多造虚數以足例額也。且由塔調取之例既已不能復舊，則自行購買，亦不妨隨時斟酌，即例文於四兩四錢下尚有“但各省情形不同，應各按時值，撙節辦理”之語，可以見矣。至耕牛爲農田所需，其用甚廣，其值亦昂。奴才等嘗詢之農人，云買牛一隻，多需三十餘兩，少亦二十餘兩。至十餘兩[3]，則牛犢耳，難以用之耕田。此固各省皆然，若科布多之十二兩能購一隻，尚因爲成案所縛，牽就少報，實則去年市價每隻非十四五兩不可，早年尤無定衡，且奴才等赴該屯親見牛隻皆極茁壯，若在内地必值二三十兩，而欲繩以老年初定之例價，則誠如上諭“嘉慶、道光以來，豈盡雍正、乾隆之舊？”，此時勢不同早在聖鑒中也。

查該參將赳赳武夫，不明例案，其情尚有可原。且未逾額領價，於帑項不敢濫支。其誤禀之處，即請免議。至牛事原委既經查明，奴才等已將户部從前兩次奏咨各稿照鈔隨報，咨部查核。應仍仰懇天恩，俯念采買例價實難遵辦，准照户部奏准成案辦理，於農工有裨。但時值無定，物力日艱，恐後來援案漸加，亦非節用之道，並請即以十二兩作爲定價，不准再有加增，以示限制而昭核實。至寶昌任内買補墊款六百二十四兩，兹既查明准案，應即歸入常年報銷。檮昧之見，是否有當，理合繕摺覆陳。伏祈皇太后、皇上聖鑒訓示。

再，口外天氣雖寒，而向於小滿以前已須播種，牛隻實係不敷。若必拘候部示再購，恐誤農期，衹得權宜辦理，已飭先買六十隻，仍照市價，餘俟奉到部示，再行添補。合並聲明。謹奏。

光緒二十七年四月二十一日拜發。本年六月二十四日遞回，奉硃批：户部知道。欽此（五月十八日[4]）。（第248—253頁）

【案】此摺原件[①]、録副[②]現均藏於中國第一歷史檔案館，兹據校勘。

1.【奴才瑞洵、禄祥跪】刊本無此前銜，兹據校補。

2.【案】同治八年十月二十六日，科布多参贊大臣奎昌等具摺曰：

奴才奎昌、明瑶跪奏，爲屯田耕牛實因被瘟倒斃，不敷耕種，豫籌捐辦，以顧兵食而重屯務，恭摺馳陳，仰祈聖鑒事。

奴才等竊查科布多所設糧地十屯，每屯額設牛五十六條，十屯地共設牛五百六十條，如倒斃不敷用者，向由塔爾巴哈臺廠内領取，歸入科布多官廠牧放。又，每年由官廠呈領備斃牛四十四條，除補倒斃外，所剩餘牛七八條至十餘條不等，年復一年，共餘牛二百二十八條，兩項實存牛七百八十八條。自同治五年，塔城回匪變亂以來，此項牛隻無處領取，奴才等諄諭該署屯務官弁等，必須竭力牧養，不可稍有懈怠。詎意本年立夏後，該官弁等呈報，廠内耕牛偶得瘟疫之症。

奴才等親赴官廠查驗，實因被瘟，陸續倒斃者共五百零一條，實存耕牛二百八十七條，内有口老不堪用者尚有百數餘條，業經呈報烏里雅蘇臺在案。本年不獨耕牛瘟斃者過多，而附近蒙古牲畜倒斃者更復不少。伏思此項耕牛關繫屯

---

① 中國第一歷史檔案館藏：《硃批奏摺》，檔案編號：04-01-35-0579-013。

② 中國第一歷史檔案館藏：《録副奏摺》，檔案編號：03-7070-063。

務、兵食，若不及早籌畫彌補，轉瞬春融，誠恐有誤耕種。查科庫前經所存變價牛銀四百四十兩四錢，儘數提用外，尚不敷銀三千餘兩之多，現當庫款支絀，一時無處購買。

奴才等再四籌商，不得不藉資民力，隨飭承辦司員增禄與隨營鋪商等籌商捐備，以補倒斃之額，而隨營商鋪無多，僅有數家，經司員增禄婉言商勸，衆商始即允諾，尚稱急公，報捐犍牛共四百條。如蒙允准，再由奴才等按照該商鋪所捐各數目，擇其尤爲急公者，具實奏明請獎，以示鼓勵。復查每年由官廠呈領備斃牛四十四條，現當無處領取，倘按年再有倒斃，即時礙難補立。奴才等擬請按年由科布多庫餉内籌撥銀三百兩，以補倒斃之額，庶臨時不致棘手。如蒙俞允，將此項銀兩數目按年年終造具妥册，報部核銷。奴才等專爲豫籌捐備耕牛而重屯務起見，是否有當，伏祈皇太后、皇上聖鑒訓示。遵行。謹奏請旨。同治八年十月二十六日。同治八年十一月十五日，軍機大臣奉旨：知道了。欽此。①

3.【至十餘兩】刊本作“至四五兩”。

4.【五月十八日】刊本及稿本均署“五月十九日”，而録副及《軍機處隨手登記檔》② 則爲“五月十八日”，確。兹據校正。

一〇、具報屯田播種日期開單呈覽摺

光緒二十七年五月十九日（1901 年 7 月 4 日）

奴才瑞洵、禄祥跪[1]奏，爲十屯播種完竣，繕單奏報，仰祈聖鑒事。

竊照科布多屯田向於每年春雪消化，地氣開通，始行播種。前於芒種前後飭

① 中國第一歷史檔案館藏：《硃批奏摺》，檔案編號：04-01-22-0062-051。又，《録副奏摺》，檔案編號：03-4967-052。

② 中國第一歷史檔案館藏：《軍機處隨手登記檔》，檔案編號：03-0308-2-1227-134。

令管屯官弁將倉存籽種大麥、小麥、青稞七百石提出，陸續布種，並先疏導河渠，俾資灌溉。茲據報於四月二十一日一律完竣。

至奴才瑞洵面奉諭旨，敕令體察情形，籌辦開墾事宜，查科布多不乏膏腴，早年墾地較廣，不止十屯，舊迹尚堪覆按，似不宜聽其久荒。衹以蒙古無力自種，若全由官辦，一切牛具、工貲需款甚巨，已由奴才瑞洵於略陳科布多應辦事宜摺內聲明請旨，將來如應議行，自須妥籌撙節辦法。合將十屯播種動用籽糧數目謹繕清單，衹呈御覽。伏祈皇太后、皇上聖鑒。謹奏。

光緒二十七年五月十九日拜發。本年七月三十日遞回，奉硃批：知道了。欽此（六月十八日[2]）。

呈十屯播種動用籽糧數目清單

謹將十屯播種動用籽糧數目繕具清單，衹呈御覽。

計開：小麥三百八十石，種地五十二頃七十七畝七分七厘。大麥七十石，種地十一頃六十六畝六分六厘。青稞二百五十石，種地四十一頃六十六畝六分六厘。十屯通共種地一百六頃十一畝九厘。（第253—254頁）

覽[3]。

【案】此摺原件①、録副②及清單③現均藏於中國第一歷史檔案館，兹據校勘。

1.【奴才瑞洵、禄祥跪】刊本無此前銜，兹據校補。

2.【六月十八日】刊本及稿本均署“六月十九日”，而録副及《軍機處隨手登記檔》④則爲“六月十八日”，確。兹據校正。

3.【覽】此御批據清單校補。

① 中國第一歷史檔案館藏：《硃批奏摺》，檔案編號：04-01-22-0065-057。

② 中國第一歷史檔案館藏：《録副奏摺》，檔案編號：03-6731-027。

③ 中國第一歷史檔案館藏：《單》，檔案編號：03-6731-028。

④ 中國第一歷史檔案館藏：《軍機處隨手登記檔》，檔案編號：03-0308-2-1227-164。

一一、會奏都蘭哈喇並無私挖摺

光緒二十七年五月十九日（1901 年 7 月 4 日）

奴才瑞洵、禄祥跪[1]奏，爲循章派查都蘭哈喇地方，並無偷挖鉛砂情形，恭摺具報，仰祈聖鑒事。

竊查札哈沁部落都蘭哈喇地方舊有鉛礦，久經封禁，向由科布多、新疆兩處各派官兵於每年三月十五日前往該處，會查有無私挖。前因新疆巡撫饒應祺、前參贊大臣寶昌會奏，開辦札哈沁寶爾吉鉛礦，遂將會查都蘭哈喇挖鉛一節停辦。迨去年六月奴才瑞洵接任，查悉都蘭哈喇、寶爾吉係屬兩處，禁弛本不相涉，當復札飭札哈沁總管仍循舊章，隨時巡查，以重邊禁在案。

本年三月，適届會查之期，當經預咨該撫饒應祺照章辦理。旋據巴里坤鎮總兵接奉該撫照會，已經揀派委員。奴才等亦即派委筆帖式錫齡阿，帶領兵丁，馳往都蘭哈喇地方，於三月十五日會同巡查。兹據該員等禀稱：查得該處並無偷挖鉛砂情形，取具該總管等印結，禀請核奏前來。除飭札哈沁總管等隨時稽查外，理合繕摺具報。伏祈皇太后、皇上聖鑒。謹奏。

光緒二十七年五月十九日拜發。本年七月三十日遞回，奉硃批：知道了。欽此（六月十八日[2]）。（第 255—256 頁）

【案】此摺原件①、録副②現均藏於中國第一歷史檔案館，兹據校勘。

1.【奴才瑞洵、禄祥跪】刊本無此前銜，兹據校補。

---

① 中國第一歷史檔案館藏：《硃批奏摺》，檔案編號：04-01-36-0112-003。

② 中國第一歷史檔案館藏：《録副奏摺》，檔案編號：03-9646-032。

2.【六月十八日】刊本及稿本均署“六月十九日”，而録副及《軍機處隨手登記檔》[①]則爲“六月十八日”，確。兹據校正。

一二、新疆撫藩接濟邊餉力全大局派員赴領片

光緒二十七年五月十九日（1901年7月4日）

再，前因籌布邊防，需款急切，曾經奏奉批旨：著即咨商新疆巡撫，暫行墊撥。欽此。當於今春正月恭録咨行撫臣饒應祺欽遵辦理。近接該撫咨覆，以科布多同處邊防，稔知危迫實情，已商同藩司文光[②]，於無可設法之中勉凑湘平銀二萬兩，暫應急需，並函屬奴才以科布多籌辦一切應可自行請款，朝廷俯察邊艱，當必仰邀恩准。若恃新疆借墊，難爲後繼，等語。情辭懇至，自屬推誠之論。奴才等現已遴派委署主事文惠，帶領蒙、漢官兵，前往該省請領，解回應用。

查去秋奉旨令奴才妥籌布置，聯絡一氣，扼要嚴防。奴才遵即咨會饒應祺等一體遵辦，因科布多接近新疆，防務尤資商榷，自是該撫於奴才書牘常通，消息無滯，且深諒奴才爲難，公事多所關照。奴才甚德之。兹復撙節款項，接濟邊需，尤徵力維大局，不分畛域。藩司文光當時艱帑絀之際，並能誼篤恤鄰，不稍諉卸，均於科布多裨益匪淺。奴才等籌邊竭蹶，慚荷尤深，理合專達上聞。伏祈聖鑒。至此款一俟解到，應歸入防案支用，擬將欠借商款暨蒙兵欠餉，酌量分還補放。謹奏。

---

① 中國第一歷史檔案館藏：《軍機處隨手登記檔》，檔案編號：03-0308-2-1227-164。

② 文光（1843—？），字鏡堂，滿洲鑲藍旗人。咸豐九年（1859），中舉。同治元年（1862），選國子監助教。十年（1871），中式進士，充工部行走。光緒元年（1875），補工部主事。同年，授總理各國事務衙門章京。四年（1878），選工部員外郎。同年，升工部郎中。五年（1879），加鹽運使銜。九年（1883），放陝西潼商道。十四年（1888），署陝西按察使、陝西布政使。是年，充陝西武闈鄉試監臨主考事務。十八年（1892），遷四川按察使。次年，署四川布政使。二十四年（1898），護理四川總督。二十五年（1899），調補湖南按察使。同年，擢甘肅新疆布政使。

光緒二十七年五月十九日拜發。本年七月三十日遞回，奉硃批：知道了。欽此（六月十八日[1]）。（第256—257頁）

【案】此奏片缺原件，録副①現藏於中國第一歷史檔案館，兹據校勘。

1.【六月十八日】刊本及稿本均署“六月十九日”，而録副及《軍機處隨手登記檔》②則爲“六月十八日”，確。兹據校正。

一三、昌吉斯臺卡倫侍衛報滿請奬並懇留三年摺

光緒二十七年五月十九日（1901年7月4日）

奴才瑞洵、禄祥跪[1]奏，爲卡倫侍衛報滿，照章請奬，並懇援案再留三年，以示鼓勵而資熟手，恭摺仰祈聖鑒事。

竊查科布多所屬卡倫侍衛三年期滿，例得奏請奬叙，如果得力，並准奏留三年，均經奏奉諭旨，欽遵有案。兹據昌吉斯臺卡倫侍衛英紱禀稱：竊職係正黄旗滿洲五甲喇祥存佐領下人，由三等侍衛於光緒二十四年六月十八日，經侍衛處奏明派往科布多昌吉斯臺卡倫，遵於是年九月初一日自京起程，十一月十一日馳抵昌吉斯臺卡倫，即於是日接受圖記。計自任事之日起，算至光緒二十七年十一月十一日，係届三年期滿，理合遵章先期豫報，伏候奏明更换，等情。禀請核辦前來。

查該卡倫侍衛管理昌吉斯臺、烏遜胡濟爾圖、胡木蘇托羅蓋、霍通淖爾四卡，均接强鄰，有防守邊界牌博之責，稽查彈壓，胥關緊要，且遇俄人往來，並須照約保護。去秋邊防戒嚴，卡座益形吃重，時虞侵軼。該侍衛英紱駐守以來，尚稱得力，不無微勞足録，擬乞天恩將該侍衛英紱賞給三品頂戴，以示鼓勵。惟現在

① 中國第一歷史檔案館藏：《録副奏片》，檔案編號：03-6580-051。

② 中國第一歷史檔案館藏：《軍機處隨手登記檔》，檔案編號：03-0308-2-1227-134。

大局未定，照章派換，恐尚不無窒礙。查光緒九年，前瑪呢圖噶圖勒幹卡倫侍衛富保曾經期滿奏留，奉旨俞允。奴才等公同商酌，合無仰懇聖慈准將該卡倫侍衛英紱再留三年，俾收駕輕就熟之效，出自逾格鴻施。謹繕摺陳請。伏祈皇太后、皇上聖鑒訓示。謹奏。

光緒二十七年五月十九日拜發。本年七月三十日遞回，奉硃批：著照所請，該衙門知道。欽此（六月十八日 2）。（第 257—259 頁）

【案】此摺原件①、録副②現均藏於中國第一歷史檔案館，兹據校勘。

1.【奴才瑞洵、禄祥跪】刊本無此前銜，兹據校補。

2.【六月十八日】刊本及稿本均署"六月十九日"，而録副及《軍機處隨手登記檔》③則爲"六月十八日"，確。兹據校正。

一四、科布多並無應鈔路礦事件片

光緒二十七年五月十九日（1901 年 7 月 4 日）

再，承准管理總理各國事務衙門慶親王奕劻④咨開：京城上年猝遭兵燹，鐵路

① 中國第一歷史檔案館藏：《硃批奏摺》，檔案編號：04-01-16-0268-097。

② 中國第一歷史檔案館藏：《録副奏摺》，檔案編號：03-5952-056。

③ 中國第一歷史檔案館藏：《軍機處隨手登記檔》，檔案編號：03-0308-2-1227-164。

④ 奕劻（1838—1917），滿族，愛新覺羅氏。乾隆帝第十七子永璘之孫。自幼過繼慶郡王綿愍爲嗣，四品閑散宗室。道光二十九年（1849），襲輔國將軍。咸豐二年（1852），封貝子。十年（1860），進貝勒。同治十一年（1872），加郡王銜，授御前大臣。光緒十年（1884），管理總理各國事務衙門。同年，晉慶郡王。十一年（1885），會同醇親王辦理海軍事務。十二年（1886），充内廷行走。十五年（1889），授右宗正。二十年（1894），封慶親王。二十四年（1898），封世襲罔替親王。二十六年（1900），庚子事變，留京議和。二十七年（1901），總理外務部。二十九年（1903），授軍機大臣，仍總理外務部，嗣命總理財政處、練兵處。宣統三年（1911），充首任總理大臣。武昌起義後，任弼德院總裁。民國六年（1917），病逝。追謚曰密。

礦務總局檔案全行遺失，行令將有關路礦來往奏咨文件，以及表譜、合同一律補送，以憑核辦，等因。查科布多所屬各蒙古部落僅許俄人通商，向無興造鐵路之事。至礦務衹有札哈沁寶爾吉鉛礦一處，係歸新疆開辦，現亦據該撫奏停。

惟聞烏梁海游牧阿勒臺礦苗不乏，俄人素所豔稱，“阿勒臺”蒙古譯言“金”也，故阿勒臺山古名金山。該處早經借與塔爾巴哈臺，尚未交還。奴才瑞洵曾於上年八月間具奏遵查科布多礦產不豐、擬請緩辦摺内，附陳阿勒臺山將來如能遵旨索還，或可勘察情形，設法辦理。欽奉批旨：著照所請，該衙門知道。欽此。現在科布多並無應行鈔録鐵路、礦務事件，自可不必補送。除咨呈總理衙門查照外，爲此附片謹奏。

光緒二十七年五月十九日拜發。本年七月三十日遞回，奉硃批：該部知道。欽此（六月十八日[1]）。（第259—260頁）

【案】此奏片原件①現藏於中國第一歷史檔案館，兹據校勘。

1.【六月十八日】刊本及稿本均署“六月十九日”，而録副及《軍機處隨手登記檔》②則爲“六月十八日”，確。兹據校正。

一五、馳報科布多幫辦大臣出缺請旨簡放摺

光緒二十七年六月十四日（1901年7月29日）

奴才瑞洵跪[1]奏，爲科布多幫辦大臣因病出缺，請旨簡放，以重職守，繕摺馳陳，仰祈聖鑒事。

---

① 中國第一歷史檔案館藏：《硃批奏片》，檔案編號：04-01-01-1045-071。

② 中國第一歷史檔案館藏：《軍機處隨手登記檔》，檔案編號：03-0308-2-1227-134。

竊於本年六月十二日據幫辦大臣禄祥之子閑散福勒洪阿遣丁呈報：伊父禄祥於去年十月即患痰症，入夏又加腰足浮腫，痰喘大作，醫藥無效，延至六月十二日子刻出缺。呈請具奏前來。奴才伏查該故大臣禄祥患病半年，終致奄逝，邊缺清苦，家計蕭條，殊堪憫惻！尚幸該眷屬均隨任所。奴才當經派委員章京等，幫同該家屬將其身後事宜妥爲料理。

復查該故大臣持躬謹飭，辦事老成，奴才遇事與之榷商，毫無掣肘，方冀長資臂助，竟不料其一病不起。伏維朝廷體念邊臣，優逾常格，可否將該故大臣禄祥賞給恤典之處，出自天恩，非奴才所敢擅請。所遺員缺職司幫辦，應請迅賜簡放。該故大臣譫語昏迷，並未據交有遺摺。所有幫辦大臣出缺請簡各緣由，理合繕摺馳陳。伏祈皇太后、皇上聖鑒。謹奏。

光緒二十七年六月十四日具奏。七月初十日，奉硃批：另有旨。欽此。（第260—261頁）

【案】此摺缺原件，録副[①]現藏於臺北“故宫博物院”，兹據校勘。

1.【奴才瑞洵跪】刊本無此前銜，兹據校補。

【案】此奏於是年七月初十日得清廷諭示，《光緒朝上諭檔》載曰：

光緒二十七年七月初十日，内閣奉上諭：瑞璋[②]著賞給三等侍衛，作爲科布多幫辦大臣，照例馳驛前往。欽此。[③]

---

① 臺北“故宫博物院”藏：《軍機及宫中檔》，文獻編號：146100。

② 瑞璋（1839—？），字茀侯，滿洲正紅旗人，官學生。咸豐六年（1856），考取内閣清字中書。八年（1858），選内閣貼寫中書。十一年（1861），補總理衙門章京。同治元年（1862），充實録館收掌官。次年，補内閣實缺中書。三年（1864），加知府銜。五年（1866），晋鹽運使銜。同年，升刑部山西司郎中。六年（1867），掌浙江司印鑰。是年，總辦秋審。七年（1868），充聖訓校勘處提調官，升按察使銜。十年（1871），授總理各國事務衙門總辦。光緒元年（1875），放浙江寧紹臺兵備道，加二品銜。九年（1883），署浙江布政使。翌年，補廣東鹽運使。十一年（1885），署廣東按察使。同年，調補江西按察使。次年，署江西布政使。十六年（1890），遷江寧布政使。二十七年（1901），加三等侍衛，授科布多幫辦大臣。

③《光緒朝上諭檔》，第27册，第47頁。

一六、請動款購藥設局調醫以備施診並准綏遠添傳駝隻片

光緒二十七年六月十四日（1901 年 7 月 29 日）

再，科布多僻在北路，著名苦寒，貨物不能全備，既無良藥，更乏名醫，故凡官、商、軍、民一病，即束手待斃，無方治療，情形實屬可憫，殊非朝廷仁政愛人之意。奴才現擬每遇派員前赴山西綏遠城領解經費之便，即發給銀兩，飭令采買一切藥材，於科城設置一局，凡官、商、軍、民取用，令照原價出賣，並擬由内地調一醫生前來，以備施診。查軍營原准采運藥料，隨設官醫，惟必須仰懇天恩准由綏遠城將軍添傳駄駝兩隻，方敷運致關口，亦免驗放行。爲此附請。伏祈聖鑒。謹奏。

（硃批）：著照所請。

光緒二十七年六月十四日具奏。七月初十日，奉硃批：著照所請。欽此[1]。

光緒二十七年七月初十日，奉硃批：著照所請。欽此[2]。

【案】此奏片刊本僅存目録，稿本①殘缺不全，原件②則藏於中國第一歷史檔案館，録副藏於臺北“故宫博物院”③，兹據校勘。

1.【案】劃綫部分刊本缺，兹據稿本校補。

2.【光緒二十七年七月初十日，奉硃批：著照所請。欽此】此奉旨日期與内容，據録副校補。

---

① 稿本第 578—579 頁。

② 中國第一歷史檔案館藏：《硃批奏摺》，檔案編號：04-01-38-0207-029。

③ 臺北“故宫博物院”藏：《軍機及宫中檔》，文獻編號：146101。

卷之八　紆轡集

光緒辛丑十月（1901）

〇一、謝抵銷處分摺

光緒二十七年十月初八日（1901年11月18日）

奴才瑞洵跪[1]奏，爲叩謝天恩，仰祈聖鑒事。

竊奴才前因陳奏失辭，自行檢舉，奉硃批：瑞洵著交部議處。欽此。現准兵部咨開，奴才應得處分，經部臣議以罰俸六個月，奏奉硃批：准其抵銷。欽此。恭録咨行，欽遵到城。奴才當即恭設香案，叩頭謝恩。

伏念奴才待罪邊陲，毫無績效，猥㦃愚戇，屢荷優容。每思稱職之未能，愈覺受恩之難報！兹復幸逢寬政，特宥前愆，循省五中，倍增感悚！奴才惟有堅持初節，益竭愚誠，將邊防、洋務及地方一應事宜實力講求，悉心籌辦，不敢稍涉疏懈，冀仰答高厚生成於萬一。理合繕摺叩謝天恩。伏祈皇太后、皇上聖鑒。謹奏。

光緒二十七年十月初八日拜發。本年十二月十一日遞回，奉硃批[2]：知道了。欽此（十一月初七日[3]）。（第264—265頁）

【案】此摺原件①現藏於中國第一歷史檔案館，録副②藏於臺北“故宫博物院”，兹據校勘。

1.【奴才瑞洵跪】刊本無此前銜，兹據校補。

2.【硃批】刊本作“硃示”，兹據校正。

3.【十一月初七日】此奉硃批日期，刊本、稿本作“十一月初八日”，而録副

① 中國第一歷史檔案館藏：《硃批奏摺》，檔案編號：04-01-12-0609-067。

② 臺北“故宫博物院”藏：《軍機及宫中檔》，文獻編號：145376。

作"十一月初七日"，再查《軍機處隨手登記檔》[①]所載，則與録副同，確。兹據校正。

〇二、糧餉章京報滿已越年餘亟須新任接替請飭吏部照例辦理摺

光緒二十七年十月初八日（1901年11月18日）

奴才瑞洵跪[1]奏，爲科布多糧餉章京報滿已越年餘，亟須新任接替，請旨飭部照例辦理，恭摺仰祈聖鑒事。

竊據辦理糧餉事務章京委署主事翰林院筆帖式榮臺禀稱：竊榮臺係由記名理事同知翰林院筆帖式於光緒二十二年九月初四日，經吏部帶領引見，奉旨：科布多糧餉章京著榮臺去。欽此。當於二十三年四月二十日馳抵科布多，接受關防任事。嗣於二十四年三月蒙前大臣寶昌、禄祥因榮臺清厘欠餉出力，附片奏保，請以理事同知班先帶領引見，先换同知頂戴，奉硃批：著照所請，該部知道。欽此[2]。計自到差連閏扣算至二十六年三月二十日，係届三年期滿，當經前大臣寶昌具摺奏請，敕部照例更换，欽奉硃批：該部知道。欽此[3]。適因軍務猝興，吏部未即核辦，旋於二十六年八月間，又蒙奏請留營差委，奉硃批：著照所請，該部知道。欽此。

伏查現在和局已定，糧餉章京自應仍請照例更换，擬懇准予奏催，等情。前來。奴才查現任糧餉章京委署主事翰林院筆帖式榮臺，去年三月二十日即已三年届滿，業經前大臣寶昌等奏請更换，旋值軍事猝啓，吏部未及核辦。迨奴才到任，復因布置邊防，需人亟切，附片奏請將該員榮臺留營差委，欽奉硃批：著照所請，該部知道。欽此。奴才初意原以邊地乏員，藉資指臂。其報滿一節既經前大臣出

---

① 中國第一歷史檔案館藏：《軍機處隨手登記檔》，檔案編號：03-0309-2-1227-297。

奏，奴才即未便辦理兩歧，是以將其留營而未請留差也。兹者款議已定，大局敉平，聖駕回鑾，庶政就理，竊計部、院各署公事自必率由舊章。所有科布多糧餉章京一差，相應請旨敕下吏部照例辦理。所有糧餉章京亟須新任接替，請敕照例辦理緣由，理合具摺馳陳。伏祈皇太后、皇上聖鑒。謹奏。

光緒二十七年十月初八日拜發。本年十二月十一日遞回，奉硃批：該部知道。欽此（十一月初七日[4]）。（第266—268頁）

【案】此摺原件[①]現藏於中國第一歷史檔案館，録副[②]藏於臺北“故宫博物院”，兹據校勘。

1.【奴才瑞洵跪】刊本無此前銜，兹據校補。

2.【案】光緒二十四年三月初七日，科布多參贊大臣寶昌等附奏曰：

再，查前當關内外回氛未靖，自光緒二十二年春季起至二十三年春季，本屬各旗官兵有應領一切俸餉與夫本屬二十四卡倫蒙古弁兵應領餉糈，悉宜即時發放，並且南、東兩路臺站時值玉門一帶軍務吃緊，新疆等處摺報往來，日夜不息，而該臺弁兵應領餉項更宜即時發放，以濟急需。乃前任辦理糧餉事務處章京盛京户部主事奎煥，因積勞成病，久經醫藥罔效，所有一切糧餉平日係該員一手經理，是以前任參贊大臣魁福以糧餉關繫綦重，未敢另委他員發放，恐有舛錯，擬俟該員病體就痊，仍歸一手妥放，不料該員奎煥續即因病出缺。迨經新任糧餉章京委署主事記名理事同知榮臺到任接事，每覺措手爲難，蓋因前欠各旗、各卡、各臺餉項頭緒紛繁，隔日甚多，殊非一時所克查悉，而該臺卡及各旗官兵等以久無接濟，迫不能待，即群相居科，守候催領。

維時，該員榮臺因各處官兵延頸待放欠餉，不分晝夜，刻意推求，往復察核，竟至兼旬不寐，始將光緒二十二年春季起至二十三年春季欠放各項條分縷析，逐款查明，刻期如數發放，一手清厘，毫無遺漏，真可謂不辭勞瘁，實力實心，洵屬著有微勞！可否仰懇天恩俯准該員榮臺請以記名理事同知班先帶領引見，先换

① 中國第一歷史檔案館藏：《硃批奏摺》，檔案編號：04-01-12-0609-050。

② 臺北“故宫博物院”藏：《軍機及宫中檔》，文獻編號：145387。

同知頂戴，以示鼓勵之處，出自逾格慈施。謹附片具陳。伏乞聖鑒訓示。謹奏。（硃批）：著照所請，吏部知道。[①]

3.【案】光緒二十六年三月十二日，科布多參贊大臣寶昌等以科布多糧餉章京榮臺期滿請敕部揀員接替，具摺曰：

奴才寶昌跪奏，爲糧餉章京三年期滿，循例祈請飭部揀員，速來接替，恭摺仰祈聖鑒事。

竊查科布多糧餉章京一缺，經吏部議准歸入回疆章程，遇有缺出，由吏部咨取各部院現任筆帖式内考試通曉清漢文義者保送，帶領引見，派往作爲委署主事，到任後三年期滿，如果得力，該處大臣奏明，歸於奉旨即用班内升用。其所遺之缺另行奏請更换，仍俟新任人員更替到日，交代清楚，再將年滿之員給咨回京，補行引見，歷經遵辦在案。兹據糧餉事務處承辦章京榮臺呈稱：榮臺係由記名理事同知翰林院筆帖式，於光緒二十二年九月初四日作爲科布多委署主事，二十三年四月二十日到科任事。接事以來，因前關内回氛未靖，前任章京奎烜病故，欠放各旗、各臺卡餉項紛繁，經章京榮臺不分晝夜，一手清厘，蒙參贊大臣寶昌、幫辦大臣禄祥於二十四年三月初七日附片奏懇，恩准榮臺請以記名理事同知班，先帶領引見，先换同知頂戴，等因。於二十四年閏三月二十一日接到原片，内開奉硃批：著照所請，吏部知道。欽此。欽遵在案。兹由光緒二十三年四月二十日任事起，連閏扣至二十六年三月二十日三年期滿，自應由京派員來科更替，等情。呈請奏换前來。

查該員榮臺既届期滿，自應准如所請，其所遺糧餉章京員缺，相應請旨飭下該部，照例揀選通曉滿漢文義之員，令其趕緊來科接替。奴才仍遵舊制，俟新任人員更替到日，交代清楚，再行給咨該員榮臺回京，歸原衙門當差。所有科布多糧餉章京三年期滿，循例祈請飭部揀員接替緣由，理合恭摺具奏。伏乞皇太后、皇上聖鑒。再，幫辦大臣禄祥現在請假，未經列銜。合並聲明。謹奏。光緒二十六年三月十二日。（硃批）：該部知道。[②]

---

① 中國第一歷史檔案館藏：《硃批奏片》，檔案編號：04-01-01-1027-073。

② 中國第一歷史檔案館藏：《硃批奏摺》，檔案編號：04-01-12-0595-014。

4.【十一月初七日】此奉硃批日期，刊本、稿本作“十一月初八日”，而録副作“十一月初七日”，再查《軍機處随手登記檔》[①] 所載，則與録副同，確。兹據校正。

○三、期滿糧餉章京照例出考保奏片

光緒二十七年十月初八日（1901 年 11 月 18 日）

再，查定例：科布多辦理糧餉事務處章京三年期滿，如果得力，應由參贊大臣等奏保，歸於奉旨即用班内升用。其所遺差缺，另請更换，俟交替後，再將年滿之員給咨回京，補行引見，節經循辦在案。查該章京榮臺報滿時，正值前大臣寶昌奉旨開缺查辦，故於奏請更换摺内未便出考。奴才覆查該糧餉章京記名班先理事同知委署主事翰林院筆帖式榮臺，供差勤慎，人尚老成，經管糧餉已逾四年，毫無貽誤，自應俟新任章京到差交替後，即由奴才給咨赴部引見，恭候恩施。

惟該員現因留於科布多差委，一時尚難遽令離營，若必俟引見後始得升用，轉致久虛獎叙。查前任糧餉章京委署主事奎烜，即在留差期内經吏部於奉旨後，將其升補盛京户部主事有案。今該員榮臺事同一律，應懇天恩敕部查照辦理，出自鴻慈逾格。除咨吏部查照外，理合附片陳請。伏祈聖鑒訓示。謹奏。

光緒二十七年十月初八日拜發。本年十二月十一日遞回，奉硃批：該部知道。欽此（十一月初七日[1]）。（第 268—269 頁）

【案】此奏片原件[②] 現藏於中國第一歷史檔案館，録副[③] 藏於臺北“故宫博物

① 中國第一歷史檔案館藏：《軍機處随手登記檔》，檔案編號：03-0309-2-1227-297。

② 中國第一歷史檔案館藏：《硃批奏片》，檔案編號：04-01-12-0603-081。

③ 臺北“故宫博物院”藏：《軍機及宫中檔》，文獻編號：145389。

院”，兹據校勘。

1.【十一月初七日】此奉硃批日期，刊本、稿本作“十一月初八日”，而録副作“十一月初七日”，再查《軍機處隨手登記檔》① 所載，則與録副同，確。兹據校正。

○四、更正筆誤片

光緒二十七年十月初八日（1901 年 11 月 18 日）

再，奴才三月間覆奏查明屯田耕牛節年例倒數目，並經查出按照市價購買，疊奉户部奏准有案一摺，内云：買牛一隻多需三十餘兩，少亦二十餘兩，至十餘兩，則牛犢耳，難以用之耕田，等語。查“十餘兩，則牛犢耳”句，奴才底稿係四五兩，原指例價而言，繕寫竟誤“四五”爲“十餘”，以致前後牴牾。奴才接奉回摺，始經看出，相應奏明更正。除咨户部查照外，爲此謹奏。

光緒二十七年十月初八日拜發。本年十二月十一日遞回，奉硃批：户部知道。欽此（十一月初七日 [1]）。（第 269—270 頁）

【案】此奏片原件 ② 現藏於中國第一歷史檔案館，録副 ③ 藏於臺北“故宫博物院”，兹據校勘。

1.【十一月初七日】此奉硃批日期，刊本、稿本作“十一月初八日”，而録副作“十一月初七日”，再查《軍機處隨手登記檔》④ 所載，則與録副同，確。兹據校正。

---

① 中國第一歷史檔案館藏：《軍機處隨手登記檔》，檔案編號：03-0309-2-1227-297。

② 中國第一歷史檔案館藏：《硃批奏片》，檔案編號：04-01-35-0579-014。

③ 臺北“故宫博物院”藏：《軍機及宫中檔》，文獻編號：145390。

④ 中國第一歷史檔案館藏：《軍機處隨手登記檔》，檔案編號：03-0309-2-1227-297。

〇五、派員致祭片

光緒二十七年十月初八日（1901年11月18日）

再，據杜爾伯特右翼盟長親王索特納木札木柴呈報：本部落副盟長札薩克多羅貝勒圖們濟爾噶勒之祖母喇什楝嚕布，於本年五月十七日病故，等情。呈報前來。奴才查《理藩院則例》内開：貝勒、貝子、公夫人等身故，交該處將軍、大臣派員暨駐扎司員等，就近前往致祭。羊、酒價銀於該處公項下動用，徑報户部核銷。又，貝勒、貝子、公夫人均無祭文，等語。今杜爾伯特右翼副盟長札薩克多羅貝勒圖們濟爾噶勒之祖母喇什楝嚕布病故，查係貝勒夫人，自應由奴才就近派員前往致祭，無庸請頒祭文。其應需羊、酒價銀，動支科布多公項，咨報户部核銷。爲此附片。謹奏。

光緒二十七年十月初八日拜發。本年十二月十一日遞回，奉硃批：知道了。欽此（十一月初七日[1]）。（第270—271頁）

【案】此奏片缺原件，録副①藏於臺北"故宫博物院"，兹據校勘。

1.【十一月初七日】此奉硃批日期，刊本、稿本作"十一月初八日"，而録副作"十一月初七日"，再查《軍機處隨手登記檔》②所載，則與録副同，確。兹據校正。

① 臺北"故宫博物院"藏：《軍機及宫中檔》，文獻編號：145386。
② 中國第一歷史檔案館藏：《軍機處隨手登記檔》，檔案編號：03-0309-2-1227-297。

〇六、奏保卡倫侍衛常升三年期滿懇予恩施並再留三年摺

光緒二十七年十月初八日（1901 年 11 月 18 日）

奴才瑞洵跪[1]奏，爲卡倫侍衛報滿，照章請奬，並懇再留三年，以示鼓勵而資諳練，繕摺具陳，仰祈聖鑒事。

竊查科布多所屬卡倫侍衛三年期滿，例得奏請奬叙，如果得力，並准奏留三年，均經奏奉諭旨欽遵在案。兹據管理瑪呢圖噶圖勒幹卡倫侍衛常升呈稱：竊職係鑲黄旗滿洲五甲喇隆秀佐領下人，由空花翎護軍校經侍衛處具奏，派往科布多，駐守瑪呢圖噶圖勒幹卡倫。光緒二十五年正月十九日抵卡，接收圖記任事，連閏扣至光緒二十七年十二月十九日，係届三年期滿，理合遵章先期豫報，伏候奏明更换，等情。呈請核辦前來。查該侍衛管理瑪呢圖噶圖勒幹，即阿拉克别克與阿克塔斯、克森阿什齊、塔木塔克薩斯諸卡，接近强鄰，有防守邊界牌博之責，稽查維護，均關緊要。去年軍務猝興，俄於阿拉克别克河屯兵運械，咄咄逼人，該侍衛搘拄其間，尚知事關大局，未貽口實。其三年以來所管卡座，亦均無事，洵屬有勞可録，相應仰懇天恩將該侍衛常升請以副護軍參領補用，先换頂戴，以示鼓勵。

其更换一節，本應照辦，惟查昌吉斯臺卡倫侍衛英紱三年班滿，前經奴才奏請再留三年，已奉批旨俯允。該侍衛常升較英紱尤爲得力，合無籲求聖慈准將該侍衛常升並留三年，益資諳練，出自逾格鴻施。謹繕摺奏請，是否有當，伏祈皇太后、皇上聖鑒訓示。謹奏。

光緒二十七年十月初八日拜發。本年十二月十一日遞回，奉硃批：著照所請，該衙門知道。欽此（十一月初七日[2]）。（第 271—272 頁）

【案】此摺原件[①]現藏於中國第一歷史檔案館，録副[②]藏於臺北“故宮博物院”，玆據校勘。

1.【奴才瑞洵跪】刊本無此前銜，玆據校補。

2.【十一月初七日】此奉硃批日期，刊本、稿本作“十一月初八日”，而録副作“十一月初七日”，再查《軍機處隨手登記檔》[③]所載，則與録副同，確。玆據校正。

○七、裁撤籌防處片

光緒二十七年十月初八日（1901年11月18日）

再，前因遵旨備邊，於去年七月十二日奏明設立籌防處，遴委總辦、會辦、筆帖式等員，辦理防守事宜。嗣因蒙兵雖經減撤，軍務並未解嚴，該處尚有應辦之事，且月需無幾，是以暫留。玆查款議告成，邊防稍緩，當於五月底將籌防處裁撤。惟科布多切近彼疆，防維難弛，奴才仍當隨時戒備，不敢大意。所有裁撤籌防處緣由，理合附陳。伏祈聖鑒。謹奏。

光緒二十七年十月初八日拜發。本年十二月十一日遞回，奉硃批：知道了。欽此（十一月初七日[1]）。（第272—273頁）

【案】此奏片原件[④]現藏於中國第一歷史檔案館，録副[⑤]藏於臺北“故宮博物

① 中國第一歷史檔案館藏：《硃批奏摺》，檔案編號：04-01-12-0609-066。
② 臺北“故宮博物院”藏：《軍機及宮中檔》，文獻編號：145379。
③ 中國第一歷史檔案館藏：《軍機處隨手登記檔》，檔案編號：03-0309-2-1227-297。
④ 中國第一歷史檔案館藏：《硃批奏片》，檔案編號：04-01-01-1045-015。
⑤ 臺北“故宮博物院”藏：《軍機及宮中檔》，文獻編號：145380。

院”，兹據校勘。

1.【十一月初七日】此奉硃批日期，刊本、稿本作“十一月初八日”，而録副作“十一月初七日”，再查《軍機處隨手登記檔》① 所載，則與録副同，確。兹據校正。

○八、裁撤駐卡偵探片

光緒二十七年十月初八日（1901年11月18日）

再，科布多所管昌吉斯臺、瑪呢圖噶圖勒幹等八卡倫，均與俄界毗連，前因遵旨備邊，復奉諭令奴才確探嚴防，隨時具奏，先已選派所練蒙兵前往扼扎，以助聲勢。復遴委弁兵、字識共十六名，分駐各卡，嚴密偵探，遇有俄人舉動，立時馳報，業於去年七月十二日遵籌布置摺内陳明在案。一年以來，幸無貽誤。此項坐探弁兵駐卡寒苦，因每名月加津貼銀四兩，從去年六月起支，現在款議告成，邊烽漸息，已將該弁兵於本年五月底悉行撤回，津貼亦即停給。爲此附片。謹奏。

光緒二十七年十月初八日拜發。本年十二月十一日遞回，奉硃批：知道了。欽此（十一月初七日[1]）。（第273—274頁）

【案】此奏片原件② 現藏於中國第一歷史檔案館，録副③ 藏於臺北“故宫博物院”，兹據校勘。

1.【十一月初七日】此奉硃批日期，刊本、稿本作“十一月初八日”，而録副

① 中國第一歷史檔案館藏：《軍機處隨手登記檔》，檔案編號：03-0309-2-1227-297。

② 中國第一歷史檔案館藏：《硃批奏片》，檔案編號：04-01-01-1047-009。

③ 臺北“故宫博物院”藏：《軍機及宫中檔》，文獻編號：145381。

作“十一月初七日”，再查《軍機處隨手登記檔》[①] 所載，則與録副同，確。兹據校正。

○九、裁撤駐臺片

光緒二十七年十月初八日（1901 年 11 月 18 日）

再，科布多東、南兩路臺站並管接遞新疆文報。去年秋間，軍務吃緊，伊犁、塔爾巴哈臺、烏魯木齊各城摺報、公文多由該臺馳遞。奴才以事係戎機，宜期妥速，因循照光緒二十一年遵旨整頓臺站辦法，委員駐臺督率，當於東十四臺之哈喇烏蘇、南八臺之搜濟，分派筆帖式兩員，帶領兵、書各二員前往經理，並嚴飭蒙古員弁，必須隨到隨遞，勿許刻延。此項官兵自去年七月初一日派駐，已於今年五月底撤回。此差較苦，前案尚有津貼，官每員月加銀八兩，兵、書每名月加銀四兩。此次奴才加以核減，官二員各給銀四兩，兵、書四名各給銀二兩，共開支十二個月。至上次在臺經理文報員弁，尚經奏奬，今情事稍殊，應請毋庸濫保。理合附片陳明。伏祈聖鑒。謹奏。

光緒二十七年十月初八日拜發。本年十月十一日遞回，奉硃批：知道了。欽此（十一月初七日[1]）。（第 274—275 頁）

【案】此奏片原件[②] 現藏於中國第一歷史檔案館，録副[③] 藏於臺北“故宫博物院”，兹據校勘。

1.【十一月初七日】此奉硃批日期，刊本、稿本作“十一月初八日”，而録副

① 中國第一歷史檔案館藏：《軍機處隨手登記檔》，檔案編號：03-0309-2-1227-297。
② 中國第一歷史檔案館藏：《硃批奏片》，檔案編號：04-01-01-1048-084。
③ 臺北“故宫博物院”藏：《軍機及宫中檔》，文獻編號：145385。

作“十一月初七日”，再查《軍機處隨手登記檔》[①]所載，則與録副同，確。兹據校正。

一〇、滿員保獎摺

光緒二十七年十月初八日（1901年11月18日）

奴才瑞洵跪[1]奏，爲綏遠城换防員弁三年班滿，照章酌保，繕摺具陳，仰祈聖鑒事。

竊查前於光緒十四年間，因换防員弁遠戍寒邊，異常勞苦，經前大臣沙克都林札布等援照烏里雅蘇臺奏案，擬於换班届期，擇尤酌保一次，以示鼓勵，奏奉兵部議覆，准將三部院候補筆帖式及委署筆帖式並委驍騎校各員，令於换班時，擇其尤爲出力者，酌保數員，等因。節經循辦在案[2]。兹綏遠城换防人員三年期滿，自應照章酌保，以昭激勸。

查該員弁遠戍荷戈，餉微差苦，去年遵旨備邊，尤多出力，不無微勞可録。惟該員等向由候補筆帖式、委署筆帖式及委驍騎校皆保以本城驍騎校補用，現查堪行列保者，衹有補用驍騎校候補筆帖式溥涌、吉林，委驍騎校恩騎尉吉拉敏，候補筆帖式麟慧，委署筆帖式金奇暹五員。其溥涌、吉林兩員均已得有驍騎校升階，不便重復再保，自可另請獎叙。擬將補用驍騎校候補筆帖式溥涌、吉林，均俟補缺後賞給四品頂戴；委驍騎校恩騎尉吉拉敏、候補筆帖式麟慧、委署筆帖式金奇暹，均請以驍騎校儘先補用。以上五員所請雖半與成案未符，然於保舉限制並無違逾。兹值變通政治之時，可否照擬給奬，出自天恩。除飭取該員等履歴咨部外，所有酌保换防員弁緣由，理合繕摺陳奏。伏祈皇太后、皇上聖鑒訓示。謹奏。

---

① 中國第一歷史檔案館藏：《軍機處隨手登記檔》，檔案編號：03-0309-2-1227-297。

光緒二十七年十月初八日拜發。本年十二月十一日遞回，奉硃批：著照所請，該部知道。欽此（十一月初七日[3]）。（第275—276頁）

【案】此摺原件[①]現藏於中國第一歷史檔案館，録副[②]藏於臺北"故宫博物院"，兹據校勘。

1.【奴才瑞洵跪】刊本無此前銜，兹據校補。

2.【案】光緒十四年五月十七日，科布多參贊大臣沙克都林札布以科布多在防旗緑官兵戍防勞苦，奏請於期滿换班時酌量獎勵，曰：

奴才沙克都林札布跪奏，爲科布多在防旗緑官兵異常勞苦，擬於期滿换班時，籲懇天恩俯准量予獎勵，以示鼓勵，恭摺仰祈聖鑒事。

竊維科布多地面幅員遼闊，各旗蒙古四境環居，曩年荒服；哈薩克原在西北卡倫以外，與俄羅斯亦有隔閡。舊制官兵辦理蒙古各事及操防、屯田，是其專責。自與俄勘分新界後，哈衆投居蒙部之内。該夷性情獷野，攘竊成風，更以安插又無實所，蒙哈争訟，層見叠出，辦理已覺費手，且時有中俄交涉事件，尤須明幹之員會辦連結，以弭邊釁。而接壤如塔爾巴哈臺等處，前歲屢有勇變告警，亟須妥差偵探，預事籌防，庶蒙夷不致張惶，以期有備無患。近年以來，將外調官兵悉數裁撤，僅恃此舊制旗緑官兵分撥差遣。該官兵艱苦倍嘗，始終罔懈，不無微勞足録，自當酌量請奬，俾勵士心而固邊局。况案查前數年客軍在防時，每届二年保奬一次，刻下在防官兵人數既少，事務仍繁，久無仰邀奬叙，亦覺向隅。昨閱邸鈔，烏里雅蘇臺將軍杜嘎爾等請奬戍守官兵，蒙恩允准。仰見聖德高深、微勞必録之至意！

奴才伏以科布多官兵戍防尤遠，勞苦有加，奴才又曷敢終躭緘默？自應瀝情陳請。惟查每届换防之年，向係查有候補筆帖式及委署筆帖式，如尚未升補額缺，儻差勤可靠，即奏留再駐一班，甚有留駐三班，九年未得升補額缺者，即不得照例奬叙。若有勞無賞，聽其空回，轉不足策勵將來。今擬請自换防之期爲始，每

---

① 中國第一歷史檔案館藏：《硃批奏摺》，檔案編號：04-01-30-0188-022。

② 臺北"故宫博物院"藏：《軍機及宫中檔》，文獻編號：145383。

届三年，旗營官兵换班時，除額缺各員仍歸舊制辦理外，即在於三部院酌留之候補筆帖式及委署筆帖式並巡捕、委署驍騎校内，擇其當差尤爲出力者，酌保數員，均作爲額外驍騎校，勿庸加給鹽糧，俟送部引見後，回綏遠城以驍騎校相間補用。至緑營官兵内於五年期满换班時，擇其尤爲出力者，酌保升階或保加銜，以示鼓舞而昭激勸。

其次出力弁兵，即由奴才酌給六七品頂戴、功牌及外委升階，咨部注册。合無仰懇天恩俯念邊遠戍防，異常勞苦，飭部酌核，准其俟换防之期酌保一次，則該官兵自必益當感奮，實於邊務有裨。可否之處，出自鴻慈。所有在防官兵異常勞苦，擬俟期滿换班時酌量請奬，以示鼓舞各緣由，理合恭摺具奏。伏祈皇太后、皇上聖鑒訓示。再，幫辦大臣奴才魁福現請假回旗穿孝，未經列銜。合並聲明。謹奏請旨。光緒十四年五月十七日。（硃批）：户部議奏。[①]

3.【十一月初七日】此奉硃批日期，刊本、稿本作“十一月初八日”，而録副作“十一月初七日”，再查《軍機處隨手登記檔》[②]所載，則與録副同，確。兹據校正。

一一、滿兵留駐片

光緒二十七年十月初八日（1901 年 11 月 18 日）

再，綏遠城换防官兵揀充候補、委署筆帖式及委驍騎校各員，遇有當差得力與熟悉地方情形者，每於换防届期，均經留駐一班，甚有連駐三四班者。蓋口外係蒙古游牧，往來文牘多需翻譯，每有差遣，更資蒙語，新兵初學，斷非三數年

① 中國第一歷史檔案館藏：《硃批奏摺》，檔案編號：04-01-16-0223-078。
② 中國第一歷史檔案館藏：《軍機處隨手登記檔》，檔案編號：03-0309-2-1227-297。

不能明澈，故必久於是地者，方克收駕輕就熟之效。茲查候補筆帖式溥涌、吉林、麟慧，委署筆帖式金奇暹，該四員滿蒙文義均好，蒙語亦頗通曉，應請照章均予留駐，俾供指使。除咨兵部查照外，理合附片陳明。伏祈聖鑒。謹奏。

光緒二十七年十月初八日拜發。本年十二月十一日遞回，奉硃批：兵部知道。欽此（十月初七日[1]）。（第276—277頁）

【案】此奏片原件①現藏於中國第一歷史檔案館，録副②藏於臺北“故宫博物院”，兹據校勘。

1.【十一月初七日】此奉硃批日期，刊本、稿本作“十一月初八日”，而録副作“十一月初七日”，再查《軍機處隨手登記檔》③所載，則與録副同，確。兹據校正。

一二、並無吏役片

光緒二十七年十月初八日（1901年11月18日）

再，准吏部來咨，以欽奉諭旨，裁汰吏役，令即欽遵辦理，並定簡明章程，分别咨報吏部暨政務處查核，等因。查科布多係防戍軍營，舊設三部院，續設稽查俄商局，向以章京、筆帖式等員分任辦事，除糧餉章京係用京員，餘皆取材於綏遠城換防弁兵積功洊升，類能識滿蒙文字，文稿多由撰擬。至承繕則用緑營防兵，謂之字識，辦理多年，尚無貽誤。迨奴才到任，於公事加意推求，每遇重大事件，奴才亦即自行屬稿，或令該員等擬作，妥爲核改。旋以事須慎密，又於奴

① 中國第一歷史檔案館藏：《硃批奏片》，檔案編號：04-01-12-0603-080。

② 臺北“故宫博物院”藏：《軍機及宫中檔》，文獻編號：145384。

③ 中國第一歷史檔案館藏：《軍機處隨手登記檔》，檔案編號：03-0309-2-1227-297。

才署内設立籌邊文案處，遴員辦理，取便督率，經已附陳在案。

年餘以來，似覺漸有條理。口外情形迴與内省不同，並無書吏，亦無差役，惟在官即易滋弊，而無人不可作弊，仍當時加查察，有犯必懲，期仰副朝廷奮除積習、力圖自强之盛意。除分别覆報吏部、政務處查照外，謹附片陳明。伏祈聖鑒。謹奏。

光緒二十七年十月初八日拜發。本年十二月十一日遞回，奉硃批：知道了。欽此（十一月初七日[1]）。（第277—278頁）

【案】此奏片原件①現藏於中國第一歷史檔案館，録副②藏於臺北“故宫博物院”，兹據校勘。

1.【十一月初七日】此奉硃批日期，刊本、稿本作“十一月初八日”，而録副作“十一月初七日”，再查《軍機處隨手登記檔》③所載，則與録副同，確。兹據校正。

一三、俄官到科照約款待支應片

光緒二十七年十月初八日（1901年11月18日）

再，俄國駐扎庫倫匡蘇勒官施什瑪勒福，每届三年前來西北查閲邊界商務。前准庫倫、烏里雅蘇臺來咨，屬爲支應。該匡蘇勒旋於八月初九日行抵科布多，連日會晤，與奴才議辦商務交涉數事，已於八月十三日取道北臺沙拉布喇克，前往彼闊什雅某頓城。奴才派員護送至索果克卡倫而還。此次奴才照約款待，飭臺

① 中國第一歷史檔案館藏：《硃批奏片》，檔案編號：04-01-12-0603-093。
② 臺北“故宫博物院”藏：《軍機及宫中檔》，文獻編號：145382。
③ 中國第一歷史檔案館藏：《軍機處隨手登記檔》，檔案編號：03-0309-2-1227-297。

支應，該匡蘇勒感激朝廷德意，以故尚少要求。惟於保護俄商各節諄懇設法，詞意迫切，容奴才咨商外務部，妥籌辦理。至酌送該匡索勒羊隻、米麵、磚茶等項，計共用銀三十六兩零，已飭於房租項下動支。除分咨查照外，理合附片陳明。伏祈聖鑒。謹奏。

光緒二十七年十月初八日拜發。本年十二月十一日遞回，奉硃批：該部知道。欽此（十一月初七日[1]）。（第278—279頁）

【案】此奏片缺原件，録副①現藏於臺北“故宫博物院”，兹據校勘。

1.【十一月初七日】此奉硃批日期，刊本、稿本作“十一月初八日”，而録副作“十一月初七日”，再查《軍機處隨手登記檔》②所載，則與録副同，確。兹據校正。

一四、欠餉無著懇恩體恤敕部核示摺

光緒二十七年十月初八日（1901年11月18日）

奴才瑞洵跪[1]奏，爲户部指撥晋、豫兩省籌解欠餉，現接晋撫來咨，已經奏免，豫撫亦無允協信息，邊情仍前窘迫，商、蒙借欠各款無法措還，惟有籲懇天恩俯賜體恤，抑敕部臣妥籌辦法示遵，俾全危局，無失大信，具摺披瀝直陳，仰祈聖鑒事。

竊奴才於上年十一月間奏奉部議，令由河南、山西兩省籌解欠餉，俾還商、蒙欠款。嗣以欠款實難久延，晋、豫籌解不足濟急，又於本年四月二十一日瀝情

① 臺北“故宫博物院”藏：《軍機及宫中檔》，文獻編號：145388。
② 中國第一歷史檔案館藏：《軍機處隨手登記檔》，檔案編號：03-0309-2-1227-297。

懇恩仍敕户部暫將此項從減墊撥，俾資清理，以昭大信而顧地方，專摺具奏，奉硃批：户部議奏。欽此。旋經部議以所欠商款五萬兩、欠發兵餉一萬三千五百餘兩，前既議令河南、山西兩省於欠解科布多餉銀内設法籌解，現在該二省時局漸紓，自應仍令該二省將積欠該城餉銀，按照該大臣此次減撥數目，各騰挪若干，分批起解，俾得清理欠款。所請由部墊撥之處，仍應毋庸置議，等因。奏奉諭旨：依議。欽此。咨令欽遵到城。

奴才當即咨商該兩省撫臣，並致手書，切屬接濟。旋岑春煊來函内稱：籌解舊欠，論晋力實萬不及，既承切屬，爲歸還借款要需，自應飭司設法酌籌，數目多寡，不敢預必，等語。奴才披閱之下，深以爲慰。方謂該撫果能力顧大局，不分畛域，非久必有以應急，不至徒托空言，且即指此以許承借各商，一面派委妥員前往太原請領。不料至十月初三日，忽接該撫來文，咨送摺稿，乃知該省已於八月十四日專摺具奏烏、科二城欠款仍照原案，分年湊還，每城二千五百兩，以紓晋力，竟不能勉照部議辦理矣[2]。奴才至此方悔，函牘交馳，委員提解，不但無裨餉需，轉復徒增勞費，仰人鼻息，其難如此！推而至於河南，亦必不肯籌撥可知。

奴才伏思去年辦防，借墊商款、欠發蒙餉一案，經奴才一再疏懇請由部墊，原係迫於無可如何，並非不知體念部臣籌畫之難。即部臣於常年經費則兩次代墊，於欠借各款則令晋、豫酌解舊欠，亦深諒邊計之不易、欠餉之應還，故令籌款以資接濟。誠以辦防乃是偶然，不爲常例，僅止協解一次，各予三二萬金，在該二省庫帑不至重絀，而邊遠瘠區即蒙大惠，初非責令從此源源撥解，多多益辦，富科布多以窮該省也。細繹部咨，既曰設法籌款，又曰照減撥數目騰挪若干，可見部臣具有斟酌，毫無畸輕畸重。即奴才屢經被駁，亦不能不服其公允。奴才自幼讀書，粗明大義，既不能爲國家理財，亦尚知爲國家節用，本不欲以邊方區區之款屢瀆宸聰，無如勢處萬難，既不能自行設籌，又不能徧向他省告貸，止此晋、豫欠款尚係一綫生機，若竟如該撫辦法，則科布多應還商款、蒙餉既不能雨自天，復不能出自地，更從何處張羅？奴才處此窮荒無告之區，又值商蒙交困之際，實屬智盡能索，難爲無米之炊。

至該撫摺内叙及科城二十六年後半及二十七年前半經費，暨前撥防餉一萬兩，由部墊撥到晋，均已陸續委解，此時當已得資接濟，等語。查所云部撥後半、前半，均係常年經費，不與防款相干。即使略有借動，終須撥還，且寅支卯糧，尚虞支絀。並查去年部墊經費早已解到，動用無餘，其今年之前一半經費，應抵春夏兩季額支之項，且先設法分别墊欠，餉到即當還補。至秋冬兩季已成懸欠，若該省仍不協給，即又無法可施，是得資接濟之説似尚未悉窮邊實在情形。况待用萬緊，餉到便須動支，亦無餘款可以存儲。若止算入賬不算出賬，則内而户部、外而各省，應存帑項當不勝其多，户部可以不必爲難矣。

奴才焦灼萬分，急病交迫，自恨才短，無術補苴，惟有仰懇天恩再賜體恤，抑或敕令部臣妥籌辦法示遵，務期款項有著，庶以藉全危局，無失大信。奴才不勝感激！理合具摺披瀝直陳。伏祈皇太后、皇上聖鑒訓示，施行。謹奏。

光緒二十七年十月初八日拜發。本年十二月十一日遞回，奉硃批：户部議奏，片並發。欽此（十一月初七日[3]）。（第279—283）

【案】此摺原件[①]現藏於中國第一歷史檔案館，録副[②]藏於臺北“故宫博物院”，兹據校勘。

1.【奴才瑞洵跪】刊本無此前銜，兹據校補。

2.【案】光緒二十七年八月十四日，晋撫岑春煊爲晋庫支絀請將欠款分年解還，曰：

頭品頂戴兵部尚書銜山西巡撫臣岑春煊跪奏，爲晋省庫儲支絀，烏、科二城積欠各款懇恩仍照原案，分年解還，以紓晋力，恭摺仰祈聖鑒事。

竊照光緒二十七年六月初十日准户部咨：議覆科布多參贊大臣奏科布多辦防欠解商款懇部墊發一摺，黏單内開：現計該城經費業經由部一再籌撥，不日當陸續解到，自可勉力支持。其所欠商款五萬兩暨欠撥兵餉一萬三千五百餘兩，前既議令河南、山西兩省於解科布多餉銀内設法籌解，現在該二省時局漸紓，自應仍令該兩省將積欠該城餉銀按照該大臣此次減撥數目，騰挪若干，分批起解，俾得清理欠款等因，具奏，奉旨：依議。欽此。恭録諭旨飛咨到晋。當經轉飭查照辦

① 中國第一歷史檔案館藏：《硃批奏摺》，檔案編號：04-01-35-1057-075。

② 臺北“故宫博物院”藏：《軍機及宫中檔》，文獻編號：145377。

理去後。

茲據署布政使吴廷斌詳稱：查晋省自同治十年起，至光緒六年止，積欠烏、科兩城經費銀三十萬五千二百九十五兩、軍需臺費銀三萬四千兩，經前撫臣剛毅以欠久款巨，一時難籌，奏准自光緒十四年爲始，每年還銀五千兩，計至光緒二十六年止，已陸續解還過銀六萬兩，尚欠銀二十四萬二百九十五兩，内科城應得銀一十二萬九十七兩五錢，又軍需臺費銀三萬四千兩。如果晋省稍可騰挪，自當設法多籌，以應其急。無如晋省自上年防賑，兼籌本年議辦教案，出款爲歷年所無者，則有各教士之借項、添募防營之餉需、客軍之墊款、灾區數十州之留支驛站各款，約計數目實已不貲。而入款則上忙請停徵者，類係賦額最多州縣，此外解納亦復無幾，厘税仍以鄰疆商路多虞，迄無起色。例支之款均應照常年支發，出多入絀，力早不支。刻下例定應解之京、協各餉尚因籌解無從，懇請展緩，即該城例支經費，亦皆由部墊發，晋省實無餘力多還，科城舊欠惟有仍照原案，烏、科兩城每年共湊還銀五千兩，其常年應解經費，俟下忙收有成數，再行設法籌解，等情。請奏前來。

臣查晋本瘠區，又當饑饉，師旅之後，出多入少，竭蹶萬分。臣疊查司庫呈送銀簿，月存數目皆至纖微，晋事之危，晋力之絀，實非尋常艱窘可比，自顧尚且不遑，還欠之未能多籌，當邀聖明洞鑒！合無仰懇天恩准將積欠烏、科兩城餉項仍照原案，每年還銀五千兩，俾得稍紓晋力。其科城常年經費，俟下忙收有成數，再行設法籌解。至該城二十六年後一半經費、二十七年前一半經費，暨前撥防餉一萬兩，由部墊撥到晋，均已陸續委解，此時當已得資接濟。合並陳明。所有晋庫支絀，烏、科二城欠款懇恩仍照原案，分年解還，以紓晋力緣由，謹恭摺具陳。伏乞皇太后、皇上聖鑒。謹奏。光緒二十七年八月十四日。（硃批）：户部知道。[①]

3.【十一月初七日】此奉硃批日期，刊本、稿本作“十一月初八日”，而録副作“十一月初七日”，再查《軍機處隨手登記檔》[②]所載，則與録副同，確。茲據校正。

---

① 中國第一歷史檔案館藏：《硃批奏摺》，檔案編號：04-01-35-0845-035。

② 中國第一歷史檔案館藏：《軍機處隨手登記檔》，檔案編號：03-0309-2-1227-297。

一五、餉項支絀現在情形片

光緒二十七年十月初八日（1901年11月18日）

再，去年籌布邊防，辦理蒙團，一切用款，除動挪庫存正項及平餘雜款之外，僅得特旨撥給庫平一萬兩，新疆借墊湘平二萬兩，折合庫平已少八百兩；又由該省扣除鞘釘各項銀兩，計實解到庫平銀一萬九千一百九十四兩零，此外别無協濟之款，計此不足三萬金，不過僅敷留兵五百一年餉需。奴才原擬將新疆借款分别酌還商墊、補發原欠蒙餉，前已附片奏明，惟前因留兵乏餉咨請行在户部核示，現准咨覆謂此項留兵歲支餉需，本部實未能如數發給，應由該大臣自行奏明裁撤，等語。

奴才奉咨之下，甚屬爲難，蓋此項留兵，論彈壓地方，固屬不足；在保護洋商，尚稱有用。八月間，俄駐庫倫匡蘇勒施什摩勒福過此，議及護商一節，甚爲著意，且有去秋俄商密海勒阿克索諾福及蒙古工人前往阿爾臺山一帶收取欠賬、查無下落一案，百計密訪，尚無頭緒，未能辦結。奴才業於夏間咨明總理衙門，並以牽涉借地尚在會商塔爾巴哈臺查辦，若不稍資兵力，以後洋商實難空言保護，誠恐所省者小，所失者大。第有兵無餉，孫、吴亦將束手，況以奴才之迂拙無才，尤不能保平安無事。奴才亦不敢與部臣相抗，祇得勉爲遵辦，且看裁撤後情形如何。

至欠餉纍纍，部臣既覆以未能撥給，則奴才自當設法料理。除特賞之一萬兩本係因留兵撥給，應以抵支月餉，其新疆借墊之一萬九千一百九十四兩，自可並爲此項兵餉之用，即不能再顧及當日商墊，初欠蒙餉仍是絲毫不能歸還，不能補發。總之邊遠瘠區，向資内協，以較東北，新疆且不過九牛之一毛。況去年沿邊、沿江、沿海無不設防，即無不需餉，恐未必能以數萬金救急應變，均在部臣籌慮之中，尤難逃聖明洞鑒。若都如山西待科布多辦法，竊恐將引爲前車之戒，無敢實心任事者矣。

查烏里雅蘇臺去年曾奉户部撥給的餉五萬兩，故該城得資接濟。今科布多應得晋、豫兩省撥解、舊欠均難指准，可否請敕部臣暫籌接濟，俾應急需而顧邊局，伏候聖裁。所有餉項支絀現在情形，謹附片陳明。伏祈聖鑒訓示。奴才不勝惶悚！謹奏。

光緒二十七年十月初八日拜發。本年十二月十一日遞回，奉硃批：覽。欽此（十一月初七日[1]）。（第283—285頁）

【案】此奏片原件①現藏於中國第一歷史檔案館，録副②藏於臺北"故宫博物院"，兹據校勘。

1.【十一月初七日】此奉硃批日期，刊本、稿本作"十一月初八日"，而録副作"十一月初七日"，再查《軍機處隨手登記檔》③所載，則與録副同，確。兹據校正。

一六、請簡杜爾伯特左翼正盟長摺

光緒二十七年十月二十八日（1901年12月8日）

奴才瑞洵跪[1]奏，爲請簡正盟長員缺以重盟務，繕摺具陳，仰祈聖鑒事。

竊查杜爾伯特左翼正盟長札薩克固山貝子察克都爾札布因病出缺，所遺正盟長一缺，前經奴才附片奏明以杜爾伯特左翼副將軍達賚汗噶勒章納木濟勒暫行署

① 中國第一歷史檔案館藏：《硃批奏片》，檔案編號：04-01-35-1056-057。
② 臺北"故宫博物院"藏：《軍機及宫中檔》，文獻編號：145378。
③ 中國第一歷史檔案館藏：《軍機處隨手登記檔》，檔案編號：03-0309-2-1227-297。

理，一俟揀選妥協，再行請簡，奉硃批：該衙門知道。欽此。欽遵在案。茲經奴才將杜爾伯特左翼應備揀選正盟長之汗王、貝勒、貝子、公等，除年未及歲者毋庸行取外，餘均飭調來城，詳加察看。

該王、貝勒、貝子、公等或資序尚淺，或歷練未深，惟查有現署正盟長副將軍達賚汗噶勒章納木濟勒，精明强幹，熟悉情形，暫署以來，辦理盟務，毫無貽誤，且爵秩較崇，以之補授，洵堪勝任，可否即請以現署正盟長副將軍達賚汗噶勒章納木濟勒簡放杜爾伯特左翼正盟長之處，出自逾格慈施。謹將該汗王、貝勒、貝子、公等銜名、年歲、食俸年分另繕清單，祗呈御覽，恭候欽定。伏俟奉到諭旨，奴才即欽遵辦理。所有開單請簡正盟長員缺以重盟務緣由，理合繕摺具陳。伏祈皇太后、皇上聖鑒。謹奏。

光緒二十七年十月二十八日拜發。二十八年正月初六日遞回，奉硃筆圈出杜爾伯特左翼署正盟長副將軍達賚汗噶勒章納木濟勒。欽此（十一月二十五日）。

呈杜爾伯特應補正盟長汗王清單

謹將杜爾伯特左翼應補正盟長汗王、貝勒、貝子、公等銜名、年歲、食俸年分敬繕清單，祗呈御覽。

署正盟長副將軍特固斯庫嚕克達賚汗噶勒章納木濟勒，現年四十八歲，食俸三十二年。副盟長札薩克多羅貝勒納遜布彥，現年四十六歲，食俸九年。

札薩克多羅郡王圖柯莫勒，現年二十八歲，食俸三年。

札薩克固山貝子納楚克多爾濟，現年四十三歲，食俸五個月。

札薩克輔國公圖都布，現年三十歲，食俸七年。（第285—287頁）

硃圈達賚汗噶勒章納木濟勒[2]。

【案】此摺原件、録副及清單均查無下落，茲據稿本[①]及《軍機處隨手登記

① 稿本第667—674頁。

檔》① 校勘。

1.【奴才瑞洵跪】刊本無此前銜，兹據推補。

2.【硃圈達賚汗噶勒章納木濟勒】此句據《軍機處隨手登記檔》校補。

一七、代奏杜爾伯特固山貝子納楚克多爾濟叩謝天恩摺

光緒二十七年十月二十八日（1901 年 12 月 8 日）

奴才瑞洵跪[1]奏，爲循例據情代奏叩謝天恩，仰祈聖鑒事。

竊前經奴才具奏左翼札薩克固山貝子察克都爾札布遺缺，請以伊長子預保二等臺吉納楚克多爾濟承襲貝子之爵等因一摺，欽奉硃批：著照所請，該衙門知道。欽此。當經轉飭遵照去後。兹據杜爾伯特左翼署盟長達賚汗噶勒章納木濟勒呈稱：轉據新襲貝子納楚克多爾濟申稱：奉到札飭，遵即祗詣科布多城萬壽宫，望闕叩謝天恩訖。

伏思納楚克多爾濟，蒙古世僕，未報國恩，兹復渥荷慈施，賞襲貝子之爵，惟有勉竭愚誠，認真辦理旗務，管束所屬，保安邊境，仰副聖主高厚鴻慈於萬一！並據聲明該貝子尚未出痘，例不進京，等情。懇請轉奏前來。理合循例據情代奏。伏祈皇太后、皇上聖鑒。謹奏。

光緒二十七年十月二十八日拜發。二十八年正月初六日遞回，奉硃批：知道了。欽此（十一月二十五日）。（第 287—288 頁）

【案】此摺缺原件，録副② 現藏於臺北“故宫博物院”，兹據校勘。

1.【奴才瑞洵跪】刊本無此前銜，兹據校補。

---

① 中國第一歷史檔案館藏：《軍機處隨手登記檔》，檔案編號：03-0309-2-1227-314。

② 臺北“故宫博物院”藏：《軍機及宫中檔》，文獻編號：145692。

一八、揀補俄商局筆帖式摺

光緒二十七年十月二十八日（1901年12月8日）

奴才瑞洵跪[1]奏，爲揀補俄商局筆帖式員缺，以重洋務，繕摺具陳，仰祈聖鑒事。

竊查科布多稽察俄商事務局筆帖式雲秀，前經奴才奏補新添糧餉處幫辦章京員缺，業奉批准。所遺筆帖式一缺，係應分駐索果克邊卡，專辦俄商收繳運照事宜，自非堅忍耐勞之員，難期得力。兹查有補用驍騎校候補筆帖式溥涌，公事明白，差使奮勉，向充奴才衙門巡捕，於辦理交涉機宜尚知體會，以之擬補，可無貽誤。如蒙俞允，應俟該員五年期滿，就武回綏遠城，俟補驍騎校後，即以防禦遇缺儘先坐補，先换頂戴。

其該員應找支銀糧，俟奉旨之日，開支報部，仍遇差便給咨該員赴部，帶領引見。至遞遺候補筆帖式，應由奴才揀員充補，咨部辦理。所有揀補筆帖式員缺緣由，謹繕摺具陳。伏祈皇太后、皇上聖鑒。謹奏。

光緒二十七年十月二十八日拜發。二十八年正月初六日遞回，奉硃批：著照所請，該部知道。欽此（十一月二十五日）。（第288—289頁）

【案】此摺原件[①]現藏於中國第一歷史檔案館，録副[②]藏於臺北“故宮博物院”，兹據校勘。

1.【奴才瑞洵跪】刊本無此前銜，兹據校補。

① 中國第一歷史檔案館藏：《硃批奏摺》，檔案編號：04-01-12-0609-021。

② 臺北“故宮博物院”藏：《軍機及宮中檔》，文獻編號：146479。

一九、奏調綏遠城换防新兵到科片

光緒二十七年十月二十八日（1901 年 12 月 8 日）

再，前准綏遠城將軍咨，派委科布多换防委驍騎校廕監奎廉，管帶附生前鋒卓麟，翻譯候補筆帖式前鋒興文，五品頂戴前鋒恒貴、鹿壽，翻譯候補筆帖式馬甲成秀，翻譯教習馬甲瑞秀，五品頂戴馬甲景貴、馬甲特合春、連瑞，養育兵依罕、惠升，就便分解部墊光緒二十六年後一半經費銀兩，於本年六月初八日自綏遠起程，等因。玆查該委驍騎校奎廉帶同該兵十一名，均於十月二十日到防。奴才面加考驗，分試滿、蒙、漢文義，均能通曉，當經分撥各衙門局、處當差，按例開支銀糧，仍俟三月後，照章均作爲委署筆帖式。除分咨查照外，理合附片陳明。伏乞聖鑒。謹奏。

光緒二十七年十月二十八日拜發。二十八年正月初六日遞回，奉硃批：該部知道。欽此（十一月二十五日）。（第 290 頁）

【案】此奏片原件[①]現藏於中國第一歷史檔案館，録副[②]藏於臺北“故宫博物院”，玆據校勘。

① 中國第一歷史檔案館藏：《硃批奏片》，檔案編號：04-01-17-0179-014。
② 臺北“故宫博物院”藏：《軍機及宫中檔》，文獻編號：145690。

二〇、請假兩月片

光緒二十七年十月二十八日（1901年12月8日）

再，奴才於去秋驚憂成疾，至冬向愈。不料今年自春徂秋，屢經觸發，加以時局縈心，邊務掣肘，憂憤之極，益乖調養。奴才性本卞急，自來口外盤錯之區，遇事能忍，躁氣漸除，但鬱悶亦即因之加劇。昨於十月初十日晚間，忽覺氣逆喉痛，竟有積塊壅塞胸膈，每食輒噎，不能納穀。當服祛痰降氣丸藥，又以攻伐太過，變爲泄瀉，現已半月有餘，下利不止，虛喘漸增，委頓殊甚。前蒙恩准采辦藥物，而迢遥萬里，急切難致。刻下患病如此，竟至無從施治，焦灼實深！惟有仰懇天恩賞假兩個月，俾資静攝，免成沈痼。其一切公事，刻止剩奴才一人，仍當力疾經理，不敢藉耽安逸，自外生成。所有奴才因病請假緣由，理合附片具陳。伏乞聖鑒。謹奏。

光緒二十七年十月二十八日拜發。二十八年正月初六日遞回，奉硃批：著賞假兩個月。欽此（十一月二十五日）。（第290—291頁）

【案】此奏片缺原件，録副[①]現藏於臺北“故宫博物院”，兹據校勘。

① 臺北“故宫博物院”藏：《軍機及宫中檔》，文獻編號：145691。

卷之九　無藥集

光緒辛丑十一月起十二月訖（1901）

〇一、札哈沁喇嘛磕頭摺

光緒二十七年十一月二十四日（1901年1月3日）

奴才瑞洵跪[1]奏，爲奏聞事。

據札哈沁總管三保呈報：本旗圖古里克庫倫得木齊喇嘛達爾嘉等十一人前往西寧棍布木招磕頭，請發給照票，等情。呈報前來。臣查向章：凡蒙古喇嘛等遇有呈請前往五臺山、西寧等處磕頭者，一面具奏，一面發給照票，令其前往，久經辦理有案。

今札哈沁得木齊喇嘛達爾嘉等呈請前往西寧棍布木招磕頭，自應照准。除由奴才發給照票一張，暨咨行西寧辦事大臣查照，俟該得木齊喇嘛達爾嘉磕頭事竣，即飭催回旗外，理合具摺奏聞。伏祈皇太后、皇上聖鑒。謹奏。

光緒二十七年十一月二十四日拜發。二十八年正月十七日遞回，奉硃批：該衙門知道。欽此（十二月十九日）。（第294—295頁）

【案】此摺缺原件，録副①現藏於臺北“故宫博物院”，兹據校勘。

1.【奴才瑞洵跪】刊本無此前銜，兹據校補。

① 臺北“故宫博物院”藏：《軍機及宫中檔》，文獻編號：146754。

○二、請頒報匣押封片

光緒二十七年十一月二十四日（1901年1月3日）

再，科布多向來拜發摺件均用頒發報匣封遞，旋經奴才去年六月復請賞給御押兩分，奉旨照准。嗣值軍務猝啓，奏事兩次之報匣未蒙發回，當即改用夾板包封馳遞，惟驛路經由皆係蒙古臺站，該官弁素知報匣爲緊急奏報，遞送迅速，往返不過一月有餘。今改夾板，每視爲尋常公文，無論如何檄諭，迄未了然，故具一摺動須一月光景，始能上達御覽。及奉到批回，且須四十日内外，事機濡滯，頗不放心。

現幸大局底定，奴才愚見北路陳奏事宜，似以仍用報匣爲便，合無仰懇天恩從新賞頒報匣四分、御押四分、鑰匙四分，以資敷奏。如蒙俞允，奴才當派員晋京，祗赴辦理軍機處請領。謹以附請。伏祈聖鑒。謹奏。

光緒二十七年十一月二十四日拜發。二十八年正月十七日遞回，奉硃批：著照所請。欽此（十二月十九日）。（第295—297頁）

【案】此奏片缺原件，録副[①]現藏於中國第一歷史檔案館，兹據校勘。

---

① 中國第一歷史檔案館藏：《録副奏片》，檔案編號：03-5740-042。

○三、擬將蒙古糧折改本色摺

光緒二十七年十一月二十四日（1901年1月3日）

奴才瑞洵跪[1]奏，爲邊費日絀，不敷周轉，擬將蒙古各項官員、兵丁應領糧折銀兩援照成案，暫放本色，以足兵食而節餉力，繕摺具陳，仰祈[2]聖鑒事。

竊奴才伏查科布多例支官兵糧糈原係均放本色，嗣因存糧不敷滿支，改放折色，卡倫蒙兵且以一半折放煙茶，而遇倉庾較豐，年久恐致霉爛，或一年放本，一年放折，或連年全放本色，均經奏明有案。查科布多所管臺站、屯田、駐班官學、明阿特、額魯特兩部落各項蒙古官兵，每年應領糧折銀兩向由常年經費項下按半開放，惟自上年多事以來，常年經費户部墊撥之外，山西應協省分絲毫未給。現該省又經奏明須俟上下兩忙有收，方能設法籌解，蓋已幾幾乎不可必得矣。加以近來整頓一切，並未請有專款，全仗騰挪濟用，現在止有部墊本年前一半經費，解到即已告罄，有如沃焦，應放各項尚多欠缺。其直隸去、今兩年應協之款亦無撥解，雖經函牘交馳，委員催領，而該二省仍腦後置之，徒使萬里寒邊空煩筆舌，虚耗盤費。似此年復一年，不但地方應辦事宜無從籌布，即例定應支之項亦慮壓閣。奴才蚤夜焦思，持籌乏術，止有極力撙節，作求人不如求己打算，期敷歲計。

復查科布多蒙古各旗，近多被灾，日形苦累，來往俄商皆須護送，差使又極繁重。此項糧折並爲蒙古計口授食之需，不容短少。值兹帑藏空虚，自當勉籌補苴之策。奴才悉心計畫，現在倉儲糧石舊存尚有五千七百餘石，本年新糧刻正驗收，又約有五千餘石，統算當在萬石有奇。前議脩建倉廒，現以待款停工，尚未竣事。此項糧石陳陳相因，日久竊虞紅朽，似不如將所有各項蒙古官兵糧折銀兩，援照成案，暫行放給本色，既資兵食，又可稍節餉力。一年通核，約須一千數百石。在存糧石若以支放三五年，於倉儲不至過絀，即地方歲增糧石亦愈得流通之益，一俟經費照常撥解，再當察酌情形，奏明辦理。合無請旨俯准照辦，實於地方兵食均屬有裨。如蒙俞允，俟奉諭旨，奴才即欽遵飭辦。謹將邊費日絀，不敷周轉，擬將蒙古各項兵糧折銀兩援照成案，暫放本色，以足兵食而節餉力緣由，繕摺具陳。伏祈皇太后、皇上聖鑒訓示。謹奏。

光緒二十七年十一月二十四日拜發。二十八年正月十七日遞回，奉硃批：著照所請，該衙門知道。欽此（十二月十九日）。（第297—299頁）

【案】此摺原件[①]現藏於中國第一歷史檔案館，録副[②]藏於臺北“故宮博物院”，兹據校勘。

1.【奴才瑞洵跪】刊本無此前銜，兹據校補。

2.【仰祈】刊本作“伏祈”。

○四、籌防款目請開單報銷片

光緒二十七年十一月二十四日（1901年1月3日）

再，現在大局底定，防務已鬆，應將籌防用款，暨留兵一年支餉分別報銷，前已將出入大數奏明，並將支發款目擇要咨部先行立案。伏思奴才自到任後，事無大小，皆必身親，從不假手於人，今欲清理銷案，尤非自行核辦不可。惟查自來辦理各項報銷，無不曲意遷就，勉符例章，少干駁斥，實則全非本來面目，蓋欲合例，便須揑飾，而一一據實開報，事之所有，又或爲例之所無，浮冒雖不能免，而多用少報，或竟不敢開報之款目，亦頗有之。此中情形早在聖明洞鑒之中。奴才愚見，現值聖主整齊庶政之際，報銷一事煩碎繳繞，流弊較多，朝廷方欲改弦更張，變通以盡其利，似無須仍由此作僞具文，總以改就簡明、一目了然爲妥，

① 中國第一歷史檔案館藏：《硃批奏摺》，檔案編號：04-01-01-1047-102。

② 臺北“故宮博物院”藏：《軍機及宫中檔》，文獻編號：146752。

可否仰求天恩俯准奴才將經辦防務一切用款開具清單報銷，免其造册，以昭核實。

如蒙俞允，奴才即督飭經手之員查照支發底簿，核算辦理，實用實銷，不稍掩飾，再行咨請户、兵各部核辦。至前奉户部一再指令山西、河南籌解欠餉，俾得清理墊欠各款，迄今仍未據撥解絲毫，前經奴才專摺具奏，自應敬候諭旨。合並陳明。奴才所請係爲力求實際起見，是否有當，謹附片籲懇。伏祈聖鑒訓示。謹奏。

光緒二十七年十一月二十四日拜發。二十八年正月十七日遞回，奉硃批：准其開單報銷。欽此（十二月十九日）。（第299—300頁）

【案】此奏片缺原件，録副①現藏於臺北"故宫博物院"，兹據校勘。

○五、遵保章京筆帖式懇給獎叙摺

光緒二十七年十一月二十四日（1901年1月3日）

奴才瑞洵跪[1]奏，爲遵旨酌保科布多額缺章京、筆帖式各員，懇恩照擬給獎，以勵勤勞，專摺繕單具陳，仰祈聖鑒事。

竊奴才前奏請將部院額缺章京、筆帖式等援案按照邊省軍營勞績，擇尤保奬，並定年限、員數，以杜冒濫，等因。本年二月初五日遞回原摺，奉硃批：著照所請，該衙門知道。欽此。具仰湛恩汪濊，不薄邊功，曷勝欽感！查科布多近年以來邊事日棘，交涉漸增，糧餉處綜核錢糧，印務處經理案牘，而蒙古處管理蒙古部落、哈薩克鄂拓克事務並卡倫、臺站牧政，責成彌重；其俄商局辦理洋務，尤爲大局攸關；又兼去年遵旨防邊，簡校蒙兵，試行團練，舉凡籌備餉需，搜捕賊匪，稽查保甲，偵探軍情，以及守城清野、放卡、駐臺各事，雖由奴才主持布置，

① 臺北"故宫博物院"藏：《軍機及宫中檔》，文獻編號：146755。

幸免疏虞。該章京、筆帖式等亦復均能出力，艱苦不辭，洵屬有勞可録，自應遵旨酌保，以昭激勸。

奴才悉心斟酌，著績固宜嘉奬，而薦剡亦不可濫登，稽考成章，未敢過從優異，除糧餉章京另片請奬外，謹將該章京、筆帖式等擇尤擬保數員，敬繕清單，祇呈御覽。合無仰懇天恩特沛，俯准照擬給奬，出自高厚鴻慈。除飭取該章京、筆帖式等履歷咨部外，所有遵旨酌保額缺章京、筆帖式各員繕單請奬緣由，謹專摺具陳。伏祈皇太后、皇上聖鑒訓示。謹奏。

光緒二十七年十一月二十四日拜發。二十八年正月十七日遞回，奉硃批：著照所請，該部知道，單並發。欽此（十二月十九日）。

呈遵保章京等員清單

謹將遵保章京、委署主事、筆帖式各員擬請奬敘，敬繕清單，祇呈御覽。

計開：首先即補防禦後以佐領補用先换頂戴印務處承辦章京主事職銜玉善，擬請俟補佐領後，以協領即補，先换頂戴。

首先坐補防禦後以佐領即補先换頂戴補佐領後以協領補用蒙古處承辦章京主事職銜英秀，擬請賞給該員祖父母、父母二代二品封典。

分發省分補知縣後以直隸州知州補用俟補直隸州後加知府銜俄商局承辦章京主事職銜穆騰武，擬請仍以直隸州知州分省遇缺即補。

補防禦後以佐領補用先换頂戴印務處幫辦章京主事職銜崇文，擬請俟補後，以協領即補，先换頂戴。

補防禦後以佐領補用先换頂戴糧餉處幫辦章京主事職銜雲秀，擬請以佐領遇缺即補。

遇缺即補防禦後以佐領補用先换頂戴蒙古處幫辦章京主事職銜鍾祥，擬請俟補佐領後，以協領即補，先换頂戴。

四品頂戴遇缺即補防禦委署主事文惠，擬請補防禦後，以佐領補用，並請賞加三品銜。

補驍騎校後以防禦補用先換頂戴印務處筆帖式清林，擬請俟補防禦後，以佐領即補，先換頂戴。

補用防禦糧餉處筆帖式景善，擬請俟補防禦後，以佐領補用，先換頂戴。

補驍騎校後以防禦補用先換頂戴蒙古處筆帖式錫齡阿，擬請俟補防禦後，以佐領即補，先換頂戴。（第300—304頁）

（硃批）：覽[2]。

【案】此摺原件①現藏於中國第一歷史檔案館，録副②及清單③藏於臺北"故宫博物院"，兹據校勘。

1.【奴才瑞洵跪】刊本無此前銜，兹據校補。

2.【覽】此硃批據清單補。

○六、附保出力章京片

光緒二十七年十一月二十四日（1901年1月3日）

再，查記名班先理事同知糧餉章京委署主事翰林院筆帖式榮臺，去年三月即已報滿，因軍事猝起，未能及時更换，是以仍行接辦。旋值京師不靖，邊境戒嚴，餉道梗阻，直、晋應協經費並皆停撥，科布多年例支款頓無指望，羅掘倍極維艱。又加奉旨籌布邊防，挑練蒙兵，軍需緊要，局勢瀕危，深慮備豫稍疏，貽不旋踵。奴才即援照從前辦法，督率該員謀諸商賈，暫議挪借，既濟公家之急，即以保其財命，頗費唇舌，始得勉從。方當朝不保夕、人情惶懼之際，城防、臺卡一日數

① 中國第一歷史檔案館藏：《硃批奏摺》，檔案編號：04-01-16-0271-058。

② 臺北"故宫博物院"藏：《軍機及宫中檔》，文獻編號：146751。

③ 臺北"故宫博物院"藏：《軍機及宫中檔》，文獻編號：146751-0-A。

驚，既須供應額支，又須接濟軍用，兼籌並顧，竭力維持，於是兵心藉其固結，地方賴以安全。雖由承受指揮，而該員肆應之功不可泯也。

伏查光緒二十四年，前大臣寶昌等因該員清厘欠發各餉，著有微勞，附片特保，請以記名理事同知准歸班先帶領引見，先換頂戴，欽奉批旨：著照所請，吏部知道。欽此。仰見朝廷優恤邊陲，有勞必録，欽感同深！該員此次尤屬異常出力，且辦理糧餉事務已逾四年，至今亦未交卸，自應從優保獎。惟以格於成例，未敢冒昧瀆陳。

查該員本係京察一等，記名以理事同知、通判用，並奉旨准歸班先人員，合無籲懇天恩敕部將該員榮臺仍歸京察一等，記名理事、同知，遇有缺出，仍歸班先帶領引見，俟得缺後，在任以知府用，先換頂戴，以示鼓勵之處，出自逾格慈施。奴才爲勵勤示勸起見，是否有當，伏祈聖鑒訓示。謹奏。

光緒二十七年十一月二十四日拜發。二十八年正月十七日遞回，奉硃批：著照所請，吏部知道。欽此（十二月十九日）。（第304—306頁）

【案】此奏片原件[①]現藏於中國第一歷史檔案館，録副[②]藏於臺北“故宫博物院”，兹據校勘。

○七、附保驍騎校片

光緒二十七年十一月二十四日（1901年1月3日）

再，補用驍騎校額外驍騎校文普、錫麟圖二員，到防以來，或逾六年，或届

① 中國第一歷史檔案館藏：《硃批奏片》，檔案編號：04-01-13-0432-001。

② 臺北“故宫博物院”藏：《軍機及宫中檔》，文獻編號：146757。

三年，迭奉差委，均無貽誤。去年隨同奴才籌布邊防，蚤夜奔馳，尤屬倍著勞績，若不量加鼓勵，未免向隅。合無仰懇天恩俯准將額外驍騎校補用驍騎校文普、錫麟圖二員，均俟補驍騎校後，以防禦即補，先換頂戴，以昭激勸，出自鴻施。除飭取履歷咨部外，理合附片具陳。伏祈聖鑒訓示。謹奏。

光緒二十七年十一月二十四日拜發。二十八年正月十七日遞回，奉硃批：著照所請，兵部知道。欽此（十二月十九日）。（第306—307頁）

【案】此奏片原件[1]現藏於中國第一歷史檔案館，録副[2]藏於臺北“故宫博物院”，兹據校勘。

〇八、請賞還春普保案片

光緒二十七年十一月二十四日（1901年1月3日）

再，糧餉處筆帖式春普前因志氣頹懈，嗜酒廢公，經奴才附片奏參，請將該員補驍騎校後以防禦補用先換頂戴保案撤銷，奉旨照准欽遵在案。兹查該員自撤保後，供差改過，力圖自贖，現在已届一年，尚知愧奮，合無懇恩將該員前撤保案准予賞還，以示懲勸之公。謹附片具陳。伏祈聖鑒訓示。謹奏。

光緒二十七年十一月二十四日拜發。二十八年正月十七日遞回，奉硃批：著照所請，該部知道。欽此（十二月十九日）。（第307頁）

---

① 中國第一歷史檔案館藏：《硃批奏片》，檔案編號：04-01-17-0179-044。
② 臺北“故宫博物院”藏：《軍機及宫中檔》，文獻編號：146756。

【案】此奏片原件[①]現藏於中國第一歷史檔案館，録副[②]藏於臺北"故宫博物院"，兹據校勘。

〇九、請催直晋經費摺

光緒二十七年十一月二十四日（1901年1月3日）

奴才瑞洵跪[1]奏，爲直、晋應協經費請旨敕催速解，以資接濟，具摺馳陳，仰祈聖鑒事。

竊前因經費不敷，奏奉諭旨敕交户部議令直隸省於旗租項下每年協撥銀二千五百兩，由該藩司委解至口北道衙門轉發科布多，委員接領起解。去年軍務猝啓，畿輔戒嚴，此項頓歸無著，今年亦未撥給。前因和局已定，經奴才咨請大學士督臣李鴻章飭司照撥，並經加函哀懇，委員往提，迄今尚未准覆，焦盼殊深！科布多近年經費專指直、晋兩項，從前東南各省協餉均已停撥，支絀情形早邀聖明洞鑒。山西應撥經費曾奉户部咨開，所有烏、科二城經費，行令不分上忙、下忙，總在七八月間全解到綏遠城，俾得早日領解，以資接濟。今撫臣岑春煊前奏本年後一半銀兩，擬俟下忙有收，再爲設法籌解，萬難期其應急，且稍一壓閣，即須過年，是又暗爲短欠矣。若直隸之二千五百兩亦復從緩，正不啻雪上加霜！絶徼荒寒，嗷嗷待哺者，何以堪此！況臣所管蒙古各部落困苦日甚，現並據明阿特、額魯特兩旗呈懇補發早年欠餉，以恤蒙累。此須山西補解舊欠到日，方能酌發。雖經户部指撥，但該省又已奏減每年仍給二千五百兩，既無大批銀兩，亦屬無從撥還。此需餉急切之實在情形也。

---

① 中國第一歷史檔案館藏：《硃批奏片》，檔案編號：04-01-17-0179-045。

② 臺北"故宫博物院"藏：《軍機及宫中檔》，文獻編號：146801。

竊維奴才待罪邊陲，值兹時局，方愧未能籌款，稍分宵旰之憂，豈宜因區區經費屢瀆宸聰！無如地方瘠苦，懸釜待炊，不能見諒於鄰封，惟有乞恩於君父！萬不得已，仍應籲懇慈施，敕令直隸督臣李鴻章速飭藩司，將去、今兩年應協之五千兩照章籌撥，並敕山西撫臣岑春煊，嗣後於科布多經費各款仍遵部議，早籌撥發，勿待分忙，致誤兵食，庶期餉項早到一日，早濟一日之生。其本年後一半經費，務即委解至綏遠城，以便委員接解，無再藉延。邊城雖介偏隅，同關大局，李鴻章等體國公忠，天下仰望，但於窮塞略加體恤，即已叨惠不淺。除再行咨催外，謹具摺馳陳。伏祈皇太后、皇上聖鑒訓示，施行。再，幫辦大臣瑞璋尚未到任，未經列銜。合並聲明[2]。謹奏。

光緒二十七年十一月二十四日拜發。二十八年正月十七日遞回，奉硃批：著户部飭催籌解，以濟邊餉。欽此（十二月十九日）。（第307—310頁）

【案】此摺原件①現藏於中國第一歷史檔案館，録副②藏於臺北“故宫博物院”，兹據校勘。

1.【奴才瑞洵跪】刊本無此前銜，兹據校補。

2.【案】劃綫部分刊本缺，兹據校補。

一〇、叩謝天恩摺

光緒二十七年十二月十九日（1902年1月28日）

奴才瑞洵跪[1]奏，爲叩謝天恩，仰祈聖鑒事。

---

① 中國第一歷史檔案館藏：《硃批奏摺》，檔案編號：04-01-35-1058-026。

② 臺北“故宫博物院”藏：《軍機及宫中檔》，文獻編號：146753。

竊奴才接到家信，謹悉奴才胞弟户部緞匹庫員外郎瑞澂[①]於本年九月初九日奉上諭：江西廣饒九南道員缺，著瑞澂補授。欽此。奴才當即恭設香案，望闕叩頭謝恩。伏念奴才胞弟瑞澂，才識本庸，資勞尚淺，乃荷鴻施逾格，簡授監司，在聖主求舊，必於勳門；而世僕效忠，益難報稱。

查九江爲水陸之衝，關道有征榷之責，當此巨艱初集，深虞隕越貽羞。奴才惟當陲書訓飭，戒其矜夸，務令勉副職司，慎求治理；論地方則以培養民氣爲本，稽税課則以厘剔蠹弊爲先，總期事事求實，涓滴歸公，俾共勵夫血誠，冀稍酬夫恩遇！所有奴才感激下忱，謹繕摺具陳，叩謝天恩。伏祈皇太后、皇上聖鑒。謹奏。

光緒二十七年十二月十九日拜發。二十八年二月十二日遞回，奉硃批：知道了。欽此（正月十八日）。（第310—311頁）

【案】此摺原件[②]、録副[③]現均藏於中國第一歷史檔案館，兹據校勘。

1.【奴才瑞洵跪】刊本無此前銜，兹據校補。

【案】光緒二十七年十二月十八日，江西巡撫李興鋭奏報道員瑞澂赴任，曰：

再，新授江西廣饒九南道瑞澂現已到省，自應飭赴新任。除檄飭遵照外，理合附片陳明。伏乞聖鑒。謹奏。（硃批）：知道了。[④]

---

① 瑞澂（1864—1915），字莘儒，號恕齋，滿洲正黄旗人，博爾濟吉特氏。光緒十一年（1885），捐筆帖式刑部行走，選刑部督捕司筆帖式。十二年（1886），留神機營差委。同年，充刑部提牢。十五年（1889），補刑部奉天司主事。十七年（1891），加四品銜。十九年（1893），升刑部員外郎，掌司務廳印鑰。次年，掌江蘇司印鑰。二十二年（1896），充秋審處坐辦、會典館滿協修官。二十四年（1898），掌四川司印鑰，充清檔房幫總辦。同年，補户部緞匹庫員外郎。二十七年（1901），任京城善後協巡總局提調，充步軍統領衙門行走。同年，放江西廣饒九南道，晋二品銜。是年，兼江西九江關監督。二十八年（1902），署江西按察使，總辦江西巡警事務。三十年（1904），調補江蘇蘇松太道。三十三年（1907），遷江西按察使，轉江蘇按察使。同年，升補江蘇布政使。宣統元年（1909），擢江蘇巡撫。同年，署湖廣總督。二年（1910），授湖廣總督、會辦鹽政大臣。民國四年（1915），病卒。

② 中國第一歷史檔案館藏：《硃批奏摺》，檔案編號：04-01-12-0611-029。

③ 中國第一歷史檔案館藏：《録副奏摺》，檔案編號：03-5411-091。

④ 中國第一歷史檔案館藏：《硃批奏片》，檔案編號：04-01-12-0611-109。

一一、蒙旗辦賑摺

光緒二十七年十二月十九日（1902年1月28日）

奴才瑞洵跪[1]奏，爲蒙古公旗報灾，查明情形較重，懇恩准撥銀糧賑濟，以戢流離，具摺馳陳，仰祈聖鑒事。

竊據杜爾伯特右翼公多諾魯布呈報：該旗連年被灾，四項牲畜倒斃殆盡，官員已極窮迫，其兵丁、男婦、喇嘛、黑人竟至無所資生，每日不得一飽，出外募化者日多一日，若不設法撫恤，恐致流離愈衆，窮釀事端，懇求賑濟前來。奴才查去年冬令，雪澤不調，今春又生蟲孽，專吃青草，蒙古各旗大半被灾，輕重不一。奴才以若辦普賑需款浩繁，誠恐户部籌撥維艱，奴才是以未敢輕發。惟聞該公旗實已成灾，自應即予查辦，當派委員前往該旗確勘，並飭杜爾伯特右翼盟長亦派蒙員會查。旋據禀稱：查得該旗實係連年遭灾，困苦情形，不堪言狀。除稍有牲畜能度命者二十三户，竟有七十七户男婦老弱、喇嘛、黑人，無衣無食，難望存活，現多逃往别旗，募化行乞，實堪憫惻，等語。覆維口外蒙古專靠游牧，多以駝馬牛羊湩酪充飢，富者始能食肉。若野無青草，畜牧不能蕃孳，生計即因之枯窘。兹既查屬實情，自難稍存漠視，且有去年賑濟札哈沁之事，尤未宜辦理偏枯。而蒙困到處皆然，亦不能强令同盟養贍。定例蒙古連年荒歉，同盟内不能養贍，應請旨派員查明，撥銀賑濟。

奴才悉心籌酌，僅止一旗辦賑，用項無多，即無須動請部款，擬由科布多公項内匀撥銀五百兩，再動支倉糧小麥、大麥一百石，遴委廉幹人員，帶往該旗，將被灾蒙古貧苦人等查明户口，分别拯濟，核實散放。其糧石作爲籽種，責令該旗招集流亡之丁壯，派令就可耕之地，於明年三四月間及時試種，即令該盟長酌量借給牛隻，如獲秋收，便可足資接濟，既救一時之灾，兼爲他日開墾之漸，似屬一舉兩得，於蒙古尚有裨益。現飭右翼盟長權爲賙助，俟奉旨後，奴才即欽遵辦理。奴才爲籌賑濟以戢流離起見，是否有當，理合具摺馳陳。伏祈皇太后、皇上聖鑒訓示。再，幫辦大臣瑞璋尚未到任，未經列銜。合並聲明[2]。謹奏。

光緒二十七年十二月十九日拜發。二十八年二月十二日遞回，奉硃批：著照所請，該衙門知道，片並發。欽此（正月十八日）。（第311—313頁）

【案】此摺原件①現藏於中國第一歷史檔案館，兹據校勘。

1.【奴才瑞洵跪】刊本無此前銜，兹據校補。

2.【案】劃綫部分底本缺，兹據校補。

一二、請動倉糧放賑片

光緒二十七年十二月十九日（1902年1月28日）

再，北路軍營不同内地，並無養濟院收養貧民處所，以致老弱廢疾無所存恤。比歲多災，尤增困憊，近經奴才查知，附城左右窮苦無告之蒙古、漢民男婦大小共有二百五十餘人之多，類皆不能自食。現值冬寒，所在僵仆，誠有如漢詔所云：鰥寡孤獨窮困之人，或阽于死亡而莫之省憂者，是地方官之責有未盡也。

奴才已於十月朔捐買米麵，在奴才署外按名散放，聊資拯濟，但綿力有限，未能多施，且慮後難爲繼。體察情形，仍惟有推布上恩，爲窮塞百姓籲求振貸。奴才擬每年冬令，於倉儲項下動支小麥、大麥各五十石施放，十、冬、臘三個月，每月六次，即實給米麵，所資無幾而生命所全已多。奴才當委妥員經理，並可親自察視，務期實惠均霑，野無餓莩，仰副朝廷厚恤邊氓之至意。如蒙俞允，應於

① 中國第一歷史檔案館藏：《硃批奏摺》，檔案編號：04-01-12-0099-042。又，《災賑檔》，編號：01-08411。

每届秋令，由奴才衙門先期奏明辦理，所用糧石並請歸入常年報銷，是否有當，謹附片陳奏。伏祈聖鑒訓示。謹奏。

光緒二十七年十二月十九日拜發。二十八年二月十二日遞回，奉硃批：覽。欽此（正月十八日）。（第 313—314 頁）

【案】此奏片原件①現藏於中國第一歷史檔案館，兹據校勘。

一三、筆帖式麟慧咨回原旗片

光緒二十七年十二月十九日（1902 年 1 月 28 日）

再，科布多戍防候補筆帖式綏遠城步甲麟慧，前因三年班滿，經奴才附片奏請留駐，尚未奉到批旨。查該員已於今年正月派赴山西催領餉銀，旋據禀請病假，兹復接其來禀，以久病未愈，懇准開去戍防差使，咨回本城當差，自應照准。除批飭遵照暨分咨兵部、綏遠城將軍外，謹附片具奏。伏祈聖鑒。謹奏。

光緒二十七年十二月十九日拜發。二十八年二月十二日遞回，奉硃批：兵部知道。欽此（正月十八日）。（第 314—315 頁）

【案】此奏片原件②、録副③現均藏於中國第一歷史檔案館，兹據校勘。

---

① 中國第一歷史檔案館藏：《硃批奏片》，檔案編號：04-01-17-0179-013。

② 中國第一歷史檔案館藏：《硃批奏片》，檔案編號：04-01-15-0096-037。

③ 中國第一歷史檔案館藏：《録副奏片》，檔案編號：03-5953-026。

一四、具報官廠駝馬數目片

光緒二十七年十二月十九日（1902年1月28日）

再，查科布多官廠牧放牛、馬、駝隻三項牲畜，前遵部議整頓馬政章程，飭令該管蒙古員弁認真經理，秋季派員稽查，年底奏報一次，節經循辦在案。本年八月間，業經派員查驗。該廠舊存馬二百五十七匹，舊存駝七百九隻，新收由烏里雅蘇臺解到駝二百隻，共駝九百九隻，牛隻無存。除動用並例倒外，實尚存馬二百三十六匹、駝八百四十七隻，尚無缺額情弊，逐一烙印，仍飭該管協理臺吉等妥爲牧放，以備應用。現屆年底，理合奏報。伏祈聖鑒。謹奏。

光緒二十七年十二月十九日拜發。二十八年二月十二日遞回，奉硃批：該衙門知道。欽此（正月十八日）。（第315—316頁）

【案】此奏片缺原件，録副[①]現藏於中國第一歷史檔案館，兹據校勘。

---

① 中國第一歷史檔案館藏：《録副奏片》，檔案編號：03-6053-044。

一五、請將積年報銷分別陳案新案清理摺

光緒二十七年十二月十九日（1902年1月28日）

奴才瑞洵跪[1]奏，爲前任積年收支經費款目均未報銷，補辦維艱，現在設法清釐，已將光緒二十年以前造齊各册派員核實，以備送部，擬請以[2]光緒二十一年至光緒二十六年未報各案作爲陳案，量予變通，暫行開單報銷，嗣後即歸新案，照舊造册，籲懇天恩飭部照准，以清塵牘，繕摺具陳，仰祈聖鑒事。

竊照科布多常年額定經費收支款目，向係按年造册，咨由烏里雅蘇臺將軍核轉送部，而從前辦理軍需、防務及安撫蒙古、哈薩克各事，凡係另由各省協解餉項、户部撥給經費者，皆歸專案，自行造報，均奉部覆准銷在案。現查常年經費自光緒五年至光緒二十六年，經清安、沙克都林札布、魁福、寶昌四任，整二十年之報銷，迄未辦送。奴才始尚以爲因循積壓，正擬督催，繼乃查知係因光緒元、二、三、四各年之銷案尚未奉准部覆，拘泥不即續送。其實户部曾於接到前四年銷册後，咨催跟接趕辦，前參贊大臣魁福亦於交卸之先督飭前糧餉章京奎烜，自光緒五年至二十年之銷册代造完竣，存候送部。前參贊大臣寶昌未即辦理。

奴才因報銷稽延太久，慮難清理，現飭糧餉處將已造之册逐細核對，出入如均相符，即可查照向章，咨送烏里雅蘇臺將軍，轉行達部。惟光緒二十一年以至二十六年，節年收支款目尚須逐細查造。查此項報銷，官吏兩任，事閲數年，論經手之堂屬，現在雖有三人；按支發之餉需，早已隨時告罄。刻值邊務殷繁，事多人少，若仍責以照舊造報，必須設局清理，專辦此事，即不免添出許多薪費，且亦難期急就。從前魁福任内補造各册，用款八百餘兩，辦理一年有餘，始克蕆事，可以想見。竊謂現當朝廷整理庶政、力汰浮文之時，似此陳陳相因，代辦補送之册籍可以從省。奴才悉心籌酌，擬將光緒二十一年以後、二十六年以前各前

任未報各案作爲陳案，請暫變通辦理，一律開具簡明清單，咨送户部備案，仍照章請由烏里雅蘇臺將軍轉達。

其自光緒二十七年以後報銷，即屬新案，仍照舊造册報銷，庶於設法清厘之中仍寓實事求是之意，積年塵牘可期一律廓清，即嗣後辦理亦不難著手矣。愚昧之見，是否有當，謹繕摺據實具陳。伏祈皇太后、皇上聖鑒訓示。遵行。再，幫辦大臣瑞璋尚未到任，未經列銜。合並聲明[3]。謹奏。

光緒二十七年十二月十九日拜發。二十八年二月十二日遞回，奉硃批：著照所請，該部知道。欽此（正月十八日）。（第316—318頁）

【案】此摺原件①、録副②現均藏於中國第一歷史檔案館，兹據校勘。

1.【奴才瑞洵跪】刊本無此前銜，兹據校補。

2.【擬請以】刊本作“擬將”。

3.【案】劃綫部分刊本缺，兹據校補。

一六、擬派員往勘布渠片

光緒二十七年十二月十九日（1902年1月28日）

再，奴才前曾面奉懿旨，敕令到任後籌辦開墾事宜。奴才遵奉之下，時刻在心，經已體察情形於遵查科布多應辦事宜摺内首陳及之，自應俟奉有諭旨，再行欽遵辦理。查奴才前摺所指烏蘭古木、布倫托海、察罕淖爾、布拉罕河、青格里河、額爾齊斯河各處，或舊迹久湮，或間有民墾，一時猝難措置。惟布倫托海地

① 中國第一歷史檔案館藏：《硃批奏摺》，檔案編號：04-01-35-1058-041。

② 中國第一歷史檔案館藏：《録副奏摺》，檔案編號：03-6656-010。

方爲烏梁海游牧，土脈膏腴，爲北路所豔稱。同治年間，曾經設立辦事、幫辦各大臣舉行屯墾，且蒙恩敕户部撥給經費銀十萬兩，旋因李雲麟①辦理操切，激成兵變，實由新疆招募土著、不給行餉之故[1]，初與屯田無涉也。因噎廢食，論者惜之。今欲試行屯墾，惟該處尚可由官經營，以爲倡導，此外則宜勸諭蒙古，使之屯牧兼資，藉寬生計。

第查該處舊有渠道，廢棄垂三十年。口外種田，全仗引水灌溉，渠流不暢，屯亦無由而興。奴才現擬遴派妥員，於明春正月帶同工役，前往布倫托海，將原有渠道逐細履勘，就便估定工料、修費，詳悉稟覆，再議開辦。竊計彼時前摺必已奉到批旨矣。至[2]渠工究需若干，雖難懸揣，然今非昔比，亦不能靡費巨款，要亦不過數千餘兩而已。謹將擬辦屯墾、應修渠工緣由，先行附片陳明。伏祈聖鑒訓示。謹奏。

光緒二十七年十二月十九日拜發。二十八年二月十二日遞回，奉硃批：著照所議認真辦理，期有成效可觀。欽此（正月十八日）。（第318—319頁）

【案】此奏片缺原件，録副②藏於中國第一歷史檔案館，兹據校勘。

1.【案】劃綫部分刊本缺，兹據校補。

2.【至】刊本奪“至”字，兹據校補。

---

① 李雲麟（？—1897），字雨蒼、同安，漢軍正白旗人。咸豐間，以諸生從曾國藩與太平軍作戰，以功保郎中。同治元年（1862），賞戴花翎。二年（1863），保四品京堂候補。三年（1864），辦理陝西漢南軍務。四年（1865），授庫爾喀喇烏蘇領隊大臣。五年（1866），署塔爾巴哈臺參贊大臣。同年，署伊犁將軍。六年（1867），調補布倫托海辦事大臣，加副都統銜，兼理塔爾巴哈臺事務。七年（1868），革職查辦，留甘肅軍營差委。次年，遣發黑龍江當差。十二年（1873），進京。光緒二年（1876），開復原官原銜。三年（1877），辦理俄屬哈薩克一案。四年（1878），因病回旗調理。二十三年（1897），病卒。著有《曠游偶筆》《西陲紀行》等。

② 中國第一歷史檔案館藏：《録副奏片》，檔案編號：03-6731-040。

一七、蒙古放煙賞茶請仍照舊章辦理片

光緒二十七年十二月十九日（1902年1月28日）

再，科布多所管卡倫蒙古官兵應領四季糧石，秋冬放給本色，春夏則係折放茶塊。復按每斗折給煙觔二包，屯田蒙古官兵亦有賞煙之條。此煙向係派員赴新疆古城采買，其價銀由每包八分遞減至四分二厘二毫。嗣於光緒二十三年十月，經前大臣寶昌附片奏稱[1]，差員按年赴歸化城采買，此項代煙爲定價所拘，莫能揀擇。迨經由臺運解回科，該官兵領出此煙，多向市商兑换貨物，隨每包换給一二文錢之貨物，實屬徒費銀兩，無補所需，自宜稍事變通。請准此後凡支放卡倫、屯田代煙，一律按每包價銀四分二厘二毫折放實銀，等情。比即改辦。旋以窒礙難行，寶昌雖悟而艱於更正，亦遂置之。

奴才查蒙古嗜欲有别，故早年定章蒙古賞項多用茶煙，且以抵放兵糈，是不獨因地制宜，亦因人而施也。奉行有年，上下便之。自經改給實銀，仍照原價，於受者無所損益，惟每於糧餉處開放此項時，纖微瑣屑，平兑已極繁難，分晰尤多折耗。迨由蒙官承領，再行發給蒙兵，又須按名散放。即如二十四卡倫官兵應領煙三千八百四十包，按每人二包折給，便須以一百六十餘兩之煙價分包，現銀至一千九百二十包之多，而其他賞需尚不與焉，未免太近苛碎。即原奏所稱赴歸化城采買，亦係因新疆回變，暫行改道，初非恒例。

至謂以煙换一二文貨物一節，查北路物價翔貴，商蒙交易多以磚茶綫帶代銀，每茶一塊合銀五六錢，隨時長落，每帶一條合銀三分，换買食用各物，至少以半條爲止，未聞有一二文錢之貨物。不過蒙古每以此煙給與商鋪抵賬换貨，商家圖占便宜，必從極賤之值折算而已。奴才與糧餉章京細加酌核，折放實銀，在庫款充足時，尚無害事。現值經費欠闕，左支右絀，實未便徒耗現銀，况爲政之道，

簡則易從，應仍請照舊章辦理。是否有當，謹附片詳陳。伏祈聖鑒訓示。謹奏。

光緒二十七年十二月十九日拜發。（第319—320頁）

光緒二十八年正月十八日，奉硃批：著照所請，該衙門知道。欽此[2]。

【案】此奏片缺原件，録副[①]現藏於中國第一歷史檔案館，兹據校勘。

1.【案】光緒二十三年十月二十七日，科布多參贊大臣寶昌爲卡倫官兵賞煙折銀附片曰：

再，科布多向有按年采買代煙一項，係前於嘉慶年間因屯糧收穫不敷散放，經前任參贊大臣等將所屬二十四卡倫蒙古官兵應領春夏兩季糧石折放煙茶，每糧一石，折茶三塊；每糧一斗，折煙二包。其秋冬兩季糧石，仍放本色。彼時煙價每包八分，後價銀每包減至六分，遞又每包減至四分二厘二毫。所節銀兩因伊、塔來往各差繁重，添作科屬三路臺站羊價。洵屬辦理妥善，久經奏明奉旨允准，歷年遵辦在案。

惟近來商情日薄，作此煙者衹求形似，罔顧能否濟用。及差員按年赴歸化城采買此項代煙，亦爲定價所拘，莫能揀擇。迨經由臺運解回科，每當該卡倫官兵等領出此煙，向科市商民兑换貨物，皆因劣不堪用，隨每包换給一二文錢之貨物。實屬徒費銀兩，無補所需。並且歸化城距科甚屬遥遠，一路臺站供應馱運，殊非易易。

奴才查悉此情，自宜稍事變通，以期有濟。擬請此後凡支放二十四卡倫蒙古官兵與夫每年屯田秋收，凡在屯當差蒙古弁兵應賞需代煙者，一律皆按每包價銀四分二厘二毫，折價散放，俾實惠均沾，且免徒勞臺站，是否有當，謹附片據實敷陳。伏乞聖鑒訓示。謹奏。光緒二十三年十一月二十二日，奉硃批：著照所請，户部知道。欽此。[②]

2.【案】此奉硃批日期與内容，據録副校補。

---

① 中國第一歷史檔案館藏：《録副奏片》，檔案編號：03-6164-018。

② 中國第一歷史檔案館藏：《録副奏片》，檔案編號：03-6143-012。

卷之十　强行集

光緒壬寅三月（1902）

○一、叩謝天恩力疾銷假摺

光緒二十八年三月初一日（1902 年 4 月 8 日）

奴才瑞洵跪[1]奏，爲叩謝天恩，力疾銷假，並抒下情，具摺瀝陳，仰祈聖鑒事。

竊奴才於去冬十月患病委頓，曾經附片奏請假期，俾資靜攝，免成沈痼，本年正月初六日遞回原片，奉硃批：著賞假兩個月。欽此。仰承聖眷之垂廑，俯切臣衷之慚感。比時奴才所苦，緣泄利太久，元氣重虧，早見虛損之象，加以嚴寒凛冽，風雪逼人，頭暈體疼，實爲狼狽。蒙古習俗，有病皆延喇嘛誦經祈禱。奴才以並無湯劑可服，遂亦仿效，兼用温補丸藥，尚覺相宜，用得一息幸延，未遽僵仆。現已時交三月，天氣暄和，利疾已愈，氣喘較前亦輕，但兩髀受寒太深，右身筋脈腫脹，夙疾更復，牽連觸發，步履蹇滯，頭腦暈痛之病，則自前年春出口時即染，此恙亦總未能霍然。兩月以來，接見僚屬及蒙古王公，皆在卧室，緊要公事仍自核辦，所謂靜攝乃托空言。

奴才往復思維，欲因痼而解職，既有負恩慈；欲戀棧而貪榮，則又虧官守，況值朝廷力圖富强，邊方同關重要，使竟常以孱軀勉强從事，不惟上辜聖主用人之至意，亦實非奴才報國之初心，循省五中，進退維谷！刻計幫辦瑞璋到任尚須時日，科布多事局仍是奴才一人主持，自未敢遽請開缺，致涉冒昧。假期既滿，應即力疾强起，照常治事，勉任勞怨，以圖少效涓埃。

惟是奴才犬馬之年雖當强仕，而髮弊齒腐，精力早衰，及今若能調理，尚可留此有用之身，若遂耽誤因循，恐永無報效之日矣。且遭際聖明勤勤求治，培護滿蒙，尤爲自强本圖。現當世變日殷，邊務諸需整理，在奴才運籌乏術，固深覺其不勝；而地方無米難炊，又實未由自立。夫以身弱如此，才短如此，此而欲任重致遠，未有不顛覆者，奴才固不足惜，如大局何？奴才擬俟瑞璋到任後，當將地方一切應辦事宜詳細告知，俟其得就熟習，再行揣量奴才病勢，如果仰托福庇，奴才健壯如初，自當與瑞璋和衷共濟，黽勉圖功。儻一如現在困憊情形，仍惟有籲懇鴻仁曲垂矜憫，暫開奴才差缺，准令回旗，既可醫治病體，復免貽誤邊疆。此則奴才區區苦衷不得不先事陳明者也。所有奴才叩謝天恩，力疾銷假，並抒下情緣由，理合具摺瀝陳。伏祈皇太后、皇上聖鑒。謹奏。

光緒二十八年三月初一日拜發。本年四月二十二日遞回，奉硃批：知道了。欽此（三月二十四日）。（第322—324頁）

【案】此摺原件[①]、録副[②]現均藏於中國第一歷史檔案館，兹據校勘。

1.【奴才瑞洵跪】刊本無此前銜，兹據校補。

〇二、敬舉人才摺

光緒二十八年三月初一日（1902年4月8日）

奴才瑞洵跪[1]奏，爲敬舉人才，以備任使，繕摺臚陳，仰祈聖鑒事。

竊奴才伏讀前年叠次諭旨，汲汲以人才爲務，屢詔中外大臣保薦。奴才忝膺邊寄，未報國恩，值兹幹濟需才，益懔人事君之義，冀爲朝廷儲楨幹之用，奴才亦藉補駑鈍之愆，苟有所知，敢不秉公薦達！兹查有翰林院侍講宗室寶熙[③]，心存

① 中國第一歷史檔案館藏：《硃批奏摺》，檔案編號：04-01-12-0614-020。

② 中國第一歷史檔案館藏：《録副奏摺》，檔案編號：03-5415-047。

③ 寶熙（1871—1942），字瑞臣，號沉盦，河北宛平人，愛新覺羅氏，隸屬滿洲正藍旗。光緒十八年（1892），中式進士，選庶吉士。二十年（1894），授翰林院編修，旋充侍讀。二十八年（1902），充湖北鄉試正考官。翌年，簡放山西學政。三十年（1904），授國子監祭酒。三十一年（1905），補内閣學士，兼禮部侍郎銜。次年，遷度支部右侍郎。三十三年（1907），署學部右侍郎。次年，署郵傳部右侍郎。同年，充崇文門副監督。宣統二年（1910），授學部左侍郎。三年（1911），任禁煙大臣，充實録館副總裁，授修訂法律大臣。民國初，任總統府顧問。“九一八”後，曾任僞滿洲國内務處長等職。民國三十一年（1942），卒。著有《工餘談藝》等。

忠愛，志氣方新，自入詞林，砥節礪名，益讀書稽古，留心時務，尤能不囿於風氣，再加磨練，實爲有用之才。

記名御史禮部員外郎于式枚①，廣西翰林，改官部屬，曩佐晋封侯爵故大學士李鴻章北洋幕府，凡重要奏疏公牘，多出其手，學識淹貫，志慮忠篤，抱負甚偉，鬱不得伸，在直隸十餘年，於朝廷政事、郡國利病、瀛海情變，靡不洞悉，蓋得於閱歷，非同耳食之學，且習聞李鴻章緒論，尤熟於交涉之故，其才器足可匡時。

刑部主事鄭杲②，山東進士，研經鑄史，博涉多通，尤於國朝掌故[2]考求有素，不事表襮，行誼卓然。其學問足爲群倫模楷，允稱師儒之任。

前新疆布政使趙爾巽③，漢軍翰林，曾爲諫官，侃直敢言，洎簡貴州知府，薦陟監司布按，所至飭吏安民，政聲洋溢，品操簡潔，又以歛歷有年，尤習於邊要情勢[3]，辦事穩慎，持大體，前以遭艱回旗，現計服闋，亦當赴闕，擴而充之，堪膺封疆之寄。

---

① 于式枚（1853—1915），字晦若、穗生，廣西賀縣人。光緒五年（1879），中舉。六年（1880），中式進士，選庶吉士。九年（1883），補兵部主事。旋充李鴻章幕僚多年，奏牘多出其手。二十二年（1896），補禮部主客司主事，尋升禮部員外郎。二十七年（1901），授京畿道御史。歷任給事中、政務處幫提調、京師大學堂總辦、譯學館監督。二十九年（1903），署鴻臚寺少卿。三十一年（1905），簡廣東學政。次年，補廣東提學使、總理廣西鐵路。三十三年（1907），遷郵傳部右侍郎。同年，充出使德國考察憲政大臣。三十四年（1908），調禮部左侍郎、吏部右侍郎。宣統二年（1910），補授吏部左侍郎。三年（1911），任學部右侍郎。同年，授修訂法律大臣、國史館副總裁、參政院參政。辛亥革命後，僑居青島。民國二年（1913），充清史館總閱。四年（1915），卒，謚文和。

② 鄭杲（1851—1900），字東父、東甫，直隸遷安（今河北遷安）人。光緒五年（1879），中山東鄉試第一名舉人（解元）。六年（1880），中式進士，授刑部主事。十年，選江西司主事。嗣丁母憂，回籍終制，主講濼源書院。服闋起復，遷刑部員外郎。二十六年（1900），卒於任。

③ 趙爾巽（1844—1927），字公鑲，號次珊、无補、無補、無補老人，奉天鐵嶺人。同治六年（1867），以監生中丁卯科順天鄉試舉人。十三年（1874），中式進士，改庶吉士。光緒二年（1876），授翰林院編修。五年（1879），充湖北鄉試副考官。九年（1883），補福建道監察御史。次年，充鑲白旗官學管學官，調廣東道監察御史。十一年（1885），放貴州貴陽府石阡府知府。十九年（1893），升貴東道。次年，調補安徽按察使。二十四年（1898），補陝西按察使，遷甘肅新疆布政使。二十八年（1902），調補山西布政使，署山西巡撫。同年，遷湖南巡撫、湖廣總督。三十年（1904），擢户部尚書。次年，任盛京將軍，兼管盛京五部事務。三十三年（1907），補授四川總督。宣統元年（1909），兼署成都將軍。三年（1911），任欽差大臣東三省總督，兼管東三省將軍事。民國元年（1912），任奉天省都督、保安會會長。三年（1914），任清史館總裁、清史館館長、參政院參政。六年（1917），任弼德院顧問大臣。十四年（1925），任善後會議會員、臨時參政院議長。十六年（1927），病逝。著述有《無補老人哀挽録》《刑案新編》，主纂《清史稿》等。

福建候補道孫道仁①，湖南人，原任提督孫開華②之子，英才卓犖，任俠自喜，尤於兵事討究有得，現在閩統領練軍，訓習洋操，頗爲疆吏所倚重。

河南候補道易順鼎③，湖南人，學贍才長，講求經濟，性情忠勇，幹略恢弘，確是救時之器。山西大同知府李桂林④，直隸翰林，操行廉謹，才識深密，以經術飭吏治，學道愛人，循良無愧。極其局量，司道未足盡其所長。

---

① 孫道仁（1865—1935），字退庵，號静珊、静山，湖南慈利人，蔭生出身。光緒十六年（1890），充頤和園海軍水操學堂辦事官。次年，以軍功賞三品銜，以知府分發福建補用。旋保升爲道員。十九年（1893），丁父憂，回籍守制。二十年（1894），經湖南提督婁雲慶奏調，總管慶字全軍營務處。次年，經閩浙總督邊寶泉委任，督辦善後局。二十三年（1897），統領福勝中、前兩營。次年，總辦全閩營務處，仍統領福勝步、炮等營。尋兼統福强水陸全軍。二十六年（1900），加二品頂戴。翌年，赴日本參觀，兼考察陸軍教育。回國後，開辦福建武備學堂，任總辦。二十九年（1903），遲滯，降補通判，仍充武備學堂總辦兼統督練營務處。三十一年（1905），署福寧鎮總兵，奉命籌辦改編常備軍事宜。同年，實授福寧鎮總兵，封世襲騎都尉。次年，升暫編陸軍第十鎮統制。宣統元年（1909），晋提督銜。二年（1910），加陸軍副都統銜。三年（1911），擢福建提督。同年，加入中國同盟會。民國元年（1912），充福建都督，加陸軍中將銜。六年（1917），充北京政府總統高等顧問，旋去職。十一年（1922），授永威將軍，前往甘肅、新疆查禁鴉片。二十三年（1934），告老回籍。晚年受聘福建省政府高等顧問，寓居鼓浪嶼。二十四年（1935），卒於廈門。

② 孫開華（1838—1893），湖南慈利人，武童。咸豐六年（1856），投效湖北霆營，與太平軍等作戰以功授千總，並戴藍翎。旋以復潛山，升守備，賞戴花翎。十年（1860），克黟縣，擢都司。同年，迭克撫州、鉛山、廣信等郡縣，轉游擊，加參將銜。同治元年（1862），進克青陽、石埭等城，遷副將。三年（1864），進克句容、金陵等城，加總兵銜，賞擢勇巴圖魯。是年，以江西全省肅清，加提督銜。四年（1865），授漳州鎮總兵。九年（1870），調統省會八營精兵。十一年（1872），回任漳州。十三年（1874），統領擢勝全軍，辦理海防。光緒元年（1875），署陸路提督。二年（1876），率隊渡臺，駐扎基隆。四年（1878），賞穿黄馬褂。五年（1879），回署提督任。十年（1884），復渡臺灣，籌辦防務，以抗法功賞騎都尉世職，並幫辦臺灣軍務。十二年（1886），補授福建陸路提督。十七年（1891），降二級留任。旋以失察所部擾累鄉民，改爲革職留任。十九年（1893），感冒風邪，觸發舊傷，醫藥罔效，卒於泉州任所，謚壯武。

③ 易順鼎（1858—1920），字實甫、實父等，號哭盦、眉心等，湖南龍陽（今湖南漢壽）人。光緒元年（1875），中式舉人。六年（1880），充刑部山西司行走。十三年（1887），保河南試用道。十四年（1888），委辦河南省厘税局務。同年，充文闈監試官。十五年（1889），調河南省水利局務，督辦賈魯河工。次年，加按察使銜。二十五年（1899），委辦江防營務處。次年，補廣西右江道，旋署太平思順道。三十四年（1908），調補雲南臨安開廣道。宣統元年（1909），署廣肇羅道。是年，補高雷陽道。二年（1910），充印鑄局參事。三年（1911），代理印鑄局局長。民國九年（1920），卒。著有《琴志樓詩集》等。

④ 李桂林，生卒年未詳，直隸臨榆（今河北秦皇島）人。同治六年（1867），中舉。光緒二年（1876），中式進士，選庶吉士。次年，授翰林院編修。六年（1880），充會試同考官。七年（1881），任國史館協修。九年（1883），升國史館纂修。十一年（1885），充貴州鄉試正考官。同年，丁繼母憂，回籍守制。十五年（1889），授國史館總纂。十八年（1892），加侍講銜。次年，充河南鄉試副考官。二十年（1894），署國史館提調。二十三年（1897），保記名道員。同年，充山東鄉試副考官。二十四年（1898），放山西大同府知府。

此數員者，若蒙聖恩量加拔擢，假以事權，必可裨佐時艱，蔚爲國棟，上不負吾君，下不負所學也。其應如何分别召對、存記之處，出自聖裁，非奴才所敢擅請。至奴才所保儻有不實，亦不敢辭濫舉之咎。所有敬舉人才以備任使緣由，謹繕摺臚陳。伏祈皇太后、皇上聖鑒。謹奏。

光緒二十八年三月初一日拜發。本年四月二十二日遞回，奉旨：留中。欽此（三月二十四日）。（第324—327頁）

【案】此摺原件①現藏於中國第一歷史檔案館，兹據校勘。

1.【奴才瑞洵跪】刊本無此前銜，兹據校補。

2.【掌故】原件、刊本、稿本均作“掌固”，原件“固”處標有御批“×”號。兹校正。

3.【尤習於邊要情勢】刊本作“稔習邊要情勢”。

○三、神靈顯應請頒扁額摺

光緒二十八年三月初一日（1902年4月8日）

奴才瑞洵跪[1]奏，爲神靈顯應，建祠落成，籲懇賞頒扁額，以答靈貺，恭摺具陳，仰祈聖鑒事。

竊奴才參贊衙署園内供奉蟒神，久彰靈迹，隱現莫測，變幻無方，蒙漢軍民常見化身，每一長鳴，必有徵驗，蓋神德之盛，國興有祥，理固然也。去夏苦旱，徧地生蟲，比值屯工之禾甫種，游牧之草將枯，待澤孔殷，雲霓望切！經奴才蠲吉齋禱，旋叩立應，雖有蝨孽，竟得未妨田稼，且復甘霖滂沛，槁苗勃興，

① 中國第一歷史檔案館藏：《録副奏摺》（應爲原件），檔案編號：03-5415-037。

於是蒇事，仍獲有秋，屢豐兆慶。奴才寅感之餘，當即鳩工庀材，建祠供奉，現已落成。

奴才伏維神靈感應，揆諸禦灾捍患，有功德於民則祀之義，允宜食報馨香。兹值祠工告竣，如蒙宸翰之褒崇，益顯邊陲之保障！合無仰懇賞頒扁額一方，發交奴才祗領，敬謹懸挂，以答靈貺，出自上裁。謹繕摺具陳。伏祈皇太后、皇上聖鑒。再，幫辦大臣瑞璋尚未到任，未經列銜。合並聲明[2]。謹奏請旨。

光緒二十八年三月初一日拜發。本年四月二十二日遞回，奉硃批：著照所請。欽此（三月二十四日）。（第327—328頁）

【案】此摺原件[①]、録副[②]現均藏於中國第一歷史檔案館，兹據校勘。

1.【奴才瑞洵跪】刊本無此前銜，兹據校補。

2.【案】劃綫部分刊本缺，兹據校補。

○四、屯田蒙古參領仍留三年摺

光緒二十八年三月初一日（1902年4月8日）

奴才瑞洵跪[1]奏，爲屯田蒙古參領已屆期滿，仍請留辦三年，以資熟手，繕摺具陳，仰祈聖鑒事。

竊查科布多管理屯田蒙古參領阿畢爾密特，自光緒二十四年八月間奏補屯田參領員缺，扣至光緒二十七年八月十二日，三年期滿，自應照章揀員奏明更换。惟現值庫款支絀，餉項難籌，屯田尤爲當務先急，其辦理得力人員，似可毋庸拘

① 中國第一歷史檔案館藏：《硃批奏摺》，檔案編號：04-01-14-0097-017。

② 中國第一歷史檔案館藏：《録副奏摺》，檔案編號：03-5568-026。

泥調换。

查該參領阿畢爾密特，熟悉屯務，人亦老成，三年以來，督率蒙古兵丁耕穫，毫無懈怠，且近年收成分數逐見加增，實屬奮勉出力。擬懇天恩請將該參領阿畢爾密特留辦三年，以資熟手，俟再届期滿，即行更换。如蒙俞允，實於屯田有益，是否有當，謹繕摺具陳。伏祈皇太后、皇上聖鑒訓示。遵行。再，幫辦大臣瑞璋尚未到任，未經列銜。合並聲明[2]。謹奏。

光緒二十八年三月初一日拜發。本年四月二十二日遞回，奉硃批：著照所請，該衙門知道。欽此（三月二十四日）。

【案】此摺原件[①]、録副[②]現均藏於中國第一歷史檔案館，兹據校勘。

1.【奴才瑞洵跪】刊本無此前銜，兹據校補。

2.【案】劃綫部分刊本缺，兹據校補。

○五、防守出力武員可否保獎片

光緒二十八年三月初一日（1902年4月8日）

再，前年軍務猝啓，口外人心浮動，將發難於俄商，加有中外哈薩克、纏回互相潛煽，劫案層出，而本地又無得力兵隊彈壓保衛，戛戛其難。幸奴才由京帶來武弁數名，其中尚有曾經從軍打仗之人，其换防緑營員弁中間亦有可用者，當以護城蒙兵業已選調到城，奴才即委屯防參將世襲騎都尉祥祐督率該弁等，會同蒙員，分任操防，緝拿盜匪，照料洋商，晝夜邏巡，不容少懈。如是者一年有餘，

① 中國第一歷史檔案館藏：《硃批奏摺》，檔案編號：04-01-16-0272-057。

② 中國第一歷史檔案館藏：《録副奏摺》，檔案編號：03-5415-046。

捕獲賊犯多名，均經隨時訊明，就地懲辦。其派往各游牧駐防、偵探各員，亦於緝匪護商，勤奮從事，用得洋商來往照常，無一失事，邊境賴以謐安，俄人未滋口實。是其綏戢地方，隱銷兵革，綜厥勤勞，似與擒逆克城無少殊異，比經臣將該員弁等各予記功，擬俟事定請保。奴才伏讀邸鈔，見前陝西撫臣端方，以西安城守副將甘肅游擊劉琦巡查城關，不辭勞瘁，將其越級保升，以副將補用，奉旨照准[1]。今科布多地居邊徼，辦理倍極維艱，且以新集之蒙軍，當垂危之絶域，該員弁等勞苦備臻，較諸統重兵、食厚餉者尤爲難能可貴。

奴才既奬許於先，即未便掩抑於後，並接定邊左副將軍連順函開：前辦防守出力人員，現經奏奉諭旨：准其擇尤保奬。欽此。科布多自屬事同一律。惟查章京、筆帖式各員，因其多年出力，隨辦防務亦著微勞，已由奴才專摺奏奬，蒙恩允准，自毋庸再行加保，應將換防武職及差委員弁分別辦理。查屯防參將暨千總、把總等員，本年九月恰值五年班滿例保之期，兹擬並案核保，量予從優，已足藉示鼓勵，相應奏明請旨，可否准將防守出力之換防暨差委武職各員，酌照烏里雅蘇臺辦法，由奴才從優奏保十數員，以彰勞勩而免向隅。其在事出力應歸外奬之弁兵，並予咨部辦理，均出自天恩高厚。奴才不敢擅便，謹先附片陳請。伏祈聖鑒訓示。謹奏。

光緒二十八年三月初一日拜發。本年四月二十二日遞回，奉硃批：准其擇尤酌保，毋許冒濫。欽此（三月二十四日）。（第329—331頁）

【案】此奏片原件、録副均查無下落，兹據《軍機處隨手登記檔》① 校勘。

1.【案】光緒二十七年三月二十八日，湖北巡撫端方以劉琦不辭勞瘁奏請留陜補用，曰：

再，上年五六月間，陜省糶眼不靖，匪徒蠢蠢欲動，將發難於教堂。而旱象已成，飢民四出，裹脅尤形易易，實有稍縱即逝之虞。現署西安城守協副將甘肅寧夏右營游擊劉琦，時正管帶馬隊，駐扎近省地方，經奴才飭令巡查城關，該員不辭勞瘁，晝夜梭巡，用是匪黨斂藏，閭閻安堵。九月以後，恭值乘輿巡陜，護

① 中國第一歷史檔案館藏：《軍機處隨手登記檔》，檔案編號：03-0312-1-1228-079。

衛行宫，彈壓地面，責成尤爲重要。時劉琦經前撫臣岑春煊會商陝甘督臣魏光燾，委署西安城守協副將，並派令專任其事。該員督率弁勇，昕夕在公，及今半年，諸臻妥密。

竊思幕佣支應各文員業經仰蒙聖慈特沛殊恩，今劉琦事同一律，合無仰懇天恩准將現署西安城守協副將劉琦以副將仍留陝甘補用，藉資鼓勵，出自逾格鴻施。是否有當，謹附片具陳。伏乞聖鑒訓示。謹奏。光緒二十七年三月二十八日，奉硃批：著照所請。欽此。[①]

○六、直隸協餉減撥扣平係屬錯誤請敕部轉行查照片

光緒二十八年三月初一日（1902年4月8日）

再，直隸每年應協科布多經費二千五百兩，前經奴才咨商該省照撥，現准署督臣袁世凱咨會：已據藩司將烏、科二城光緒二十七年經費報解，計二千三百五十兩，兩城分用。並云直省自去年後半年所有各營俸餉均酌發一半，又遵部議，籌還洋款，扣六分平，等語。奴才接閲來咨，即知辦理錯誤。查此項經費係奉部議奏准指撥之款，科城即係受協軍營，似與該省所轄各營有間。其所謂酌發一半，當專指直隸本省而言。至應協京外各餉，恐不能視同一律。至扣六分平一節，似亦該省支放餉款則然，若與别省及軍營協餉，自應由各該省、該營自行辦理，不能坐扣。並查光緒二十五年，直隸曾將此項經費扣平，經科布多咨行更正，旋據該省認錯補解在案。今又扣平，是否現據該省奏明，將一切協餉概由該省代扣減平，奴才所處遼遠，無由而知。惟科城近來事增款絀，用度不敷，即此二千五百兩，均有額定待支事款，乃該省概將二十六年之項停解，又將

① 中國第一歷史檔案館藏：《録副奏片》，檔案編號：03-5403-092。

二十七年之項僅給一半，又每兩加扣減平。恐袁世凱、周馥[1]均甫到任，未習情形，奴才已詳悉咨明該省，請再查核。第慮人微言輕，不足取信。相應附陳，伏祈聖鑒，敕部轉行查照辦理。謹奏。

光緒二十八年三月初一日拜發。本年四月二十二日遞回，奉硃批：户部知道。欽此（三月二十四日）。（第331—332頁）

【案】此奏片缺原件，録副[2]現藏於中國第一歷史檔案館，兹據校勘。

○七、裁除操賞移作滿兵津貼並文案處心紅等項支銷片

光緒二十八年三月初一日（1902年4月8日）

再，科布多换防宣化、大同兩鎮兵丁向有操賞一款，本係歲支一千二百兩。嗣因撙節經費，奏明減定三百兩。奴才查换防馬步兵丁額數僅止二百二十四名，除去十屯種地八十名，餘皆分布參贊、幫辦兩署，充當巡捕、戈什、三部院一局字識，與夫看守城門、倉庫、監獄、巡查街市各差之用，合本無多，分愈見少，向來重差輕操，訓練技術之説，不過紙上談兵。前年籌防，經奴才督飭操演槍械，

① 周馥（1837—1921），字玉山，安徽建德（今安徽東至）人，諸生出身。咸豐末年，避戰亂輾轉到安慶。同治元年（1862），入李鴻章軍幕，辦理文案，旋以軍功保知府，留江蘇補用。光緒三年（1877），署直隸永定河道。四年（1878），丁内艱，回籍終制。服滿起復後，署直隸津海關道。九年（1883），兼署天津兵備道。同年，補直隸津海關道，兼署北洋行營翼長、天津營務處。十四年（1888），授直隸按察使。十六年（1890），加頭品頂戴，尋署長蘆鹽運使、直隸布政使。二十年（1894），總理營務處。二十五年（1899），調補四川布政使。次年，調直隸布政使。二十七年（1901），護理直隸總督，兼北洋大臣。二十八年（1902），補授山東巡撫，晋兵部尚書銜。三十年（1904），署兩江總督，兼南洋大臣、兩淮鹽政。三十二年（1906），擢閩浙總督。同年，調補兩廣總督。三十三年（1907），以年老多病，奏請回籍就醫。民國十年（1921），卒於天津。謚愨慎。著有《易理匯參》等。

② 中國第一歷史檔案館藏：《録副奏片》，檔案編號：03-6656-065。

竟有不能然放、運動者。積弱如斯，實難振刷！

奴才愚見，邊地若欲練兵，總當改絃易轍，區區百餘人，既不成隊，亦萬不足恃，擬即將此項操賞裁去，稍期核實。惟查滿兵之充委署筆帖式者，尚有堪可造就之才。伊等月支錢糧太少，近年物值昂貴，日用殊形拮据，而差使又極繁要。夫既用其力，即不能不恤其身，擬爲定出津貼六分，每分銀二兩，擇其差勤有出息者，按月給與，俾勿分心生計，更可專力辦公。計一年共須銀一百四十四兩。又，奏設籌邊文案處，專司緊要文件，每月心紅紙張、薪燭各費尚無所出，並擬按月酌給銀十二兩，一年亦須銀一百四十四兩。此二款均於節省操賞項下支銷。除咨户部查照外，相應附片陳明。伏祈聖鑒。謹奏。

光緒二十八年三月初一日拜發。本年四月二十二日遞回，奉硃批：户部知道。欽此（三月二十四日）。（第332—333頁）

【案】此奏片缺原件，録副[①]現藏於中國第一歷史檔案館，兹據校勘。

○八、蒙旗請獎摺

光緒二十八年三月二十二日（1902年4月29日）

奴才瑞洵跪[1]奏，爲蒙古各旗經辦俄商遺棄貨物，毫無損失，有裨大局，籲懇天恩准將各旗正副盟長、散秩大臣、總管等由奴才酌請獎敘，繕摺具陳，仰祈聖鑒事。

竊查向來遇有洋教毀傷之案，賠恤之款最爲繁巨，故前年之變，各省辦理教案，另有賠償數百萬。此皆地方官措置乖方，釀亂階而損國體，而外人即因以百

① 中國第一歷史檔案館藏：《録副奏片》，檔案編號：03-6164-084。

端要索，每多節外生枝，轉致所得之數大逾所失之數，亦殊不得情理之平。奴才有鑒於此，前年備辦邊防，申儆蒙古各旗，首嚴掠取之禁。比時洋商勢寡，深懼傷夷聞變之下，紛紛竄避。又因蒙古不敢攬運，多將貨物抛棄大漠，不復回顧。此等情形自察哈爾以至科布多，大略相同。奴才先已通諭各旗，如有洋商遺棄貨物，均即立時呈報，並仍令在科之俄商達嚕噶派人前往，會同查點件數，互相存記，蓋預防議款之後，該商自必取還。設使短少絲毫，將致索賠無算，不能取之窮蒙者，仍惟公家受累差。幸所屬蒙古各旗尚能遵守奴才條教，無或違越。每於俄商棄貨遠遁，旋即立時報存，嗣和議定局，陸續經該商照數取歸，毫無損失。即察哈爾都統奎順[1]一再咨請口外通查有無遺留俄貨，責成賠補代運，等因。並未並咨科布多，可以爲證。

奴才復經一律飭查，已據各旗呈覆，俄貨均經取運，並無别故。詢之俄商達嚕噶，亦無異詞。現在遵旨保護，俄商貿易如常。雖軍務告警，搶攘年餘，竟無傷損貨物情事，上紓宵旰之憂，省難籌之賠費；下免游牧之禍，戢將啓之兵灾。是固仰托聖主鴻福，而該盟長、大臣、總管等堅忍維持，有裨大局。其功不可泯也。

伏維朝廷眷逮蒙藩，懋賞每從優異。值兹方難未艾，尤宜激勵人心，可否仰懇天恩特降諭旨，將蒙古各旗正副盟長、散秩大臣、總管等准由奴才酌請奬叙，以昭勸勉，俾一字之褒榮於華衮，九重之澤逮及邊陬，實於整齊地方、辦理交涉深有裨益。其各旗及臺站、卡倫各蒙員，亦擬查明實在出力者，每處核保數員，咨明理藩院辦理，以免向隅。奴才以有功不録，恐失人心，用敢瀝情上請。如蒙俞允，奴才自當秉公詳查，核實酌擬，亦不敢因係外藩，稍涉冒濫。所有蒙古各旗經辦俄商遺棄貨物毫無損失，懇恩准請奬叙緣由，謹繕摺具陳。是否有當，伏

① 奎順（1846—？），滿洲正藍旗人，監生，捐納貢生。同治九年（1870），再捐筆帖式。次年，保主事、員外郎。十二年（1873），籤分户部員外郎。光緒元年（1875），監修普祥峪工程。三年（1877），補户部員外郎，加四品銜。五年（1879），升補户部郎中。九年（1883），充捐納房幫辦，調户部江南司郎中。十一年（1885），放甘肅甘凉道。十三年（1887），署西寧辦事大臣。十八年（1892），遷西寧辦事大臣，加副都統銜。二十五年（1899），任正黄旗漢軍副都統、馬蘭鎮總兵官兼總管内務府大臣。二十六年（1900），調鑲白旗漢軍副都統。同年，授察哈爾都統。三十年（1904），補烏里雅蘇臺將軍。三十一年（1905），調補正藍旗漢軍都統。

祈皇太后、皇上聖鑒訓示。謹奏。

光緒二十八年三月二十二日拜發。本年五月初十日遞回，奉硃批：准其擇尤酌保，毋許冒濫。欽此（四月十八日）。（第334—336頁）

【案】此摺原件、録副均查無下落，兹據《軍機處隨手登記檔》[①] 校勘。

1.【奴才瑞洵跪】刊本無此前銜，兹據《軍機處隨手登記檔》校補。

○九、揀補章京筆帖式等摺

光緒二十八年三月二十二日（1902年4月29日）

奴才瑞洵跪[1]奏，爲揀員遞補章京、筆帖式各缺，繕摺具陳，仰祈聖鑒事。

竊查科布多軍營兵部印務處承辦章京主事職銜玉善因病出缺，當經奴才將印務處事務派員署理，前已咨明吏、兵二部查照在案。查玉善所遺印務處承辦章京主事職銜一缺，職事繁劇，自應揀員充補，以專責成。奴才悉心遴選，查有補防禦後以佐領補用俟補佐領後以協領即補先换頂戴印務處幫辦章京主事職銜崇文，性情安静，任事小心，堪以擬補。應俟七年期滿，如願就武，回綏遠城後，仍如原保補用。遞遺印務處幫辦章京主事職銜一缺，查有補防禦後以佐領即補先换頂戴蒙古處筆帖式錫齡阿，老成穩妥，且係舉人出身，文理尚優，堪以擬補。應俟七年期滿，如願就武，回綏遠城後，仍以防禦首先坐補。

其所遺蒙古處筆帖式一缺，查有補用驍騎校俟補缺後賞給四品頂戴候補筆帖式吉林，樸實耐苦，堪以擬補。應俟五年期滿，如願就武，回綏遠城後，以驍騎校儘先坐補。該員等應找支銀糧，俟奉旨之日，照例開支報部。如蒙俞允，遇有

---

① 中國第一歷史檔案館藏：《軍機處隨手登記檔》，檔案編號：03-0312-2-1228-103。

差使，即給咨該員等赴部，帶領引見。至所遺候補筆帖式一缺，應由奴才揀員咨部充補。所有揀員遞補章京、筆帖式各缺緣由，理合繕摺具陳。伏祈皇太后、皇上聖鑒。再，幫辦大臣瑞璋尚未到任，未經列銜。合並聲明[2]。謹奏。

光緒二十八年三月二十二日拜發。本年五月初十日遞回，奉硃批：著照所請，該部知道。欽此（四月十八日）。（第336—337頁）

【案】此摺原件[①]、録副[②]現均藏於中國第一歷史檔案館，兹據校勘。

1.【奴才瑞洵跪】刊本無此前銜，兹據校補。

2.【案】劃綫部分刊本缺，兹據校補。

一〇、具報致祭往返日期摺

光緒二十八年三月二十二日（1902年4月29日）

奴才瑞洵跪[1]奏，爲具報前往杜爾伯特左翼游牧致祭及起程、回署日期，恭摺仰祈聖鑒事。

竊前因杜爾伯特左翼固山貝子察克都爾札布病故，奏明請旨賞祭，旋准理藩院由驛咨行，遞到滿、蒙祭文一分。奴才即檄飭該部落新襲固山貝子納楚克多爾濟，趕緊預備烏拉一切，訂期前往。兹奴才於三月初八日帶領蒙古處兼行章京榮臺、筆帖式人等，輕騎減從，並隨帶印信起程。十一日，行抵杜爾伯特左翼游牧，即飭備辦羊酒，前赴該故貝子察克都爾札布墓所，讀文賜奠。該故貝子之子固山貝子納楚克多爾濟當率同該家屬人等，三跪九叩，望闕謝恩，迎送亦均如

① 中國第一歷史檔案館藏：《硃批奏摺》，檔案編號：04-01-12-0614-014。

② 中國第一歷史檔案館藏：《録副奏摺》，檔案編號：03-5416-069。

禮。奴才即日遄反，帶同章京等於是月十四日馳回科布多衙署，沿途查看蒙情，極爲安謐。所有致祭起程、回署日期各緣由，謹繕摺奏報。伏祈皇太后、皇上聖鑒。謹奏。

光緒二十八年三月二十二日拜發。本年五月初十日遞回，奉硃批：知道了。欽此（四月十八日）。（第338—339頁）

【案】此摺原件[①]現藏於中國第一歷史檔案館，兹據校勘。

1.【奴才瑞洵跪】刊本無此前銜，兹據校補。

一一、查明請旨賞祭摺

光緒二十八年三月二十二日（1902年4月29日）

奴才瑞洵跪[1]奏，爲查明請旨賞祭，專摺補奏，仰祈聖鑒事。

竊去年四月因接理藩院咨，行令查鈔文卷，當經查有光緒十七年土爾扈特固山貝子喇特那巴咱爾病故，應請賞祭，咨請烏里雅蘇臺將軍轉咨理藩院核辦，科布多尚未具奏一案。奴才以此案當時早應奏請致祭，何以壓閣多年未辦，自非無因，當經咨請院示，並咨烏里雅蘇臺查明，轉咨原案見覆。嗣接院咨，内引道光二十八年奏定變通致祭章程：嗣後土爾扈特、杜爾伯特、霍碩特汗王、貝勒、貝子病故，由該將軍、大臣具奏，就近派大臣一員，帶領章京一員奠祭。並云此案應檢核原案，即行補辦，行令轉查，詳悉咨覆，等因。現又准烏里雅蘇臺咨覆，稱此件本處於光緒二十四年十二月初六日接准理藩院來文，即經轉咨科布多查照辦理。奴才查此案現經查明，理藩院、烏里雅蘇臺均經先後咨覆，自係科布多延

① 中國第一歷史檔案館藏：《硃批奏摺》，檔案編號：04-01-14-0097-019。

誤，無可推諉，事關賞祭，未便罷論，自應遵照院咨補辦。

向應請旨敕下院臣轉咨内閣，即行撰寫滿、蒙祭文一分，由驛遞送到日，再由參贊、幫辦内酌定一人，帶領章京一員，恭齎前往致祭，並當明白告諭，遲延之故係由前大臣幫理錯誤，在朝廷仍照常加恩，以釋該貝子家屬之疑。惟思此案前大臣寶昌、禄祥於接到烏城來咨，均經書到畫閱，竟未遵照奏請，實太疏忽，想係畫閱而並未真閱之故。而查核原稿，事隸蒙古處。彼時承辦章京即係革員麟鎬充任，竟亦不回堂請辦，其有心積壓，似難免無藉此刁難需勒該貝子家屬之事。而當時大臣被其挾制，伸縮不能自由，亦可概見。

夫朝廷恩恤蒙藩，何如優渥，况飾終典禮，更難後時。今竟懸閣數年，久虚恤賞，殊失懷柔本意！承辦堂司各官自有應得之咎。第寶昌早經革任，禄祥業已出缺，即章京麟鎬亦經褫職，永不叙用，應否尚須置議，伏候聖裁。除咨覆理藩院查照外，所有查明補請各緣由，理合繕摺馳陳。伏祈皇太后、皇上聖鑒。再，幫辦大臣瑞璋尚未到任，未經列銜。合並聲明[2]。謹奏。

光緒二十八年三月二十二日拜發。本年五月初十日遞回，奉硃批：寶昌等著免其置議，餘依議。欽此（四月十八日）。（第339—341頁）

【案】此摺原件[①]現藏於中國第一歷史檔案館，兹據校勘。

1.【奴才瑞洵跪】刊本無此前銜，兹據校補。

2.【案】劃綫部分刊本缺，兹據校補。

① 中國第一歷史檔案館藏：《硃批奏摺》，檔案編號：04-01-14-0097-020。

一二、明保章京片

光緒二十八年三月二十二日（1902年4月29日）

再，邊城遼遠，素慨才難，而遇有一明白老成、兼熟地方情形者，罔不珍如拱璧。奴才到任兩年以來，留心體察，竊見蒙古處承辦章京主事職銜英秀，現年五十歲，綏遠城鑲藍旗滿洲人，由馬甲奏調來營，迄今二十三年，薦保補佐領後以協領遇缺儘先補用候補防禦。該員於滿蒙文字、語言極爲通澈，漢文亦甚可觀。其人忠厚勤懇，辦事小心，忍苦耐勞，操守可信，在科布多有"好人"之稱，故奴才倚之如左右手，現派其晋京祗詣軍機處，承領御押、報匣各件，並藉差送部，帶領引見，業由奴才給予咨文。因思目下旗族凋零，求其深穩安静不爭，能不使氣，付之以事而可認真辦理[1]者，實不多覯。

奴才之愚以爲現當時艱用人之際，如該員英秀者，似屬堪備器使，從此擴充識量，益磨厲以老其材，即畀以幫辦、領隊之職，亦屬人地相宜，無難勝任。可否請旨將該員英秀俟引見後以協領交軍機處存記，遇有邊缺，候旨簡用，該員必能感激圖報，不虧職守。奴才已諭令公事完畢，仍速回營，以資臂助。奴才不敢阿好，亦不敢蔽賢，謹秉公保薦，伏候聖裁。謹奏。

光緒二十八年三月二十二日拜發。本年五月初十日遞回，奉硃批：知道了。欽此（四月十八日）。（第341—342頁）

【案】此奏片缺原件，録副[①]現藏於中國第一歷史檔案館，兹據校勘。

1.【辦理】刊本作"理辦"。

① 中國第一歷史檔案館藏：《録副奏片》，檔案編號：03-5416-071。

一三、玉善章京請恤片

光緒二十八年三月二十二日（1902年4月29日）

再，查即補協領先換頂戴補用佐領印務處承辦章京主事職銜玉善，自光緒五年間換防來營，即挑派印務處當差，洊升筆帖式幫辦章京，迄今二十餘年，勤勞久著。前年夏，奴才抵任，以其資序較深，人亦誠篤，奏補承辦印務處章京。旋值籌布邊防，該員於辦理蒙團、清查保甲諸務，實力奉行，不循故事，頗收戢盜安民之效。不料該員年逾六旬，積勞之軀竟因感受邊瘴，於本年二月初一日身故，殊堪憫惜！

查科布多係屬北路軍營，從前主事職銜辦事章京病故，曾經兵部議照二品大員例給恤，足見朝廷軫恤邊勞有加無已。今該員在防殞命，情事相同，可否籲懇天恩敕部將該員玉善著照協領軍營積勞病故例議恤，以昭觀感而慰幽魂，出自鴻施逾格。理合附片陳請。伏祈聖鑒。謹奏。

光緒二十八年三月二十二日拜發。本年五月初十日遞回，奉硃批：著照所請，該部知道。欽此（四月十八日）。（第342—343頁）

【案】此奏片缺原件，録副[①]現藏於中國第一歷史檔案館，兹據校勘。

① 中國第一歷史檔案館藏：《録副奏片》，檔案編號：03-5416-070。

卷之十一　雷池集

光绪壬寅四月初四日起

五月二十三日讫（1902）

〇一、阿拉克别克河地方俄人要索太甚請敕外務部與俄公使晤商辦法摺

光緒二十八年四月初四日（1902年5月11日）

奴才瑞洵跪[1]奏，爲阿拉克别克河地方俄人要索太甚，並據駐庫匡索勒官照會，勒限騰讓，殊難因應，請敕外務部王大臣與俄使妥商和平辦理之法，以弭邊釁，密摺馳奏，仰祈聖鑒事。

竊查科布多所屬阿拉克别克河一帶地方，自光緒九年間[2]經分界大臣升臺①、額爾慶額②與俄國特派大員勘定界址，議立專約，並會建牌博，定期每届三年會查一次。迨[3]光緒二十一年派員會查，俄官忽滋枝節，議令將阿拉克别克河、克色勒烏雍克二處讓歸俄界。委員百方辯駁，俄官一味狡賴，辦理迄未就緒。自是每届會查之年，彼此議論繁滋，各不相讓。光緒二十五年，承准總理各國事務衙門電飭，派員前往速辦。比復委員馳商，仍無成説。去年六月適又届期，奴才以

① 升臺（1838—1892），字竹珊，卓特氏，蒙古正黄旗人。咸豐十一年（1861），捐納户部四川司員外郎。同治元年（1862），執掌井田科印鑰，充南檔房幫辦、實録館校對官。二年（1863），掌湖廣司印鑰，充内倉監督，加四品銜。同年，轉掌陝西司印鑰、軍需局總辦、則例館提調。三年（1864），任捐納房總辦，晋三品銜。五年（1866），授南檔房領辦、俸餉處總辦。六年（1867），放山西汾州府知府。十年（1871），山西太原府知府。同年，升山西河東道。十三年（1874），升布政使銜。光緒二年（1876），遷浙江按察使。四年（1878），署浙江布政使。同年，調補雲南布政使。七年（1881），加副都統銜，授伊犁參贊大臣。八年（1882），遷内閣學士，兼禮部侍郎銜。同年，署烏魯木齊都統。十一年（1885），授駐藏幫辦大臣。十五年（1889），擢駐藏辦事大臣。十八年（1892），卒於任。謚恭勤。

② 額爾慶額（1838—1893），字藹堂，格何恩氏，隸滿洲鑲白旗，墨爾根城駐防，出身披甲。咸豐九年（1859），充驍騎校，旋賞戴花翎，補委參領。同治四年（1865），保以協領即補。五年（1866），加法福靈阿巴圖魯勇號。七年（1868），晋副都統銜。九年（1870），補授佐領，兼營總。十年（1871），授黑龍江副總管。同年，調補凉州副都統。光緒三年（1877），補古城領隊大臣。六年（1880），兼署科布多參贊大臣、幫辦大臣。七年（1881），授科布多幫辦大臣。十年（1884），兼署科布多參贊大臣。十二年（1886），補伊犁副都統。十四年（1888），授塔爾巴哈臺參贊大臣。十九年（1893），卒於任。

仍行[4]派員前往，慮難辦理合宜，且亦無明白洋務之人，擬由奴才親往查看情形，以便設法斡旋。當於去年正月咨商總理衙門王大臣核示，旋承准慶親王奕劻[5]咨覆，謂科布多會勘界務原關緊要，不容稍有輕忽，惟現在和局尚未大定，仍應按照歷屆成案，派員往查，相機辦理，所擬親往會查之處，祇可緩至下次再行酌辦，等語。

先是已派蒙古處幫辦章京鍾祥前往該處，與俄官會查牌博，業經起程。奴才遵即照依慶親王所示，密札該章京相機辦理。嗣接該章京稟報並回城面稱：俄官與商界牌、鄂博，現在無事，均不必查，惟阿拉克別克、克色勒烏雍克地方仍當讓歸俄界，如能作主，我們當轉奏我國，必有獎賞。該章京自不敢允，遂以容報上司爲言，亦無辦法。各自旋回，牌博並未會查。奴才均將以上各情形咨呈外務部查照。

本年二月十二日，據瑪呢圖噶圖拉幹卡倫侍衛常升去年十一月二十日呈報：本管札爾布勒達哈薩克等報稱：俄官布勒胡布隨帶俄兵，前來中國所屬阿拉克別克河地方居住，並將我們哈薩克四十餘家人名寫去，又說此克色勒烏雍克是我們俄人地方，令於明年四月遷移。如不遵行，帶兵討要，等情。該侍衛聞報，當往查看，俄人已經回去，亦未與侍衛來文，呈請鑒察，等情。比值春寒，雪尚封壖，奴才接到此報已在二月中旬，當以事關緊要，未知虛實，當復派員繞道馳往查訪，現尚未據旋回。乃昨於三月二十六日，忽接駐庫匡索勒官施什瑪拉福照會宣言[6]，本俄國阿拉克別克邊界地方，即不由大清國所屬齊壘哈薩克任意游牧，限於四月二十日將阿拉克別克地方騰出，務須嚴行辦理，並云若是不讓，就以兵力催躲，等語。此文係匡索勒由大臣豐升阿由庫倫致奴才一函[7]，内述俄領事官聲稱貴治哈薩克聚衆入俄邊滋鬧，阻之不聽，實屬頑惡，該國將發兵用武。領事官恐釀成邊釁，殊於大局有礙，一面電止俄皇，暫緩發兵；一面照請速行設法收回出邊滋事匪徒，並求寄函，切懇迅即辦理，等語。奴才查阿拉克別克河地方，自光緒九年議定分界條約後，相安不過十年，俄國即以阿拉克別克河、克色勒烏雍克二處地方應歸俄界爲詞，發端圖占。自光緒二十一年以迄於今，紛紜莫定。前大臣以爭讓兩難，遂存得過且過之心，並不爲一了百了之計，用是蓋房不問，種地不知，以致俄人得步進步，益肆要求，蓋非一朝一夕之故，其所由來者漸矣。

奴才去年原擬自行前往，托閱邊之便，查看[8]情形，既不果行，而彼今即假托哈薩克越界住牧爲詞，明目張膽，堅持惡索，既勒限期，復以發兵相嚇，並慫豐升阿①致書奴才，旁敲側擊。此其迫促挾制之情，誠難理喻。奴才夙夜焦憤，寢饋爲之不安，再四思維，該匪索勒文内所云哈薩克住牧一節，自係哈衆照常居住。在彼以該地攘爲俄屬，故喧賓奪主，反以哈衆住牧爲不應。即所云住牧，亦與豐升阿函内所云滋事大有分别。揣其用意，明知科布多兵備空虛，故以勢將用武，虚聲恫喝，蓋欲奴才聞之生畏，必且汲汲將哈衆挪移他處，騰出阿拉克别克河之中界，彼遂更可全占地利耳。況該處哈衆果有出邊滋鬧情形，該卡倫侍衛常升夙來膽小，事無巨細，悉以稟聞，萬無不即具報、自干重咎之理！此又其詐僞之顯而易見者也[9]。然既據照會，勢出無可如何，不能不爲查辦。刻已遴派妥實人員馳往，酌度辦理。

惟該委員止能清理哈薩克事務，至邊界事關重大，該委員等萬萬不應作主，奴才已經諄諭，相機緩藉支展以便圖謀，尚不知能否辦到。第北路廢弛已久，孤立空虛，毫無可恃，故奴才議籌整頓，至再至三，雖已欽奉批旨准行，無如心長力短，人財兩空，加以窮塞荒寒，彼固以爲有可取求，我總以爲無足重輕，故一言兵則爲兩准部咨，飭即裁撤五百之蒙兵；一言餉則爲三奉部撥、久不協濟數萬之陳餉。此而惟恃區區血誠，以抗强國，仍與敷衍因循何異！其不及之勢，固不待智者而後知已。《詩經》有云“無拳無勇，職爲亂階”，正奴才今日之謂也。

奴才於外情稍有所知，於中弊亦非罔覺。自到任後，即早見及不能平安無事，宜爲毖患之謀，節經瀆奏，一無隱飾，早蒙聖慈洞鑒。爲今之計，應以内辦爲主，而以外辦爲輔，蓋外辦總須萬里請命，彼直迫不能容；内辦則外務部王大臣與彼

---

① 豐升阿（？—1909），又名郭博勤豐升阿、達虎里郭貝爾芬升阿、達虎里郭貝爾豐紳阿，滿洲正白旗人。同治元年（1862），以功選藍翎侍衛。三年（1864），充馬隊幫帶。四年（1865），升三等侍衛。同年，晉二等侍衛。嗣加頭等侍衛。十二年（1873），任吉江察哈爾等處馬隊統帶，加副都統銜、二品頂戴。光緒十年（1884），補鑲白旗漢軍副都統。十一年（1885），授鑲白旗護軍統領。次年，總統奉天盛字馬步練軍。十七年（1891），賞頭品頂戴，加識勇巴圖魯勇號。二十年（1894），因案革職隨營。次年，發往軍臺效力。二十五年（1899），加副都統銜，補庫倫辦事大臣。二十九年（1903），補呼蘭副都統。次年，授馬蘭鎮總兵。同年，充總管内務府大臣。三十二年（1906），補鑲黄旗漢軍副都統。次年，署鑲黄旗漢軍都統。宣統元年（1909），授直隸密雲副都統。同年，卒於任。

公使可以詳細榷商，就近秉承聖謨，亦不至游移無主。一經欽奉諭旨，奴才自當敬謹奉行，期於迅赴事機，無所格礙。惟事體艱巨，關係大局，奴才萬不敢輒自主張，輕棄寸土，似當特簡大員前往查辦，就便商定界務，庶可藉以維持，較爲穩著。至俄人耽視中華，志不在小，尚不止此一二處，日久宕延，不圖清理，不惟不能杜其嬈舌，且適足以啓其貪心。是該處界務若不重新勘定，葛藤一日不斷，枝節一日不完。此次俄人用兵占取之説，亦係因深知科布多底緼，勢力萬有不敵，故出此嘗試之語。實則該卡倫止設蒙兵十名，俄亦無須發兵，但有數人前來强占，該侍衛即無法可施。奴才去年即已密片陳明矣。

總之，不讓便爭，不爭便讓，實無兩全之策。兹若僅責奴才以設法因應，在奴才才力有限，固不敢率意以啓爭。而情勢堪虞，亦殊難空言以禦侮。奴才忝膺邊寄，不敢諉卸，亦不敢擅專，相應據實奏明，仰懇敕下外務部王大臣，速與俄使晤商，屬其行文西悉畢爾總督，務當嚴束邊官，各守各界，以俟奉到朝廷諭旨，和平辦理，以期永固邦交；一面仍請諭示機宜，俾有遵循。大局幸甚！奴才幸甚！除已照覆俄匡索勒官暨咨呈軍機處、外務部斟酌辦理外，謹由驛五百里密摺馳奏。伏祈皇太后、皇上聖鑒訓示。無任憂憤迫切待命之至！再，幫辦大臣瑞璋尚未到任，未經列銜。合並聲明[10]。謹奏。

光緒二十八年四月初四日拜發。本年五月十八日遞回，奉硃批：著外務部妥爲商辦，片並發。欽此（四月二十五日）。（第346—351頁）

【案】此摺缺原件，録副①見於臺北“中研院”《外交檔案》，兹據校勘。

1.【奴才瑞洵跪】刊本無此前銜，兹據校補。

2.【間】刊本奪“間”字，兹據補。

3.【迨】刊本作“逮”。

4.【仍行】刊本作“仍僅”。

5.【慶親王奕劻】刊本缺“慶親王奕劻”，兹據補。

6.【宣言】刊本作“直言”。

① 臺北“中研院”近代史所藏：《外交部檔案》，館藏號：02-10-014-01-009。

7.【案】劃綫部分刊本作“此文係匡索勒由庫倫專差送來，十日即到，並附有庫倫大臣豐升阿致奴才一函”。

8.【查看】刊本作“查勘”。

9.【也】刊本奪“也”字，兹據補。

10.【案】劃綫部分刊本缺，兹據校補。

○二、邊界地方陸續讓與俄人片

光緒二十八年四月初四日（1902 年 5 月 11 日）

再，密陳者，科布多所管邊界經叠次劃分，實已割畀俄人十分之大半。計同治三年、八年，則有明誼[①]、奎昌將阿勒臺山迤北地方分入俄界，故舊有之烏克克、欽達蓋圖、烏魯呼、昌吉斯臺、哈喇塔爾巴哈臺、那林胡蘭、阿吉爾噶、霍呢邁拉扈等八卡倫，均向内挪移改設。現在之卡倫均非舊址，致將阿爾臺淖爾、烏梁海兩旗連人帶地一並分與。其所定界圖，紅綫外向係哈薩克游牧之區，既已割去，無所棲止。又不願歸俄，因均擁擠於烏梁海之哈巴河等處，暫居就牧。光緒七年，因索還伊犁，改訂條約，酌定新界。九年，又經升臺、額爾慶額將有名之齋桑淖爾東南一帶地方及塔爾巴哈臺界内之賽里鄂拉以西各卡倫，一並割棄，於是乃有

① 明誼（？—1868），托克托莫特氏，蒙古正黄旗人。嘉慶十五年（1810），中舉。二十四年（1819），中式進士，選兵部主事。道光五年（1825），補職方司主事。十三年（1833），充武會試提調。十四年（1834），升武選司員外郎，旋補則例館提調、馬館監督。十六年（1836），授張家口税務監督。十八年（1838），放廣東瓊州府知府。二十年（1840），護理雷瓊道。二十一年（1841），遷甘肅安肅道。二十五年（1845），調補新疆鎮迪道。二十七年（1847），升山西按察使。次年，調甘肅按察使。二十九年（1849），署甘肅布政使。咸豐三年（1853），以軍功加二等侍衛。同年，授哈密辦事大臣。四年（1854），晋頭等侍衛，調補庫倫辦事大臣。五年（1855），授副都統銜，補授塔爾巴哈臺參贊大臣。次年，補鑲黄旗蒙古副都統。九年（1859），擢烏里雅蘇臺將軍。十年（1860），授鑲紅旗漢軍都統。同治七年（1868），卒。謚勤果。編有《道光瓊州府志》等。

阿拉克别克河之專約。故以現情而論，除阿爾臺山、額爾齊斯河、哈巴河，直已無險要可守，無地利可取矣。

奴才竊常平心訪詢，細意推究，當時分界大臣固非有心讓地，委緣才識庸闇，平日並不察閱輿圖、考求形勢，一旦身膺重任，躬與界務，到彼之後，直如盲人瞎馬，夜臨深池，加以彼族要挾逼迫，又凡事不如俄人之精熟，不得不拱手奉令，一聽客之所爲。奴才曾以詢之當年隨去之員，據云額爾慶額往勘阿拉克别克界務，因並未帶有測繪之人，其畫押界圖即出自俄人之手，草率了事，失算已極！奴才謹將地方陸續割與俄人緣由據實附陳。伏祈聖鑒。謹奏。

光緒二十八年四月初四日拜發。本年五月十八日遞回，奉硃批：覽。欽此（四月二十五日）。（第351—352頁）

【案】此摺缺原件，録副[①]見於臺北"中研院"《外交檔案》，兹據校勘。

〇三、索還借地安插蒙哈再籲明諭祇奉遵行以杜患萌而規舊制專摺瀝陳摺

光緒二十八年四月初四日（1902年5月11日）

奴才瑞洵跪[1]奏，爲烏梁海游牧暫安之哈薩克四出紛擾，恐釀釁端，欽遵前旨索還借地，妥籌安插，詳查邊要情形，熟審人心向背，再籲明諭，祇奉遵行，以杜患萌而規舊制，專摺瀝陳，仰祈聖鑒事。

竊查科布多所屬阿爾臺山、哈巴河一帶地方，原係烏梁海七旗游牧，自同治年間烏里雅蘇臺奏請借給安插胡圖克圖棍噶札拉參從衆後，因棍噶札拉參逼勒逃

① 臺北"中研院"近代史所藏：《外交檔案》，館藏號：02-10-014-01-009。

出之哈薩克，科布多又奏請暫爲安插於烏梁海七旗之内，聲明借地歸還，再令哈薩克西行，不得久占烏梁海游牧，均經奏明奉旨欽遵在案。迄今逾三十年，借地固久假不歸，哈民亦喧賓奪主，歷任大臣目覩情形，屢有索還之奏，所奉明詔亦幾盈篋，何啻三令五申！恭讀光緒十五年九月十一日所奉上諭：朝廷兼權熟計，借地自應給還，邊防尤不可忽，應否一面將該處游牧地方仍歸烏梁海，俾得安插蒙哈；一面由塔爾巴哈臺照舊派兵駐守，期於防務、民情兩無妨礙之處，著沙克都林札布與額爾慶額會商妥議，等因。欽此。祇繹宸謨，執兩用中，毫無偏向，實爲至當不易之規。若能祇遵，早已得清轇轕，何至屢煩聖慮，懸閣至今！無如歷任大臣半執己見，各遂其私，文牘紛繁，迄無成議。奴才既非當時經手之人，更不敢持狃於一偏之論，悉心體察，確有所見，敢爲我皇太后、皇上詳悉陳之。

塔爾巴哈臺借地，原係一時權宜，無如棍噶札拉參徒衆既已安插，彼時塔屬無歸之柯勒依十二鄂拓克哈薩克亦即相因而至，聚族而居。現約計有四鄂拓克之衆，且兵燹以後，流寓漢民在彼耕種者甚多，始而科布多索取，則以巴爾魯克山俄借未還爲詞；繼而巴爾魯克山俄已交還，則又以哈巴河是西疆門户爲説。地既可耕，久則聚而成鎮，兼之哈民受約，踴躍輸將，勒派差徭，取之甚便。歷任既無遠見，任意剥削哈民，借地若歸，民必隨之以去。此塔城不願歸地之實在情形也。

科布多收撫哈衆，原恐啓其外向之心，始出此羈縻之術。然招之既來，揮之不去，盜竊搶劫，無日無之。烏梁海求還借地、安頓哈民報呈，連年不絶。奴才到任後，即接左、右兩翼散秩大臣等催呈，並據來城謁見，面訴各情。現並接據該哈薩克總管等呈詞，籲求安插，加以塔城攤勒過重，在塔者現亦流入於科，近年不止烏梁海七旗有之，即南面土爾扈特游牧亦在在均有。哈民流寓愈積愈多，實有人滿之患。此又科城必須索地之實在情形也。

至云塔城苦待哈民、攤派過重、紛紛逃出各情，並非奴才過激之言，實因查詢流寓土爾扈特人衆，始知逃入科境，若遇塔城派差，即可以科屬爲解。檢查舊卷，光緒二十四年，新疆巡撫咨稱：據塔城咨收逃哈，在濟木薩一帶盤獲哈目哈里克克里克，僉稱實係科屬，並非塔轄，如必收回，惟願赴阿爾臺山科屬舊牧。

科城偏查哈衆，並無逃出之人。此不願回塔之一證也。前年七月二十八日，又接新疆撫臣來咨，仍係塔城派員擒收逃哈，於喀喇沙爾尋得哈衆二千餘人，頭目白克、牲畜五六萬隻、氈房四五百頂。詢據供詞，稱爲科屬，情願回科。新疆電詢塔城，該大臣春滿即以速咨科城，令其派員接護收回復電。奴才因查哈薩克在科原係暫爲收撫，屢年烏梁海因擁擠過甚，索地安插，文書絡繹，是科屬無地可容情形，該大臣不能不知，徒以該城派員收哈，而哈不願回，僞稱科屬，既無術以收哈衆，復無辭以對新疆，遂以令科收回敷衍了之。不知科屬不能收，新疆不能留，塔城不欲返，此二千餘無依之哈民又將何以安置乎？抑將令其流而爲匪乎？或竟任其反而外向乎？此又一證也。

奴才所以謂歷任大臣半執成見，各遂其私者此也。現在阿爾臺山尚未交收，此項哈民自未便徑由科布多派員安插。前已咨行新疆巡撫派員押解，暫交塔城收哈委員，由新疆邊地徑行押令安分，統歸阿爾臺山游牧，先安其情願回科之心。又咨照塔城，即以借地未還，此項人衆屬科屬塔，原無區别，暫令歸牧，以安其心，擬俟軍事大定，再行商辦。借地安插之事，暫且如此了結。奴才覆查塔城不還借地，蓋恐人隨地去，不能遂其任意勒派哈衆之私。科城必須索還，確因地窄人稠，實在别無可以安插逃哈之法。哈之在科，别無徭役，衹有每届五年烏里雅蘇臺將軍巡閱卡倫時，哈薩克幫助北臺牲畜一差，故在塔屬之哈民無不願隸科城，以連年由塔逃出之哈民，與連年由塔派人擒收，罔不堅稱情願回科各案證之，其情亦大可見矣。要而言之，當初借地原爲暫安棍噶札拉參徒衆，迨該徒衆既經遷置新疆巴英沟地方，塔城即應將該地交還科布多。今棍噶札拉參早經圓寂，且已蒙恩准其轉世，而該地仍爲塔城占踞如故，詔旨迫促，函牘交馳，延展依然，迄未遵辦。奴才不知該地有何利益，而歷任大臣吝惜不與至於如此也。

查此案業經前科布多大臣沙克都林札布等，請自光緒十八年起展緩三年，將該地交還科布多管轄，奏奉上諭：著准其暫緩交割，届期歸還，不得因循延緩，一奏塞責，等因。欽此。現計展限已逾七年，未便再任推宕，而烏梁海七旗蒙古丁口日增，生計日蹙，哈薩克又極待安插，均係實在情形。今副都統春滿接辦塔城參贊大臣事務已有年所，該大臣久官口外，稔悉邊情，當不至如歷任大臣之專挾私見，或於公事尚易商量。爲今之計，惟有仍遵從前所奉寄諭“蒙古、哈薩克人數衆多，必應歸還借地，妥籌安撫，方不至滋生事端”之旨，將該處游牧地方仍行收歸烏梁海，俾得安插蒙、哈，即可將現由新疆來歸之哈目白克等二千餘人就地安撫。兹事關繫重大，一俟奉到諭旨，奴才當親往阿爾臺山、哈巴河一帶履勘情形，將在科之哈薩克一並遷往，在烏梁海生計固可稍紓，在哈薩克亦不至無所棲止。並將該處哈民清查數目，編立户口，擇哈目之明白老練者，奏請賞給大銜，每年定一供應朝廷交馬例差。所有塔城差徭勒派全行裁撤，願隸塔屬者歸塔，願隸科屬者歸科，以順輿情而免淆亂。其阿爾臺山本係名區，號稱岩鎮，應否另設大員鎮守管理，臨時斟酌情形，一並妥籌具奏，請旨遵行，以期一勞永逸，長治久安。

至哈巴河駐守一節，科布多現在尚無練兵，自應仍遵前旨，暫由塔城照舊辦理，以俟將來有隊填扎，再行撤退。如此分别辦法，疆界既已分清，人民不致夾雜。塔屬之哈安業，自不流離。科屬之哈得所，何能竄擾！則實邊固圉，除虐安民，計無淑於此者。否則哈民漫無歸宿，易致潛逃，即使年年派員擒收，亦難免此收彼逸，在科則愈積愈多，在塔則愈逼愈遠，年復一年，終無了局。其寇掠生事，流入於俄，又不待言之患矣。况現據俄匡索勒官照會，阿拉克别克河地方齊壘哈薩克有越界住牧情事，意在借驅逐哈衆爲名，圖占我界。正在查辦，尤宜設法清理，以免膠葛。

奴才統籌全局，斟酌再三，若非速定辦法，後患方長，何堪設想！可否仰懇聖裁，俯察奴才所擬各節，再賜明諭，俾得祗遵，妥慎籌商，早爲料理，以杜患萌而規舊制，藉仰紓朝廷北顧之廑。兹將烏梁海左、右兩翼散秩大臣所上蒙文暨哈薩克呈詞全行譯漢，祗呈御覽。爲此繕摺瀝陳。愚昧之見，是否有當，伏祈皇太后、皇上聖鑒訓示。奴才不勝恐懼迫切待命之至。<u>再，幫辦大臣瑞璋尚未到任，未經列銜。合並聲明</u>[2]。謹奏請旨。

光緒二十八年四月初四日拜發。本年五月十八日遞回，奉硃批：著即親往履勘，將該處哈民清查，酌度情形，妥籌安插，務令各得其所，以順輿情而重邊要。餘依議。欽此（四月二十五日）。

呈烏梁海兩翼散秩大臣懇請催還借地呈文

謹將烏梁海左、右兩翼散秩大臣所上懇請催還借地蒙文原呈，譯呈御覽。

阿勒臺烏梁海左、右兩翼散秩大臣額爾克舒諾、三音博勒克呈：據本烏梁海七旗人等會同訴稱：卑旗向來倚靠肥壯游牧，耕種打牲，安逸度命，充當差使。旋於同治年間將本游牧之膏腴好地借給塔爾巴哈臺，又屢次分給俄羅斯出貂地方，致各處哈薩克等闌入，所有膏腴，擅自住牧。烏梁海等衆反致擁擠，無處謀生，以致飢饉無法，欲以牧地得租，奈膏腴被塔爾巴哈臺借去，其中間之地又經畫界分與科屬哈薩克，不但不給租税，還將我們烏梁海人等逐攆。似此苦累，我等何以聊生，等情。連次瀆請前來。

查所報皆係實情，從前已將各情節次呈報歷任按班，請咨塔爾巴哈臺將借地歸還。迨光緒十八年間，經欽差大臣沙會同科布多、塔爾巴哈臺參贊大臣齊集阿爾臺山承化寺地方會議，奏定應由塔爾巴哈臺將借地歸還，並展限三年。一俟限滿，塔爾巴哈臺所屬務將阿爾臺山、哈巴河一帶地方歸還烏梁海，並因烏梁海倍形窮苦，復令塔爾巴哈臺所屬哈薩克等酌幫牲畜，以免彼此爭競。彼時烏梁海惟望速還膏地，不願收其牲畜，是以未要塔爾巴哈臺哈薩克牲畜。現在欽定三年限期，於光緒二十一年間，早已限滿，塔爾巴哈臺參贊大臣並未將所屬收回，騰還借地。哈衆漸漸增添，以致我們烏梁海等衆實極窮迫，度日維艱。復經據情呈報按班，旋奉飭令，聽候本大臣議定，再行指飭遵辦，等因。當已札知本屬七旗遵照，今候多年，仍不知如何辦理。哈薩克等漸至增添滋事，搶占草廠，虐害烏梁海，窮蒙無法棲止。烏梁海自己耕種，打牲養命，膏脂之地委失與人，憂愁不已。哈薩克人多藉勢逞强，烏梁海因窮積憤，往往捨命相爭，近年加有俄人通商，時滋嫌隙，尤多可慮。若生事端，卑散秩大臣、副都統、總管亦實無法辦理，似此無處居住、憤怨之烏梁海蒙衆，斷難約束相安，卑散秩大臣何能當此重咎！

卑等愚見，非請將從前塔爾巴哈臺所借阿爾臺山、哈巴河一帶地方，務必趕緊歸還，將窮困烏梁海並擁入之哈薩克等分晰，定地安插居住，以免夾雜紛擾，彼此爭端，游牧或可安穩無事。現值按班整頓地方，體恤蒙古，無微不至，一片忠誠爲國之心，聖主自必信任，一經奏請，定可邀恩准行。合無懇祈按班恩施，具摺請旨飭將塔爾巴哈臺所借哈巴河一帶地方，仍當欽遵前奉諭旨，即行歸還烏梁海，以除苦累而免滋釁，即卑旗不至終於失地，亦差足仰慰高宗純皇帝當年收撫豢養之恩。現並可將各哈薩克等分晰，妥爲安置，以資各安生計，實爲恩、公兩便。理合將所有下情據實再行呈報，叩乞按班鑒察，慈憫施行。烏梁海左、右翼散秩大臣額爾克舒諾、三音博勒克謹呈。

（硃批）：覽[3]。

呈哈薩克總管等懇賞永遠住牧地方呈詞

謹將哈薩克總管、頭目等所上懇請賞給永遠住牧地方原呈，譯呈御覽。

哈薩克頭目章嘎爾，總管珠旺斡莫鷺、達克博特、木齊蘇喀爾拜等爲呈報事。接奉和貝按班札開：令將本屬四鄂托克哈薩克户口數目查明，造册呈送，以憑查考，等因。奉此，當查從前已將本四鄂托克哈薩克户口造册呈報本屬衙門在案。除將由彼至今並無添減之處呈報外，本四鄂托克哈薩克自歸科布多收管，駐當皇上差使以來，已經年久。我們哈薩克原無居住游牧，我們無法出租在烏梁海、土爾扈特游牧内居住。從前光緒十八年間，欽命參贊大臣沙到哈薩克地方，卑哈薩克等懇乞憐憫，奏求皇恩賞給住牧之地，經大臣沙諭示，俟三年後分給我們哈薩克游牧。迄今多年，我們四鄂托克哈薩克雖無居住游牧，亦願與中國勉當犬馬之差，惟流離年久，多致窮困，且人數衆多，既無準地安置，難免不紛紛四出，與蒙、俄互有爭端。

伏思卑哈薩克世受國家厚恩，皇太后、皇上向於外蕃尤爲天高地厚，一經籲請，無不立沛恩綸。兹具實情，理合呈報和貝按班，亟將哈薩克等困苦情形奏明，代爲乞恩賞准永遠住牧地方，以示拯救而資約束，卑哈薩克情願敬謹充差，報效國家。爲此聯名謹呈。（第352—363頁）

（硃批）：覽[4]。

【案】此摺原件、録副及清單均查無下落，玆據稿本[①]校勘。

1.【奴才瑞洵跪】刊本無此前銜，玆據《軍機處隨手登記檔》[②]校補。

2.【案】劃綫部分刊本缺，玆據稿本補。

3.【覽】此御批據《軍機處隨手登記檔》校補。

4.【覽】此御批據《軍機處隨手登記檔》校補。

○四、新疆逃哈如係所屬自應收回片

光緒二十八年四月初四日（1902年5月11日）

再，二月間准新疆撫臣饒應祺咨：據焉耆府知府申報：喀喇沙爾和碩特貝子桑吉佳普報稱：去年五月内，忽有哈薩克人衆來塔什河地方强住，貽害地方，請飭驅逐出境。旋即札飭該府辦理，哈薩克玩抗不遵。嗣查知該哈目哈巴鐵連吉帶哈衆百數十家，搬往羅布淖爾去訖，其克勒伯等衆尚未遷移。該哈薩克或稱科布多所屬，又云塔爾巴哈臺所屬，並不實説究隸何城，咨請奴才派員，並咨塔城會同一律查明，押解回牧，等因。前來。

查來文所稱哈目名字，科布多均無其人，奴才現亦正飭查辦。如果實係科布多所屬，自應派員收回。惟若此紛紛四出滋擾，再不擇地妥籌安插，立法箝制，終必構成邊患。清安任内雖曾請款安撫，所奏半屬空言，並未實在辦到，延至於今，甚難清理。此奴才所以亟欲收束以爲補牢之計也。謹附片具奏。伏祈聖鑒。謹奏。

---

① 稿本第725—766頁。

② 中國第一歷史檔案館藏：《軍機處隨手登記檔》，檔案編號：03-0312-2-1228-110。

光緒二十八年四月初四日拜發。本年五月十八日遞回，奉硃批：知道了。欽此（四月二十五日）。（第 367—368 页）

【案】此奏片缺原件，録副查無下落，兹據稿本[①]校勘。

○五、請催幫辦片

光緒二十八年四月初四日（1902 年 5 月 11 日）

再，幫辦大臣瑞璋尚無出口之信。自因萬里長征，製裝不易，惟近年邊務繁劇，迥非昔比，交涉尤難因應，且無才識並茂、可以助理之文武人員，故奴才到任以來，遇事躬親，直以一人而兼數役，以致精力遽遜於前。去冬大病，至今春二月，始漸就痊。然每遇用心過度，仍連夜失眠，驚悸不止，次晨必痰中帶血。日前因接俄官索地照會，憂憤萬分，竟又數夜未睡，肝氣下陷，泄利復作，而時發時止，亦無從調治矣。

自揣多病之軀，恐不能久應重寄，況一人之智慮有限，天下之事變無窮，亟盼瑞璋早來，可資商榷。有彼坐鎮，奴才雖帶病遠役，亦不敢辭。如該大臣尚未起程，應請旨敕催作速前來，以期共維邊局。謹附片陳請。伏祈聖鑒。謹奏。

光緒二十八年四月初四日拜發。本年五月十八日遞回，奉硃批：瑞璋著即迅速前往。欽此（四月二十五日）。（第 364—365 頁）

【案】此奏片缺原件，録副[②]現藏於中國第一歷史檔案館，兹據校勘。

---

① 稿本第 767—770 頁。

② 中國第一歷史檔案館藏：《録副奏片》，檔案編號：03-5416-125。

○六、更换衆安寺胡圖克圖摺

光緒二十八年四月二十三日（1902 年 5 月 30 日）

奴才瑞洵跪[1]奏，爲更换胡圖克圖接管衆安寺事務，恭摺仰祈聖鑒事。

竊前據管理科布多衆安寺事務胡圖克圖德清鄂特蘇爾呈報，該胡圖克圖自光緒二十五年三月初一日到寺接管之日起，連閏扣至光緒二十八年二月初一日，三年期滿，先期呈報，應請轉咨烏里雅蘇臺揀選熟習經卷之胡圖克圖一員來科更替，以備接管寺務，等情。當經據情轉咨在案。旋准烏里雅蘇臺咨稱：胡圖克圖德清鄂特蘇爾在科駐管寺務既屆三年期滿，自應札飭札薩克圖汗揀選熟習經卷之胡圖克圖前往接替，現由該汗部落盟長選派札勒堪札胡圖克圖達木鼎巴雜爾前來科布多衆安寺接管，等因。於本年三月二十八日，據札勒堪札胡圖克圖達木鼎巴雜爾到城來謁，奴才當即接見。

查該札勒堪札胡圖克圖達木鼎巴雜爾，秉性靈異，經典精通，夙爲蒙古所崇奉，即飭接管衆安寺事務，並令敬頌皇經，祝厘保國。理合恭摺具奏。伏祈皇太后、皇上聖鑒。再，幫辦大臣瑞璋尚未到任，未經列銜。合並聲明[2]。謹奏。

光緒二十八年四月二十三日拜發。本年六月初八日遞回，奉硃批：知道了。欽此。（五月十六日）。（第 365—366 頁）

【案】此摺缺原件，録副[①]現藏於中國第一歷史檔案館，兹據校勘。

1.【奴才瑞洵跪】刊本無此前銜，兹據校補。

2.【案】刊本缺劃綫部分，兹據校補。

① 中國第一歷史檔案館藏：《録副奏摺》，檔案編號：03-5568-051。

○七、更正筆誤片

光緒二十八年四月二十三日（1902年5月30日）

再，奴才於四月初四日附奏邊界情形一片，聲叙“同治三年則有明誼、奎昌將阿勒臺山迤北地方分入俄界，故舊有之烏克克、欽達蓋圖、烏魯呼、昌吉斯臺、哈喇塔爾巴哈臺、那林胡蘭、阿吉爾噶、霍呢邁拉扈等八卡倫均向内挪移改設”數語。其哈喇塔爾巴哈臺一卡，片底本有“哈喇”二字，值奴才正又犯病，不能親書，此奏因係密片，當令繕摺之員在奴才内室辦理，以昭慎密。不料重復鈔稿，矜持太甚，竟將“哈喇”二字遺漏未寫。又“同治三年”下尚有“八年”二字，亦[1]未寫，以致繕片因之沿誤，並未看出。

迨奴才查知，而摺已拜發旬日矣。事關邊界，不厭推求，應請敕下軍機處即予查照更正。至所稱阿勒臺山迆北各卡倫一節，詳考界圖，且係自北而西而南，節節進占。蓋同治年之棄地始於明誼而成於奎昌，光緒九年之棄地則升臺、額爾慶額實踵前失，又加甚焉。沿邊卡倫乃已兩易其地，此奴才所以慄慄危懼、夙夜疚心也。伏祈聖鑒。謹奏。

光緒二十八年四月二十三日拜發。本年六月初八日遞回，奉硃批：著查照更正。欽此（五月十六日）。（第366—367頁）

【案】此奏片缺原件，録副[①]見於臺北“中研院”近代史所《外交檔案》，兹據校勘。

1.【亦】刊本奪“亦”字，兹據校補。

① 臺北“中研院”近代史所藏：《外交檔案》，館藏號：02-10-014-02-006。

○八、查無私挖鉛砂摺

光緒二十八年四月二十三日（1902年5月30日）

奴才瑞洵跪[1]奏，爲循章派查都蘭哈喇地方並無偷挖鉛砂情形，恭摺具報，仰祈聖鑒事。

竊查札哈沁部落都蘭哈喇地方舊有鉛礦，久經封禁，向由科布多、新疆兩處各派官兵，於每年三月十五日前往該處會查有無私挖，以重邊禁在案。本年三月，適屆會查之期，當經預咨該撫饒應祺照章辦理。旋據巴里坤鎮總兵接奉該撫照會，已經揀派委員。奴才亦即派委筆帖式溥涌帶領兵丁，馳往都蘭哈喇地方，於三月十五日會同巡查。

兹據該員等稟稱，查得該處並無偷挖鉛砂情形。取具該總管等印結，稟請具奏前來。除飭札哈沁總管等隨時稽查外，理合繕摺具報。伏祈皇太后、皇上聖鑒。再，幫辦大臣瑞璋尚未到任，未經列銜。合並聲明[2]。謹奏。

光緒二十八年四月二十三日拜發。本年六月初八日遞回，奉硃批：知道了。欽此（五月十六日）。（第367—368頁）

【案】此摺原件①、録副②現均藏於中國第一歷史檔案館，兹據校勘。

1.【奴才瑞洵跪】刊本無此前銜，兹據校補。

2.【案】劃綫部分刊本缺，兹據校補。

---

① 中國第一歷史檔案館藏：《硃批奏摺》，檔案編號：04-01-36-0112-022。

② 中國第一歷史檔案館藏：《録副奏摺》，檔案編號：03-9646-051。

〇九、妥籌經費摺

光緒二十八年四月二十三日（1902年5月30日）

奴才瑞洵跪[1]奏，爲估計應辦事宜需用經費約數，遵旨妥籌，敬抒管見，懇恩敕部准撥的款，以濟要需而資整頓，擬以三年爲限，屆滿即請分别減停，繕單具摺奏陳，仰祈聖鑒事。

竊奴才前於上年覆陳遵查應辦事宜一摺，奉硃批：所陳各節著即妥籌經費，再行次第舉辦，以收實效。欽此。仰見朝廷睠懷邊要，力圖振興，跪誦之餘，且欽且悚。伏維科布多東連喀部，南達新疆，西倚阿爾臺山，北鄰俄羅斯界，實爲朔漠名區、藩維岩鎮。乃自匪患鴟張，三十餘年以來，部落日益貧弱，藩籬疏薄，又加屢次分界，竟將科布多所屬之阿爾臺淖爾、烏梁海兩旗地方與齋桑淖爾迤東數百里劃歸俄國，以致我益削弱而彼益内侵，大有卧榻鼾睡之象。而哈薩克不肯外向者，亦即因之闌入，擁擠擾攘，無從鎮遏。以彼時勢而論，早當牖户綢繆，大修邊備，乃當事者既昧於策畫，主計者更執息事節費一面之詞，限制邊吏，練兵籲餉，駁斥相隨，歷任大臣罔敢違抗，亦遂不得不以敷衍塞責，釀成積衰不振之局，固無怪其然也。

夫軍國大計，難規小利而貴有遠謀，即今列强環伺，時局萬難，俄人既肆東封，復勤西略，計所割取我之屬地，蓋自東北以訖西北，周匝三垂，迴環不下二萬餘里。其鐵路已由布哈爾東北造至札木干，分爲二枝。其東一枝即傍我伊犁西境，北折至波那丁斯科，順額爾齊斯河以達彼倭木斯科，呼應靈通，轉輸利便，業經告成，從此西北邊防安望復有解嚴之一日！往歲帕米爾一役，實已爲將來圖占喀什噶爾張本，先據屏藩，後窺堂奧。[①] 其得步進步，誠不知何所底止矣。

大抵[2] 自强之道，要在平時[3]，營度敷布，銖積寸累，行之以漸而持之以恒，未雨之謀，不容舒緩。若不豫圖於閑暇，變端猝發，安所得應急之餉、拒敵之兵！矧在今日洋務愈辦而愈難，外侮漸逼而漸緊，萬不可仍事因循，不自爲計。竊謂目下時勢誠亂極思治、轉危爲安一大關鍵，幸值朝廷鋭意自强，振新庶政，兹復以奴才所陳者，准令次第舉辦，冀收禦侮綏疆之效，而又垂諒壹是，需款措手維艱，先令妥籌經費，直不啻洞燭邊陲待治之情形與奴才爲難之款曲，特加體恤。奴才何人，膺兹寵眷！苟爲奴才管見所及，安忍不抒千慮一得之愚！查科布多大漠窮荒，毫無出產，枯窘異常，加以兵燹之後，蒙困商疲，局勢尤爲艱棘，較之烏里雅蘇臺、庫倫尚復不如遠甚。奴才前已將邊餉難籌實在情形具摺奏陳，早邀聖慈洞鑒，即云烏梁海、阿爾臺山地產饒沃，尚有農、礦、漁、牧之利可收，然地尚爲塔城借占，未經交還，且即有可爲，亦先須耗開辦之費，經始動需巨款，而獲利尚在他年。若竟不能索回，則更無從下手矣。是就地取材殊無把握，而奴才所陳應辦各事又皆至大至要，極有關繫，必當及時趕緊舉辦者，如須一一試行，斷非有財有人不濟，而財尤爲先急。此所以反復思維、計無所出，仍不能不呼籲聖明而冀稍留宸慮者也。

夫天下事，運之以才力，而成之以財力。財力不足，才力雖宏亦無所用。況奴才本無才之可見，而地方又無財之可言。奴才不揣冒昧，遇事鋭欲自任，固是奴才之短。然自念在官一日，當盡一日之心，即當辦一日之事，故於公誼所在，無敢稍存諉卸。今兹經費若徑行奏請敕部酌撥庫款，或援舊日協濟之例，仍責各省分籌協解，名正言順，其事非不可行。然同爲臣僕，會值時艱，竟不設想部臣、疆臣仰屋之苦，惟知曉曉瑣瀆，一味要求，奴才亦殊不願出此。惟現值朝廷勤求治理，並亟邊籌，世變攖心，亦實不宜以款絀舉贏，一仍舊貫，致涉疏虞而釀後

---

① 此處刊本眉批署有“俄擬將西伯利亞鉄路全添雙軌，見已動工，先由阿母斯克至貝加尔湖之幹路開手。其由阿母斯克至塔什干之枝綫，同時亦添雙軌，其政府預算，自千九百七年至千九百十二年，須九萬萬盧布。整理此鐵道，此计畫成則由伊爾庫斯克北至海參崴可不經滿洲，免爲日人所厄，再由伊爾庫斯克接造經恰克圖之路，期由庫倫以達蒙古（録上海《時報》歐事近聞一則。時光緒丁未九月記於法部南監）”一段文字。

患。奴才自奉旨後，蚤夜以思，通籌全局，竊以口外既無可生發，自不得不仍於內地代謀。玆於萬難設法之中，思有一事尚屬可行，且係就奴才夙所條奏，與疆臣現所擬議者，更加引伸，並非別創新法。

查戊戌七月，奴才曾因疏陳南漕積弊改折有益無損一事，附奏清理衛所屯田，當蒙特派慶親王奕劻、協辦大學士孫家鼐，會同户部妥議。正摺所請駁而不行，其附片所陳清理衛屯則已議准，謂當敕各督撫切實辦理。今河運、海運已奉特旨通飭改折，則有漕各省屯田尤不當聽其隱没，且現在轉運皆係輪船，民船糧艘久廢，運軍無人而屯田實已輾轉典賣，屢更業主，地册掌自衛書之手，衛官但届時向書吏索取年例陋規，並不管田在何處，數有若干，積弊至此。此無論漕之折與不折，皆亟當核實清理者。邇來應詔上書者，率以爲言。劉坤一[①]、張之洞會奏變法，論尤切至。原奏議將用價所置之屯田准其報官税契，將屯餉改爲地丁，於舊章屯餉外，每畝酌加報效銀二分。總計各省屯田二十五萬餘頃，可歲增銀五十萬兩，再益以裁省衛官之費，實爲巨款，等語。所擬請弛不准典買之禁辦法極寬，而酌令報效銀數亦復甚微，實屬毫無擾累，輕而易舉。

奴才夙知此項屯田弊竇太多，久已名實兩亡，今若一律清查，將向由各衛自行徵租者統改歸坐落各州縣經收，即可剔除許多中飽，再無論業爲民執、軍執，均准作爲己產，無慮失業，又爲除去種種需勒用費，民間既得利又除累，必無不樂從者，洵可上益餉源，下霑實惠。此於清查後即令按畝加倍納租亦不爲苛。然

---

① 劉坤一（1830—1902），字峴莊，湖南新寧人，廩生。咸豐五年（1855），敘功以教諭即選，旋丁父艱。六年（1856），加同知銜。次年，升道銜。十年（1860），晋鹽運使銜，同年，再升按察使銜。十一年（1861），補廣東按察使，加布政使銜，賞碩勇巴圖魯名號。同治元年（1862），授廣西布政使。四年（1865），擢江西巡撫。次年，加頭品頂戴。六年（1867），監臨文闈鄉試，充武闈鄉試主考。九年（1870），任文闈鄉試監臨、武闈鄉試主考。十二年（1873），任文闈鄉試監臨、武闈鄉試主考。次年，授兩江總督，兼署辦理通商事務大臣。光緒元年（1875），調補兩廣總督。同年，充江南武闈鄉試主考。次年，兼理粵海關監督。五年（1879），兼署廣東巡撫。是年，任廣東武闈鄉試監臨主考。同年，調兩江總督，兼充辦理通商事務大臣。十二年（1886），丁繼母憂。十六年（1890），任兩江總督，兼辦理通商事務南洋大臣。翌年，任江南武闈鄉試監臨。十九年（1893），任江南武闈鄉試主試。二十年（1894），授欽差大臣，兼署江寧京口將軍，賞雙眼花翎。二十三年（1897），充江南武闈鄉試主試。二十六年（1900），加太子少保。次年，晋太子太保。二十八年（1902），卒於任。追封一等男，晋贈太傅，謚忠誠。著述有《兩淮鹽法志》《補過齋文集》《補過齋詩集》《劉忠誠公奏疏》等；修《安徽通志》《江西通志》等。

奴才不敢妄獻此議，今擬仿照劉坤一等原奏，令有田者於每畝酌加報效銀二分之外，再令加繳一錢，名爲清查繳價，止交一次，不再重徵。核以户部例載漕衛屯田七萬五千七百九十六頃確數計算，約可得銀七十五六萬兩。蓋既免照典買官田律計畝治罪，又不追原租價入官，已極便宜，則令酌納微貲，理亦宜之也。

又，查功令田畝稅契，例應納銀，今既准承買者報官稅契，則應繳之契價稅銀，諒亦不能全無，僅按每畝三分計之，亦當得銀二十二萬餘兩，以之抵充科布多籌邊經費、練兵餉需，總可敷衍三年。若再將租項核實厘定，歲入又將不止十餘萬，且係常年額徵，尤爲可靠巨款。此爲理財中最有著落、毫無流弊之一端，宜求皇太后、皇上明降嚴旨，毅然行之，無慮阻撓窒礙者也。

奴才又悉心核度，奴才所奏應辦事宜，計練兵、墾田、考牧、撫哈四事，初年開辦，需費已近三十萬，次年屯務已有基緒，可以稍省兵餉，各項則不能去，兵即不能減餉。牲畜擬三年購足數目，應與初年一樣，至第三年大略相同。而其中收還借地一節，尤爲中外大局所關最大最要之政。其交割後一切布置防守，所費彌復不貲，尚容前往逐細履勘，沈思妥議，難以豫定。兹但就兵、墾、牧、哈四事約略估計，每年應請撥銀二十四萬兩，閏月加給。惟無須視爲定額，擬以三年爲限，期滿即可分别應減、應停，奏明辦理，嗣後不過止須開支防兵餉需、屯牧局廠官兵薪費而已。如果能著成效，則除練兵外，自餘墾、牧二事，皆可得利，萬無虧折，再將金山之礦妥籌開采，其獲利當必益豐，而於荒漠之山川肇興寶藏，裨益岩疆，俾其可屯、可牧、可戰、可守，則於實邊守險之道，收效更在無形，尤安内攘外百年之至計也。

奴才伏念部臣職司度支，當兹變法圖强之頃，既須籌賠償之費，又須籌辦事之款，兼營並顧，煞費躊躇。奴才苟有一知，自不容以越俎引嫌，故安緘默，重以諭旨殷殷，以妥籌經費責之。奴才竊謂兹事體大，規模甚宏，必合樞臣、部臣、邊臣内外夾持，同心協力，經營數年，方有實效。奴才前於覆奏摺内已陳其端矣。自來封疆辦事，每以一省之財舉一省之政，朝廷責望既專，一切治兵、理財、用人又皆有所憑藉，少所牽掣，用能克底於成。今奴才所處之地則瘠遠荒寒，應辦之事則艱苦卓絶，准駁須聽部臣之權衡，接濟必仰疆臣之鼻息，迢遥萬里，操縱由人，即竭駑駘，亦難奏績。苟非由内籌定實在的款，按期協解，如前者部撥伊犁屯牧經費往事，仍是徒托空言，斷不可靠，必至欲籌邊事，轉誤邊事，非長策也。

奴才所擬辦法未知是否可行，如其不行，即當另爲設措，或移緩就急，或酌盈劑虛，或於各省應協東北邊防經費騰挪濟用，是所望於公忠體國、力顧大局之部臣！合無籲懇天恩敕下督辦政務處王大臣與户部諸臣，會同秉公核議，總期指撥確實的款，按期准由户部源源領解。即仍令各省分協，亦必須由部督催，先令統解至部，再由奴才派員赴領，俾款歸有著，邊機諸務得以次第究圖，及時興舉，足資整頓而濟要需，方爲切實正辦。其初年開辦經費，並須早爲通挪發給，使有所措手，不致待款誤事。邊維幸甚！大局幸甚！

伏維以上各事，欽承諭旨，申命再三。奴才才力庸虛，本不足以辦此，惟念此舉實爲北路安危所繫，而上體朝廷宵旰之勤，下維時局艱虞之迫，卧薪不及，求艾已遲，若再顢頇，漫不設備，不惟重增聖主北顧之廑，且恐邊患再起，將有一發莫禦者，實不得不殫攄義憤，勉力爲之。如蒙俯鑒，此章以上所請俱能特邀俞允，尚求敕諭部臣，暫勿拘泥文法，容奴才放手辦理，實力實心，期收異日之效，不效則治奴才之罪。邊事是奴才專責，既已無所顧畏，必當誓竭血誠，力任勞怨，不以艱難而自沮，不以人言而中更，並應恪遵穩慎之諭，次第措置，認真經理，不敢輕率鋪張，苟圖自便，再有貽誤，糜公帑以壞邊疆，庶幾仰副委寄之至意。管見愚昧，是否有當，謹具摺奏陳，並將應辦事宜估需經費約數並大致辦法，另行繕單，祗呈御覽。伏祈皇太后、皇上聖鑒訓示。不勝惶悚感激之誠！謹奏。

光緒二十八年四月二十三日拜發。本年六月初八日遞回，奉硃批：户部核議具奏，單並發。欽此（五月十六日）。

呈應辦事宜需用經費暨辦法清單

謹將估計應辦事宜需用經費約數暨大致辦法，敬繕清單，祗呈御覽。

計開：一、練兵。前奏至少須千餘人，係就必應置防之處，粗擬分設之兵，原以轄境遼闊，戒備太單，且自收撫哈薩克以來，散居游牧，喜爲寇掠，無兵不足以資鎮攝，而密邇强鄰，時時不可弛備，尤須精儲爪牙，期立藜藿不采之威，非願輕開邊衅，欲以兵戎相見也。口外民皆爲商，數甚寥寥，不但綏戢地方，捕拿盜匪，非兵不行，即護送來往洋商，尤極關係和局，更非有兵不能放心。況欲興屯開礦，民工所不及者，亦不能不資兵力。新疆如伊、塔各城，無不於滿兵、蒙兵、緑兵之外加練漢隊，獨科布多無之。默察外情，深憂内患，實非汲汲增兵不可。然兵貴精不貴多，蒙兵、漢勇若得二千人以内，即庶幾可資守禦。再將各旗蒙兵仿照德操，更番調練，不數年後便可人人皆兵，堪備徵調。果能認真督練，演習槍械、行陣，一兵實得一兵之用，則强横之哈回、恣肆之洋人，自無不悚然懔畏，而俄見我真能修備，非復昔日因循，更當稍戢貪狡。況奴才嘗聞洋人談及彼國，無不練兵，沿邊、臨海尤爲著意，科布多獨不講求，彼皆以爲不重邊地之證。若練二千人，官弁、兵勇撙節估計，以五百人歲需三萬兩計之，一歲共需銀十二萬兩。此爲彈壓地方起見，仍擬用我營制，而以西法部勒之。若全改洋操，未免太費，且理精法密，難遽馴習，自可從緩。其卡倫祇得十兵，過形薄弱，即核與早年定制及烏里雅蘇臺各卡兵數，均甚相懸，必須酌增其額，以及蒙古各旗須分設保護俄商之兵，如用餉不多，自須撙節歸並，均於現估餉内匀濟，其要歸於兵皆實用、餉不虚糜而已。至阿爾臺山將來尚須設兵置戍，以固塞防，事體較大，當另核議，不在此内。

二、墾田。布倫托海地畝寬袤，刻尚不悉實在確數，據往來人言，田美而多，然須視渠道以爲盈絀，能多開渠便能多種田。現擬以次試墾，須用兵屯，而雇精於農工之民教引，究亦無須貪多。蓋口外人少，若糧石太多，難得銷路，仍歸堆積，亦屬非宜，且須開置官糧局，半濟兵食，半資商糴，則公家不糜屯田之費，地方亦得屯田之益，而各游牧之向來購買均可改向官局辦理。如果值廉而質佳，並可接濟烏城官兵、商蒙之用，而准商購運，亦無慮奪其貿易之利，是謂便兵、便民，不得以爭利論。今擬儘銀二萬兩爲購製耕牛、農具、兵工餉貲、各項局員雜費之用，就此試辦，逐年擴充，異日耕穫豐收，蒙兵樂於趨事，且耕且守，必可收古人屯田便利之效。惟初次開辦，用款稍費，除現辦濬治渠道之外，如立倉、造房、置磨、設公所、安臺站，與夫轉運駝隻、建廠牧養，皆必須辦理者，其需款亦在二萬兩以外。此以布倫托海一處而言，極力從省，約用銀四萬兩以外，即可具有規模。至蒙古各旗之地，或因年久廢耕，或爲客民佃種，亦當爲之厘整，當量其無力者，酌發牛籽、器具，以助其成，所需價銀，亦擬並於四萬兩内騰挪濟用，惟力是視。

三、畜牧。北方畜牧之利自昔著稱，漢、唐、宋、元以來，北方富人首言畜牧，國朝承平二百餘載，尤以講求牧政爲亟，成法燦然。蒙古亦無不以收養牲畜爲生殖之本，特東盟則大受馬賊之害，北邊亦曾被兵荒之災，加以晋商重利，盤算牛羊駝馬，率以抵收欠賬，搜括將空，萬騎千群，長驅入塞，以致蒙古生計頗艱，貧瘠日甚，既乏資本，更無從廣置圍場。嘗考臺西各國，每田百畝必空數畝，不耕不穫，專殖青草，圈作牧場，就畜牧以致巨富長子孫者，不乏其人。故奴才謂就蒙古地方而踵效西法，則畜牧實性相近而地相宜。閲劉坤一、張之洞會奏遵議變法摺修農務條内附陳蒙古生計以游牧爲主，近數十年，蒙部日貧，亦請飭下蒙古王公暨該處將軍、大臣酌擬有益牧政事宜，奏明辦理，可見非奴才一人之私言也。惟科布多僅有吐們圖官廠一區，現存駝八百餘隻、馬二百餘匹，爲數甚稀，但供差使已苦不敷，且非孳生，亟宜另立大廠。略取伊犁整頓孳生章程，酌宜辦理，若牧養得法，去中土之弊而取西制之精，必能碩大蕃滋，日增月盛。推而極於製造牛乳，收翦羊毛、駝絨，皆可擴充試辦，久則利益自著，天下未有爲其事而無其功者。其四項牲畜皆非賠本之事，似不妨多爲收買，擬一年以銀五萬兩爲度，采買三年，便可停止，務期公家多一分養息，蒙古即少一分剥削，庶“游牧”二字足稱名實，但須按照時值購買，老年例價無從强辦。其管理孳廠官員薪俸、兵丁月餉並一切例支，均係不可少之需，應俟詳悉擬定。

四、撫哈。收還阿爾臺山借地，安插蒙古、哈薩克一事，攸關邊疆大局，最爲緊要，需款亦爲最巨。而奴才前奏僅以安置蒙、哈立言，實則奴才微意全爲及早下手部署，以防後患。爲保守阿爾臺山之計，與其後發制於人，不如先發制人也。此山譯義爲金山，東幹、北幹縱横數千里，山重水復，形勢制勝，在古爲著名之腴區，在今爲彼族之几肉。我不亟謀守禦，終將拱手讓人。俄今力爭阿拉克别克河、克色勒烏雍克地方，即爲他日要索阿爾臺山張本，其情可見。而現爲塔城久假不歸，聞所布置亦不過派兵一二百名，以一旗員駐扎，所謂扼要設防，恐非實際，尤爲可慮。揣俄人覬覦之意，以其地勢好又處處產金。譯閱美國華盛頓報云，美政府曾派員考查中華滿、蒙物產，據稱蒙古阿爾臺山金苗平衍，有挖得整塊重至數觔者，俄人久已察悉，已建鐵路與此山逼近，其心叵測，等語。奴才又閱前出使大臣原任副都御史薛福成[①]出使日記，内云俄之東境與中國以阿爾臺山爲界，阿爾臺山即古之金山，俄人於山之北麓開礦鍊金，特派大臣駐扎經理，等語。可見俄人並未忘情於此山也。且該處土田肥沃，天氣温和，利於耕作，在北路實爲可取之地。窺俄人舉動，其謀最隱，其心甚深，從不向我明言此山之佳，而惟汲汲於鐵路，且每從遠處著手布置，恐有一朝出言借索，如旅大故事，必致無法謝絶者。夫禍患每生於所忽，而備禦宜戒。夫不虞，故奴才欲未雨綢繆，爭此先著。抑奴才又聞外洋形勢，凡兩國接界之處，莫不明斥堠、修炮臺、造兵房，雖累世和好而設備謹嚴，反能彼此相安無事，誠能於此建官、駐兵、設卡、築壘，就民種田、延師勘礦，和輯漢夷，繕治守具，我果可以自固，彼即無從進攻。此地爲將來之所必爭，應請加意經營，期於十年而成重鎮。綜其繁費，蓋難殫論，事體重大，實不敢草率擬議，應俟收回之後，當由奴才親往察勘，趁安插蒙哈之便，因地制宜，妥議一切辦法，詳細奏明，請旨定奪。今先就安插蒙古、哈薩克一節，核計哈薩克兩萬餘人，蒙古亦有一二千人，須聽其遷徙者，移彼就此，使其耕牧兼資，咸受約束，永爲翊衛，竊計亦非四五萬金不克敷用。光緒十年，曾因遵旨准其收撫，暫令在烏梁海境内住牧，仍俟給還借地，妥爲安插。比經奏奉諭旨，敕由户部撥銀七萬兩，是其明證。

以上應辦事宜，估計應需經費，通盤核算，截長補短，每年須得二十四萬金，不能再少。應請敕部按年照撥，以便次第舉辦，仍無須常耗巨款，擬以三年爲限，期滿即分别應減、應停，奏明辦理。至阿爾臺山布置各節，事款較繁，應歸另案估撥，此時多寡，均難懸揣。且該處關係中外大局，較爲重要，其應如何妥籌防

---

① 薛福成（1838—1894），字叔耘，號庸庵、庸蓊，江蘇無錫人。同治六年（1867），取副貢生，參曾國藩戎幕，積勞至直隸州知州，加知府銜。光緒三年（1877），丁母憂，回籍終制。八年（1882），保直隸候補道員。次年，改河南候補道員。十年（1884），補浙江寧紹臺道。翌年，晋布政使銜。十四年（1888），升湖南按察使。十五年（1889），授出使英法義比四國大臣，賞二品頂戴、改三品京堂官。十六年（1890），擢光禄寺卿。次年，轉太常寺卿、大理寺卿。十八年（1892），授都察院左副都御史。二十年（1894），卒於滬。著有《庸庵文編》等。

守，當俟察勘明白，詳慎擬議，具有切實辦法，再行專摺奏請敕下廷臣集議，取自上裁。（第368—382頁）

（硃批）：覽[4]。

【案】此摺原件①、録副②及清單③現均藏於中國第一歷史檔案館，玆據校勘。

1.【奴才瑞洵跪】刊本無此前銜，玆據校補。

2.【大抵】刊本奪"大抵"，玆據校補。

3.【要在平時】刊本作"要在乎平時"。

4.【覽】此御批據清單校補。

一〇、仰邀特旨著撥經費盡心舉辦片

光緒二十八年四月二十三日（1902年5月30日）

再，奴才正摺另單所陳擬辦各條，固深知於國計、邊務均屬有益，尚非迂闊難行，且有欲罷不能之勢。誠如朝廷決計舉辦，再得其人以經理之，發端雖宏，自足徐收實效。然奴才不敢謂其事之必成者，以籌款難遽有著，奴才才望又不足取信於内外諸臣也。伏查往年科布多辦防、辦事，協餉甚多，非盡取資山西，此外如河南、山東、浙江、安徽、江西、湖北、廣東七省，均有協濟，各疆臣顧全邊局，多能應期報解，頗少蒂欠。其辦法係均派員解至綏遠城將軍衙門，由彼接解，初無遲誤，故現欠餉省分止山西、河南兩處，可以爲證。且當回匪變亂時，新疆軍需協餉多由科布多辦理轉運，並無所謂道遠難致、不能協濟。其所以爲是

① 中國第一歷史檔案館藏：《硃批奏摺》，檔案編號：04-01-35-1060-048。

② 中國第一歷史檔案館藏：《録副奏摺》，檔案編號：03-6656-110。

③ 中國第一歷史檔案館藏：《單》，檔案編號：03-6656-168。

説者，蓋非不知舊事，即不願撥給耳。非惟此也，即户部從前專撥代墊之款，亦復爲數甚巨。奴才曾於舊日册檔稽查而知。

今自奴才到任，經費頓覺艱難，邊務亦愈增棘手，即晋、豫欠餉一事可知。以此揣之，則此舉之内撥外協恐均未有把握。若果能仰邀特旨敕部酌撥，接濟有恃，此等籌邊大事自當殫誠規畫，行之以漸而持之以恒，次第酌宜，盡心力而爲之。儻中帑不能匀挪，各省又徒托空言，則雖欲籌辦一事亦不能行，似應仰懇宸斷，另簡精明强幹、通達時務之大員前來督辦，奴才仍幫同經理，衹盡辦事之責，不任管餉之事，庶可期内外一心，經費應手，必能利無不興，事無不舉。奴才因遵旨妥籌，謹再竭愚慮，附片具陳。伏祈聖鑒訓示。謹奏。

光緒二十八年四月二十三日拜發。本年六月初八日遞回，奉硃批：著勉力籌辦，毋庸推諉。欽此（五月十六日）。（第382—384頁）

【案】此奏片缺原件，録副查無下落，兹據稿本[①]校勘。

一一、遵籌经費正摺所陳清理衛屯接閲邸報始知已奉諭旨敕行片

光緒二十八年四月二十三日（1902年5月30日）

再，遵籌經費正摺早經繕妥，因奴才於四月初間病又復作，迄無少減，未能拜發。迨月之十七日，適有差弁自京旋營，帶來正、二月邸報，奴才恭讀之下，敬悉漕衛屯田一事已奉諭旨敕下有漕省分辦理，即無庸再由奴才瀆陳。惟查北路荒瘠，實無從就地設籌，自不能不仍取諸内地。而理財之事屬之疆臣而掌於户部，

① 稿本第849—854頁。

奴才職司邊寄，亦不敢輒爲出位之思。玆因清理衛屯爲奴才昔所條奏，用敢再申前請，而除此奴才亦别無奇策。區區下忱，理合附片陳明。伏祈聖鑒。謹奏。

光緒二十八年四月二十三日拜發。本年六月初八日遞回，奉硃批：知道了。欽此（五月十六日）。（第384—385頁）

【案】此奏片缺原件，録副[①]現藏於中國第一歷史檔案館，玆據校勘。

一二、妥籌保護俄商改設護兵摺

光緒二十八年四月二十三日（1902年5月30日）

奴才瑞洵跪[1]奏，爲蒙古游牧地方遼闊，人類繁雜，俄商來往，易滋釁端，妥籌保護切實辦法，擬將暫留防兵減數改爲護兵，具摺請旨，仰祈聖鑒事。

竊前承准總理衙門咨行，恭録光緒二十六年十二月十三日保護洋人上諭兩道，行令欽遵辦理，等因。奴才内憂時局，外審邊情，當此創巨痛深之餘，何敢不爲懲前毖後之計，業經通飭所屬蒙古各旗盟長、札薩克、散秩大臣、副都統、總管及卡倫侍衛、臺站官員等一體遵照，不准視爲泛常、稍涉疏忽。惟辦事貴求實際，立法以簡易爲宜，防患當慎先機，臨時之補苴已晚。玆以大局甫定，誥誡重申，自當妥籌切實辦法，其有爲難，亦不能不專達上聞，以期斟酌適宜，取益防害。

查科布多所屬蒙古有杜爾伯特、新土爾扈特、霍碩特、明阿特、額魯特、烏梁海、札哈沁諸部，大漠窮荒，縱横廣袤。該蒙古强弱雖有不同，然與俄人交接總未十分水乳，加有哈薩克羼入住牧，人數既多，復極剽悍，素慣寇掠，愍不畏

---

① 中國第一歷史檔案館藏：《録副奏片》，檔案編號：03-6689-011。

法，而尤以烏梁海、阿爾臺山一帶地方爲最繁雜。該處尚爲塔城借去未歸，塔屬哈薩克又復闌入，接聯一片，更有十蘇木額魯特人衆相爲比附，實屬人類淆混，良莠不齊。蒙旗留兵五百名，分駐三處，今年餉需尚屬無著，殊不足以資彈壓。而俄商又素好與哈夷交易，茶、布、牲畜任意賒欠。官既無從稽查，而相離千數百里，鞭長莫及，更亦無從保護，必至出事，或人貨俱無，或拖賴賬目，始經該頭目呈請究追，每至束手不得辦法。此爲難者一。

迤北邊界無不與俄壤毗連，隨處能來，故俄商多由彼界徑至各游牧，烏梁海尤爲足迹所習經。該部落距科布多城近或四五百里，遠且千餘里，並非必由科布多城經過，故地方官無從知其舉動，即亦無從預爲防範。此爲難者又一。

查俄人來各旗貿易，尚多由邊卡經過，來去雖可自由，究有卡座可查。至俄屬又有纏頭安集延、諾果依各項回民，則又均由新疆西路邊界前往阿爾臺山、哈巴河一帶貿易，四通八達，頭頭是道，既非卡倫所能限制，即非人力所能防維。此爲難者又一。

科布多雖因通商設立稽查俄商局，專辦驗票換單之事，索果克卡倫地方並設筆帖式一員，帶領兵、書駐守，係屬分卡，似於俄商非無稽察，但此係爲巨商販運茶貨重儎而設，不由此路不能换給憑單。然該商每恃科布多無通曉條約之人，久已視若具文，頗多繞越。前年秋即有俄商由南省辦運磚茶在塔城領照來此换單之事，即經奴才查知核與通商條款不符，當即認真究辦。俄商自知理屈，認罰而去，是爲明證。且隨便貿易，往來各旗，亦非必須取道索果克。其哈克淖爾、霍通淖爾各處皆可行走，多無執照、路引，官更無從查知。此爲難者又一。

哈薩克素性頑悍，每多圖財害命，棄尸曠野、河流之案。其蒙古之無賴者，亦頗不乏此類。而俄商不畏苦寒險遠，往往於八九月間隨帶一二蒙古工人，奔馳阿爾臺山一帶，尋討欠債。斯時即將大雪，多致封壩被阻，不能旋回，且有從此竟無踪迹者。去年二月間，據俄商頭目與烏梁海散秩大臣等呈報，有俄商密海勒瑪勒策福之筆齊業齊密海勒阿克索諾福帶領蒙古工人達克巴，於前年秋八月前往阿爾臺山一帶地方討取舊賬，至今全無下落一案，可以爲證。事先既不能覺察，事後却大費搜尋，山溪嶮阻，道路崎嶇，野獸、毒蟲出没靡定，冰天雪地，更從何處捉摸！查阿爾臺山雖屬科布多所轄，但於同治八年早經塔城參贊奏明，借地安插胡圖克圖棍噶札拉參徒衆，至今三十餘年，該胡圖克圖早已圓寂，且經蒙恩准其轉世，其徒衆亦已奏明安置新疆之巴英沟地方。乃塔城仍不將阿爾臺山遵旨交還，故該處現仍暫歸塔城管理。奴才因案情較重，已叠次札飭烏梁海散秩大臣等詳細查訪，復經加派妥靠人員前往密查，人文絡繹，迄無端倪，不得不一面究查，一面咨請行在總理衙門查照，轉行春滿，屬其一體認真查辦，免貽外人口實。前接行在總理衙門覆文，業經照咨辦理，並據該散秩大臣呈覆，查明該俄商係往遜都魯克、奇林克、木車克等處，均在借地之内。奴才比即飛咨春滿查辦，業准覆咨，仍推重科布多辦理。現准外務部咨：據俄公使照會，令科布多、塔爾巴哈臺各派妥員，會同該國委員詳細往查。刻俄派之員即係在科布多貿易之達魯噶呢克賚阿薩諾福，定於五月初九日在遜都魯克地方會齊。然此案究竟能否查出，仍無把握。此爲難者又一。

以上種種窒礙爲難，若不妥籌切實辦法，使之化難爲易，該盟長等勢將迴護處分，推諉規避，諱匿顢頇，諸弊由此而生，必至有保護之名，仍無保護之實。一有舛錯，動關全局，奴才何能當此重咎！前年七月，曾據俄商達魯噶面懇，以口外地闊人雜，請爲設法保衛。去秋，駐庫匡蘇勒官施什瑪拉福來科，亦爲奴才切切言之。奴才悉心察酌，實非於蒙古各旗均選樸實精壯兵丁分段駐扎，專爲鎮攝哈薩克、保護俄商之用，不足以重責成而免疏虞。前察哈爾曾設警察營，近山西亦將洋人往來孔道按卡置兵，專資保護，同爲庇商緝匪起見，且近年頗有俄、英、法、德諸國人員前來游歷，均需一體保護。

查該蒙古共三十旗，今擬每旗各挑選馬隊兵十名，均以蒙官一員帶領，以筆齊業齊一名管理登記呈報事宜。平日則操演槍械[2]，捕拿賊盜，遇有俄人運貨前來，到某旗貿易，即到某旗告知，便由該弁兵即時護送，或赴遠處索賬，往返亦由該兵出派數名隨同照料，按旗接替，均隨時將洋人名姓、面貌、人數、有無貨物、件數及經過各旗日期詳細具報奴才衙門查核。其於各國游歷人員，並須加派官兵，按站護送。如此則防範周密，庶免意外之虞。即使或遭事故，亦有綫索可尋，不至茫無措手，釀成巨案，上煩宵旰之廑。至新疆西路一帶，自須量增卡座，以密稽查，應可由奴才咨商新疆撫臣，斟酌辦理。此項兵丁若有三百名即可敷用，勢處無可如何，萬不能不籌添設。

溯查光緒五年間，因防護臺站，增練蒙兵三百名，曾經奏奉諭旨，准由户部指令安徽、江西兩省，在於厘金項下各撥銀九千兩，按年籌解。兹查此項兵丁事同一律，且較防臺尤爲緊要，計管帶官弁及兵丁共三百六十餘員名，一年應需口分，撙節估計，前數僅能敷用，且係洋務要需，難任延欠，必須撥給有著的款。事關杜患安邊，此費自不當惜。並查前項暫留蒙兵五百名，尚未請有專餉[3]，奴才曾以咨請部示，旋准行在户部咨覆，以未能如數發給，應令自行奏明裁撤，等因。在部臣目擊前年之變，練兵無用，激切而出於裁汰，自非於邊要獨有苛求，本應遵辦，惟係奉旨暫留分防，未敢輕言遣撤，且就地方情形而論，尚嫌單薄，故奴才遵查科布多應辦事宜一摺，首以練兵爲言，何能請增請撤，起滅自由，置邊備於不顧，第既乏餉，何由足兵！況兹又有安設保護專兵之舉，若再請益，勢必愈難舉行。權其輕重，酌其盈虛，衹得量移守隘之兵，以置衛商之隊。查前項蒙兵僅分扎烏蘭古木、布倫托海、布延圖河，不足散布各旗。兹擬以三百名額，於各旗再行選派，聯絡應用，庶帑項並無加增，交涉亦有裨益。值此時艱，在部臣、疆臣素顧大局，必能深明事機，熟籌利害，亦不致以歲添撥款爲口實，且並未敢求多，於留兵之外實已勉强牽合部議。而奴才籌邊體國，並顧兼權，區區苦心，當荷聖明洞鑒。

至該俄商任便來往，無從稽察，應照約款，由該國邊界官按人給予執照，於局、卡分别呈驗。奴才與匡蘇勒面商，從此必須曉諭各商，每於到城與蒙古各旗時，均即隨時呈報該達魯噶，轉報奴才衙門，即與某人交易，銀貨亦應以實具報，俾可按牘而稽。奴才均與匡蘇勒詳議，已據允許。如此設法認真經理，實力舉行，縱不敢謂永遠無事，然查察之力既有所施，斯保護之責自爲易盡，似尚足以彈壓奸宄，消弭釁端，究屬穩著。現因欽奉上諭，翻譯通飭欽遵，該各蒙旗頗有戒心，皆謂洋人不易保護，倉促出事，慮干重譴，烏梁海畏難尤甚。前據首先呈訴下情，嗣於去年六月間，各部落汗王、貝勒、貝子、公既盟長、札薩克等來城謁見，並據公同面求設法體恤。

奴才伏思保護洋人本係應辦之事，不容或執異詞，第口外情形既與内地不同，亦須妥定切實辦法，方不至别生枝節，貽患無窮，可否仰懇天恩俯察保護遠人，事關大局，情事與前迥殊，必宜稍假權力，將奴才所擬辦法各節特賜允准，抑或敕下全權大臣與外務部，會同户、兵二部，悉心核議，益期周妥之處，伏候聖裁。如蒙俞允，並應請旨敕令外務部照會俄使，行知駐扎庫倫匡索勒官，轉飭俄商一體遵照，庶幾呼應能靈，更資得力。再，應辦事宜估需經費，現已遵旨妥籌，專摺覆奏，儻荷聖慈准予撥款，則此項護商[4]兵餉當並歸練兵經費内匀挪支發即可，無需另撥。所有妥籌蒙古地方俄商切實保護辦法，請將防兵減數改爲護兵各緣由，謹繕摺具陳，並將烏梁海蒙文譯呈御覽。奴才愚昧之見，是否有當，伏祈皇太后、皇上聖鑒。再，幫辦大臣瑞璋尚未到任，未經列銜。合並聲明[5]。謹奏請旨。

光緒二十八年四月二十三日拜發。本年六月初八日遞回，奉硃批：該部知道，單並發。欽此（五月十六日）。

呈烏梁海兩翼散秩大臣原呈譯漢

謹將烏梁海兩翼散秩大臣額爾克舒諾、三音博勒克，副都統察罕伯勒克，總管鄂齊爾札布、桑敦札布、棍布札布、瓦齊爾札布等原呈蒙文譯漢，鈔呈御覽。

阿勒臺烏梁海左翼散秩大臣額爾克舒諾，副都統察罕伯勒克，總管鄂齊爾札布、桑敦札布，右翼散秩大臣三音博勒克，總管棍布札布、瓦齊爾札布等爲呈請事。

前奉參贊大臣札開：祗録光緒二十六年十二月十三日上諭兩道内開：遇有各國官民入境，務須照料保護。儻有不逞之徒凌虐戕害各國人民，立即馳往彈壓，獲犯懲辦，不得稍有玩延！如或漫無覺察，甚至有意縱容，釀成巨案，或另有違約之行，不即立時彈壓犯事之人，不立行懲辦者，該管督撫、文武大吏及地方有司各官一概革職，永不叙用。欽此。欽遵合行札飭烏梁海兩翼散秩大臣額爾克舒諾、三音博勒克等遵照，轉飭所屬各地方欽遵諭旨，務須竭力妥爲保護各國人民，毋得滋生事端，致干重咎，等因。奉此，當即嚴飭烏梁海副都統、總管並各官員等，均各約束所屬蒙衆，遇有各國人等入烏梁海所屬境界，務必妥爲竭力保護，斷不敢稍有疏忽，致煩聖慮。惟查烏梁海左、右兩翼七旗，游牧地方遼闊，縱横千數百里，蒙、哈雜處，本屬蒙衆散居游牧，良莠已多不齊，加以哈薩克人等劫掠成風，向無約束，近十餘年來，俄國商人暨纏回隨便往來烏梁海各旗貿易者甚多，並未領有該國邊界官執照，即有領票者，亦無一人呈驗。

該俄人往來無定，設有事故，相隔或數十里、或數百里不等，刻即實難周知，無從馳往彈壓保護。況阿勒臺山一帶地方現仍暫歸塔城管理，彼處近連塔界，額魯特十蘇木人尤繁雜，又有俄屬安集延、諾果依各項回民，均可由新疆西路邊界前往阿勒臺山、哈巴河一帶貿易，處處能來，尤屬易於滋事，無法防範。且該處每屆秋深，即常降大雪，冬、春人迹罕見，夏季河水漲泛，儻遭風雪，或遇河水陡發，更覺無法保護。

卑散秩大臣、總管暨烏梁海蒙衆世受國恩，值此時艱，理應保安邊境，稍分朝廷之憂，何忍畏難推諉，專避處分！無如地方遼闊，蒙、哈雜處，俄商任意往來，實慮保護難周，深恐或出事故，不能不將各情據實陳明，理合呈報參贊大臣鑒察，究應如何妥定辦法保護之處，仰乞指示遵行。卑散秩大臣等不勝感激。爲此謹呈。（第 385—394 頁）

（硃批）：覽[6]。

【案】此摺原件、録副及清單均查無下落，兹據稿本[①]校勘。

1.【奴才瑞洵跪】刊本無此前銜，兹據《軍機處隨手登記檔》[②]校補。

2.【槍械】刊本誤作“搶械”，兹據稿本校正。

3.【案】光緒五年二月初八日，科布多參贊大臣清安等具摺曰：

奴才清安、桂祥跪奏，爲查閱科布多額設官兵情形，恭摺仰祈聖鑒事。

竊奴才清安仰蒙恩命，補授科布多參贊大臣，陛辭時面奉聖訓，飭令應否練兵，察看近日情形，據實奏聞。奴才於上年臘月抵任後，查閱旗、緑、蒙三項官兵，旗營額設官兵十七員名，向由綏遠城派防來科，經理三部院事務；緑營額設弁兵二百四十名，由宣化、大同兩鎮揀派前來，原爲耕種屯田、看守倉庫、聽差

① 稿本第 859—898 頁。

② 中國第一歷史檔案館藏：《軍機處隨手登記檔》，檔案編號：03-0312-2-1228-130。

應役，以及一切雜差；額魯特、明阿特兩旗出派蒙兵各五十名，專爲護守城垣。三項官兵僅敷本城充當差使，嗣因西疆多故，本城防務紛繁，所有滿、蒙、漢官兵，或分駐各臺，轉運餉項；或派往各省，提領餉銀，委實不敷分派，曾任歷屆大臣等每遇換班之期，擇其當差勤奮者，酌量暫爲留駐四五十名，充補各項差使，藉資無誤。因賊氛逼近，經前大臣保英奏調大同弁兵一千名，由烏城借撥黑龍江馬隊一百名，並派練蒙古馬隊五百二十員名。嗣於光緒三年因駐科大同兵丁多有疲病，奏請盡數遣撤，增練蒙古馬隊二百六十員名。上年因防務稍鬆，更兼科、庫餉項告罄，各處應解本城餉銀渺無音耗。該官兵等應領口分無款開放，衆兵待哺嗷嗷，勢在萬不得已，將黑龍江馬隊仍令撤歸。烏城原起蒙古馬隊、練軍先後全數遣撤，回旗聽候調遣，等情。業經前任大臣等隨時奏明在案。

現在奴才清安抵任以來，細查科城情形，蒙民雜處，俄界毗連，南近古城，西達塔境，在在均關緊要。西事雖稱底定，而餘逆未盡，伏莽潛藏，儻窺隙此處兵單餉絀，難保無竄擾之虞。况科城額設官兵除在部院當差、耕種屯田，以及一應雜差外，所餘兵丁不足百名，欲責其朝夕操練，而爲數無多，恐難以壯聲威而遏亂萌。此近日可虞情形不得不籌畫於先機思所以制之之法也。

奴才等愚昧之見，惟以設兵籌餉爲急務；先機之備事，誠有益於地方，豈敢以節省經費畏難而不爲？然設兵之計，非有勇知方、熟悉蒙古地方者，不可調用。奴才至科，據兵部章京等聲稱：前者賊匪屢犯屬境，全賴蒙古馬隊、練軍五百二十員名，健壯耐勞，節經進剿，頗資得力。且蒙兵居住之地距科城不過數百里，就近遷調，往來甚便。奴才等悉心商酌，意見相同，如蒙恩准添兵，就將曾散蒙古馬隊、練軍五百二十員名，仍飭調來科，揀久經戎行、熟悉戰陣之員統帶，督飭營總等官，勤加訓練，平時足壯聲威，以備不虞。

再，查該軍所開口分，原議每官月給口分銀四兩，兵每月給口分銀三兩。前因口分微薄，不敷餬口，每逢三、六、九日看操，酌給賞犒。此次奴才等擬請將賞犒銀兩一款酌添給口分，以示鼓勵。官每月擬給口分銀六兩，兵每月擬給口分銀四兩。該官兵每月共需口分銀二千一百二十兩，一年共需銀二萬五千四百四十兩，遇閏加增。其製造軍裝、鐵鍋、氈房、旗幟、心紅紙張等雜支各款，尚難豫計，一年約需銀四千餘兩，均應從減支銷，隨案造報。通計一年須銀三萬兩，方敷一切開放。此項經費請由户部洋税項下發給，以資支放。如蒙允准，俟命下之日，奴才等即行飭知杜爾伯特兩翼盟長，額魯特、明阿特兩旗總管遵照，轉飭各該官兵等整備馬匹，刻期來城，擇地駐扎，並會同在城兵丁認真操練。

奴才等仍不時親歷查閱，總期均有實效，咸成勁旅，以冀仰副聖主慎重邊防之至意。所有科布多額設官兵不敷、請旨仍練蒙古馬隊以備驅策，並籌餉緣由，謹恭摺具奏。伏乞皇太后、皇上聖鑒訓示。謹奏。二月初八日。[①]

【案】此摺於光緒五年三月初七日得清廷批旨，飭令廣東等省協解餉需，“廷寄”曰：

軍機大臣字寄：湖廣總督李，兩廣總督兼署廣東巡撫劉，署湖北巡撫潘，山東巡撫文，科布多參贊大臣清、幫辦大臣桂：光緒五年三月初七日，奉上諭：清安等奏，請旨調練官兵並催解協餉各摺片。據稱前撤蒙古馬隊練軍五百二十員名，請仍飭調來科，每年需用餉銀由部發給，等語。此項練軍前因該城餉項不敷，遣撤回旗。所有該參贊等仍請調練之處，著毋庸議。即著就現有兵力，勤加操練，以資驅策。該處餉需，前經户部奏明由湖北、廣東厘金項下各撥銀一萬二千五百兩，山西、河南、山東每年各應解幫貼臺費銀一萬兩。因晋、豫兩省前被旱災，暫由山東一並籌解。時逾年餘，均未報解。現在該官兵待餉孔殷，著李瀚章、劉坤一、潘霨、文格各飭藩司，迅即照數籌撥，分別委員解赴綏遠城將軍、察哈爾都統衙門轉解赴科，以濟要需。將此由五百里各諭令知之。欽此。遵旨寄信前來。[②]

4.【護商】刊本作“俄商”，兹據稿本校正。

5.【案】劃綫部分據稿本校補。

6.【覽】此御批據《軍機處随手登記檔》校補。

---

① 中國第一歷史檔案館藏：《録副奏摺》，檔案編號：03-5992-007。

② 《光緒朝上諭檔》第5册，第86—87頁。又，《德宗景皇帝實録（二）》卷八十九，光緒五年三月上，第343—344頁。

一三、烏梁海蒙兵未能裁撤片

光緒二十八年四月二十三日（1902年5月30日）

再，前准行在户部來咨，以防因時設、兵糜餉絀，飭將留兵如有可裁，即行遣撤，等因。本擬照辦，惟現因蒙古游牧地方洋人來往，易滋衅端，不能不妥籌保護切實辦法，擬將暫留防兵改爲護兵，以三百名爲額，遴員分帶，另於正摺奏陳，請旨辦理。尚有布倫托海駐扎烏梁海之兵丁二百名，以現在該處正在修理河渠，試辦屯田，北路漢民絶少，工匠尤稀，舉凡將作、農工[1]諸役，不得不藉資兵力，即使裁撤，仍須由該部落調集，不如即以留用，庶一兵實得一兵之力，餉項更無虚糜，而於屯費且可節省，是否有當，理合附片具陳。伏祈聖鑒訓示。謹奏。

光緒二十八年四月二十三日拜發。本年六月初八日遞回，奉硃批：知道了。欽此（五月十六日）。（第394—395頁）

【案】此片原件、録副均查無下落，兹據稿本①校勘。

1.【農工】刊本誤作“查工”，兹據稿本校正。

① 稿本第899—901頁。

卷之十二　壶盧集

光绪壬寅五月二十四日起

七月初六日訖（1902）

○一、代奏杜爾伯特正盟長謝恩摺

光緒二十八年五月二十四日（1902年6月29日）

奴才瑞洵跪[1]奏，爲循例代奏叩謝天恩，仰祈聖鑒事。

竊據新授杜爾伯特左翼正盟長副將軍特固斯庫魯克達賚汗噶勒章納木濟勒呈稱：接奉檄開：前於光緒二十七年十月繕單具奏，請簡杜爾伯特左翼正盟長一缺，現於本年正月初六日遞回原摺、原單，奉硃筆圈出杜爾伯特左翼署盟長副將軍特固斯庫魯克達賚汗噶勒章納木濟勒。欽此。恭録檄飭欽遵前來。當即祗詣科布多萬壽宮，叩謝天恩。

伏思噶勒章納木濟勒蒙古世僕，受恩深重，毫無報效，玆復渥荷殊施，賞補杜爾伯特左翼正盟長之缺，惟有殫竭愚誠，認真辦理盟務，不敢稍涉因循，以期仰答高厚鴻慈於萬一，等情。懇請轉奏前來。理合循例代奏。伏祈皇太后、皇上聖鑒。再，幫辦大臣瑞璋尚未到任，未經列銜。合並聲明[2]。謹奏。

光緒二十八年五月二十四日拜發。本年七月初九日遞回，奉硃批：知道了。欽此（六月十六日）。（第398—399頁）

【案】此摺缺原件，録副①現藏於臺北“故宮博物院”，玆據校勘。

1.【奴才瑞洵跪】刊本無此前銜，玆據校補。

2.【案】劃綫部分刊本缺，玆據補。

① 臺北“故宮博物院”：《軍機及宮中檔》，文獻編號：174215。

○二、具報十屯二十七年收成分數請予獎賞摺

光緒二十八年五月二十四日（1902年6月29日）

奴才瑞洵跪[1]奏，爲具報屯田收穫糧石分數，照章請將該管官員、兵丁分别給予獎賞，繕單具陳，仰祈聖鑒事。

竊查科布多光緒二十七年所種屯田十分，共收大麥、小麥、青稞三色糧七千二百三十二石。奴才當派筆帖式吉林，會同屯防參將世襲騎都尉祥祐等，將所收糧石内揀擇乾潔三色糧七百石，收入屯倉，以爲今年籽種。其餘糧石均運交城倉收納。查例載：種地官兵各視其收穫分數，量加鼓勵，等語。此次該屯田兼管、專管千總、把總，蒙古兼管、專管參領、驍騎校、委章京及緑、蒙各兵丁應得議叙、賞項，據屯防參將世襲騎都尉祥祐呈請核辦前來。

奴才覆查無異，應懇天恩將該屯田參將祥祐交部照例議叙；其六屯正犁頭宣化鎮標張家口營候補經制外委梁振基，收穫在十四分以上，應照章請俟補經制外委後，以把總補用；九屯正犁頭宣化鎮標獨石口協右營馬兵李生貴，收穫在十三分以上，應照章請以經制外委補用，出自鴻慈逾格。其餘官弁、兵丁，謹繕清單，恭摺具陳。伏祈皇太后、皇上聖鑒，敕下部、院核覆施行。

再，奴才前於上年十一月二十四日具奏邊費日絀，不敷周轉，請將蒙古各項官兵應領糧折暫放本色摺内，聲叙本年新糧刻正驗收，約有五千餘石，等語。兹查去年共實收糧七千二百三十二石，前奏係約畧預計，是以不能恰合確數。又，幫辦大臣瑞璋尚未到任，未經列銜。合並聲明[2]。謹奏。

光緒二十八年五月二十四日拜發。本年七月初九日遞回，奉硃批：該衙門議奏，單並發。欽此（六月十六日）。

呈十屯收成分數暨官兵應給賞敘清單

謹將光緒二十七年十屯收成分數暨緑、蒙官弁、兵丁應給議敘、賞項，敬繕清單，祇呈御覽。

計開：發領籽種小麥三百八十石，今收小麥五千二百七十九石。發領籽種青稞二百五十石，今收青稞一千二百二十九石八斗。發領籽種大麥七十石，今收大麥七百二十三石二斗。查每歲十屯地内例應動用籽種糧七百石，上年共收穫三色糧七千二百三十二石，統計收成分數十分零三厘三毫一絲。今將所收三色糧石仍照舊例存留籽種七百石收入屯倉外，其餘糧六千五百三十二石，均收入城倉，訖。

統轄屯田直隸昌平營參將世襲騎都尉祥祐、兼管屯田宣化鎮屬多倫協中營千總傅鎮海、兼管屯田宣化鎮屬張家口左營候補經制外委張發。以上三員均係屯田員弁，統計收成分數十分零三厘三毫一絲，均應交部議敘。

專管頭、二、三、四屯宣化鎮屬張家口營膳房堡把總趙金鼇，所管四屯拉展收穫糧石八分三厘三毫二絲，應毋庸議敘。

專管五、六、七屯宣化鎮標城守營把總李明，所管三屯拉展收穫糧石十一分一厘三毫，應交部議敘。

專管八、九、十屯宣化鎮屬張家口營洗馬林堡把總丁喜，所管三屯拉展收穫糧石十一分八厘六毫四絲，應交部議敘。

兼管頭、二、三、四、五屯委署蒙古參領圖布敦，所管五屯拉展收穫糧石八分六厘七毫五絲零，應毋庸給賞。

兼管六、七、八、九、十屯委署蒙古參領阿畢爾米特，所管五屯拉展收穫糧石十一分七厘八毫六絲，應給頭等賞小彭緞二匹。

專管頭、二屯委署蒙古驍騎校札木色楞，所管兩屯拉展收穫糧石七分零三絲，應毋庸給賞。

專管三、四屯委署蒙古驍騎校察杭班第，所管兩屯拉展收穫糧石九分六厘六毫零，應給二等賞小彭緞一匹。

專管五、六屯委署蒙古驍騎校濟克札布，所管兩屯拉展收穫糧石十二分零五厘二絲，應給頭等賞小彭緞二匹。

專管七、八屯委署蒙古章京那木濟勒多爾濟，所管兩屯拉展收穫糧石十分零六厘四毫六絲，應給頭等賞小彭緞二匹。

專管九、十屯委署蒙古章京圖們額爾哲依，所管兩屯拉展收穫糧石十一分七厘九毫二絲，應給頭等賞小彭緞二匹。

收穫糧石在十四分、十三分以上六、九兩屯，每屯緑營當差副犁頭一名，每名應給頭等雙賞銀三兩。每屯當差緑營兵六名，兩屯共兵十二名，每名應給頭等賞銀一兩五錢。每屯蒙古領催一名，每名應給頭等雙賞茶四塊、煙四包。每屯蒙古當差兵二十四名，兩屯共兵四十八名，每名應給頭等賞茶二塊、煙二包。收穫糧石在十分、十一分以上三、五、八、十屯，緑營兵三十二名，每名應給頭等賞銀一兩五錢；蒙古兵一百名，每名應給頭等賞茶二塊、煙二包。收穫糧石在九分以上四、七屯，緑營兵十六名，每名應給二等賞銀一兩；蒙古兵五十名，每名應給二等賞茶一塊、煙二包。

以上共賞銀八十八兩，除扣二成銀十七兩六錢外，實給七十兩四錢。共賞小彭緞九匹，每匹折布八匹，每布一匹折銀三錢二分，共合銀二十三兩七錢六分，除扣二成銀四兩七錢五分二厘外，實給銀十九兩八厘。共賞茶三百五十四塊，共賞煙四百四包。（第 399—404 頁）

（硃批）：覽[3]。

【案】此摺原件①、録副②及清單③現均藏於臺北“故宫博物院”，茲據校勘。

1.【奴才瑞洵跪】刊本無此前銜，茲據校補。

2.【案】劃綫部分刊本缺，茲據補。

3.【覽】此御批據清單補。

---

① 中國第一歷史檔案館藏：《硃批奏摺》，檔案編號：04-01-23-0218-027。

② 中國第一歷史檔案館藏：《録副奏摺》，檔案編號：03-6731-074。

③ 中國第一歷史檔案館藏：《單》，檔案編號：03-6731-075。

〇三、十屯播種完竣摺

光緒二十八年五月二十四日（1902年6月29日）

奴才瑞洵跪[1]奏，爲十屯播種完竣，繕單奏報，仰祈聖鑒事。

竊照科布多屯田向於每年春雪消化，地氣開通，始行播種。前飭管屯官弁將去年倉存新收小麥、大麥、青稞籽種共七百石領出分給，陸續布種。兹據報於四月十八日一律播種完竣，謹將動用籽種數目繕單，祗呈御覽。伏祈皇太后、皇上聖鑒。再，幫辦大臣瑞璋尚未到任，未經列銜。合並聲明[2]。謹奏。

光緒二十八年五月二十四日拜發。本年七月初九日遞回，奉硃批：知道了。欽此（六月十六日）。

呈十屯播種動用籽糧數目繕單

謹將十屯播種動用籽糧數目繕單，祗呈御覽。

計開：小麥三百八十石，種地五十二頃七十七畝七分七厘。大麥七十石，種地十一頃六十六畝六分六厘。青稞二百五十石，種地四十一頃六十六畝六分六厘。十屯通共動用小麥、大麥、青稞籽糧七百石，十屯通共種地一百六頃十一畝九厘。（第404—406頁）

（硃批）：覽[3]。

【案】此摺原件①、録副②及清單③現均藏於中國第一歷史档案館，兹據校勘。

① 中國第一歷史檔案館藏：《硃批奏摺》，檔案編號：04-01-22-0066-123。
② 中國第一歷史檔案館藏：《録副奏摺》，檔案編號：03-6731-072。
③ 中國第一歷史檔案館藏：《單》，檔案編號：03-6731-073。

1.【奴才瑞洵跪】刊本無此前銜，兹據校補。

2.【案】劃綫部分刊本缺，兹據補。

3.【覽】此御批據清單補。

〇四、奏調駝隻片

光緒二十八年五月二十四日（1902年6月29日）

再，科布多官廠駝隻不敷應用，向應由烏里雅蘇臺奏明調取，以供要需，節經辦理在案。兹據駐班處公銜三等臺吉色哷寧等呈：據管理官廠協理臺吉齊達爾巴勒申稱：官廠存駝爲數無多，雖去年已經添調，但現在差務絡繹，仍屬不敷應差，擬請設法調取，以備各項需用，轉呈核辦，等情。據此，查該廠牧放駝隻，每年春夏采運木植，修造農具，兼運秋冬屯田收糧，暨赴古城采買官兵米麵，並備補立各項例倒之用。據稱不敷應差，係屬實情。且奴才現奉批旨，飭將布倫托海屯田認真辦理，所有應用農具、籽種、官兵糧糈一切，在在皆須預爲轉運。全雇商駝，脚價太費，長途往返，又未安設臺站，更不得不兼資官駝之力。既據該廠懇請調取，自應通融辦理，未便因去年甫經調用，稍涉拘泥，業經奴才咨商烏里雅蘇臺將軍，仍由所屬孳生群内揀挑口輕膘壯大騸駝二百隻，委員護解來科，以濟要需。現准咨覆，仍令查照辦過成案，徑行具摺奏調，俟奉諭旨再行欽遵辦理，等因。前來。

相應請旨敕下烏里雅蘇臺將軍，即由所屬孳生群内飭令揀挑口輕膘壯大騸駝二百隻，派員護送前來，以資應用。所有官廠駝隻不敷，仍由烏里雅蘇臺調取，以備要需緣由，理合附片具陳。伏祈聖鑒。謹奏。

光緒二十八年五月二十四日拜發。本年七月初九日遞回，奉硃批：著咨商連順酌量調用。欽此（六月十六日）。（第406—407頁）

【案】此片缺原件，録副[①]現藏於中國第一歷史檔案館，兹據校勘。

〇五、請將俄商局改爲洋務局摺

光緒二十八年五月二十四日（1902年6月29日）

奴才瑞洵跪[1]奏，爲科布多洋務日殷，亟需得人而理，原設稽查俄商局名實不符，擬請量爲變通，改爲洋務局，仿照内省辦法，以免窒礙而裨交涉，具摺詳陳，仰祈聖鑒事。

竊自光緒七年改訂俄國陸路通商章程，准俄商由天津販運土貨，走歸化城、科布多，出索果克邊卡回國，當以事關洋務，一切稽查、保護、驗貨、换單各事，均屬創辦，關係緊要，經前大臣沙克都林札布於光緒十六年十二月奏明，設立稽查俄商事務局，遴委章京一員，以資承辦。復設筆帖式二員，一駐索果克卡倫，辦理收繳運照、稽查貨物各事；一駐局中，隨同辦事。並選募兵、書，添支糧餉，並聲明將來俄務較繁，再行奏請加添，先行試辦，等情。均經總理衙門會同吏、戶、兵三部議覆奏准在案。

奴才蒞任以來，體察情形，原定章程雖似周密，而按之名實，諸多未洽，且寬嚴之間亦未適得其平，以致俄商無所取信，官兵視爲畏途，有不能不稍事變通者。查科布多承辦蒙古事務章京，即理藩院例載之兵差司員，本係京缺，近多改由外補，專辦蒙古部落及臺站、卡倫事務。從前俄羅斯尚未准其通商，而卡倫、邊界相連，即已有交涉之事，悉由承辦蒙古事務衙門辦理。此係舊例，已閱多年。自光緒七年改訂條約，始經設立稽查俄商局，徒以初設時不諳機要，並未行文知照該國商務衙門，以致俄商有事待理，每仍赴訴蒙古處，並不遵照新章改聽俄商

① 中國第一歷史檔案館藏：《録副奏片》，檔案編號：03-6053-050。

局核辦。即該商運貨來往驗照、换單等事，亦必須隨時指示，一若不知有此局者。此所謂俄商無所取信也。

原奏又稱索果克卡倫内有哈克淖爾一卡，該處俄商從前來此貿易，或多行走此路，現亦須另派官一員幫同稽查，擬在索果克、哈薩克淖爾兩卡設筆帖式一員、巡兵四名、字識一名、通事一名，分駐要隘，辦理換單各事，且防俄商繞越中途銷售之弊，等因。按索果克卡倫尚在科布多迤北，距城千有餘里，東達哈克淖爾卡倫，西連達爾沁圖卡倫，南通博勒布拉噶蘇臺，北與俄國邊界接近，地勢極高，大山環繞，狂風驟雪，四時不絕。除駐卡官兵外，渺無人煙。官兵日用食物皆須購自城市，若轉運糧石稍滯，即致斷炊。且皆住宿蒙古包，每遇大風，沙石飛揚，樹木爲拔，蒙古包即難支立，必須護持，晝夜不止。汲水負薪，手足坼裂，如遇大雪，柴薪尤難尋拾。

至於奇寒酷冷，更不待言，兼之邊瘴逼人，中則致病。漢趙充國[①]所謂"霜雪疾疫瘃墮之患"，已徵其實。此處舊設駐卡侍衛，艱苦萬狀。今駐卡之筆帖式與該侍衛，情事相同。至甄叙勤勞，則侍衛三年期滿尚有保奬，該筆帖式乃並不議及，不獨相形見絀，即按之内省辦理洋務人員每届三年例許優奬者，亦復判若穹壤。就使與科布多三部院當差人員比較，亦覺彼逸而此獨勞，彼甘而此獨苦，故一論及此差，罔不談虎色變，視爲畏途，固無怪其然也。

奴才伏維時艱日棘，外釁堪虞，洋務一端，實宜講求諳練，用心經理。玆者詳加體察，交涉事本繁難，除勘界、换約係出特舉，自餘詞訟、游歷以至錢債細故，幾無一不與大局相關。况承議款之後情形又變，辦理更屬爲難，原非商之一字所能盡其委曲。名實既有未符，自應奏明更定，擬請將稽查俄商局改爲洋務局，便可函蓋一切，辦事已有條理，而立法尤在任人，並應將承辦章京改爲總辦，仍照原議准其滿漢兼用。其筆帖式兩員不必定爲額缺，改爲委員，亦勿拘泥滿漢，

---

① 趙充國（前 137—前 52），字翁孫，隴西上邽（今甘肅天水）人，西漢著名將領，爲人有勇略，熟悉匈奴和氐羌的習性，漢武帝時，隨貳師將軍李廣利出擊匈奴，率領七百壯士突出重圍，拜爲中郎，官居車騎將軍長史。漢昭帝時，歷任大將軍（霍光）都尉、中郎將、水衡都尉，出擊匈奴，俘虜西祁王。漢昭帝死後，參與霍光尊立漢宣帝，封營平侯。後任蒲類將軍、後將軍、少府，前 61 年，漢宣帝用他的計策，進行屯田。前 52 年，卒，謚號壯。

務以得人爲主，應由奴才隨時量材器使，不妨少寬其額，以資造就，仍予限制，至多不得過六員之數，以防濫竽。刻下就地取材已難其選，如果將來洋務倍增，更屬非才莫辦，應否請由外務部揀派通曉俄文、明白洋務者前來承辦，以期勝任，尚容奴才妥酌具奏。

至保獎一節，查吏部奏定章程内開：嗣後隨同南、北洋大臣專辦洋務出力人員，自奉委之日起扣滿三年請獎，以十員爲率，等語。科布多毗連俄壤，似應屬之北洋，吏部既有專條，亦宜援照辦理。在事人員如果得力，每届三年，應請准予保獎；或不得力，亦即隨時撤懲。其索果克駐卡之官，應改派委員前往辦理。至霍通淖爾地方，一人勢難兼顧，並應增設一卡，委員駐守，以密譏察。所需局費、心紅紙張、薪燭以及兵、書、通事等口分，悉均照支，總辦及委員亦仍按品給予鹽菜銀兩，期歸節省。如此畧予變通，庶幾機局較靈，辦理無虞窒礙，而循名責實，取益尤宏。合無籲請諭旨俯准照擬辦理，實於邊維大局有裨。如蒙俞允，伏候命下，再由奴才咨請外務部、吏户二部欽遵，並照會俄國駐扎庫倫匡蘇勒官通飭該商遵照。奴才爲慎重交涉起見，是否有當，理合具摺詳陳。伏祈皇太后、皇上聖鑒訓示。再，幫辦大臣瑞璋尚未到任，未經列銜。合並陳明[2]。謹奏。

光緒二十八年五月二十四日拜發。本年七月初九日遞回，奉硃批：外務部議奏，片並發。欽此（六月十六日）。（第407—411頁）

【案】此摺原件、録副均查無下落，兹據稿本①及《軍機處隨手登記檔》②校勘。

1.【奴才瑞洵跪】刊本無此前銜，兹據校補。

2.【案】劃綫部分刊本缺，兹據補。

① 稿本第945—960頁。

② 中國第一歷史檔案館藏：《軍機處隨手登記檔》，檔案編號：03-0312-2-1228-159。

○六、更定保獎限制片

光緒二十八年五月二十四日（1902年6月29日）

再，奴才前因科布多係防戍軍營，額缺章京、筆帖式等員換防來營，僅止補缺摺内聲請回綏遠城後以升階補用，並無別項保舉，當於前年九月專摺懇恩准照邊省軍營勞績保獎，並定請保以三年爲期列保，以數員爲度，等因。欽奉硃批：著照所請，該部知道。欽此。伏思奴才初意原因該員等宣勤邊塞，清苦艱辛，按之防戍定章，本應予保。惟查向來辦法，除糧餉章京三年期滿如果出色，准保以主事即用外，其換防人員奏補章京以七年爲期滿，筆帖式以五年爲期滿，額外驍騎校以三年爲期滿，似未届滿即不應保。在奴才原可隨時考察，具有斟酌，絶不濫登薦剡，第恐後來者不悉初辦情由，或至誤會原奏，一涉拘牽，辦理即多窒礙。假如章京於七年尚未報滿之先預加兩保，未免過優，轉使躁競之端自此而開，大非奴才鼓勵群材之本意矣。

再四籌酌，不得不切實聲明，預防流弊。擬請此項三年保獎章京、筆帖式、額外驍騎校均須已經期滿，方准列保升階，仍當察其才具、操守及平日辦事如何，以憑核定，不得循行故事，稍滋浮濫。其非已經報滿之員，如果實在出力，祇准獎給銜、頂、級、紀，不准遽加優保，庶於激勸之中仍屬不失限制。至去冬奏保章京、筆帖式各員，係因多年出力，且辦防著有微勞，並案辦理，已蒙特恩允准，並均准部覆，钦遵注册，自無須再事嚴核。爲此附片陳明。伏祈聖鑒訓示。謹奏。

光緒二十八年五月二十四日拜發。本年七月初九日遞回，奉硃批：覽。欽此（六月十六日）。（第411—413頁）

【案】此奏片原件、録副均查無下落，玆據稿本[①]及《軍機處隨手登記檔》[②]校勘。

〇七、請賜諭旨敕晉豫撥解片

光緒二十八年五月二十四日（1902年6月29日）

再，准户部來咨，知奴才前奏晉、豫兩省欠餉並無允協信息，邊情窘迫，懇敕部臣妥籌辦法一摺，議令仍由山西、河南兩省照減撥數目，騰挪分解。細繹原奏，措詞甚屬切至。惟近年外臣多以北路荒寒，無關輕重，故於協餉一節每每不肯照撥。玆雖詔旨飭催，部文迫促，而以奴才私意揣之，終恐該省置若罔聞，未必遂能遵辦。伏思科布多前議修繕倉廒，奉旨准给之革員麟鎬贓銀四千兩，聞該旗業經奏懇免繳，奴才亦未敢請部改撥，徒干駁斥。現在又加開濬布倫托海渠道，布置明歲開屯一切事宜，在在需款，萬不能一錢不名。挪借商賁一節，奴才以舊欠未還，愧難啓齒，且商力亦實不支。山西、河南兩省雖已叠次咨催，山西尚有信支吾，河南直置之不理。似此不顧大局，奴才實屬無法可施！

竊謂既經户部三次指撥，便應指定以何款抵解方能有著。奴才愚見，山西賑務已完，該省年景頗好，而捐項因奉明旨停止事例，各捐生趕辦者異常踴躍，收數倍蓰。河南省亦年穀順成，時局均已大紓。竊計若於晉捐項下及豫代收捐與該省展捐項下各爲騰挪三四萬金，隨後再行分别歸補，實非萬做不到之事。

查該二省欠餉本巨，今奴才於晉僅請還三萬四千兩，於豫僅請還四萬兩，在奴才實已曲諒疆臣之爲難，何該撫、藩竟不設身一思奴才之如何爲難耶！再四籌

① 稿本第961—966頁。

② 中國第一歷史檔案館藏：《軍機處隨手登記檔》，檔案編號：03-0312-2-1228-159。

維，似非奉有諭旨，該撫等仍是不肯撥給，實逼處此！惟有籲求聖慈，嚴飭該撫等各飭藩司，即於捐款項下照依奴才咨商之數，迅速撥解綏遠城將軍衙門，以便接領。儻再有心漠視，奴才即將該藩司指名奏參。伏祈聖鑒訓示。謹奏。

光緒二十八年五月二十四日拜發。本年七月初九日遞回，奉硃批：户部議奏。欽此（六月十六日）。（第413—414頁）

【案】此片缺原件，録副[①]現藏於中國第一歷史檔案館，兹據校勘。

【案】光緒二十八年八月，山西巡撫趙爾巽奏報撥解科布多城協餉，曰：

再，准户部咨：議覆科布多参贊大臣瑞洵奏請催山西、河南兩省欠餉一案，原片内開：賑捐項下如實有存款，即照該大臣所奏數目，晋省以三萬四千兩批解。儻捐款業已動用無存，而歷年欠解前項經費本係該省應還之款，亦應設法騰挪，勉力籌解，等因。知照到晋，當飭藩司遵辦去後。兹據署布政使吴廷斌[②]詳稱：晋省賑捐因頻年災祲，早經隨收隨用，並無存款，兹於萬分爲難之中，勉爲設法騰挪，籌動銀一萬兩，作爲應解科布多軍餉、台費，差委候補通判耿守廉管解，於八月初九日起程，前赴歸綏道衙門交納，轉給科布多提餉委員接領，等情。請奏前來。除分别咨行查照外，理合附片具陳。伏乞聖鑒。謹奏。[③]

【案】光緒二十八年十二月，山西巡撫趙爾巽附片報解科城協餉，曰：

再，前准户部咨：議覆科布多参贊大臣瑞洵奏請飭催山西、河南兩省欠餉一案，令照該大臣所奏數目，晋省以三萬四千兩批解，等因。當於光緒二十八年八月初九日籌解過銀一萬兩在案。兹科布多参贊大臣瑞洵以該城需用在急，函牘交催，復經行據署布政使吴廷斌於萬分爲難之中，勉力挪凑銀一萬兩，作爲舊欠科

① 中國第一歷史檔案館藏：《録副奏片》，檔案編號：03-6656-138。

② 吴廷斌（1839—1914），字贊臣，安徽涇縣人，監生出身。咸豐九年（1859），以軍功保藍翎即選從九品。同治六年（1867），捐納候選同知。九年（1870），改北河候補同知。光緒元年（1875），保知府用候補同知。同年，補北岸同知，保候補知府。二年（1876），保道員用候補知府。五年（1879），補北運河務關同知。九年（1883），保候補道員，歷補直隸大順廣道、山西河東道，加二品銜。二十七年（1901），署山西布政使。同年，補山西按察使。二十八年（1902），遷山西布政使。同年，護理山西巡撫。三十年（1904），調補雲南布政使。次年，調山東布政使。三十三年（1907），署山東巡撫。翌年，補授直隸布政使。宣統元年（1909），致仕回籍。民國三年（1914），卒於籍。

③ 中國第一歷史檔案館編：《光緒朝硃批奏摺》，第六十二輯，第815頁。

布多軍需、台費，於十二月初五日發交該城提餉委員千總馬成英，領解起程，回城交納，等情。詳請具奏前來。奴才覆查無異，除分咨查照外，理合附片具陳。伏乞聖鑒。謹奏。①

○八、公旗賑濟完竣摺

光緒二十八年七月初六日（1902年8月9日）

奴才瑞洵跪[1]奏，爲蒙古公旗賑濟辦理完竣，並將撥給籽糧督飭播種，繕摺奏報，仰祈聖鑒事。

竊前因杜爾伯特右翼公多諾魯布旗報灾，查明情形較重，當經專摺懇恩准撥銀糧賑濟，以戢流離。嗣於本年二月十二日遞回原摺，奉硃批：著照所請，該部知道。欽此。奴才欽遵即飭糧餉處如數動撥庫平銀五百兩，小麥、大麥共一百石，遴派糧餉處筆帖式景善運解，前往該旗，將被灾蒙古貧苦人等查明户口，分别拯濟，並飭用銀購買羊隻，酌量散放，諭令核實辦理去後。兹據該員景善稟稱：奉派携帶銀糧前往杜爾伯特右翼公旗賑濟，遵即起程馳抵該旗，與該公多諾魯布晤面，宣示聖恩。該公欣喜感激，即率所屬人等望闕叩頭，同聲頌抃。旋同該公親往波什圖、那米拉、察罕哈克三處舊墾之地周履查勘，約有二十頃，均可引渠灌溉，已於四月二十五日起，督率蒙兵將籽種大、小麥一百石，開犁播種，至五月初四日一律完竣。其耕牛、農具係由盟長處借給。復會同該旗官員購買大羊三百五十隻、羊羔三百五十隻，以便孳生。每大、小羊二隻合實銀一兩四錢三分，共合用實銀五百兩零五錢，當同該公傳齊屬下人等，查明被灾户口，計共四百一十一名口，按人酌給，共散放羊七百隻，均各承領，等情。並由該公出具

① 中國第一歷史檔案館編：《光緒朝硃批奏摺》，第六十二輯，第936頁。

印結一紙、户口册一本，一同稟請查核前來。

奴才覆查此次該旗被灾，設法賑濟，在公家所費無多，而蒙古貧苦人等均已各霑實惠。儻今秋能獲豐收，從此連年遞種，逐漸增屯，更足以資接濟而擴地利。該員景善督率勤奮，經理尚能用心，其采買羊隻價值既極減省，散放亦復公平。現據盟長親王索特那木札柴呈稱：該旗蒙古人等甚爲歡抃，均知頂戴皇仁。至此案事屬蒙賑，用款無多，應歸入常年報銷，請免另造，以歸簡易。所有蒙古公旗賑濟辦理完竣，並將撥給籽糧、督飭播種各緣由，謹繕摺奏報。伏祈皇太后、皇上聖鑒。再，幫辦大臣瑞璋尚未到任，未經列銜。合並聲明[2]。謹奏。

光緒二十八年七月初六日拜發。本年八月十七日遞回，奉硃批：該衙門知道。欽此（七月二十五日）。（第414—416頁）

【案】此摺原件[①]現藏於中國第一歷史檔案館，録副[②]現藏於臺北“故宫博物院”，兹據校勘。

1.【奴才瑞洵跪】刊本無此前銜，兹據校補。

2.【案】劃綫部分刊本缺，兹據補。

〇九、附奏杜爾伯特留兵擬俟裁並勻布情形片

光緒二十八年七月初六日（1902年8月9日）

再，分駐科布多杜爾伯特蒙古兵丁一百名，係扎布延圖河，前委札薩克鎮國公多諾魯布管帶，附奏在案。去年冬間，因該旗被灾，令回游牧查看，旋據具稟

① 中國第一歷史檔案館藏：《硃批奏摺》，檔案編號：04-01-22-0066-123。

② 臺北“故宫博物院”藏：《軍機及宫中檔》，文獻編號：148296。

請賑，經奴才專摺奏明撥給銀糧撫恤，並飭該公會辦。其兵令營總暫爲管理。兹查該公須在游牧經理屯務，不必回防，且此項兵丁又經奴才奏請改爲保護洋商之兵，已蒙允准，應俟奉到部咨，即按每旗十兵原議挑選分派。除烏梁海留駐屯工外，其杜爾伯特部落之兵尚當裁並匀布。謹附片陳明。伏祈聖鑒。謹奏。

光緒二十八年七月初六日拜發。本年八月十七日遞回，奉硃批：知道了。欽此（七月二十五日）。（第416—417頁）

【案】此奏片缺原件，録副[1]現藏於臺北“故宫博物院”，兹據校勘。

一〇、請將换回驍騎校吉拉敏等四員暫行留營帶往辦理收安事宜片

光緒二十八年七月初六日（1902年8月9日）

再，奴才現奉派赴阿爾臺山。查向來前往該處，必須五六月間天氣清和，方能行走。一交秋令，即大雪封山，厚至數尺，冷逾嚴冬，人踪斷絶，沿途烏拉、駝馬無從支應。今已七月，既不能行，衹可俟至明夏。其辦理收安一切事宜，動輒需人差委，遠調多員，徒勞臺站，又恐規避不來，反致耽誤。惟查應行撤回换防旗、緑武職中，如即補驍騎校吉拉敏、儘先守備宣化鎮屬岔道營永寧汛千總馬成英、六品頂戴宣化鎮標城守營把總張存德、六品頂戴宣化鎮標右營把總盧慶雲，均年力强壯，通曉蒙語，相應仰懇天恩俯准將該驍騎校吉拉敏等四員暫行留營，以便隨帶驅使，一俟阿爾臺山事畢旋營，再行酌量遣回。謹附片陳請。伏祈聖鑒訓示。謹奏。

---

① 臺北“故宫博物院”藏：《軍機及宫中檔》，文獻編號：148299。

光緒二十八年七月初六日拜發。本年八月十七日遞回，奉硃批：著照所請。欽此（七月二十五日）。（第417—418頁）

【案】此奏片原件、録副均查無下落，兹據稿本[①]及《軍機處隨手登記檔》[②]校勘。

一一、擬撥糧賑濟窮苦片

光緒二十八年七月初六日（1902年8月9日）

再，奴才前因科布多附城左右窮苦蒙古、漢民，老弱廢疾，無所存恤，不能自食，當經附奏懇恩准於每届冬令提用倉糧小麥、大麥各五十石，按人散放，先期具奏，奉旨俞允，自應欽遵辦理。兹已節届立秋，業飭查明現在窮苦蒙、漢廢疾人等數在二百六十餘名口，與去年大致相同，應請循照前奏，動支倉糧小麥、大麥各五十石，交磨房磨碾，俟十月初一日起至十二月底止，每月分作六次，即以米麵按人放給，俾霑實惠而廣皇仁。理合附片陳明。伏祈聖鑒。謹奏。

光緒二十八年七月初六日拜發。本年八月十七日遞回，奉硃批：知道了。欽此（七月二十五日）。（第418—419頁）

【案】此奏片缺原件，録副[③]現藏於臺北"故宫博物院"，兹據校勘。

---

① 稿本第987—990頁。

② 中國第一歷史檔案館藏：《軍機處隨手登記檔》，檔案編號：03-0313-1-1228-197。

③ 臺北"故宫博物院"藏：《軍機及宫中檔》，文獻編號：148297。

一二、請假就醫摺

光緒二十八年七月初六日（1902年8月9日）

奴才瑞洵跪[1]奏，爲奴才病勢日增，調治棘手，籲懇恩准給假前往新疆就醫，繕摺具陳，仰祈聖鑒事。

竊奴才因前年之變，驚憂成疾，有類怔忡。去年十月間，復患噎症，當經奏蒙賞假兩個月調攝。嗣以假期屆滿，所患雖未就痊，尚可勉力支拄，因即疏陳銷假，强起任事，滿擬漸次向愈，圖報涓埃。詎於本年三月二十六日接據駐札庫倫俄匡索勒官施什瑪勒福照會，逼索阿拉克別克地界，憂憤交乘，遂致病益增劇，始係咯血、失眠，繼增牙疼。迨五月二十三日，忽犯惡心、乾嘔，次日即胃氣上衝，呃逆頻作。旋又腰脊、兩脅走氣作痛，胸鬲日添脹悶，飲食輒噦，補泄交施，迄無少效。今已四十餘日，病情無已有加，雖仍力疾辦公，而職守所關，恒多曠廢。刻下不能起牀，竟成卧治，悚疚殊深！似此二豎侵尋，頹然在官，已同廢物，而處此苦寒之地，若竟奏請開缺，又恐迹涉規避，此心無以自明！況受恩深重，委任至專，奴才一息尚存，亦惟矢以盡瘁報國，輾轉焦思，憂灼彌甚！

竊維新疆爲省會名區，古城、烏魯木齊醫藥均便。奴才私計，若於幫辦瑞璋到任後能邀聖恩賞給奴才假期三個月，准赴該省就醫，涉境既非甚遼遠，職司亦無慮久虚，而奴才遷地爲良，心境開朗，再爲廣求方劑，或冀仰叨福庇，當可霍然。且奴才奉派前往阿爾臺山辦理收安事宜，饒應祺巡撫全疆，亦尚須與之商榷一切，藉得面議，尤爲詳盡。

覆查臣工患病，往往有請回旗、回籍就醫者，無不奉旨允准。玆奴才事同一律，然並不敢遽請回旗，可否仰懇恩准賞給奴才假期三個月，前往新疆就醫，出自聖主如天之仁！如蒙俞允，應俟幫辦瑞璋到任後，奴才即將印鑰交其暫護，再行輕騎減從，秋後起程；仍俟假滿病痊，即行馳回本任，萬不敢稍耽安逸，上負鴻慈[2]。

所有奴才病勢日增，調治棘手，籲恩准給假前往新疆就醫各緣由，謹繕摺具陳。伏祈皇太后、皇上聖鑒訓示。謹奏。七月初六日[3]。

光緒二十八年七月二十五日[4]，奉硃批：著賞給一個月，在任調理。欽此。（第419—421頁）

【案】此摺缺原件，録副①現藏於臺北“故宫博物院”，兹據校勘。

1.【奴才瑞洵跪】刊本無此前銜，兹據校補。

2.【鴻慈】此詞刊本缺署，兹據校補。

3.【案】劃綫部分刊本缺，兹據補。

4.【光緒二十八年七月二十五日】此奉硃批日期，據録副校補。

① 臺北“故宫博物院”藏：《軍機及宫中檔》，文獻編號：148295。

卷之十三　勉力集

光绪壬寅（1902）

〇一、代謝天恩摺

光緒二十八年九月初二日（1902年10月3日）

奴才瑞洵跪[1]奏，为據情代奏叩謝天恩事。

竊據烏梁海左翼散秩大臣額爾克舒諾，右翼散秩大臣三音博勒克，左翼副都統察罕博勒克，左翼總管倭齊爾札布、桑敦札布，右翼總管棍布札布、瓦齊爾札布等呈稱：接奉按班札開，業將塔爾巴哈臺前借烏梁海、阿爾臺山一帶地方具摺奏請收還，仰蒙硃批照准，行令欽遵，等因。跪聆之下，感激無似！當即宣示聖恩，所有七旗官員、兵丁人等無不望闕叩頭，同聲歡頌。此後蒙、哈各安生計，亦免彼此互啓事端，俾烏梁海不至終於失地，皆我皇太后、皇上之所賜也。理合將感激下情叩乞鑒核，可否代奏，等情。呈請前來。

奴才查該烏梁海散秩大臣等感激實出至誠，不敢壅於上聞，謹繕摺據情代奏叩謝天恩。伏乞皇太后、皇上聖鑒。再，幫辦大臣瑞璋尚未到任，未經列銜。合並聲明[2]。謹奏。

光緒二十八年九月初二日拜發。本年十月十五日遞回，奉硃批：知道了。欽此（九月二十五日）。（第424—426頁）

【案】此摺缺原件，録副①現藏於臺北“故宫博物院”，兹據校勘。

1.【奴才瑞洵跪】刊本無此前銜，兹據校補。

2.【案】劃綫部分刊本缺，兹據補。

---

① 臺北“故宫博物院”藏：《軍機及宫中檔》，文獻編號：150112。

〇二、御押報匣領到片

光緒二十八年九月初二日（1902年10月3日）

再，承准軍機處知會，前據奏請御押四分、報匣四分、鑰匙四分，現均由内發下，相應知會迅速派員備文來京祗領，等因。承准此，奴才遵即派委蒙古處承辦章京主事職銜英秀晋京承領，咨呈軍機處在案。兹該員因尚須赴部聽候帶領引見，經將承領御押六分、報匣四分、鑰匙四件，遴派妥實弁兵，先行賫呈來營，已於七月初九日如數奉到。奴才敬謹祗領收存，以備拜發摺報之用。除呈覆軍機處查照外，理合附片陳明。伏祈聖鑒。謹奏。

光緒二十八年九月初二日拜發。本年十月十五日遞回，奉硃批：知道了。欽此（九月二十五日）。（第426—427頁）

【案】此奏片原件[①]現藏於中國第一歷史檔案館，録副[②]現藏於臺北"故宫博物院"，兹據校勘。

---

① 中國第一歷史檔案館藏：《硃批奏片》，檔案編號：04-01-02-0130-004。
② 臺北"故宫博物院"藏：《軍機及宫中檔》，文獻編號：150113。

〇三、洋務局裁撤章京筆帖式片

光緒二十八年九月初二日（1902年10月3日）

再，奴才前奏請將稽查俄商局改爲洋務局，另設總辦、委員各節，現承准外務部咨行，議准覆奏，奉旨：依議。欽此。應即欽遵辦理。查原充俄商局承辦章京主事職銜分省遇缺即補直隸州知州穆騰武，前年九月請假回旗，旋復稱病，屢次續展，該局雖有署理之員，究嫌職事久曠。兹外務部原奏謂科布多界在西北，俄人往來邊界，不獨運貨經商，自應遴派諳悉洋務人員總司一切，遇事相機籌辦，較有裨益，等語。洵屬扼要之論。

其新設總辦一差，容奴才另行遴員奏充，章京穆騰武既未回營，自難遷就，應令另候差委。所有章京一缺、筆帖式二缺，均自奉准部咨之日即行裁撤。其更張未盡事宜，容再咨部辦理。除分咨查照外，謹附片陳明。伏祈聖鑒。謹奏。

光緒二十八年九月初二日拜發。本年十月十五日遞回，奉硃批：該部知道。欽此（九月二十五日）。（第427—428頁）

【案】此片缺原件，録副[1]現藏於臺北"故宫博物院"，兹據校勘。

---

① 臺北"故宫博物院"藏：《軍機及宫中檔》，文獻編號：150114。

〇四、請敕揀派諳悉俄語學生片

光緒二十八年九月初二日（1902年10月3日）

再，科布多毗連俄壤，邊界務殷，又加通商往來，稽察防護，事事皆極緊要。乃平日辦法，不問輕重，一欲以敷衍了之。現經改設洋務局，必須從新整理。查向來與彼西悉畢爾總督及匡蘇勒官等移行公牘，因不解洋文，係用清字照會，俄官來文則於俄文外並附清文。相形既已見絀，而輾轉譯録不免訛誤紛滋，殊於交涉大有關繫。奴才竊思同文館舊日學生不乏通曉洋文之人，相應請旨敕下外務部，揀選諳悉俄國語言文字、年力强壯之學生一名，飭由臺站前來科布多當差，俾充譯職，實於洋務有裨。

該學生如果得力，應俟三年，准予獎勵。邊徼苦寒，其月支薪費可否量從優給之處，均出天恩。理合附片陳請。伏祈聖鑒訓示。謹奏。

光緒二十八年九月初二日拜發。本年十月十五日遞回，奉硃批：外務部知道。欽此（九月二十五日）。（第428—429頁）

【案】此片缺原件，録副[①]現藏於臺北“故宫博物院”，兹據校勘。

① 臺北“故宫博物院”藏：《軍機及宫中檔》，文獻編號：150115。

○五、叩謝天恩摺

光緒二十八年九月初二日（1902 年 10 月 3 日）

奴才瑞洵跪[1]奏，爲叩謝天恩，仰祈聖鑒事。

竊奴才前因病勢日增，調治棘手，當經具摺陳懇賞假三個月，擬赴新疆就醫。茲於八月十七日[2]遞回原摺，奉硃批：著賞假一個月，在任調理。欽此。仰見皇太后、皇上體恤臣工，仍復垂厪邊寄，跪讀之下，感悚曷勝！

伏思奴才忝戍塞防，時多疢疾，屢瀆宸聽，已切慚惶！茲復蒙賞假期，俾資調理，宏恩曲逮，銜戢彌深！奴才惟有廣覓醫方，慎施藥餌，以冀速痊銷假，仍效馳驅，稍酬高厚生成於萬一。謹繕摺叩謝天恩。伏祈皇太后、皇上聖鑒。謹奏。

光緒二十八年九月初二日拜發。本年十月十五日遞回，奉硃批：知道了。欽此（九月二十五日）。（第 429—430 頁）

【案】此摺原件①現藏於中國第一歷史檔案館，録副②現藏於臺北“故宫博物院”，茲據校勘。

1.【奴才瑞洵跪】刊本無此前銜，茲據校補。

2.【八月十七日】刊本誤作“八月十九日”，茲據校正。

① 中國第一歷史檔案館藏：《硃批奏摺》，檔案編號：04-01-12-0619-005。

② 臺北“故宫博物院”藏：《軍機及宫中檔》，文獻編號：150110。

〇六、參撤章京摺

光緒二十八年九月初二日（1902年10月3日）

奴才瑞洵[1]跪奏，爲參撤不能得力之章京，恭摺仰祈聖鑒事。

竊查補佐領後以協領即補先換頂戴遇缺即補防禦蒙古處幫辦章京主事職銜鍾祥，年力雖尚强盛，而才識實甚庸凡，遇事不肯實心辦理。近年隨時體察，其惰滑欺罔有萬不能再事容忍者，如去夏派赴阿拉克别克卡倫與俄員會查牌博，奴才以俄人正議蓋房，必將商及界務，奴才當即繕給該章京滿洲檄文一件，中叙不應在中界以内建造房屋並邊吏不能擅許土地各節，囑令與俄員看視，俾該章京有詞可措，並令認真會查。乃該章京到彼後，仍草率從事，竟將此檄置之不提，其來禀亦未聲明是否已經給俄員看過。其不經意可知，是爲敷衍。

又，阿拉克别克界務，前接外務部王大臣等密函，仍屬奴才由外辦理，與俄官相機辯駁，奴才未敢諉謝。因查此事俄人生心，由於初次蓋房，駐卡侍衛並未阻止，亦未呈報，以致得步進步。非將當年駐卡之侍衛參劾，無以爲辯論之地，當飭該章京詳查職名候辦。乃再三催促，該章京竟壓閣不查。是爲瞻徇。

又，本年夏間，辦理杜爾伯特右翼札薩克鎮國公多諾魯布旗賑濟，先經奴才奏明撥給[2]大、小麥籽種一百石，飭令布種，以資接濟，原因該旗本有舊墾之地也。乃該章京輕受盟長之托，當面與奴才力言該旗地皆山坡磽瘠，萬不能種，經奴才正言駁斥，决意辦理，並將盟長私派之員摘頂示懲。旋據該蒙員認咎，聲稱該旗實有可種地畝，願助其成。嗣經委員督飭播種完竣，業經奏報。是爲阻撓。

又，近來蒙漢官民屢有失馬之案，甚至蒙古王公來城，馬亦被竊，即使控告，亦置不理。有人勸其須稍拿辦者，該章京則云那年不是如此，絶不究查。近依城署，竟至盜賊肆行，成何事體！是爲廢弛。

此外該章京辦事不合之處尚多，奴才未便過於苛求。其更可異者，該章京以承辦蒙哈要務及交涉洋務之員，自宜格外謹慎，乃竟時常上街，在商鋪家閑坐，又好議論公事。口外人心浮動，最好造謡，鎮定之不暇，何堪復揚其波！此其尤爲非是者也。

北路軍營向係章京辦事，大臣僅能畫諾，大權久已下移，早成積重難返。伊等又黨堅勢衆，朋比把持，一鼻出氣，無非欺長官、媚富商、斂苦蒙，遂其私計。現因整飭邊務，奉旨令奴才勉力籌辦，毋庸推諉。竊謂害去而利始見，積習如此，若不擇尤參撤一二，邊事仍難措手。奴才伏思任事固尚才能，而觀人必取心術。似此虛浮詐飾、不重公事之員，久予留營，實屬無益。現經奴才查悉該章京去年早丁父憂，已將其一切差使撤去，咨回綏遠城原旗，補行穿孝，以重倫紀。該章京既不得力，應毋庸再行來防，致滋貽誤。此後儻再查有庸劣之員，奴才仍即予參處。除分咨查照外，謹繕摺具陳。伏祈皇太后、皇上聖鑒訓示。再，幫辦大臣瑞璋尚未到任，未經列銜。合並聲明[3]。謹奏。

光緒二十八年九月初二日拜發。本年十月十五日遞回，奉硃批：該衙門知道。欽此（九月二十五日）。（第430—432頁）

【案】此摺缺原件，録副①現藏於臺北“故宫博物院”，兹據校勘。

1.【奴才瑞洵】刊本無此前銜，兹據校補。

2.【撥給】刊本誤作“撥餉”，兹據校正。

3.【案】劃綫部分刊本缺，兹據補。

① 臺北“故宫博物院”藏：《軍機及宫中檔》，文獻編號：150111。

○七、新疆會勘借地安插逃哈似不可行未敢附和請敕再行妥籌摺

光緒二十八年九月十三日（1902年10月14日）

奴才瑞洵跪[1]奏，爲新疆咨令派員會勘阿爾臺山地段，擬安逃哈，辦理稍近躁率，恐啓蒙、哈疑慮，致滋爭鬩，有誤大局，似不可行，奴才未敢附和，請敕該將軍、巡撫再行妥籌，先將委員撤回，奴才仍一面鎮撫蒙、哈，令其静候安插，以杜内釁而安邊圉，具摺馳奏，仰祈聖鑒事。

竊奴才自奉到前奏請旨收還借地安插哈薩克一摺硃批，當即欽遵檄知烏梁海，並將哈薩克總管、頭目等傳調來城，宣示諭旨。該總管等欣喜過望，同聲感頌，均望闕磕頭，叩謝天恩。一面責令分造户口清册，飭將逃往新疆古城、烏魯木齊、塔爾巴哈臺各處者各有若干户，詳查實報，已據開呈，計有九百數十户。奴才比飭該總管等各於所管，擇妥實之人八名前來，隨同委員前往新疆招收逃哈。該總管等遵辦後，均暫回游牧，訂俟明年三月一同來城，隨往阿爾臺山辦理一切。奴才亦一面派員速赴新疆各處收撫，正在辦理間，適准伊犁將軍馬亮①、新疆巡撫饒應祺會銜咨稱：塔城哈薩克潛行四出，逃至迪化、奇臺、鎮西、昌吉、焉耆一帶，經塔城委員查收，該哈衆抗不回牧，有稱係科布多所屬者，咨明貴大臣，復稱非其所屬，應歸塔收，而哈衆現又逃至新平縣、屈莽山等處，人畜疫死甚多，急須

---

① 馬亮（1845—1909），原隸漢軍正白旗，改隸滿洲正白旗，哈豐阿巴圖魯。同治五年（1866），補驍騎校。八年（1869），加佐領銜。十二年（1873），升協領，晋副都統銜。光緒元年（1875），署巴里坤領隊大臣。九年（1883），充防禦。翌年，調補寧古塔佐領。十四年（1888），轉拉林佐領。二十一年（1895），署伊犁鎮總兵。二十六年（1900），補密雲副都統。二十七年（1901），遷伊犁將軍。三十一年（1905），調補烏里雅蘇臺將軍，兼廂黄旗漢都統。三十四年（1908），補授成都將軍。宣統元年（1909），卒於任。謚勇僖。

查辦。究查該哈薩克歸科歸塔，應委員會同前往阿爾臺山科塔交界，請貴大臣、塔城大臣派員，會同履勘，所屬牧場夏窩、冬窩是否足敷哈衆游牧，逐細禀復，以憑會奏。兹查有同知銜候補知縣王服昱、候補縣丞李偉，堪以派委前往會勘，相應咨請查照辦理，等因。前來。

奴才接閲之下，不勝悚慮！查該將軍等所擬辦法，名爲安民防患，實則借安插逃哈爲由，欲合群力，仍爭阿爾臺山、哈巴河借地，久假不歸耳。此事關繫烏梁海人心向背、北路大局，奴才尚當詳奏，兹且不論。但以查勘牧地、擬安逃哈一事言之，從前新疆屢次奏爭，迭奉寄諭，無一不令與科布多參贊咨商，秉公酌度，毋存成見。誠以該處爲科布多所管，有地主之義也。今者欲安逃哈，委勘地段，亦似應由該將軍、巡撫先與奴才往復咨商，意見相同，方可舉辦。乃巡撫饒應祺本年春夏既已兩次咨行，商令科、塔分收，奴才曾經附奏擬辦情形。兹又改欲自行籌安，復與將軍馬亮商定即行，僅以咨行奴才查照辦理了事，竟於烏梁海七旗丁户衆多，現在游牧不敷贍養，連遭灾疫，飢寒交迫，非收舊牧無以謀生，及哈薩克二萬數千人錯處各旗，騷擾占奪，時滋爭鬬，非擇地妥爲收束不能久安各情，與夫科布多種種爲難全未爲之籌計。但知攘敚土地，竟似一經會奏，科布多即不敢不讓者，似非事理之平！且遽行派員前往查勘，並令奴才亦派委員會辦，無非欲入其彀中，將來會列銜名，即難再生駁議。似此徑情自遂，操之過蹙，並不熟思審處，彼已兼籌。無論烏梁海不能自甘窮餓，絶不肯坐失百餘年自有之膏腴。即奴才職在守邊，亦萬不能將蒙古命脈所繫朔漠形勢之區輕棄尺寸。况烏梁海甫知奉有收還恩旨，乃忽變爲新疆先安逃哈，又不豫爲開導，明白曉諭，一味蠻做，必致群相惶惑，聳動不安。即科之哈衆不下三萬人，明年前往辦理，尚不知該地是否可敷安插，能否與蒙古分居屯牧。

今新疆輒欲先安逃哈，竟不管將來科布多之哈又當安於何處。前經奴才傳示綸音，該總管等感激非常，方謂從此適彼樂土，可以安居。今聞新疆先有安置之事，豫占地利，必將科布多分應安插之衆擠之於廣漠之野、無何有之鄉。憤激之餘，亦實難保不滋生怨望，互啓競爭。若委員但了目前，不顧大局，辦理稍行操切，尤虞激而生變，縱帥臣、撫臣力能彈壓，而鞭長莫及，智計亦將有時而窮。彼時施以惠，則難饜貪心；威以兵，又恐滋困鬬。阿爾臺山、哈巴河能否攘歸新疆，事未可知而先已禍起蕭牆，此實不可不防者也。

尤可慮者，現在時局萬艱，群强環伺，一綫命脈惟在滿蒙，而俄人計餌利誘，蒙古亦不少甘心服役之人，所恃朝廷恩誼纏綿，蒙古懷畏夙深，無敢妄生他念耳。若仍視爲愚頑，不加愛護，或且任意苛虐，以爲可欺，直不翅叢雀敺魚，逼之向外，恐人去地隨，將蒙古游牧泯焉澌盡，不復服屬國家，阿爾臺山一帶尚何能爲新疆所有！奴才恐該將軍等向以防俄藉口者，至今且自防之不暇矣。此奴才所以謂爭地固不可行，而會勘安插尤不可行也。

溯查光緒十七年間，因塔城奏請派員會勘借地，蒙派魁福前往。彼時以烏梁海蒙情急迫，率爾前往，深恐激生事端，未敢冒昧具摺陳明。夫以特派大員尚且未敢徑行，今新疆委員會勘情事，較前尤爲可慮。奴才現已咨覆新疆，以已奉諭旨派令親往履勘，清查妥籌，自應遵旨辦理，此時未便率行派員，致涉兩歧。且事關北路大局，未敢輕舉，請煩妥籌，等語。尚不知新疆意見如何。

奴才平心以思，通籌全局。現在科、塔哈衆既已潛至新疆，前接該撫來咨，原有擬由科、塔兩城各派委員往收之説，自應仍照原議，由科、塔各派委員前往查明收撫，帶回原牧，由該城大臣設法安輯，必使其耕牧得所，無慮飢寒，終不至紛紛逃掠。尤須蠲除[2]苛累，官中必無需勒，方足以示體恤而資箝束，不但不便遽遷於阿爾臺山，並無須移置於羅布淖爾。所慮地方印官欺凌需索尤甚軍營，奴才風聞哈衆有在新疆北路一帶暫牧者，均須出給銀兩，盈千累百，方准僑寓，否則驅逐，名爲草銀，即此可證。蓋但知安插而不爲之善其後，亦非計也。即塔哈群願歸科，亦是此意。該將軍、巡撫所派查勘委員，深恐辦理失宜，風聲一播，必滋蒙、哈疑慮，人心動摇，不平之鳴，因之俱起；譁變竄散，實在意中。科城無兵鎮攝，後患何堪設想！奴才以爲治邊之道，總以安静不擾爲先，此次新疆所派委員，竊謂宜以不去爲是。如蒙聖明俯察，敕諭該將軍、巡撫，速將委員先行撤回，尤爲至幸。統俟奴才明年前往勘查，會商妥協，再爲擬辦，庶昭慎詳，俾蒙、哈之疑慮不生，於邊局則保全滋大。若該將軍等膠執己見，不以奴才之言爲然，儻或激成變端，既非地方之福，亦非該將軍等之利，彼時始悔躁率，恐已無及。

奴才現在因病蒙恩賞假調理，若使心存諉卸，原可置不與聞。惟以事關北路大局，措置偶乖，動滋大患。奴才既已見及，何忍藉養疴以引避怨嫌，更不敢徇情面而遂安緘默，用是力疾具摺馳奏，迫切愚誠，願求垂諒。伏祈皇太后、皇上聖鑒訓示。施行。再，此次新疆來咨、奴才咨覆，一並鈔録呈送軍機處查核。合並陳明。謹奏。

光緒二十八年九月十三日拜發。本年十月二十六日遞回，奉硃批：另有旨。欽此（十月初六日）。（第432—438頁）

【案】此摺缺原件，録副[①]現藏於臺北"故宫博物院"，兹據校勘。

1.【奴才瑞洵跪】刊本無此前銜，兹據校補。

2.【蠲除】刊本誤作"觸飭"，兹據校正。

【案】此奏旋於是年十月初六日得旨允行，清廷頒布"廷寄"曰：

軍機大臣字寄：伊犁將軍馬、調任甘肅新疆饒、甘肅新疆巡撫潘：光緒二十八年十月初六日，奉上諭：瑞洵奏，會勘阿爾臺山地段，安插逃哈，請飭再行妥籌一摺。據稱阿爾臺山科、塔交界處所，經伊犁將軍馬亮等派員前往會同履勘，名爲安插逃哈，實則辦理操切，恐啓蒙哈爭端，等語。著馬亮、饒應祺、潘效蘇確查情形，詳細妥籌，和衷商辦，以重邊務。原摺著鈔給閲看。將此各諭令知之。欽此。遵旨寄信前來。[②]

○八、先陳安哈辦法片

光緒二十八年九月十三日（1902年10月14日）

再，奴才擬明年四五月間前往阿爾臺山，遵旨辦理清查安插事宜。竊謂科布

① 臺北"故宫博物院"藏：《軍機及宫中檔》，文獻編號：150454。

② 《光緒朝上諭檔》第28册，第272頁。又，《德宗景皇帝實録（七）》卷五百六，光緒二十八年十月，第685—686頁。

多哈衆固當安戢，即爲塔城所管而有在借地之内住牧者，亦未便過分畛域，迫令遷移，應俟到彼後，詳加察勘，通盤酌度，並當咨商春滿，總以不失人心爲主，庶期相安無事。謹先附陳，請釋聖廑。謹奏。

光緒二十八年九月十三日拜發。本年十月二十六日遞回，奉硃批：知道了。欽此（十月初六日）。（第438—439頁）

【案】此奏片缺原件，録副[①]現藏於臺北"故宫博物院"，兹據校勘。

○九、續假片

光緒二十八年九月十三日（1902年10月14日）

再，奴才因病仰蒙特賞假期在任調理，奉到批旨之日，適奴才病正加劇，比經新疆鎮迪道李滋森[②]薦一湘人，携帶藥物，前來診治。連日按視，據云病由平日積勞、用心過度，又多憂恐，以致心腎太虧，氣血枯滯，疼痛驚悸，虚象迭生。口外藥多糟粕，難期速效，總以静養爲主，否則恐不可治，等語。

奴才自揣亦是如此，假期屆滿在即，而病勢反復靡常，合無再懇恩續行賞假一個月，俾資調攝，一俟就痊，即當銷假。至緊要公事，奴才仍力疾核辦，不敢藉病偷安，貽誤邊局。謹附片陳請。伏祈聖鑒訓示。謹奏。

光緒二十八年九月十三日拜發。本年十月二十六日遞回，奉硃批：著再賞假

---

① 臺北"故宫博物院"藏：《軍機及宫中檔》，文獻編號：150457。

② 李滋森，生卒年未詳，湖北興國（今湖北省陽新縣）人，捐納監生出身。光緒二年（1876），署昌吉縣知縣。二十一年（1895），署新疆伊塔道。二十四年（1898），署阿克蘇道。二十五年（1899），署甘肅新疆鎮迪道兼按察使銜。二十七年（1901），補甘肅新疆鎮迪道兼按察使銜。二十八年（1902），兼署甘肅新疆布政使。三十一年（1905），被參革職治罪，發軍臺效力。宣統元年（1909），獲釋。

一個月。欽此（十月初六日）。（第 439 頁）

【案】此奏片缺原件，録副[①]現藏於臺北“故宫博物院”，兹據校勘。

一〇、奏爲先將收安事宜豫籌布置請准借撥款項摺

光緒二十八年九月十三日（1902 年 10 月 14 日）

奴才瑞洵跪[1]奏，爲奴才前往阿爾臺山須俟明夏，先將應辦事宜豫籌布置，請敕借撥款項，以濟要需，繕摺具陳，仰祈聖鑒事。

竊奴才前於本年四月間奏請索還阿爾臺山借地，安插哈薩克等因一摺，奉硃批：著即親往履勘，將該處哈民清查，酌度情形，妥籌安插，務令各得其所，以順輿情而重邊要。餘依議。欽此。具仰朝廷恩恤邊氓至意，曷勝欽感！自應遵旨及時馳往詳查，妥籌辦理。惟查此路道途崎嶇，强半山壩，一交秋令，即大雪封山，厚至數尺，冷逾嚴冬，人踪斷絶，向無郵驛。從前會勘借地、安撫蒙哈之役，皆係先設臺站，方克行走，現已九月中旬，自難就道。奴才之病亦未大痊，騎馬前往，實屬無能支拄，即隨帶文武人員並須斟酌調派，諸凡布置均費經營，急切難期周妥。况事關安撫蕃夷，尤宜從容部署，示以鎮定，未便操之太急。且哈薩克紛紛竄逸，現在新疆者尚屬不少，亟應先行收回，方有歸宿，亦免貽患鄰境。刻正分别籌辦。奴才熟思審處，自可俟至明年四五月間，再行前往。

其辦理收安事宜，在在需款，更非豫爲張羅不可。此項哈民現經查據該頭目、總管等册報，所管哈薩克計共三千五百餘户，人丁約在二萬四五千名口。此外，依附卡倫邊界住牧者尚不在内。比年牲畜灾倒，率皆窮苦流離，以光緒十年舊事

① 臺北“故宫博物院”藏：《軍機及宫中檔》，文獻編號：150455。

相衡，彼時由户部撥給銀七萬兩，撫恤偏重蒙古，至哈薩克不過連類而及，以致群抱向隅，未得同霑實惠。奴才此行本以安插哈民爲主，應撫之人較多，又加安設臺站、駝馬，隨帶文武委員以及親兵、跟役、通事，薪費、犒賞、日用餱糧、羊隻，一切均非得有現款，無從措辦。此次安撫擬照前次賞給蒙古每二名乳牛一隻，每一名乳羊五隻、磚茶二塊之案，將哈民之窮苦者，每名酌量從減給與，即此已逾五萬兩之數。其窮蒙尤須一律施惠，方無觖望。且哈衆由現居處所遷往阿爾臺山擇地住牧，其無力者並須稍給遷費。至擬分撥田畝，發給牛具、籽種，勸令兼習耕作，以期各有恒產而盡地利，尚當另議。即茲需款前估五萬兩之數，殊覺不敷。然既奏明在先，即未敢請益於後，衹可由奴才設法撙節墊補。

第事體繁巨，需項孔殷，雖奴才前於遵旨妥籌經費摺内開單估請，現已奉到户部咨會，俟由各省將衛所屯田繳價税契辦法議行報解，即行由部分撥。第辦理收安事宜，至遲即在明夏，仍屬緩難濟急。奴才極知部庫不敷周轉，而實逼處此，萬不能不仰仗司農，相應請旨敕下户部，暫行借撥銀五萬兩，權期應急，即由將來分撥科城籌邊經費項下如數扣還，庶事機既不致貽誤，度支亦無慮虚懸。如蒙俞允，應俟奉到諭旨，奴才即欽遵派員迅速赴京請領，趕解回營應用。所有奴才前往阿爾臺山須俟明夏，先將應辦事宜豫籌布置，請敕借撥款項以濟要需緣由，謹繕摺具陳。伏祈皇太后、皇上聖鑒訓示。施行。再，幫辦大臣瑞璋尚未到任，未經列銜。合並陳明[2]。謹奏。

光緒二十八年九月十三日拜發。本年十月二十六日遞回，奉硃批：户部知道。欽此（十月初六日）。（第 440—442 頁）

【案】此摺缺原件，録副[①]現藏於臺北“故宫博物院”，兹據校勘。

1.【奴才瑞洵跪】刊本無此前銜，兹據校補。

2.【案】劃綫部分刊本缺，兹據校補。

① 臺北“故宫博物院”藏：《軍機及宫中檔》，文獻編號：150456。

一一、派員收哈片

光緒二十八年九月十三日（1902年10月14日）

再，奴才前准新疆撫臣饒應祺咨稱：去年五月内，有哈薩克人衆在喀喇沙爾、塔什河地方强住，貽害地方。該哈薩克先云塔爾巴哈臺所屬，後又云係科布多所屬，並不知究隸何城。咨請奴才會同塔城派員查明，押解回牧，等因。當經奴才附片具陳，奉硃批：知道了。欽此。嗣復准咨催辦，奴才當以蒙古處前查該逃哈是否所管未能切實，奴才未敢深信，因將所管哈目、總管等傳調來城，嚴加詢問，始據稟稱：此項逃哈實有所管在内，因無準地住牧，以致四出逃竄。此外尚有潛往新疆者，不止此數，懇請收回，安插妥地，等情。

查該逃哈已據查明計有九百餘户，既係科布多所管，自應查照撫臣原議，派員往收。奴才現派屯防參將世襲騎都尉祥祐，帶領筆帖式、兵丁並哈薩克通事等前往各該處查明，一律收回，以便明年辦理安插。惟聞此項哈衆現在新疆，人口、牲畜大半被疫，駝馬倒斃尤多，困苦流離，殊堪矜憫！兹既派員往收，並應設法籌濟，以資綏戢。奴才現飭糧餉處先由經費項下借撥庫平銀三千兩，發交該參將祥祐携往各該處，察酌情形，分别辦理，或購給糧石，或添補牲畜，迅速押解安静回科，以免再行出擾，致貽口實。此項銀兩應俟請撥款項領解到日，再行歸還。除咨請撫臣飭屬一體照料彈壓外，理合附片陳明。伏祈聖鑒。謹奏。

光緒二十八年九月十三日拜發。本年十月二十六日遞回，奉硃批：知道了。欽此（十月初六日）。（第442—444頁）

【案】此奏片缺原件，録副[1]現藏於臺北“故宫博物院”，兹據校勘。

① 臺北“故宫博物院”藏：《軍機及宫中檔》，文獻編號：150458。

一二、杜爾伯特左翼副將軍仍以正盟長兼任摺

光緒二十八年十月二十九日（1902 年 11 月 28 日）

奴才瑞洵跪[1]奏，爲杜爾伯特左翼副將軍員缺，籲懇天恩仍以本翼正盟長兼任，繕摺具陳，仰祈聖鑒事。

竊科布多所管杜爾伯特左、右翼各設副將軍一員，頒給敕印、旗纛、令箭，管理蒙古官兵。今查杜爾伯特左翼副將軍達賚汗噶勒章那木濟勒前已欽奉朱筆圈出，補授杜爾伯特左翼正盟長，其副將軍職任應即開缺，另將應放之王、貝勒、貝子、公等開單奏請簡放。惟本部落内一時實無堪以勝任之員，未便遷就，且副將軍鈐轄所管部落蒙古官兵，責任綦重，現雖邊圉粗平，而安不忘危，未容弛備，並查杜爾伯特右翼副將軍即係右翼正盟長札薩克親王索特納木札木柴兼任。兹該盟長噶勒章那木濟勒軍令分明，蒙兵悦服。

奴才以爲若仍令其兼任，似屬相宜，合無籲懇天恩俯准，即令杜爾伯特左翼正盟長達賚汗噶勒章那木濟勒仍行兼任副將軍，實於戎政有裨。爲此繕摺具陳，伏祈皇太后、皇上聖鑒訓示。再，幫辦大臣瑞璋尚未到任，是以未經列銜。合並附陳[2]。謹奏。

光緒二十八年十月二十九日拜發。本年十二月十九日遞回，奉硃批：著照所請，該衙門知道。欽此（十一月二十五日）。（第 444—445 頁）

【案】此摺缺原件，録副①現藏於臺北“故宫博物院”，兹據校勘。

1.【奴才瑞洵跪】刊本無此前銜，兹據校補。

2.【案】劃綫部分刊本缺，兹據校補。

① 臺北“故宫博物院”藏：《軍機及宫中檔》，文獻編號：151758。

一三、奏調徐鄂來營片

光緒二十八年十月二十九日（1902年11月28日）

再，查有五品銜不論雙單月遇缺即選鹽大使徐鄂，曾在奉天、黑龍江當差，才氣内斂，器識宏深，稔習邊情，講求洋務，絶無華士浮囂習氣，再加磨練，堪爲有用之材，現在九江關道署内司理文牘。兹科布多籌辦邊務，需才孔殷，且奴才明年夏間遵旨前往阿爾臺山辦理清查安插事宜，尤須得力可靠人員，方足以資佐助。相應請旨敕下吏部轉行江西巡撫，傳令該員趕緊晋京，呈請兵部、理藩院發給勘合、烏拉票，由北路臺站速行來營，俾收指臂之效，期於塞徼有裨。謹附片陳請。伏祈聖鑒訓示。謹奏。

光緒二十八年十月二十九日拜發。本年十二月十九日遞回，奉硃批：著照所請，該衙門知道。欽此（十一月二十五日）。（第445—446頁）

【案】此奏片原件[①]現藏於臺北"故宫博物院"，録副[②]現藏於中國第一歷史檔案館，兹據校勘。

---

① 臺北"故宫博物院"藏：《軍機及宫中檔》，文獻編號：151759。

② 中國第一歷史檔案館藏：《録副奏片》，檔案編號：03-5956-021。

一四、請調覺羅緒齡來營差委片

光緒二十八年十月二十九日（1902 年 11 月 28 日）

再，科布多現籌舉辦一切全在得人，而奴才奉旨派往阿爾臺山，尤須隨帶文武，俾資差遣。在營人員太少，且多各有責任，未便紛紛遠離，祇可分別留調。除擬留者前已另片具奏，奉旨照准，兹查有藍翎補用都司覺羅緒齡，年志方强，饒有血性，曩曾隨使美、日、秘三國，充當武弁，並悉外洋情形。合無仰懇天恩俯准，調營差委，以供驅策。

查該員近年並未在京，前聞其淹滯直隸、天津一帶，庚子之亂，踪迹尤不可知。惟有請旨敕下兵部、直隸總督轉飭查訪，如得其人，即由兵部、理藩院發給勘合、烏拉票等件，令由北路臺站速行來營，以便隨往。至辦事需才，仍應俟經費確有的款，再容斟酌彙奏調用。謹附片陳請。伏祈聖鑒訓示。施行。謹奏。

光緒二十八年十月二十九日拜發。本年十二月十九日遞回，奉硃批：著照所請，該衙門知道。欽此（十一月二十五日）。（第 446—447 頁）

【案】此奏片缺原件，録副[①]現藏於臺北“故宫博物院”，兹據校勘。

---

① 臺北“故宫博物院”藏：《軍機及宫中檔》，文獻編號：151760。又，中國第一歷史檔案館藏：《録副奏片》，檔案編號：03-5956-020。

一五、塔地割據阿爾臺山地段萬不可行請敕長庚秉公查勘摺

光緒二十八年十月二十九日（1902年11月28日）

奴才瑞洵跪[1]奏，爲塔爾巴哈臺割據阿爾臺山地段萬不可行，請敕將軍長庚秉公查勘，持平定議，早爲覆奏，以息競爭而恤蒙艱，慎防維而固邊要，繕摺馳陳，仰祈聖鑒事。

竊阿爾臺山哈巴河一帶借地，前於光緒十八年間業經前大臣吉林副都統沙克都林札布與前接辦塔爾巴哈臺參贊大臣伊犁副都統額爾慶額遵旨會勘，商定覆奏，請以展限三年，仍由塔城交還科布多管轄，欽奉諭旨俞允，並令屆期歸還，不得因循延緩，一奏塞責，等因。嗣今年四月，又經奴才專摺瀝陳，請旨收還，以便安插蒙、哈，復奉硃批照准。正在欽遵辦理，布置一切，適聞調任將軍長庚因塔爾巴哈臺曾有前借科城地段未便輕議歸還之奏，奉旨飭交會商具奏，尚未覆陳，特電請前往查勘，奉旨准行。该將军公忠明亮，洞悉邊情，目擊躬親，必能兼顧統籌，折衷一是，無庸奴才再參末議。惟是躢躢之愚，尚有未能釋然者，則以祖訓之所昭垂，塞防之所維繫，蒙情之所依戀，時勢之所倚賴。此四者，奴才已不免鰓鰓過慮，其有關大局，隱患抑又多端。竊以阿爾臺山哈巴河一帶地段，如欲改歸塔爾巴哈臺管轄，萬不可行，敢爲我皇太后、皇上詳細陳之。

阿爾臺山、額爾齊斯河本係烏梁海舊牧，故於唐努山烏梁海、阿爾臺淖爾烏梁海之外名爲阿爾臺烏梁海，所謂名從主人也。溯查杜爾伯特及烏梁海未内屬時，錯牧於額爾齊斯。嗣烏梁海就撫，以烏蘭古木地與之，尋又定烏蘭古木爲杜爾伯特游牧，别以科布多爲烏梁海游牧。乾隆二十四年，烏梁海以科布多産貂不給捕，請徙就阿爾臺山陽、額爾齊斯之源采捕，詔如所請。高宗上諭故有“額爾齊斯地

與其爲哈薩克、俄羅斯所竊據，不若令烏梁海往徙”之旨。自是安居百有餘年，恪供貢役，無間歲時。前以借地安插胡圖克圖棍噶札拉參徒衆，已屬急公。今不加以獎勵，反欲奪其土地，無端强占，情理兩乖，既非祖宗柔遠之經，復遏蕃部輸誠之悃。此稽之祖訓以爲不可行者一也。

考阿爾臺山自古爲用武之地，有元海都之叛，其入寇之路，每逾金山而窺和林，蓋以其地險阻阨害，兵家之所必爭，且曲抱科布多南、西、北三面，實外蒙古喀爾喀屏障。故先朝舊制，以屬北路管轄，不隸新疆，洵大聖人因地制宜之妙用。今若劃歸塔城，不但參錯犬牙、紊亂畫地分治之大法，而北路抉去藩籬，毫無閑禦，一旦有事，無要可扼，進戰退守，將兩無所恃，實於漠北蒙古邊備大有侵損，不止科布多勢成孤立已也。況查塔城所爭借地之區在科布多之西，距城不過十程，而離塔城大臣治所且至十九站，道里遠近，既甚懸絶。其地並當塔城東北，如在腦後，且與分入俄界之齋桑泊爲鄰，與在科布多前路形勢便宜者亦復迥異。今若改屬塔城，鞭長莫及，控制多所不便，於防務實無裨萬一，徒使北路頓亡捍蔽，益令俄人窺我失算，狡啓戎心。此準之塞防以爲不可行者二也。

杜爾伯特、土爾扈特、烏梁海、札哈沁諸部，向爲北路維藩。而烏梁海七旗自乾隆年間歸順天朝，謹守臣節，尤具忠貞。今雖部落浸微，而其衆尚多，撫之得宜，則益堅其翊戴；棄而勿恤，實難免其暌離。長駕遠馭之規，屬部强則我之門户固，誠以蒙古輿地與中國邊塞相接，其部族强弱攸繫中國盛衰也。今若一旦敚其膏腴，附益他城，塔爾巴哈臺固爲如願，烏梁海豈能甘心！從前新疆爭地急切之時，該蒙古屢次呈訴，以改歸塔城管轄衆心不服，曾經前大臣等具奏，近年呈請催還文書尤復絡繹。此驗之蒙情以爲不可行者三也。

況以時局而論，近今外侮憑陵，中朝孤注，民心縱云固結，然已非復全盛之時。自甲午之役而人心一變，庚子之役而人心又一變。東北、西北、蒙古諸部多與俄連，彼族利餌計誘，蒙古可内可外之心不能保其必無。又別爲風氣，皆有自主之權，彼之游牧即彼之土地，若其人已携其地，何有阿爾臺烏梁海之淪入彼疆，可爲殷鑒。此時欲激厲蒙古，使之爲彼樹敵，效我扞掫，方當厚恩誼以結其腹心，勤拊循以聯其指臂。我朝嘉惠蒙古，用其人民，從不利其土地，今正資其護衛，豈遂可稍失體恤？儻竟如塔城辦法，竊恐内外各盟蒙古聞風解體，各懷二心，將有礙於國家大局，更何能獨利於新疆一隅！此按之時勢以爲不可行者四也。

至於烏梁海七旗，地蹙丁增，比歲屢遭灾祲，人畜俱困，情形艱窘，必須收回借地以資生計。與夫往年收撫之哈薩克不下三萬之衆，僑居各旗，剽掠爭占，擾累蒙古，不能相安。非指此地無從安置各情，疊經前大臣及奴才累次疏陳，已在聖明洞鑒之中，無容瀆奏。奴才荷戈北徼，將及三年，稍悉情勢，邊務殷繁，惟此爲科布多最要大政。此次長庚親往履勘，擬議辦法，要須詳盡周帀，兼顧統籌，務使目前無遺議，日後無遺患，乃能毗益邊鎖，宏濟時艱。度該將軍之才識，必能早見及此，相應請旨敕下該將軍秉公查勘，持平定議，早爲覆奏，萬勿偏徇新疆，漠置北路於不顧，以息競爭而恤蒙艱，慎防維而固邊要。大局幸甚！奴才幸甚！奴才亦知現經派查，自當静候奏復，第以兹事體大，關繫匪輕，既不宜再涉宕延，更不可稍有遷就，必須妥速籌一兩全無失辦法。且若再不定局，轉瞬即到明年，奴才遵旨前往辦理清查安插，亦恐多所牽絓，無從措手，用敢竭其千慮一得之愚，繕摺馳陳。伏祈皇太后、皇上聖鑒訓示。施行。再，幫辦大臣瑞璋尚未到任，未經列銜。合並聲明[2]。謹奏。

光緒二十八年十月二十九日拜發。本年十二月十九日遞回，奉旨：留中。欽此（十一月二十五日）。本年十二月三十日發還原摺，奉硃批：另有旨。欽此（十一月二十六日）。（第447—453頁）

光緒二十八年十一月二十五日，奉硃批：另有旨。欽此[3]。

【案】此摺缺原件，録副①現藏於臺北“故宫博物院”，兹據校勘。

1.【奴才瑞洵跪】刊本無此前銜，兹據校補。

2.【案】劃綫部分刊本缺，兹據校補。

3.【案】此奉硃批日期與内容，據録副校補。

【案】此案於是年十一月二十六日得旨允行，清廷頒布“廷寄”曰：

軍機大臣字寄：調任成都將軍前伊犁將軍長：光緒二十八年十一月二十六日，奉上諭：瑞洵奏，請飭查勘大員妥議借地以安蒙哈一摺。據奏阿爾臺山哈巴河一

① 臺北“故宫博物院”藏：《軍機及宫中檔》，文獻編號：151754。

帶，本係科布多舊地，自借給塔城之後，該處北路頓失藩籬，請飭妥爲籌畫，等語。現在長庚遵旨前往阿爾臺山，著照該大臣所陳各節，認真查勘，通籌妥議，奏明請旨，……並著長庚一並妥議具奏，原摺片著鈔給閱看。將此諭令知之。欽此。遵旨寄信前來。[①]

一六、再陳索地情由片

光緒二十八年十月二十九日（1902年11月28日）

再，塔爾巴哈臺占據借地抗不遵旨交還一案，前大臣沙克都林札布、魁福等請敕歸還陳奏至於數四，至光緒十八年，始經沙克都林札布、額爾慶額會商奏定，訂準交割，仍許展限三年，奉旨允准。不料，光緒二十四年，春滿復有未便輕議歸還之奏。今年四月，奴才復申前請，欽奉硃批：依議。其前任與奴才所以屢屢籲奏不休者，實因烏梁海七旗地蹙人增，飢寒交迫，自將阿爾臺山一帶地段借出，現在游牧不敷養贍，迭據呈請索還，俾謀生計，情詞極爲哀切；又因哈薩克散居各旗，擁擠爭競，不能相安；不下三萬之衆必須得地妥爲安插，方免擾累蒙古，構成仇釁。而除借地又別無安置之方，故不得不爲之請命，實爲杜患安邊起見，初非掉弄筆鋒，徒挾意見也。夫使舉此地而竟歸塔城，於烏梁海並無大害，於新疆果有大利，奴才雖愚，亦知顧全大局，何必過袒烏梁海，以助其爭？無如烏梁海倚此爲養命之根源，外蒙古恃此爲設防之屏蔽，一旦委棄，不但科布多從此無以爲守，烏梁海亦從此無以爲生，人心、地利兩兩失之。奴才知朝廷嘉惠蒙古，慎重邊防，必不肯出此也。

---

① 《光緒朝上諭檔》第28册，第321頁。又，《德宗景皇帝實録（七）》卷五百八，光緒二十八年十一月下，第709頁。

奴才又伏讀乾隆四十五年上諭：喀爾喀年來占據游牧，實由該將軍等瞻顧本處情面所致，即自京簡放者，亦顢頇從事。如現任博清額①所奏，札薩克圖汗部落札薩克巴哈圖爾侵占科布多杜爾伯特等游牧尚未交還，該將軍亦未實力催辦，非心存袒護而何？看來將軍、參贊等斷不可辦理游牧事務，等因。欽此。仰維廟算於蒙古游牧規畫周詳，首嚴爭占之禁。塔爾巴哈臺迭次奏奪，實已大違祖訓。且以科布多索還自有之地爲爭，是非倒置，尤屬失平。

總之，塔城不還借地，乃是不肯輕捨事權，止爲私計一面辦法，並未統籌全局。該處形勢巘要，環抱科布多西、南、北三面，爲外蒙古喀爾喀之厄塞，且爲烏梁海舊牧，其地得失實繫烏梁海人心向背、北路安危大局。輕言劃界，萬不可行！此事若長庚不持異議，仍擬遵旨由科布多收回，自屬大公至正，萬全無失。儻尚有爲難，一時不能交還，則烏梁海七旗蒙古窮困待援，情形急切，究應如何撫慰；與夫哈薩克不下三萬之衆，既經收撫，又應如何別謀安插，均屬不容恝置，必須預爲籌畫。相應請旨敕下將軍長庚，兼權並顧，妥議辦法，以恤蕃族而維邊局。奴才職司所在，謀慮宜周，既有所知，不敢緘默，理合附片具陳。伏祈聖鑒訓示。謹奏。

光緒二十八年十月二十九日拜發。本年十二月十九日遞回，奉旨：留中。欽此（十一月二十五日）。本年十二月三十日發還原片，奉硃批：覽。欽此（十一月二十六日）。（第453—455頁）

光緒二十八年十一月二十五日，奉硃批：覽。欽此[1]。

【案】此奏片缺原件，録副②現藏於臺北“故宫博物院”，兹據校勘。

① 博清額（1721—1785），又名博卿額，富察氏，滿洲鑲黄旗人。乾隆十七年（1752），中式進士，歷選兵部主事、户部員外郎、軍機章京。三十四年（1769），升郎中，隨傅恒赴緬甸軍營。次年，補正藍旗滿洲副都統，署兵部左侍郎，兼理刑部侍郎事務。三十六年（1771），授内閣學士。三十八年（1773），充欽差内閣學士。同年，授領隊大臣，征金川。三十九年（1774），署理藩院侍郎。四十年（1775），補正黄旗蒙古副都統。次年，署行在刑部事務、理藩院左侍郎、鑲黄旗蒙古副都統。四十二年（1777），署工部右侍郎、刑部侍郎。翌年，授庫倫辦事大臣，往庫倫辦事。四十四年（1779），遷兵部左侍郎。次年，擢理藩院尚書，兼署左都御史。同年，充欽差大臣，護送班禪額爾德尼金塔，授西藏辦事大臣。四十七年（1782），補鑲黄旗漢軍副都統。四十九年（1784），授正白旗蒙古都統。五十年（1785），卒於任。謚恭勤。

② 臺北“故宫博物院”藏：《軍機及宫中檔》，文獻編號：151756。

1.【光緒二十八年十一月二十五日，硃批：覽。欽此】此奉硃批日期與内容，據録副及《軍機處隨手登記檔》[①] 校補。

【案】此案於是年十一月二十六日得旨允行，清廷頒布“廷寄”曰：

軍機大臣字寄：調任成都將軍前伊犁將軍長：光緒二十八年十一月二十六日，奉上諭：瑞洵奏……。另片奏，哈薩克性情刁悍，宜擇地妥爲安插，如烏城借地，一時不便歸還，其烏梁海七旗亦應設法安頓，各等語。並著長庚一並妥議具奏，原摺片著鈔給閲看。將此諭令知之。欽此。遵旨寄信前來。[②]

一七、密陳擬安置哈薩克情形片

光緒二十八年十月二十九日（1902 年 11 月 28 日）

再，密陳者，科布多早年哈薩克止在烏克克卡倫之外住牧，不准私入内地，至今理藩院則例尚有“烏梁海西界設立卡倫四處，派兵防守，不准哈薩克潛入烏梁海游牧地方，如私入内地，立即驅逐，仍責成卡倫官員不時嚴查”之條。乃自同治八年中俄劃界，舉烏克克、霍呢邁拉扈等八卡倫地方悉以界俄，哈薩克始漸内徙，然尚未波及蒙旗。迨光緒十年，塔城哈薩克因遭逼勒誅戮，相率來投，驅之不去，遂經前大臣清安等奏明，奉旨飭令收撫，比即暫安於烏梁海游牧，後竟蔓延至土爾扈特、杜爾伯特、明阿特各旗，幾無處不有哈薩克踪迹，舊章防禁蕩然無存。此科布多羼入哈薩克之實在情形也。

哈薩克既經附牧，擾攘占奪，日啓競爭，前任大臣不能不籌安插，於是乃有請還阿爾臺山借地之奏，實逼處此，不得不然。其實乾隆二十四年上諭本有“額

① 中國第一歷史檔案館藏：《軍機處隨手登記檔》，檔案編號：03-0313-2-1228-315。

② 《光緒朝上諭檔》第 28 册，第 321 頁。又，《德宗景皇帝實録（七）》卷五百八，光緒二十八年十一月下，第 709 頁。

爾齊斯地與其爲哈薩克、俄羅斯所竊據，不若令烏梁海往徙”之旨。可見杜漸防微，廟謨至爲深遠，馴至今日，並不能仰體聖意。前任奏請安插哈衆，惟以阿爾臺山爲言，固由不諳掌故，亦實限於地勢，除此無從辦理。即奴才亦不免因仍踵請，蓋可見其難矣。惟是將來收回借地之後，還定安集，仍當使烏梁海蒙古占其形勝，其哈衆止可徙置於邊遠地方，萬萬不宜使之據險，爲虎附翼，致釀異日之患。尤莫妙於使當西北，藉禦强鄰，緣俄人向謂哈薩克不受約束，不無懼意，正可藉資扞蔽也。此輩强盛兇頑，不遵法度，人數又多，儻使得地以蓄精鋭，並力以肆拚飛，加以糾合回氛，呵成一氣，誠恐終爲邊疆大害。故奴才前見馬亮、饒應祺等冒奏安插，全未預防後患，奴才惄焉憂之，曾於具奏摺内聲明無須安置羅布淖爾云云，即已微露其端，惜馬亮、饒應祺懵懵未見及此耳。

奴才本擬明年前往該處，悉心查勘，妥籌辦法，詳細具奏請旨，故未敢昌言漏泄。要之，哈薩克性情刁悍，劫掠爲能，又與俄哈聲氣聯貫，若不擇地妥爲安插，立法箝制，必至邊腹到處皆哈，再有劉四伏①其人者，一經煽變，則哈回交鬨，禍變何可勝言！故奴才前奏有仍由該管大臣派員收回之議。奴才到任將及三年，於哈薩克情形知之較詳，用再附片密陳。伏祈聖鑒。謹奏。

光緒二十八年十月二十九日拜發。本年十二月十九日遞回，奉旨：留中。欽此（十一月二十五日）。本年十二月三十日發還原片，奉硃批：覽。欽此（十一月二十六日）。（第455—457頁）

光緒二十八年十一月二十五日，奉硃批：覽。欽此[1]。

【案】此奏片缺原件，録副②現藏於臺北“故宫博物院”，兹據校勘。

1.【光緒二十八年十一月二十五日，硃批：覽。欽此】此奏硃批日期與內容，據録副及《軍機處隨手登記檔》③校補。

---

① 劉四伏（？—1896），又名劉同春、劉騰蛟，青海西寧蘇家堡人，因排行第四，人稱劉四。教衆尊稱其爲劉師父，文獻以同音字稱作劉四伏。光緒二十一年（1895），充青海哲赫林耶門宦領軍總管。二十二年（1896），率十萬教衆進入柴達木盆地。同年，受撫被殺。

② 臺北“故宫博物院”藏：《軍機及宫中檔》，文獻編號：151755。

③ 中國第一歷史檔案館藏：《軍機處隨手登記檔》，檔案編號：03-0313-2-1228-315。

一八、力疾銷假片

光緒二十八年十月二十九日（1902 年 11 月 28 日）

再，奴才所患呃逆氣痛諸症皆見痊可，惟心悸如故，近月又加腦鳴，頭目昏暈，精神日形疲憊。先是八月奉到請赴新疆就醫批摺，蒙特賞假一個月，在任調理。嗣於九月十三日附奏續假，又蒙賞假一個月。計至十月十九日，即已屆滿，刻下竟成虛勞，醫調不易，自非解任静攝，難可全愈。惟現因借地安插一事，蒙哈互啓猜疑，正須鎮撫，邊維緊要，奴才已依期銷假，力疾視事。謹附片陳明。伏祈聖鑒。謹奏。

光緒二十八年十月二十九日拜發。本年十二月十九日遞回，奉硃批：知道了。欽此（十一月二十五日）。（第 457—458 頁）

光緒二十八年十一月二十五日，奉硃批：覽。欽此[1]。

【案】此奏片缺原件，録副①現藏於臺北“故宫博物院”，兹據校勘。

1.【光緒二十八年十一月二十五日，硃批：覽。欽此】此奉硃批日期與内容，據録副及《軍機處隨手登記檔》②校補。

① 臺北“故宫博物院”藏：《軍機及宫中檔》，文獻編號：151757。

② 中國第一歷史檔案館藏：《軍機處隨手登記檔》，檔案編號：03-0313-2-1228-315。

一九、奏調馬匹摺

光緒二十八年十月二十九日（1902 年 11 月 28 日）

奴才瑞洵跪[1]奏，爲科布多官廠馬匹不敷應用，援案請由烏里雅蘇臺調取，以應要需，繕摺具奏，仰祈聖鑒事。

竊據喀爾喀駐班札薩克頭等臺吉色得瓦齊爾呈：據管理官廠協理臺吉齊達爾巴拉呈報：本管廠内所存官馬，除補放各項動用開除外，所存馬匹現止剩一百五十九匹，多係口老，不堪應用，誠恐貽誤要差，應如何添補之處，懇祈轉呈核辦，等情。奴才查光緒二十六年間，前大臣寶昌等因官廠馬匹不敷應用，咨由烏里雅蘇臺所屬孳生群内調用口輕騸馬二百匹，專摺具奏，奉旨：著照所請，該衙門知道。欽此。欽遵辦理在案[2]。兹届前調之期又逾兩年，現據該廠呈報，馬匹無多，不敷應用，係屬實在情形，當經咨商烏里雅蘇臺去後。頃准咨覆：現在孳生群内僅存騸馬二百四十餘匹，應仍酌量具奏調撥，一俟奉到硃批，再行照辦，等因。前來。

奴才查該城現在孳生群内，僅存騸馬二百四十餘匹，若必照案多調，恐致竭蹶爲難。第科布多官廠需用孔殷，又不能不酌量請撥，奴才悉心酌核，應請敕下烏里雅蘇臺將軍等轉飭由孳生群内揀撥口輕騸馬一百二十匹，派員護解前來，俾應要需。理合繕摺具奏。伏祈皇太后、皇上聖鑒訓示。再，幫辦大臣瑞璋尚未到任，未經列銜。合並聲明[3]。謹奏。

光緒二十八年十月二十九日拜發。本年十二月十九日遞回，奉硃批：著照所請，該衙門知道。欽此（十一月二十五日）。（第 458—460 頁）

【案】此摺原件[①]現藏於中國第一歷史檔案館，録副[②]現藏於臺北“故宫博物院”，兹據校勘。

1.【奴才瑞洵跪】刊本無此前銜，兹據校補。

2.【案】光緒二十六年四月二十日，科布多參贊大臣寶昌以官廠馬匹不敷應用具摺曰：

奴才寶昌跪奏，爲科布多官廠馬匹不敷應用，援案由烏里雅蘇臺調取，以供差徭，恭摺具陳，仰祈聖鑒事。

竊據喀爾喀駐班處呈：據管理官廠協理臺吉達克巴章産等呈報：查得本廠所存官馬無多，不敷使用，若不即時添補，誠恐貽誤要差，應如何調撥以濟差徭之處，祈請核辦，等情。呈報前來。奴才查官廠馬匹現存無幾，不敷差用，自應援案調取。案查前於光緒二十三年間，因官廠馬匹不敷應用，咨由烏里雅蘇臺所屬孳生群内揀挑口輕騸馬二百匹，解送來科，以供要差。旋准咨覆：烏里雅蘇臺所屬孳生廠内現存騸馬四百匹，足敷兩城分用，自宜照咨分撥，由科布多派員前來領取，以備差用，等因。奏蒙允准遵辦在案。現在該廠馬匹無幾，即應仍照成案調取，當經備文咨呈烏里雅蘇臺將軍，請由所屬孳生群内揀挑口輕騸馬二百匹，派員護解前來，俾資應用。旋准咨覆：本年孳生廠内現存騸馬五百餘匹，足敷兩城分調，即祈照案由科具奏，一俟奉旨允准，趕緊派員來烏領取，等因。咨覆前來。

相應請旨飭下烏里雅蘇臺將軍，即由該處孳生群内挑撥口輕騸馬二百匹，由奴才派員赴烏里雅蘇臺領取，俾濟要需。理合恭摺具奏。伏乞皇太后、皇上聖鑒。再，幫辦大臣禄祥現在請假，未經列銜。合並聲明。謹奏請旨。光緒二十六年四月二十日。（硃批）：著照所請，該衙門知道。[③]

3.【案】劃綫部分刊本缺，兹據補。

---

① 中國第一歷史檔案館藏：《硃批奏摺》，檔案編號：04-01-01-1053-061。

② 臺北“故宫博物院”藏：《軍機及宫中檔》，文獻編號：151751。

③ 中國第一歷史檔案館藏：《硃批奏摺》，檔案編號：04-01-01-1041-001。

二〇、廟工采購料物請免稅添駝片

光緒二十八年十月二十九日（1902年11月28日）

再，奴才於前年十二月曾將擇地捐貲建修廟宇奏明，奉旨：知道了。欽此。委因工巨費繁，又以天氣早寒，一年衹有六個月能以興作，迄今尚未蕆事。然工程已得强半，期以明年秋季一律告竣。惟僻在邊陲，百貨罕至，舉凡彩飾之顔料、陳設之供器，以及幡幔、龕座、香燈、經卷各件，無一不須内地購置，即無一不由臺路轉運。

現在布置一切，已須陸續派員晋口製辦，誠恐關局、臺站不悉情形，或有阻滯，可否仰懇天恩准由奴才咨行所過地方，轉飭免驗放行，並俟起解由察哈爾、烏里雅蘇臺加傳馱駝三十隻，以資運送。仍每次不得有逾此數，以杜夾帶之弊，約計采辦各項不過兩次即可齊備，亦不至重勞臺力。除分咨外，謹據實附陳。伏祈聖鑒訓示。謹奏。

光緒二十八年十月二十九日拜發。本年十二月十九日遞回，奉硃批：著照所請。欽此（十一月二十五日）。（第460—461頁）

【案】此奏片缺原件，録副[①]現藏於臺北“故宫博物院”，兹據校勘。

① 臺北“故宫博物院”藏：《軍機及宫中檔》，文獻編號：151753。

二一、前糧餉章京榮臺給咨離營片

光緒二十八年十月二十九日（1902年11月28日）

再，科布多糧餉章京榮臺，前年八月因該員已經三年報滿，適值籌備邊防，當經奴才附奏將該員留營差委，奉旨允准。茲新任糧餉章京委署主事希凌阿已於七月二十七日到營，業經接交管理。據該員榮臺稟請回京。奴才覆查前接吏部咨會，已將該員擬選盛京刑部主事，北路防務現在輕鬆，已令將經手事件料理清楚，給咨離營。除分咨外，理合附陳。伏祈聖鑒。謹奏。

光緒二十八年十月二十九日拜發。本年十二月十九日遞回，奉硃批：該衙門知道。欽此（十一月二十五日）。（第461—462頁）

【案】此奏片缺原件，録副[①]現藏於臺北“故宫博物院”，兹據校勘。

二二、蒙古保舉摺

光緒二十八年十月二十九日（1902年11月28日）

奴才瑞洵跪[1]奏，爲遵旨酌保蒙古各旗正副盟長、大臣、總管、札薩克各員，

① 臺北“故宫博物院”藏：《軍機及宫中檔》，文獻編號：151752。

籲懇恩准照擬給獎，以昭激勸，專摺繕單具陳，仰祈聖鑒事。

竊奴才前因蒙古各旗經理俄商遺棄貨物毫無損失，有裨大局，專摺奏懇天恩准將該旗正副盟長、散秩大臣、總管等酌請獎叙，以昭激勸，等因。欽奉硃批：准其擇尤酌保，毋許冒濫。欽此。跪讀之下，具仰朝廷眷逮邊勞，莫名欽感！伏思前年軍務猝興，内省洋教毁傷之案層見叠出，口外北路亦烽煙告警，一日數驚。科布多所管蒙古各旗，無處不有俄人踪迹，人心浮動，蒙情鹵莽，設非約束，有方防維，偶一不慎，即必立構爭端，邊釁且將大啓。所幸各該正副盟長、散秩大臣、總管、札薩克等尚能遵守奴才條教，皆知内嚴防範，外示懷柔，而於俄商遺棄貨物經理查存，毫無損失，俾彼族無可問難，游牧賴以保全，洵屬有裨大局，深堪嘉尚，自應遵旨酌保，以昭激勸。奴才悉心察核，該汗王等所請賞叙，本與尋常保舉不同，外似優異，實則未逾例章，毫無冒濫。謹繕清單，祗呈御覽。

合無仰懇天恩俯准照擬給獎，出自逾格鴻慈。其各旗及臺站、卡倫出力應保之蒙員，另由奴才分繕擬獎清單，咨明理藩院核辦。所有遵旨酌保蒙古各旗正副盟長、大臣、總管、札薩克各員，繕單請獎緣由，謹專摺具陳。伏祈皇太后、皇上聖鑒訓示。再，幫辦大臣瑞璋尚未到任，未經列銜。合並聲明[2]。謹奏。

光緒二十八年十月二十九日拜發。本年十二月十九日遞回，奉硃批：該衙門核議具奏，單、片並發。欽此（十一月二十五日）。

呈遵保蒙古各旗正副盟長等員清單

謹將遵保蒙古各旗正副盟長、散秩大臣、總管、札薩克等員擬請獎叙，敬繕清單，祗呈御覽。

計開：杜爾伯特左翼正盟長副將軍特固斯庫魯克達賚汗噶勒章納木濟勒，擬請賞用黄韁。

杜爾伯特左翼副盟長札薩克多羅貝勒納遜布彦，擬請賞戴雙眼花翎。

杜爾伯特左翼札薩克多羅郡王圖柯莫勒，擬請賞戴三眼花翎。

杜爾伯特左翼札薩克固山貝子納楚克多爾濟、札薩克固山貝子龐臺鐘鼐二員，均擬請賞戴雙眼花翎。

杜爾伯特左翼札薩克輔國公圖敏巴雅爾、札薩克頭等臺吉烏瓦齊爾二員，均擬請賞戴花翎。

杜爾伯特右翼正盟長副將軍札薩克和碩親王索特納木札木柴，擬請賞戴三眼花翎。

杜爾伯特右翼副盟長札薩克多羅貝勒圖們濟爾噶勒，擬請賞戴雙眼花翎[3]。

杜爾伯特右翼札薩克鎮國公多諾魯布、札薩克頭等臺吉阿育兒札納二員，均擬請賞戴花翎。

土爾扈特正盟長札薩克多羅郡王密錫克棟古魯布，擬請賞用黄韁。

土爾扈特副盟長札薩克固山貝子瑪克蘇爾札布，擬請賞戴雙眼花翎。

霍碩特札薩克頭等臺吉克什克布彥，擬請賞加鎮國公銜。

札哈沁信勇公車林多爾濟，擬請賞加貝子銜[4]。

札哈沁總管三保，擬請賞給二品頂戴。

烏梁海左翼散秩大臣額爾克舒諾，擬請賞給頭品頂戴。

烏梁海左翼總管倭齊爾札布、桑敦札布二員，均擬請賞給二品頂戴。

烏梁海右翼散秩大臣三音博勒克，擬請賞給頭品頂戴。

烏梁海右翼總管棍布札布、瓦齊爾札布二員，均擬請賞給二品頂戴[5]。

額魯特總管喇嘛札布、明阿特總管達什哲克博二員，均擬請賞給二品頂戴。

杜爾伯特左翼札薩克輔國公圖都布、杜爾伯特左翼札薩克頭等臺吉僧格多爾濟、杜爾伯特左翼札薩克頭等臺吉巴圖瓦齊爾、杜爾伯特左翼札薩克頭等臺吉阿畢爾密達、杜爾伯特左翼札薩克頭等臺吉檔達爾、烏梁海左翼副都統察罕博勒克。以上各員，均擬請賞給軍功加二級。（第462—467頁）

（硃批）：覽[6]。

【案】此摺缺原件，録副①、清單②現均藏於臺北“故宫博物院”，兹據校勘。

1.【奴才瑞洵跪】刊本無此前銜，兹據校補。

---

① 臺北“故宫博物院”藏：《軍機及宫中檔》，文獻編號：151749。

② 臺北“故宫博物院”藏：《軍機及宫中檔》，文獻編號：151749-0-A。

2.【案】劃綫部分刊本缺，兹據補。

3.【賞戴雙眼花翎】刊本作“賞加貝子銜”。

4.【賞加貝子銜】刊本作“賞給二品頂戴”。

5.【賞給二品頂戴】此句刊本缺署，雙行小字注“下行原闕”字樣。

6.【案】此硃批據清單校補。

二三、附保駐班蒙員片

光緒二十八年十月二十九日（1902年11月28日）

再，科布多向由烏里雅蘇臺於賽因諾顔、札薩克圖汗兩盟揀派札薩克、臺吉等前來駐班，或按兩季，或按一季，分別更换，管理地面蒙古暨圖們吐官廠各事宜。查光緒二十六年春夏兩季駐班，皆係輔國公銜三等臺吉色埒寧。迨至秋季，正值軍務猝啓，布置邊防，戎馬倥傯，烽煙告警，此差遂爲畏途，相率規避，於是仍令該臺吉接辦。嗣今年春夏兩季，又均係該臺吉來駐。

查前年北路戒嚴，人心惶駭，俄界之哈薩克、纏回又復乘機煽變，盜賊四起，情形岌岌，廛市頗覺擾動。該臺吉乃能處以鎮静，彈壓綏戢，竭力維持，隨辦城防，罔辭艱險，不但蒙古畏服，即漢民亦頗感戴。今者大局早定，安謐如常，該臺吉既著勤勞，自應一並給獎。合無請旨將輔國公銜三等臺吉色埒寧賞戴花翎，以昭勸勉，出自天恩。謹附片陳請。伏祈聖鑒訓示。謹奏。

光緒二十八年十月二十九日拜發。本年十二月十九日遞回，奉硃批：覽。欽此（十一月二十五日）。（第467—468頁）

【案】此奏片缺原件，録副[1]現藏於臺北“故宫博物院”，兹據校勘。

---

① 臺北“故宫博物院”藏：《軍機及宫中檔》，文獻編號：151750。

卷之十四　歲寒集

光绪壬寅（1902）

〇一、辦理布倫托海渠工大概情形摺

光緒二十八年十一月二十八日（1902年12月27日）

奴才瑞洵跪[1]奏，爲具報辦理布倫托海渠工大概情形，暨布置開屯一切事宜緣由，仰祈聖鑒事。

竊奴才前於上年十二月間附片具奏，擬於布倫托海試辦屯田，先派妥員勘修渠工各節，嗣於本年二月十二日遞回原片，欽奉硃批：著照所議認真辦理，期有成效可觀。欽此。奴才跪聆之下，感奮莫名！比時工匠業由古城雇到，當即派委州同職銜崔象俟帶同工匠、兵、書人等，押運糧麵、器具各項，馳往布倫托海一帶，認真勘辦，先行設立屯田局，布置一切，並刊發關防領用。該員自到彼後，奔馳跋涉，逐日察勘，履雪餐風，載更寒暑，兩月有餘，始得要領。其冒犯危險、橫被阻撓之事，實已備嘗艱苦。時以工大費繁，率皆憚畏煩難，咸思停辦。

該員獨以爲事係奉旨，志在必成，爰調集烏梁海蒙兵，並添雇匠役，助以民夫，協力工作，已於三月二十二日開工。現據稟報，工程已得十分之七，於九月初二日因天氣漸冷，暫行停工。察閱該員迭次來稟，所叙辦法均尚穩妥，於經費亦知節省。所用兵丁均係查照定例，於額餉外每日按名加給麵四兩、鹽菜銀三分，匠役亦係照例，於日支工價外，按名日支麵觔。科布多人工甚稀，工價極貴，除堰壩巨工必需匠工修做，始行雇用，其餘一切土工皆係添調烏梁海兵丁與哈薩克承修。所有製買器具、發給各項犒賞、木石運力並鍬、鋤、錘、钁、釘鐵、筐簍、繩索、口袋、鞍屜以及委員人等薪水、麵觔、雜用等項，或照市價，或按例章，亦復毫無浮濫。現已修成大渠二道、分渠八道，計有六十餘里之遠，畝數約倍於科布多舊屯十分，工程已得大半，明春尚須續爲多開支渠，以資分溉。

奴才伏維此項渠工本應先將估定工料、修費，奏請敕部立案，俟奉覆准，再爲興修，惟因僻處塞垣，迥殊行省，不但工程做法不同内地，即核算錢糧亦無真正諳悉之人，勉强牽合，既近敷衍，而草創經營，又難言確有把握，用是不敢冒昧豫奏，且時已夏五，若必拘請部覆，誠恐或誤工期，故奴才與該員預爲約法，先須求辦事實際，不必拘估修常經，止期不妄用一錢，不可圖省一工，現應通力合作，以冀速成，統容工竣，據實奏報。此渠工未能估奏之實在情形也。

至農具、耕牛，已陸續購買，逆料明年當可開屯。應需籽種擬先定以一千石，徐圖擴充。該處土宜大麥、小麥之外，兼擬試種稻米。除稻米須由古城采買，其大麥、小麥若全用銀購，需款已多，而倉儲陳糧又不合式。經奴才於今年夏間添發籽糧，預飭十屯官兵，每屯酌量加種，已多收有大麥、小麥千石之數，毋須動帑再買。惟由科布多運送布倫托海屯所，計程一千九百餘里，踰山渡水，萬分艱難，官廠之駝正值派赴新疆采運軍糈，多已占用。現由烏里雅蘇臺調來駝隻止有二百，不盡可用，核計轉運籽種、食糧、農具，用駝總在千隻。今官駝止挑選三百隻，若按向來市價雇用民駝，自科布多城至布倫托海共十八站，每隻脚價貴則十一兩，至賤亦須八兩，刻下已須九兩。就此統算，如雇六百五十隻，已需脚價五千八百五十兩。渠工所需及布置開屯一切用款，均係奴才設法騰挪，借墊支用，已屬不貲，自不得不苦思撙節。因知蒙旗喇嘛牲畜尚多，當由奴才飭令各旗官長與之商借，仍酌量幫給銀兩，並押駝官兵加以賞犒。現已由杜爾伯特、土爾扈特、札哈沁各旗借準駝六百五十隻，約明如有倒斃，按隻賠補，合幫價補倒，計之當亦不逾三千兩之數。一俟此項駝隻到日，即派弁兵將籽糧、農具一切分起運解前往，限二月十五日以前陸續齊抵布倫托海，萬不至有誤農期。

以上辦理稍有基緒，奴才仍隨時函檄交飭，責成該委員崔象侯等認真經理，不得始勤終怠，冀屯務早得告成，邊實日臻饒裕，以開風氣而圖自强，庶仰副朝廷訓誨勗勉之恩意。至渠工仍請俟一律告竣，再行專摺奏報。其有應分咨部、院查照立案者，奴才亦隨時辦理。其屯田詳細章程，尚容奴才悉心核定，另行具奏。所有具報辦理布倫托海渠工大概情形，暨布置開屯一切事宜緣由，理合具摺先行馳陳。伏祈皇太后、皇上聖鑒訓示。謹奏。

光緒二十八年十一月二十八日拜發。光緒二十九年正月二十二日遞回，奉硃

批：著即督飭認真經理，務收成效。欽此（十二月二十五日）。（第472—475頁）

【案】此摺原件①現藏於中國第一歷史檔案館，録副②現藏於臺北“故宫博物院”，兹據校勘。

1.【奴才瑞洵跪】刊本無此前銜，兹據校補。

○二、揀補蒙古處幫辦章京摺

光緒二十八年十一月二十八日（1902年12月27日）

奴才瑞洵跪[1]奏，爲揀補蒙古處幫辦章京員缺，恭摺仰祈聖鑒事。

竊科布多蒙古處幫辦章京主事職銜鍾祥，經奴才以辦事不能得力，奏明開去差使，咨回綏遠城原旗，所遺員缺自宜揀員充補。兹查有糧餉處筆帖式景善，資深才練，熟悉邊情，堪以擬補。查該員已保補防禦後以佐領儘先補用，先换頂戴，應仍留原保，並俟七年期滿，即以綏遠城防禦首先坐補。如蒙俞允，遇有差便，即給咨赴部帶領引見。其應找支銀糧，俟奉旨後再行照例辦理。爲此恭摺具奏。仰祈皇太后、皇上聖鑒訓示。再，幫辦大臣瑞璋尚未到任，未經列銜。合並聲明[2]。謹奏。

光緒二十八年十一月二十八日拜發。光緒二十九年正月二十二日遞回，奉硃批：著照所請，該衙門知道。欽此（十二月二十五日）。（第475—476頁）

【案】此摺原件③現藏於中國第一歷史檔案館，録副④現藏於臺北“故宫博物

① 中國第一歷史檔案館藏：《硃批奏摺》，檔案編號：04-01-22-0066-113。
② 臺北“故宫博物院”藏：《軍機及宫中檔》，文獻編號：153015。
③ 中國第一歷史檔案館藏：《硃批奏摺》，檔案編號：04-01-16-0275-061。
④ 臺北“故宫博物院”藏：《軍機及宫中檔》，文獻編號：152999。

院”，兹據校勘。

1.【奴才瑞洵跪】刊本無此前銜，兹據校補。

2.【案】劃綫部分刊本缺，兹據校補。

○三、卡倫侍衛分别調署代辦片

光緒二十八年十一月二十八日（1902年12月27日）

再，查瑪呢圖噶圖勒幹卡倫侍衛常升，因患目疾甚重，禀請派署，給假來城醫治。查該侍衛常升尚知認真駐守，該卡近依阿拉克别克河口，現有交涉要件，自未便令以病軀敷衍，當經檄示照准。現以昌吉斯臺卡倫侍衛英紱調署，以重卡防，兼資因應。其昌吉斯臺卡倫事務較簡，揀派即補防禦文普前往暫行代辦，均經嚴飭妥慎經理，不許生事。除分咨查照外，理合附片陳明。伏祈聖鑒。謹奏。

光緒二十八年十一月二十八日拜發。光緒二十九年正月二十二日遞回，奉硃批：該衙門知道。欽此（十二月二十五日）。（第476—477頁）

【案】此奏片原件[①]現藏於中國第一歷史檔案館，録副[②]現藏於臺北“故宫博物院”，兹據校勘。

---

① 中國第一歷史檔案館藏：《硃批奏片》，檔案編號：04-01-17-0179-086。

② 臺北“故宫博物院”藏：《軍機及宫中檔》，文獻編號：153001。

○四、具奏揀員先行馳駐哈巴河等處辦理安輯蒙哈事宜摺

光緒二十八年十一月二十八日（1902 年 12 月 27 日）

奴才瑞洵跪[1]奏，爲阿爾臺山一帶地方橫被侵占，人民夾雜，事權錯出，蒙哈憤怨，情形日棘，亟宜設法厘整，平爭弭患，以保岩疆，現擬委員先行馳駐，辦理安輯，仍俟奴才明年親往察勘，妥籌挽治，以冀掃除錮弊，鞏固邊防，具摺馳陳，仰祈聖鑒事。

竊奴才前年夏間到任之初，即聞阿爾臺山地方種落龐雜，徵斂煩苛，蒙哈怨咨，農商咸擾，官貪兵窳，號稱弊藪。比以下車伊始，慮傳言未必盡真，未敢冒昧入告；又因哈巴河借地尚隸塔城，彼於暫管界内辦理失宜，儘可具文咨明，亦不必動達天聽，是以奴才遲遲未發。今者邊隅承乏將及三年，地方利弊知之較確。塔城駐扎之員亦仍前所爲，毫無忌憚，且於科布多所管土地日益展占，靡所底止，科布多參贊竟反不能自治其地、自理其民，烏梁海且將盡失其游牧，事關私占蒙古部落、擾亂北路大局，有不能再安緘默，更有不能不急爲整理者。謹將該處現在情形爲我皇太后、皇上約略陳之。

阿爾臺山借地，早年胡圖克圖棍噶札拉參①駐彼時徒衆繁多，又有十蘇木額魯

---

① 棍噶札拉參（1835—1895），又譯棍噶札勒參，藏語意爲“皆喜勝幢”，又名嘉穆巴圖多普，法號察罕格根，轉世喇嘛，甘肅鞏昌府洮州廳卓尼楊氏土司所轄曲華相（又譯齊白西、車巴溝、垂弼勝）相康村人。自幼披剃爲僧，性多智慧。同治元年（1862），應新疆庫爾喀拉烏蘇烏訥恩素珠克圖等延請出關，在庫爾喀喇烏蘇、塔爾巴哈臺等處傳授經典。四年（1865），以塔爾巴哈臺回族、哈薩克族起事，率衛拉特兵剿辦，賞加“呼圖克圖”名號。七年（1868），受命統轄流移於阿爾臺山之索倫營、塔城厄魯特人衆，妥辦安插事宜。八年（1869），赴阿勒臺創修千佛廟，賜名“承化寺”。十一年（1872），率所部索倫、厄魯特兵駐塔城，加强塔爾巴哈臺防務。光緒二年（1876），率衆迎擊沙俄波塔寧騎兵，將其逐出。光緒七年（1881），離開新疆，前往西藏熬茶布施。十三年（1887），進京陛見。二十年（1894），由八英溝赴臨洮誦經。二十一年（1895），圓寂。清廷賞銀五百兩，准其轉世爲八音溝承化寺呼圖克圖，並於塔爾巴哈臺建祠致祭。

特人等附牧，聲威甚盛，足爲西北屏藩。迨後該胡圖克圖徒衆遷居新疆庫爾哈喇烏蘇巴英沟地方，阿爾臺山、哈巴河遂爲塔城委員駐防之所，始尚稍稍敷衍。近十餘年，則將防務置諸腦後，僅派章京一員名延年者，帶蒙兵五十名，虛張聲勢，美其名曰“塔城東北路營務處”，實則假防守之名常川駐扎，以爲需勒蒙哈之久計，藉漸施其侵占鄰疆土地之陰謀。

同治十二年，辦理借地，原議止係八百里，安置喇嘛八百名，暫資耕牧，界圖具在，四至本自分明。今乃於原借地段之外四出侵軼，計從哈巴河起，東則至扈濟勒圖卡倫，約六百餘里；西則至哈喇額爾齊斯河下游東岸，約三百餘里；南則至布倫托海，約七百餘里；北則至霍呢邁拉扈卡倫，約六百餘里。周圍核計已在二千四百里以外，而既借哈巴河之西，復私占哈巴河之東，尚不與焉。並擅令塔城之哈薩克任便强住，占踞水草，致令烏梁海反被擁擠，坐失膏腴。乃竟復發給執照，派令塔城每届冬令前來布倫托海收割青草，不准本游牧攔阻。現經鈔取該員印照爲憑。

又，哈喇額爾齊斯河出魚最美，每日撈取者恒數百人，且爲塔哈霸占，直不准烏梁海蒙古及科布多哈民取食一尾。該員食抽魚厘，竟不顧心所未安！夫至烏梁海河魚，烏梁海蒙古轉不能食，實出情理之外。揆諸澤梁無禁之義，聖朝善政，豈宜有此！

又，該員於哈巴河之南北私開屯田五六百里，令哈民爲之承種，聞歲入之糧盡入私囊，並不交官，以致今年哈民刁難，竟藉端挾制，不爲收割。聞該員甚嫉科布多之辦屯，又私於克林河一帶添開地畝，致布倫托海招雇承修渠道之鄉約馮得壽被其奪去，幾墮大工，幸烏梁海蒙古昆都巴圖瓦齊爾情願承修，始未誤事。

又，該員勒索之法名目最多，所屬苦之。其最爲奇特者，則因光緒十八年，沙克都林札布、額爾慶額會商，奏定借地展限三年，再行交割。其未交以前，令塔哈在烏梁海境内[2]住牧者酌幫牲畜，烏梁海從未上緊追要。該員乃乘機冒索，責令所管哈衆於駝馬牛羊每百按年各供其一，其實該哈衆於塔城大臣衙門已有献納，名水草銀[3]，每馬一匹、牛一條出銀二錢，羊一隻出銀二分，以爲食用烏梁海水草之酬報也。查此款本係奏奉諭旨令塔城哈薩克幫助烏梁海之項，乃該城竟一索再索，烏梁海轉不能如數收取，如此重徵，其何以堪！

又，該員於所管蒙哈攤派既重且繁，無論何項大小差使，皆從多數，且因哈民多富，動輒勒罰，盈千累百。聞該員每因蒙哈不肯遵辦，輒將其官摘頂鞭撻，其哈目甚有欲投俄以避之者。蒙官則或欲尋死，或欲上告該員，常受窘辱。今年夏間，正值俄員與奴才所派委員會同該員查辦要案之時，該員適又有因向蒙員索馬百匹不給，摘頂恐嚇，蒙員遽欲自刎，該員旋即服理之事竟爲俄員所知，傳爲笑柄，回城曾向奴才言之。

然此所陳不過略舉梗概，此外款迹尚多，既非奴才屬員，奴才無須苛責。惟以科布多所屬蒙古游牧，竟容鄰境劣員占踞，妄爲至於此極！奴才若再不設法厘整，不惟無以服烏梁海蒙古之心，且恐日即淪胥，必至將來激成事端，不可收拾。而阿爾臺山近依俄界，尤慮易啓輕侮之心，更生枝節。況現在布倫托海擬辦屯田，常有蒙哈前往作踐。十月間，據該局禀報，竟有蒙兵派往公出，路遇塔哈分持槍刀，毆傷蒙兵一名，並將騎馬二匹及什物搶劫之案，業經該局派出蒙哈官兵訪查，確係塔哈所爲，函請該員延年查拿，恐亦未必肯辦。

以上各節，疊據烏梁海散秩大臣稱訴，暨屯田局委員禀報，奴才復加察訪，悉屬實情。該處蒙哈重遭苛虐，怨憤已盈，徒以畏避塔城庇護甚堅，不敢呈控。又因該員延年上年爲其子完姻，即聘副都統春滿之女爲媳，以堂屬而兼至親，益增勢焰，以致人皆側目，敢怒而不敢言。刻下蒙哈怨咨，農商咸擾，往來之人論及該員，無不切齒裂眥，同聲飲恨，且無不日盼奴才爲之伸理，革除弊端，亦可見火熱水深、不堪荼毒情形之至爲迫切矣。

奴才竊嘗綜覽北路科布多大勢，論生殖則以烏梁海爲最，論控制亦以烏梁海爲優，核其廣袤，幾與杜爾伯特、土爾扈特、霍碩特、札哈沁諸部相埒，而又水草美好，地擅上腴，如額爾齊斯河、布倫托海、哈巴河、克林河、清格里河等處，皆屬宜屯宜牧之區。該部落人復强勁，與他蒙古之積弱不同，其地既有可爲，其人亦尚可用，故奴才遵旨估計應辦事宜需用經費約數摺内盛稱阿爾臺山，謂宜於其地設置重鎮，已邀聖明洞鑒。今該處尚未經營，先遭蹂躪，實爲奴才意料所及。然亡羊補牢，猶未爲晚。查塔城委員辦理錯誤之事，以任令塔屬哈薩克廣占烏梁海游牧一事關係最重，清理尤難，烏梁海不敢與爭，但向奴才訴告哀懇，萬不能不爲查辦。況以奴才渥蒙倚任，至重且專。既令奴才將應辦事宜認真整頓，復諭以毋庸推諉，諄諄訓誡，奴才若猶苟且依違，徇情掩飾，不惟辜恩，亦且溺職。惟是塔哈占牧一節，若仍行文咨請塔城收回，恐該城亦難辦到。而事關重大，即科布多委員亦未必能措置得宜，自應由奴才明年前往安插蒙哈之便，暫行駐扎，察看情形，因地制宜，統籌全局，隨時奏明辦理，以昭慎重而慰衆望。

奴才志在報國，雖拮据卒瘏所不敢辭，亦期與五月欽奉硃批令奴才清查妥籌之旨相符。第今於布倫托海試辦屯田，先修河渠，工程已完大半，約計明歲三四月可望開種。現在布置耕牛、農具，造倉、安磨、約束兵工一切事宜，該委員異常艱苦。該處迫近塔城防營，竟至盜賊出没，奴才甚不放心，且自設立屯局以來，該處蒙、哈、漢、回每有申訴之事請爲訊究。奴才以該委員專辦屯田，不應兼管，地方亦須另派專員經理。地方、農工均屬緊要，不容偏重，致失人心。既係奴才所管地方，奴才責無旁貸，亦擬咨行塔城轉飭該員延年，彼此各守各界，各辦各事，勿許再有干預，以清界限而顧考成。

現查擬補蒙古處幫辦章京主事職銜景善，久在北路，熟悉邊情，且夙得蒙哈之心，擬即委令前往額爾齊斯河、布倫托海等處，擇地暫駐，辦理安輯蒙哈事務，並爲保護屯田，遇有詞訟，持平訊結。重大事宜仍詳禀奴才核示辦理。一俟奴才明年前往阿爾臺山，再行察酌情形，妥籌挽治辦法，以爲持久之計，務使邊宇謐安，蒙哈得所，期仰紓朝廷北顧之廑。其該員延年辦理乖方，種種荒謬，情節較重，似非一參所可示懲，應否特交公正大員認真查辦，抑俟奴才明年前往確切查明，再爲奏請之處，伏候聖裁。

竊維科布多與俄壤處處毗連，彼自有我齊桑淖爾，形勢日逼，外侮迭乘，筆舌之爭，終不可恃。奴才職在防戍，每一念及，不覺憂危之意悚然而生。幸我聖主鋭意自强，慨然有卧薪嘗膽之志，必蒙俯察地方緊要，辦事爲難，與奴才圖治微意，以上所請俱得仰邀恩允，北路幸甚！大局幸甚！所有阿爾臺山地方現擬委員先行馳駐，辦理安輯，仍俟奴才明年親往察勘，妥籌挽治各緣由，是否有當，理合具摺馳陳。伏祈皇太后、皇上聖鑒訓示。遵行。不勝激切惶恐待命之至。謹奏請旨。

光緒二十八年十一月二十八日拜發。光緒二十九年正月二十二日遞回，奉硃批：另有旨。欽此（十二月二十五日）。（第477—484頁）

【案】此摺缺原件，録副[①]現藏於臺北“故宫博物院”，兹據校勘。

1.【奴才瑞洵跪】刊本無此前銜，兹據校補。

2.【境内】刊本作“竟内”。

3.【名水草銀】刊本作“水草銀者”。

【案】此案於是年十二月二十五日得旨，“廷寄”曰：

軍機大臣字寄：甘肅新疆巡撫潘：光緒二十八年十二月二十五日，奉上諭：瑞洵奏，阿爾臺山一帶地方橫被侵占，蒙哈憤怨，擬先委員馳往辦理一摺。據稱阿爾臺山地方種落龐雜，塔城派往駐防委員延年辦理乖方，需索苛斂，任令塔哈廣占烏梁海游牧，等語。事關北路大局，著潘效蘇按照所陳各節，確切查明，妥籌整頓，並將該地方應辦事宜，如何布置，詳悉具奏，以重邊疆。另片奏，哈巴河防務，請歸科布多自行經理等語。著該撫一並妥籌具奏。原摺片著鈔給閲看。將此諭令知之。欽此。遵旨寄信前來。[②]

又，尋奏，該大臣所陳各節，無非因烏梁海七旗，意在收還借地，案懸日久，恐滋轇轕，不免言之激切。現在借地業經奏准歸還，自可相安無事。章京延年被參各款，查無實據，且經塔城參贊將該章京撤回，應請毋庸置議。報聞。[③]

○五、哈巴河防務仍擬由科布多經理片

光緒二十八年十一月二十八日（1902年12月27日）

再，阿爾臺山哈巴河地方夙爲俄人所垂涎。查光緒九年與俄分界，初議割

① 臺北“故宫博物院”藏：《軍機及宫中檔》，文獻編號：153016。

② 《光緒朝上諭檔》第28册，第352頁。又，《德宗景皇帝實録（七）》卷五百十，光緒二十八年十二月下，第731頁。

③ 《德宗景皇帝實録（七）》卷五百十，光緒二十八年十二月下，第731頁。

讓哈巴河。八年四月，俄遽派兵隊七八百人突至該處占踞，經烏梁海散秩大臣巴圖莽鼐抵死力爭，屢呈呼籲，誓不願淪入彼疆，經前大臣清安等剴切奏明，蒙敕分界大臣與俄官商辦，終歸罷議。然俄之睥睨，迄未寢謀。近年强占阿拉克別克卡倫克色勒烏雍克地段，即爲將來蠶食哈巴河地步，以兩處相離道里不過兩站半三百餘里也。若我再不急圖扼守，恐彼日益展侵，襲取至爲容易。奴才前將阿爾臺山擬籌布置並欲親往察勘各情繕單奏明，已邀慈覽。果能餉需應手，人才奮興，以全力經營，將來可易磧漠爲膏腴，化門户爲堂奥，北路一帶皆在捍衛之中，布勢既遠，禦侮即在無形。但非未雨綢繆，恐倉猝亦難措置耳。

查塔爾巴哈臺所辦該處防務不過敷衍之局，久已名實兩亡。前奴才具奏請收回借地時，尚不確悉情形，猶以爲兵多糧足，科布多一時力難接辦，因有"哈巴河防守事宜仍暫由塔城經理"之語。今始查知所駐僅蒙兵五十名，而騷擾苛累之弊且甲於各省防營，是哈巴河一帶借地明年收回，其防務直以統歸科布多自行辦理爲是，既免有事互相推諉，即塔城每年支銷阿爾臺山哈巴河防費巨款，亦可從此節省，似較妥協。奴才身任[1]地方，責無旁貸，自當殫竭血誠，一力任之，期副言行相顧之義。謹附片先行陳明，是否有當，伏祈聖鑒訓示。謹奏。

光緒二十八年十一月二十八日拜發。光緒二十九年正月二十二日遞回，奉硃批：覽。欽此（十二月二十五日）。（第484—485頁）

【案】此奏片缺原件，録副①現藏於臺北"故宫博物院"，兹據校勘。

1.【身任】刊本作"自任"。

【案】此案於是年十二月二十五日得旨，"廷寄"曰：

軍機大臣字寄：甘肅新疆巡撫潘：光緒二十八年十二月二十五日，奉上諭：瑞洵奏，……。另片奏，哈巴河防務，請歸科布多自行經理等語。著該撫一並妥籌具奏。原摺片著鈔給閲看。將此諭令知之。欽此。遵旨寄信前來。②

① 臺北"故宫博物院"藏：《軍機及宫中檔》，文獻編號：153017。

② 《光緒朝上諭檔》第28册，第352頁。又，《德宗景皇帝實録（七）》卷五百十，光緒二十八年十二月下，第731頁。

〇六、屯兵仍照原保給奬官階摺

光緒二十八年十一月二十八日（1902年12月27日）

奴才瑞洵跪[1]奏，爲屯田兵丁核計分數，擬保官階，係照定例辦理，並經兵部疊次覆准有案，懇恩敕部仍照原保給奬，以資激勸而裨屯工，繕摺奏陳，仰祈聖鑒事。

竊奴才於本年五月奏報光緒二十七年屯田十分收成分數，請將統轄、兼管、專管緑、蒙各官以及兵丁照章議叙給賞，並因六屯正犁頭宣化鎮候補經制外委馬兵梁振基收穫在十四分以上，請俟補經制外委後以把總補用；九屯正犁頭宣化鎮馬兵李生貴收穫在十三分以上，請以經制外委補用，等因。欽奉硃批：該衙門議奏，單並發。欽此。兹准兵部咨行議覆原奏内開：查定例，屯田官員、兵丁收穫糧石在八分以上者，專管官加一級，兼轄官紀録二次，統轄官紀録一次，各等語。此案原奏以候補外委梁振基收穫在十四分以上，應照例改爲加一級，所請俟補經制外委後以把總補用之處，請毋庸議。其馬兵李生貴仍令自行奬賞，毋庸議給官階，以符定例，等語。

奴才伏查定例，屯田收穫糧石在八分以上者，分别專管、兼管、統轄給予加級、紀録，係專指官員而言，至屯田兵丁收穫在十三分以上，原准請保官階。溯查屯田舊章，初定收穫分數在十分以上，馬兵准保把總。嗣於嘉慶五年，前大臣奏請收穫十分以上，馬兵改以外委補用；十一分以上始准保用把總。迨道光元年，復奏改十三分以上始保把總。旋於道光五年，又經直隸總督奏請，將屯田馬兵保用把總改爲以經制外委補用。是屯兵保升官階，循辦已閱百年，至今無改。即兵部議覆照准之文亦已不一而足，且此案擬保之犁頭梁振基即因當年屯田收數較優，由馬兵得保以經制外委補用。此外奉部核准屯田兵丁以經制外委補用之案，尚有馬兵劉世發、梁毓書、劉廷科、張世威、馬福山、張繼興、任永富、藍世魁、馮永成、孫喜十名，故前於奏報光緒二十七年收成分數摺内即因仍陳請，本係遵照部咨成案辦理，未敢有逾定章。今奉部駁，自因兵燹之後，案牘散佚，稽考無從，是以從嚴核辦。惟屯田爲邊維大政，保舉乃用人微權，勤奬惰懲，全資操縱。若從此兵丁不准保舉官階，恐激勵術窮，於屯務不無窒礙。況現正擴充開墾之時，尤不可無以鼓舞。

除原保俟補經制外委後以把總補用之馬兵梁振基現已據報病故，應即扣除，毋庸再議外，合無仰懇天恩俯准嗣後屯田保舉仍照定例辦理，並請敕部將前案照原保給奬，以資激勸而裨屯工，出自鴻施逾格。奴才爲維持屯務起見，謹繕摺奏陳。伏祈皇太后、皇上聖鑒訓示。施行。再，幫辦大臣瑞璋尚未到任，未經列銜。合並聲明[2]。謹奏。

光緒二十八年十一月二十八日拜發。光緒二十九年正月二十二日遞回，奉硃批：著照所請，兵部知道。欽此（十二月二十五日）。（第485—488頁）

【案】此摺原件①現藏於中國第一歷史檔案館，録副②現藏於臺北“故宫博物院”，兹據校勘。

1.【奴才瑞洵跪】刊本無此前銜，兹據校補。

2.【案】劃綫部分刊本缺，兹據校補。

○七、烏梁海呈控塔城章京據情具奏摺

光緒二十八年十二月初八日（1903年1月6日）

奴才瑞洵跪[1]奏，爲烏梁海呈控塔城章京款迹較多，情節甚重，據情具陳，

① 中國第一歷史檔案館藏：《硃批奏摺》，檔案編號：04-01-16-0275-062。

② 臺北“故宫博物院”藏：《軍機及宫中檔》，文獻編號：152996。

仰祈聖鑒事。

竊烏梁海左、右兩翼散秩大臣，副都統、總管等現因借地一事，一同來城呈訴各情，經奴才另摺陳奏，以其情詞憤激，正在苦口開導、極力撫慰之際，不料伊犁將軍、新疆巡撫所派委員正值前來，該蒙古疑慮復生，爭執益力。復於十二月初五日面見奴才，親遞呈詞兩件，懇求代奏。奴才當令譯成滿文閱看，一係仍請速收借地，一係控告塔城章京延年。除借地一案另行擬議奏請外，查該章京延年劣迹業經奴才於十一月二十八日具摺指參，請旨辦理。兹據復行揭告，詳核各款，自以於借地又復私占游牧二千數百里，侵損烏梁海生計，與將塔城哈薩克每年應交烏梁海租馬、租羊巧取肥己兩事最爲貪謬，情節較重。

其餘所陳各節亦皆大拂輿情，殊失朝廷優待蒙古之至意，似須認真根究，按律擬辦，始足伸蒙古積年之憤而持國家刑法之平。惟新疆諸大員恐不無投鼠忌器之見，其應如何嚴飭查辦之處，出自天恩。該蒙古環跪籲求，異常迫切，奴才不敢壅於上聞。謹將原呈譯漢，祗呈御覽。爲此繕摺具陳。伏祈皇太后、皇上聖鑒訓示。謹奏請旨。

光緒二十八年十二月初八日拜發。光緒二十九年二月初六日遞回，奉硃批：另有旨。欽此（正月十三日）。（第 488—489 頁）

烏梁海七旗控告章京延年譯漢呈文

謹將烏梁海七旗控告塔城章京延年蒙呈譯漢，祗呈御覽。

烏梁海左翼散秩大臣額爾克舒諾、副都統察汗博勒克、總管桑敦札布、總管鄂齊爾札布、右翼散秩大臣三音博勒克、總管棍布札布、總管瓦齊爾札布，率同衆蒙古等呈，爲劣員欺壓占奪，擾害蒙衆，私踞游牧，受侮多年，不堪毒虐，合詞籲懇參贊大臣俯賜垂憐，據呈具奏，請旨辦理事。

竊我七旗於同治十二年遵奉聖旨，令擇地借給胡圖克圖棍噶札拉參，並因上諭有云：該烏梁海地屬科布多，著托倫布、保英留心察看，先事防維，毋稍疏忽，並飭烏梁海兩翼散秩大臣等論知該蒙古人衆各守本分，務令永遠相安，等因。欽此。我等恪遵恩旨，照常住牧，保護地方，不料後來塔城派有章京延年前來設防，胡圖克圖徒衆亦遂遷居新疆。該章京性情貪暴，苛虐異常，凡事不講情理，任意妄爲，藉防守爲名，兵稀械壞，實則安心不良，既擾害我等不得安居，復縱令哈薩克四出占地。我等凡有種地、打牲、取魚、割草，必遭毒打鱗傷，加以驅逐，反説地是塔城的，不容我等烏梁海過界一步，致我等畏避勢力，不敢爭鋒，不得已紛紛退至科布多河、薩克賽河、察罕河、青格里河、圖勒巴淖爾、得里滾河、布拉干河一帶，致男女老弱人等擁擠紛紜，飢不得食，寒不可衣，怨憤之聲不可遏止。該章京霸占極大地方，於哈巴河、克林河等處私開屯田，牧放牲畜，所得之利盡入己囊，且復將哈薩克應支我們租馬每年一百四十匹，伊竟巧取入己，並派有剌麻兆帶、俄解二人，按年收取租羊，每年收租羊一千隻。此已收有十年，其所侵食數逾巨萬，故該章京於塔城還地一事百方阻撓，不使辦理，雖屢奉諭旨，如同具文，是該章京延年不但欺我愚蒙，並欺聖明矣。

以上各節曾在科布多前任按班前呈控，無奈未蒙核辦。今幸值我參贊大臣整頓地方，體恤蒙古，任勞任怨，敢作敢當。我等若猶不據實控訴，未免失此機會。况我七旗人等無不逐日勸請申冤，萬口如一，亦難違衆。總之，該章京延年辦事無能，牟利有術；禦敵不足，害民有餘！我等但求還地，原不必於該章京之過惡復行追究。惟念現當整理游牧之時，實恐該章京仍肆阻撓，再誤大局，敢爲我參贊大臣直陳之。

查本烏梁海在投誠之先，所有生齒人衆各自謀生，彼時凡有能爲之人向無能者，彼此奪占游牧爲生，故本烏梁海游牧所屬有能爲者居守阿爾臺山。嗣於乾隆二十年間，烏梁海投誠時亦隨帶原有之阿爾臺山一帶牧地歸降。乾隆二十四年間，奉高宗純皇帝恩旨，賞給烏梁海七旗作爲游牧，由彼時起呈進貂皮、狐皮、當差。嗣因古城賊匪變亂，大軍向西進發，烏梁海充當各臺差使，今又充當八處卡倫緊要各差，不惜身命，奮勉行走當差者，在烏梁海之意，原爲酬報聖主鴻恩賞給烏梁海阿爾臺山之故，是以勉當要差，稍盡厥職。今將自有之肥地失去，本烏梁海之人斷不能遵從，亦斷不能讓給，亦無從賠墊當差。

又，查烏梁海游牧哈韜里山嶺起至瑪呢圖止，於同治八年間，經科布多參贊大臣奎昌會同俄官分定界址，建立牌博。又由哲斯山嶺起至阿拉克別克止，於光緒九年間，經伊犁大臣升臺會同科布多幫辦大臣額爾慶額等定界，新立鄂博。兩次將所有好地全行分給俄國，現在僅剩借與胡圖克圖棍噶札拉參之地水草尚好。嗣於光緒十八年間，科布多大臣沙克都林札布會同塔城參贊大臣額爾慶額會議，由十八年起展限三年還地，酌令塔城哈薩克一年幫給烏梁海馬一百四十匹、羊一千隻爲租，三年之間即應給馬四百二十匹、羊共三千隻。本烏梁海並未圖要一匹、一隻是實。嗣後該哈薩克尚有續交，爲數尤多，乃塔城派駐章京延年欺詐需索，並將十餘年地租馬匹，章京延年肥入己囊，又不令烏梁海之人打魚、打牲，不准種地，不准牧放，一見烏梁海便即毒打。

又，因借地塔城，另生枝節，編造虛僞異端。本烏梁海所報是實。塔城額魯特、漢民、各哈薩克等現占哈巴河游牧，南北東西俱在烏梁海游牧，大概在五百餘里，强横肆行，搶奪牲畜，霸占田地、打魚，俱係章京延年教給[2]。本烏梁海之人被塔城之人欺虐至極，每言我們富足，意欲殺盡烏梁海之人，能賠給牲畜。如此不合道理之言，時時告知我們烏梁海。最爲無理妄行者，於借地之外，該章京延年又縱令塔城哈薩克四出侵占，估計自哈巴河起，東至扈濟勒圖卡倫，約有六百餘里；西至哈拉額爾齊斯河下游東岸，約有三百餘里；南至布倫托海，約有七百餘里；北至霍呢邁拉扈卡倫，約有六百餘里。周圍約有二千四百餘里，前已報明。如此任意亂占、不公不恕之事，恐未必奏明。當時若奏明，我等知聖主必不准行也。今烏梁海實係困迫萬分，儻若不將游牧收回，我們萬人之命不惜，必向塔城之人爭鬬，難免釀成人命重案，將此先爲聲明。

現聞新疆派人查勘游牧，大家聞此落淚，憤憤不平，商議已定，都要努力堅守。阿爾臺山若離，阿爾臺山所屬之人不但不受散秩大臣、副都統等管束，即科布多大臣亦不能管束，就是我們七旗向來敬重之現任瑞按班，我們也不能聽其管束，我們實出逼勒無法。

又，查同治年間，將本游牧暫行借給胡圖克圖棍噶札拉參，自棍噶札拉參圓寂以來，已十餘年，經塔爾巴哈臺凡事設法，將本游牧地租被塔城大臣、章京延年二人需索肥己，我們烏梁海人等另找養贍，極窮人等竟至四出乞食。本年六月間，叩賀萬壽來城，蒙參贊大臣諭示，已奏奉諭旨將烏梁海游牧依議交還，等因。跪聆之下，同聲歡誦，業已叩謝天恩。我們静候辦理。乃近來訪聞新疆派員欲往我們游牧查勘，我們烏梁海地方本是我們當年自有，並非强占新疆之地，何用查明？自因新疆漢員居多，不悉蒙古游牧情形，烏梁海並無應由新疆查勘情事。儻若新疆官員前來烏梁海爲要我們地方，我們不能仍支差使。再，查本印務處檔案，自暫行借給胡圖克圖棍噶札拉參，並未另行借給塔爾巴哈臺，胡圖克圖又非塔城所屬之人，本是甘肅洮州之人。况胡圖克圖之徒衆均已遷居新疆有年，今塔城藉詞安插哈薩克，並派出辦理東北路章京駐守，並未認真辦防，虚應故事，特爲擾累烏梁海打算，安心設計，將我們烏梁海游牧任占，地租私行入己。邊地較遠，瞞欺聖主，違背例章，不遵法紀。此章京延年貪横款迹之昭著者也。理合具情呈訴，叩請參贊大臣俯憐萬餘性命，立將借地索回施行，並將我七旗苦楚下情奏明，感恩無既！如蒙諭旨交審，我等情願對質，如虚甘罪不避。謹聯名上呈。（第490—495頁）

（硃批）：覽[3]。

【案】此摺缺原件，録副①及呈文②現藏於臺北"故宫博物院"，兹據校勘。

1.【奴才瑞洵跪】刊本無此前銜，兹據校補。

2.【教給】刊本作"效給"。

3.【覽】此硃批據呈文補。

【案】此案於光緒二十九年正月十三日得旨，飭令潘效蘇等詳細查辦。"廷寄"曰：

軍機大臣字寄：科布多參贊大臣瑞、甘肅新疆巡撫潘：光緒二十九年正月十三日，奉上諭：瑞洵奏，……。另摺奏參塔城所派章京延年，苛虐蒙哈，開單臚陳種種劣迹，貽害邊地各節。延年著先行撤差，歸案查辦。原摺、片、單均著鈔給潘效蘇閲看。將此由四百里各諭令知之。欽此。遵旨寄信前來。③

【案】光緒二十九年六月初八日，新疆巡撫潘效蘇奏報查明章京延年被參各款，曰：

---

① 臺北"故宫博物院"藏：《軍機及宫中檔》，文獻編號：153432。

② 臺北"故宫博物院"藏：《軍機及宫中檔》，文獻編號：153406-0-B。

③ 《光緒朝上諭檔》第29册，第10頁，又，《德宗景皇帝實録（七）》卷五百十一，光緒二十九年正月，第742頁。

甘肅新疆巡撫西林巴圖魯臣潘效蘇跪奏，爲查明塔城章京被參各款，恭摺覆陳，仰祈聖鑒事。

竊臣前於光緒二十九年二月初五日承准軍機大臣字寄：光緒二十八年十二月二十五日奉上諭：瑞洵奏，阿爾臺山一帶地方横被侵占，蒙哈憤怨，擬先委員馳往辦理一摺，據稱阿爾臺山地方種落龐雜，塔城派往駐防委員延年辦理乖方，需索苛斂，任令塔哈廣占烏梁海游牧，等語。事關北路大局，著潘效蘇按照所陳各節，確切查明，妥籌整頓，並將該地方應辦事宜如何布置，詳悉具奏，以重邊疆，等因，欽此。又於二十九年二月十五日承准軍機大臣字寄：二十九年正月十三日奉上諭：瑞洵奏，詳陳蒙哈借地情形，請旨辦理各摺、片。此案轇轕多年，前經諭令潘效蘇確切查覆，著即持平秉公詳細察勘，會商瑞洵，妥籌具奏。另摺奏參塔城所派章京延年苛虐蒙哈，開單臚陳種種劣迹、貽害地方各節。延年著先行撤差，歸案查辦。原摺著鈔給潘效蘇閲看。欽此。欽遵寄信前來。除阿爾臺山借地應行歸還科布多一切情形已由調任成都將軍臣長庚會同臣等詳細覆奏，聲明塔城章京延年被參各款由臣查明，另案陳奏在案，當經一面咨會塔爾巴哈臺參贊臣春滿，將該章京先行撤差；一面檄委塔城同知駱思綬就近確查禀覆核辦去後。兹據將該章京延年被參、被控各款逐一查明禀覆前來。

臣覆加查核，並於平日塔城奉差來往員弁悉心諮訪。如原參原借地段之外四出侵軼，周圍計在二千四百里以外一節，係據烏梁海七旗呈控章京延年縱令塔城哈薩克四出侵占原詞。查塔城前遭回變避難漢、蒙民人以及柯勒依哈薩克逃入阿爾臺山哈己河一帶以數萬計，俱依附棍噶札拉參胡圖克圖爲生，曾經奏請借地安撫，派員勘分界址，原日勘定西自哈巴河起迤東至罕達嘎圖，南至額爾齊斯河之特勒板津，北至阿爾臺山大嶺，即額魯木圖達坂，四至分明，均有鄂博，歷三十年，靈墓可證。訪問該處哈衆，守舊住牧，尚無遷徙、越界、侵占之事。惟地方遼闊，並無遮攔，偶因牛羊過界食草，與蒙民間有齟齬。然一經理阻，該哈衆即返界地，尚不敢公然占住。

又，原參復給執照，派令塔哈每屆冬令前來布倫托海收割青草一節。查哈薩克游牧分冬夏兩處，阿爾臺山住牧哈民向有冬令赴特勒板津游牧、交春回阿者。上年因科布多於布倫托海開屯，與借地南界特勒板津毗連，章京延年恐舊日過冬哈薩克前往滋事，發給印照，並函請屯員稽查，不准越過舊界，尚非縱令赴布倫托海割草。

又，原參該員於哈巴河私開屯田五六百里，糧入私囊，並不交官一節。查哈巴河屯防蒙兵五十名，自行耕種，以備食用。每年所收糧石，該章京均報塔城參贊衙門，有案可稽，尚無侵蝕入己情事。

又，原參布倫托海招雇承修渠道之鄉約馮得壽，係克林河漢民鄉約，科城屯田委員崔象侯與章京延年商令馮得壽前去包修渠工，當經延年傳該鄉約並添派漢民三人同往。該鄉約以工程浩大，所屬漢民無多，恐誤渠工，不敢承修，稟明屯員，折回克林河，實非延年奪去。

又，原參該員勒索之法，最爲奇特者，則因光緒十八年沙克都林札布、額爾慶額會商奏定借地展限三年，再行交割。其未交以前，令塔哈在烏梁海境内住牧者，酌幫牲畜。該員乘機冒索一節，即烏梁海七旗呈控，光緒十八年，科布多大臣沙克都林札布會同塔城參贊大臣額爾慶額議自十八年起，展限三年還地，酌令塔城哈薩克一年幫給烏梁海馬一百四十匹、羊一千隻爲租，三年之間，即應給馬共四百二十匹、羊三千隻，章京延年肥入己囊之事。查光緒十八年，辦理哈巴河蒙哈事宜大臣沙克都林札布，會同前科布多參贊魁福、塔城參贊額爾慶額奏明展限三年還地案内，有“自十八年起，擬令塔城哈薩克每年酌給牲畜，稍爲幫補”之語，並無“每年馬一百四十匹、羊一千隻爲租”明文。又訪之哈目邁米哈喇、阿斯班，僉稱實未出過前項馬租、羊租，且案内聲明塔城東北營務處管理蒙哈事宜，經額爾慶額奏請以副都統銜黑龍江布特哈正紅旗佐領德海接充。是章京延年比時尚未奉管理蒙哈事務，無從冒索肥己。至派令所管哈衆於駝、馬、牛、羊每百按年各供其一，於塔城參贊衙門獻納水草銀兩，徧查無知其事者。

再，如原控派喇嘛兜帶、俄解二人，按年收租羊千隻一節。查棍噶札拉參胡圖克圖於安插蒙哈承化寺落成，柯勒依哈衆自願每年供羊千隻，作爲寺中布施，即今棍噶札拉參入關。哈衆感念舊德，雖不足數，猶供此羊。所控收租羊者，實該寺布施羊收之自寺，與該章京無涉也。其餘原參貪抽魚厘，勒罰蒙哈，與原控不准烏梁海之人打魚、打牲，不准種地，不准牧放各情，詳細查訪，均無實據。此查明章京延年被參、被控各款之實在情形也。

以上所查各款，或事出有因，或並無實據，無非烏梁海七旗意在收還借地，因多年案不能定，竊慮久之，更多轇轕，不免言之激切。現在借地已由臣等會奏，照案歸還，業經欽奉諭旨由科、塔兩城參贊定期交收，自可相安無事。竊維章京延年被參、被控各款，以縱令哈薩克侵占蒙民牧地及冒索哈衆幫給烏梁海牲畜入己與夫開屯收糧並不交官數端爲重大。今旣查明並無其事，且經塔城參贊將該章京撤回，應請毋庸置議。所有遵查章京延年被參各款，據實覆陳緣由，是否有當，謹會同伊犁將軍臣馬亮、陝甘總督臣崧蕃，恭摺具陳。伏乞皇太后、皇上聖鑒訓示。謹奏。光緒二十九年六月初八日。光緒二十九年七月十四日，奉硃批：知道了。欽此。[①]

○八、派員查驗官廠駝馬片

光緒二十八年十二月初八日（1903年1月6日）

再，查科布多官廠牧放牛、馬、駝隻三項牲畜，前遵部議整頓馬政章程，飭令該管蒙古員弁認真經理，秋季派員稽查，年底奏報一次，節經循辦在案。本年八月間業經派員查驗，該廠舊管馬二百四匹，舊管駝八百三十七隻，新收由烏里雅蘇臺解到駝二百隻，共駝一千三十七隻，牛隻無存。除動用並例倒外，實尚存馬一百五十九匹，駝九百七十二隻，尚無缺額情弊，飭令逐一烙印，仍責成該管協理臺吉等妥爲牧放，以備應用。現在瞬届年底，理合奏報。伏祈聖鑒。謹奏。

光緒二十八年十二月初八日拜發。光緒二十九年二月初六日遞回，奉硃批：兵部知道。欽此（正月十三日）。（第489—490頁）

【案】此奏片缺原件，録副[②]現藏於臺北“故宫博物院”，兹據校勘。

① 中國第一歷史檔案館藏：《硃批奏摺》，檔案編號：04-01-12-0628-019。又，《録副奏摺》，檔案編號：03-5419-126。

② 臺北“故宫博物院”藏：《軍機及宫中檔》，文獻編號：153434。

○九、據呈代奏敬申管見請旨辦理摺

光緒二十八年十二月初八日（1903 年 1 月 6 日）

奴才瑞洵跪[1]奏，爲據呈代奏，敬申管見，請旨辦理，以安烏梁海人心而維科布多大局，繕摺馳陳，仰祈聖鑒事。

竊烏梁海左右兩翼散秩大臣、副都統、總管等前因奉旨收還阿爾臺山哈巴河借地，當據合詞呈懇奏謝天恩，經奴才具摺代陳，欽奉硃批：知道了。欽此。比即祗録札飭欽遵。現因將軍長庚前往阿爾臺山察勘之舉，烏梁海慮變前議，皆謂此次欽奉諭旨若仍不能行，恐從此游牧直無復收還之望。又因塔爾巴哈臺於借地之外四出展占，且有二千四五百里，通計已在三千餘里以外。若竟議常踞，或仍擬緩還，則烏梁海土地委棄大半，困苦又異從前，生機遏絶，亂端將啓。七旗丁户較多，良莠不齊，近月浮議紛滋，人心惶惶，怨憤不可禁止，叠據該大臣、總管等上文聲訴。旋於十一月二十四日，烏梁海左翼散秩大臣額爾克舒諾，副都統察罕博勒克，總管桑敦札布、鄂奇爾札布，右翼總管棍布札布、瓦齊爾札布，率領七旗官員等竟一同來城，僅止右翼散秩大臣三音博勒克老病未到。

時值長至令節，奴才祗詣萬壽宫行禮叩賀。該大臣等率領二百餘人羅跪馬前，紛訴苦情。嗣於奴才出門必來叩求，始猶在轅門以外，繼則齊至大堂，勸解不散。詰以有無别故，惟云當年借地安置格根剌麻，原是好心，詎二十餘年，塔城從而占踞，總不歸還，又派有章京駐扎，廣占地畝，霸用水草，我等蒙古受欺已甚，且復時有凌虐需勒，幸蒙按班奏請收回，奉旨允准。我等正深慶幸，不料現在又有查勘之舉，萬一議歸塔城，我等烏梁海直將待斃。現在所屬人等紛紛訴告，僉云若從此失去游牧，我等不能仍奉你們七人爲官長，我等或自行保守地方，或四散另尋生路，你們亦不應管。據此忿激之言，實屬可慮。儻果如此，我等實無法約束，不得不預先聲明。謹具呈詞一件，仍懇據情入奏，籲求天恩體恤，等語。

奴才當即傳呼進見，面加撫慰，謂因借地一事已於九月、十月兩次拜摺上陳，力言不可割讓。至塔城章京延年廣占游牧、苛虐蒙哈種種款蹟，亦已具摺奏參，並擬先派章京一員前往額爾齊斯一帶暫駐，辦理安輯蒙哈事宜，且請明年親往該處駐扎，於安插蒙哈之便，將地方應辦事宜加以整頓。凡此興利除弊辦法，當爲爾等所共信。我皇太后、皇上恩周中外，向來待蒙古最爲優厚，若知爾等如此困苦，必可仰邀俞允。至借地一事，長將軍素顧大局，人極明白，斷不至偏袒塔城，料其覆奏，亦不至遽議奪地，爾等不可輕信謡言，致有擾動，等語。詳加開導，舌敝唇焦，無奈蒙古性情愚魯，終似半信半疑。該散秩大臣等一味懇求，總云須將呈詞代遞，如蒙皇太后、皇上察知我等苦楚下情，我等方能甘心，等語。奴才正在核辦，復於十二月初五日，據該大臣等又親遞呈詞一件，請爲並奏前來。

奴才查該散秩大臣等所言，雖云理直氣壯，然頗多不平之鳴，足見該蒙古於塔城怨毒已深，憤恨之極，不禁形於詞色。復經奴才於撫慰之中略示裁抑之意，伊等尚能帖服，別無狡執之詞，惟環跪乞恩而已。伏維奴才於此事陳奏再三，自問殊嫌煩瑣，原不敢復瀆聖聰，無如烏梁海人心睽涣，亂萌已兆，若不仰求宸斷，仍任塔城爭執，永無完結，則一誤再誤，恐將立啓爭端，釀成邊患。況據屢呈呼籲，亦難匿不上聞。此奴才悃款之愚所不能遂已於言也。

夫事之必須查辦者，原因理涉兩可，勢處互爭，非躬親目擊，無以釋游移而定辦法。今以爲烏梁海自有舊牧，當初借安剌麻，事過境遷，忽被塔城占踞，且霸據至二十餘年之久。復私占至二千數百里之多，更縱令劣員妄肆苛虐，漁肉蒙民。在塔城爲不應爲，極爲無理；在烏梁海索所當索，實爲有詞。準之天理、人心，稽之朝章、廷旨，夫固名正言順，至公至平，本無待反復推詳，始衷一是。況已屢奉上諭，猶且紛紛執奏，抗不遵行，似此重内輕外，尤非所以尊朝廷而恪共臣職之道也。且奴才聞長庚自請前往阿爾臺山，本因曾奉敕查，迄未辦理，總係經手未完。又見馬亮、饒應祺等有安插逃哈一奏，牽涉借地。以長庚會查者，而馬亮竟欲接辦，以拾其漏，長庚自不能不汲汲電請親往察勘。實則長庚於塔城霸占烏梁海游牧及委員延年種種劣迹，早已不以爲然，並深悉塔城强奪之誤，亦頗知科城割讓之難。觀其徘徊審顧、遲遲有待者，蓋已煞費躊躇矣。況此次烏梁海七旗盼還游牧，實屬萬分急迫，顯出不甘之言，隱挾相爭之勢。儻仍曲徇塔城，定必立致釁端，諒長庚亦絶不肯操切從事，致激蒙變，以甘爲禍先也。

奴才伏查該將軍久在西北，前後二十餘年，於蒙哈情形最爲熟悉。矧早負才名，飽更世變，其辦事持重，早爲奴才所知。度其查明覆奏，恐除歸地外，亦未必别有辦法。竊以爲不如敕諭長庚熟察蒙情，仍遵前旨辦理，俾烏梁海共頌聖明，益堅翊戴，而使恩出自上之爲得也。如此則烏梁海感戴鴻慈，爭可平，患可弭，即於塔官之怨憤、塔哈之仇隙，均可解釋，不至再圖報復，是亦駕馭蒙古之微權。伏望俯納芻言，深維早計，大局幸甚！奴才幸甚！奴才以此事輾轉焦慮，寢饋不安，既已明知烏梁海情急勢迫，將爲困獸之爭，塔城斷不能收漁人之利，何敢稍存諱飾，致誤事機！用敢不揣冒昧，繕摺馳陳，敬申管見，並將烏梁海原呈一件譯漢，祗呈御覽。伏祈皇太后、皇上聖鑒訓示。施行。無任迫切待命之至。再，烏梁海十一月二十四日所遞呈詞與第二次呈詞大致相同，另行譯漢呈送軍機處查核。合並聲明。謹奏。

光緒二十八年十二月初八日拜發。光緒二十九年二月初六日遞回，奉硃批：另有旨。欽此（正月十三日）。

呈烏梁海七旗呈請速收借地原文譯漢

謹將烏梁海七旗呈請速收借地原文譯漢，祗呈御覽。

烏梁海左翼散秩大臣額爾克舒諾、副都統察汗博勒克、總管桑敦札布、總管額齊爾札布、右翼散秩大臣三音博勒克、總管棍布札布、總管瓦齊爾札布，率同衆蒙古等謹呈，爲聯名瀝呈，懇請察核，據情上奏，請旨施恩事。

竊查阿爾臺山哈巴河借地一案，本年五月間蒙參贊大臣據情具奏，應即收還烏梁海游牧，欽奉硃批：依議。職等於十月皇太后萬壽聖節均詣科布多萬壽宫，隨班叩祝，當蒙參贊大臣宣示恩旨。職等跪聆之下，欽感同聲，遵即齊詣萬壽宫叩謝天恩，並呈請代奏，亦奉旨：知道了。欽此。惟因現在聞有長將軍前往該處查勘情形之舉，是此事尚須斟酌，卑旗蒙古人等又復驚惶異常，浮言四起，均說此次不能收回，後任按班更無可望，惟恐失地，人心搖動。職等忝爲官長，無法彈壓，是以一齊來城面禀實情，求爲設法弭患。昨於十一月二十四日親遞呈文，蒙許核辦在案。近日面聆鈞訓，始知參贊大臣於借地一事近又再三陳奏，不敢再瀆聖聰。第念卑旗苦楚下情，仍有不能不言，且以事關大局，更有不忍不言者。設此地若竟改歸塔城，則職等實爲不忠、不孝、不明、不義之人，而且大患方張，隱憂難釋，深慮人心涣散，變端立見。儻哈巴河借地不還，仍歸塔城，本烏梁海實難再支，老弱者必致轉於溝壑，强壯者散於四方，投往他處，難免誘引[2]入俄，終爲邊患，用敢不辭處分，爲我參贊大臣再詳陳之。

伏查阿爾臺山、額爾齊斯等地方，是烏梁海自行帶地歸服聖朝。乾隆二十四年，欽奉高宗純皇帝諭旨，賞給永遠住牧。今若自職等手內棄去，是爲不忠。又，光緒九年與俄人分界，原議割讓哈巴河一帶地方，職額爾克舒諾之父巴圖莽鼐持理力爭，屢請大臣代奏，終歸罷論，地得未失。今若從職等失去，是爲不孝。又，烏梁海所有游牧地方，惟阿爾臺山、額爾齊斯等處爲好。現在所屬蒙民兵丁、男女、大小均被驅擠，無地住牧。明明有好地不要回，必至飢寒交迫，生計日窮，是爲不明。又，職等大臣、總管等雖與兵民同一窮苦，然究有俸銀可支，比所屬稍强。今我等忝居官職，而膜視[3]所屬人等凍餒而不恤，是爲不義。且查此地爲邊陲扼要地方，必須布置，安官設兵。今若收回，尚可由科布多大臣實心籌畫布置；若仍歸塔城不還，在塔不過藉以需索漁利，專圖肥己身家之計，絕不整頓，終不可長保此土。是此地爲烏梁海計，固應索還；爲大局計，亦以索還爲上策也。

查七旗原是一家骨肉，向來同心守分，少有爭鬬。自哈薩克闌入以來，擁擠擾害，時有爭端。該哈搶劫爲能，每每占奪水草，近歲屢成訟案。去年尚有搶馬傷斃蒙兵情事，經參贊大臣派員查辦，該哈不願抵償，終歸賠恤了事。永遠如此，何能相安？實不能不擇地另行安插。加以較好游牧皆被塔城侵占，且令塔哈住牧，致將七旗人等反被逼擠至水草不好之處，又派章京延年設法虐害我七旗之處，一言難盡！近來卑旗大衆聞借地雖經奏准收還，奈新疆偏向塔城，均有齊心將借地並私占之地從此改爲塔城產業，竟不稍爲察酌烏梁海困苦流離情形，卑旗官兵、老少人等無不同聲憤怨。新疆不公不平，章京延年從中作主獻計。現在所屬人等一萬一千餘人，多有不服職等約束之意，且有科布多大臣亦不能約束之言。職等甚爲驚惶憂慮，看來七旗人等實難免涣散，老弱者尚不過飢寒待盡，其狡强者即不免變爲盜賊。設再有外人乘機句引，誘往彼方，其爲害更不可言矣。

刻下七旗人心慌亂已極，職等無法彈壓，誠恐激變，將有不測之虞。職等伏思我皇太后、皇上待蒙古最爲優異，天高地厚。職等知旗、漢自己產業皇家止徵租賦，從不無端追奪。今烏梁海七旗自有游牧，養命之根基，諒我聖主必不加罪而鈔沒之也。職等值此艱難，萬分急迫，惟有叩懇參贊大臣再爲據情入奏，代求天恩俯恤，敕令塔城仍遵兩次諭旨，即行交還烏梁海自行管理，以資安置謀生，不至失所、貽憂國家。職等七旗之人均有天良，自當照舊供差，永圖竭誠報效於聖世，無任悚懼！謹率同七旗人等上呈。（第504—508頁）

（硃批）：覽[4]。

【案】此摺缺原件，録副①及呈文②現藏於臺北“故宫博物院”，兹據校勘。

1.【奴才瑞洵跪】刊本無此前銜，兹據校補。

2.【誘引】刊本作“引誘”。

3.【膜視】刊本作“漠視”。

4.【覽】此硃批據清單補。

【案】此案於光緒二十九年正月十三日得旨，清廷飭令新疆巡撫潘效蘇會商瑞洵，持平秉公詳細察勘，妥籌具奏。“廷寄”曰：

軍機大臣字寄：科布多參贊大臣瑞、甘肅新疆巡撫潘：光緒二十九年正月十三日，奉上諭：瑞洵奏，詳陳蒙哈借地情形，請旨辦理各摺片。據稱阿爾臺山、哈巴河地段，自借給塔城安插蒙衆之後，烏梁海膏腴盡失，游牧無資，該處官兵等一再呈懇，深慮該地不能收回，衆情甚爲惶惑，請爲奏明請旨，飭令歸還，等語。此案借地轇轕多年，若如所奏情形，自應查明還地，前經諭令潘效蘇確切

---

① 臺北“故宫博物院”藏：《軍機及宫中檔》，文獻編號：153406。

② 臺北“故宫博物院”藏：《軍機及宫中檔》，文獻編號：153406-0-A。

查覆，該撫久任邊疆，於該處情形必所素悉，著即持平秉公詳細察勘，會商瑞洵妥籌具奏，不得以借地爲已成之案憚於更正，總以足安烏梁海人心有裨大局，是爲至要！另摺奏參塔城所派章京延年，苛虐蒙哈，開單臚陳種種劣迹，貽害邊地各節。延年著先行撤差，歸案查辦。原摺、片、單均著鈔給潘效蘇閲看。將此由四百里各諭令知之。欽此。遵旨寄信前來。①

一〇、將軍長庚函詢定地示期晤商公事可否請旨片

光緒二十八年十二月初八日（1903年1月6日）

再，奴才正繕摺間，先後接到將軍長庚兩函，一由庫爾哈喇烏蘇發，一由額爾齊斯河發。第一函屬令奴才繪寄烏梁海地圖，並詢及烏梁海游牧現在究係如何情形，潛住科境哈薩克人衆現存實數若干，近年蒙哈雜居究係如何安置，以奴才訪察必確，見聞必周，懇即復信詳晰告知。第二函係告知奴才以其辦理此事，初無成見，决不能偏徇新疆，置北路於不顧，亦不欲迴護塔屬，拂科境之輿情，並以其中情形不一，緘牘非能盡達，不如晤面會商，可以暢所欲言，於辦理此事尤可易臻妥協。因知奴才先已奉派往勘阿爾臺山，清查哈民，業經奏明擬於明年夏間前往，甚願奴才移於明春起身，以便彼此會晤，並令奴才示期定地，等語。

查長庚於借地一事立論甚屬持平，辦法當無左袒。其欲奴才往晤一節，昨讀邸鈔，敬悉幫辦大臣已蒙簡放英秀[1]。該大臣前經奴才派令晋京，藉差引見，現在尚未回營。奴才刻仍不敢遠離，計英秀明年正月内當可到任，彼時奴才或可前往

① 《光緒朝上諭檔》第29册，第9—10頁。又，《德宗景皇帝實録（七）》卷五百十一，光緒二十九年正月，第742頁。

古城一帶，與長庚訂期會晤。奴才或由彼取道瑪納斯以達布倫托海，察視該處渠、屯各工，順赴阿爾臺山，或仍折回札哈沁沙紫蓋臺，前赴阿爾臺山，均可隨時酌行，否則長庚必欲見面，奴才不往，長庚便須前來科布多境内晤商一切。奴才未敢擅便，理合附片陳明。請旨訓示。祗遵。謹奏。

光緒二十八年十二月初八日拜發。光緒二十九年二月初六日遞回，奉硃批：知道了。欽此（正月十三日）。（第 501—502 頁）

【案】此奏片缺原件，録副[①] 現藏於臺北“故宫博物院”，兹據校勘。

1.【案】光緒二十八年十月二十三日，清廷“以三等侍衛英秀爲科布多幫辦大臣”[②]。

一一、密陳塔城久占游牧烏梁海人心不甘恐爲邊患片

光緒二十八年十二月初八日（1903 年 1 月 6 日）

再，密陳者，奴才細閲烏梁海所遞兩呈，於塔城久占游牧實不甘心，所謂困獸猶鬬也。故一則曰：烏梁海若不將游牧收回，我等不惜萬人之命，必向塔城之人爭鬬，並都要努力堅守阿爾臺山。一則曰：七旗人等實難免涣散，其狡强者不免流爲盗賊。設再有外人句引，誘往彼方，害不可言，無法彈壓，誠恐激變，將有不測，等語。詞意至爲激切。該部落人夙强悍，向以射獵著聞，且多蓄有鳥槍，丁口萬餘，其中少壯尚多可用。近年生計日艱，患貧已甚，故該旗雖幼童、女子，皆知好地爲塔城占踞，惟恐不還，同聲怨恨。又加俄人於開拓疆土之外，頗知收

① 臺北“故宫博物院”藏：《軍機及宫中檔》，文獻編號：153407。
② 《德宗景皇帝實録（七）》卷五百六，光緒二十八年十月，第 690 頁。

攏人心，常加煽動。

奴才亦頗聞烏梁海人心近年不甚堅固，易受愚惑，故奴才於該旗呈詞所言各節，閱之增悚，不敢謂爲恐嚇，直須早作提防。况科布多所管蒙古各旗，惟烏梁海地方最爲廣遠，若其人已有離心，必致大爲邊患，彼時剿撫，亦處兩難。儻竟投入俄疆，諂附俄人，爲之要索自有游牧，奴才不知彼時新疆如何因應，勢將爲朝廷重增宵旰之憂，蹙疆域而啓戎心，攘權利而誤大局。奴才實懼之！危之！伏望聖明深維遠慮，早賜宸斷，斥絶妄奏，速沛宏慈。惟烏梁海感激天恩，即奴才亦可幸免大戾。迫切愚誠，伏祈聖鑒。謹奏。

光緒二十八年十二月初八日拜發。光緒二十九年二月初六日遞回，奉硃批：覽。欽此（正月十三日）。（第502—504頁）

【案】此奏片缺原件，録副[①]現藏於臺北“故宫博物院”，兹據校勘。

① 臺北“故宫博物院”藏：《軍機及宫中檔》，文獻編號：153408。

卷之十五　讓賢集

光緒癸卯（1903）

〇一、懇開差缺並請另簡賢能摺

光緒二十九年二月十九日（1903年3月17日）

奴才瑞洵跪[1]奏，爲邊務日益艱難，奴才病勢日益沈劇，實屬不勝巨任，深恐貽誤，籲懇天恩開去奴才差缺，回旗調理，並請速賜另簡賢能前來接替，以重岩疆，瀝陳實在下情，仰祈聖鑒事。

竊奴才以駑鈍之資，過蒙倚任。光緒二十五年九月，由翰林院侍讀學士超擢科布多參贊大臣。奴才感激馳驅！抵任以來，雖與水土不宜，然齒載方强，心力尚可支拄，故於公事奮勉籌辦，從未稍即怠荒。詎料庚子秋軍務猝啓，口外烽煙告警，風聲鶴唳，草木皆兵。旋聞鑾乘西巡，聯軍深入，大局不絶如縷。奴才憂憤之極，遂以致疾。自時厥後，諸證踵增，而以去歲病爲尤多，時乃最久，先後蒙恩賞假三次。嗣因冬防緊要，又值新疆有勘察阿爾臺山借地之舉，蒙哈驚疑，人心不靖，奴才不得不力疾强起，照常視事，以資鎮撫，其實病猶未愈也。滿擬公餘静攝，體氣漸復，尚欲遵旨前往阿爾臺山，將哈民清查，妥爲安插，再將該處應辦事宜詳察實奏，故奴才去年十一月仍有暫駐阿爾臺山之請。比接長庚函商，願於今春定地會晤，面商公事，亦經奴才附片請旨遵行。

誠以臣子之義厥重，匪躬力苟能爲，不容諉謝。豈意一交春令，二豎復又侵尋，自元旦至今，日重一日，不惟腦鳴加甚，更添下部之證，晝夜不止，危篤萬分，氣血既虚，變態百出。正月初六日早晨，忽舌强不能言語，現話雖能説，而左臂、左髖麻木不仁，竟如痿痹；神智忽明忽昧，又似庚子秋間光景，始患心悸，僅止夜間，今則白日亦動輒驚惕，尤畏金木之聲，公牘不能閲視，屬僚不能接見，呻吟衾褥，一息僅存。塞上既無明醫，又乏良藥，愈治愈壞，直無術以起沈疴。夫奴才疢疾纏綿，此猶一身之灾，無足輕重，乃至外人乘之而益肆欺凌，鄰境因之而更圖傾害，則且有礙大局，其患將中於國是。此實奴才所大懼也。

伏維科布多爲北路要區，邊務本已殷繁，加有哈薩克錯居，種族紛龐，號稱難治。當此事會艱難，百端待舉，即勤明强固、精力過人者，猶不足以幹濟。奴才則既短於才，復困於病，久膺巨任，萬不能勝。矧密邇强鄰，交涉動關重要，忍辱因應，尤覺智盡能索，有過無功，委緣奴才不諳洋務，辦理失宜，頗爲俄人所不喜。前彼公使照會外務部，已有責言，是奴才即不以病去官，亦將因事去官矣。

奴才蚤夜以思，邊務如此之棘，病勢如此之深，若不退避賢路，仍戀棧以圖苟安，覆轍僨轅，終將顛蹶。彼時即將奴才治罪，已屬無及。再四籌維，前蒙屢賞假期，今病已至此，理應解職，惟有迫切陳情，籲懇天恩垂念邊疆重要，久病之人不勝巨任，俯准開去奴才差缺，感荷矜全，實無既極！並求速賜另簡賢能之員前來接替，整頓一切，俾不終於貽誤，地方幸甚！奴才年甫四十有五，如得仔肩暫釋，不蹈愆尤，或可輿疾回旗，安心醫治。儻蒙福庇，調理就痊，即當泥首宫門，求賞差使，再圖犬馬之報。至謂規避苦寒，飾詞引退，奴才忝爲世臣，不敢出此。謹繕摺瀝陳實在下情，不勝惶悚依戀待命之至。伏祈皇太后、皇上聖鑒訓示。謹奏請旨。

光緒二十九年二月十九日拜發。本年四月初九日遞回，奉硃批：著再賞假三個月，毋庸開缺。欽此（三月十四日[2]）。（第509—512頁）

【案】此摺原件[①]現藏於中國第一歷史檔案館，録副[②]現藏於臺北“故宫博物院”，兹據校勘。

1.【奴才瑞洵跪】刊本無此前銜，兹據校補。

2.【三月十四日】刊本作“三月十五日”，録副作“光緒二十九年三月十四日”，再查《軍機處隨手登記檔》[③]，其硃批日期與録副同，刊本誤無疑。兹據校正。

---

① 中國第一歷史檔案館藏：《硃批奏摺》，檔案編號：04-01-12-0624-018。

② 臺北“故宫博物院”藏：《軍機及宫中檔》，文獻編號：155032。

③ 中國第一歷史檔案館藏：《軍機處隨手登記檔》，檔案編號：03-0316-1-1229-072。

○二、阿勒臺山防務請敕新撫妥籌布置片

光緒二十九年二月十九日（1903年3月17日）

再，奴才前奏阿爾臺山一帶地方横被侵占，蒙哈憤怨，塔城駐防委員延年辦理乖方，需索苛斂，任令塔哈廣占烏梁海游牧各情，欽奉寄諭：事關北路大局，著潘效蘇①確切查明，妥籌整頓，並將該地方應辦事宜如何布置，詳悉具奏，等因。欽此。具仰聖明眷顧邊疆，孜孜求治之至意，曷勝欽服！奴才伏查該處借地現在應聽長庚察勘覆奏歸還，計尚需時，惟阿爾臺山一帶久爲俄人所垂涎，往者中法交綏，俄人潛越邊界，直抵布倫托海，以求魚爲名，窺探路徑，不爲無因。

今俄情叵測，仍未寢謀。既奉諭旨責令新疆整頓，撫臣潘效蘇曾莅戎行，辦事明決，不似饒應祺之顢頇敷衍，應請密敕該撫，妥籌布置，思患豫防。奴才現已因病籲請開缺，萬不可稍存退讓，總以地方爲重。况該處借地尚隸塔城，本歸該撫統轄，抑亦責無旁貸也。管見所及，謹附片密奏。伏祈聖鑒訓示。施行。謹奏。

光緒二十九年二月十九日拜發。本年四月初九日承准軍機處知會，原片奉旨：留中。欽此（三月十四日[1]）。（第513—514頁）

光緒二十九年三月十四日，歸箍[2]。

---

① 潘效蘇（1839—1913），字重賢，號少泉，湖南湘鄉人，西林巴圖魯。同治二年（1863），加同知銜。同治八年（1869），補膚施縣知縣。九年（1870），調澄城知縣。十年（1871），署狄州知州。光緒五年（1879），署河州知州。八年（1882），補西寧府循化同知。九年（1883），調補迪化直隸州知州。十二年（1886），改和闐直隸州知州。十四年（1888），遷伊犁知府。十五年（1889），補授迪化府知府，旋加鹽運使銜。二十一年（1895），以道員歸甘肅新疆補用，入關總理行營勞務，賞戴花翎。二十二年（1896），署鎮迪道兼按察使銜；二十三年（1897），補授鎮迪道兼按察使銜。二十四年（1898），調補巴里坤道，署新疆藩司。二十七年（1901），補授甘肅臬司，旋升新疆藩司。二十八年（1902），擢新疆巡撫，賞加頭品頂戴。三十一年（1905），因案褫職，發軍臺贖罪。民國二年（1913），卒於里。

【案】此奏片原件、録副均查無下落，兹僅據稿本①校勘。

1.【三月十四日】刊本作“三月十五日”，查《軍機處隨手登記檔》②，其硃批日期爲“三月十四日”，刊本誤。兹據校正。

2.【光緒二十九年三月十四日，歸箍】此硃批日期等，據《軍機處隨手登記檔》補。

〇三、邊防用款報銷開單具奏摺

光緒二十九年三月二十七日（1903年4月24日）

奴才瑞洵跪[1]奏，爲光緒二十六年布置邊防、辦理蒙古團練，暨護城、護卡蒙軍用過口分、津貼，隨營各處文武薪費、一切犒賞、修理等項銀兩，並挑留蒙兵，發給薪費、口分，謹將收支款目遵旨開單報銷，繕摺具陳，仰祈聖鑒事。

竊照光緒二十六年軍務猝啓，北路戒嚴。奴才是年六月到任後，即接理藩院飛咨祗録諭旨，飭令蒙古各旗簡練隊伍，辦理邊防。旋欽奉寄諭，令奴才就所轄地方妥籌布置，嚴加防守。復奉諭旨准令挑練蒙兵，自固邊防，等因。欽此。當以換防屯田兵丁額數既稀，又别無滿漢軍隊可資調度，祗有舉辦蒙古團練，並參用清野之法，安其游牧，即以效我扞掫，杜彼侵掠。因令杜爾伯特、土爾扈特、霍碩特、明阿特、額魯特、札哈沁、烏梁海諸部三十旗，每旗挑選兵丁二百名，一半馬隊，一半步隊，駐防本旗，通合六千名。又另於杜爾伯特、明阿特、額魯特三旗，復行挑選兵丁馬隊二千名，以一千名飭調來城駐防，以一千名分派前赴阿拉克别克、昌吉斯臺八卡倫助守。其團兵營制、餉章，酌照光緒六年駐練札薩

---

① 稿本第1345—1348頁。

② 中國第一歷史檔案館藏：《軍機處隨手登記檔》，檔案編號：03-0316-1-1229-072。

克圖汗蒙兵成案辦理。護城、護卡之兵營制、餉章，則按同治十一年前大臣長順練兵成案辦理。所有團練並護兵辦齊、起支口分日期，均經奏明在案。旋因經費難繼，防務稍鬆，復經奴才附奏先行裁撤團兵三千名，護城、護卡兵一千名，截至光緒二十六年閏八月底止。嗣奉諭旨令將團練蒙兵全行裁撤，護城、護卡兵裁撤一千五百名，暫留五百名，認真挑選，分防各處，等因。奴才謹即遵旨辦理，算至是年十月底止，復共裁撤三千五百名。其月支津貼、口分、薪費各項，全係動用庫存平餘、雜款及挪借商款等項，撙節開支。

以上各節，節經奴才陸續奏陳，隨時咨行户、兵二部查照。至奉旨留兵五百名，奴才於去年四月又經奏明減數改爲保護洋商之兵，奉旨允准。嗣於十月間並奉户部咨令，辦理聲覆，惟以餉項尚無的款，祇於上年十二月底先行裁撤三百名，仍未能按照每旗十兵，飭令挑補。以事關護商，計授不宜，或放或停，恐滋懈弛，轉致疏虞也。所有辦防用款及留兵餉需，值庫儲虚竭之秋、邊防吃緊之際，全仗騰挪、乞貸、催索欠餉，設法支應，煞費苦心，既無不合例之動支，更無不核實之款目。前經奴才奏請免造細册，欽奉恩旨：准其開單報銷。欽此。奴才感激之餘，倍增悚惕，即飭前管籌防支發委員，會同糧餉處，詳悉鉤稽，核算辦理。兹據該委員等分晰開報，繕列簡明清單，呈請奏咨前來。

奴才詳加覆核，舊管：無項。新收：提用庫存平餘、雜款經費，挪借商款，新疆墊撥，奉旨飭部撥給山西、河南協解舊欠臺費，暨糧石變價扣收一分平餘、六分減半，一並列入正項，統共合收庫平銀十五萬四千八百九十七兩三錢六分。開除：團練蒙軍，護城、護卡蒙軍，奉旨暫留蒙兵各營官弁、兵丁口分並籌防文案，支發各處派辦清野、駐臺、駐卡、督催文報、偵探軍情、隨營文武員弁酌給薪水、津貼及修補器械、鞍轡，添購馬匹、氈房、皮衣暨一切雜支各項，共實支庫平銀十五萬八千六百一十八兩，應扣減平餘銀兩，悉遵部章辦理，實在仍不敷銀三千七百二十兩六錢四分，欠借商款銀四萬九千三百兩。其不敷銀兩已於糧餉處存留雜款項下如數撥補。

至商墊之款，自應俟山西、河南兩省將舊欠臺費銀兩解到，陸續歸還。惟近年興辦屯工及整頓地方各事，時有通融，既不宜失信商民，而市廛枯窘異常，尤賴官力維持，方與地方有益。除山西舊欠臺費銀兩，據該藩司許俟今年夏間撥解清款外，應乞天恩敕部再爲行催河南巡撫轉飭藩司，仍將欠解臺費銀兩速予籌撥，俾資彌補而免賠累，出自鴻慈。所有辦理邊防挑留蒙兵一切動支各款，逐一確核，委係實用實銷，毫無浮濫，仰懇敕部准銷，以清款目。除將清單分咨户、兵、工三部查核外，理合繕摺具陳，並敬繕簡明清單，祇呈御覽。伏祈皇太后、皇上聖鑒，敕部准銷施行。謹奏。

光緒二十九年三月二十七日拜發。本年五月十六日遞回，奉硃批：該部知道，單並發。欽此（四月二十三日）。

呈邊防團練蒙兵等各項收支清單

謹將光緒二十六年辦理邊防團練蒙兵，調練護城、護卡蒙兵各項收支款目，暨留兵五百名截至裁撤日止開支餉費，遵旨開具簡明清單，祇呈御覽。

計開：舊管：無項。

新收：一、收奏提糧餉處扣平雜款等項庫平銀二萬兩。

一、收奏提糧餉處經費庫平銀一萬二千三百六十九兩。

一、收陸續挪借商號科平銀五萬兩，合庫平銀四萬九千三百兩。

一、收户部撥給庫平銀一萬兩。

一、收新疆墊撥湘平銀二萬兩，合庫平一萬九千一百九十四兩。

一、收山西撥解舊欠軍需、臺費庫平銀二萬兩。

一、收河南撥解舊欠軍需、臺費庫平銀一萬兩。

一、收借動糧餉處存儲六分減平庫平銀一千六百兩。

一、收本案發支各項扣回六分減平庫平銀九千五百一十七兩零八分。

一、收本案支發各項扣存一分平餘庫平銀一千五百八十六兩一錢八分。

一、收動用倉糧五百石，按照時值每石二兩七錢，變價科平銀一千三百五十兩，合庫平銀一千三百三十一兩一錢。以上共收庫平銀十五萬四千八百九十七兩三錢六分。

開除：一、支光緒二十六年分杜爾伯特左翼十二旗、右翼四旗，土爾扈特二旗，霍碩特一旗，札哈沁二旗，烏梁海左翼四旗、右翼三旗，明阿特一旗，額魯特一旗，共三十旗，團練蒙兵六千名，一半馬隊，一半步隊，每名月給口分銀三兩，自是年八月初一日起，連閏算至十月底止，計四個月，共發銀五萬四千兩。

一、支分帶團練蒙兵杜爾伯特等三十旗，營總三十員，帶隊章京三十員，隊官三十員，畢齊業齊三十員，蒙古醫生三十名，蒙古獸醫三十名，自是年八月初一日起，連閏算至十月底止，計四個月，應領口分共發銀三千零六十兩。

以上團練蒙兵並官弁、官醫等，每月支銀一萬九千零二十兩，自光緒二十六年八月初一日起至閏八月底止，計兩個月，共支銀三萬八千零四十兩。旋於是年閏八月底奏明裁撤團練蒙兵三千名，仍留團練蒙兵三千名。又，自是年九月初一日起至十月底裁撤之日止，計兩個月，每月支銀九千五百一十兩，共支銀一萬九千零二十兩。二共發銀五萬七千零六十兩，係照光緒六年前參贊大臣清安調練蒙兵准銷成案支給。

一、支團練各旗添補馬匹，修理鞍韂、器械，每旗發銀五百兩，計三十旗，共發銀一萬五千兩。

一、支光緒二十六年分杜爾伯特、額魯特、明阿特選練護城、護卡蒙兵馬隊二千名，每名月給口分銀四兩，自是年八月初一日起，連閏算至十月底，計四個月，共發銀二萬四千兩。

一、支護城、護卡蒙兵管帶四員、營總八員、帶隊章京八員、隊官八員、畢齊業齊八員、蒙古字識八名、通事八名、官醫生八名、獸醫八名，自是年八月初一日起，連閏算至十月底止，計四個月，應領口分、心紅、柴炭，共發銀一千三百四十四兩。

一、支印務、蒙古、糧餉等處翼長二員、蒙古書手四名、漢字識四名、聽差兵四名，自是年八月初一日起，連閏算至十月底止，計四個月，共發津貼銀八十四兩。

一、支印務、蒙古、糧餉三處月支心紅紙張，自是年八月初一日起，連閏算至十月底止，計四個月，共發銀七十二兩。

以上護城護卡官弁、官醫、字識等並各處翼長心紅、津貼等項，每月支銀八千五百兩，自光緒二十六年八月初一日起至閏八月底止，計兩個月，共發銀一萬七千兩。旋於是年閏八月底奏明裁撤護兵一千名，仍留護兵一千名。又，自是年九月初一日起至十月底裁撤之日止，每月支銀四千二百五十兩，計兩個月，共發銀八千五百兩。二共發銀二萬五千五百兩，係照同治十一年前參贊大臣長順練兵成案支給。

一、支分赴蒙旗督催清野委員、差弁三十員、隨營差遣文員二員、武員一員、武弁二員、籌防處筆帖式八員、書識八名、兵役十六名，自光緒二十六年七月初一日起，連閏算至二十七年五月底裁撤之日止口分、津貼，共發銀五千七百七十二兩。

一、支奏設籌防處月支心紅紙張，自光緒二十六年七月初一日起，連閏算至二十七年五月底止，計十二個月，共發銀二百八十八兩。

以上各旗督催清野委員並隨營差遣員弁及籌防處筆帖式、兵、書人等，月支津貼、心紅銀五百零五兩，自二十六年七月初一日起，連閏算至二十七年五月底裁撤之日止，計十二個月，共發銀六千零六十兩。

一、支光緒二十六年十一月以後奏留杜爾伯特、烏梁海蒙兵馬隊五百名，每名月支口分銀三兩，自是年十一月初一日起至二十八年十一月底止，計二十六個月，共發銀三萬九千兩。

一、支留兵馬隊管帶三員、參領委營總三員、帶隊章京十員、隊官十員、畢齊業齊十員、漢字識十名、通事十名、醫生十名、獸醫十名，自是年十一月初一日起至二十八年十二月底止，計二十六個月，月支口分、心紅、柴炭，共發銀一萬二千九百七十四兩。此項官弁、兵等原擬每月加給口分官二兩、兵一兩，係經奏咨奉准，嗣因餉項支絀，並未照加。

以上奏留蒙兵並官弁、兵等及心紅、柴炭、口分，月支銀一千九百九十九兩，自光緒二十六年十一月起至二十八年十二月底分別裁留之日止，計二十六個月，共支銀五萬一千九百七十四兩。

一、支賞給蒙兵五百名皮衣銀，每名二兩，共發銀一千兩。

一、支光緒二十六年六月初一日起，連閏算至二十七年五月底裁撤之日止，派駐內地及蒙古各旗偵探敵情委員、弁兵十六名，每員名月支津貼銀四兩，計十三個月，共發銀八百三十二兩。

一、支光緒二十六年七月初一日起，連閏算至二十七年五月底裁撤之日止，派駐東、南兩路臺站經理遞送摺報、公文筆帖式二員，月支津貼銀四兩；兵、書四名，每名月支津貼銀二兩，每月共銀十六兩，計十二個月，共發銀一百九十二兩，係照舊案減半支給。

一、支蒙古護城、護卡兵添購氈房一百頂，每頂價銀十兩，共發銀一千兩。

以上統共開支餉費及各項庫平銀十五萬八千六百一十八兩。以上統收各項並挪借商號共合庫平銀十五萬四千八百九十七兩三錢六分。

實在：不敷庫平銀三千七百二十兩六錢四分，查此已由糧餉處雜款項下撥補。尚欠挪借商號庫平銀四萬九千三百兩，查欠借商款，應咨催山西、河南兩省撥解舊欠臺費，陸續歸還並俟有款，酌量彌補。（第514—523頁）

（硃批）：覽[2]。

【案】此摺缺原件，録副①及清單②現藏於臺北"故宫博物院"，兹據校勘。

1.【奴才瑞洵跪】刊本無此前銜，兹據校補。

2.【覽】此硃批據清單補。

〇四、暫安臺站片

光緒二十九年三月二十七日（1903年4月24日）

再，布倫托海距科布多城計程已及二千里之遥，自去春設局，開渠、布屯，檄諭、稟函，往來絡繹，皆須交由札哈沁、土爾扈特、烏梁海右翼紆繞接遞，不能直達，動延時日，難期迅速，竟有一文三月始經接到者，殊誤事機，自非暫行安臺不可。現值接修渠道，工作繁興，除籽種、農具各項業已陸續派員解往，兵、工、匠、役人等日食糧麵，並飭就近采買。惟局中需用銀、茶仍需由城運濟，而

① 臺北"故宫博物院"藏：《軍機及宫中檔》，文獻編號：156107。

② 臺北"故宫博物院"藏：《軍機及宫中檔》，文獻編號：156107-0-A。

工屯緊要，創始經營，尤資指示，當經檄飭札哈沁、土爾扈特、烏梁海左右兩翼，各行擇定水草較好地方，分安臺站，止供接遞文報。計從札哈沁沙紫蓋臺起至布倫托海止，共接安十三臺，每臺派駐蒙兵二名，並隔三四臺各加派畢齊業齊一名，按臺各設駝二隻、馬四匹。畢齊業齊每名月支口分銀二兩五錢，兵每名月支口分銀二兩，各月支糧四斗二升，駝馬均按向來采買價值購置。

至臺站向有羊價一款，係爲來往差使官兵支食之用，不能不給，令酌照南北臺站章程核發，已據各旗覆報，均於三月初一日設齊。此項作爲暫安臺站，至將來屯田有效，轉運一切，更資臺力，尚應體察情形，從新更置。除咨部查照外，理合附片陳明。伏祈聖鑒，敕部立案。謹奏。

光緒二十九年三月二十七日拜發。本年五月十六日遞回，奉硃批：該部知道。欽此（四月二十三日）。（第524—525頁）

【案】此奏片原件[①]現藏於中國第一歷史檔案館，録副[②]現藏於臺北“故宫博物院”，兹據校勘。再，此片具奏日期原件目録僅署“光緒朝”，而録副目録則以硃批日期爲具奏日期，即“光緒二十九年四月二十三日”，均未確。兹據刊本及《軍機處隨手登記檔》[③]校正。

〇五、奏保委員片

光緒二十九年三月二十七日（1903年4月24日）

再，籌防出力章京各員，奴才已於前年十二月間具摺奏保，欽奉硃批：著照所

① 中國第一歷史檔案館藏：《硃批奏片》，檔案編號：04-01-23-0225-016。
② 臺北“故宫博物院”藏：《軍機及宫中檔》，文獻編號：156108。
③ 中國第一歷史檔案館藏：《軍機處隨手登記檔》，檔案編號：03-0316-2-1229-109。

請，該部知道。欽此。嗣准部咨均已欽遵注册。此外，尚有當時在事同一出力之文員，自未便獨令向隅。查有州同職銜崔象侯，前經奴才奏明留營，派在文案處辦事並籌防處當差，衹以到營未久，止將其勞績録記候獎，未肯遽加保舉。惟查庚子之變，北路戒嚴，敕籌邊備，當以兵力太單，難資禦侮，惟有試辦蒙古團練，參用前人清野之法，保游牧以支危局，遂委該員專任督查，周巡諸部，綿歷三秋，辛劬罔懈。其於隨辦城防，迭奉差委，亦均奮勉。去春，派赴布倫托海勘修渠工，布置屯務，百端草創，煞費經營。該員備嘗險艱，毫無畏縮，且留營瞬及三年。

查看該員雖無過人才智，而肯任勞怨，即爲難得。現值籌邊用人之際，似當量加激勵，獎其前勞，即以策其後效。合無仰懇天恩俯准，敕部將州同職銜崔象侯以直隸州州同不論雙單月遇缺儘先即選，並請賞加五品銜，以昭勸勉，出自鴻慈逾格。除飭取該員履歷咨部外，理合附片具陳。伏祈聖鑒訓示。謹奏。

光緒二十九年三月二十七日拜發。本年五月十六日遞回，奉硃批：吏部議奏。欽此（四月二十三日）。（第525—526頁）

【案】此奏片缺原件，録副[1]現藏於臺北“故宫博物院”，兹據校勘。再，此片具奏日期録副目録則以硃批日期爲具奏日期，即“光緒二十九年四月二十三日”，未確。兹據刊本及《軍機處隨手登記檔》[2]校正。

---

① 臺北“故宫博物院”藏：《軍機及宫中檔》，文獻編號：156109。

② 中國第一歷史檔案館藏：《軍機處隨手登記檔》，檔案編號：03-0316-2-1229-109。

卷之十六　讓賢集

光緒癸卯（1903）

〇一、屯工需款請敕部撥摺

光緒二十九年三月二十七日（1903年4月24日）

奴才瑞洵跪[1]奏，爲屯田緊要，工用浩繁，借墊已多，力難爲繼，籲懇天恩敕下户部先於允協籌邊經費暫行酌量撥給，以濟急需，期收成效，繕摺具陳，仰祈聖鑒事。

竊布倫托海創修渠工，暨布置開屯一切事宜，並籽糧係由加種，駝隻借用蒙旗，期節采運之費各緣由，經於上年十一月二十八日具摺陳奏，復聲明一切用款均係奴才設法騰挪借墊、支用不貲等情。本年正月二十二日遞回，奉硃批：著即督飭認真經理，務收成效。欽此。仰承訓誨之切、責望之殷，奴才敢不勉竭庸虛，少圖稱塞？自當督飭承辦各員實力經營，殫心辦理，不使稍有懈怠、功敗垂成。雖在病中，亦復未忘申儆。現據屯田局稟報：已於三月初四日復行開工，將未完渠道接續興修。其開種應辦事宜，亦趕緊預備，惟是需用一切甚屬不敷。去年設局以後，所需工料采買、轉運，已支用八千數百兩之數，而布置開屯，製購農具、耕牛、駝馬，馱運籽種，借駝幫價，采買糧糈，種種用項，又已用過一萬四千餘兩。至該局月需磚茶、糧麵，或自科布多解濟，或由古城、瑪納斯一帶雇運，脚價尤昂，加以目下工作方急，添調蒙兵，招募民勇，糧餉彌益增多。凡兹在在需貲，若不預籌接濟，恐無以覩成功而速集事，懇請核辦，等情。前來。

奴才查布倫托海屯田，當同治年間，曾頒部帑，特派重臣，竟以辦理無方，終歸寢罷。此次重新修舉，乃仰體聖明，興屯實塞，事期必就，不敢因循。現在[2]將作大興，動支頗巨，庫儲夙非豐裕，既無可挪，市商早罄蓋藏，又難再借。況奴才已因病乞休，益覺無術持籌，空嗟仰屋！前閱邸鈔：陝西省籌辦水利，擬懇劃留部款十萬兩先行濟工，奉旨照請，欽遵有案[3]。兹科布多事同一律，工程固無彼之巨，工款亦無彼之多。奴才去年遵旨估計辦事需用經費約數，奏奉户部議准，布倫托海開辦屯田一切用款，需銀四萬兩，許俟各省將衛所屯田契價一事清查，舉辦集有成數，即由部分撥，作爲開辦經費。刻尚不知各省辦理如何，但繳價即未必通行，而税契爲國家令典，萬無不能辦成之理。若照衛屯二十五萬餘頃計之，應可得巨款，此時當已陸續查報候撥。奴才謹擬先向户部請借銀四萬兩，權濟屯工之急，仍由户部將來於籌邊經費内扣還清款。此仍原估之數，於度支非有所耗，而於邊維屯墾得助其成，所益匪細。度部臣力顧大局，不遺邊鄙，必能體諒奴才竭蹶之况與窮邊迫切之需也。

第工屯方棘，待款稽時，查前由户部咨令山西劃撥收還阿爾臺山，安插哈民經費銀五萬兩，前已派員赴領，不日即當解到，衹可先於此項暫行挪用，俟此次請撥屯費到日，即爲歸還，期於開墾、安民兩無耽誤。合無仰懇天恩敕部照撥，俾屯工不至中輟，邊利得以早興，地方幸甚！奴才實因現時籌無可籌，借無可借，重以諭旨一再責成，深恐以絀費誤工，有負委任，用敢爲此無厭之請，謹繕摺具陳。伏祈皇太后、皇上聖鑒訓示。無任悚切待命之至。謹奏。

光緒二十九年三月二十七日拜發。本年五月十六日遞回，奉硃批：户部議奏。欽此（四月二十三日）。（第527—530頁）

【案】此摺原件[①]現藏於中國第一歷史檔案館，録副[②]現藏於臺北“故宫博物院”，兹據校勘。

1.【奴才瑞洵跪】刊本無此前銜，兹據校補。

2.【現在】刊本奪“在”字，兹據補。

3.【案】光緒二十八年十二月初七日，陝西巡撫升允以籌辦水利奏請劃留部款，曰：

頭品頂戴尚書銜陝西巡撫奴才升允跪奏，爲遵旨籌辦陝省水利，擬懇劃留部款，以濟工需，恭摺仰祈聖鑒事。

① 中國第一歷史檔案館藏：《硃批奏摺》，檔案編號：04-01-22-0066-099。
② 臺北“故宫博物院”藏：《軍機及宫中檔》，文獻編號：156106。

竊奴才於光緒二十七年七月初三日准軍機大臣片交本日面奉諭旨：薛允升奏，豫籌弭災之法，請飭陝西巡撫於積義穀、興水利二事切實舉行，等語。著升允督飭各屬認真籌辦，仍將辦理情形據實覆奏，不得以空言塞責，等因。欽此。當即欽遵分飭司局議辦去後。旋由前護撫臣李紹芬將勸辦積穀情形奏明在案。竊維關中古稱沃壤，厥田上上，近則動輒苦旱，歲有偏災，庚辛奇荒，較丁戊爲尤甚，推原其故，皆由溝洫阻滯，以致饑歉頻仍，現際痛定思痛。奴才回任以來，詳稽志本，博考輿圖，復與司道等一再熟商，籌定辦法，計利源之所在者有三：曰河道，曰渠流，曰井碓。工程之所重者有三：曰開創，曰擴充，曰疏濬。

西安、鳳翔兩郡舊渠極多，終南、太白二山峪水不竭，擬將大渠之名在而實漸損者復其故步，小渠之名微而實尚具者通其來源；峪水之猛者，或築堰而使之分注；峪水之細者，或會歸而使之合流，總期能蓄能泄，旱澇無憂。此渠流之宜疏濬者也。

各屬地勢燥濕不一，下隰平原並資井養，平原穿井不過一二丈，下隰則鑿數尺即可得水，用力省而成功多。雍正年間，撫臣陳宏謀勸民開井，咸陽、興平一帶添井萬餘，至今猶食其利。至於沿河之地，或桔槔灌田；急流之灘，或運筒車取水，要皆因利乘便，隨地制宜。向之所有者，固宜仿行；向之所無者，不妨試辦。此井碓之宜擴充者也。

同州所屬河北各縣地勢高亢，尤畏旱乾，引渠則難於激之使上，掘井則苦於深不及泉，故興水利於高原，最難措手。然《通志》載：漢書武帝穿渠，自徵引洛水至商顏，下注謂徵，即今之澄城。商顏一名商原，即今之府治也。雖漢渠故址湮廢無存，而引洛之説則昭然可信。考之洛水，自鄜州、宜君入同州之白水縣境，經澄城、蒲城、大荔、朝邑至華陰而入渭。第就洛水經流之處觀之，似乎處處地高而河下，而溯其上游澄城之北，白水、宜君之交，則其河底之高於下游諸田，不知其幾何尋丈。就此疏導其勢，順而易行，擬擇高處狹處築壩以蓄之，沿山鑿渠以引之，於河之正流無所壅遏，而分其支流以灌溉全郡，水利之大無逾於此。此河道之宜開創者也。

現已遴委幹員周歷履勘，並令博訪鄉耆，詳測地勢，就兹三事詳晰覆陳，一俟勘覆，即分別緩急，次第修治，能否如願，尚無把握。省城外舊有通濟、龍首二渠，奴才與司道等輕騎親往查勘，其通濟渠自城南碌碡堰以下，逶迤三十餘里，至西門牐孔入城，直達蓮花池，故道具存，無難修復，擬即一律加高培厚，推廣開深，外以環繞城垣，内以周行衢巷，下資民飲，上護宫牆，水利全功，應從此處入手。

自來大工、大役，率資兵力，良以民夫散漫，不如勇隊整齊，而兵餉、工資爲費亦頗相等。陜省現有常備、續備各軍，或事操防，或事屯墾，實苦無從調撥，不得不另行招募，現已募勇兩旗，名曰“水利新軍”。趁此地未封凍之時，即先將通濟渠迅速興工修築，將來各屬工務亦即以勇力爲倡，而雇民夫輔之，通力合作，較易集事。惟工程浩大，需用繁多，非有的款可資，無以覩成功而開厚利。陜省度支奇絀，籌款維艱，查有第二次咨部籌還賑款銀四十一萬五百餘兩，現儲司庫候撥，擬請在於此款項下劃留銀十萬兩，以作開辦水利之用，仍俟事竣，查照舊例，作正報銷。據水利局司道會詳請奏前來。

奴才伏查三輔水利，從前屢議興修，迄以工巨費繁，因循中輟。此次興辦乃仰體慈恩浩蕩，軫念民依，事在必行，不敢敷衍。現在工作聿興，動支頗巨，司庫既無款可撥，又未便籌自民捐。查近年鄂修堤工、閩濬河道，皆有撥用賑款之奏。陜省修明水利，事屬一律，自應援照辦理，合無仰懇天恩俯准將陜省現存第二次報部待撥賑款銀四十一萬餘兩内劃留銀十萬兩，以資應用，出自逾格鴻慈。如蒙俞允，奴才當督飭在事各員，撙節開支，核實造報，如或不敷，仍應隨時奏明辦理。所有籌辦陜省水利情形，暨懇留部款，以濟工需緣由，除咨部查照外，謹會同陜甘總督臣崧蕃，恭摺具陳。伏乞皇太后、皇上聖鑒訓示。再，賑款四十一萬兩，現由户部電撥二十萬，作爲鐵路經費，實止存二十一萬餘兩。合並聲明。謹奏。光緒二十八年十二月初七日。（硃批）：著照所請，該部知道。[①]

【案】此摺於是年四月二十三日得旨，下部議奏。《清實録》載曰：“又奏，屯田緊要，工用浩繁，懇飭户部酌撥經費。下所司知議。”[②]

① 中國第一歷史檔案館藏：《硃批奏摺》，檔案編號：04-01-05-0308-005。
② 《德宗景皇帝實録（七）》卷五百十四，光緒二十九年四月，第795—796頁。

○二、加種賞銀片

光緒二十九年三月二十七日（1903年4月24日）

再，農田籽種必須新糧。科布多十屯每年收穫約在六七千石上下，以之支放官兵廪糈，並接濟烏里雅蘇臺，所餘即已無多。布倫托海開屯需籽，實不便取資於倉，以致儲峙或絀，但若於新疆購買采運，費亦不貲。奴才悉心籌計，惟有加種一法，遂於上年春飭糧餉處於十屯每屯加發小麥籽種二十石、大麥四石，責成屯田參將，督率官兵，逐屯加種。比屆秋收，已據交納新糧小麥八百三十八石二斗五升、大麥一百六十一石七斗五升，業飭運赴屯局。

查加種必須添兵，先據該屯禀請，奴才以事屬暫舉，未肯允從。惟既爲國家節帑，即不宜過失體恤，已於上年九月間賞給銀六百兩，令蒙古官兵分領，以獎微勞。其緑營官兵需款不多，並由奴才捐廉，另行酌賞。除咨部外，理合附片陳明。伏祈聖鑒，敕部查照。謹奏。

光緒二十九年三月二十七日拜發。本年五月十六日遞回，奉硃批：該部知道。欽此（四月二十三日）。（第530—531頁）

【案】此奏片缺原件，録副[①]現藏於臺北“故宫博物院”，兹據校勘。

① 臺北“故宫博物院”藏：《軍機及宫中檔》，文獻編號：156112。

○三、借駝幫價片

光緒二十九年三月二十七日（1903年4月24日）

再，奴才前於具報布倫托海渠工大概情形及布置開屯一切事宜摺内，曾經陳明轉運籽糧、農具等項官駝不堪多用，民駝脚價太貴，擬向蒙旗借用，期資節省。旋即商定由杜爾伯特、土爾扈特、札哈沁三部落，共借到健駝六百五十隻，經派官兵督同押駝蒙古官兵將籽種一千石及農具、磚茶各項，連用官駝三百隻，共九百五十隻，分次起運，已據報於二月内先後運至屯田局交納，平安無事，駝隻倒斃不過三十五隻，按例亦未逾額。該蒙古官兵等實屬出力，當由奴才酌加酬賞，計幫價銀一項，給杜爾伯特左翼四百兩、右翼四百兩，土爾扈特王旗一百兩、貝子旗一百兩、札哈沁旗三百兩。蒙古押運官兵一百一十員名，共發給川貲銀五百零六兩。緑營官兵支給治裝在外。至補倒按每隻十五兩，共給銀五百二十五兩。

以上通共僅用銀二千三百三十一兩，計省雇駝價銀四千五百餘兩。惟由官借用辦法向來視爲苦累，苟非誠信素孚，蒙古絶不情願，即此亦止可偶一爲之。奴才意在節省，恐與定例多所不符。謹附片陳明。伏祈聖鑒，敕部立案。謹奏。

光緒二十九年三月二十七日拜發。本年五月十六日遞回，奉硃批：户部知道。欽此（四月二十三日）。（第531—532頁）

【案】此奏片缺原件，録副[1]現藏於臺北“故宫博物院”，兹據校勘。

① 臺北“故宫博物院”藏：《軍機及宫中檔》，文獻編號：156111。

○四、屯田局召募民勇片

光緒二十九年三月二十七日（1903年4月24日）

再，查向來地方辦理工程，多資兵力，良以民夫散漫，不如勇隊整齊，而兵餉、工貲費亦相埒。北路匠人素稀，工值尤什佰内地，且往往居奇刁挾。布倫托海屯所僅有烏梁海蒙兵二百名，爲數太少。去年興辦渠工，於傳調哈薩克之外，尚加招雇民夫，用人已及五百，而七月之久尚未告竣，蓋因此工異常艱險，勞費遂增。現在該處開工接修，據屯田局總辦禀請添調兵、工，期速蕆事。爰復檄飭烏梁海兩翼，再行挑選精壯兵丁八十二名，派赴屯所助工，事竣即行撤回。

又因該處時有劫掠之案，並令該局於阿爾臺山一帶就近召募務農民夫六十名，俾充屯田護勇，既以巡緝盜賊，兼可隨資差遣。兹據報於三月初一日募齊點驗，均屬年輕力壯，諳悉農工，堪資彈壓土寇、保護屯田之用，餉則勇每名月支銀四兩二錢，勇目則每名月支銀四兩八錢，暫仍挪墊支發，俟屯收有效，尚須通盤籌畫，妥定詳章，奏明辦理。除咨部外，理合附片陳明。伏祈聖鑒，敕部立案。謹奏。

光緒二十九年三月二十七日拜發。本年五月十六日遞回，奉硃批：該部知道。欽此（四月二十三日）。（第532—533頁）

【案】此奏片缺原件，録副[①]現藏於臺北“故宫博物院”，兹據校勘。

---

① 臺北“故宫博物院”藏：《軍機及宫中檔》，文獻編號：156110。

○五、賞假謝恩摺

光緒二十九年五月初六日（1903年6月1日）

奴才瑞洵跪[1]奏，爲叩謝天恩，仰祈聖鑒事。

竊奴才於本年二月十九日，因邊務艱難，病勢沈篤，不勝巨任，當經瀝情具摺懇恩俯准開去差缺，回旗調理。兹於四月初一日遞回原摺，奉硃批：著再賞假三個月，毋庸開缺。欽此。跪聆之下，感激曷勝！伏念奴才世受國恩，家承將種，馳驅萬里，荏苒三年，每維倚畀之優加，深愧涓埃之未報！前者自陳苦急，實以病危寄重，貽誤至爲可憂，乃荷聖慈不棄，復蒙寬予假期。如此高厚隆施，奴才雖捐糜頂踵，猶未足酬答萬一也。

惟奴才之病已成壞證，塞上藥既不全，醫尤難覓，僅有一换防滿兵診治，剛柔雜進，謬誤恒多，邇來日益加劇，非得上工無從挽救矣。辜恩曠官，負疚滋甚！默計將來仍不能不仰籲聖明，暫求解職。然使遥蒙福庇，所患儻能見輕，即不復元，亦當强起任事。容俟三月後，揣量情形，再爲奏明辦理。所有奴才叩謝天恩緣由，謹繕摺具奏。伏祈皇太后、皇上聖鑒。謹奏。

光緒二十九年五月初六日拜發。本年閏五月二十四日遞回，奉硃批：知道了。欽此（閏五月初五日）。（第533—535頁）

【案】此摺原件①現藏於中國第一歷史檔案館，録副②現藏於臺北"故宫博物院"，兹據校勘。

1.【奴才瑞洵跪】刊本無此前銜，兹據校補。

① 中國第一歷史檔案館藏：《硃批奏摺》，檔案編號：04-01-16-0277-039。

② 臺北"故宫博物院"藏：《軍機及宫中檔》，文獻編號：157120。

○六、接任謝恩摺（代）

光緒二十九年五月初六日（1903年6月1日）

奴才英秀跪[1]奏，爲恭報奴才馳抵科布多接任日期，叩謝天恩，仰祈聖鑒事。

竊於光緒二十八年十月二十三日奉上諭：英秀著賞給三等侍衛，作爲科布多幫辦大臣。欽此。適奴才於是年十一月初八日奉差至京，初十日當即叩謝天恩，旋於是月二十日跪請聖訓，蒙恩賞假一個月，回旗省親，並奉旨：著照例馳驛前往。欽此。先後仰蒙召見二次，垂問周詳，誨諭殷切，跪聆之下，欽感曷勝！陛辭後，先回綏遠城原旗，比本年正月二十二日假期屆滿，奴才即起程仍赴張家口請傳臺站，於三月初六日進發。兹於四月二十四日[2]馳抵科布多，二十六日接任。當經恭設香案，望闕叩頭謝恩。

伏維科布多爲北路岩疆，毗連外界，自參贊大臣瑞洵奮力經營，造端宏大，舉凡開闢地利，整飭戎防，柔輯遠人，撫綏部落，在在具有規模，一新氣象。徒以人才罕到，經費維艱，急切難收速效，而强鄰逼處，交涉尤益爲難。奴才猥以駐防末弁，才識庸凡，荷蒙超擢幫辦大臣，每念施恩之逾分，恒覺受寵之若驚！重寄驟膺，亟思力圖報稱，惟有勉策駑駘，用心學習，恪遵慈訓，隨同參贊大臣瑞洵，殫竭血誠，將一切事宜認真辦理，不敢稍涉敷衍，致萌廢弛，以冀仰答高厚鴻慈於萬一。

所有奴才馳抵科布多接任日期，謹恭摺具陳，叩謝天恩。伏祈皇太后、皇上聖鑒。再，奴才經過内外蒙古游牧，均極安謐，雨水亦調。合並附陳。謹奏。

光緒二十九年五月初六日拜發。本年閏五月二十四日遞回，奉硃批：知道了。欽此（閏五月初五日）。（第535—536頁）

【案】此摺原件[①]現藏於中國第一歷史檔案館，録副[②]現藏於臺北“故宫博物院”，兹據校勘。

1.【奴才英秀跪】刊本無此前銜，兹據校補。

2.【四月二十四日】刊本誤作“五月二十四日”，而原件、録副及稿本均作“四月二十四日”。刊本誤無疑，兹據校正。

【案】此件屬幫辦大臣英秀代辦之摺，稿本眉批處署有“諭旨内臣下名字豈能不寫？乃竟空格，殊太無理！已爲填寫，應傳斥”[③]字樣。

○七、請補屯田蒙古參領摺（代）

光緒二十九年五月初六日（1903年6月1日）

奴才英秀跪[1]奏，爲請補屯田蒙古參領員缺，仰祈聖鑒事。

竊查科布多屯田蒙古參領員缺，每届班滿，向係飭由三札兩盟保送人員奏明更换。前於上年十一月間，因屯田參領圖布敦已届三年期滿，當經札飭駐班札薩克等轉行該盟，揀派妥員，前來更替。兹據駐班公銜三等臺吉色埒寧呈：據札薩克圖汗部落盟長文稱：該缺請以現任屯田驍騎校札木色楞擬正，以屯兵薩木丹擬陪，請補屯田參領員缺，等情。保送前來。

奴才覆查該員札木色楞，現年四十五歲，係札薩克圖汗部落人，在屯有年，既據擬正，自應以之請補屯田參領員缺。如蒙俞允，實於屯務有裨。其所遺屯田驍騎校之缺，另行揀補，咨院查照。所有屯田參領員缺照依該盟保送擬正人員擬補緣由，理合繕摺具奏。伏祈皇太后、皇上聖鑒訓示。再，參贊大臣瑞洵現在奉

① 中國第一歷史檔案館藏：《硃批奏摺》，檔案編號：04-01-16-0277-037。

② 臺北“故宫博物院”藏：《軍機及宫中檔》，文獻編號：157126。

③ 稿本第1429頁。

旨賞假，是以未經列銜。合並聲明。謹奏。

光緒二十九年五月初六日拜發。本年閏五月二十四日遞回，奉硃批：著照所請，該衙門知道。欽此（閏五月初五日）。（第 537—538 頁）

【案】此摺原件[①]現藏於中國第一歷史檔案館，録副[②]現藏於臺北“故宫博物院”，兹據校勘。

1.【奴才英秀跪】刊本無此前銜，兹據校補。

○八、並無私挖片（代）

光緒二十九年五月初六日（1903 年 6 月 1 日）

再，查札哈沁部落都蘭哈喇地方，舊有鉛礦，久經封禁，向由科布多、新疆兩處各派官兵，於每年三月十五日前往該處會查有無私挖以重邊禁在案。本年三月因届會查之期，當經派委筆帖式惠升，帶領兵丁馳往都蘭哈喇地方，會同巴里坤總兵所派委員，於三月十五日會同巡查。兹據該員稟稱，查得該處並無偷挖鉛砂情形，取具該總管等印結，稟請具奏前來。除飭札哈沁總管等隨時稽查外，理合附片具陳。伏祈聖鑒。謹奏。

光緒二十九年五月初六日拜發。本年閏五月二十四日遞回，奉硃批：知道了。欽此（閏五月初五日）。（第 538—539 頁）

【案】此奏片缺原件，録副[③]現藏於臺北“故宫博物院”，兹據校勘。

---

① 中國第一歷史檔案館藏：《硃批奏摺》，檔案編號：04-01-16-0277-036。
② 臺北“故宫博物院”藏：《軍機及宫中檔》，文獻編號：157123。
③ 臺北“故宫博物院”藏：《軍機及宫中檔》，文獻編號：157121。

○九、洋務局另刊關防片（代）

光緒二十九年五月初六日（1903年6月1日）

再，查科布多原設稽查俄商局改爲洋務局，前經奏奉外務部議准，咨行遵辦。兹已另刊總辦科布多洋務局關防，於四月十七日發文交該局領用，其舊關防並令銷毀。謹附片具奏。

光緒二十九年五月初六日拜發。本年閏五月二十四日遞回，奉硃批：知道了（閏五月初五日）。（第539—540頁）

【案】此奏片缺原件，録副[①]現藏於臺北"故宫博物院"，兹據校勘。

① 臺北"故宫博物院"藏：《軍機及宫中檔》，文獻編號：157124。

卷之十七　維谷集

光緒癸卯（1903）

〇一、代奏達賚汗謝恩摺

光緒二十九年閏五月初三日（1903年6月27日）

奴才英秀跪[1]奏，爲據情代奏叩謝天恩事。

竊照杜爾伯特左翼副將軍一缺，前經奴才奏請以該翼正盟長達賚罕噶勒章那木濟勒兼任，等因。奉旨：著照所請，該衙門知道。欽此。當即檄知該罕欽遵來城，祗詣萬壽宫，叩謝天恩；並據該罕呈稱：噶勒章那木濟勒蒙古世僕，知識庸愚，甫荷鴻慈補授正盟長，兹復渥蒙聖恩，仍令兼任副將軍，隆施稠疊，感激靡涯！惟有勉循職分，將所屬官兵認真鈐轄訓練，期漸轉弱爲强，以仰答高厚生成於萬一。所有感激下忱，籲請代奏叩謝天恩，等情。前來。理合專摺據情具奏。伏祈皇太后、皇上聖鑒。再，參贊大臣瑞洵現在奉旨賞假，是以未經列銜。合並聲明。謹奏。光緒二十九年閏五月初三日[2]。

光緒二十九年閏五月初三日拜發，本年六月十九日遞回，奉[3]硃批：知道了。欽此（閏五月二十九日）。（第541—543頁）

光緒二十九年閏五月二十九日，奉硃批：知道了。欽此[4]。

【案】此摺原件①、録副②現均藏於中國第一歷史檔案館，兹據校勘。

1.【奴才英秀跪】刊本無此前銜，兹據校補。

2.【案】劃綫部分刊本殘缺，兹據原件校補。

① 中國第一歷史檔案館藏：《硃批奏摺》，檔案編號：04-01-01-1061-049。

② 中國第一歷史檔案館藏：《録副奏摺》，檔案編號：03-5957-041。

3.【光緒二十九年閏五月初三日拜發，本年六月十九日遞回，奉】此句刊本亦缺，兹據稿本[①]補。

4.【光緒二十九年閏五月二十九日，奉硃批：知道了。欽此】此奉旨日期等，據録副補。

○二、屯田收穫糧石摺

光緒二十九年閏五月初三日（1903年6月27日）

奴才英秀跪[1]奏，爲具報屯田收穫糧石分數，照章請將該管官員、兵丁分别給予獎賞，繕單具陳，仰祈聖鑒事。

竊查科布多光緒二十八年所種屯田十分，共收大麥、小麥、青稞三色糧六千七百六十六石，當派筆帖式春普會同屯防參將世襲騎都尉祥祐等，將所收糧石内揀乾潔三色糧七百石收入屯倉，以爲今年籽種，其餘糧石均運交城倉收納。查例載：種地官兵各視其收穫分數，量加鼓勵，等語。此次該屯田兼管、專管把總、蒙古兼管、專管參領、驍騎校、委章京及緑、蒙各兵丁應得議叙賞項，據屯防參將世襲騎都尉祥祐呈請核辦前來。

奴才覆查無異，應懇天恩將該參將祥祐交部照例議叙。其餘官弁、兵丁，謹繕清單，恭摺具陳。伏祈皇太后、皇上聖鑒，敕下部院核覆施行。再，參贊大臣瑞洵現在奉旨賞假，是以未經列銜。合並聲明。謹奏。

光緒二十九年閏五月初三日拜發。本年六月十九日遞回，奉硃批：該衙門知道，單並發。欽此（閏五月二十九日）。

---

① 稿本第1451—1455頁。

呈屯收成分數及應給賞項清單

謹將光緒二十八年十屯收成分數，暨緑、蒙官弁、兵丁應給議叙、賞項，敬繕清單，祗呈御覽。

計開：發領籽種小麥三百八十石，今收小麥四千二百六十四石四斗五升。發領籽種青稞二百五十石，今收青稞一千一百二十五石。發領籽種大麥七十石，今收大麥六百七十六石五斗五升。查每歲十屯地内例應動用籽種糧七百石，上年共收穫三色糧六千七百六十六石，統計收成分數九分六厘六毫五絲。今將所收三色糧石仍照舊例存留籽種七百石收入屯倉外，其餘糧六千六十六石均收入城倉，訖。

統轄屯田直隸昌平營參將世襲騎都尉祥祐、兼管屯田宣化鎮屬張家口營洗馬林堡把總丁喜、兼管屯田山西大同鎮屬河曲營把總馬根義。以上三員均係屯田員弁，統計十屯收成分數九分六厘六毫五絲，均應交部議叙。

專管頭、二、三、四屯宣化鎮標右營把總盧慶雲，所管四屯拉展收穫糧石九分二厘四毫七絲零，應交部議叙。

專管五、六、七屯宣化鎮標城守營把總張存德，所管三屯拉展收穫糧石八分二厘三毫五絲，應毋庸議叙。

專管八、九、十屯宣化鎮屬張家口營膳房堡把總趙金鼇，所管三屯拉展收穫糧石十一分六厘五毫二絲，應交部議叙。

兼管頭、二、三、四、五屯委署蒙古參領阿畢爾米特，所管五屯拉展收穫糧石九分二厘四毫九絲零，應給二等賞小彭緞一匹。

兼管六、七、八、九、十屯委署蒙古參領圖布敦，所管五屯拉展收穫糧石十分零八毫一絲零，應給頭等賞小彭緞二匹。

專管頭、二屯委署蒙古章京圖們額爾哲依，所管兩屯拉展收穫糧石九分一厘一毫七絲零，應給二等賞小彭緞一匹。

專管三、四屯委署蒙古驍騎校札木色楞，所管兩屯拉展收穫糧石九分三厘七毫八絲，應給二等賞小彭緞一匹。

專管五、六屯委署蒙古驍騎校察杭班第，所管兩屯拉展收穫糧石九分一厘四毫九絲零，應給二等賞小彭緞一匹。

專管七、八屯委署蒙古驍騎校濟克札布，所管兩屯拉展收穫糧石九分五厘零三絲零，應給二等賞小彭緞一匹。

專管九、十屯委署蒙古章京那木濟勒多爾濟，所管兩屯拉展收穫糧石十一分一厘七毫八絲零，應給頭等賞小彭緞二匹。

收穫糧石在十分、十一分以上二、八、九、十屯綠營兵三十二名，每名應給頭等賞銀一兩五錢；蒙古兵一百名，每名應給頭等賞茶二塊、煙二包。收穫糧石在九分以上三、四、五、六屯綠營兵三十二名，每名應給二等賞銀一兩；蒙古兵一百名，每名應給二等賞茶一塊、煙二包。

以上共賞銀八十兩，除扣二成銀十六兩外，實給銀六十四兩。共賞小彭緞九匹，每匹折布八匹，每布一匹折銀三錢三分，共合銀二十三兩七錢六分。除扣二成銀四兩七錢五分二厘外，實給銀十九兩八厘。共賞茶三百塊，共賞煙四百包。（第543—547頁）

（硃批）：覽[2]。

【案】此摺原件①現藏於中國第一歷史檔案館，録副②和清單③現均藏於臺北“故宫博物院”，兹據校勘。

1.【奴才英秀跪】刊本無此前銜，兹據校補。

2.【覽】此硃批據清單補。

① 中國第一歷史檔案館藏：《硃批奏摺》，檔案編號：04-01-01-1061-050。

② 臺北“故宫博物院”藏：《軍機及宫中檔》，文獻編號：157699。

③ 臺北“故宫博物院”藏：《軍機及宫中檔》，文獻編號：157699-A。

〇三、十屯播種完竣摺

光緒二十九年閏五月初三日（1903年6月27日）

奴才英秀跪[1]奏，爲十屯播種完竣，繕單奏報，仰祈聖鑒事。

竊照科布多屯田，向於每年春雪消化，地氣開通，始行播種。前飭管屯官弁將去年倉存新收小麥、大麥、青稞籽種共七百石領出，分給陸續布種，兹據報於四月二十九日一律播種完竣。謹將動用籽糧數目繕單，祗呈御覽。伏祈皇太后、皇上聖鑒。再，參贊大臣瑞洵現在奉旨賞假，是以未經列銜。合並聲明。謹奏。

光緒二十九年閏五月初三日拜發。本年六月十九日遞回，奉硃批：知道了。欽此（閏五月二十九日）。

呈十屯播種動用籽糧數目清單

謹將十屯播種動用籽糧數目繕單，祗呈御覽。

計開：小麥三百八十石，種地五十二頃七十七畝七分七厘。大麥七十石，種地十一頃六十六畝六分六厘。青稞二百五十石，種地四十一頃六十六畝六分六厘。十屯通共動用小麥、大麥、青稞籽種七百石，十屯通共種地一百六頃十一畝九厘。（第547—549頁）

（硃批）：覽[2]。

【案】此摺原件[①]現藏於中國第一歷史檔案館，録副[②]和清單[③]現均藏於臺北"故宫博物院"，兹據校勘。

1.【奴才英秀跪】刊本無此前銜，兹據校補。

2.【覽】此硃批據清單補。

〇四、蒙古保舉摺

光緒二十九年閏五月初三日（1903年6月27日）

奴才英秀跪[1]奏，爲蒙古各旗前保盟長、總管等員力顧大局，功難軒輊，理藩院奏令分注著實勞績，另行擇尤擬奬，無從遵辦，謹將所保黄韁酌請改賞，並依烏里雅蘇臺、庫倫奏准之案，籲懇天恩將其餘各員仍照原保給奬，以昭公溥而維蒙心，繕摺奏陳，仰祈聖鑒事。

竊前因蒙古各旗經理俄商遺棄貨物，毫無損失，有裨大局，經參贊大臣奴才瑞洵將各旗正副盟長、散秩大臣、總管等遵旨奏請奬叙，以昭激勸，並將各旗及臺站、卡倫出力應保員弁開單另咨理藩院核辦。嗣於光緒二十八年十二月十九日遞回原摺，奉硃批：該衙門核議具奏，單、片並發。欽此。旋准理藩院議奏：所保各員均未分别著實勞績次第，無從核議，奏令分注各員實在勞績，擇尤另行酌擬奬叙，等因。恭録諭旨咨行前來。奴才細譯院奏，自係爲嚴防冒濫起見，亟應遵照，惟當日辦理爲難、一切委曲情形尚有院臣所不及知者。

查庚子年拳匪揭竿，軍務大起，畿輔内地以及東北各省無不遭其蹂躪，獨此邊漠聯俄之地轉能保全無事，實賴蒙古部落布置得法，而遵守約束，則各盟長、

① 中國第一歷史檔案館藏：《硃批奏摺》，檔案編號：04-01-22-0066-023。
② 臺北"故宫博物院"藏：《軍機及宫中檔》，文獻編號：157701。
③ 臺北"故宫博物院"藏：《軍機及宫中檔》，文獻編號：157701-A。

總管等出力爲多。比時俄境諸卡皆已增防，且於阿拉克別克屯糧運械，更以兵輪駛入哈巴河口，軍容甚盛，意在耀兵。當此地方存亡呼吸之際，設使當時稍失機宜，或取其貨物，或殺其商人，必致立召外兵，全境糜爛。一莖一毛，一矢一石，均能招邊疆無窮禍患，不惟勞師費餉，而游牧淪胥，人民塗炭，事後且添北路賠償巨款。故瑞洵深防後患，叠頒文告，並派員前往勸諭蒙古，務以團兵各守各旗，照舊保護俄商，不許妄動，或至失地殞師，如能照此辦理，將來許照軍功請奬，曾經附片奏明，並於上年專摺奏請，奉旨：准其擇尤酌保，毋許冒濫。欽此。兹按其成勞，擇尤遵保，本係酌照蒙古保舉辦法，並未稍有冒濫。在該院原可酌量議准，俾益激蒙古忠義之心，永作朔方保障。乃院臣拘牽文義，仍以爲破格之舉，亦可謂不諒苦心矣。

又，查烏里雅蘇臺、庫倫均有蒙古請奬之奏，先經該院駁改加級紀録，嗣經該將軍、大臣復奏，仍照原保，均奉旨允准。兹院臣於科布多保案僅令分別勞績，另核請奬，是院臣於寬嚴之間尚非竟無斟酌。但奴才細加審度，反復思維，於分注勞績一節，實屬無從遵辦，蓋能保護洋商，不與開釁，即是顧全邊境，力維大局，論功既無分軒輊，請奬即難判等差。至擇尤一節，查該蒙古杜爾伯特、和碩特、明阿特、額魯特、土爾扈特、烏梁海、札哈沁諸部，合共三十旗，原保三十員，即係按一旗一員請保，已屬拔尤，無可再擇。

奴才愚見，今昔情形不同，西北防務無殊東北，不能不用蒙古以爲藩蔽。況各旗均有俄商貿易，近來英、法、德各國前來游歷洋員又復踵至，爲日方長，尤資保護。所恃以駕馭蒙古者，惟此保奬從優，藉可鼓勵耳。若事急則許其重賞，時平則抑其前勞，亦殊不足以昭大信。現在變法求强，似未便以常例相繩也。今將杜爾伯特左翼正盟長副將軍特固斯庫魯克達賚汗噶勒章那木濟勒、土爾扈特正盟長札薩克多羅郡王密錫克棟古魯布原請黄韁，擬請改賞紫韁。其餘各員均請毋庸更易。

合無籲懇天恩許依烏里雅蘇臺、庫倫之案，將科布多前保蒙古各員仍照原保給奬，出自逾格鴻慈。其片保駐班臺吉色埒寧一員，已聲叙實在勞績。另單咨保臺站、卡倫蒙員八十員，均係保護俄商出力，且所保僅止頂戴，本照尋常辦理，應並請毋庸再改。謹繕摺奏陳。伏祈皇太后、皇上聖鑒訓示。再，參贊大臣瑞洵現在奉旨賞假，是以未經列銜。合並聲明。謹奏。

光緒二十九年閏五月初三日拜發。本年六月十九日遞回，奉硃批：著照所請，該衙門知道。欽此（閏五月二十九日）。（第549—552頁）

【案】此摺缺原件，録副[①]現藏於臺北“故宫博物院”，兹據校勘。

1.【奴才英秀跪】刊本無此前銜，兹據校補。

○五、山西换防官兵變通辦理片

光緒二十九年閏五月初三日（1903年6月27日）

再，科布多額設换防屯田官兵，除直隸宣化鎮派撥外，尚有山西大同鎮標把總一員、馬步兵十八名，向係五年班滿，分别更换。前因該官兵將届更换之期，當經先行奏明，並分咨辦理。嗣准護理山西巡撫趙爾巽咨稱：此項官兵均在奉旨裁撤之列，第念邊事緊要，戎備不容空虚，而鎮邊又例無額兵可資調遣，已籌定辦法兩條，一云將山西换防官兵盡行遣回，即由本城就近召募。一云儻必須由晋派往，止可將此項官兵改作續備名色。至於餉項一切，照章解往應用，等因。咨商核覆前來。奴才查山西省緑營既已全裁，自難仍拘舊例，而科布多换防緑兵積習太深，亦正籌商整頓，再三審酌，自應照該撫第一條辦法較爲核實，此後應將此項馬步兵等改爲就地召募。

至前者辦理换防一案，初議將大同官兵更换官一員、兵六名。今查班滿之山西大同鎮河曲營把總馬根義，原缺已裁，無可派换，應請將該把總暫行留營，爲約束兵丁之用。其應换兵六名，甚屬疲弱，仍應沙汰，另行募補。其該官兵一年

① 臺北“故宫博物院”藏：《軍機及宫中檔》，文獻編號：157704。

應支俸餉，並應如來咨，由大同鎮核計餉乾、糧米共合銀若干，附入常年經費搭解來防，以備支放。如此變通辦理，既免萬里徵調之煩，更易責塞上屯防之效，似於邊維不無裨益。除咨覆山西巡撫，暨分咨户、兵二部查照外，事關改制，理合附片具陳。伏祈聖鑒訓示。謹奏。

光緒二十九年閏五月初三日拜發。本年六月十九日遞回，奉硃批：該部知道。欽此（閏五月二十九日）。（第552—554頁）

【案】此奏片缺原件，録副[①]現藏於臺北“故宫博物院”，兹據校勘。

① 臺北“故宫博物院”藏：《軍機及宫中檔》，文獻編號：157703。

卷之十八　棒喝集

光緒癸卯（1903）

〇一、力疾銷假籲懇事竣陛見摺

光緒二十九年六月初二日（1903年7月25日）

奴才瑞洵跪[1]奏，爲假期已滿，病仍未痊，力疾銷假，謹遵前旨前往阿爾臺山辦理接收借地及清查、安插哈民事宜，附報啓程日期，並請俟差竣，籲求天恩准令奴才晋京陛見，具摺奏祈聖鑒事。

竊奴才於上年四月間奏請索還阿爾臺山借地，安插哈衆等因，奉硃批：著即親往履勘，將該處哈民清查，酌度情形，妥爲安插，務令各得其所，以順輿情而重邊要。餘依議。欽此。比擬承命即行履勘妥辦，嗣因漸交秋令，大雪封山，厚至數尺，人馬難行，當經奏明容俟今夏天氣清和，再行前往。詎意入春以來奴才之病忽又加劇，深懼以孱弱之體曠廢職司，因於二月十九日瀝疏懇祈俯准開去差缺，回旗調理，蒙恩賞假三個月。計至閏五月二十九日，即已屆滿。刻下所患偏痹風證雖漸止息，而腎疾總未全愈，腦鳴心悸，仍如平時，且用心稍過，説話稍多，夜中即必驚恐，不能成寐，精神大減於前。若以奴才病情而論，仍應再懇開缺，謝絶世事，息心静養，方可望其大痊。惟現因阿爾臺山借地業經長庚等查明會奏，仍歸科布多收管，欽奉上諭應如所請辦理，並以潜居哈民人隨地歸，責成奴才妥爲安插約束，和衷會商，悉心經理。其應辦事宜以安哈爲最要，亦惟安哈爲最難。

奴才若因病不能去，則須派委員前往，而環顧僚屬，竟無其人，且占牧之哈民人數太多，又性情獷悍，不守官法，非臨之威重大員，難資鎮懾，更須體恤蒙情，酌度地勢，商量安置，方昭妥慎，脱有失宜，不免啓爭貽誤。並查阿爾臺、額爾齊斯均爲邊防最要之區，欲爲保疆禦侮之謀，似應查照奴才前奏，專設大員督辦布置一切，事彌艱巨，自非酌考其便宜、周知其情狀，身親閲歷，得其要領，通盤籌畫，不足以振全局而恢復遠謨。此則關係重大，苟非其人尤未易以輕舉也。

伏思奴才前請開缺，原因沈疴久抱，不堪負荷重任，非敢顧惜微軀。再四審量，邊疆事大，身家事小，而上維聖明倚毗之切，下體蕃部喁服之殷，一息尚存，難耽安逸，自宜舍命前驅，力疾自任，略副古人盡瘁之義。謹擬欽遵前旨，前往阿爾臺山，將該處哈民一律清查相地，妥爲安插，設法約束；一面督率烏梁海兩翼辦理接收借地，並將邊防布置統籌詳議，據實上陳，期仰稱朝廷慎固封圻、子惠邊黎之至意。奴才所管參贊印鑰，兹於六月初二日移交幫辦英秀暫行護理。奴才現正料簡行裝，定於十二日啓程。

抑奴才更有請者，奴才自違京輦，已越三年，犬馬戀主之忱，無時或釋，雖北路差使向無述職，而眷懷君國，忠愛出於至誠，初非有一定之成例以奉行故事。奴才懇款之愚，惟求天恩俯准奴才於阿爾臺山差竣之後晋京陛見，庶稍遂仰聖瞻天之願，即邊防要政，亦得叩求宸訓，有所遵循。奴才不勝欽企感激之至。所有假期已滿，病仍未痊，力疾銷假，謹遵前旨前往阿爾臺山辦理接收借地及清查、安插哈民事宜，附報啓程日期，並籲求陛見各緣由，謹具摺奏陳。伏祈皇太后、皇上聖鑒訓示。謹奏。

光緒二十九年六月初二日拜發。本年七月十八日遞回，奉硃批：著俟事竣後，再行請旨。欽此（六月二十八日）。（第556—559頁）

【案】此摺缺原件，録副[①]現藏於臺北“故宫博物院”，兹據校勘。

1.【奴才瑞洵跪】刊本無此前銜，兹據校補。

① 臺北“故宫博物院”藏：《軍機及宫中檔》，文獻編號：158333。

○二、刊用木質關防片

光緒二十九年六月初二日（1903年7月25日）

再，奴才現已前往阿爾臺山，業將參贊大臣印鑰移交幫辦大臣英秀暫行護理，另刊木質關防一顆，文曰“欽差辦理阿爾臺山安輯事宜科布多參贊大臣行營關防”，即於六月初二日開用。查阿爾臺山地在極邊，接近俄界，離科布多城十一站，約千有餘里。若再至額爾齊斯河，則又遠五站矣。且值大雪封山，即聲氣隔絶，實屬無從兼顧。

奴才起身之後，科布多應辦事宜應由英秀照常辦理，徑行具奏，不必再與奴才往返咨商，或以周折而致耽誤。奴才遇事亦即專奏，謹將報匣勻帶兩分應用。除分咨查照外，理合附片陳明。伏祈聖鑒。謹奏。

光緒二十九年六月初二日拜發。本年七月十八日遞回，奉硃批：知道了。欽此（六月二十八日）。（第559—560頁）

【案】此摺缺原件，録副[①]現藏於臺北“故宫博物院”，兹據校勘。

① 臺北“故宫博物院”藏：《軍機及宫中檔》，文獻編號：158324。

〇三、隨帶員弁兵丁片

光緒二十九年六月初二日（1903年7月25日）

再，奴才現隨帶章京三員，驍騎校、筆帖式八員，千總、把總、外委十員，分任差遣，换防營兵、匠役、蒙古親軍、書手、通事，分别擇帶，約不逾二百名之數，但取足供驅策而已。伏思奴才此行本爲安民，自宜先除苛政，與之更始，以切撫綏，應將向來行走臺站所有遞禮折羊、前站通事、跟役各項規費，一概革禁，不准絲毫需索，沿途明白牌示。

該官兵等遠役極邊，差使艱苦，亦應量加體恤，現擬隨往之官員、兵丁每員名均酌照軍需則例支給盤費銀兩，俾資食用，差竣即行往支。奴才亦遵照出差定章，按日支領盤費。如此則蒙哈不至受累，經費所支無多，而於邊氓似屬有益。除咨部查照外，理合附片陳明。伏祈聖鑒。謹奏。

光緒二十九年六月初二日拜發。本年七月十八日遞回，奉硃批：該部知道。欽此（六月二十八日）。（第560—561頁）

【案】此奏片缺原件，録副[①]現藏於臺北“故宫博物院”，兹據校勘。

---

① 臺北“故宫博物院”藏：《軍機及宫中檔》，文獻編號：158322。

○四、查照分界前案雇用烏拉等項酌量發價片

光緒二十九年六月初二日（1903年7月25日）

再，光緒九年間，前幫辦大臣額爾慶額奉旨前赴哈巴河勘分界址，隨帶文武員弁、兵丁應用騎駝馬匹、駝隻、烏拉齊等項，因爲數較多，間係雇用，並加賞犒，以輔臺力之不及，均經造册報部奉准核銷有案。奴才此次前往地方即是阿爾臺、哈巴河一帶，蒙哈情形較前益形困苦，更不能不少加體恤，擬即查照前案辦理，斟酌發價，事竣核實報銷。除咨部外，謹附片陳明。伏祈聖鑒。謹奏。

光緒二十九年六月初二日拜發。本年七月十八日遞回，奉硃批：該部知道。欽此（六月二十八日）。（第561—562頁）

【案】此奏片缺原件，録副[①]現藏於臺北"故宮博物院"，玆據校勘。

○五、幫辦大臣接護參贊大臣印務摺（代）

光緒二十九年六月初二日（1903年7月25日）

奴才英秀跪[1]奏，爲恭報奴才接護參贊大臣印務日期，仰祈聖鑒事。

竊參贊大臣瑞洵現已具摺陳明銷假，前往阿爾臺山辦理收地安哈事宜，並將

① 臺北"故宮博物院"藏：《軍機及宮中檔》，文獻編號：158327。

參贊大臣印務奏交奴才暫行護理。兹於六月初二日經奴才接受，應將一切公事照常辦理，隨時奏陳。伏查參贊大臣瑞洵自到北路，不服水土。此次患病較久，總未大痊，原擬俟假滿仍欲懇請開缺，惟現因交收塔城借地，欽奉寄諭，以潛住哈衆人隨地歸，令該大臣妥爲安插約束，悉心經理。此項哈薩克性夙剽悍，愍不畏法，本難管轄，又兼人數太多，前以强據烏梁海牧地，蒙古已懷不甘，然欲令其遷回，又恐塔城不能辦到。今奉恩旨准其人隨地歸，揆度情勢，亦惟有如此辦法。但開導烏梁海使之遵從，必費氣力，又須將此數萬之衆一一安置妥帖，編立户口，分設官長，籌及久遠，方能少杜後患。自非得蒙哈向所信服之人，無從辦理。

至安插科布多哈衆，尤在其次。此事關繫至爲重大，操縱頗不容易，前因該大臣患病，正慮無人能了。兹該大臣深知其難，仍欲扶病前往，其忠勇之概，實足令人起敬。雖塔哈久占烏梁海，游牧能否相安，尚不可知。然以瑞洵之聲威謀略，誠信素孚，必能措理合宜，似較他人猶易爲力也。所有奴才接護參贊大臣印務日期，理合恭摺具奏。伏乞皇太后、皇上聖鑒。謹奏。

光緒二十九年六月初二日拜發。本年七月十八日遞回，奉硃批：知道了。欽此（六月二十八日）。（第562—563頁）

【案】此摺缺原件，録副[①]現藏於臺北“故宫博物院”，兹據校勘。

1.【奴才英秀跪】刊本無此前銜，兹據校補。

○六、會奏改設行省有害無利摺（稿佚）

光緒二十九年六月初二日（1903年7月25日）

奴才瑞洵、英秀跪奏，爲北路地方改設行省有害無利，據實覆陳，請旨毋庸

① 臺北“故宫博物院”藏：《軍機及宫中檔》，文獻編號：158321。

置議，仰祈聖鑒事。

竊奴才等承准政務處咨開：本年二月十九日，議覆湖南巡撫趙爾巽通籌本計條陳一摺[1]，奉旨：依議。欽此。鈔録原奏，咨行查照辦理，等因。承准此，查原奏第二條内開：增設民官，以消隱患。查歷代之制，内地則治以郡縣，邊外則治以軍府。然漢之河西列郡至今仍隸版圖，唐之安西、北庭未幾仍淪異域，是治邊外軍府仍不如郡縣，確有明徵。史稱元代之盛，遼陽、嶺北俱設行省，貢賦、租税比於内地。遼陽今奉天以東，嶺北則遠過外蒙古矣。先朝肇造東土，綏服北庭，開闢西域，疆宇遠邁漢唐。其初地曠人稀，漢民絶少，今昔情形迥異，故崇實①之於奉天、銘安②之於吉林，先後奏請增設郡縣，左宗棠③於西事甫定即有不可不設行省之議[2]，蓋擇帥不分滿漢，則取才較寬；治民必用文臣，則課吏有本。内外蒙

---

① 崇實（1820—1876），字樸山，内務府鑲黄旗人，完顔氏。父麟慶，官至南河河道總督。道光二十二年（1842），應鄉試中舉。三十年（1850），中式進士，改翰林院庶吉士。咸豐二年（1852），授編修、左贊善、文淵閣校理，轉翰林院侍講，兼滿洲辦事翰林官。次年，升侍講學士，兼日講起居注官、通政使司通政使，加詹事銜。四年（1854），補内閣學士，兼禮部侍郎銜、鑲藍旗蒙古副都統，署户部左侍郎。五年（1855），任工部右侍郎，兼管錢法堂事務。八年（1858），調太僕寺少卿。九年（1859），任詹事府詹事，旋補駐藏辦事大臣。次年，改鑲黄旗漢軍副都統，署四川總督。十一年（1861），擢成都將軍。同治六年（1867），兼壬戌文武鄉試監臨主考。十年（1871），調補鑲白旗蒙古都統，兼稽察壇廟大臣、武會試監射大臣。十二年（1873），署熱河都統。同年，授刑部尚書、經筵講官。次年，兼任會試副考官。光緒元年（1875），署盛京將軍、盛京户部侍郎、奉天府府尹。二年（1876），卒於任。贈太子少保，照尚書例賜恤，謚文勤。有《適齋詩集》四卷、《惕庵自叙年譜》一卷、《完顔文勤公集》行世。

② 銘安（1828—1911），字鼎臣，葉赫那拉氏，滿洲鑲黄旗人。咸豐六年（1856），中式進士，選翰林院庶吉士。散館授翰林院編修。同治初，充詹事府少詹事。同治五年（1866），升詹事，補内閣學士。六年（1867），充廣東鄉試正考官。八年（1869），署臺陵鎮總兵。九年（1870），授江南鄉試正考官。同年，署倉場侍郎。十年（1871），遷盛京刑部侍郎。光緒元年（1875），授頒詔朝鮮正使。三年（1877），署吉林將軍。五年（1879），擢吉林將軍。旋以違例奏擢鍾彦才，吏議解職，引疾去。尋坐失察屬吏受賄，降三級。二十三年（1897），復官。二十四年（1898），加太子太保。宣統三年（1911），卒。謚文肅。

③ 左宗棠（1812—1885），字季高，一字樸存，號湘上農人。道光十二年（1832），中式舉人。十七年（1837），任教湖南醴陵淥江書院。咸豐元年（1851），入湘撫張亮基、駱秉章幕。咸豐六年（1856），升兵部郎中。十一年（1861），補太常寺卿。同治元年（1862），擢浙江巡撫，次年，升閩浙總督。三年（1864），加太子少保，封一等恪靖伯。五年（1866），創辦福州馬尾船廠、求是堂藝局。同年，創蘭州製造局。六年（1867），補授陝甘總督、欽差大臣督辦新疆軍務。次年，晋太子太保。九年（1870），賞騎都尉。十二年（1873），授協辦大學士，加一等輕車都尉。次年，授東閣大學士。光緒元年（1875），授欽差大臣陝甘總督督辦新疆軍務。光緒四年（1878），晋二等恪靖侯。光緒七年（1881），授軍機大臣，管理兵部事務，旋改授兩江總督。十年（1884），任軍機大臣，管理神機營事務。是年，改任欽差大臣，督辦閩海軍務。十一年（1885），卒於福州，追贈太傅。謚文襄。有《左文襄公全集》等行世。

古部分廣遠，地多饒沃，礦產甚繁。興利實邊，當務之急。惟改設行省，事體重大，經費浩繁，必須詳慎察度，豫籌布置，其如何增設民官，辦理新政，均應如所請，飭下各將軍、大臣悉心規畫，詳細覆奏，等語。奴才細譯所奏，自係爲變法求强起見，而王大臣以事關重大，未便遽議施行，聲請敕由該管將軍、大臣查奏，周詳審慎，亦具苦心。苟可遵行，何敢違異！烏里雅蘇臺能否改省，應由將軍連順等覆奏。但就科布多言之，奴才瑞洵持節北來已逾三載，奴才英秀在邊且閱廿年，地方情形，見聞較稔，竊以爲蒙古游牧改設行省，似有未宜舉行者。論其窒礙，約有數端。

一曰隔閡。安官原以治民，故謂州縣爲親民之官，其必官民相親，然後可以爲治。科布多所屬皆是蒙古部落，漢文、語言全不通曉，向來詢問公事，傳宣號令，已須通事翻譯。若設民官，亦必不能不用通事，如有詞訟，先已不能自理，任由通事作主，曲直不能自明，蒙蔽其何能免？舉一以例其餘，其必舉官權全寄之於通事，可知是猶養虎狼而欲其不縱牙爪以攫噬也，勢必不能。若如所奏，置官不分滿漢，其隔膜乃更加甚。其不可行者一。

一曰蠹擾。口外地方既無地丁、錢糧可納，又無正雜稅課可徵，萬端締造，須全取諸府庫，又加地段廣遠，每一部落或數百里，或千餘里，或三二千里，若拘道里之遠以設官，何止百數？而蒙古向以畜牧爲業，逐水草而無定居，夏令在此，冬令又移於彼，《漢書》所謂行國，蓋其舊俗如此，是地方廳縣不能有一定户口。假如畏官吏之苛政，全行搬移，止剩一官，其將何以爲治？况既設民官，則必有房書、差役、門稿、跟丁，若輩積慣作弊，無不工於勒索，能需擾漢民者，萬不能輕恕蒙古。若將内省衙門所有之需索誅求，全舉而加諸蒙古，强則違阻，弱則逃避，甚且激生他變。是設官以治民也，而如此乃一無可治，直擾民矣。其不可行者又一。

一曰疑懼。蒙部向設正副盟長、總管等官，分管各旗事務，内外盟旗皆是如此，不獨科布多爲然。此本因古衆建諸侯之意而變通之。祖宗立法，具有深心。今若改設民官，則政教號令必須悉歸官府。其向設之蒙古盟長各官，類皆汗王、貝勒、貝子、公爵，秩分較崇，若遽削其權，則朝廷無此政體；若共治其地，則其下何所適從？且蒙古習俗最尚簡易，若必舉内地之文法、科條，一一刻以相繩，彼將視爲桎梏，苦其束縛，必致衆情聳動，各懷不安，訛言、朋言，群思詭避。其不可行者又一。

一曰苦累。我朝優待蒙古，分寄屏藩，不過資其捍衛，本無利其人民、土地之心，故雖設置大員，特藉以鎮守地方，保安部族，但見國家撥帑以贍邊軍，不聞取蒙古絲毫以濟國用。即咸豐、同治年間，蒙古王公頗有捐助軍餉之事，亦皆明旨發還，別頒賞賚。聖人綏馭隆規，實邁前古。今若設民官以爲之經營，蒙性愚頑，不以爲開利源，反以爲奪生計；不以爲策長治，反以爲梗厲階，萬一人心摇撼，群起抗官，彼時亦無辦法。況設一廳縣，即有一廳縣所用之人，必須全由内地雇募。往見各省一佐貳衙門，亦占用幕客、經書、胥役、門丁百餘人之數。兹若聚集數千之衆，悉由北路臺站行走，則驛騷之擾，軍臺先不勝其累，即此已苦難行，更無論到官後已。其不可行者又一。

以上各條，僅就奴才等愚慮所及，約略言之，其難行已至如此。至原奏以奉天、吉林、新疆比例，查東三省漢民本多，即新疆土著、客民亦復不少，與北路僅有蒙哈者迥乎不同，未可一概而論。矧無財不可以爲悦，徒法不能以自行。非常之事，必待非常之人，尤非奴才等顓愚所能措之裕如也。若夫邊鎮務殷，未容廢弛，奴才等亦非敢恝置，故自奴才瑞洵受任後，力加整理，較前稍有改觀。衹以邊事宜籌，時艱亦不能不顧，邇因舉辦諸務，屢煩度支。且阿爾臺山借地收回，該處切接俄界，邊防布置尤須仰給司農，奴才等已以未能就地籌款引爲内疚。今者擬改行省，誠如王大臣所奏，經費浩繁，約計所需不下千萬。當此國用支絀之秋，若再重耗中帑以試辦千載一時不可必成之事，奴才等受恩深重，具有天良，斷不敢如此鋪張，致涉欺飾。

至所云地産饒沃一節，查科布多舊有十屯，近又試辦布倫托海開墾，略著成效；礦産則衹札哈沁有二處，一在都蘭哈喇，向産鉛砂，嘉慶年間即經封禁；一在寶爾吉，前經新疆巡撫會同前參贊大臣寶昌奏明開采，嗣因工費較大，得不償失，亦已停辦。至奴才瑞洵前奏阿爾臺山之礦，前接侍郎張翼來函，商囑奴才派員查取礦砂，寄京化驗，再議開辦。因並無明白礦務之人，未能辦理，容奴才此次到彼，親往查勘如何情形，再爲具奏。所有北路地方改設行省有害無利緣由，理合具摺覆陳。伏祈皇太后、皇上聖鑒訓示。謹奏。光緒二十九年六月初二日。

光緒二十九年六月二十八日，奉硃批：所奏是，政務處知道。欽此。

【案】此摺刊本、稿本僅存目録，内容缺失。兹查原件[①]現藏於中國第一歷史檔案館，録副[②]現藏於臺北"故宫博物院"，兹據校補完整。

1.【本年二月十九日，議覆湖南巡撫趙爾巽通籌本計條陳一摺】首先，此摺具奏日期"本年二月十九日"，據政務處王大臣奕劻之奏，應爲"光緒二十九年二月初九日"，本文誤無疑。而"議覆湖南巡撫趙爾巽通籌本計條陳一摺"，查光緒二十八年十月十七日趙爾巽之奏，前銜則署爲"護理山西巡撫布政使奴才趙爾巽"，非"湖南巡撫"。本文亦誤無疑。

【案】光緒二十八年十月十七日，護理山西巡撫趙爾巽爲通籌本計具摺曰：

護理山西巡撫布政使奴才趙爾巽跪奏，爲請通籌本計，恭摺仰祈聖鑒事。

竊以今日列强環伺，内據腹心，外困手足，則自强爲急圖，自强不外製器、練兵、籌餉三者，非財不辦，則理財爲急。然奴才竊觀中國之弱，弱於臨敵之崩潰者，其形也；中國之貧，貧於臨事之搜括者，其末也。何也？其神先敝也，其本先撥也。則以通國之中，愚民、莠民、游民、貧民居其大半也。然則圖治於今日，亦惟於此四類之民加意而已。愚者必使之悟，莠者必使之良，游惰者必使之有所歸，貧難者必使之有所養，而後可以言進化之方，策自强之效。彼列强之所以能争雄海外者，其先必加意内治，使人得所歸略，無内顧而後敢馳域外之觀。向使國中愚民、莠民、游民、貧民充塞盈滿，則必不敢出而争雄，即出而争雄，亦必有攻其瑕而蹈其隙者。此拿破倫之所以蹶於奥、土耳其之所以屢於俄也。中外一理，古今一致，蓋未有不安内而可言攘外者。特當此急，則治標之時，忽爲敦本善俗之謀，鮮不譏其迂遠而瑣屑。然思今日朝廷孜孜求治，不遺餘力，而出一令，則阻撓者半，玩泄者半；變一法則疑惑者半，非議者半，甚至背常理而信浮言，蔑國紀而逞私忿，其事可恨可駭，而其實則皆智識未開，食息無資，遂至隨波逐流，一唱百和。上者深閉固拒，下者鋌而走險。充此不治，雖兵精械利，

① 中國第一歷史檔案館藏：《硃批奏摺》，檔案編號：04-01-30-0109-012。
② 臺北"故宫博物院"藏：《軍機及宫中檔》，文獻編號：158332。

外觀有耀，而物朽蟲生，内患將大。誠可懼也。

今值大難甫平，百端待理，幸徹桑之稍暇，立簣土之初基，亟宜先端治内之原，以漸擴攘外之計。伏維漢唐宋明之季，莫不加意於兵而兵愈弱，加意於財而財愈匱。而六經所列，與《孟子》王政所先，皆以養民、教民爲主，蓋教養得其宜，則兵不求强而自强，財不期富而自富，使昔之有國者皆知守經傳之訓，明本末之辨，舉九州之大，無莠民，無游民，無貧民，無愚民，則外患雖熾，根本不摇，漢唐宋明末造之禍無由而起。所謂似緩實急，似泛實切，似無益而極有效，此奴才所以不辭迂遠瑣屑之名而迫切言之者也。敢竭愚誠，條列上告，惟聖明采擇焉。所有通籌本計各條，理合恭摺具陳，附繕清單。伏乞皇太后、皇上聖鑒。謹奏。光緒二十八年十月十七日。

（硃批）：政務處議奏，單並發。[①]

【案】護理晋撫趙爾巽隨摺附統籌本計十條清單，曰：

謹將統籌本計十條繕具清單，恭呈御覽。

計開：一、廣宣教化以開民智也。今奉旨飭建學堂，所以儲備人才，力求進步，惟學堂之效必在十年以後，即使小學、蒙學次第舉行，而鄉里小儒、僻陋村豎挾其是己非人之見、逞私泄忿之心，並爲一談，有觸即發，梗化仇教，罔不由之。竊以爲詩書漸染之功，成就雖宏而爲期較緩，不如白話演講之力，敷陳甚淺而收效彌多。夫西士傳教以異國之人闌入中土，或手持一卷，隨地散送，或村立一堂，按日宣説，浸潤漸漬，聽者日衆，無他，先入爲主也。今者海内人士異説蜂起，入於無主之胸，其變態誠不知何所紀極。欲開民智，尤宜先定民志。

我朝訓俗之方，具有源流本末，惟舊例朔、望宣講，爲日太疏，爲地太隘，擬請飭各省通飭各州縣，選派通曉時務之人，逐日輪流赴鄉宣講，以"聖諭""廣訓""勸善要言"爲主，而於五洲之大勢、我國之情形，其公利何以當興，習俗何以當改，新政之無弊，民教之無猜，皆以白話委曲指陳，務使人人易曉。至於朝廷詔令、官府示諭，亦隨時淺釋其義，俾衆咸知，庶奉行可無隔閡。各處鄉里幼童嬉戲愚頑，見外人則指斥譁笑，往往滋事，蒙學不講，失教日久，其患甚大。

① 中國第一歷史檔案館藏：《硃批奏摺》，檔案編號：04-01-01-1052-021。

宣講之事於蒙養尤有關繫，幼童無事，於衆人聚集之地，每喜逐隊往聽，其記悟之力亦較少壯爲優，故此法可以輔蒙學之不足。所有辦法略舉數端。

一、宣講人員由各州縣訪試延請，或本處教官，或分駐雜職，或公正紳民，必須明白時務者，無則訪請通才，不拘何項人，惟不得以迂執之人濫竽充數。一、開辦之始，人數祇可從約，大縣四人，中縣二三人，小縣二人，輪流周歷，俟經費充足，遞增其數。一、每員月給講費，由督撫按各省情形酌量優給。一、宣講之際不論民之聽從與否，非議與否，總須化之以漸，持之以恒。一、講員下鄉不准帶輿從，亦不責以儀節，須毫無官場習氣，庶與田夫、孺子融洽無間。一、講員下鄉有需索地方供應者懲究。一、講員在鄉應令隨地采訪明達士紳、績學布衣，勸令任一鄉宣講之事，就地取材，愈推愈廣。一、講員有能編輯白話勸俗文切實而明達者，由州縣稟呈督撫刊刻傳布，尤佳者酌予獎勵。一、宣化確有實效者，准從優保獎虛銜、實官。一、京師之京話報，南省之白話報、蒙學各報，最利通俗，宜飭各督撫訂購頒發，以資講明。

以上數條雖卑之無甚高論，然而化民成俗之方莫切於此。方今百度維新，與民更始，若不祛草野愚頑之積習，恐條教號令之所及，扞格難通。即如奴才後陳各條，皆須婦孺咸知，官民合力，假使群焉疑怪，安望其實力奉行！嘗謂民智、民力、民德，三者相因，民智開而後民力充，民力充而後民德發，故必以開民智爲入手之方也。

一、增設民官以消隱患也。自封建改爲郡縣，歷代官制屢經變易，而令長之制要不可廢，誠以牧民之政，全賴州縣，有之則治，無之則亂。故晉因僑民難理，增設寄治諸郡；明因流民滋變，增設鄖陽諸府縣。説者謂明遼左、河西終於荒棄者，無郡縣爲之也。我朝矯明舊弊，入關後即於九邊增設郡縣，近如奉天、吉林、新疆諸省，亦陸續增設，凡以爲輯邊安民之計。惟查吉林一省，有郡縣者僅什之三四，黑龍江僅什之一二，其他内外蒙古之有漢民而無民官者，蓋不下什之九。鬍匪馬賊之擾，會匪拳民之亂，各邊尤甚，此皆有民無官階之厲也。推溯其由，民多官遠，爭鬬日多，必推豪民爲長，弱肉强食，由兹遂起。又，民官不置詞訟，命盜待决武署，聽令蒙員文例不諳，曲直不辨，顛倒糾紛，莫可窮詰，加以牌甲不密，巡緝不周，一民村即多一盜窟，甚至税歸於匪，利擅於兵，邪巫誘之，妖徒構之，仇教抗官，巨案百出，朝陽、通化之變，皆其明證。此一害也。

强鄰逼處，每思啓疆，金山以北，黑水以東，封域强割不下五千里。自滿洲鐵路開辦以後，俄人尤注意蒙古，兵商游弋，莫能限制。蒙民强悍愚蠢，若不爲之立長官、興教育、講防務，恐數年之後，變亂將作，强敵乘之，拒之失歡，與之蹙國。此二害也。

今議開辦警務，振飭農工，以及興學、宣化諸務，皆賴有司得人，方能修舉，不設郡縣，等於甌脱，承轉無地，敷布無人，疆界不辨，部族不分，情隔膏屯，我棄人取。此三害也。

現在晋北七廳業已由奴才奏請添設廳治，聽候飭議，擬請飭下各將軍、大臣，查明各城、各旗，量户口之多寡，計道路之遠近，酌設郡縣，或置旗廳，但取因地因時，不必盡拘舊制。至内地蕃庶州縣應否分置，苗、猺土司或仿原任兩江總督臣查弼納蘇松分縣之制，或按原任雲貴總督臣鄂爾臺奉改土歸流之規，務以體貼民隱爲主，毋使民間投訴訟牒，完納糧賦，聽奉期會，有所不便。此理民之最急者也。

一、請各省州縣通設勸農局以重本業也。冢宰以九職任萬民而先農圃，司徒辨五地之物生而詳動植，重農之政，自古爲昭。臺西致富之源，莫不以農爲本，覘國計者，往往於墾事定强弱焉。我國幅員廣博，土脈膏腴，惜自髮捻以來，各省地畝尚有荒棄，晋陝山僻，彌望污萊。户部上歲徵之籍，各省正賦至九成者已不多見。此雖欺隱、災歉二者交乘，而田之不治可概見矣。其他山川、陵隰之所宜，毛鱗、筴叢之當辨，更無核其難易、論其栽植者，浸致田成沙礫，山盡童枯，養生之資，日以匱竭。西人謂中國抱至富之資，而自致於至貧之地，蓋謂此也。刻下晋北、陝西已奉旨開辦墾務，成效可期，各省多請設農務學堂，講求東西農術，或立試驗場，然多注重省城，各郡縣相去遠近不等，殊難徧及。爲今之計，莫如飭各廳州縣及各鄉鎮，徧設勸農局，辦理之始，於左近先購民地若干畝，以優價雇老農，令其按法施種，如犁田必深，選種必淨，排種必稀，施肥必厚，以及蠶桑、林木諸法，凡與舊俗相剌謬者，務須不顧非笑，不計毁譽，堅忍爲之。但能豐穫一年，四鄰始而疑，繼而駭，終而信，利之所在，人争趨焉。風氣既開，雖禁之而不聽矣。上海農學會所譯《農報》，用意甚善，而文字深奥，非鄉里所能解，擬請飭各省編纂農學白話書，凡中國老農所傳之法以及東西新法，一一詳說，成書後即發各州縣，發給廣宣教化各員，赴鄉演説。至於官府奬勵之法，如本籍農户有能開荒十頃、種樹千株者，酌給優奬；有能試植異種、培穫有效者，優給賞格。則人争自勵，無一地無孳生之物，即無一物非養人之資，富庶之基，庶其可立。其東三省、内外蒙古、西藏、青海荒閑各地，廣漠無垠，擬請飭下各將軍、大臣，可墾者墾之，不可墾者，分别林、牧，務使無曠土，無游民，則遠復三代之規，近匹歐美之盛矣。

一、請各省州縣通設工藝局以安游民也。恭查前奉諭旨，飭令振興工藝，諄諄以養民爲主，此誠利用厚生之本計。奴才竊以爲安置游民，即宜從此入手，大抵地方之弊多起於游民，而游民之衆莫甚於今日，任其所之，分則爲劫盗，合則爲會匪，欲籌安置，則散漫難稽，且何從得此巨款！不知游民雖衆，不出二類：一爲鄉里失教之游民，一爲外來無業之游民，隨處有之，即宜隨處收之；隨處收之，即宜隨處教之，巨款難籌，惟有飭各省州縣通設工藝廠。查有本境無業游民以及貧苦乞丐，皆可收入客籍，取保收入，因地、因材，概令習藝資生，而立法以約束之，選紳以督勸之，不使有一游手流而爲匪，轉而之他州縣。以此定紳董之勸奬，大吏即以此課州縣之殿最，地分則稽察易周，事分則財力易舉，人分則約束易從。夫工欲其大，藝欲其精，非合群力不辦。若就各地素有之物産、素習之工業爲之，不必好奇務廣，但以爲收養游民計，則無地不可辦，無地不當辦。若僅一二府州行之，游民放惰自甘，必且遁避他鄉，仍歸無濟，惟處處以此爲急務，游民去，無復之，自然就我範圍。辦法有四：一曰相地。州縣城鎮若待購地建廠，始行舉辦，必致稽滯，或且中輟，擬請各就寬大廟宇，或租賃民間場地開辦，以省靡費。一曰籌本。擬准由地方官或借或支廉費，分年攤還；或勸貸紳商，待業成收利。一曰分工。凡入廠之始，各宜就地方所產，分别精粗，製辦上、中、下三等，凡能改作洋貨者，爲上等；製本土自出華貨者，爲中等；製通行華貨者，爲下等。所有工人及應得口食，亦視三等酌定。一曰擇人。應令州縣慎選紳富，司事經理，不准吏胥經手，仍量予奬罰，期收實效。由此推廣，凡地方有屢竊滋事、釋辦兩難之犯，以及軍流徒犯，皆設自新、遷善等所，概令習藝，即以工藝廠學成之工爲之教習，俟案犯習藝有成，又提入工藝廠，以示奬勸。如此相輔而行，則無罪者不至誤蹈刑辟，有罪者可望漸致馴良。就目下而論，惟此實爲補救之方，似不可以其細而忽之。

一、重商以保富民也。海通以來，我國數千年勇於商戰之民，遇西人而輒靡，其故何也？志渙不能合群，力薄不能持久，識淺不能見遠。而推其故，則由國家保護之法尚欠精詳，蓋自崇本抑末之説興，歷代皆以賤商爲事，於是商人不敢自附於清流。夫以不讀書、不更事之商人爭衡於商戰之世，焉得而不敗？爲今之計，必先重商，必使商知自重。商何以自重？開商智而已。近年湖北創辦《商務報》，上海設立商會，山東亦議舉行，皆屬法良意美。山東所議章程，於獎勵、補助及嚴杜欺騙諸條，頗見周密，皆宜各省推行。奴才以爲朝廷董勸之道，尚有急宜講求者。

（一）宜勸各省富商，分遣子弟赴各處習專門商學。從前出洋學生及各省學堂畢業者，獨缺商學一門。推其故，則就學者皆寒畯之士，而商業非富家不能，富家又以讀書有害於謀生，故以子弟不學爲幸事。嗣後如有富商能遣子弟出外習商學者，除學成賞給出身外，該父兄亦當分別獎給頭銜，以式鄉里。地方官如勸導有效，一體酌獎。

（二）宜飭各省徧設商會，入會各業一律齊行，每行之總董聲望較著者，獎以官職，並令每行公議規條，由商會總辦，擇其善者呈送商務大臣鑒定後，附入《商律》。將來以《商律》一書爲律，即以各種規條爲例律、例定，而各省各業無參差之弊矣。

此二者皆切要之事，然尚有至切要者，則莫如招回出洋華商一事，閩粵人之在南洋群島及南北美者，不特富有資財，且有學識明通之士。其眷懷宗國之念，歷久彌誠，徒以故里迢遥，簡書可畏，相率不前。聞前福建興泉永道惲祖祁在厦門設立保商局，雇覓輪船，專司迎送，且與税務司約，凡華商回籍，行李概免檢驗，局中又盛設賓館以延之，一時傳布遠島，歡聲雷動。未幾惲祖祁以丁憂回籍，局亦無效。擬請飭下閩粵諸督臣，按照前法，多設局所，或特選大臣以監之。目前雖稍糜經費，然華商知朝廷不忘海外赤子，感激圖報，於開礦、築路及一切公利之事，必有踴躍爭趨者，較之借助洋款，利害相反，不宜惜小費而忘此遠謀也。

一、因利以濟貧民也。貧者不能謀其生，富者不能保其利，中國之通患也。若能周轉富者之財，而以官力維持之，俾貧者可以借資，富者可以生息，中國不患貧矣。前安徽巡撫陳彝嘗持此議，奏請創設因利局，未奉准行，誠恐瑣屑煩擾，有累民業，朝廷具有深意。惟是財政日匱，民生愈艱，奴才以爲凡事百姓公議皆謂可行者，官爲贊成之，而用人辦事之當否，仍責之百姓，似無瑣屑之弊。經理之人由百姓公舉，其出入賬目均須刊布，似無煩擾之弊。其法始於江蘇揚州，推行各處。近年山東曲阜縣紳孔祥霖糾股試辦因利局，合縣便之，入股者甚衆，是其明證。擬請飭下各省勸所屬各處紳富，仿照辦理。其章程之最善者，爲保票一法，凡有錢之人可至因利局保出錢票，局中以所保之錢數爲出票之數，即以此票借給貧民貿易，以餘利分給保人，流通頗廣，人人稱便。現擬變通此法，改爲畝票。凡有田者，准以田價之半作保出錢票，保票數多者，准派人入局辦事。蓋内地有錢之家少，有田之家多，以錢作保，尚易憑虛；以田作保，較爲著實。方今賠款太巨，各省現銀皆匯上海，出入利息爲外國銀行壟斷，内地銀根日緊，各業岌岌可危，欲行鈔幣以救其窮，每以存本不豐，左支右絀，惟此畝票一法可以行之一隅，推之全國，實爲維持鈔幣之良法。但使各鄉皆有輸轉之資，則雖錢荒銀絀，仍可鄉里無虞，晏然安處。至因利局以此票作爲資本，可以辦補助、借貸及一切公益之事，將來工藝、改良諸務，亦將賴之，尤其效之近焉者也。

一、設改良局以收利權也。我國百產俱備，何求不獲？外人取我前古之銅器、近今之瓷器，重價購取，珍若球琳，而我顧將民間日用之需，如煙酒、油燭、鍼綫、綢布之類，一一取給於彼人，咸惡洋貨之奪利，咸喜洋貨之適用，而向之業此者束手無策，抑何人智而我愚也？不知彼所以勝我者，彼以精，我以粗；彼以巧，我以拙；彼以機器成而價廉，我以人工成而值貴。我誠取舊有之物而變通之，遇事求善，逐物改良，何不可以爭勝？即使取彼之法而仿造之，亦尚不至利盡歸人。且今之輸入者尚係販自重洋，成本猶重，此後許其在中國製造土貨，則運費愈輕，銷路愈廣，必至將四民所需之物利盡歸彼而後已，爲患何可勝言！擬請飭各省先於省會及大埠設立改良局，凡工用之規矩、農用之耰鋤，賈所以爲屯積，商所以爲懋遷，舉我所自用者，一一審其良窳，講求新法，務使人便於用，無資於外。如能得一良法、製一良器，則爲之推行盡利，力求進步，民有不喻，當演講之；力有不逮，當贊助之。其能出新意巧法者，許以專利，予以旌獎，漸推漸廣，器惟求新，庶足以前民利用而挽回利權矣。

一、安散勇以銷亂萌也。曠觀歷代，莫不始於制兵而終於募勇。募勇之法，聚之極易，散之極難。自削平粵、捻以來，募勇之效大著。然奏凱後，陸續裁遣，會匪之禍從此萌芽，近如甲午、庚子之役，各省皆有新募，以餉力不繼，事定而汰之什九，不能復業，大則嘯聚山谷，攻掠郡邑，如粵邊之匪是也。小則亡命川野，剽敚商旅，如各省之盜是也。今粵邊之匪尚勞宵旰，而各省之盜，供悉由迫於貧難，繩以定律，皆坐梟斬。夫當未爲勇之先，固良民也，及其由聚而復散，反致始良而終莠，雖獷悍不靖，咎由自召，而揆之一夫不獲之義，似宜速籌補救之方。况時勢艱難，宜防未亂，欲去無用之勇，必使還爲有用之民，方可無弊。擬請此後勿輕招勇，招勇即預爲散勇之計；勿輕裁勇，裁勇必預安散勇之身。除就地可以安插者，應竭力籌辦，毋令散而爲匪外，其大者如各省營田，若原任提督周盛波之督盛軍開北塘稻田，現任陝西巡撫升允督兵開馬廠田之類。次如各省路工，升任山西巡撫張之洞於修四天門、韓侯嶺路，皆資勇力。今盧漢等鐵路公司需夫極衆，宜就近分撥助役，仍由公司照給工價。又，如各省堤工，直、東、豫三省原有河兵，以人數不足，仍須雇夫，嗣後如有要工，皆可撥令修築。東南各省之圩工、塘工，亦視此。他如開礦、濬河、修渠、鑿井、種樹諸役，均宜隨時舉辦，工畢之後，積資稍裕，鼓舞還鄉，既無須仰給大農，又可以别招勁旅，似亦消患恤民之一端。

一、請各省府州通設教務局以重要案也。民教之案，責成州縣，州縣之通達治體、公正明决者，一省之中不過數員。全省州縣若干區，安能盡得賢者而任之。然教案不擇地而生，而辦教案之州縣未必得人而理，一遇棘手之案，或逡巡敷衍，但求了結，而事後之患方長；或鹵莽滅裂，不顧是非，而小民之氣愈鬱。奴才以爲州縣之中儘有撫字盡心而於交涉約章尚欠閱歷者，未必人人能理教案。然合一郡數州而擇之，必有才長心細之員，求效於衆人，較之求效於一人者，其事倍易。且時勢日亟，辦理教案實爲内政、外交切不可緩之圖，若選一郡之賢者而專任之，既可以擢材能。其不及者，即取善爲師，又可以宏造就。擬請飭各省通飭各府州設立教務局，即以各該府州爲總辦，如合屬有教案，州縣能自了者，府州不爲遥制；如州縣不能自了，而府州能代了者，即提取全案人證到各府州訊結；若府州自揣未能了結，必須先在所屬實缺各州縣中舉一二賢員，作爲該員會辦，以後遇同屬棘手教案，或檄飭會辦，馳往訊結；或由該州縣送案，請會辦代結；或提案至該府州，調員委令訊結。視案情之輕重，臨時酌議。凡會辦訊結一案，記大功一次，連結數起者，詳請保薦。如此則各府州但有一二員可恃，即足應緩急之用，否則繩以法律，責以文告，强不能者而使之能，逮教案既成，然後擇人而治，非治本之圖也。

一、請内地州縣通設遞信局以便公私也。東西各國凡官民信函，皆由郵局遞達，而官酌收其費，一國郵費入款有多至千萬者，誠利國便民之舉。中國定例，驛站不得遞寄私信，近雖推廣郵政局，腹省終難徧及，僻地更鮮往還，血脈不通，公私交困久矣。擬仿唐代用公驛遞戍邊軍士家書之制，凡各驛站皆設遞信局，由省另刊精緻印花，由州縣赴省請領印花，存於各驛站。有欲遞信者，無論官、商、軍、民，皆向驛站領取印花紙，粘貼函面；無論本省、鄰省、遠省，皆爲轉遞，由驛站記册編號，核記程限，於紙上注明遞到日期，每一紙收費五十文，逾限不到，或至失落，責取違誤驛官、驛丁，加百倍罰鍰，補給原人。簡僻無驛州縣，皆量地增設驛馬，添設郵夫，由少而多，即於印花費内提用。印花費未集之先，或由昔當衝要、今爲簡僻之驛匀撥，或暫用巡警馬步兵遞送均可。所有各項報章亦均由此附遞，是有數善。華民經商外埠，服賈殊方，濱江、濱海，音書易達，隸腹地者非托便寄，即無至期，往往家耗之通，累月經年，甚或遺失。此局若設，萬里如面，羈旅無愁，物價消長，貨販衰旺，易得其詳。此便於私也。無驛之區公牘之達百里程途，動淹旬日；要政急牘，每至遲誤；設防緝匪，往往後時。即如晋省庚子之剿拳、辛丑之議款，衡衢早經傳達，僻壤或未周知，釀禍失機，不一而足。若皆置驛，則消息靈便，隔閡無虞，費不增而用廣。此便於公也。驛費所需，按之歲出，將數百萬，若收印花費，雖此時無從預算，而統計各省、各邊大小城邑，約有一千六百餘處，果使蛛絲馬迹，無路不通，歲入必巨，除支銷一切經費外，必有盈餘，並可大益公費，下以體民，上以裨國。此無限之利也。

以上十條，有責之於官，有官民合力，有待朝廷之俯准而後可行者，奴才學識庸愚，何足仰補高深？惟憑虚而無實、言易而行難之事，不敢上瀆宸聰。伏念兹事體大，行之一省其效小，推之天下其效宏，故敢竭其愚誠，以備采擇，儻蒙俯鑒，飭各省切實施行，天下幸甚！

（硃批）：覽。[①]

【案】光緒二十九年二月初九日，政務處王大臣奕劻等奏報議覆晋撫趙爾巽奏陳通籌本計一摺，曰：

臣奕劻等跪奏，爲遵旨覆陳，仰祈聖鑒事。

光緒二十八年十月二十八日，軍機處片交護理山西巡撫趙爾巽奏通籌本計一摺，奉硃批：政務處議奏，單並發。欽此。將原奏及清單鈔送前來。竊維民爲邦本，本固則安，雖外患交乘，猶能自治，是以秦、隋之極盛，不如東漢、南宋之積弱，則正人心，厚風俗，存紀綱，實爲致治之原。該撫所陳十條，以教民、養民爲先，洵屬深知本計。臣等詳查各條，内有已議行者，有宜亟行者，有未能盡行者，謹逐條分析議覆，以備聖明采擇施行。

第一條，廣宣教化，以開民智。據稱學堂之效必在十年之後，不如白話、講演之力，敷陳甚淺，收效彌多，各等語。臣等於上年四月間議覆侍郎戴鴻慈奏請置宣諭化導使摺内，奏請飭下各省督撫、學政，督飭各教官，隨時親歷城鄉，傳集紳庶，詳細講解聖諭廣訓，並將近年叠奉諭旨凡有關於民教者，切實開導，俾知朝廷懷柔遠人，無非爲息事愛民起見，庶顓蒙悉化，不啓猜嫌。正與該撫所奏用意相符。教官籍隸本省，與士民氣誼相習，職掌又極清簡，不至有曠廢、需索之虞。該撫所請兼用分駐雜職人員，自不如專用教官之爲妥善。至京話報、白話報等委巷小説，以其意在勸善，自可聽其流傳。所請飭下督撫訂購頒行，究非政體。總之，教民本義仍莫先於興學，今東西各國以國民識字之多少爲國勢盛衰治亂之等差，果能遵奉叠次諭旨，多設蒙、小學堂，久之，僻壤窮鄉，人皆讀書明理，十年之效，原不爲迂。至講解演説，以導愚頑，亦足輔學校之不及。但使地方官師盡心勸導，於化民成俗不爲無裨。所請優給經費，酌予獎勵，應由各該地方官隨宜辦理。其化導確有成效、人才可用者，自可隨時專案保薦，不必定以年限，致成循例保獎，轉開幸進之門。

第二條，增設民官，以消隱患，各等語。查歷代之制，内地則治以郡縣，邊外則治以軍府。然漢之河西列郡至今仍隸版圖，唐之安西、北庭未幾仍淪異域，

① 臺北“故宫博物院”藏：《軍機及宫中檔》，文獻編號：151015。

是治邊外軍府仍不如郡縣，確有明徵。史稱元代之盛，遼陽、嶺北俱設行省，貢賦、租税比於内地。遼陽今奉天以東，嶺北則遠過外蒙古矣。先朝肇造東土，綏服北庭，開闢西域，疆宇遠邁漢唐。其初地曠人稀，漢民絶少，今昔情形迥異，故崇實之於奉天、銘安之於吉林，先後奏請增設郡縣；左宗棠於西事甫定，即有不可不設行省之議。蓋擇帥不分滿漢，則取才較寬；治民必用文臣，則課吏有本。今新疆既設巡撫，奉天將軍、府尹以督撫爲兼官，從前銘安亦有吉林將軍兼巡撫之請，近日增祺、長順、饒應祺等各有添設州縣之奏，均經議行。因時制宜，難拘舊制。内外蒙古，部分廣遠，地多饒沃，礦產甚繁。興利實邊，當務之急。惟改設行省，事體重大，經費浩繁，必須詳慎察度，豫籌布置。其如何增設民官，辦理新政，均應如所請，飭下各將軍、大臣悉心規畫，並先行查明各城、各旗，量户口之多寡，計道路之遠近，酌設廳縣，詳細覆奏，即可察邊將之才識，是否留心邊事，亦可知塞上之虛實情形。俟覆奏到日，請旨飭下集議舉辦。至内地繁富州縣應否分置，苗、猺土司能否改流，應由各該督撫察看地方情形，隨時奏明辦理。

第三條，各州縣通設勸農局，以重本業。所稱編纂農學書，凡中國舊法及東西新法，一一詳説，優雇老農，擇地試種。有能開荒十頃，種樹千株，試植異種，培穫有效者，優給奬賞，各等語。查與劉坤一、張之洞會奏摺内農政一條均屬相符，臣等於議覆升任山西巡撫岑春煊摺内，以所言切實可行，奏請飭下各省籌辦。二十八年正月十七日，奉上諭：即著責成各該督撫等認真興辦，查照劉坤一、張之洞原奏所陳各就地方情形，詳籌辦理，等因。欽此。欽遵通行在案。該撫所奏辦法猶不如劉坤一等原奏之詳，惟劉坤一等所奏詳於内地而略於邊外，故於内外蒙古但言牧而不言墾，該撫之意則重在墾，尤先於牧。現在晋邊墾務業經開辦，俟有成效，自當推廣。東三省、新疆、青海、兩藏等處閑地甚多，論者競陳開墾之利，應如所請，飭下各該將軍、大臣、巡撫等，詳細查勘可墾之地若干，覆奏到日，再行分别辦理。

第四條，各省州縣通設工藝局，以安游民，各等語。查二十七年，江西巡撫李興鋭奏明於省城設工藝院，收諸游蕩及犯輕罰者，並通飭各州縣就地籌款，各設一院，等語。二十八年正月初八日，奉硃批：收養游民，教以工藝，最爲良法美意，著即認真辦理。欽此。該撫所陳各節與李興鋭原奏用意相同，所擬相地、籌本、分工、擇人四項辦法亦極妥善。伏讀叠次諭旨，飭令振興工藝，意在收養貧民，各省是否一律舉行，有業經奏報者，其未奏報者尚多。即李興鋭所稱通飭州縣各設一院，事已經年，現在該撫已調署廣東巡撫，各州縣辦理是否切實，有無成效，應由臣等咨行該省查明具覆，並請飭下各省督撫一律督飭所屬舉辦，奏報以備查核。

第五條，重商以保富民，各等語。所請設商會、定商律及招回出洋華商，均與上年九月間將軍載振條奏相符，經臣等會同外務部議覆通行在案。至出洋華商回籍，應由地方官加意保護，薛福成條奏於先，許應騤奏辦於後，均經奉旨通行。該撫所稱厦門保商局各情形，應由閩浙總督查明覆奏。粤商在南洋各島者人數亦衆，該省曾否定有章程，未據奏報，並請飭下兩廣總督、廣東巡撫一律查照辦理。此係地方官應辦之事，所請監以特選大臣，應毋庸議。

第六條，因利以濟貧民。據稱前安徽巡撫陳彝嘗持此議，奏請創設因利局等語。伏讀十五年八月初十日上諭：陳彝奏縷陳因利局章程籲懇通行一摺，有無相通，原聽民間自便，若官爲經理，流弊滋多。宋“青苗法”貽害天下，此奏立意稍異者，以還本而不取息，然試思五日一還本之煩碎，拖累不更甚耶！本欲利民，適以擾民，萬萬無此辦法。所請著不准行，等因。欽此。竊維民間稱貸，事所恒有，小本貿易，爲利幾何。若如所擬章程既有取息之償，復有給保之費，已極瑣碎。在百姓兩情相願，固所不禁，若由官爲之定制，實非政體所宜。王安石“青苗法”行之鄞縣，而民稱便；行之天下，而貽禍無窮。當時兢請罷提舉官，是官爲經理，流弊滋多，此其明證。該撫原奏亦謂經理之人由百姓公舉，辦事當否仍責之百姓，既以爲便，自可聽其推行，不必官爲經理。

第七條，請設改良局。所稱中國製造不如西藝之精，請於省會及大埠設局，審其良窳，講求新法，許以專利，予以旌獎，各等語。查與將軍載振及劉坤一、張之洞等條奏相符，而不及該兩奏所陳之詳備，均經議請通行。

第八條，安散勇以銷亂萌。所云募勇聚之極易，散之極難，此後無事勿輕招勇，勿輕裁勇，俱係切要之言。至周盛波開小站稻田、張之洞修四天門及韓侯嶺，皆就現有勇營分撥工作。升允之開馬廠田，本係兵屯，其不敷者始行招募。現各省新募各勇，事經兩載，或裁或改，已無可撥之營。路、礦各工需用人夫，此等無業之民俱可就近雇用，量工授值，計日授食，無坐廢之事，無資遣之煩，招之甚易，散之亦易。若仍以兵助役，則適如原奏所謂招之易，散之難，自不如隨時隨地雇用民夫之便。

第九條，各省府州通設教務局，以重要案，各等語。近年交涉日繁，南北各省無不設有洋務、交涉等局。至民教詞訟，本應責成州縣妥爲經理，不令釀成事端，及至教案已成，則斷非府州設局所能了結。今擬於各府州二百五十餘處徧設教務局，以待教案之來，無事則局員既同虛設，有事則州縣轉得推諉，所請應無庸議。

第十條，内地州縣通設遞信局。所稱各驛站皆設局，由省刊印花，州縣領存各驛，官、商、軍、民皆向驛站領取，粘貼轉遞無驛州縣，量增驛馬，添設陲夫，各等語。查東西洋各國遞信之利，中國驛站之弊，論者競謂宜改從西法。劉坤一、張之洞會奏摺内最爲詳明，所擬辦法各州縣徧設陲政局，即令州縣管理，由省城總局刊發印花領用，粘貼遞送，均與該撫所奏相同。惟劉坤一等意在推廣陲政，以代驛站；該撫則意在整頓驛站，以敵陲政。查自二十一年奉旨飭總稅務司辦理陲政局，嗣後沿江、沿海逐漸添設，公文、私信迅速勝前，而資費極省，成效已著，本應就便推廣。各省有驛州縣，馬必缺額、疲瘦，官以此爲津貼，丁夫以此爲利藪，積習過重，斷難設法挽回。該撫所奏責成驛站，自不如查照劉坤一、張之洞等原奏責成州縣之妥善。

以上該撫所列十條，臣等公同商酌，除以兵助工及各省府州徧設教務局兩條無庸議外，其餘各條自應分別妥酌，次第舉行，應請旨再行飭催各省將軍、督撫認真籌辦，務收成效。所有遵旨議覆緣由，是否有當，伏乞皇太后、皇上聖鑒訓示。謹奏。光緒二十九年二月初九日。政務處大臣和碩慶親王臣奕劻、政務處大臣大學士臣榮禄、政務處大臣大學士臣王文韶、政務處大臣大學士臣宗室昆岡（假）、政務處大臣户部尚書臣鹿傳霖、政務處大臣外務部尚書臣瞿鴻禨。[①]

2.【案】光緒二年正月十九日，盛京將軍崇實等奏請添設邊缺廳縣事宜，曰：

---

① 臺北“故宫博物院”藏：《軍機及宫中檔》，文獻編號：153994。

奴才崇實、岐元、慶裕跪奏，爲遵旨權宜試辦添設邊缺廳縣，並派員總司邊務，以一事權，恭摺具奏，仰祈聖鑒事。

竊奴才等承准軍機大臣字寄：光緒元年十二月十四日，奉上諭：邊外善後各事宜，現經崇實等酌量情形，妥籌試辦，等因。欽此。仰見我皇太后、皇上慎重邊務，不厭精詳，奴才等跪聆之下，欽感莫名！伏查邊外大東溝善後事宜，經奴才等於上年夏間飭派翼長直隸候補道陳本植親往詳勘，並派在籍四川候補知府恒臺會同辦理。旋由該委員等稟請，在於大東溝、鞍子山設局開辦升科、納科等事，現均辦有成效。所有地畝逐段行繩，分別上、中、下三則。除上則按畝稽徵外，其餘中則以兩畝作爲一畝，下則以三畝作爲一畝，通共折算，約計五十萬畝有奇，按數造册，先將押租掃數收齊，編列户口，即自今年爲始，普律升科，亟須趕緊設官，以資治理。

查大東溝上至靉河，下至廣土山，北至鳳凰邊門，南臨海口，長幾二百里，寬亦八九十里、百数十里不等。且朝鮮貢道甫經清出，尚須妥爲布置。奴才等現擬於該處添設安東縣，鐫刻“理事通判管安東縣知縣事”木質鈐記一顆，飭派候補知縣張雲祥暫行試署，並派巡檢一員，另發鈐記，隨同前往，俾資佐理。其鳳凰邊門控制東路，最爲扼要，雖有城守尉一員，僅衹管理旗務，口署之巡檢向歸岫岩廳兼轄。而相距過遠，未免鞭長莫及，況巡檢職分較卑，亦難膺兹繁劇，擬將鳳凰城巡檢一缺改爲鳳凰直隸廳同知，分岫岩廳洋河以東鳳凰城城守尉所屬地面，以及將來邊外下游再設州縣，悉歸管轄。

至岫岩廳本係撫民通判，亦應改爲理事通判管知州事，並安東縣統隸鳳凰廳所屬，方可相承一氣。如有從前岫岩廳未報升科之地，即可由鳳凰廳妥爲清查。安東之衛六莫地方已經升科之長、永、寬、赫、團五莫錢糧、户口，並蘇莫沿江一帶直抵石柱子未丈之地，應即飭令陳本植督飭各委員查明，計畝升科。分設州縣，至於通溝係在旺清門外，現届春融，亟須趕緊清厘，奴才等擬派知縣恒臺，會同記名提督左寶貴，分帶委員、弁兵前往，將此後應辦各事次第舉行，俟辦有頭緒，再議設官，就近分歸興京新改同知管轄。查旺清門内外新兵堡爲扼要之區，人民繁庶；興京舊址本在山坳之内，今既添設副都統守護永陵、東堡，該城尚有協領一員駐扎，所有新設同知一缺，擬請再改爲直隸廳，移設新兵堡地方，近邊一帶錢糧並可歸其徵收。此奴才等籌辦此後添設廳縣之大概情形也。

惟邊外通溝至安東不下千有餘里，雖有同知分轄，尚須有監司大員總匯刑、錢，暫徵税課，節制營伍，駐扎鳳凰城邊門，始足以資整頓。且朝鮮接壤，貢使往來，似非添設邊關兵備道則體制不崇，勢難控馭。而邊外各州縣尚未設齊，又未便遽設監司。奴才等再四籌維，擬先派候補道陳本植總理邊務，詳勘地勢，斟酌情形，將應添應辦事宜隨時禀由奴才等酌核奏明，請旨遵行。

抑更有請者，邊外地畝均係流民私墾，良莠不齊。上年開辦之始，不能不稍示從嚴，現在民情既已樂從，除押租應令照章交納外，所有應徵錢糧事可推廣皇仁，量爲輕減；所有安東縣境内地畝，應俟本年秋後起征，每畝定爲正銀二分、耗羡一分。如此從輕定額，小民尤深感戴。並擬耗羡盈餘即先充地方衙門公費，雖與向例稍有未符，而邊外地方既與各省腹地州縣情形不同，且與本省邊内各州縣亦有區别，當此民心甫定，新設官吏方勖以綏柔撫字之榮，若又重以竭蹶辦公之累，殊不足以昭體恤而眷廉隅。合無仰懇天恩俯念邊外地方緊要，一切難拘成格，准予奴才等揆時度勢，酌量變通，俾得實事求是，以仰副朝廷綏定邊陲之至意。一俟規模大定，將續行添官設兵之處妥議章程，再請飭部核議。所有遵旨權宜試辦添設邊缺廳縣，並派員總司邊務以一事權緣由，謹合詞恭摺具奏。伏乞皇太后、皇上聖鑒訓示。謹奏。正月十九日。[①]

【案】此奏旋於是月二十四日得旨允行，“廷寄”曰：

崇實等奏，邊外善後事宜遵旨試辦一摺。大東溝等處升科、納税事宜，經崇實等派令道員陳本植等妥爲籌辦，所有該處添改廳縣各缺，即著照所擬，權宜試辦。崇實、岐元、慶裕仍當飭令陳本植等悉心籌畫，毋稍疏虞。通溝一帶亦須趕緊清釐，崇實等擬派知府恒臺會同提督左寶貴前往經理，即飭令該知府等認真查辦，次第舉行。該處地方官積弊已深，現在力圖整頓，自當揆時度勢，酌量妥籌，不必拘守成例，再蹈從前覆轍。所有一切事宜仍由該署將軍等妥議章程，隨時具奏。餘著照所議辦理。將此由四百里各諭令知之。欽此。遵旨寄信前來。[②]

---

① 中國第一歷史檔案館藏：《録副奏摺》，檔案編號：03-5103-071。

② 《光緒朝上諭檔》第2册，第25頁。又，《德宗景皇帝實録（一）》卷二十五，光緒二年正月，第383頁。

【案】光緒四年九月初九日，署吉林將軍銘安奏擬增設府廳州縣大概章程，曰：

奴才銘安跪奏，爲遵旨體察吉林地方情形，謹擬變通官制，增設府廳州縣大概章程，以端政本而清盜源，恭摺仰祈聖鑒事。

竊維弭盜之方，固在整軍講武；而端本之治，要在察吏安民。誠以吏治與軍務相爲表裏，未有不講吏治而能清盜源者也。吉林盜賊充斥，師久無功，夫豈賊勢難平而兵威未振哉？蓋流賊之蔓延，此拿而彼竄；愚民之濡染，習慣而性成，不端其本而僅治其標，徒恃武功，未可以言勝殘去殺也。奴才自前歲冬間查案來吉，回奉後會同前署盛京將軍崇厚議奏辦馬賊、禁賭博、設民官、查荒地四條，迭奉諭旨，諄諄以吉林地方積弊甚深，亟應力圖整頓，命奴才署理吉林將軍，將所奏各節與崇厚妥慎籌商，奏明辦理。仰見我皇上宏謨廣遠，聖慮周詳。奴才具有天良，敢不竭盡愚忱，以副勵精圖治之意。到任後遵將地方情形細心體察，博訪周諮。

查吉林省西自威遠堡門，東至俄界，不下二千餘里；北自黑龍江交界，南至鴨綠、土們兩江源，又不下二千餘里。溯維國初，寧古塔所屬各城惟我旗人聚族而居。自道光初年將軍富俊屢議開荒，內地遷流，如水歸壑，數十年來，吉林民人之多，不啻數倍旗人，良莠本自不齊，梗頑因以成俗。甚有窮鄉僻壤，聲教不通，土棍强豪自爲衆長，其間强弱相並，大小相陵，殺人放火，既視爲故常；拒捕抗官，遂成爲積習。蓋以司牧之官，惟省城西北一隅設有三廳，三廳之理事同知、通判，向由京秩旗員揀放，雖間有長材，而初膺外任，歷練未深，往往艱巨乍投，茫無所措，始但假於幕友、丁胥之手，繼或刁生劣監要挾把持而莫能制。至阿勒楚喀、三姓、寧古塔等處命盜户婚，則就理於協佐衙門，協、佐等官但習騎射，不惟不諳吏治，且多不通漢文，悉憑筆帖式、司達等任意軒輊。歷任將軍止以武事爲重，吏治多未講求，所以民怨沸騰，鋌而走險。近年以來，民愈窮而愈悍，賊愈剿而愈滋，峻法嚴刑，人無畏志，是皆不揣其本而齊其末、不清其源而塞其流也。

現在大股賊匪已平，金厰渠魁授首逋逃，餘孽尚多潛伏深藏，而墾地、采藥、捕牲各項游民，非內地遷流之户，即亡命不逞之徒，若不亟設民官，劃疆分治，政刑以化其頑梗，教養以遂其生成，專恃武功，撫馭失宜，不惟重煩兵力，恐若火燎原，益難撲滅。又，況寧、姓所屬密邇邊陲，更宜安集拊循，以弭隱患。查奉省官制，經前署將軍崇實奏請增改舊章後，吏治、民風大有起色，是因時立制，原無歷久不變之規；而正本清源，乃見俗美化行之效。奴才與崇厚體察情形，迭經往返函商，意見相同，並集所屬文武紳耆，悉心討論，皆以爲地曠人多，非有地方親民之官，不足以資治理。奴才再四思維，與其拘守成規，循途而覆轍；曷若權宜時勢，改弦而更張！擬請於所屬尤爲衝要之區，酌中設立廳縣佐雜等官，並將吉林廳升爲府治，長春廳通判改爲同知，俾資治理。將來民地錢糧、旗民詞訟，專歸該廳州縣管理。其協、佐、防、校等官，止准管理旗務，防剿盜賊，不准仍預地方詞訟，以示限制而一事權。惟添設廳縣，則創葺城垣，建修衙署、倉庫、監獄等項，及官員廉俸、書役工食，所費不貲。當此庫儲支絀之時，斷不能另請撥款，衹有就地興利，以本地所籌供本地所需。但吉林地瘠天寒，庶物本不豐阜，商賈亦甚蕭疎。松花一江不通海舶，既無舶税可收，復無鹽厘可辦，較之奉省尤爲枯窘，且當凋敝之日，正宜與民休養。若操之太急，衹圖遷就於目前，或致貽弊於日後。是以生財之道必須因地以制宜，不敢朘民以斂怨。現已派員前往蘊梨廠、馬延河、阿克敦城一帶，查勘荒地，照章收取押荒，並飭各屬仿照奉天章程，試辦斗税，擬以斗税、荒價二款作爲添官一切用度，將來廉俸、工食並各項用款亦由斗税、荒租項下動支。惟試辦斗税，查丈荒地，必須明幹廉潔之員，方能有利無弊。現在吉省辦理軍務及地方各事，奴才前調之員不敷分遣，亦不敢多調人員，致糜經費，荒務、税務衹可由近及遠，以次興辦。所有擬添之官，須俟款項籌有端倪，方能陸續添設，一二年內恐難設齊，謹先擬定大概章程，另繕清單，恭呈御覽，伏候聖裁。

至旗民衙門應辦事宜並府廳州縣應定界址，及各官廉俸、書役工食，添設綠營兵額、口分，一切詳細章程，俟奉到諭旨後，奴才選派通曉政體之員，前往各屬，查明户口、地畝數目，相度地方形勢，詳慎斟酌，奏明辦理。其各廳州縣員缺，應俟何處地畝、斗税辦有成效，即先奏派委員前往該處試署，並撰擬城名，隨時奏請飭部頒發印信，以昭官守。再，吉林三廳向因專管旗人户、婚各事，皆用理事人員，今既民户衆多，政務殷繁，與從前情形不同，應請與新設之同通州縣，均照奉天新章加理事銜，滿漢兼用，以廣材路。

其寧古塔、琿春二城距省城較遠，應否設官分治，及吉林將軍應否仿照奉天將軍加兼文銜，並省城地方應否添設巡道之處，容奴才隨時體察情形，再行奏明請旨遵辦。所有奴才變通官制、改設郡縣緣由，係爲整頓吏治、以靖地方起見，是否有當，謹繕清單，恭摺具陳。伏乞皇太后、皇上聖鑒，飭部核議，施行。謹奏請旨。光緒四年九月初九日。（硃批）：軍機大臣奉旨：該部議奏，單並發。欽此。[①]

【案】同日，銘安隨摺呈吉林改設府廳州縣佐雜等官章程單，曰：

謹將吉林改設府廳州縣佐雜等官章程，恭呈御覽。

一、吉林廳理事同知請升爲府治，改設知府一員，仿照奉天昌圖府章程，境內錢糧、詞訟由該府自理，並管轄阿克敦城、五常堡、伊通新設二州一縣。其原設吉林廳巡檢，請改爲府經歷，兼管司獄事。

一、省東五常堡地方距省五百里，地處衝要，民户繁多，應請設立州治，歸吉林府管轄。但吉省各處初設文員，民情未順，必須官銜稍大，方足以資鎮懾，請仿照熱河州縣章程，以同知管知州事，巡檢管吏目事。

一、省東南阿克敦城地方距省五百里爲南山門户，地多私墾，應請設立縣治，歸吉林府管轄，以通判管知縣事，巡檢管典史事。

一、省西伊通地方距省四百餘里，西距威遠堡邊門三百餘里，舊設分防巡檢一員，應請設立州治，仍歸吉林府管轄，以同知管知州事，原設巡檢管吏目事。

一、省東北阿勒楚喀地方距省五百里，東距三姓六百餘里，爲東北最要咽喉，所屬馬延河一帶地多私墾，應請設立撫民同知一員、巡檢兼司獄一員。

一、省東北三姓地方距省一千二百里，地方遼濶，逼近金廠，應請設立撫民通判一員、巡檢兼司獄一員。

一、伯都訥廳駐孤榆樹屯，在省北二百七十里，所屬民户最多，詞訟極繁，原設理事同知一員擬請改爲撫民同知，原設孤榆樹巡檢兼管司獄事。

一、長春廳在省西二百四十里，地屬蒙古，佃皆民人，與奉天昌圖府接壤，地方遼濶，民風强悍，最稱難治，原設理事通判一員擬請改爲撫民同知，原設巡

① 中國第一歷史檔案館藏：《硃批奏摺》，檔案編號：04-01-01-0937-005。又，《録副奏摺》，檔案編號：03-5091-030。

檢兼管司獄事。廳東震安地方距廳一百二十里，擬請添設分防照磨一員；廳北靠山屯地方距廳三百里，擬請添設地方分防經歷一員。

軍機大臣奉旨：覽。欽此。[①]

【案】光緒四年正月初七日，陜甘總督左宗棠以新疆應否改設行省，開置郡縣具摺請旨敕下總理衙門、軍機處、六部九卿及各省督撫，會議復陳。摺曰：

欽差大臣大學士督辦新疆軍務陜甘總督一等恪靖伯加一等輕車都尉臣左宗棠跪奏，爲新疆應否改設行省，開置郡縣，事關西北全局，請旨敕下總理衙門、軍機處、六部九卿及各省督撫，會議復陳，聽候聖裁，以期允協事。

竊臣於上年六月十六日具奏，遵旨統籌全局，謹將愚慮所及據實密陳一摺。七月十七日，承准軍機大臣字寄：光緒三年七月初二日奉上諭：左宗棠所陳統籌新疆全局，自爲一勞永逸之計。南路地多饒沃，將來全境肅清，經理得宜，軍食自可就地取資。惟目前軍餉支絀，若南路一日不平，則曠日持久，餉匱兵飢，亦殊可慮。該大臣所稱地不可棄，兵不可停，非速復腴疆，無從著手，等語，不爲無見。著即督飭將士，戮力同心，克期進剿，並揆時度勢，將如何省費節勞，爲新疆計久遠之慮，與擬改行省郡縣，一並通盤籌畫，妥議具奏。欽此。跪誦之餘，欽仰無既！

上年秋後，官軍由托克遜、吐魯番聯絡西進，所有布置一切及餉糧轉運、地勢、賊踪，臣已叠次預爲陳奏。仰仗朝廷威福，師行迅利，連克喀喇沙爾、庫車、阿克蘇、烏什四城。劉錦棠派余虎恩、黄萬鵬等，分軍兩路，進規喀什噶爾，駐軍於巴爾楚克、瑪納爾巴什，以扼葉爾羌、和闐衝要，兼策應前敵之軍，均經叠次陳奏。頃據總理行營營務處候補三品京堂劉錦棠十一月十九日葉爾羌馳報：已於十七日克復葉爾羌城，適接余虎恩、黄萬鵬飛禀，十三日，齊抵喀什噶爾，即於是夜克復喀什噶爾滿漢兩城，復出城追剿竄賊，尚未收隊。又據張曜牘稱：由阿克蘇先派馬隊三營赴前敵助剿，適和闐伯克呢牙斯携男婦五百餘口，由間道來投，籲懇安插。臣批令仍歸和闐收輯部衆。劉錦棠甫將大概情形馳報，即於二十日率馬步各營，繞道英吉沙爾，以抵喀什噶爾。所有復城殺賊詳細情形，俟劉錦

① 中國第一歷史檔案館藏：《録副奏摺》，檔案編號：03-5091-031。

棠到喀具報到臣，當即露布上聞，仰紓慈廑。是南疆克期底定，尚免老師糜餉之虞。而官軍自克復喀喇沙爾以後，所歷均是腴疆。臣調閱各城米糧、布匹、銀錢及軍民所需日用百貨價值清單，與東南各省腹地相若，且有較之內地市價更爲平減者。加以經理，則利民用、裕軍儲，胥有攸賴。現飭古城、巴里坤、哈密、安西采運局減采停運，並將各局分别撤留，以示撙節。十年艱難辛苦，百計經營，時虞弗逮者，一旦霍然如沉疴之去體。將來軍食就地取資，全域既振，制用自紓，我皇上保大定功，規模宏遠，上與高宗拓地節餉之貽謀，若合符節。

惟是新疆擬改設行省、置郡縣，雖久安長治之良圖，然事當創始，關係天下大局，非集內外臣工之遠猷深算，參考異同，則思慮未周，籌策容多疏誤。且甘肅荒瘠著名，所有兵餉全資各省協濟，相沿已久。臣前奏請敕户部將咸豐年間報銷册籍全分頒發到臣，以憑稽考，尚未見到。現復逐加訪詢甘肅本省及鎮迪一道餉需經費，每年常額計三百二十餘萬兩內外，伊犁、塔爾巴哈臺及吐魯番、南八城滿緑各營餉需經費，約尚需百數十萬兩，均係由各省撥解接濟。此時雖指西征臺局及各省關專款分解濟用，將來應仍復舊額，以歸有著。

合無仰懇皇上天恩，敕下軍機大臣、總理各國事務衙門、六部九卿及各省督撫臣，將新疆應否改設行省、置郡縣，從長計議，具奏請旨，並將各省關從前應解甘餉及應解新疆額餉各實數咨部，核對行知，庶微臣斟酌損益，得有憑藉。現在南路八城雖復，所有屯墾、撫輯、善後一切事宜需用甚繁，均由臣軍餉內隨時挪墊，臣不敢另款請銷。各省關遵照部章，均解至八成以上，臣亦斷不敢格外請益。至於南路腴區全復，凡可爲開源節流計者，臣自當殫誠竭慮，慎以圖之，務求弊去利生，以益大局。愚昧之見，是否有當，合並陳明，伏乞皇太后、皇上聖鑒訓示。施行。謹奏。正月初七日。①

---

① 中國第一歷史檔案館藏：《録副奏摺》，檔案編號：03-5664-004。又，《左宗棠全集》，上海書店1986年版，第8090頁。又，《左宗棠全集·奏稿七》，岳麓書社1996年版，第3—6頁。

○七、需款急切請敕户部妥議實在辦法摺

光緒二十九年六月初二日（1903年7月25日）

奴才瑞洵、英秀跪[1]奏，爲瀝陳辦事爲難，需款急切情形，請敕部臣統籌全局，再行妥議實在辦法，以重邊要而免貽誤，全大局而便遵循，仰祈聖鑒事。

竊奴才瑞洵前於本年三月二十七日，曾因布倫托海屯田緊要，工用浩繁，奏請敕由户部暫行酌撥經費，以濟急需，奉硃批：户部議奏。欽此。頃准户部將議覆原奏祗録諭旨，咨行欽遵查照到營。查原奏内云：臣等伏查上年五月，據科布多參贊大臣瑞洵奏請清理各省衛所屯田，分别繳價、税契，抵充科布多籌邊經費，當經臣部議令各省妥議章程，奏明辦理。今該大臣奏稱屯田緊要，工用浩繁，請由部臣暫行撥給銀四萬兩，將來由籌邊經費内扣還，等語。

查該大臣所稱籌邊經費，蓋指各省清理屯田繳價、納税之款而言，而各省清理屯田現惟山東奏定章程，分年繳價，其餘安徽、湖北等省辦理均未就緒，不知何日有款可解。該大臣豈得竟以此項籌邊經費爲辭，先請由部撥給銀兩，作爲布倫托海屯田經費？且布倫托海之開屯既據該大臣請催山西、河南兩省欠餉以資應用，何得又請由部撥給？臣等查閲該大臣奏報二十六年布置邊防銷款摺内，乃知該大臣現在尚欠商款四萬九千餘兩，亦指山西、河南欠餉歸還。此其所以不能不另請部款爲開屯經費也。惟山西、河南兩省共應先行解還科布多經費銀七萬四千兩，如果全數解到，計抵還商款外，尚可餘銀二萬數千兩，以供布倫托海開屯之用。臣等公同商酌，擬仍請旨敕下山西、河南各巡撫轉飭藩司，遵照臣部上年六月奏案，迅將欠解科布多經費銀兩設法籌解，毋任延宕。其布倫托海開屯經費，即於山西、河南籌解欠款内撙節動支，如有不敷，再由該大臣隨時設法籌措彌補，等語。奴才等於部臣指駁各節不必深辯，惟現在任事之艱、待款之急，與夫防務

之不能不整飭、邊務之不能再廢弛各情，部臣尚不及知。奴才等殊難緘默！若欲邊吏獨任其難而部臣不諒其苦，朝廷責其辦事而部臣又斥其用財，竊以爲勢成枘鑿，恐有宜請部臣設身處地、悉心審察者。奴才等敢將目下科布多應辦之事與需款實在情形爲聖主披瀝陳之。

現在阿爾臺山借地已奉寄諭，飭令定期交收，潛住之哈民人隨地歸，責令奴才瑞洵妥爲安插約束。查奴才瑞洵前奏請由户部借墊銀五萬兩，係止籌備安插科屬哈民而言，已慮不敷，曾經奏明。兹塔屬之哈民又隨地來歸，豈能歧視？且爲數太多，雖尚未清查，然聞其人丁約有三千餘户，合之科屬哈民，當以五六萬計，應俟詳查具奏。尚幸塔哈多富庶，無須普加體恤，但亦不能家家饒足，人人樂業，其窮苦者亦應一律施惠，斷非五萬之數所能足用。若再撥給牛具、籽種，分授田畝，則需款彌多，更屬無從措辦。此一端也。

阿爾臺山、額爾齊斯河等處地介極邊，形勢稱勝。然外有强鄰之窺伺，内有哈衆之縱横，東南又與伊犁、塔爾巴哈臺、瑪納斯接壤，四通八達，爲回匪出没之路，拚飛未已，伏莽堪虞，憂患交乘，動關大局，一有疏失，不惟北路切近之灾，亦奴才等難辭之罪。今者借地不久歸還，金山南北沿邊千餘里豈能置之不顧？兹乃並無一兵，殊不足以嚴守禦而資彈壓。奴才瑞洵前於具奏應辦事宜摺内曾經陳明，將來阿爾臺山尚須設兵置戍，以固塞防，即已有見於此。惟兵以餉爲命脈，軍火、器械爲根本，若經費尚非十分有著，則派兵接防即不能一氣呵成。此又一端也。

科布多俄商最夥，散之蒙古游牧者多於漢民，近俄、英、法、德諸國前來游歷人員尤復絡繹，全須保護，一有疏虞，即滋大釁。奴才瑞洵去年四月有請將留防蒙兵五百名减數改爲護兵，按照各旗十名分布，專護洋人之奏，奉旨俞允。嗣並接户部咨令辦理，聲復亦以月餉尚無的款，祇於去年十二月底先行裁撤三百名，以節餉需，仍未能飭令選派，以符初議。蓋以事關護商，計口授食，若忽放忽停，轉恐懈弛而生事。此又一端也。

科布多所管各卡倫以阿拉克别克一卡爲最吃緊，近年頗覺多事。昌吉斯臺卡亦爲俄人往來孔道，其所隸之分卡又處處聯俄，無不關緊要。本宜整肅戎防，加意戍守，乃自光緒七年復設以來，兵額减至每卡十名，氈廬之敝破，器械之朽窳，直已不成氣象，而對境俄卡則堡壘整潔，甲兵堅利，未免相形見絀，且易啓盜賊輕侮之心。體察情形，亟宜整頓。奴才等嘗閲前伊犂將軍長庚籌邊奏稿，見其修築卡堡辦法與科布多情事相宜，其法係土堡、石壘各就地之所宜、工之難易、料物之遠近，斟酌辦理，用款亦不甚多，似可照辦。至卡倫兵額原設每卡有五十名者、有四十名者，奴才等本有奏請規復之議。至卡倫交涉難辦，駐守之侍衛不能勝任，曾經奴才瑞洵電商外務部設法變通，嗣奉覆電以所擬係爲因時制宜起見，令由奴才瑞洵自行奏辦。乃亦均以無款可指，因循未及舉行。此又一端也。

以上數端，僅就現在急應舉辦者約略言之，其實應辦之事尚不止此。至如練兵以固圉，考牧以實邊，二者尤爲切要，以其需款較繁，未敢陳及。若夫阿爾臺山借地收還，彼處密邇俄疆，錯居蒙哈，内訌外患均屬可憂，權量重輕，自與東北邊防無分軒輊，不能力謀防守，亦豈無兵、無餉所克濟事！奴才瑞洵前因籌邊需費，奏請清查衛所屯田，取其價税，本係因户部集款維艱，代爲籌畫，實則疆臣、邊臣但當籲帑辦事，不應干預部務，初謂各省果能將此項認真查辦，則繳價、税契固已可得巨款，即常年租賦亦有增益，不但濟邊疆之要需，並可省部臣之籌措，本屬一舉兩得。乃今閲户部奏章，則謂各省清理屯田不知何時有款可解，則是此舉將不可靠，在部臣雖未明指如何，而其不能分撥協濟以應邊需之急，已在言外。奴才瑞洵去年四月遵旨估計應辦事宜需用經費約數摺内，曾有“奴才所請未知是否可行，其不可行即當另爲設措，是所望於公忠體國、力顧大局之部臣”之語，竟不料前言之微中也。大抵庚子之變，議和賠款，爲數太巨，部臣、疆臣無不視爲剥膚之灾、然眉之痛，但得剜肉補創，以顧洋債，便爲盡職，其他政事均若可從緩圖。

至遇事涉邊疆，則更有無足重輕之見横亘胸中。從前科布多亦曾議及增防，皆被部臣嚴駁而止，不知邊患如此其深，時艱如此其棘，斷非粉飾因循、蹈常襲故所能補救。我朝既處列强爭馳之世界，自應建千古未有之奇勳，事在必行，雖費不惜，特須視所任之人與所辦之事以爲衡。若但知節用，而並不事事，恐日即於危弱，而終無以自强，久將隱釀患萌，且至有大費帑項之一日。此當事者不可不知也。

此次部臣所奏布倫托海屯田經費，仍令山西、河南兩省籌解欠款，撙節動支，如有不敷，由奴才瑞洵設法籌措，雖經奏奉諭旨，然奴才等實苦無從遵辦，已於另片詳陳。查山西舊欠臺費三萬四千兩，去年已解過二萬兩，尚欠一萬四千兩；河南舊欠臺費，據該撫文稱：本欠七萬三千兩，内有光緒三年河南旱灾由部改撥湖北、廣東等省銀一萬六千兩，實祇欠五萬七千兩。綜計兩款，必須全數解清，除還商欠，方能敷出二萬數千之數，然萬無如數報解之事，豫料今年河南止能酌撥一萬兩，聊爲點綴，且亦不敢説定。此中爲難，曾任封疆辦事者亦不容不知也。

夫屯墾止邊務之一端，奴才等所深憂過慮者，哈民既已歸復，固當妥爲安置，洋務雖尚平靖，終宜暗爲設防。此外應辦各事皆與防務相表裏，可並行而不可偏廢，若欲奴才等照舊敷衍，徇情苟安，按之時局，既已有所難行；揆之寸心，亦實有所不敢。奴才等愚見，竊謂經費縱屬難籌，邊防未容稍弛，奴才瑞洵本無才望，不工理財，自當在罷斥之列，前已附片奏請另簡大員前來督辦，已邀慈鑒。究竟此後阿爾臺山、科布多均應如何布置，奴才瑞洵擬辦各條應否遵旨次第舉行，衛屯各節既難指準，當如何由户部另行妥籌的款以資接濟，户部管領度支，義無旁謝，敢求敕下部臣統籌全局，再行妥議實在辦法，指示奉行，俾奴才原議籌邊要政不至徒托空言，亦免屢瀆聖聰之咎，叨沐鴻慈，永無涯涘！

伏思奴才瑞洵痼疾侵尋，精力日遜，原不堪再膺重任，自蹈愆尤，徒以阿爾臺山一役無人能了，關係重大，不能不扶病前往，上副聖意，下順衆情。其防務擬辦一切，亦實迫於事勢，不得不然，其不敢誤邊局者在此，其不敢欺朝廷者亦在此，此心可質天日，初無絲毫意見，敢與部臣背馳也。尚冀聖主垂察，敕下部臣曲爲原諒。奴才等幸甚！所有瀝陳辦事爲難、需款急切情形，請敕部臣統籌全局，再行妥議實在辦法，以重邊要而免貽誤，全大局而便遵循各緣由，理合具摺馳奏。伏祈皇太后、皇上聖鑒訓示。謹奏。

光緒二十九年六月初二日拜發。本年七月十八日遞回，奉硃批：户部議奏，片二件並發。欽此（六月二十八日）。（第565—572頁）

【案】此摺缺原件，録副[①]現藏於臺北“故宫博物院”，兹據校勘。

1.【奴才瑞洵、英秀跪】刊本無此前銜，兹據校補。

---

① 臺北“故宫博物院”藏：《軍機及宫中檔》，文獻編號：158328。

○八、請仍籌撥屯田經費片

光緒二十九年六月初二日（1903年7月25日）

再，户部奏覆布倫托海開屯需用經費，仍指山西、河南兩省欠餉濟用，如有不敷，並令隨時設法籌措彌補，等因。理應遵照竭力辦理，惟查布倫托海之開屯，同治年間已經辦過，並非奴才瑞洵創始，彼時係布倫托海辦事大臣李雲麟經理，旋以激成兵變，並未辦成，李雲麟亦革職遣戍，而事後開銷屯墾報銷十萬兩，布置地方一切，又報銷六十萬兩，浮濫實不能免，不聞户部駁斥。今奴才瑞洵辦理開墾，事同一體，原估僅止四萬兩，較之昔日孰實孰虚，孰省孰費，自在聖明洞鑒之中。

刻下渠工告蕆，農作方興，舉凡委員薪費，兵役、工匠餉資，日食糧麵、犒賞，何一而不須用銀？現計渠、屯各工將次完竣，用款三萬四千餘兩，而建倉、安磨、設立公所，尚須次第經營，又豈所指欠餉所能救急？並查山西舊欠臺費僅三萬四千兩，除已解二萬兩外，止欠一萬四千兩。奴才瑞洵不避嫌怨，再四咨催，該藩司來文尚有怨詞。河南所欠亦止五萬七千兩，除已解一萬兩外，不過尚欠四萬七千之數。若如部臣所云，全數報解，亦僅能敷衍，況近年各省多爲洋債所迫，司庫皆極竭蹶，無可如何，安有餘力兼顧邊地？

今部臣以萬不可靠之款，撥作屯田之用，是不啻畫餅以予科布多，而使飽啖以充飢也。奴才等仰屋彷徨，殊苦無從遵辦，且奴才瑞洵去年雖曾片陳辦事需款情形，於山西、河南欠餉僅約略言之，並未確指爲開屯之用。至令奴才等設法籌措彌補云云，科布多常年經費止得五萬一千餘兩，非如伊犁、塔爾巴哈臺之多，又處邊瘠之區，尤屬無從羅掘。奴才瑞洵素性迂拘，臨財尤有斟酌，當用則用，不稍惜費；當省則省，不敢濫支。試以改行省而論，即因其舉動窒礙，需款浩繁，另摺瀝陳奏請罷議，不然則以數千里游牧而改置省會，能無協撥大帑？又豈可以區區欠餉了之耶？布倫托海屯田正當吃緊之際，仍應請旨敕令户部暫行照數墊撥，無致前功盡棄，則邊陲幸甚！謹附片陳請。伏祈聖鑒訓示。謹奏。

光緒二十九年六月初二日拜發。本年七月十八日遞回，奉硃批：覽。欽此（六月二十八日）。（第572—574頁）

【案】此奏片缺原件，録副[①]現藏於臺北“故宫博物院”，兹據校勘。

〇九、請飭加撥安哈經費片

光緒二十九年六月初二日（1903年7月25日）

再，布倫托海開屯需費，另經奴才附片切陳，當蒙慈鑒。惟辦理安插哈薩克較開墾尤爲緊要，於邊局殊有關繫，措置稍失機宜，即不免滋釁生事，奴才甚以爲憂。當去年奏請撥款時，並未計及塔哈隨地來歸，奴才生長膏粱，既不工於綜核，營中又無助理之人匡其不逮，一任奴才約略估計即行具奏，故收地安哈僅請銀五萬兩，開辦渠屯僅請銀四萬兩，今皆已知其不敷。奴才查科布多與新疆不同，伊犁向有歲協善後經費十一萬餘兩，塔爾巴哈臺亦有三萬兩，烏魯木齊爲數尤多。各省年年照撥，各部亦年年准銷。科布多則一年止得山西協濟經費四萬九千餘兩、直隸二千五百兩，額支僅能敷衍，安有餘力旁及？此其所以諸務廢弛，似不能盡諉咎於不辦事也。

若户部再不體諒邊艱，稍稍接濟，則屯事中輟，其過尚輕，儻於哈薩克撫馭失宜，甚至釀成邊患，則奴才實無可辭咎。奴才瑞洵夙性嚴急，本非好博寬厚之

① 臺北“故宫博物院”藏：《軍機及宫中檔》，文獻編號：158330。

名者，但我無一兵，彼乃動逾數萬，且虎狼之性，斷難馴擾，俯察時勢，不得不略示恩意，以爲羈縻，此中權度，奴才固不敢稍涉大意。第歸科布多之塔哈既奉諭旨，令奴才妥爲安插約束，悉心經理，似有不得不請户部代爲籌畫者，應懇天恩敕下户部鑒察苦衷，無論如何爲難，再行撥給銀五六萬兩，俾有可措手，不至因惜小費而誤大局。儻所用無多，仍即核實報存，絶不任令藉端靡費。萬不得已，謹再附片籲陳。伏祈聖鑒訓示。謹奏。

光緒二十九年六月初二日拜發。本年七月十八日遞回，奉硃批：覽。欽此（六月二十八日）。（第563—565頁）

【案】此奏片缺原件，録副[①]現藏於臺北“故宫博物院”，兹據校勘。再，查光緒二十九年六月二十八日《軍機處隨手登記檔》[②]，此奏片應附於瑞洵、英秀會銜之奏之中，故將順序作相應調整，俾資查考。

一〇、具摺自劾摺

光緒二十九年七月初六日（1903年8月28日）

奴才瑞洵跪[1]奏，爲具摺自劾，請旨從重治罪，仰祈聖鑒事。

竊奴才前於六月初二日專摺奏陳力疾銷假，並定期馳往阿爾臺山，辦理接收借地，安插哈薩克各緣由，旋於是月十二日啓程，因山路太多，駕杆車窒礙難行，騎馬前往，不料於是月十七日未刻，至第六臺過薩克塞浩喇什大壩，奴才因馬逸被傷，情形甚重，萬不得已，現已回城醫治，仍接管參贊印務。收安之事，英秀

① 臺北“故宫博物院”藏：《軍機及宫中檔》，文獻編號：158329。
② 中國第一歷史檔案館藏：《軍機處隨手登記檔》，檔案編號：03-0316-2-1229-202。

力顧大局，願效馳驅。英秀另摺詳細奏報，奴才已囑其一切遵旨辦理。

伏念奴才受恩深重，未報涓埃，計自邊寄忝膺，屢以病狀上瀆宸聰，已極悚仄。兹於奉旨交辦之件又不能始終其事，竟無由收一簣之功，午夜捫心，愧憾無地，辜恩溺職，實屬咎無可辭！惟有籲懇天恩將奴才從重治罪，庶稍釋隱微之疚，略贖貽誤之愆，叨沐生成，永深銜結！謹具摺自劾。伏乞[2]皇太后、皇上聖鑒訓示。謹奏。

光緒二十九年七月初六日拜發。本年八月二十二日遞回，奉硃批：瑞洵著交部議處。欽此（八月初二日）。（第574—575頁）

【案】此摺缺原件，録副[①]現藏於中國第一歷史檔案館，兹據校勘。

1.【奴才瑞洵跪】刊本無此前銜，兹據校補。

2.【伏乞】刊本作“伏祈”，兹據校正。

一一、署理蒙古處承辦章京片

光緒二十九年七月初六日（1903年8月28日）

再，知府銜分省遇缺即補直隸州知州穆騰武，已據銷假回營。奴才等公同商酌，該員曾充蒙古處承辦章京，現此缺尚未奏補，應令該員先行署理蒙古處承辦章京主事職銜，俟一年後，如能遇事整頓，再爲請旨充補。除分咨查照外，謹附片陳明。伏祈聖鑒。謹奏。

光緒二十九年七月初六日拜發。本年八月二十二日遞回，奉硃批：知道了。欽此（八月初二日）。（第575—576頁）

---

① 中國第一歷史檔案館藏：《録副奏摺》，檔案編號：03-5742-015。

【案】此奏片原件①、録副②現均藏於中國第一歷史檔案館，兹據校勘。

一二、參贊大臣中途墜馬回城調治摺（代）

光緒二十九年七月初六日（1903年8月28日）

奴才英秀跪[1]奏，爲參贊大臣墜馬，回城調治，由奴才馳往阿爾臺山辦理收地安哈事宜，恭摺馳奏，仰祈聖鑒事。

竊參贊大臣瑞洵於本年六月初二日具摺陳明力疾銷假，前往阿爾臺山辦理收地安哈事宜，並於是日將參贊大臣印務奏交奴才暫行護理。該大臣旋於十二日啓程，乃於六月十九日據隨帶章京錫齡阿派兵來科禀報，據稱該大臣於六月十七日行抵六臺薩克塞浩喇什大壩，騎馬驚逸，墜於崖畔左邊，半身自頂至踵均爲怪石碰傷，鼻口出血，面目全腫，腰脊骽足筋骨且有損傷，尚幸樹林遮護，未陷深澗之中。跌傷之處，疼痛異常，骨雖未折，已有脱節，每一呼痛，立即昏迷，不省人事，等情。飛報前來。

奴才當即派員星馳看視，並令勸其回城調治，另商辦法。該大臣志在盡瘁報國，一意堅執，仍欲掙扎前往。復經奴才派員致函，再三勸慰，以該大臣爲國家有用之人，總當保愛此身，以備朝廷任使，若明知不能支持而貿然輕進，倘有差池，亦於大局何補？況如此重傷，何能騎馬？不如暫行回城醫治，另議辦法。隨行員弁、跟役等亦再三禀阻，該大臣始勉强允從。現於六月三十日回城，延請在科貿易、通曉外科洋人醫治。又兼該大臣夙疾本未大痊，因亦觸發，萬非旬月所

① 中國第一歷史檔案館藏：《硃批奏片》，檔案編號：04-01-13-0432-035。
② 中國第一歷史檔案館藏：《録副奏片》，檔案編號：03-5421-012。

能全愈。伏思奴才身膺邊寄，原有幫辦之責，兹該大臣既不能前去，自當由奴才前往，將收地安哈事宜竭力辦理，以期稍效犬馬之力，藉圖報稱。竊幸該大臣與奴才早經議有章程，現應仍將參贊印務移交該大臣接收，力疾辦理地方公事，奴才即馳往阿爾臺山，將借地哈民仍照該大臣所定辦法，蕭規曹隨，隨宜籌辦，以期無誤事機。其收還借地後，將來如何布置邊防，事體重大，誠非奴才力所能及，亦非奴才所敢任，應俟將該處情形查明，回科後與該大臣妥慎籌商，再行據實具奏。

至奴才此行原應奏明請旨再行前往，第前已咨商春滿，頃准來咨，派定領隊大臣圖瓦强阿前往交還。現在已交秋令，轉瞬即大雪封山，無從前進，事關大局，萬不敢拘泥貽誤。奴才現於七月初六日將參贊印務仍交該大臣接收，奴才即於是日啓程，除奴才應帶差官、跟役外，所有該大臣奏明隨帶文武人員暨蒙兵、通事各項人等，均照舊帶往，以資差遣，並仍用原刊關防。所有參贊大臣中途墜馬、回城調治，由奴才馳往辦理收地安哈各緣由，謹恭摺馳奏。伏乞[2]皇太后、皇上聖鑒。謹奏。

光緒二十九年七月初六日拜發。本年八月二十二日遞回，奉硃批：另有旨。欽此（八月初二日）。（第576—579頁）

【案】此摺缺原件，録副①現藏於中國第一歷史檔案館，兹據校勘。

1.【奴才英秀跪】刊本無此前銜，兹據校補。

2.【伏乞】刊本作“伏祈”，兹據校正。

【案】此案旋於八月初二日得旨允行，《清實録》載曰：

奉旨：瑞洵奏，前往阿爾臺山辦理接收事宜，中途墜馬，傷重折回，現經英秀往辦一摺。昨據春滿電奏各情，已諭令瑞洵迅即馳往，妥爲辦理。現在英秀既已啓程，即著該幫辦大臣將收地安哈事宜妥慎籌辦，至爲切要。委員溥涌一案，並著查明據實具奏，毋稍徇隱。欽此。八月初二日。②

---

① 中國第一歷史檔案館藏：《録副奏摺》，檔案編號：03-5742-014。

② 中國第一歷史檔案館藏：《電寄諭旨檔》，檔案編號：1-01-12-029-006 9。又，《德宗景皇帝實録（七）》卷五百二十，光緒二十九年八月，第963頁。

卷之十九　造塔集

光緒癸卯（1903）

○一、侍衛躁妄生事委員附和助虐先行奏參摺

光緒二十九年九月初二日（1903年10月21日）

奴才瑞洵跪[1]奏，爲駐卡侍衛躁妄生事，委員附和助虐，先行奏參，摘頂撤差，認真查辦，恭摺仰祈聖鑒事。

竊於本年八月二十六日接准伊犁將軍馬亮咨稱：光緒二十九年七月二十八日，准軍機處電開：伊犁將軍鈔電飛遞科布多參贊大臣，並轉塔爾巴哈臺參贊大臣，奉旨：春滿電奏稱阿爾臺山交還科城一案，遵旨派令領隊大臣圖瓦强阿前往督飭辦理交割事宜，兹據該領隊函稱：有科城委員溥涌等，因詐索科屬哈薩克總管不遂，將該總管鎖押卡倫侍衛處，旋經哈衆搶去，彼此戰鬬，互相受傷。該委員等專差持文到城借調炮械，意欲復仇，經章京拒絶，風聞猶有在科城調兵之説，等情。著瑞洵迅即馳往哈巴河、阿爾臺山一帶，將安輯交收事宜妥爲辦理，並彈壓科屬哈衆、總管等，各安游牧，毋任滋事。委員溥涌等詐索情事，並著瑞洵查明參辦，毋稍迴護。欽此。跪讀之下，曷勝悚惶！

伏查瑪呢圖噶圖拉幹卡倫阿拉克别克河地方住牧哈薩克，屢經俄員以界務未清，迫令遷移。奴才以事關邊要，尚在堅持。嗣於五月十六日，接奉外務部函開：因俄使照催速辦，王大臣以相持過久，深恐釀成事端，更難收束。令奴才察度情形，如在彼實難住牧，即將此項哈衆移置離彼較遠之區，少滋膠葛，商屬統籌妥辦前來。

奴才詳慎圖維，王大臣恐妨大局，奴才亦未可偏執己見。維時奴才尚在賞假期内，當經商由英秀遴員往辦。英秀以即補驍騎校溥涌情形尚熟，因即派爲遷哈委員，切諭慎勿滋擾去後。旋於七月初六日，據署理該卡侍衛英紱與委員溥涌各禀稱：查訪得哈日堆森博特、總管梅林拜伊等，有謀殺哈薩克札蘭敖斯班情事。侍衛英紱當即傳詢，梅林拜伊推諉不知，口出强言。暫將其頂戴摘去看押。次早，

有哈薩克數十人來將侍衛房屋打壞，將梅林拜搶去，又將房内物件搶去多半，並打傷卡兵十數名，搶去官馬八匹。職溥涌前往彈壓，該哈衆仍然不遵，手執火槍、刀矛亂打。當令卡兵開槍虚擊，哈衆始暫退去。查堆森博特、梅林拜伊所屬哈衆不法，任意滋事，若不及早懲辦，侍衛難以管轄，等情。奴才接閲稟詞，以其情節支離，即料及不免有藉案勒索之事，值英秀適往阿爾臺山、哈巴河辦理收安事宜，隨將稟中疑竇逐層指出，咨令查究，並以該侍衛、委員辦理不合，應即加以參處。嗣於七月二十六日，復行咨令將該侍衛、委員嚴切訊究，慎勿專責哈官，致有偏斷。並另致函告以當此安插哈衆之時，綏戢尚且不暇，何可再有擾累，務期訊得確情，持平辦理，方能折服哈衆之心，萬不可輕聽一面之詞，致失朝廷體恤邊氓恩意。此皆未奉諭旨以前辦理此案之實在情形也。

奴才本擬俟英秀查訊明確，再行從嚴參辦，兹既經春滿電奏，奉旨交查，奴才遵即恭録，咨令英秀就近欽遵辦理，毋稍袒護。惟該委員等有無詐索及如何向塔城借調炮械等情，現雖尚未查明，然侍衛英綍既稱訪聞哈官有謀命重情，何以早不具稟來城，請示核辦？直待委員溥涌到後忽加傳訊，並遽將哈官梅林拜伊摘頂管押，辦理殊屬躁妄！溥涌係奉檄遷哈，並非派令訪案，乃竟横生枝節，狼狽爲奸，致激成毆搶重案，即此已均咎無可辭。相應請旨將三品頂戴三等侍衛英綍、四品頂戴即補驍騎校溥涌均先摘去頂戴，撤去差使，聽候查辦。其遷哈之事，已早咨由英秀就近一手督辦。

至該卡侍衛現實無人可以接替，前准兵部咨稱，侍衛處已經揀派護軍校鐵齡，應請敕下兵部傳令該員迅速前來，以重卡防。除將前致英秀叠次咨函鈔稿咨呈軍機處查照外，所有駐卡侍衛躁妄生事，委員附和助虐，請先摘頂撤差，認真查辦緣由，理合恭摺具陳。伏祈皇太后、皇上聖鑒訓示。謹奏。

光緒二十九年九月初二日拜發。本年十月二十一日遞回，奉硃批：著照所請，該衙門知道。欽此（九月三十日）。（第582—585頁）

【案】此摺缺原件，録副[①]現藏於中國第一歷史檔案館，兹據校勘。

1.【奴才瑞洵跪】刊本無此前銜，兹據校補。

---

① 中國第一歷史檔案館藏：《録副奏摺》，檔案編號：03-5424-125。

○二、密陳塔城電奏不免挾嫌及本城戍防滿員清苦情形片

光緒二十九年九月初二日（1903 年 10 月 21 日）

再，侍衛、委員辦事乖方，已遵旨認真查辦，另摺先行奏參，將來查究明確，如果屬實，再當從嚴劾治，斷不敢稍涉迴護，致負委任。惟奴才尚有下情，幸際聖明，不敢不委曲密陳者。奴才前接英秀承化寺行次函稱：詢問該處民户，究願歸塔城，抑願歸科，該民户不免游移。及塔城章京延年到後次日，即衆口一詞，齊願歸塔，等語。在英秀固屬多此一問，致生枝節，而該民户等墾田畝，安廬舍，耕鑿有年，已同土著，何所疑懼，何所希冀，一朝盡棄其田畝、房屋，而毅然離科就塔，此豈情也哉？其爲該章京延年之從中教唆，已可概見。

奴才伏查延年係欽奉諭旨撤差查辦之員，豈盡一無可議，乃新疆撫臣竟以全行查無實據，奏請毋庸置議完結，而於不能掩飾，如與春滿兒女姻親一節，則置不復提。諸如此類，尚難枚舉。且塔城文武亦當不乏，而春滿必派該章京前來隨同辦理交還事宜，一似該城除延年外，別無可用之員，均難索解。凡此一味偏袒，有心與奴才爲難，而詔旨可以不遵，大局可以不顧。奴才傷病顛連，亦何心與之計較！且奴才之參延年，原因蒙衆呈請，不敢壅於上聞，初非與春滿別有意見。即春滿自奴才到任後，亦復函問時通，素無芥蒂，特因借地索還，不免側目。又，奉旨人隨地歸，益失所望，而奴才復奏參延年，遂致惱羞成怒矣。

此次該侍衛、委員等辦理固有不合，然使向無嫌隙，亦何至動行電奏，究其所謂詐索，不過爲爭五六隻麇羊耳。奴才久有所聞，早經咨令英秀嚴究。夫王道不外人情，北路戍防人員缺乏，經費支絀，應支鹽菜、銀糧爲數甚微，辦事章京一年所入二百九十餘金，筆帖式且不過一百二十金。地處邊瘠，百貨奇貴，平居一身，飲食服用，已形竭蹶，遇有出差等事，整治行裝、鞍轡，往往設法張羅，

多方借貸，始克成行，既無以養其廉，勢未便苛責其貪。况長途跋涉，多索數羊以稍資盤費，論理固屬不應，原情亦尚可恕。若竟察見淵魚，概加查劾，將至營署一空。况此等事不僅北路爲然，即西路亦所常有，若咸加以詐索之名，鋪張上達，則且奏不勝奏。夫事有重於此者多矣。即如春滿前在伊犁時，占一回婦，及調塔城，竟携之赴任，而回婦之戚族遂盤踞署内，把持公事，竟至並豬肉不准入城。此爲新疆人所共知者。其爲隱患，關乎西北全局，而何人肯舉以入告？又如延年平日之詐索纍纍，屢釀重案，而新疆撫臣却爲之洗刷乾淨，又有何人肯向朝廷一再陳之耶？且英秀辦事用人向來膽小，無如本城經費太少，人員無多，聞有一二明白曉事之員，均各有專差，未便遠離。如溥涌者，已係捨短取長。夫塔城經費歲餘三四萬兩，科城經費歲止五萬餘兩，若科城亦如塔城之有善後、軍裝各費可以通融，則人材何患不多？津貼可以增給，即盡人皆可責以自愛。凡此種種，春滿夫豈不知？

此次電奏雖云因公，然已迹近報復，蓋其蓄怨已久，適有不知輕重之侍衛、委員授以口實，遂乘機而發也。若奴才不顧公義，亦任性使氣，則塔即參科，科復參塔，互相攻訐，伊胡底止！爲臣子者不能爲國家分憂，乃反挾其私忿，紛瀆宸聰，奴才雖愚，亦不敢出此。奴才之瑣瑣上陳者，非敢分辯，實因深知延年居心險詐，常與駐塔俄員往來甚密，其幸灾樂禍，一惟恐科城之無事者。若以摇惑民户之伎倆，更煽俄員，以與奴才爲難，則一己之身名原無足重，特慮北路邊防徒兹多事，有礙大局。阿爾臺山、科布多皆岩疆鎖鑰，自將齊桑淖爾畀俄之後，形勢日逼，因應彌難。竊幸三年以來，奴才密範堅持，力謀抵拒，雖於交涉舊案未能挽回，但土地未失尺寸，洋商相戒勿越，未敢滋事，不知費幾許苦心，始克臻此！此後若竟有奸邪居中播弄，助其狡謀，則朝廷之倚奴才以杜患安邊者，轉將因安邊而啓患。此奴才所大懼也。若將來邊患竟從奴才而起，則奴才獲罪滋甚，奴才心益不安。

伏念借地不日收回，阿爾臺山一帶山河要區，防務吃重，亟宜妥籌整頓。奴才嘗與英秀熟計再三，尚擬奏請另簡專員，劃疆分理。科布多參贊事權較輕，循章即可爲治，奴才去留，似屬無甚關係。因思前此自劾，幸已蒙恩交部議處，惟有籲懇俯鑒愚拙，曲予矜全，可否將奴才酌量撤回，以息爭端而杜患萌。大局幸甚！奴才幸甚！奴才受恩深重，備荷優容，用敢不揣冒昧，據實密陳。伏祈聖鑒。不勝感激悚惶之至。謹奏。

光緒二十九年九月初二日拜發。本年十月二十一日遞回，奉硃批：該大臣既知杜患安邊爲重，應即彼此和衷商辦，不得各懷成見，意圖諉卸。欽此（九月三十日）。（第585—589頁）

【案】此奏片原件、録副均查無下落，兹僅據稿本[1]校勘。

○三、幫辦大臣馳抵承化寺後前往哈巴河片

光緒二十九年九月初二日（1903年10月21日）

再，接幫辦大臣英秀函稱：自起行後兼程前進，於七月十七日馳抵阿爾臺之承化寺，暫駐塔城，辦理交還事宜。領隊大臣圖瓦强阿在哈巴河等候，英秀已往該處，届時將交收事宜和衷商辦，再爲詳陳，等語。奴才忝膺邊寄，不敢以傷病未痊，少耽安逸。收地安哈之事，奴才未能往辦，深切疚心，尤復蚤夜圖維，未嘗恝置。蓋地原烏梁海游牧，現雖仍歸科布多，哈族從此將復久居，深慮該旗未必能容，而哈衆猥多，性復剽悍，耕牧年遠，安土重遷，若迫令他徙，必因操切而生事。

奴才於閏五月調集烏梁海散秩大臣、總管等來城，切實開導，並宣示人隨地歸之論。該蒙古等同聲感激，謂當懔遵朝旨，相安無事，辭意極爲馴順。奴才查安插哈民，以此爲最要關鍵，蒙古既無梗阻，當可迎刃而解，但看英秀辦理何如耳。謹附片具陳。伏祈聖鑒。謹奏。

① 稿本第1517—1531頁。

光緒二十九年九月初二日拜發。本年十月二十一日遞回，奉硃批：著遵前次電旨，妥籌辦理。欽此（九月三十日）。（第 589—590 頁）

【案】此奏片原件、録副均查無下落，兹僅據稿本[①]校勘。

【案】此奏之得諭示，《清實録》亦載曰："科布多參贊大臣瑞洵奏，幫辦大臣英秀馳抵阿爾臺，辦理塔城交還借地事宜。得旨：著遵前次電旨，妥籌辦理。"[②]

○四、運判徐鄂到營派委差使飭往英秀行營辦事片

光緒二十九年九月初二日（1903 年 10 月 21 日）

再，奴才前調之鹽大使徐鄂，現已馳抵科布多城。該員才長識達，志切匡時，於内治、外交講求有素，當經派充洋務局總辦並新設籌邊處，責成綜理一切事宜。伏念阿爾臺借地現正辦理交收，山河要區，亟宜妥籌布置。今年逢閏，邊城氣候和暖，大雪尚未封山，已令該員兼程前往英秀行營，隨同辦事，俾收指臂之助。再，據該員面稱，已於光緒二十七年七月在順直賑捐案内，由鹽大使加捐鹽運使司運判，呈驗部照屬實。理合附片具陳。伏乞聖鑒，敕部查照。謹奏。

光緒二十九年九月初二日拜發。本年十月二十一日遞回，奉硃批：知道了。欽此（九月三十日）。（第 590—591 頁）

【案】此奏片缺原件，録副[③]現藏於中國第一歷史檔案館，兹據校勘。

---

① 稿本第 1533—1536 頁。

② 《德宗景皇帝實録（七）》卷五百二十一，光緒二十九年九月，第 893 頁。

③ 中國第一歷史檔案館藏：《録副奏片》，檔案編號：03-5424-124。

○五、遵旨酌保換防差委武職各員弁防戍出力摺

光緒二十九年九月初二日（1903年10月21日）

奴才瑞洵跪[1]奏，爲遵旨酌保換防、差委武職各員弁戍防出力，懇恩照擬給奬，以昭激勸，分別繕單，專摺具陳，仰祈聖鑒事。

竊奴才前經附片具奏，請將防守出力之換防暨差委武職各員從優奏保十數員，以章①勞勩而免向隅，等因。欽奉硃批：准其擇尤酌保，毋許冒濫。欽此。仰見聖恩寬大，不薄邊功，宣示閫營，同聲感頌！查科布多僻在極邊，接近俄界，庚子之變，軍務猝興，口外人心浮動，將發難於俄商，中外哈薩克又頗隱圖煽變，情形岌岌。彼時並無得力兵隊，蒙軍復皆新集，儻措置稍有不慎，即釀釁端，全局且將大震。當經遴委換防參將世襲騎都尉祥祐，督率隨營武弁，會同蒙員帶領護城蒙兵，分任防守，彈壓地面，緝拿盜賊，保衛洋商，晝夜徼巡，雨雪無間，遇有竄匪，立即捕獲懲辦，不令滋蔓。其派往各游牧偵探、各臺卡助防各員，亦能堅忍自持，於外人並無齟齬，地方賴以敉平，彼族未滋口實。迄今已越三年，中外輯和，邊境安堵，是該員弁等認真防護，克保危疆，綜厥勤勞，實與軍功無少殊異，洵屬異常出力，自應遵旨從優列保，以昭激勸。

奴才悉心察酌，即未便仍照尋常核辦，亦不敢稍涉冒濫，並查換防參將暨千總、把總等員，去年十二月已屆五年班滿列保之期，平日屯防尚屬出力，前經奏請並案核保，奉旨允准。玆並差委員弁分別勞績，遵照兵部新定章程，核實擇尤擬保十數員，敬繕清單，祗呈御覽。合無仰懇天恩俯念科布多地當極徼，防守彌艱，准予照擬給奬，出自逾格鴻慈。其在事出力應歸外奬之弁兵，另由奴才咨部

---

① “章”，當爲“彰”，原件、録副及刊本均作“章”。

核辦，並有應給頂戴者，亦均酌賞功牌，彙案咨部。除飭取該員弁等履歷咨部外，所有遵旨酌保换防、差委武職各員弁戍防出力，分別請奬緣由，謹繕單，專摺具陳。伏祈皇太后、皇上聖鑒訓示。再，幫辦英秀現赴阿爾臺山，未經列銜。合並聲明。謹奏。

光緒二十九年九月初二日拜發。本年十月二十一日遞回，奉硃批：兵部議奏，單並發。欽此（九月三十日）。

呈擬保换防差委武職各員弁銜名清單

謹將擬保换防、差委武職各員弁銜名敬繕清單，祗呈御覽。

計開：直隸提標昌平營參將世襲騎都尉祥祐，擬請在任以副將儘先補用，並請賞加總兵銜。該員在防已閲五年，整頓屯務，連歲收穫倍加；管教兵丁，差操無懈，且庚子年督理邊防，尤著勞勩，實屬異常尤爲出力。

宣化鎮懷來路岔道營永寧汛千總儘先即補守備馬成英，擬請俟補守備後以都司儘先補用，先换頂戴。五品頂戴宣化鎮多倫諾爾協中營千總傅鎮海，擬請賞换四品頂戴。五品頂戴宣化鎮張家口營膳房堡儘先千總把總趙金鼇，擬請俟補千總後以守備儘先補用。六品頂戴宣化鎮標右營把總盧慶雲、六品頂戴宣化鎮標城守營把總張存德、五品頂戴宣化鎮標城守營雞鳴堡把總丁恩、六品頂戴宣化鎮張家口營洗馬林堡把總丁喜。以上四員均擬請以千總儘先補用，並請賞加守備銜。

五品頂戴宣化鎮獨石口協君子堡新鎮樓口經制外委吴堃，擬請以把總儘先補用。藍翎五品頂戴山西大同鎮裁缺河曲營儘先千總把總馬根義，擬請賞换四品頂戴。該員弁均係直隸、山西五年班滿换防人員，守護倉庫，禁暴詰奸，屯田衛商，咸能奮勉，均屬實在出力。

花翎五品頂戴儘先千總張順清、藍翎五品頂戴儘先把總陳炳魁。以上二員均擬請免補千把，以守備補用，並請賞加都司銜。該二員帶隊分防，不辭艱險，安輯蒙哈，保護商貨，均屬異常出力。

六品軍功宣化鎮標中營候補經制外委吕明義，擬請免補千、把，以守備儘先補用，並請賞戴花翎。該員當邊防吃緊時，因與俄人習熟，派令聯絡洋商，力任保護，並馳赴蒙旗查辦團練，緝獲哈匪多名；辦理城防，徼巡無間，邊情賴以安定，實屬異常尤爲出力。

六品軍功吕效忠、六品軍功翟廣俊，均擬請免補把總，以千總儘先補用，並均請賞戴花翎。該二員派赴蒙古各旗，查辦清野，帶隊梭巡邊要，緝獲哈匪多名，並於保護洋商、防守城池，尤著勤勞，均屬異常尤爲出力。

五品頂戴宣化鎮標中營候補經制外委程兆雲，擬請以把總即補，並請賞加守備銜。五品頂戴宣化鎮張家口營儘先經制外委張發，擬請以把總儘先補用。六品頂戴宣化鎮標左營候補經制外委張印，擬請以把總遇缺即補，並請賞换五品頂戴。六品頂戴大同鎮標右營儘先即補經制外委邢掄元，擬請以把總補用，並請賞换五品頂戴。五品軍功陳作忠，擬請以把總補用。該員等分防要隘，偵探軍情，駐守臺卡，經年之久，備嘗艱苦。程兆雲當軍務吃緊之際，派赴陝西行在呈遞奏摺，不避險阻，尤屬異常出力。以上均係差委員弁。

查前准兵部咨行奏定嚴核保獎章程内開：凡各項異常勞績並未建功者，如係實在尤爲出力者，一案内准保免補儘先者不得過一二人，准保免補者不得過三四人，准保儘先者不得過六七人，准保翎支者不得過三人，等語。兹所擬請各員弁免補儘先及翎支，均未有逾限制。合並聲明。

（硃批）：覽。[2]（第 591—597 頁）

【案】此摺原件①、録副②及清單③現均藏於中國第一歷史檔案館，兹據校勘。

1.【奴才瑞洵跪】刊本無此前銜，兹據校補。

2.【覽】此硃批據清單校補。

① 中國第一歷史檔案館藏：《硃批奏摺》，檔案編號：04-01-01-1061-084。

② 中國第一歷史檔案館藏：《録副奏摺》，檔案編號：03-5424-123。

③ 中國第一歷史檔案館藏：《單》，檔案編號：03-5958-067。

○六、緑營换防官兵到防日期暨回營官兵照案由臺行走摺

光緒二十九年九月初二日（1903年10月21日）

奴才瑞洵跪[1]奏，爲具報緑營换防官兵先後到防日期，暨回營官兵照案由臺行走，以示體恤，恭摺仰祈聖鑒事。

竊科布多緑營换防一案，前准直隸總督袁世凱咨開：奏派游擊榮厚一員，並由宣化鎮揀派千總唐義、王錫三，把總張天錫、庫正邦、馮得昌、丁慶、丁禎，經制外委王廷喜，管帶馬步兵丁五十一名，派赴科布多换防，等因[2]。兹於本年六月中旬，該官兵陸續到營。奴才正在假内，經[3]幫辦英秀於六月二十六日親赴教場點驗，即於七月初一日分派屯田及各衙門當差。其應行换回之官兵，除參將祥祐，千總傅鎮海，把總張存德、盧慶雲等四員，暨馬步兵八名，均尚有差遣，應俟事竣飭回，並未先經咨回之兵五名外，現計應遣回千總馬成英，把總趙金鼇、丁喜，經制外委吴堃四員，飭令管帶馬步兵三十八名，分起啓程，援照成案，仍由臺站行走，以示體恤。

至在差官兵月支鹽菜銀糧，爲數無多，擬俟住差之日，再行停支。又，據游擊榮厚呈稱：把總丁慶因病懇請回營，把總丁恩仍請留防當差各情，另片奏明辦理。理合恭摺具陳。伏祈皇太后、皇上聖鑒。再，幫辦英秀現赴阿爾臺山，未經列銜。合並聲明。謹奏。

光緒二十九年九月初二日拜發。本年十月二十一日遞回，奉硃批：該部知道。欽此（九月三十日）。（第597—598頁）

【案】此摺原件[①]、録副[②]現均藏於中國第一歷史檔案館，兹據校勘。

1.【奴才瑞洵跪】刊本無此前銜，兹據校補。

2.【案】光緒二十八年七月初三日，直隸總督袁世凱奏派游擊榮厚赴科布多換防，曰：

再，准科布多參贊大臣來咨：光緒二十三年直隸派赴科布多換防官兵，今已五年班滿，應將兵丁酌换，其官弁全數另派前往更换，等因。計册開應换官兵九員、兵丁五十一名，内參游一員應於旗員内揀選。查有督標後營游擊榮厚，堪以派往。其餘官弁、兵丁已飭宣化鎮照數揀派。從前此項官兵係由山西大同出口，道路行遠，往往阻誤，嗣經前督臣李鴻章奏准，援照烏里雅蘇臺换防章程，改由張家口臺站前進，照例供給駝隻，用能迅速到防。上届二十三年换防，曾經照辦在案。

此次應循照上届成案，仍就近分起出張家口，由臺站供應駝隻前進。其應領鹽菜、米折、借支等項，照案飭由口北道核給，以利遄行。除分別咨行外，理合附片具陳。伏乞聖鑒。謹奏。光緒二十八年七月初七日，奉硃批：該部知道。欽此。[③]

3.【經】刊本誤作"輕"，兹據校正。

〇七、防兵互相對調片

光緒二十九年九月初二日（1903年10月21日）

再，據换防屯田游擊榮厚呈稱：新到换防把總丁慶不服水土患病，恐致誤差，應遣回營；把總丁恩請與對調，留防當差，懇祈察核，等情。由軍營兵部印務處

① 中國第一歷史檔案館藏：《硃批奏摺》，檔案編號：04-01-01-1061-085。

② 中國第一歷史檔案館藏：《録副奏摺》，檔案編號：03-6046-049。

③ 臺北"故宫博物院"藏：《軍機及宫中檔》，文獻編號：147773。

呈請核辦前來。奴才當經飭查，所請核與光緒十二年十一月新到外委庫成邦因病回營，與應换回營之外委姚富對調一案情事相同，似可照准。除由奴才照會宣化鎮總兵查照辦理外，理合附片具陳。伏祈聖鑒。謹奏。

光緒二十九年九月初二日拜發。本年十月二十一日遞回，奉硃批：該部知道。欽此（九月三十日）。（第 598—599 頁）

【案】此奏片缺原件，録副[①]現藏於中國第一歷史檔案館，兹據校勘。

〇八、額外驍騎校文普再留三年片

光緒二十九年九月初二日（1903 年 10 月 21 日）

再，科布多戍守滿員原設額外驍騎校二缺，向由軍營揀補，三年期滿。兹查補驍騎校後以防禦即補先换頂戴額外驍騎校文普，自光緒二十六年四月二十三日奉旨補缺之日起，扣至本年四月二十三日，已届期滿。奴才覆查該員通曉滿蒙，當差勤苦，現在昌吉斯臺代辦卡倫侍衛事務，尚無貽誤，合無籲懇天恩准將額外驍騎校文普再行留駐三年。除分咨外，理合附片具陳。伏乞聖鑒訓示。謹奏。

光緒二十九年九月初二日拜發。本年十月二十一日遞回，奉硃批：著照所請，兵部知道。欽此（九月三十日）。（第 599 頁）

【案】此奏片原件[②]、録副[③]現均藏於中國第一歷史檔案館，兹據校勘。

---

① 中國第一歷史檔案館藏：《録副奏片》，檔案編號：03-6046-050。

② 中國第一歷史檔案館藏：《硃批奏片》，檔案編號：04-01-17-0179-087。

③ 中國第一歷史檔案館藏：《録副奏片》，檔案編號：03-6046-051。

○九、請動倉糧放賑片

光緒二十九年九月初二日（1903 年 10 月 21 日）

再，奴才前因科布多城附近窮苦蒙民老弱廢疾，無所存恤，不能自食，曾於光緒二十七年十二月附奏，懇恩准於每届冬令提用倉糧小麥、大麥各五十石，按人散放，先期具奏，奉旨俞允，欽遵辦理在案。查去年原奏查明窮苦蒙古人等二百四十餘名口，迨至散放之時，各旗及烏城蒙民聞風而集，竟及四百餘人，當由奴才添購大、小麥百餘石，以補不足。

本年五月間，久雨傷稼，八月中又連次狂風，麥穗强半吹落。現查窮民已較上年爲多，將來遠道就食，更必不少，應請循照舊章動支倉糧小麥、大麥各五十石，交磨房碾磨，俟十月初一日起，至十二月底止，仍每月分作六次，以米、麵按人放給，俾霑實惠而廣皇仁，並再由奴才捐資采買，隨同散放。理合附片陳明。伏祈聖鑒。謹奏。

光緒二十九年九月初二日拜發。本年十月二十一日遞回，奉硃批：知道了。欽此（九月三十日）。（第 599—600 頁）

【案】此奏片原件、録副均查無下落，兹僅據稿本[①]校勘。

---

① 稿本第 1575—1578 頁。

一〇、電陳阿勒臺收安現定從緩摺

光緒二十九年九月二十二日（1903年11月10日）

新疆巡撫轉北京外務部鈞鑒：幫辦英秀辦理阿勒臺山借地交收一案並未遵旨，僅執一二僅可商量之末節，輒行定議從緩，另籌辦法，未知已否由電奏明，瑞洵事後始據咨知，無從商阻，憂憤萬狀。查英秀向不以收地爲然，曾有“將阿勒臺山借地不如割歸塔城，樂得無事”之語，全未計及烏梁海萬餘户口失此膏腴，不能帖服；科哈無此曠土，難以安插，於阿勒臺山邊防扼要更未籌及，人隨地歸，尤不以爲然，然於迭奉諭旨竟不料其不顧也。

守土安民，皆邊吏分内應辦之事，並非瑞洵好大喜功，况上而歷次諭旨，下而將軍、督撫奏覆，豈盡一無是處，有何窒礙？長庚去冬親查，亦極核實，乃英秀膠執成見，陽托慎重，實則欲藉推展，以陰圖翻案。在英秀恐收地之後便事繁責重，考成隨之，不知大臣謀邊亦當統顧全局，若明知禍患必概推於鄰境，似亦非公忠之道，反不如塔城此次尚知朝旨爲重也。

科城蒙哈望恩待撫，有同望歲，今仍將化爲烏有，能無携貳？現在烏蒙、科哈漸已譁然惶駭，咸抱不平。瑞洵恐邊患不在塔城而將先起科境也。查科城原因無閑地安哈，是以索還借地，今仍以冬牧之地認籌，雖云回科籌商，已同默許。又，英秀接圖瓦强阿文稱，請人地兩收，明春雪消再各遷徙。英秀即覆咨商，將哈民暫從緩交，先行交還借地，是明將人地分辦。圖瓦强阿駁以既不收哈亦不便還地，英秀即以惟有將借地、哈民均從緩議另籌辦法咨覆，且於諭旨“人隨地歸”上加“雖”字，商請交地文用“可否交還借地”，語氣抑揚，可見意指。瑞洵前派參將祥祐赴新收哈，時閱年餘，始招徠十分之九，約四千餘人，漸次押至南臺一帶，以待安輯，曾先咨英秀督催哈官往接。乃據南臺委員稟稱，哈官未到，若不速收回牧，仍必譁散。不特瑞洵與潘效蘇枉費年餘經營，且恐群哈聞風解體，大碍邊局。蓋因委員溥涌前在卡倫滋鬧，歸哈均致驚疑，若再激成哈變，邊界毗連，亦難不竄入彼境，外人有詞，更難收拾。此等重咎，瑞洵不能當也。

伏查阿勒臺山係爲烏梁海自有游牧，不能不索。此項哈衆又係早年科城舊撫，不能不安。人隨地歸，乃長庚等所議，叠奉諭旨飭遵，並非全係瑞洵之私見。地、哈兩事即有須稍通融，總難出此範圍，無論何人前來，恐未必别有辦法。英秀欽奉妥慎籌辦、至爲切要之旨，極應與圖瓦强阿磋商詳議，有應變通，亦當據實由塔電奏請旨，何得擅專？乃抵哈巴河纔半月，與圖瓦强阿晤面次數無多，行文三次，僅空文相持，於緊要關鍵轉未開誠布公以實情，彼此商有歸宿，率以均從緩議、另籌辦法暫結。圖瓦强阿遂即回塔，英秀聞亦起程。如此草率，實出意外！况此案膠葛多年，至今始有成議，似未便據英秀一人之見，復翻定案，失信啓爭，自應請旨定奪。瑞洵病雖未痊，傷已見好，刻因地事復緩，蒙古觖望，哈衆聳動，邊情岌岌，不容無人前往收籠拊循[1]，祇好俟英秀回城後，瑞洵仍即力疾前往，確查實在情形，務得究竟，並遵前旨將哈薩克認真彈壓，俟得確情，即詳奏。現在北道已爲雪阻，須由札哈沁南臺設法繞道，寒天病體，不敢顧惜。至收哈已緩至明年，應派何人辦理，仍請欽定，瑞洵不敢擅便。謹請代奏候旨（科布多瑞）。九月二十二日，咨新疆代奏。

十月十九日，奉到十月初八日電旨：瑞洵電奏具悉，著該大臣即行前往彈壓拊循，查明確情，詳晰具奏。所有明年接收事宜，仍著瑞洵經理，並會商春滿等妥爲籌辦，務於守土、安邊均有裨益。欽此。（第600—603頁）

【案】此摺原件、録副均查無下落，兹據稿本①校勘。

1.【拊循】刊本誤作“附循”，兹據校正。

---

① 稿本第1579—1590頁。

一一、阿勒臺收安議緩謹陳可疑可慮情形摺

光緒二十九年十月初五日（1903 年 11 月 23 日）

奴才瑞洵跪[1]奏，爲幫辦英秀辦理收安，現已議定從緩，另籌辦法，敬陳可疑可慮情形，恭摺馳奏，仰祈聖鑒事。

竊幫辦英秀辦理收安，擅定從緩各情，業經本年九月二十三日飛咨新疆代爲電奏，詞句甚多，然意猶有未盡，且奴才疑慮交縈，亦有不能不再詳陳者。奴才查閱英秀鈔來文件，其塔城領隊圖瓦强阿初咨，議將總管巴依巴克、副總管加開兩屬哈衆歸於河南，隸塔城；將哈薩克公徵斯罕率臺吉札雅爾札達克、總管邁敉鄂斯班額敉爾臺等所屬歸河北，隸科城。無論冬夏，均不准再越界綫。惟值此秋深，邊地早寒，哈民等已歸冬窩，自難令其遷移。俟明年春暖，該哈薩克頭目等再行各將所屬人衆互相遷徙，以示體恤。英秀隨據該哈公徵斯罕等稟稱，歸科之哈非在河南賽里山過冬，牲畜不能牧養；歸塔之哈非在阿勒臺山一帶過夏，牲畜不能存留，稟請英秀轉商。英秀即據呈咨行，有"不敢冒爲接收"之語。圖瓦强阿復以哈薩克公、臺吉、總管、大小頭目人等均在此間守候，當此正移冬窩，未便令其廢業失時，仍咨請英秀遵照兩次諭旨，先將人地兩收，俟明年春暖雪消後，再爲籌地安插。英秀覆駁以仍難接收，請先將交哈一節暫從緩議，應俟明年籌定冬季牧畜地方，再爲接收。圖瓦强阿遂以既不收哈，亦不便還地咨覆。於是英秀始願從定議。此英秀等往返咨文及哈呈所稱大略情形也。

惟英秀函致奴才，謂由承化寺前往哈巴河時，沿途密詢，即經查悉潛住借地之塔哈，僅於四、五、六、七月間在阿勒臺山一帶住牧，是爲夏窩。迨由八月以至次年三月，除在額爾齊斯河南北兩岸過冬外，其餘均行移入塔境賽里山一帶地方過冬，各項牲畜皆在該處牧放，是爲冬窩。年年如是。及到哈巴河訪詢，所言

皆同。是英秀於塔哈情形知之不爲不詳，籌之即不當不盡，商之更不可不力，勢必須逐一辯論，不憚筆舌，必無憾而後即安，而函中轉謂若必逐一辯論，徒煩文牘。以應與圖瓦强阿反復辯論者，竟以告知奴才爲了事。此奴才之未解一也。

奴才夏間未往阿勒臺山之先，屢與英秀議及上年所奉硃批“著將哈薩克清查，酌度情形，妥籌安插，務令各得其所，以順輿情而重邊要”之旨，至爲明允，即應欽遵辦理。其中節目或有應變通之處，僅可彼此商量，歸於至當。惟潛住之塔哈不能令其紛紛遷徙，衹當擇其不安者措之，而使之安。至於如何立法約束，自應酌宜妥定能行章程。乃英秀習聞此説，並不將不能遷之所以然與圖瓦强阿熟商，且來文仍以一遷即變爲言。此奴才之未解二也。

查科布多難籌塔哈冬牧之地，英秀與圖瓦强阿文一再申明。然一咨之内既云現在科屬各處亦無妥地安插該哈住牧過冬，繼又云應俟明年籌有該哈牧畜地方。夫既云該哈冬牧科屬所無，何以又自認籌？豈一到明年便可籌定乎？此奴才之未解三也。

塔哈不收，英秀既托詞冬牧之地須籌矣。此猶可謂鄰疆之子民不必攘歸於我也。阿勒臺山、哈巴河借地爲烏梁海游牧，不當汲汲商定收回以安藩屬乎？此奴才之未解四也。

英秀來文謂塔哈自擬歸科後，人心惶惶，總未相安。此與奴才平日所聞所知情形大異。然英秀正宜詰其不願歸科之故，詳加開導，告以既住科境，即應歸科布多管轄，若不歸科，便應離科，百餘年久占之阿勒臺山果能捨去耶？如此明白曉諭，彼亦自可釋然，而英秀竟不及此。英秀來函又謂該哈每年在阿勒臺山不過四月[2]，餘仍移於塔境。不知英秀將令悉數遷回塔境耶，抑任其不歸地方官管轄耶？此奴才之未解五也。

英秀來函謂圖瓦强阿咨文强詞奪理，不足與較。實則奴才查閲圖瓦强阿兩次咨商之文，咸稱遵旨先將人地兩交，俟明年春融再互遷徙，情理尚順，不過互遷辦法尚欠斟酌，又與塔哈呈詞不無殊異耳。此何不執哈呈與來文所稱不符之處，與圖瓦强阿詳悉計議？且英秀覆文於諭旨則以爲窒礙難行，於哈呈反云係屬實情。何其視煌煌天語不足當哈夷頭人之一呈？此奴才之未解六也。

夫交地與哈者，塔城也；收地與哈者，科城也。塔哈若有不便，應向塔城圖瓦强阿控訴懇求，乃不之圖瓦强阿而之英秀。此奴才之未解七也。

哈夷忿鷙梗頑，行盜侵毆，直如恒業，收之難可制伏，似以不收便，顧烏梁海之地，將因而議割，科布多之哈益以滋不安。群知奉有定期交收之旨，而英秀獨議展緩，足以疑種族，促爭端，慮其遠而忽其近。此奴才之未解八也。

大員出差，隨員、弁兵、輿馬、僕從，勢不能少；臺站供應、烏拉，視爲苦累。今英秀往辦收安，即使一時難決，正可多需時日，以期辦有歸宿。夫一次辦結，與兩番往來，其勞費何如？乃空行空返，反以將來再行接辦爲示體恤。此奴才之未解九也。

而奴才猶有説者，則以索還借地始自清安，沙克都林札布、魁福繼之，及已奉諭旨，復准展限三年交還，屆期春滿尚圖反汗。迨奴才復申前請，經長庚等覆查會奏，始定人隨地歸[3]。朝廷俯采群言，折衷一是，迭飭和商妥辦，臣下宜如何懔遵！况此案膠葛多年，至今始經查明，荷蒙欽定，實亦不便再翻。乃英秀未能仰體倡改緩收、適償塔城之初願，不與奴才同心，轉似爲塔城助臂。此奴才之未解十也。

查哈族人衆性悍，易難邊疆，奴才非不知之。然溯自嚮化以來，從未爲患。同治年間，西域回匪作亂，該哈非但未嘗附逆，並且幫助軍需，是其心尚知有天朝，直可謂之急公好義，世篤忠貞。若概視爲異類，深閉固拒，萬一鋌而走險，爲害尤烈。蓋塔哈不收，則借地難歸；借地不歸，則烏梁海悉索之餘，又失膏沃，靡以起凋敝。錯處之哈，終無安插，且將致繹騷，緩則患釀腹心，急則變生肘腋。儻一旦闌入俄界，猝有不虞，更難收拾。此地與哈不容不收且萬不容緩收者也。

且英秀口銜天詔，宜如何殫心竭慮，剴切籌商，期底成績，即曠日彌久，亦自無妨，總須有實在辦法，一日即爲百年之計。假如確有窒礙，不能通融，上而朝廷既當請旨，下而僚佐亦可諮諏。英秀乃皆不出此，以奉旨迅即交收始，竟以從緩辦理終，達之九重，必增聖慮；傳之諸部，必撼人心！英秀小心持重，蕃夷情數，具所夙知，孰意其輕率專輒之至於斯也。奴才細繹英秀函咨，不過爲科無冬牧地以容塔哈，必須仍准過賽里山，歸塔之哈亦須仍准過阿勒臺山，照舊牧放，初非大有爲難，竟不能互相商榷。查上年長庚等覆奏，原有“應如何安插約束，由各該大臣自行妥爲經理”之語。蓋統籌安插，本非一二空文便能蔵事。此等大政[4]尤非從容擘畫、詳細推求，不能周妥也。

奴才伏思西路、北路莫非皇朝疆土，歸科、歸塔，皆是國家子民，似難畛域過分，限其不通來往。據理而爭，圖瓦强阿諒亦不能固執。至應如何約束稽查，自應另具科條，亦不得漫無限制，要不離乎重邊要，順輿情，期於兩有裨益。惟究竟如何情形，容奴才到彼查實具奏，但事原重大，萬不敢挾一己之見，遽謂鐵案如山。况奴才係原奏索地安哈之人，更不能不格外虚心，集思廣益。可否再請另派大員會辦此事，並應否將英秀傳旨申斥，令其毋庸預聞，以免掣動全局，出自聖裁。

所有幫辦英秀辦理收安，已議從緩，另籌辦法，敬陳可疑可慮情形各緣由，謹恭摺馳奏。伏乞皇太后、皇上聖鑒訓示。不勝惶恐待命之至。謹奏。

光緒二十九年十月初五日拜發。本年十一月二十六日遞回，奉硃批：著仍遵前旨，會商春滿等妥籌辦理，務於守土安邊均有裨益。欽此（十一月初三日）。（第603—610頁）

【案】此摺原件、録副均查無下落，兹據稿本①及《軍機處隨手登記檔》②校勘。

1.【奴才瑞洵跪】此前銜據《軍機處隨手登記檔》校補。

2.【四月】稿本作“四個月”。

3.【人隨地歸】刊本作“人地歸隨”。

4.【大政】刊本誤作“大致”，兹據校正。

---

① 稿本第1591—1615頁。

② 中國第一歷史檔案館藏：《軍機處隨手登記檔》，文獻編號：03-0317-2-1229-324。

卷之二十　微管集

光緒癸卯（1903）

○一、前議練兵畜牧事宜擬請停辦毋庸再行撥款摺

光緒二十九年十月初五日（1903年11月23日）

奴才瑞洵跪[1]奏，爲經費難籌，科布多前議練兵、畜牧事宜，擬請停辦，期省財力而體時艱，恭摺仰祈聖鑒事。

竊奴才前於光緒二十八年二月間，遵旨覆陳應辦事宜，嗣復奏估經費約數，請以三年爲期，歲撥二十四萬兩，擬辦練兵、墾田、畜牧、收地四事，皆奉户部議奏照准，聲明俟各省屯田價税籌有的款，再爲分撥開辦，等因。奴才當時復經片奏，以籌邊各事奴才才望不足取信，應請另簡大員督辦，奴才隨同經理，欽奉批旨：著勉力籌辦，毋庸推諉。欽此。奴才愧以弱才猥蒙委任，敢不勉殫駑鈍，少效涓埃！故於索地、開屯兩事萬不能不辦者，奮迅圖成，不遺餘力。第查現在國用浩穰，度支不繼，大農既窮點金之術，疆吏彌懷竭澤之憂。值此時艱，自無餘帑可供邊費。即以練兵而論，蒙兵向不可恃，哈薩克生性梗頑，不宜再教戰鬬，旗卒復難遠調，若由内地招募漢勇，窒礙較多，易滋後患，且軍火、器械概屬闕如，將裨尤不易求，實苦無從舉辦。畜牧一事又非得精於此道者不行，此事既恃人力，尤賴天時，一遭瘟灾，即紛紛倒斃；經理不得法，亦難冀其蕃滋。蒙古雖仗游牧爲生，然皆懶惰，漫不加意，是創立孳廠亦有難言者矣。

況奴才本無幹略，不過虚聲[2]，近年病未脱體，氣力實不從心，若復强任不辭，竭蹶從事，必致上負聖明，下乖衆望。奴才近接户部來文，深知籌款不易。夫使部臣獨任其難，而奴才竟不爲之諒，奴才亦不忍出此也。且借地總須收回，阿勒臺、額爾齊斯，山河要區，防務自宜偏重；科布多便爲後路，但能安静不擾，即可無事，移步换形，未可仍拘前議。所有練兵、畜牧事宜，熟慮再三，似以不輕舉爲便，可否停辦，並經費亦毋庸再撥，期省財力而體時艱。相應請旨祗遵，

抑懇敕部臣核議之處，伏候上裁。奴才愚昧之見，是否有當，謹恭摺具陳。伏祈皇太后、皇上聖鑒訓示。謹奏。

光緒二十九年十月初五日拜發。本年十一月二十六日遞回，奉硃批：户部知道。欽此（十一月初三日）。（第612—614頁）

【案】此摺原件[①]、録副[②]現均藏於中國第一歷史檔案館，兹據校勘。

1.【奴才瑞洵跪】刊本無此前銜，兹據校補。

2.【不過虛聲】刊本無此句，兹據補。

○二、阿勒臺設官分治仍應稍假財力片

光緒二十九年十月初五日（1903年11月23日）

再，名山大川，國家之寶。阿勒臺、額爾齊斯借地，迭奉寄諭飭令定期交收，妥爲經理。兹雖小有阻滯，終須遵旨收還，侵疆既歸，亟宜就近設官，及時圖治。彼處田牧肥美，種落錯居，兼有魚鹽林木之饒，南控赫色勒巴斯淖爾即布倫托海，東達新疆瑪納斯。又，瑪呢圖噶圖勒幹、昌吉斯臺各卡倫均在左右，輔車相依，且據俄齊桑斯科之上游，險固形便，實爲漠北襟要，撫巡鎮守，尤貴得人，未便仍由科布多參贊遥領，致有鞭長不及之虞。長庚前與奴才函商，原有擬遷幫辦於額爾齊斯之議。科布多治所本不當衝，已成後路，無須多置官長。惟幫辦仍須秉承參贊，似不如將參贊移節駐扎更爲相宜。第事權尚宜加重，方足以資統率而備非常。布倫托海地屬中權，並宜增設一官，督辦兵屯，俾脈絡貫通，聯爲一氣。

---

① 中國第一歷史檔案館藏：《硃批奏摺》，檔案編號：04-01-35-1065-062。

② 中國第一歷史檔案館藏：《録副奏摺》，檔案編號：03-6000-028。

至應如何布置，尚容逐細察勘，規畫全局，詳悉具奏。岩疆鎖鑰，經營締造，需款必繁，奴才正摺所稱停辦練兵、搴廠，毋庸再撥經費，係專指科布多而言，若阿勒臺邊防吃重，似不能不稍假財力。奴才謬竊虛聲，未諳遠略，久爲病困，難可支持，實係不能辦事，將來自應請旨另簡練習邊情、文武兼資之大員前來詳籌妥辦，應需經費即由彼核實估請，奴才萬不堪膺此重任。區區愚款，不得不預爲陳明。理合附片具奏。伏祈聖鑒訓示。謹奏。

光緒二十九年十月初五日拜發。本年十一月二十六日遞回，奉硃批：知道了。欽此（十一月初三日）。（第 614—615 頁）

【案】此奏片原件、録副均查無下落，兹僅據稿本[①]校勘。

〇三、筆帖式當差得力擬請酌奬摺

光緒二十九年十月初五日（1903 年 11 月 23 日）

奴才瑞洵跪[1]奏，爲筆帖式當差得力，擬請酌奬，恭摺仰祈聖鑒事。

竊查北路軍營章京、筆帖式各員，遇有人去得當差得力者，向由奴才等隨時奏請鼓勵。現當整飭之際，懲惰奬勤，尤爲先務。兹查有俟年滿回綏遠城後改武照例以防禦補用補防禦後以佐領即補先换頂戴科布多暫署軍營兵部幫辦章京筆帖式清林，謹飭安詳，才堪造就，辦事亦甚得力，自應量予加奬。奴才擬請將該員開去筆帖式，以章京候補。現已派充洋務局委員，應令暫照防禦例支給鹽菜銀糧。如此則該員既當益加感奮，力圖報效，即闔營文武各員亦必共知勸勉，似於戍防公事不無裨益。該員所遺筆帖式之缺，另行揀補。所有筆帖式當差得力，擬請酌

①　稿本第 1629—1633 頁。

獎緣由，理合恭摺具陳。伏祈皇太后、皇上聖鑒訓示。再，幫辦英秀現赴阿爾臺山，未經列銜。合並聲明。謹奏。

光緒二十九年十月初五日拜發。本年十一月二十六遞回，奉硃批：著照所請，該衙門知道。欽此（十二月初三日）。（第 615—616 頁）

【案】此摺原件[①]、録副[②]現均藏於中國第一歷史檔案館，兹據校勘。

1.【奴才瑞洵跪】刊本無此前銜，兹據校補。

○四、仍照舊放折以符成例片

光緒二十九年十月初五日（1903 年 11 月 23 日）

再，科布多所管臺站、屯田、駐班、官學，明阿特、額魯特兩部落各項蒙古官兵等，每年應領糧折銀兩向由常年經費項下按半開放。前因庚子之變，山西協餉停解，邊費支絀，經奴才奏請暫放本色，並聲明一俟經費照常撥解，再當察酌情形，奏明辦理，奉旨允准欽遵辦理在案。時及兩年，蒙情亦尚允洽，惟查現在常年經費，山西省已照常協解。本年屯田又因夏間久雨傷稼，繼以風灾，秋收不免減色。奴才悉心體察，應請自光緒三十年春季仍照舊放折，以符成例。理合附片具陳。伏乞[1]聖鑒。謹奏。

光緒二十九年十月初五日拜發。本年十一月二十六日遞回，奉硃批：知道了。欽此（十一月初三日）。（第 616—617 頁）

---

① 中國第一歷史檔案館藏：《硃批奏摺》，檔案編號：04-01-12-0631-005。

② 中國第一歷史檔案館藏：《録副奏摺》，檔案編號：03-5426-009。

【案】此奏片缺原件，録副[①]現藏於中國第一歷史檔案館，兹據校勘。

1.【伏乞】刊本作“伏祈”。

〇五、調補筆帖式各員缺摺

光緒二十九年十月初五日（1903年11月23日）

奴才瑞洵跪[1]奏，爲調補筆帖式各員缺，以資辦公，恭摺仰祈聖鑒事。

竊查科布多糧餉處筆帖式景善，前經奏請充補主事職銜蒙古處幫辦章京，業奉批旨允准。其所遺糧餉處筆帖式一缺，查得四品頂戴即補驍騎校蒙古處筆帖式吉林，樸訥廉謹，惟才欠開展，辦理蒙古事務稍覺竭蹶。該員原在糧餉處當差，應請以之調補糧餉處筆帖式，以期人地相宜。所遺蒙古處筆帖式一缺，查有候補筆帖式興文，材幹明强，堪以擬補。

又，印務處筆帖式清林，另摺奏請開去筆帖式，以章京候補。所遺印務處筆帖式一缺，查有候補筆帖式景貴，年富才明，堪以擬補。又，前因事多人少，不敷差委，曾經奏准添設官缺，兹值整頓之際，此項添缺歲支鹽菜銀糧，計筆帖式每員七十二兩，加增銀四十八兩、糧九石七升二合，爲數甚微。近來事益紛繁，體察情形，尚難遽行裁撤，仍應揀員充補，以裨公務。查有候補筆帖式依罕，明敏勤能，堪以擬補印務處添設筆帖式之缺。又，查有儘先補用驍騎校候補筆帖式金奇暹，通曉翻譯，堪以擬補蒙古處添設筆帖式之缺。

以上五員，應俟五年期滿，如願就武，回綏遠城後，均俟補驍騎校後以防禦補用，先换頂戴。伏候命下，照章遇有差便，給咨送部引見。至該員等所遺候補筆帖式之缺，另行揀員咨部辦理。所有調補筆帖式各員缺以資辦公緣由，理合恭

① 中國第一歷史檔案館藏：《録副奏片》，檔案編號：03-6732-052。

摺具陳。伏祈皇太后、皇上聖鑒訓示。再，幫辦英秀現赴阿爾臺山，未經列銜。合並聲明。謹奏。

光緒二十九年十月初五日拜發。本年十一月二十六日遞回，奉硃批：著照所請，該衙門知道。欽此（十一月初三日）。（第617—619頁）

【案】此摺原件①、録副②現均藏於中國第一歷史檔案館，兹據校勘。

1.【奴才瑞洵跪】刊本無此前銜，兹據校補。

〇六、委員溥涌被參詐索已得梗概應由幫辦奏辦片

光緒二十九年十月初五日（1903年11月23日）

再，委員溥涌被參詐索一案，奴才前已遵旨奏參查辦。現在有由瑪呢圖噶圖勒幹卡倫來人，奴才皆詳加詰問，已得梗概，並隨時密咨英秀，復加查訪，以備參酌。該委員與侍衛英紱此次滋鬧，竟至驚動新疆歸哈不敢回牧，有礙安撫，情節似屬匪輕。奴才愚謂屬員被參，内省常有，口外則向少舉發，將來擬結不但不應迴護，並且難再敷衍，蓋能嚴懲一二人，即可以儆尤效服人心。第恐查覆需時，奴才不能久待，自當由英秀奏辦。謹附片陳明。伏祈聖鑒。謹奏。

光緒二十九年十月初五日拜發。本年十一月二十六日遞回，奉硃批：知道了。欽此（十一月初三日）。（第619頁）

【案】此奏片缺原件，録副③現藏於中國第一歷史檔案館，兹據校勘。

---

① 中國第一歷史檔案館藏：《硃批奏摺》，檔案編號：04-01-12-0631-028。
② 中國第一歷史檔案館藏：《録副奏摺》，檔案編號：03-5426-008。
③ 中國第一歷史檔案館藏：《録副奏片》，檔案編號：03-5742-061。

○七、把總領餉玩誤請敕部斥革片

光緒二十九年十月初五日（1903 年 11 月 23 日）

再，科布多換防六品頂戴直隸宣化鎮右營把總盧慶雲，上年十一月委令前往山西催提餉項，今年正月復札飭就便提領科城本年前一半經費，閱時已久，杳無消息。前准山西來文，知此項經費已於六月二十二日由省解到歸綏道衙門，存儲待領。乃迄今未見該弁報解起程。正深詫異，又接烏里雅蘇臺咨稱：現經綏遠城將軍咨催領解，竟不知該弁何往。刻下已屆冬初，而上半年經費尚未解到，庫儲殫竭，待帑尤亟。該弁止圖一己之安逸，罔顧萬衆之飢寒，殊爲可惡。

查直、晋換防弁兵，巧偷疲壞，積習太深。奴才到任後，甘爲怨府，時加懲創。無如絶不悛改，視爲固常。自經奴才病後，無人更爲管束，不免益形懈弛。似此弁髦法令，玩誤軍需，若不嚴参，何以儆衆！相應請旨將六品頂戴直隸宣化鎮右營把總盧慶雲，敕部將頂戴、弁缺均行斥革，並不准再來北路軍營，以昭明罰。至經費銀兩，另行派員催解。除咨兵部查照外，理合附片具陳。伏祈聖鑒訓示。謹奏。

光緒二十九年十月初五日拜發。本年十一月二十六日遞回，奉硃批：著照所請，該部知道。欽此（十一月初三日）。（第 619—621 頁）

【案】此奏片原件[①]、録副[②]現均藏於中國第一歷史檔案館，兹據校勘。再，此奏片具奏日期，録副以奉旨日期爲之，而原件則僅署“光緒三十年”，均未確。兹據刊本及《軍機處隨手登記檔》[③]校正。

---

① 中國第一歷史檔案館藏：《硃批奏片》，檔案編號：04-01-117-0179-088。

② 中國第一歷史檔案館藏：《録副奏片》，檔案編號：03-5960-009。

③ 中國第一歷史檔案館藏：《軍機處隨手登記檔》，檔案編號：03-0317-2-1229-324。

○八、謝恩准抵銷處分摺

光緒二十九年十一月初六日（1903 年 12 月 24 日）

奴才瑞洵跪[1]奏，爲叩謝天恩，仰祈聖鑒事。

竊奴才前因往辦收安，墜馬折回，自劾請罪，奉硃批：瑞洵著交部議處。欽此。現准兵部咨議以罰俸六個月具奏，奉旨：准其抵銷處分。欽此。恭録咨行欽遵到城。奴才當即恭設香案，望闕叩頭謝恩。伏念奴才宣力無聞，責躬多疚，兹復以應得處分許以抵銷，如此寬恩，何能報稱！奴才惟有益懔靖共，不忘思省，將現辦事宜和衷籌商，悉心經理，不敢稍存諉卸，再蹈愆尤，冀仰答高厚生成於萬一。理合恭摺[2]叩謝天恩。伏祈皇太后、皇上聖鑒。謹奏。

光緒二十九年十一月初六日拜發。本年十二月二十九日遞回，奉硃批：知道了。欽此（十二月初五日）。（第 621—622 頁）

【案】此摺原件①、録副②現均藏於中國第一歷史檔案館，兹據校勘。

1.【奴才瑞洵跪】刊本無此前銜，兹據校補。

2.【恭摺】刊本作“繕摺”。

① 中國第一歷史檔案館藏：《硃批奏摺》，檔案編號：04-01-16-0279-099。

② 中國第一歷史檔案館藏：《録副奏摺》，檔案編號：03-5427-035。

○九、收地暫緩附報到科日期摺

光緒二十九年十一月初六日（1903年12月24日）

奴才英秀跪[1]奏，爲隨地歸科哈民冬牧無地，同商辦法，暫緩接收，附報到科日期，繕摺馳陳，仰祈聖鑒事。

竊奴才前往阿勒臺辦理接收，已於七月初六日一面具奏，一面携帶關防啓程，前已奏明在案。嗣於七月十七日馳抵阿勒臺山承化寺駐扎，静候塔城派員前來，以便接收辦理。旋准塔爾巴哈臺派來交割借地領隊大臣圖瓦强阿咨，擬在哈巴河地方會辦。奴才即於八月初九日由承化寺啓程，十六日馳抵哈巴河，當與該領隊大臣晤商交收借地哈民各辦法。於本月二十四日接准領隊大臣來咨：擬將哈薩克總管巴依巴克、副總管加開兩屬哈衆歸額爾齊斯河南，隸塔，在賽里山、那拉哈拉山等處住牧過冬、過夏；將哈薩克公徵斯罕、臺吉札雅爾札達克、總管邁敉鄂斯班額敉爾臺等所屬歸額爾齊斯河北，隸科，在阿勒臺山、額爾齊斯沿河一帶住牧過冬、過夏。此後無論過冬、過夏，均不准再越界限，等語。奴才正擬核辦間，即據哈薩克公、臺吉、總管等禀稱：歸科之哈非在河南賽里山過冬，牲畜不能牧養；歸塔之哈非在阿勒臺山一帶過夏，牲畜亦不能牧養，即世代墳墓俱在阿勒臺山陽、賽里山北，若如領隊大臣所定辦法，勢所難行，祈請轉行辦理，等情。

查所禀各節，情形急迫，因即據情咨商該領隊大臣，務須欽遵諭旨，和衷會商，悉心經理，以順哈情而裨邊局。去後旋准該領隊大臣覆咨：現在該哈衆正當移歸冬牧之序，實未便令其廢業失時，仍請人地兩收，俟明年春暖雪消後，再爲籌地安插，庶使哈衆回牧，以免廢業失時，等語。奴才即將哈薩克公、臺吉、總管等傳集，明白曉諭，勿滋惶恐，仍各安心住牧，明春始行遷徙。該哈衆仍紛紛呈訴：哈薩克等無論歸科、歸塔，同是朝廷子民，但無賽里山地方天暖草好，住牧過冬，必將牲畜倒盡，何以謀生？縱今冬不遷，明冬仍是無地住牧。奴才復用好言勸慰，暫令散去，聽候辦理，因復與該領隊大臣咨商，哈衆既有爲難，應請先將借地遵旨交還，應俟明年籌有該哈冬牧之地，再將哈衆收回。叠經面商，迄無成議。

九月初一日，准該領隊大臣咨：收哈一節，既請從緩，借地亦可暫從緩交，俟明春籌有該哈冬牧之地，再行兩爲交收，庶昭慎妥。籌商至再，總難兩全，因經擬定借地哈民暫緩交收，各先回城妥籌辦法，據實覆奏，請旨遵行。該領隊大臣已即於九月初二日啓程回塔。奴才正擬啓程間，於是月初四日接准塔爾巴哈臺參贊大臣春滿八月初七日由塔城咨到公文内開：光緒二十九年八月初六日，承准伊犁將軍馬亮電開：准軍機處電稱：伊犁將軍飛遞科布多幫辦大臣，並轉電塔爾巴哈臺參贊大臣，奉旨：瑞洵前往阿勒臺山辦理接收事宜，中途墜馬，傷重折回，現經英秀往辦一摺。昨據春滿電奏各情，已諭令瑞洵迅即馳往，妥爲辦理。現在英秀既已啓程，即著該幫辦大臣將收地安哈事宜妥慎籌辦，至爲切要！委員溥涌一案，並著查明，據實具奏，毋稍徇飾。欽此。跪讀之下，不勝悚惶！伏思該領隊大臣圖瓦强阿業已啓程回塔，追之已屬不及，即使追回，仍無辦法，且塔爾巴哈臺管理借地三十餘年，深知阿勒臺山冬季雪大，人畜不能棲止，該哈薩克等無賽里山草廠住牧過冬，牲畜不能存活，故以遷移後彼此不准越界爲詞，致使不能即時接收。體察哈情，若無賽里山過冬，牧畜萬不能行。奴才復將借地周歷，僅有額爾齊斯河北岸並哈巴河、博勒錦河、奇林河等處，住人尚恐不敷，實無餘地可以牧畜。再四籌思，阿勒臺山借地既無該哈衆過冬牧地，自應設法通融辦理。奴才愚見，此項哈民隸科、隸塔，同係朝廷赤子。阿勒臺山、賽里山皆是皇上疆土，自未可顯分畛域。擬與春滿和衷咨商，明年交收借地後，其歸科之哈仍在賽里山等處照常住牧過冬，其歸塔之哈仍在阿勒臺山一帶照常住牧過夏，彼此毋庸遷移，以順哈情而免滋釁。奴才回城後，與瑞洵會商，意見相同，容俟奴才等與春滿商有成議，再行奏明請旨。

至辦理接收借地一案，叠奉諭旨人隨地歸，飭令和衷會商，悉心經理。兹又飭令妥慎籌辦，至爲切要，奴才曷敢操切從事！實因該哈薩克公、臺吉、總管等既無賽里山過冬，牲畜不能存活，奴才自不敢絶其生機，迫之外向。又值移歸冬牧之際，若持之日久，恐該哈衆生疑。彼處接近俄界，儻被人煽惑，更恐別生枝節。兼以圖瓦强阿屢以“現正該哈衆移歸冬窩之序，未便令其廢業失時”爲言，所稱亦係實情。奴才默念摺報往復，至速亦須兩月有餘。時已隆冬，哈衆久候，實恐妨其生計，是以未敢拘牽，未曾請旨，遽定暫緩接收，實爲惶恐，且事無端倪，虚勞往返，負咎殊深！奴才已於九月十六日由哈巴河啓程，十月十五日到科任事。除委員溥涌一案奴才謹當欽遵諭旨，認真查明，另摺據實奏明外，所有隨地歸科哈民冬牧無地，回商辦法，暫緩接收，附報到科日期各緣由，理合繕摺奏陳，是否有當，伏祈皇太后、皇上聖鑒訓示。不勝惶恐待命之至。謹奏。

光緒二十九年十一月初六日拜發。本年十二月二十九日遞回，奉硃批：知道了。欽此（十二月初五日）。（第622—626頁）

【案】此摺原件、録副均查無下落，兹僅據稿本[①]及《軍機處隨手登記檔》[②]校勘。

1.【奴才英秀跪】刊本無此前銜，兹據《軍機處隨手登記檔》[③]校補。

一〇、收地暫緩撫哈不便並停摺

光緒二十九年十一月初六日（1903年12月24日）

奴才瑞洵、英秀跪[1]奏，爲收地暫緩，科哈撫恤不便並停，現已派員分往核實察辦，並擬由奴才瑞洵前往督率，藉資拊循，恭摺仰祈聖鑒事。

竊科布多舊撫之哈薩克因無準地住牧，定章約束，以致四出紛竄，潛入新疆

① 稿本第1661—1678頁。

② 中國第一歷史檔案館藏：《軍機處隨手登記檔》，檔案編號：03-0317-2-1229-355。

③ 此摺上方載有“英秀單銜”字樣。

腹地，前經奴才瑞洵奏委屯防參將祥祐帶領筆帖式、兵丁及哈薩克通事等，前往各該處查收，並由新疆撫臣潘效蘇派員會辦。本年五月間，據該參將等報稱：已收有四千餘名口，陸續押至札哈沁鄂倫布拉克臺一帶地方。因該哈衆竄入新疆後屢遭灾歉，牲畜倒斃垂盡，流離困苦，不堪言狀，請飭哈官備帶氈房、駝馬前往接收。經由奴才英秀督催，該哈目、總管等遵照辦理，祇因科哈多貧，牲畜、氈房未能克期集事，現在收回之哈復將潰散，若不亟以撫恤爲收籠，一朝譁變，必至大擾邊疆，殊爲可慮。

奴才等伏查此項收回哈衆，與接收借地原屬兩事，自未便概行停緩，况安哈經費止銀五萬兩，現除歸糧餉處墊銀三千兩，奴才英秀往辦收安隨帶員弁盤費、蒙兵月餉、犒賞及添雇烏拉、駝馬等用銀四千餘兩，又購買賞件等項約一千餘兩，共已用去銀八千餘兩。兹查將來隨地應歸塔哈尚能自贍，但不加以需索，便可無庸議撫，即此四萬餘兩以振科哈之窮乏者，已難徧及。悉心商酌，惟有先儘歸哈極困者，按照奴才瑞洵去年豫籌布置摺内所陳“每二人牛一隻，每一人羊五隻、磚茶二塊”章程給發。其不敷銀兩，容奴才等設法挪墊，不敢再另請款。刻經派員分投清查户口，察看情形，並采運牛羊、磚茶。奴才英秀現已回城，奴才瑞洵即擬日内前往督率辦理，並催令該哈目、總管等各率歸牧，俟明年借地收回後，再爲定地安插，藉示拊循。如此寓彈壓於羈縻，又得奴才瑞洵親往，似較委員更爲得力。

所有收地暫緩，科哈撫恤不便並停，現已派員分往核實察辦，並擬由奴才瑞洵前往督率，藉資拊循各緣由，理合恭摺具奏。伏祈皇太后、皇上聖鑒訓示。再，據參將祥祐等稟稱：古城西北山内尚有逃哈二百餘户，多有槍械，時出搶掠，狂悍異常。前聞地方文武曾擬請兵驅逐，經新疆撫臣駁斥，然非得大員前往彈壓，仍恐不能懾服其心，慢然歸牧。奴才瑞洵擬先至鄂倫布拉克，暫駐督辦。其古城一帶潛哈，如果必須親往察辦，亦應前赴該處，督同委員認真招收，並一律給予茶、畜，宣布恩意，俾期柔附。總以審察機宜妥辦爲主，不敢執定。合並預陳。謹奏。

光緒二十九年十一月初六日拜發。本年十二月二十九日遞回，奉硃批：知道了。欽此（十二月初五日）。（第627—629頁）

【案】此摺原件、録副均查無下落，兹僅據稿本[1]及《軍機處隨手登記檔》[2]校勘。

1.【奴才瑞洵、英秀跪】刊本無此前銜，兹據《軍機處隨手登記檔》校補。

一一、先赴南臺鄂倫布拉克撫綏歸哈片

光緒二十九年十一月初六日（1903 年 12 月 24 日）

再，奴才瑞洵於光緒二十九年十月十九日奉到新疆轉遞十月初八日外務部密電，奉旨：瑞洵電奏具悉，著該大臣即行前往彈壓拊循，查明確情，詳晰具奏。所有明年接收事宜，仍著瑞洵經理，並會商春滿等妥爲籌辦，等因。欽此。奴才仰維聖意重在彈壓拊循，奴才自應就有哈之處前往辦理。奴才正摺所陳，擬將新疆歸哈撫恤由奴才馳往札哈沁南臺鄂倫布拉克一帶督辦，即因該哈現均在該處等候接收也。

奴才此行不能不帶文武隨員，以資差遣，需用烏拉、駝馬較多，臺站艱於支應，現已飭傳，並加雇覓，期速就道。惟刻已節逾冬至，時方盛寒，蒙古多入山過冬，調集不易，且奴才與英秀尚有會商要件。一俟商有就緒，臺站備齊，即行啓程，先赴南臺鄂倫布拉克一帶暫駐，切實察辦。至明年接收事宜，自應由奴才妥爲經理。謹附片陳明。伏祈聖鑒。謹奏。

光緒二十九年十一月初六日拜發。本年十二月二十九日遞回，奉硃批：知道了。欽此（十二月初五日）。（第 629—630 頁）

【案】此摺原件、録副均查無下落，兹僅據稿本[3]及《軍機處隨手登記檔》[4]校勘。

---

① 稿本第 1679—1687 頁。

② 中國第一歷史檔案館藏：《軍機處隨手登記檔》，檔案編號：03-0317-2-1229-355。

③ 稿本第 1689—1692 頁。

④ 中國第一歷史檔案館藏：《軍機處隨手登記檔》，檔案編號：03-0317-2-1229-355。

一二、無從籌撥冬牧摺

光緒二十九年十一月初六日（1903年12月24日）

奴才瑞洵、英秀跪[1]奏，爲隨地歸哈冬牧地方，科布多無從撥給，繕摺覆陳，仰祈聖鑒事。

竊於光緒二十九年十月十九日准伊犁將軍馬亮咨開：光緒二十九年九月二十五日，承准軍機處電開：伊犁將軍轉科布多大臣，奉旨：春滿電奏悉，著暫緩交割，仍著瑞洵等詳細妥籌如何撥給該哈薩克過冬牧地，再行會商春滿，奏明辦理。欽此。奴才等伏查科布多所統蒙部，東北則爲杜爾伯特十六旗、明阿特一旗，北則爲額魯特一旗，南則爲札哈沁二旗，西南則爲新霍碩特一旗、新土爾扈特二旗，西北阿勒臺山前後則爲烏梁海七旗。除霍碩特、札哈沁、額魯特、明阿特游牧瘠苦不計外，其杜爾伯特、新土爾扈特各旗所屬游牧，本旗居住已形擁擠，實無餘地可以旁及。

近年杜爾伯特、新土爾扈特各旗常以哈衆闌入，呈請驅逐，蓋以哈薩克性多強悍，往往搶奪牲畜，霸占草場，群皆目爲盜賊，不願與之錯居，兼亦由地窄人稠，不能相安也。昨歲潛入新疆之哈正以科屬無地可容，故四出竄逸。且杜爾伯特游牧接畛喀爾喀札薩克圖汗部落，若爲弭患安邊久遠之謀，尤不宜於容納。現查烏梁海之允其雜處者，亦實出於萬不得已。惟是烏梁海游牧，自同治八年、光緒九年兩次與俄勘界，捐棄膏腴十之大半，以致牧地逼隘，日益困窮。刻計新疆逃哈漸已陸續收回，攙住各旗哈衆亦均待地安插。其阿拉克別克地方居住哈民，前奉外務部函商，仍令遷移，現均遵照辦理。合之科屬舊管各鄂拓克哈衆，其名口約在四萬以內，全須分別夏牧、冬牧，擇地安插別旗。蒙古既不能容，自未便強令同牧，致啓爭端，仍須安插烏梁海境內。現計哈衆名數轉比烏梁海蒙古多至二萬有餘，地面日蹙，丁口繁殊，殊有人滿之慮，故奴才瑞洵屢有索還阿勒臺山借地之奏。

目今安插科哈尚且籌辦維艱，實無從更籌塔哈牧地，若使有地可以自籌，早將科哈妥爲安置，自無事汲汲索地，上瀆宸聰。奴才等伏念安邊之道，不擾爲先，既據哈薩克公、臺吉、總管等呈稱該哈衆等向在額爾齊斯河南、賽里山等處過冬，額爾齊斯河北、阿勒臺山一帶過夏。自可准其照常住牧，似無須以分隸科、塔，限其不通往來。況塔城領隊圖瓦强阿覆咨，亦有“賽里山本屬窮山戈壁，並非肥美，惟較他處稍暖，故人畜皆樂棲止”之語。則塔城之視賽里山亦在無關緊要之數，如能彼此妥定互相約束稽查章程，切實奉行，即可杜膠葛而安主客。

奴才等悉心斟酌，此項哈衆即經跨牧有年，若遽使其分别部居，不相雜厠，殊覺行之惟艱。詳細妥籌，與其互遷而枉勞權力，何若仍舊而無拂輿情。奴才等愚昧之見，如將此節許以通融，似尚無大窒礙，容奴才等與春滿和衷咨商，俟有成議，再行奏明請旨辦理。所有隨地歸哈冬牧地方，科布多無從撥給緣由，理合繕摺覆陳。伏祈皇太后、皇上聖鑒訓示。謹奏。

光緒二十九年十一月初六日拜發。本年十二月二十九日遞回，奉硃批：仍著與春滿妥籌辦理。欽此（十二月初五日）。（第630—632頁）

【案】此摺原件、録副均查無下落，兹僅據稿本[①]及《軍機處隨手登記檔》[②]校勘。

1.【奴才瑞洵、英秀跪】刊本無此前銜，兹據《軍機處隨手登記檔》校補。

---

① 稿本第1693—1703頁。

② 中國第一歷史檔案館藏：《軍機處隨手登記檔》，檔案編號：03-0317-2-1229-355。

卷之二十一　彌節集

光緒癸卯（1903）

〇一、布倫托海渠屯各工告蕆請將用款開單報銷摺

光緒二十九年十一月十二日（1903 年 12 月 30 日）

奴才瑞洵、英秀跪[1]奏，爲具報布倫托海渠、屯各工早經告蕆，暨農田約收分數，似有成效，請將用款開單報銷，恭摺仰祈聖鑒事。

竊布倫托海開渠布屯，辦理情形，叠經奏明在案。奴才瑞洵前經奏派[2]候選州同崔象侯馳往烏梁海部落布倫托海，安設總局，調集兵工，辦理一切，令其先修渠道。祇以邊地早寒，去年未及完工。今年三月初四日，復行接修。四月十一日，大渠、支渠一律告蕆。先經奴才札飭一面工作，一面乘時播種，現已據報秋收均在八分以上，等情。奴才瑞洵以工程必須驗收，墾務尤當查看，爰屬奴才英秀由哈巴河回城之便，繞赴屯所，詳細察勘，查得工程甚屬核實，蒙兵尤爲出力。今年開屯本屬趕辦，惟以遭灾，稍覺減色，然尚可稱中稔。兹將辦理詳細情形敬陳如左。

西北田畝多資山水、渠流潤沃，水利之修，農耕爲亟；邊荒之域，灌溉尤先。故必須就濱河之區，始能墾種。布倫托海即赫色勒巴斯淖爾，前元名爲乞則里巴失海子，凡阿勒臺山東南烏龍古河、布爾干河、青吉斯河諸水皆匯於此淖爾，東西廣七十里，南北袤三十里，田所在淖爾之東北，地高河下，必須設法挽水，使之上激，又須束水，使之分流，是非堅築堰壩、多穿支渠不可。惟是河流湍悍，徧地荆榛。從前李雲麟所修渠堰，衝決淹没，遺址無存。雖不乏可墾之地，而實尠易墾之地，加以河寬溜急，中流深逾二丈，底係流沙，施工不易，直是無從措手。該員以叠經奴才嚴札，知事關欽奉，不得不勉爲其難，隨由古城一再招雇當年曾修堰壩之工匠四十名，又幸有熟悉工作之蒙古昆都巴圖瓦齊爾與阿比二人，督催教導，當率同烏梁海蒙兵及哈薩克等相度地理，分任承修，於阿布達爾、烏梁蘇及相隔三十里之普爾罕埃勒克地方，各開大渠，修築龍口，安滾水壩、攔水壩各一道，以資蓄

泄。又各濬分渠四道，以便股引，復多疏畎澮，使之脈絡流通，得以隨時消長。

渠工之要，首在堰壩，必築堰障隔水，開壩進水，而渠流始暢。其築壩之法，因無内地之條石，係用柳條、葦索捲成大梢，底襯氈絮，中實沙土、石子，以木樁密排堅釘，並用粗木做成三尖式木架，以護壩根。用梢之多寡，視河之淺深、溜之緩急爲度，有用至十餘層、七八層不等者，務期水土融結，經久便可堅固。去歲夏秋，河流盛漲，儘先伐運木料，就兩岸逼入河心迎溜處，層層排釘壩樁。迨交冬令，河冰凝合，仍在上游督率兵工，編梱大梢，高及丈餘，長則百數十丈，一一堆列，以備冰化沉底。水勢較淺，則在上工作者稍易。計雖近拙，尚稱得力。今年三月中，河水涣釋，即選熟諳水性者百數十人，借水力以推梢，兩旁緊拴巨綆，使兩岸兵工一齊拉繫，俾梢不致爲水衝走，送至壩樁，逐層逼壓到底，一面仍急用木樁釘固，兩旁挨次運料填築，並又築埽鑲護。大致多用長庚修築伊犁特古斯塔柳渠工辦法。計自上年三月二十二日開工，至九月初二日停工，又自今年三月初四日接修，迨四月十一日完工，凡七閲月，大小各渠次第告成，放水入田，足供屯用，並經夏秋盛漲，堰壩一律平穩。但使歲修無缺，似可持久無虞。此築渠工作情形也。

至農田種植，隨處不同，氣候有寒燠之殊，土性有宜忌之别，原未可鹵莽從事，亦非盡人皆能。蒙古向以游牧爲生，罕諳耕種，而北路漢民絶少，工匠尤稀。科布多屯防兵丁各有專差，未宜遠役。於是至古城、瑪納斯一帶訪覓農工，計口授食，其費倍蓰，乃爲權宜之計，僅酌量雇到十名，使之督同蒙兵工作，隨時指點種植各法，並督令蒙兵將地中草根、石子芟除淨盡。其農具則購自古城，牛馬則買諸蒙部，籽種則由城運往，米麵、煙茶、麇羊則視價值之廉否，隨處采辦。並擇兩渠適中之地，建立局所，各屯分築農舍，以及建倉廒，以免露積。安磨房以供碾磨，購牲畜以利轉運，設臺站以通文報，練民勇以資防護。煩費百端，一時並舉，而尤以兵餉、工資爲大宗，應接不暇，右絀左支。此開屯布置情形也。

至工作艱難，實有非内地可相提並論者。緣地不產石，取木在二三百里以外，采取、馱運，厥費尤多。止就築壩一項計之，用大木已六千餘根，其餘柳條、草垛、土方，則盡由蒙兵就近置辦，繩索、氈塊則分向各蒙部價買，且有購自新疆者。竭蹶經營，實屬不遺餘力。此次修工，蒙古官兵最爲奮勇，塞外早見霜雪，又在冰上、水中工作，勤苦異常，祁寒無怨，兵丁中溼氣者多至三十餘人，其餘官兵亦無不手足皸瘃，苦難言喻。良以農工緊要，立待灌輸，若少遲延，即妨田稼，故不得不同力合作，以期無誤農期。此又工費艱巨情形也。

統計闢地約三萬畝，令以“豐、年、爲、瑞”四字分爲四屯，共發小麥五百石、青稞一百二十石、稻米八十石，於五月初旬一律試種完畢。厥田上中，土脈尚好，兼以荒廢已久，一經開墾，良苗勃興，纔及月餘，杆高二尺，遲者亦及尺餘。一本十莖，八九結穗。方共相慶豐收，不期六月中旬，連經暴雨，莖間禾際，驟見黄埃，沾著如塵土，人呼爲黄丹，謂由地氣鬱蒸所致。農田經此，槁可立待。幸是月下旬連得好風，熱氣稍疏，黄丹漸落，得有轉機。然經此之後，麥已受傷，青稞、稻米更屬無望。現在刈穫已畢，除青稞、稻子外，計收小麥四千一百二十石零六斗四升，已在八分以上，例應獎賞，且核與户部則例内載“科布多屯田十分，歲額四千餘石”無殊。即稽舊案，雍正二年，振武將軍傅爾丹[①]疏報科布多烏闌古木處屯田穫麥四千一百七十石有奇，亦復相埒。是地之有利，已見明徵；屯之可興，非無成效。該員弁等年餘從事，誠亦不無微勞，惟本年原係試種，尚未擬定考成，應請俟明年秋收後，再行酌予保獎。其蒙古官兵倍極辛苦，尚須常資其力，已由奴才將昆都兩員核給三品頂翎，各兵分賞五、六品頂戴、功牌。

至屯倉現已蓋成四廒，計二十間；磨房蓋成十二間，並按四屯各蓋農舍三間；局所蓋成二十四間。統計渠、屯、倉、磨、局、舍各工，共用實銀三萬九千八百五十六兩零。現在秋收已畢，應即截止造銷，惟地處邊荒，百物昂貴，工料求諸遠方，輓運難於行省，且事期急就，犒賞既不能不優，招雇匠夫，工值尤未便過減。故所支用有比定例加多者，亦有比定例大省者，以采買牛馬、農器，均非照市價無從辦理，而運脚一項，則變通借駝，却又節省五千餘兩，但求務歸實際，即不能牽合成規。若必一一悉準部章，轉失廬山真面。惟有仰懇天恩，俯准免造細

① 傅爾丹（1680—1752），瓜爾佳氏，滿洲鑲黄旗人，費英東曾孫，倭黑子也。康熙三十年（1691），襲三等公，兼佐領。三十八年（1699），授散秩大臣。四十三年（1704），補正藍旗蒙古都統。四十七年（1708），調補正白旗蒙古都統。翌年，授領侍衛内大臣。五十六年（1717），封振武將軍。雍正三年（1725），授内大臣。次年，補黑龍江將軍。六年（1728），擢吏部尚書，賞雙眼孔雀翎。七年（1729），授靖邊大將軍，加少保。十年（1732），因兵敗下獄，依律斬，改斬監候。乾隆四年（1739），獲釋。十三年（1748），補鑲黄旗護軍統領、内大臣。同年，署川陝總督。十四年（1749），調補黑龍江將軍。十七年（1752），卒於任。謚温慤。

册，當由奴才等飭令該局總辦與籌邊支發處委員，詳晰核算，開具簡明清單，分咨户、兵、工三部，查照核銷。惟發軔伊始，用度不貲，嗣後常年決算，自當損之又損，必期有實效，無虚縻，乃爲長册。現已飭將工匠大加裁減，護勇遣撤四十名，所收糧石儲倉，並准搭放兵糈，用節財力。容再悉心精核，參定章程，另行具奏。

抑奴才等更有言者，天下大利在農，籌邊上策曰墾。阿勒臺山地屬岩疆，田多沃衍，果能本此意以廣興樹藝，徧立兵屯，事以漸而易行，費以省而可久，二十年後當可化荒漠爲膏腴，變門户爲堂奥。此則遠大之效，固未可遽責諸目前而懈弛之萌所宜預防於今日者也。所有具報布倫托海渠、屯各工早經告蕆，暨農田約收分數，並請將用款開單報銷各緣由，謹恭摺馳陳。伏祈皇太后、皇上聖鑒訓示施行。謹奏。

光緒二十九年十一月十二日拜發。光緒三十年正月初九日遞回，奉硃批：著照所請，該部知道。欽此（十二月十五日）。（第633—639頁）

【案】此摺原件、録副均查無下落，兹僅據稿本[①]校勘。

1.【奴才瑞洵、英秀跪】刊本無此前銜，查光緒二十九年十二月十五日《軍機處隨手登記檔》[②]，内載有“硃批瑞洵、英秀摺”等字樣。兹據校補。

2.【奏派】刊本奪“派”字，兹據校補。

〇二、布屯秋收擬提一成撥給烏梁海豫用片

光緒二十九年十一月十二日（1903年12月30日）

再，蒙古游牧最怕官辦開墾，以不便於己且擾累也。此次布倫托海築渠開田，烏梁海不但並未攔阻，該官兵於工作尤甚出力，實屬急公可嘉。查該部落生計日

① 稿本第1707—1729頁。

② 中國第一歷史檔案館藏：《軍機處隨手登記檔》，檔案編號：03-0317-2-1229-365。

窘，今又於其地屯種，自未便獨專其利，擬每年秋收之後，核計分數，應提一成撥給該蒙古分領食用，以推上恩而濟蕃艱，是否可行，伏祈聖鑒訓示。謹奏。

光緒二十九年十一月十二日拜發。光緒三十年正月初九日遞回，奉硃批：著照所請。欽此（十二月十五日）。（第 639 頁）

【案】此奏片缺原件，録副[①]現藏於中國第一歷史檔案館，兹據校勘。再，此奏片具奏日期録副目録署以奉旨日期，即"光緒二十九年十二月十五日"，未確。查是年十二月十五日《軍機處隨手登記檔》[②]，知爲"光緒二十九年十一月十二日"，與刊本同。兹據校正。

〇三、前往南臺督辦撫哈具報啓程日期片

光緒二十九年十一月十二日（1903 年 12 月 30 日）

再，奴才瑞洵擬前往鄂倫布拉克暫駐，撫恤歸哈，藉資彈壓，臺站備齊，即行啓程，等情。當於十一月初六日附片奏明在案。旋據管理南臺札蘭昆都來城訴稱：現在沿途堅冰積雪，山嶺崎嶇，平路亦土凍石滑，人馬不能插足，絶少行踪。玉音齊臺之那林溝二百餘里，全是大小石塊，艱險尤甚，且天寒日短，烏拉、駝馬均畏冷，不能速行。臺路遠則二百餘里，近亦百數十里，安臺處所均須曲折遶避，更形迂遠。每臺道里不啻加倍，殊多不便，懇請緩俟春暖，等語。奴才亦知所稟自屬實情，而事爲邊局所關，詎容畏難苟安，重煩聖慮！况新疆歸哈驚疑未定，深恐復行潰散，不但更增勞費，且將大致驛騷，一再躊躇，仍不能不迅赴事

① 中國第一歷史檔案館藏：《録副奏片》，檔案編號：03-5742-098。

② 中國第一歷史檔案館藏：《軍機處隨手登記檔》，檔案編號：03-0317-2-1229-365。

機，設法前往。現於拜發報匣後，携帶行營關防，即日啓程，已將參贊大臣印鑰移交幫辦英秀暫行護理。

惟奴才前因墜馬，兩髀受傷，此際一經觸寒，即異常疼痛，不能騎馬。南路尚可乘車，衹好隨帶蒙古包，相時進止，恐未能按站行走，若遇狂風大雪，且須住宿，以期稍示體恤。何時能到，實難預定，約計賑撫事竣當在明年二月間矣。至阿勒臺接收一事，當與春滿和衷咨商，如能彼此均許通融，則收地之期似亦不遠。所有奴才啓程日期，理合附片陳明。伏祈聖鑒。謹奏。

光緒二十九年十一月十二日拜發。光緒三十年正月初九日遞回，奉硃批：知道了。欽此（十二月十五日）。（第639—641頁）

【案】此奏片缺原件，録副[1]現藏於中國第一歷史檔案館，兹據校勘。再，此奏片具奏日期録副目録署以奉旨日期，即“光緒二十九年十二月十五日”，未確。查是年十二月十五日《軍機處隨手登記檔》[2]，知爲“光緒二十九年十一月十二日”，與刊本同。兹據校正。

○四、奏調知縣隨辦收安片

光緒二十九年十一月十二日（1903年12月30日）

再，明年阿勒臺辦理接收及清查安插，事端繁要，在在需人差委。北路軍營辦事司員、筆帖式向由綏遠城戍防滿兵積資洊升，但通曉滿蒙文字、語言，即爲上選，又狃於積習，以因循敷衍爲衣鉢，遇事多不能了。惟若由内地調員，多因

① 中國第一歷史檔案館藏：《録副奏片》，檔案編號：03-5742-098。

② 中國第一歷史檔案館藏：《軍機處隨手登記檔》，檔案編號：03-0317-2-1229-365。

道遠天寒，視爲畏途，函商往復，動經年月，而其人之願來與否，尚未可必，實屬緩不濟急，自可於就近鄰省中擇妥實人員調用。

兹查有同知銜甘肅新疆候補知縣王服昱，老練精明，性情慷爽，久莅西陲，曩爲左宗棠、劉錦棠①、金順②諸臣所任使。上年十一月，經伊犁將軍馬亮等委勘界務，前來科布多謁見。正值隆冬盛寒，六十之年騎馬奔馳，不憚風雪，其能耐勞苦已可概見，且於阿勒臺情形具所夙知，又由該省往來亦便，可否請旨准由奴才瑞洵咨行新疆巡撫，轉飭該員暫來科布多，隨同辦理收安，俾資指臂之助，似於邊事有所裨益，仍俟事竣，酌量再令回省。理合附片奏請。伏祈聖鑒訓示。謹奏。

光緒二十九年十一月十二日拜發。光緒三十年正月初九日遞回，奉硃批：著照所請。欽此（十二月十五日）。（第641—642頁）

① 劉錦棠（1844—1894），字毅齋，湖南湘鄉人，其父劉厚榮戰歿於岳州，以報其父仇，隨叔父劉松山轉戰於江西、安徽、陝西等地.。同治三年（1864），幫辦老湘軍營務，遵例報捐縣丞。四年（1865），以軍功賞戴藍翎，擢知縣，加同知銜，旋賞换花翎。五年（1866），以同知直隸州遇缺即選。六年（1867），奉旨以知府遇缺即選，旋以道員遇缺儘先即選，加按察使、布政使銜，加法福靈阿巴圖魯勇號。同治九年（1870），其叔父廣東陸路提督劉松山陣亡，經陝甘總督左宗棠舉薦，加三品卿銜，總統劉松山舊部。十年（1871），破金積堡，捕殺馬化龍，賞穿黄馬褂、雲騎尉世職。十三年（1874），署甘肅西寧兵備道。光緒元年（1875），升補甘肅甘凉道員，調甘肅西寧道。二年（1876），率部攻克烏魯木齊，殲滅天山北路的妥明等部，封騎都尉世職。三年（1877），攻占達阪、托克遜等城，迫使阿古柏畏罪自殺。隨後乘勝追殲阿古柏殘部，攻克庫車、拜城、喀什噶爾等地，賞雙眼花翎，以三品京堂候補。四年（1878），晋二等男爵，擢太常寺卿，授通政使司通政使。六年（1880），始幫辦新疆軍務，旋以左宗棠奉詔晋京，飭署欽差大臣督辦新疆軍務，統哈密及鎮迪道所屬文武地方官。七年（1881），擢欽差大臣督辦新疆軍務。八年（1882），收復伊犁，提出新疆建省方案。九年（1883），補授兵部右侍郎。十年（1884），清廷批准新疆建省，授首任新疆巡撫，加尚書銜，仍以欽差大臣督辦新疆事宜。擔任巡撫期間，執行左宗棠建設新疆的規劃，在興修水利、奬勵農桑、改革軍事和田賦制度、修治驛道和城池等方面做出了重大貢獻。十三年（1887），署伊犁將軍。十五年（1889），回籍侍養，加太子少保銜。十六年（1890），晋太子太保。二十年（1894），晋一等男爵，贈太子太傅。未幾，卒於里。謚襄勤，予建祠。有《劉襄勤公奏稿》存世。

② 金順（1831—1886），字和甫，伊爾根覺羅氏，世居吉林，隸滿洲鑲藍旗，圖爾格齊巴圖魯。咸豐四年（1854），充領催。六年（1856），補吉林驍騎校。八年（1858），升吉林防禦。十年（1860），授協領，加副都統銜。同治三年（1864），補鑲黄旗漢軍副都統。同年，調補西安左翼副都統。五年（1866），授寧夏副都統。同年，署寧夏將軍。九年（1870），率軍下金積堡，平寧夏。十年（1871），擢烏里雅蘇臺將軍。十二年（1873），授正白旗漢軍都統。十三年（1874），充幫辦新疆軍務大臣。光緒元年（1875），調烏魯木齊都統。二年（1876），授伊犁將軍，封雲騎尉。十二年（1886），回京述職，病逝於途。贈太子太保，謚忠介。

【案】此奏片缺原件，録副[①]現藏於中國第一歷史檔案館，兹據校勘。再，此奏片具奏日期録副目録署以奉旨日期，即“光緒二十九年十二月十五日”，未確。查是年十二月十五日《軍機處隨手登記檔》[②]，知爲“光緒二十九年十一月十二日”，與刊本同。兹據校正。

○五、阿拉克别克河口交界擬請派員會勘摺

光緒二十九年十二月二十七日（1904年2月12日）

奴才瑞洵跪[1]奏，爲阿拉克别克河口交界前經奴才與俄官商擬會勘，現在俄人竟在該處蓋房、丈地，自立鄂博，並擬築城，經已力爭詰阻，議允暫停候查，請敕外務部照會俄使，催辦勘界，並懇簡派大員前來，與俄官定期會辦，以重疆索而折狡謀，繕摺密陳，仰祈聖鑒事。

竊阿拉克别克河克色勒烏雍克地方，俄人要索太甚，殊難因應等情，經奴才於光緒二十八年四月初四日密摺馳奏，欽奉硃批：著外務部妥爲商辦。欽此。嗣承准王大臣來函，仍屬奴才由外辦理，奴才當即遵照。上年六月十六日，旋據該國駐庫倫匡索勒官施什瑪勒福前來科布多城，與奴才會辦商界各案，直至七月底始回。其於阿拉克别克色勒烏雍克地方百方詐賴，齗齗相爭。奴才抱定主見，竭力抵拒，既引證圖約以爲之據，復講論情理以暢其詞，辯説百端，唇焦舌敝。彼意總以爲但經奴才一言即同成事，且云邊界小事儘可通融，無須拘泥。奴才告以職守所在，何能擅許。況此界圖約燦然，原應無庸再議，但既屢啓爭端，兩國邦交方睦，亦無不可商量，特一面之詞均難據爲定論，幸有界牌、鄂博可以爲準，

① 中國第一歷史檔案館藏：《録副奏片》，檔案編號：03-5742-098。
② 中國第一歷史檔案館藏：《軍機處隨手登記檔》，檔案編號：03-0317-2-1229-365。

自非彼此從新查勘，無從證誤，不爲持平。計會晤十餘次，往復辯駁數千言，該匡索勒始猶支吾，繼以奴才執意甚堅，方勉從議定，應由兩國各派大員，訂期齊往該河口地方，確切履勘，查明實在情形，從新劃定，以爲一勞永逸之計。

該匡索勒又商將在彼原住之哈薩克先令遷徙，奴才以既擬各請派員重勘，應俟查勘之後自有辦法，且若先令哈衆遷移，須由匡索勒具文擔保，遷出之後，該地方不致有人因而占踞，即可允許飭即徙往他處。該匡索勒見奴才不肯遷就，遂仍就各派大員重勘之議訂定，各報外務部，請旨辦理。奴才當即咨外務部核示，不料波瀾復起，俄使又以卡官應撤向外務部迫促不已。奴才迭接王大臣來電，斟酌再三，此等小節難盡拒絶，然究不願授柄於彼。適該卡侍衛常升染患目疾，具禀告假，借此撤差，意謂可以已矣。詎知彼更投文外部，謂奴才暗助卡兵護哈拒俄，爲不遵俄國訓條，彼當用兵力保護已權。奴才接王大臣密函謂：相持過久，恐釀事端，如將此項哈薩克移置相離較遠地方，亦未始非息事安人之道，一面照催匡索勒派員會勘，以清界限，等因。

奴才以遷哈防變，勘地息爭，原可相提並論，隨即派員將該處附近住牧之哈薩克四百九十餘户，悉數遷至畢里子克河東岸。該處離阿拉克別克河已及七十餘里之遥，並密致外務部，以所擬會勘界務，科布多屬員中無人能了，應仍照該匡索勒原議，兩國各請簡派大員定期會辦，庶免相形見絀。且明年適届會查牌博之期，若得大員前來，更昭慎重。惟該匡索勒近月於科布多照會每置不答，應請就近照會俄使，方能得力，各等情。函商外務部，道途遼遠，尚未奉有復示，乃奴才於八月底接據署瑪呢圖噶圖勒幹卡倫侍衛英紱禀報：七月初一日，聞得阿拉克別克河上游有俄員在我界内自立鄂博，丈量地址，勢將大興土木。侍衛隨即往查，見有新豎四方房基一間，尚未上頂；有氈房二頂，内住俄屬哈薩克名俊麻拉拜。詢稱俄官派當此差，事完仍即移回，俄官八員本日已往阿拉克別克卡倫。侍衛即馳抵該處詰問，又值俄官均已潛逸。詢據駐卡俄兵，言齊赴杜瓦城。别無他語。侍衛隨向洋税局索取路照，跟踵而往，及抵該城，又俱未見。候至次日，聞姜達朗已於夜間回署，因即投刺通謁。該姜達朗乃賢得各言，稱阿拉克別克河以東至洋税局東，小河名爲阿拉克別克河，去年所燒房間地址，即現在築房基處，係歸俄國界内，業已接見洋文，派洋員前來查收。

此地要修城五座：第一，阿拉克別克河卡倫處；第二，即燒毀房基；第三，阿拉克別克呼巴噶卡倫處；第四，噶資勒什卡倫處；第五，薩斯卡倫處。侍衛忖度若仍據理詰問，彼亦絶不聽從，惟有飛稟請示辦法，等情。前來。奴才即派明幹員弁馳往查問，與之辯論，大費氣力，現幸辦到。今年阿拉克別克河地方，兩國所屬哈薩克均不准居住過冬，各報大員，請明年前赴阿拉克別克河，查明地界，互換條約。俄人刻下已將工作暫停。此阿拉克別克界務擬定另勘辦法，現在俄人狡展，力籌抵制之情形也。

奴才伏查各國通例，分界爲常守不渝之約。阿拉克別克河口交界，光緒九年經分界大臣額爾慶額與俄國分界大員彼此勘定，議立專約，會建牌博，定期每屆三年會查一次，條議分明，原應循守勿替。乃當光緒二十一年會勘牌博之際，俄員狡焉思啓，發端圖賴，自是每屆會查之年，必議論繁滋，各不相讓，以至於今。延宕既久，枝節叢生。兹竟丈量地址，自立鄂博，擬築城垣，一味恃强霸占，愈出愈奇，漸逼漸緊。揣其貪地無厭之心，勢不使西北方域不盡折入於俄不止，若仍專恃辯阻，則彼方實行其政策，我乃空爭以口舌，竊恐雖以蘇張才辯，亦慮無能爲役。該處爲額爾齊斯河北門户，若竟爲所割據，則彼氣勢益厚，我之邊界及阿勒臺各地皆必岌岌不安。關繫綦重，故奴才默籌熟慮，以爲欲杜俄人狡謀，衹有重勘一議尚屬穩著。

上年與該匡索勒竭力磋磨，費盡心力，始將互相重勘之議商定。儻得明白曉事大員，臨境履勘，和平商榷，辦理得宜，當不至大受虧損。蓋派員勘定，則出入利害在我猶有操縱之權，在彼亦難大肆矯强之術。縱不敢望將早年失地全行收回，似尚可以清積歲之葛藤，杜方來之侵占。若再不妥籌辦法，恐俄且視爲已得利益，又以邊吏之言爲不足信，竟行布置，至彼時再議補苴，譬如障川流而挽既逝之波，探虎口而索已投之食，事之難就，無待於言。且前接外務部來函，亦有“一面照催”之語，是亦並無異議。特是斯事體大，關係中外大局，自須簡派大員，方不乖夫原議，亦有裨於岩疆。若由奴才派員，則科布多現在不惟諳悉交涉，講求邊務，有心計、口才者，難得其人，即於俄國語言、文字及測繪輿圖等事，亦無一解者。群策群力，均實乏才，斷不敢輕加委用，致誤機宜。

奴才既在差次，又在病中，近來又添心疾，自揣精力亦萬不能勝任，惟有據實奏明，請旨敕下外務部照會俄使，催辦勘界，並請簡派忠正明强大員，隨帶熟習洋務及精通翻譯、測繪之員，迅速前來，俾與俄官定期會辦，以重疆索而折狡謀。如當事者尚以此舉爲可緩，則請敕外務部諸臣再加核議，另籌萬全辦法，尤爲感幸。奴才以邊界巨要，洋人貪急，不圖了結，後患方長，謹就愚昧之見，繕摺密陳。是否有當，伏祈皇太后、皇上聖鑒訓示施行。謹奏。

光緒二十九年十二月二十七日拜發。光緒三十年二月十六日遞回，奉硃批：外務部迅速查核辦理。欽此（正月二十二日）。（第 642—647 頁）

【案】此摺原件、録副均查無下落，兹僅據稿本[①]及《軍機處隨手登記檔》[②]校勘。

1.【奴才瑞洵跪】刊本無此前銜，兹據《軍機處隨手登記檔》校補。

【案】此摺之批旨，《清實録》載曰：

科布多參贊大臣瑞洵奏，俄人在阿拉克別克河口蓋房丈地，自立鄂博，並擬築城。已力爭詰阻，議允暫停候查，請飭外部照會俄使，催辦勘界，並派大員前來，與俄官定期會辦。得旨：著外務部迅速查核辦理。[③]

○六、電陳籌議阿勒臺接收事宜請旨切諭春滿速議勿延摺

光緒二十九年（1903—1904）

外務部洪密：阿勒臺事，去冬奉電旨：明年接收事宜，仍著瑞洵經理，並會商春滿等妥爲籌辦。遵將擬議情形具奏，並詳悉咨商春滿，事非更張，能否通融，

① 稿本第 1743—1764 頁。

② 中國第一歷史檔案館藏：《軍機處隨手登記檔》，檔案編號：03-0318-1-1230-021。

③ 《德宗景皇帝實録（八）》卷五百二十六，光緒三十年正月，第 12 頁。

不難即决。乃自上年仲冬行文，迄今尚未見復，若仍藉展交收，又不知何年，不僅蒙哈惶惑，無以慰安，外人耽視邊界，情尤可慮。查阿勒臺山在科西，阿拉克別克卡倫又在山西，聲氣隔閡，形勢孤懸。上年俄竟來度地蓋房，狡謀不已，實由我鞭長莫及、卡倫侍衛不能鎮攝所致。地再緩收，仍同甌脱，邊事勢必日棘。長庚奏擬設官，實爲安邊久計。現遵寄諭會議，准潘效蘇咨：阿勒臺與俄連界，甘肅、伊犁相距過遠，塔城、新省亦非切近，自應由科主辦。設官治理，不宜延宕。此案閲十七年之久，經長庚親往履勘，始定還科。今建置若不速商定，仍恐久無成議，等語。誠爲明切事機。

瑞洵愚謂事關大局，共應仰體時艱，泯成見，重邊要。况已議畫疆分治，是爲烏部收舊牧，非爲科城索借地，無所用其爭執。若復有意搪塞，其力亦止能制科，終難禦俄。鷸蚌相持，恐爲漁人之利。瑞洵因此憂病日深，實難久待，應請旨切諭春滿，速議定局交割，勿再推延，至爲切要！瑞洵係特派辦理接收，不敢徇情，亦不敢固執，總期急就蕆事，庶朝廷得早簡大員整理，俾定衆志而杜窺伺。邊事幸甚！謹請代奏。瑞洵。鄂倫布拉克，辰，采。

光緒三十年四月初六日，在鄂倫布拉克臺，接到古城電局交奇臺縣加封，飛遞南臺行次科布多參贊大臣瑞洵：奉旨：瑞洵電奏悉。接收事宜，著春滿會同瑞洵即行定議，妥爲辦理。外務部。養，印。（第647—648頁）

【案】此電奏缺原件，兹據稿本[①]校勘。再，此件刊本未署具奏日期，兹據本卷暫擬。

【養】爲“平水韻”上聲第二十二字，代表日期即爲二十二日。

① 稿本第1765—1770頁。

卷之二十二　西征集

光緒甲辰三月起六月訖（1904）

○一、遵旨加意布置懇敕部撥給庫款摺

光緒三十年三月二十一日（1904年5月6日）

奴才瑞洵跪[1]奏，爲俄情叵測，邊備宜嚴，遵旨加意布置，情形緊要，辦理竭蹶，懇飭户部速籌接濟，撥給庫款，俾重邊要而免疏虞，繕摺馳陳，仰祈聖鑒事。

竊奴才於光緒三十年正月十六日接奉諭旨：現在日俄兩國失和，非與中國開釁，京外各處地方均應照常安堵。本日業經明降諭旨，按照局外中立之例辦理。所有各省及沿邊各地方，著該將軍、督撫等加意嚴防，慎固封守，凡有通商口岸及各國人民財產、教堂，一體認真保護，隨時防範，等因。欽此。並先後准外務部密電，以西北一帶處處毗連俄界，俄人往來境内，蒙漢錯雜，恐滋事端，應嚴密防維，隨時稽查彈壓，務令照常相安，勿稍生事，總期邊界靖謐，毋使外人乘機藉口，致生他變，是爲切要！又，各省及沿邊内外蒙古均按照局外中立例辦理，兩國兵隊勿少侵越。儻闌入疆内，中國自當攔阻，各等因。

奴才於未經奉旨之先查閲中外報章，知日俄相持甚急，勢將交綏，盱衡時局，控揣鄰交，實已默籌防範。及恭奉諭旨，奴才已在行次，隨經飛咨幫辦英秀，轉飭蒙古各旗盟長、札薩克、散秩大臣、總管及哈薩克頭目、總管等，各飭所屬，凡遇外人前來，無論經商、游歷，務須照常相待，加意保護，毋稍滋事，並嚴札各卡倫侍衛，督率卡兵，密事巡邏，勿得稍露張皇，轉駭衆聽，以冀稍紓朝廷北顧之憂，勉副部臣綏邊至計，顧無米之炊，巧婦所難；空弮徒張，志士所興。現有迫不待請業已舉辦及必須舉辦應請敕下部臣迅籌的款接濟者，擇其要端，敬爲皇太后、皇上覼縷陳之。

科布多轄境，自昌吉斯臺至瑪呢圖噶圖勒幹八卡倫，及兼管烏里雅蘇臺之索果克、罕達蓋圖等十六卡倫，統計與俄接壤不下三千餘里，沿邊苦寒，蒙部相率內徙，每卡倫守兵多不過四十名，少止十名，此外絶鮮人踪。轉視彼界，則隨在屯防，設備整嚴，疏密相形，大相懸絶。况彼在我各游牧内收販駝絨、羊毛以營生者，踵趾相錯。其於我之虛實，久已瞭若指掌，至纖至悉。藩籬薄弱，易啓戎心，儻有數十騎托故涉境，我即無方阻禁。凡此情形，聖慈明燭萬里，無待喋陳。惟强鄰逼處，邊境綿延，彼則窺伺已深，我是鞭長莫及。徹桑之計，何可再涉緩圖！不得已將科布多所管八卡倫每各添派蒙兵馬隊一百五十名，扼要填扎，密加巡防，以杜侵軼。明知械敝兵單，難當大敵，要未便視若無睹，不備不虞，然約計月需員弁、兵丁薪公、口分、軍火、氈房等項，每月已需銀五千餘兩。此不得不勞部臣力籌接濟者也。

阿勒臺山、額爾齊斯河，凡山之陰面、水之下游，悉爲俄境。其地土脈衍沃，水草豐饒，材木、魚鹽甲於西北諸部，久爲彼族所歆羡。現在貿易往來業已走成熟路，河内時有小輪游弋。前年，俄人在克色勒烏雍克地方，潛來燒房、割草，派隊駐扎。上年復來度地建房，並擬築城，雖經行文派員詰阻，暫允停工待勘。究其大欲，有加無已。彼國之齋桑斯克距阿勒臺之哈巴河僅百數十里。其斜米省距齋桑亦止七日程，形勢岌岌，萬不容再有袖視。現在促辦交收，且議設官分治，刻已咨商會奏。山河襟帶，自宜羅設大防，徐圖整理，然當接收以後，未經設官以前，何可不謀暫時防守之策？儻仍稍存得過且過之心，互相推諉，必有如長庚所言“恐一置之度外，後將補救無及”者。現擬酌委文武人員，權令暫駐該處，管理蒙哈及營務、交涉事宜。此次即由新疆招練壯勇二百名，遴員管帶，擇要屯扎，少張聲勢，以待後圖，庶不致留此大竅大郤，致生覬覦。計采購馬匹、槍枝、藥彈，約需銀一萬八千餘兩。其營務、文案、營哨各員弁薪水、辦公經費、勇丁口糧，製辦氈房、操衣、韡袴等項，每月約需銀二千餘兩。此更不得不勞部臣力籌接濟者也。

以上兩端，一爲現今阻截設謀，一爲將來布置張本，要皆盡我修備之實，以禦外侮，不爲敷衍，不尚鋪張。本屬邊方應辦之事，即日俄未嘗開釁，亦應及早舉行。今則時異事殊，稍縱即逝，更不能再事稽緩。説者謂北路邊防相安已久，或無意外之虞，不知自同治八年分界，將阿勒臺山西北數千里地劃入俄界。光緒九年，重訂阿拉克别克界約，則浸淫又及山南矣。現方薦食未已，烏可以乾隆、嘉慶軍威正盛時相提並論。或又謂此次戰務，中國方自居局外中立，若遽添兵防卡，似涉張皇，恐貽外人口實，不知中國得設兵防堵本國疆界，不得視爲失和。此條久經宣示。況此次日俄交戰，歐洲各國尚且整軍經武，以備非常。而我壤地與之相連，且素爲彼所注意者，詎可轉忘戒備！

查伊犁、塔爾巴哈臺，均歲撥巨款，悉力經營，而科布多形勝，實爲新疆鎖鑰，本不宜視同甌脱。第常年經費止五萬餘兩，毫無餘蓄閑款可以騰挪。往者内省撥解偶延，輒須向市商通融告貸。奴才到任，適逢庚子辦防，復經借墊商款，迄今尚欠銀四萬九千餘兩，無力籌還。近因開辦屯田，收撫哈衆，又叠向挪借銀兩、茶、畜。科布多城商鋪無多，一再籌借，已同悉索。該商等雖尚曉急公，然每以成本有限、難資周轉爲言，自係實情。此後不但無法再借，並須設法歸還，方足以昭大信而示體恤。奴才忝竊邊符，愧無績效，連年抱病，心力已虧，極應早干罷斥，以免貽誤。兹復蒙恩賞假，實荷逾格優容，然疆埸之事瞬息萬變，一日當爲百年之計，何敢偷安視息，冀省事而墮狡謀！惟兵械、餉糈不能應手，雖有智者，亦將坐以待困，況奴才才力淺短，百不如人。此所以激切征營不得不呼天請命也。

查防卡蒙兵，應俟時局大定，即當遣撤。所支口分等項，須按一年核算。阿勒臺暫防經費則應先以一年計，但止權顧一隅，尚容通籌詳擬，會摺陳奏。凡此皆一定機宜、刻不容緩之需。科布多財殫力竭，迥與鄰省他城不同，實已無從籌措，伏求聖慈俯念邊鎖重要，敕下部臣統籌接濟，無論如何爲難，即行撥給庫款十萬兩，電知奴才派員星馳赴領，速解濟急。邊局幸甚！奴才幸甚！

奴才志切憂時，非並不知惜費，顧念方域綦廣，蕃扞太疏，我不預防，彼將乘隙，實不能不稍爲規畫，聊固吾圉。當與英秀往返函商，意見相同。謹將俄情叵測，邊備宜嚴，遵旨加意布置，情形緊要，辦理竭蹶，懇敕户部速籌接濟，撥給庫款，俾重邊要而免疏虞各緣由，繕摺馳陳，是否有當，伏祈皇太后、皇上聖鑒訓示，敕部施行。謹奏。

光緒三十年三月二十一日拜發。本年五月二十二日遞回，奉硃批：另有旨。欽此（四月二十四日）。（第650—655頁）

【案】此摺缺原件，録副[1]現藏於臺北“故宫博物院”，兹據校勘。

1.【奴才瑞洵跪】刊本無此前銜，兹據録副校補。

【案】此案旋於是年四月二十四日得清廷批旨，“廷寄”曰：

軍機大臣字寄：伊犂將軍馬，伊犂副都統春，新疆巡撫潘，科布多參贊大臣瑞：光緒三十年四月二十四日，奉上諭：瑞洵奏，邊備宜嚴，請加意布置一摺。西北一帶毗連俄界，自應嚴密防維，慎固封守，現在確守局外中立之例，尤當加意彈壓，不涉張皇，務令一切照常相安，毋滋口實。兹據瑞洵所奏各節，著馬亮、春滿、潘效蘇會商，悉心統籌，妥議具奏。原摺著鈔給閲看。將此各諭令知之。欽此。遵旨寄信前來。[2]

【案】光緒三十年九月二十一日，伊犂將軍馬亮等奏報會議籌防事宜一摺，曰：

兵部侍郎甘肅新疆巡撫臣潘效蘇、頭品頂戴伊犂將軍臣馬亮、駐塔爾巴哈臺伊犂副都統臣春滿跪奏，爲遵旨會議具奏事。

竊臣等承准軍機大臣字寄：光緒三十年四月二十四日，奉上諭：瑞洵奏，邊備宜嚴，請加意布置一摺。西北一帶，毗連俄界，自應嚴密防維，慎固封守。現在確守局外中立之例，尤當加意彈壓，不涉張皇，務令一切照常相安，毋滋口實。兹據瑞洵所奏各節，著馬亮、春滿、潘效蘇會商，悉心統籌，妥議具奏。將此各諭令知之。欽此。遵旨寄信前來。等因。承准此，臣等正咨商間，適准瑞洵咨稱，該大臣前因科布多轄境綿遠，迤北一帶處處與俄接壤，蒙哈雜處，守衛空虚，儻有事端，無法彈壓，必至不能相安，滋人口實。抑或外兵闌入，無從禁阻，均爲有背中立之條，必須預事綢繆，稍厚兵力，俾知早有戒備，方足以杜窺伺，是必兼實力充足，却有以自立而後可保中立。

事關大局，詎容稍涉懈馳！爰將所屬昌吉斯臺、瑪尼圖嘎圖幹等八卡趕緊加派蒙兵，扼要川駐，遵旨加意嚴防，以期慎固封守。惟倉卒集事，經費無著，不得已竭蹶經營，摒擋挪湊，計員弁兵丁薪公、口分、軍火、氈房等項，月已需銀

① 臺北“故宫博物院”藏：《軍機及宫中檔》，文獻編號：160177。

② 《光緒朝上諭檔》第30册，第72頁。又，《德宗景皇帝實録（八）》卷五百二十九，光緒三十年四月，第52頁。

五千餘兩，自二月初一日起支，仍先借貸墊辦，一面專摺馳奏，請部接濟。此本自陳科防辦法，並非條奏鄰省防務。兹奉寄諭，仰見朝廷慎重邊要至意，欽佩難名！至防勒臺防費，原爲接收以後、未經派員以前暫支一時之需要，當時以地尚未收，款亦無從再措，尚在候旨遵行，今該處已特簡大員駐辦，該大臣復經電奏，應俟錫恒[①]到彼，竟行管理科城，毋庸再辦接收。其防費自應由錫恒查照長庚原奏，歸於全案估請。惟錫恒到任需時，究當如何辦理，因由臣等通籌妥議覆奏，等因。咨行前來。

臣等覆查瑞洵原奏，本係自陳科防辦法，因地制宜。臣等均相距寫遠，勢難懸揣代謀，況現在已欽奉特旨簡派錫恒駐紮該處，相機因應。即瑞洵所奏各節，將來錫恒到彼，亦難無免更章。若再由臣等參議其間，轉恐謀夫孔多，事無專責，擬懇天恩飭令錫恒到任後，會同瑞洵和衷商辦，以一事權而重邊寄。所有遵旨會議緣由，是否有當，謹合詞恭摺具陳。伏乞皇太后、皇上聖鑒訓示。再此摺係臣馬亮主稿。合並陳明。謹奏。光緒三十年九月二十一日。欽命新疆甘肅巡撫部院潘效蘇，欽命總統伊犁等處將軍馬亮，欽命接辦塔爾巴哈臺參贊大臣事務伊犁副都統春滿。

光緒三十年十一月十一日，奉硃批：俟錫恒到任後，仍著會商妥籌辦理，片並發。欽此。[②]

【案】同日，馬亮等又爲遵議科布多邊備事宜附片曰：

再，正繕摺間，承准軍機大臣字寄：光緒三十年七月十七日，奉上諭：前據瑞洵奏邊備布置事宜，當經諭令馬亮等妥籌具奏，兹復據該大臣奏稱，卡倫增兵，未便遂撤，等語。著馬亮等歸入前摺，一並妥議具奏，等因。欽此。臣等查瑞洵此次奏陳各節，與前咨臣等之意大致相同。此案現經臣等會商，以該大臣係自陳

① 錫恒（1857—1910），字遠齋，内務府漢軍鑲黄旗人，貢生。光緒二年（1876），由議敘筆帖式充堂筆帖式。七年（1881），加委護軍參領銜。十年（1884），保員外郎。十二年（1886），升補員外郎。十三年（1887），考署奏事官。十五年（1889），賞戴花翎。十六年（1890），實授奏事官。翌年，題升郎中，仍充奏事官。二十年（1894），晋四品銜。二十五年（1899），京察一等。二十六年（1900），放直隸承德府知府。三十年（1904），擢科布多辦事大臣。宣統二年（1910），署塔爾巴哈臺參贊大臣。同年，卒於任。

② 臺北“故宫博物院”藏：《軍機及宫中檔》，文獻編號：408004152。又，中國第一歷史檔案館藏：《録副奏摺》，檔案編號：03-6039-020。

科防辦法，勢難懸揣代謀，擬請由該大臣自行商辦，以一事權。所有卡倫增兵既據奏稱而未便遽撤，該大臣身在局中，所見自較真切，所籌自屬周詳。誠如原奏云“有非鄰省可盡明者”，自可毋庸再由臣等擬議。其增兵應需經費，該大臣原請由户部籌濟，應仍請旨飭下户部核議，以昭慎重。至阿勒臺山借地，現在科城尚未接收，自應仍由春滿照舊管理，固不敢稍涉張皇，轉生枝節，亦不敢故存推諉、致昧機宜，仍俟錫恒到任後再行移交，以符原案。該大臣原擬募勇二百，本爲暫駐阿勒臺起見。該處借地現尚未辦接收，既據奏稱以無款尚未舉辦，請即暫從緩議。所有遵旨計議科布多邊備事宜緣由，是否有當，謹合詞附片具陳。伏乞聖鑒訓示。謹奏。

光緒三十年十一月十一日，奉硃批：覽。欽此。①

○二、安哈經費不敷派員分向商家挪借茶畜應急尚須竭力籌措片

光緒三十年三月二十一日（1904年5月6日）

再，安哈經費前經部撥銀五萬兩，内歸墊及支付各款，已用銀八千餘兩。奴才前擬即將所餘銀四萬餘兩先儘歸哈之極困者給予撫恤，不敷銀兩由奴才等設法挪墊，不再請部撥款，等情。均經奏明奉旨：知道了。欽此。現經查明歸哈人數，計科布多屬二千九百六十名口，又塔屬願歸科布多者二千零六十四名口，實已共收回五千餘名口，皆以蕩析離居，幾成流冗，業飭普加賑贍。其續由新疆收回之哈，約猶有二千餘人，困苦相同，並當一體施惠，以廣皇仁而昭公溥。然統核采

① 臺北“故宫博物院”藏：《軍機及宫中檔》，文獻編號：408004152-A。又，中國第一歷史檔案館藏：《録副奏摺》，檔案編號：03-6039-021。

買茶、畜，價值已需銀九萬餘兩，所短仍巨，而英秀暨奴才兩番往返，及官弁、兵丁盤費，蒙哈賞件，支銀已近萬兩，實不得已，復派員分向本城及古城商家挪借磚茶、牛羊，以應急需，此外尚須竭力籌措。

奴才深知帑藏支絀，何敢稍任糜費！第事機所迫，欲罷未能，但以此次賑濟哈衆，實惠均霑，則羈縻勿絶，其隱裨於邊疆者，既已匪細，固不宜吝此區區致妨大局也。除咨部查照外，伏祈聖鑒訓示。謹奏。

光緒三十年三月二十一日拜發。本年五月二十三日遞回，奉硃批：户部知道。欽此（四月二十四日）。（第655—656頁）

【案】此片缺原件，録副[①]現藏於臺北“故宫博物院”，兹據校勘。

◎三、現收哈數及願歸塔哈隸科暫收片

光緒三十年三月二十一日（1904年5月6日）

再，科布多竄往新疆之哈薩克，自光緒二十八年八月經奴才奏派换防參將祥祐帶領員弁往收，並飭先赴新疆省城，禀商撫臣，聽候調遣。時值饒應祺卸事在即，因循月餘，迄無就緒。逮潘效蘇履任後，始妥議辦法，令該委員等會同該省文武印委，先就新疆東北一帶查辦，並於迪化縣之蔣家灣，阜康縣之高貨郎廟，孚遠縣之三臺及大坑沿，奇臺縣之北道橋、木壘河、大石頭、三個泉，鎮西廳之卧雲磯、花兒茨等地方，分設卡座，以杜逋越。因哈衆隨畜薦居，山僻徑歧，往往此招彼逸。

該委員等分投勸導，惕之以威，歆之以利，先將迪化東山暨奇臺、孚遠、阜

① 臺北“故宫博物院”藏：《軍機及宫中檔》，文獻編號：160181。

康、鎮西廳各境内潛住之哈衆頭目十三名加意拊循，帶至省城。經潘效蘇當堂發落，分飭各歸各屬，並將哈目等暫行拘留，責令該管哈衆速還歸牧。奈竄新之哈已極貧乏，遷延觀望，未肯即回。復經該委員等酌量周恤，帶同哈目仍四出搜尋，日事督催。及聞奴才親往鄂倫布拉克督辦鎮撫，始幡然來歸，現計收回科布多所屬已逾十之七八，此外有塔城哈衆二千六十四名口，因世居阿勒臺，堅稱願回舊地，歸科布多管轄。潘效蘇以該地已奉旨還科，自應人隨地歸，面飭委員等先行收回，以順輿情。叠據該委員等呈報辦理情形，該頭目等旋亦齊來奴才行營謁見，奴才分别賞給頂翎，令權隸於科布多哈部内暫時同牧，責令各哈目、總管等協同約束，毋滋紛擾，仍諭俟借地收回，再爲分部，定地安插。哈衆尚皆悦服，差堪仰慰宸廑。謹附片具奏。

光緒三十年三月二十一日拜發。本年五月二十二日遞回，奉硃批：知道了。欽此（四月二十四日）。（第657—658頁）

【案】此片缺原件，録副[①]現藏於臺北“故宫博物院”，兹據校勘。

◯四、哈目總管頂翎懇准照舊戴用片

光緒三十年三月二十一日（1904年5月6日）

再，莫羅霍、哈拉哈斯、車流布齊、章達蓋盧等四鄂拓克哈薩克，自光緒八年歸隸科布多時，即經前任大臣清安、額爾慶額飭令珠旺幹博特、木齊蘇喀爾、拜莫鷺、達克等四員名，戴用三品頂戴花翎，分充總管，各管所部。又派章嘎爾爲頭目，總理各鄂拓克游牧事務，戴二品頂戴花翎。凡此情形，科布多年久司員，

① 臺北“故宫博物院”藏：《軍機及宫中檔》，文獻編號：160183。

類能言之。奴才詳悉檢查，實無奏請案據。詢之章京等，均云未曾奏過。現在該哈官等亦俱知底緼，深憾各大臣玩視欺紿，踧踖不安。

奴才竊念此事已閱多年，由於前任大臣之疏漏，與私自擅用者有别。若此際遽行撤銷，既太操切，而刻值辦理安撫，方資鈐束，更不能不稍示羈縻。惟朝廷名器非臣下所得擅專，自應據實奏明，仰懇天恩賞准照舊戴用。又，查伊犁現辦哈部章程，阿哈拉克齊係用三品頂戴花翎，並無總管名目，亦無頭目二品者。兹事屬既往，暫可勿改，應俟將來收撫事竣，再行察照舊章，酌加釐訂，期歸畫一，俾資遵守。理合附片具陳。是否有當，伏祈聖鑒訓示。謹奏。

光緒三十年三月二十一日拜發。本年五月二十二日遞回，奉硃批：知道了。欽此（四月二十四日）。（第658—659頁）

【案】此奏片缺原件，録副[①]現藏於臺北“故宫博物院”，兹據校勘。

○五、奉旨賞假叩謝天恩並力疾辦事就近前赴古城摺

光緒三十年三月二十一日（1904年5月6日）

奴才瑞洵跪[1]奏，爲奉旨賞假，叩謝天恩，並力疾辦事，擬就近前赴古城緣由，具摺馳陳，仰祈聖鑒事。

竊奴才前往鄂倫布拉克督辦撫哈啓程日期，業經附片奏明。至上年十二月初九日，始勉强行抵該處。維時收哈委員分押哈衆，先已至沙窩地方，去鄂倫布拉克止兩日程，在彼等候接收之哈官分别交代。奴才已飭查明，此起歸哈統科、塔兩屬，共有五千餘名口，以困苦情形並無殊異，不得不一視同仁，普加賑贍，自

① 臺北“故宫博物院”藏：《軍機及宫中檔》，文獻編號：160179。

未便拘牽初議，致有偏枯。惟采買牛羊有在阿勒臺、布倫托海各處者，不宜驅之遠來，致滋拖累。尤慮哈性無恒，飽則颺去，體察再三，遂改定在阿勒臺散放，以非真歸牧地不能承領也。先由行營按名發給印票一張，寫明哈名及牛羊、磚茶隻、塊數目。如此核實辦理，藉寓牽制，計亦良便。適該管哈目、總管等接奉奴才檄傳，相率來見，聽候調遣。

奴才宣示朝廷德意，責令將哈衆分領歸牧。其在新疆續收未到之哈，尚約有二千餘人，具報光景皆極窮蹙。奴才令該委員等仍在臺守候催趲，並札飭新疆委員於啓行時，先行酌給麵、布、茶塊，俾無飢寒，以免擾及地方。現聞新疆巡撫飭用車輛運送，更爲妥協。特是前項茶、畜，僅敷頭起撫案之用，刻仍設法借墊，空籌獨持，支絀萬狀，差幸奴才平日稍繫蒙哈之望，尚不至遽滋事端。但奴才近來於收安哈衆一事，因才具短絀，竭蹶經營，實已煞費心血，若待哈部粆安，奴才氣力更不知何似。

頃接英秀咨稱，已將奴才病狀奏明，奉硃批：瑞洵著再賞假兩個月，等因。欽此。當即望闕碰頭，恭謝天恩。伏念奴才猥以負薪之疾，屢荷優容，寬賞假期。奴才具有天良，敢忘愧奮！無如報國有心，衞生無術，事繁身弱，顛越實在意中。加以阿勒臺借地迭經咨商春滿，直不答復，並“不還”二字亦且不提。奴才但有接收之責，並無勒交之權，即屢奉諭旨，責以和衷，奴才亦衹能自盡其職分，更無能使春滿之恪奉綸音。夫倒持太阿，授人以柄。英秀既貽誤於前，奴才何可不挽回於後！況現以阿勒臺建官置戍，欽承寄諭，敕令通籌，設竟推宕如前，必至亡羊而始補牢，竊慮引狼早已入室。此尤奴才夙夜焦愁、枕戈不寐者也。

日來連接馬亮、崧蕃、潘效蘇函電，皆以阿勒臺爲西北邊要，壤比强鄰，必須請設專官防守，動關大局。長庚原奏實無可易，同以延閣爲慮，均推奴才主稿速奏。徒以歸地展期，尚多膠葛，究不知春滿是何意見。儻竟因挾私而致撓大計，恐益非大臣籌邊體國之用心。兹既文牘頻煩，曠日持久，自須另擬辦法，且奴才病勢反復，羈留沙漠，醫藥彌難，幸過鄂倫布拉克，爲漢三塘，即接新疆轄界，由彼達古城計四百二十里，路雖艱難，尚非寥遠。該處上年接設電局，綫路四通，商量公事最稱便捷。若將地事改爲電商，大可以速補遲。

奴才今又蒙恩賞假，亦不可抛荒日月，上負生成，並當廣訪良醫，安心調理。現因哈事大致就緒，擬四月初旬即起身前往，容到古城，再爲由電奏報。所有奉旨賞假，叩謝天恩，並力疾辦事，擬就近前赴古城各緣由，謹具摺馳陳。伏祈皇太后、皇上聖鑒。謹奏。

光緒三十年三月二十一日拜發。本年五月二十二日遞回，奉硃批：知道了。欽此（四月二十四日）。（第659—662頁）

【案】此摺缺原件，録副[①]現藏於臺北“故宫博物院”，兹據校勘。

1.【奴才瑞洵跪】刊本無此前銜，兹據録副校補。

○六、懇將崧華仍留任所片

光緒三十年三月二十一日（1904年5月6日）

再，奴才長子貢生崧華前隨奴才出口，在任讀書，今年已十八歲，例應回旗，且現蒙恩賞給廕生，亦應以崧華承廕引見當差。惟奴才現在病中，不但家務需其料理，且須侍奉藥餌，刻不能離。崧華於滿蒙文字、語言均尚練習，有伊隨侍，奴才稍可省心。奴才於經手事件刻係力疾辦理，應懇天恩俯准將崧華仍留任所。除咨部、旗查照外，謹附片陳請。伏祈聖鑒訓示。謹奏。

光緒三十年三月二十一日拜發。本年五月二十二日遞回，奉硃批：著照所請。欽此（四月二十四日）。（第663頁）

【案】此奏片缺原件，録副[②]現藏於臺北“故宫博物院”，兹據校勘。

---

① 臺北“故宫博物院”藏：《軍機及宫中檔》，文獻編號：160178。

② 臺北“故宫博物院”藏：《軍機及宫中檔》，文獻編號：160180。

○七、請將糧餉章京榮臺仍歸同知班先引見片

光緒三十年三月二十一日（1904年5月6日）

再，前年五月初一日准吏部咨開：本年三月，補議正月分滿洲月官，出有盛京刑部主事一缺，將年滿科布多糧餉處章京即選主事榮臺擬選，行查該員有無事故，出具考語，給咨赴部帶領引見，等因。咨行前來。伏查前糧餉章京榮臺，於光緒二十七年十一月間經奴才以辦理邊防出力專片保奏，請將該員仍歸京察一等記名理事同知，遇有缺出，仍歸班先帶領引見，俟得缺後，在任以知府用，先換頂戴。欽奉硃批：著照所請，吏部知道。欽此。欽遵在案。旋准吏部來咨，以該員擬選盛京刑部主事，自係照例辦理，應即給咨送部引見。

惟查該前章京榮臺，在邊五年，經管糧餉，任勞任怨，辦事實心[1]。其於庚子籌防尤著勞勩，實係章京中不可多得之員。茲選升主事，則該員從前在筆帖式任內京察得保一等，恐不能帶於新任，即不能仍選理事同知之缺，是奴才原因其著績而加獎者，乃不啻明保暗劾，似乎未爲持平。且自兵燹後，京師旗族家產多遭掠失，十室九空，久困部曹，實亦無力賠墊，當在聖明洞鑒之中。

查主事外用，不過五品。勞績保舉人員，部章又本有“准其注銷保案，仍歸原班敘補”之文。今擬請將該員仍遇有理事同知缺出，歸於班先由吏部帶領引見，庶不致有虛獎敘，而於部章亦尚相符，並足以慰前勞而昭公允，可否籲懇聖恩俯准所請。如蒙俞允，伏候命下，奴才即欽遵咨行吏部，查照辦理。奴才因北路近年餉艱差苦，人皆視爲畏途，將來阿勒臺建置定局，用人尤極迫切，若不求朝廷格外體恤，則以後更恐無人問津，邊事何所措手！用敢不揣冒昧，附片具陳。伏祈聖鑒訓示。謹奏。

光緒三十年三月二十一日拜發。本年五月二十二日遞回，奉硃批：吏部議奏。

欽此（四月二十四日）。（第 663—665 頁）

【案】此奏片缺原件，録副[①]現藏於臺北“故宫博物院”，玆據校勘。

1.【辦事實心】刊本作“實心辦事”，玆據校正。

○八、山西布政使吴廷斌力顧時艱請賞軍功加二級片

光緒三十年三月二十一日（1904 年 5 月 6 日）

再，山西省積欠科布多軍需、臺費銀三萬四千兩，久束高閣。奴才庚子年蒞任，屢咨商撥，迄無以應。迨布政使吴廷斌受事，始陸續籌還，先後共解過銀二萬兩。近經該省撫臣張曾斅[②]督飭該司竭力騰挪，復撥給銀四千兩。雖爲數無多，然當司庫支絀之秋，仍能設法協濟，實屬不分畛域，力顧時艱。

查該司老成宿望，幹濟宏深，夙以治河著績，本屬方面之才。玆復體念邊陲，公忠篤棐之忱，尤堪嘉尚！科布多係北路軍營，可否仰懇天恩將山西布政使吴廷斌賞給軍功加二級，以昭激勸，出自鴻慈逾格。如蒙俞允，於塞垣餉需實多裨益。理合附片具陳。伏乞聖鑒訓示。謹奏。

光緒三十年三月二十一日拜發。本年五月二十二日遞回，奉硃批：吏部議奏。

---

① 臺北“故宫博物院”藏：《軍機及宫中檔》，文獻編號：160182。

② 張曾斅（1828—1907），字小帆、抑仲、潤生、筱颿，直隸南皮（今河北省南皮縣）人，監生出身。同治六年（1867），中舉。七年（1868），中式進士，選庶吉士。十三年（1874），授翰林院編修。光緒三年（1877），充會試同考官，歷任文淵閣校理、國史館纂修、功臣館纂修。十一年（1885），放湖南長沙知府。同年，署永順府知府。十二年（1886），調永順府知府。十六年（1890），調補廣東肇慶府知府。十九年（1893），授廣州府知府。二十年（1894），升福建鹽法道。翌年，授福建按察使。二十五年（1899），調補四川按察使。同年，遷福建布政使。二十六年（1900），調湖南布政使。同年，轉廣西布政使。二十八年（1902），補四川布政使。二十九年（1903），擢山西巡撫。三十一年（1905），署湖南巡撫。是年，調補浙江巡撫。三十三年（1907），補授江蘇巡撫，調補山西巡撫。同年，卒於任。

欽此（四月二十四日）。（第 665—666 頁）

【案】此奏片缺原件，録副[①]現藏於臺北“故宫博物院”，兹據校勘。

○九、電陳行抵古城日期並督辦哈事各情摺

光緒三十年四月二十九日（1904 年 6 月 12 日）

北京外務部洪密：瑞洵四月初八日自鄂倫布拉克啓程，十五日抵古城。哈事節經督催，據潘效蘇函稱：東、西兩路已無哈迹，惟南路羅布淖爾、屈莽山等處及北路巴里坤尚未遷動，地方掣肘，十分爲難。現委員紛來行營請示，容瑞洵與潘效蘇隨時會商，竭力妥籌。查驅哈非地方官切實查辦，委員勢孤力弱，無能爲役。瑞洵雖已駐古城督辦，奈係客官，於地方呼應不靈，自非奏明嚴定功過，難期得力。潘效蘇前於瑞洵商定以收哈委員艱苦出力，事竣應會摺請奬。兹擬增地方文武考成，如實力協助，應並核保；如不認真，或反有意容留，即行撤參。委員亦同一律。如此勸懲，冀可稍儆疲玩。事關邊局，不敢引嫌避怨。潘效蘇覆文，意見相同。應懇俯准潘效蘇會同瑞洵，秉公查核辦理。至接收借地，已電催春滿，俟得復再奏。謹請代奏候旨。瑞洵。已[1]，豔[2]。

古城瑞大臣鑒：准軍機大臣電催，光緒三十年五月初一日[3]奉旨：瑞洵電奏收哈事宜，須地方官切實查辦，非嚴定功過，難期得力，等語。著潘效蘇體察情形，妥議具奏。欽此。外務部。東[4]，印。（第 666—667 頁）

---

① 臺北“故宫博物院”藏：《軍機及宫中檔》，文獻編號：160190。

【案】此電奏原件查無下落，兹僅據稿本[①]校勘。

1.【己】當爲四月“己酉”之簡稱。

2.【豔】此字爲“平水韻”去聲第二十九字，應爲“光緒三十年四月二十九日”。

3.【五月初一日】刊本作“五月初三日”。查《清實録》載：“光緒三十年甲辰，五月，己卯朔，諭軍機大臣等：電寄潘效蘇：瑞洵電奏收哈事宜，須地方官切實查辦，非嚴定功過，難期得力，等語。著潘效蘇體察情形，妥議具奏”[②]，據干支紀日可知，“己卯朔”即“五月初一日”。據此，刊本誤無疑。兹據校正。

4.【東】此字爲“平水韻”韻部上平聲第一字，應爲“光緒三十年五月初一日”。

一〇、電陳呈進馬匹求恩准予展限摺

光緒三十年五月初一日（1904年6月14日）

北京軍機處王爺、中堂大人鈞鑒：科布多參贊每年呈進馬匹，向於五六月間派員護送到京，由定邊左副將軍聯銜會摺奏進。瑞洵去冬起身離科時，即托英秀代爲物色，務求上選。兹聞科布多來員面稱，馬尚一匹無有。瑞洵深恐遲誤，可否求恩准予展限，容俟回科，再親自選擇，專摺派員補進，以昭敬慎，出自鴻慈。謹乞代奏請旨。

瑞洵。午[1]，董[2]。（第667頁）

---

① 稿本第1841—1844頁。

② 《德宗景皇帝實録（八）》卷五百三十，光緒三十年五月上，第56頁。

【案】此電奏原件查無下落，兹僅據稿本①校勘。

1.【午】疑爲五月代稱。

2.【董】此字爲“平水韻”上聲第一字，應爲“光緒三十年五月初一日”。

一一、招收逃哈分押歸牧不久當可告竣摺

光緒三十年五月初九日（1904年6月22日）

奴才瑞洵跪[1]奏，爲新疆潛哈招收漸次就緒，並將早年舊竄之户全行搜查，分起管押回牧，止餘北路巴里坤一股，人數較多，辦理爲難，刻正切實查催，並力驅收，不久當可告竣，恭摺馳陳，仰祈聖鑒事。

竊奴才於本年四月初八日自鄂倫布拉克臺啓程，十五日馳抵古城，當將哈事節經督催。據潘效蘇函稱，東、西兩路已無哈迹，惟南路羅布淖爾、屈莽山等處及北路巴里坤尚未遷動，及地方掣肘、十分爲難各情，於四月二十九日由電奏明在案。查哈薩克潛住新疆境内，事已多年，初不始於前歲。該省幅員遼闊，哈自潛牧大澤、深林，與民纏莊園、田畝各不相涉，故初亦無人過問。近年民齒益增，污萊漸闢，而哈亦日聚日衆，地方胥隸之需索，與哈衆顛越爭占之事，即相因而至，獄訟糾紛，日形扞格，於是始議驅哈，誠亦不得已之舉。否則哈衆積至五六千之多，其廬帳、牲畜計不下數十萬，决非旦夕所能麕集，地方官吏豈盡矇聵？何以絶無見聞，從不一請驅逐？其故蓋可思已。光緒二十八年，饒應祺原奏僅稱科、塔哈衆逃入新疆奇臺、昌吉、綏來及哈喇峽一帶，或二百餘户，或百數十户，惟喀喇沙爾一股四千餘人爲最多，亦最悍黠。其流入焉耆府境内一股二千餘人，染患時疫，人畜傷亡殆盡，爲最窮。此外各屬雖亦間有呈報，其實即此哈

① 稿本第1845—1846頁。

衆東奔西竄，並非别有所增也。

奴才前准饒應祺咨請派員會收，隨經查據該管開呈户口清單，潛入新疆之哈實有九百餘户。奴才即派委换防屯田參將祥祐，帶同委員、哈官、通事前赴新疆，會同地方文武印委，竭力查收，並經陸續加派員弁，前往督催。適潘效蘇蒞任，幸與奴才同心，即飭該員等先往沿邊一帶，會同扼要設卡，以杜回竄，再行分投查辦。奴才復派員率同哈目，傳集氈房、駝馬，備帶餱糧，沿途催趲押送歸牧，時閱兩年，辦理漸有歸宿。前據查報收回科哈二千九百六十名口，塔哈二千零六十四名口，業由奴才附片陳明。兹續據該員等稟報：現又收回奇臺縣東北境内哈民男女三百十三名口，業經押交該總管查收。

又，羅布淖爾、可克淖爾等處計歸哈四起，亦已起解在途，尚不悉其確數。此外則巴里坤一股人多衆悍，地方官復挾私袖視，一味因循。奴才查譯哈結，内有“在此出有水草銀兩，且應官差”之語。地方官不肯認真，或反有意容留，當由於此。如現署鎮西廳同知黄廷珍，初委會辦哈事，亦嘗太息地方官不肯出力協助，經潘效蘇派署是缺，俾重事權。詎意缺既到手，即亦變心，且不以潘效蘇派隊驅逐爲然，致哈恃爲護符，既行復止。委員孤掌難鳴，紛來行營請示辦法，故奴才前有電請嚴定地方官考成之奏，良以委員勢單力薄，哈性侮弱畏强，非假官勢、軍隊以壯聲威，則違抗遷移，事所必致。蓋哈薩克狼性野心，良言開導，則置罔聞；實力剿辦，又嫌太過。非同潢池盗弄可以用兵鏟除，故辦理招收，比臨陣禦敵尤爲艱棘。饒應祺原奏謂：縱之不可，迫之生變。可見處置之不易矣。潘效蘇來咨亦云：此事費盡年餘之力，功在垂成而隳之一旦，皆由該文武始勤終怠所致。蓋亦痛恨地方官之不力而深恐前功之將棄也。

查科布多此次辦理收哈，實屬不遺餘力，煞費經營，不特已收之數溢於原逃，並將早年竄哈一並收回，復收塔哈願歸科者二千餘衆，直如招尋數千出匣走險之兕虎，驅使歸閑就勒。其勞烈殊常，洵非奴才始願所及。即新疆印委營員，亦有肯爲出力者。該撫前商擬俟事竣優保，誠不爲過。至巴里坤之哈，現經潘效蘇嚴飭地方文武，勒限催遷，並由奴才加派委員，再行前往，合力會辦。除塔哈外，務將屬科布多者全數收回。更檄諭哈目，宣布聖朝威德，並准委員隨招户兵，按給銀糧，俾助勢力。如此寬嚴並用，或冀易於得手。現當功虧一簣之際，奴才未敢鬆勁，仍力疾督飭，切實辦理，務收浮圖合尖之效，期稍副朝廷綏戢邊蒸之至意。理合恭摺馳陳。伏祈皇太后、皇上聖鑒訓示。謹奏。

光緒三十年五月初九日拜發。本年七月十五日遞回，奉硃批：著督飭認真辦理。欽此（六月十七日）。（第 668—671 頁）

【案】此摺缺原件，録副[①]現藏於臺北“故宫博物院”，兹據校勘。

1.【奴才瑞洵跪】刊本無此前銜，兹據録副校補。

一二、附陳收哈索地情形並懇恩續假片

光緒三十年五月初九日（1904 年 6 月 22 日）

再，奴才暫駐古城，督辦收哈，催索借地，並就近調治病症。公事尚屬順手，較未來時頓覺精神一振，惟此處亦無真明醫理之人，未敢嘗試。又以乍換水土，營中多患霍亂，奴才所染亦劇，舊恙未痊，新症又續，頗形狼狽。四月十五日抵此，潘效蘇即派員來接，函電敦促，謂省垣醫藥方便，且可會籌邊要，近在咫尺，堅約前往。奴才以在此商量公事正在吃緊，病體不耐酬應暫辭。炎暑奔馳，人情所憚，况奴才病未稍減，疲憊不支，行止亦殊難自主。奴才前於四月初八日由鄂倫布拉克起身，行走漢三塘，站程加倍三四百里，戈壁全無水草，隨員兵役及蒙哈駝馬觸熱痡瘏，逐處僵仆，日恒數起，人有戒心，幸奴才夜行，又霑微雨，得以無恙，然亦三日不食。

奴才刻擬派員帶領工匠，前往相泉鑿井，以濟行旅。現奴才經手事將告竣，實應再請解職，而英秀適有回京之命，錫恒到任需時，奴才一息尚存，即不應棄

① 臺北“故宫博物院”藏：《軍機及宫中檔》，文獻編號：161431。

邊疆於不顧。然已成勞瘵，既不能任重致遠，則亦何可以病軀敷衍，貽誤大局！再四焦思，奴才無足爲重，邊疆所關匪輕，前蒙寬期賞假，瞬將屆滿，惟有仰懇鴻恩俯准續假一個月，仍力疾辦事，俟地、哈兩件均有成畫，當再欽遵前旨，瀝陳下情，籲求高厚，伏候聖主如天之仁！奴才之病，北路、西域人所共知，斷不敢捏飾以圖規避。伏祈聖鑒訓示。謹奏。

光緒三十年五月初九日拜發。本年七月十五日遞回，奉硃批：著再賞假一個月。欽此（六月十七日）。（第 671—672 頁）

【案】此摺缺原件，録副[①]現藏於臺北“故宫博物院”，兹據校勘。

一三、電陳現擬派員先將人地兩收切望迅簡大員督辦摺

光緒三十年五月十三日（1904 年 6 月 26 日）

北京外務部洪密：接收事。瑞洵連電催商，初多艱阻，值春滿病劇，急請開缺，方勉允交割，已得復電。此案忽翻忽覆，迭起波瀾，瑞洵奔馳沙漠二千餘里，文牘辯駁數千百言，至今始有定局，自應即往接收。惟由瑪納斯取道庫克辛倉山，一路並無官站，戈壁尤大，炎暑、泥淖，人馬直不能行。若折向沙札蓋由南路進，須過大河數道，漲發溜急，水深輒逾一二丈，無可繞避，此兩道皆須待九十月方能行。

兹查由迪化直赴塔城，再抵哈巴河，設有蒙哈臺站，尚可假道，但太艱遠，計程往返總在六千里外，曠日持久。瑞洵痼疾未痊，勞即喘汗增劇，右身腰骸抽痛，亦將成不遂，本已不堪跋涉。現擬派員速往，先將人、地兩收，以清膠葛。

① 臺北“故宫博物院”藏：《軍機及宫中檔》，文獻編號：161433。

瑞洵仍當力疾移赴科、塔適中地方安營，駐扎督辦，期於本任、要差均能兼顧。至塔哈如何安插，既云人隨地歸，即應照常住牧。假如窒礙，或於形勢、蒙情實有不便，亦宜詳細體察，徐圖整理，不動聲色而措邊圉於乂安，方爲長策。急切紛擾，恐非正辦。阿勒臺現擬設官，切望奏上時，朝廷迅簡明練清强大員，前往督辦，則大局一定，保疆安人，邊治自興矣。謹請代奏。瑞洵。午，阮[1]。

塔城轉科布多參贊大臣，光緒三十年五月十八日，奉旨：瑞洵電奏悉。已有旨：派錫恒爲科布多辦事大臣，駐扎阿爾臺山矣。欽此。外務部，巧[2]，印。（第672—673頁）

【案】此電奏缺原件，兹僅據稿本①校勘。再，此摺未署具奏日期，兹據補。

1.【阮】此字爲“平水韻”上聲第十三字，據此可知，此奏具奏日期應爲“光緒三十年五月十三日”。

2.【巧】此字爲“平水韻”上聲第十八字，據此，此電日期爲“光緒三十年五月十八日”。

一四、電陳借地現經索還應請均歸錫恒管理所有派員接收應作罷論摺

光緒三十年五月二十五日（1904年7月8日）

外務部洪密：午養奉“巧”電旨，欽遵。仰見體恤臣工，慎重邊要，感激欽佩！瑞洵前奏擬派員接收，原因收回後尚有事在，必須暫駐，俟請簡大員統籌布置。今蒙朝廷燭照萬里，已先特派錫恒駐辦，諒北來必速，又恰值借地現經索還，

① 稿本第1867—1871頁。

瑞洵愚見，塔已認還，即爲定局，原不必仍由科收，應請均歸錫恒到彼，即行管理，塔自不能違阻。所有派員接收，應作罷論，其哈衆如何管轄，須定章程，一時尤難率議。瑞洵前電陳明新哈大股均收回，僅餘零起，亦催遷即蒇。業商由潘效蘇奏報撫事，應俟委員稟齊奏銷。

瑞洵守邊四年，愧無報稱，但於收地安哈尚知盡心。其間波瀾叠起，倍費經營，兹幸均就竣，惟病轉劇，左半肢體中風煩重，日益掣痛，行動需人，即坐草上飛，亦不敢速走，前又附奏續假一月。夏日戈壁酷熱，人馬難行，容秋初稍涼旋科，餘詳疏。除飭遵外。謹請代奏。

瑞洵。午，有[1]。（第673—674頁）

【案】此電奏缺原件，兹僅據稿本①校勘。再，此摺未署具奏日期，兹據補。

1.【有】此字爲“平水韻”上聲第二十五字，據此可知，此奏具奏日期應爲“光緒三十年五月二十五日”。

一五、具奏卡倫增兵現尚得力未便遽撤摺

光緒三十年六月十三日（1904年7月25日）

奴才瑞洵跪[1]奏，爲卡倫增兵現尚得力，未便遽撤，致啓戎心而懈士氣，應俟議覆遵辦，恭摺具陳，仰祈聖鑒事。

竊奴才前以日俄失和，欽奉諭旨飭令加意嚴防，慎固封守。又接外務部密電：俄人往來境内，蒙漢錯雜，恐滋事端，應嚴密防維，隨時稽查彈壓。又，沿邊内外蒙古，均按照局外中立例辦理，兩國兵隊，勿少侵越，儻闌入境内，中國自當

---

① 稿本第1873—1875頁。

攔阻，各等因。奴才當以綸音訓敕及外務部電示各辦法俱係緊要關鍵，而切實奉行，斷宜借資兵力，無可空言塞責之理。況科布多迤北一帶處處與俄接壤，蒙哈雜處，回、纏往來劫掠，早成恒事。儻有事端，無法彈壓，必致不能相安，滋人口實，或致外兵闌入，無力攔阻，均爲有背中立之條，動妨大局。必須先事綢繆，預防後患，俾知早有守備，方足以戢拼飛，杜窺伺。是必吾實力充足，確有以自立而後可保中立，爰將所屬昌吉斯臺、瑪呢圖噶圖勒幹等八卡，趕緊加派蒙兵，扼要川駐。因經費無著，一面借挪墊辦，隨經奏請户部接濟。現奉寄諭，知已敕交馬亮、潘效蘇等籌議，仰維聖明垂廑邊要，不厭求詳，曷勝欽佩！

惟奴才前摺所陳尚有非鄰省所盡明者，查科布多境内統計二十四卡倫，内有十六卡倫隸烏里雅蘇臺管轄，每卡倫兵數尚有四五十名。惟科布多所管八卡倫，前因分界，俄人逼逐移卡，續經内徙，每卡倫因陋就簡，僅止設兵十名。且烏里雅蘇臺之十六卡，地尚次衝，而科布多所管八卡則逼近彼疆，且有與齋桑斯克爲鄰者，屢年爭執，克色勒烏雍克之地，至今覬覦未已。而俄人每以越界侵占爲能，得步進步，已成慣技。彼又設備謹嚴，鄰柝相聞，而我猶酣睡，似乎不可。東方戰事未艾，邊警宜戒不虞，故烏卡尚可照常，而科卡萬不能不添兵防堵，但限於財力，不能大加布置，爲可愧耳。蒙兵生長其地，山徑熟習，查察易周，雖云難當大敵，然庚子辦防，按卡增戍，俄止對壘相持，究未深入，是已著有明效。現在添扎將及半年，烽燧不驚，邊塵安堵，若竟遽行議撤，恐不免啓戎心而懈士氣，似非計之得者，自應俟馬亮等議覆及察酌日俄戰事如何，再行奏明辦理。

至豫請阿勒臺防費，原爲接收以後，未經派員以前，暫支一時之需。今該處已蒙特簡大員駐辦。奴才前經電奏應俟錫恒到彼，徑行管理，科城無庸再辦接收，其防費自應由錫恒查照長庚原奏，歸於全案估請。惟錫恒到任需時，該處防務不可間斷，究應如何辦理，該將軍等久練[2]邊情，統籌全局，自有嘉謨入告。其奴才前擬於新疆招募壯勇二百名，派員管帶，暫駐阿勒臺一節，刻以無款，尚未舉辦。既蒙飭議，自應候旨遵行。奴才忝司邊寄，責無可辭，不敢稍涉張皇，亦不敢竟疏防範，總期疆圻静謐，戎馬不來，上紓聖主宵旰之廑，下保北路安全之福。抑奴才更有言者，天下事言之匪艱，行之惟艱。凡説者愈覺動聽，即辦者愈益棘手。科布多形單勢弱，自守尚且不足，更何敢謂有恃無恐，欺飾聖明！區區愚誠，諒蒙昭鑒。所有卡倫增兵現尚得力，未便遽撤，應俟議覆遵辦緣由，理合恭摺具陳。伏祈皇太后、皇上聖鑒訓示。謹奏。

光緒三十年六月十三日拜發。本年八月初十日遞回，奉硃批：另有旨。欽此（七月十七日）。（第674—677頁）

【案】此摺原件[①]現藏於中國第一歷史檔案館，兹據校勘。

1.【奴才瑞洵跪】刊本無此前銜，兹據校補。

2.【久練】刊本作"永練"，顯誤。兹據校正。

【案】此摺旋於是年七月十七日，得旨允行，飭令潘效蘇一並妥議具奏。"廷寄"曰：

軍機大臣字寄：伊犁將軍馬，新疆巡撫潘，科布多參贊大臣瑞，科布多幫辦大臣錫：光緒三十年七月十七日，奉上諭：前據瑞洵奏邊備布置事宜，當經諭令馬亮等妥籌具奏，兹復據該大臣奏稱卡倫增兵、未便遽撤等語，著馬亮等歸入前摺，一並妥議具奏。原摺著鈔給閱看。將此諭令知之。欽此。遵旨寄信前來。[②]

一六、借地允還不必由科接收應俟錫恒到彼即行管理片

光緒三十年六月十三日（1904年7月25日）

再，奴才前以阿勒臺已議請設大員畫疆分治，是爲烏部收舊牧，非爲科城索借地，無所用其爭執，總期急就蕆事，庶朝廷得早簡大員整理，請飭春滿速議交割，勿再推延，等情。曾於三月初十日在鄂倫布拉克臺轉由古城電奏，奉旨敕催。

① 中國第一歷史檔案館藏：《硃批奏摺》，檔案編號：04-01-16-0281-106。

② 《光緒朝上諭檔》第30册，第146頁。又，《德宗景皇帝實録（八）》卷五百三十三，光緒三十年七月，第103頁。

嗣在途次輾轉籌思，此事業經授柄，恐一時未易轉圜，儻春滿仍欲展緩，則惟有速請簡派大員，徑往駐扎辦理，即足藉杜牽制。迨行抵古城，節次與春滿電商催索，經奴才切實辯駁，始據覆電，定議交割，有“派員何日起程，候電”等語。奴才當又以此案翻覆有年，至此始有歸宿，自應即往接收，以清膠葛。阿勒臺現擬設官，切望迅簡明練清强大員，前往督辦，則大局一定，保疆安人，邊治自興，等情。於五月十八日電陳，旋奉電旨敬悉，已蒙欽派大員駐辦。一得之見，不期默契天心，曷勝慶幸！同日，奴才另有擬派員往辦接收一奏。

奴才伏查阿勒臺借地，前擬必須派員往收者，原以塔哈人隨地歸，尚有事在，兹既簡放有人，錫恒年力正强，膺兹重任，自當勇於從事，北來必速。奴才悉心酌度，借地一節既經奴才與春滿電商，業允交還，即爲定議，原不必仍由科布多再辦接收，應俟錫恒到彼，即行管理，塔城自不能阻，擬將派員接收，毋庸置議。除由電奏明外，理合附片具陳。伏祈聖鑒。謹奏。

光緒三十年六月十三日拜發。本年八月初十日遞回，奉硃批：知道了。欽此（七月十七日）。（第677—679頁）

【案】此奏片缺原件，録副[①]現藏於中國第一歷史檔案館，兹據校勘。

一七、差委人員材堪器使現據事竣銷差可否送部帶領引見候旨録用摺

光緒三十年六月十三日（1904年7月25日）

奴才瑞洵跪[1]奏，爲調營差委人員材堪器使，現據事竣稟懇銷差，籲求恩

① 中國第一歷史檔案館藏：《録副奏片》，檔案編號：03-5429-189。

施，可否俯准由奴才給咨送部帶領引見，候旨録用，以昭激勸，恭摺具奏，仰祈聖鑒事。

竊奴才前因奉旨派辦接收、安輯各事，胥關重要，必須得力可靠之員，方資佐助，當於光緒二十八年十一月奏調候選運判徐鄂來營，派充洋務局總辦，兼設籌邊處，責令綜理一切事宜。上年八月，復派往阿勒臺隨辦接收，均經附片奏明。嗣因地事議緩，該員中道折回，復來新疆經理哈務，隨在行營辦事。茲據稟稱：自到北路，即不服水土，恒患腹疾，經久未痊，殊形委頓。初因收安地、哈，公務殷繁，既蒙奏調專辦是事而來，未敢率行請假，兹幸均經告竣，洋務局一差業經暫護參贊大臣派員接署，籌邊處現議裁撤，此外並無經手未完事件，稟請銷差給咨，俾得赴部候選，就便延醫調治，等情。前來。並據該員叠次面求，詞意懇切。查該員向在奉天、黑龍江、直隸、山東等省襄理戎幕，頗著能聲。迨經奴才奏調來營，畀以洋務、籌邊各事，均能巨細兼綜，深得體要，毫無貽誤，於索地收哈尤盡心力。惟係南人，不服北邊水土，所稱確係實情。今事已告竣，自應准其銷差，由奴才發給離營咨文，並准循例仍由北路臺站晋京，以示體恤。

奴才覆查該員聰敏勤能，饒有智略，辦事亦頗認真，年逾强仕，磨練已深，現當用人、理財之際，鹺務爲國課大宗，如該員者儻假以尺寸之柄，使得有所藉手，必能於場產引銷，切實討求，及時自效。若任其浮沈需次，日久賦閑，未免可惜。且科布多地處極邊，著名瘠苦，人皆裹足，奴才奏調各員尚有補用都司緒齡、候補知縣王服旻，雖經均奉批准，尚皆托故趦趄，至今未至，獨該員不憚艱遠，應調前來，其勇於從事，即可概見。惟是萬里馳驅，載更寒暑，辦理洋務、邊務，悉協機宜，深資臂助，論功行賞，本應從優議保，以獎其勤。况見在阿勒臺建官置戍，草昧經營，若不於邊荒開用人之途，其奚以延攬才賢，毗益庶務？

可否籲求恩施，俯念北路軍營差苦事艱，准將奏調來營候選運判徐鄂由奴才出具切實考語，咨送吏部帶領引見，候旨録用之處，出自鴻慈逾格。如蒙俞允，不特該員此役不爲徒勞，即嗣後奉調人員亦庶幾有所激勸，免致多方規避，觀望不前，似於邊疆有裨。所有調營差委人員材堪器使，現據事竣稟請銷差，籲求恩施，可否俯准由奴才給咨送部，帶領引見，候旨録用，以昭激勸各緣由，理合恭摺具奏。伏祈[2]皇太后、皇上聖鑒訓示。謹奏。

光緒三十年六月十三日拜發。本年八月初十日遞回，奉硃批：所請著毋庸議。欽此（七月十七日）。（第 679—682 頁）

【案】此摺原件[①]、録副[②]現均藏於中國第一歷史檔案館，兹據校勘。

1.【奴才瑞洵跪】刊本無此前銜，兹據校補。

2.【伏祈】刊本作“伏乞”，兹據校正。

① 中國第一歷史檔案館藏：《硃批奏摺》，檔案編號：04-01-16-0281-107。

② 中國第一歷史檔案館藏：《録副奏摺》，檔案編號：03-5429-188。

卷之二十三　藏弓集

光緒甲辰七月起十二月訖（1904）

○一、電陳病勢直難望愈應請速擇替人摺

光緒三十年七月初九日（1904年8月19日）

北京外務部洪密：瑞洵五月初九日附奏續假一月，刻又屆滿，病勢有增，直難望愈。科布多岩疆緊要，且現須爲阿勒臺籌辦後路，事繁責重，已非病者能勝。況東方戰事日勝俄敗，彼失於東，必將取償於西。我居中立，本係從權，終恐兵戎相見。北路邊備素虛，尤非勞傷之軀所能布置嚴密。

瑞洵自揣氣力萬難再任艱巨，現在差次實係力疾從公。乃馬亮誤爲精神尚能辦事，昨因春滿出缺，商欲奏請瑞洵赴塔接辦。瑞洵聞知，當即函電切辭，又托潘效蘇再代懇辭。科防吃重，應請朝廷速擇替人，瑞洵仍於日内具摺奏乞天恩准開參贊差缺，回旗調理，以便自訪中西醫士診治，實感鴻慈。謹乞代奏。瑞洵。佳[1]。（第684—685頁）

【案】此電奏缺原件，兹理校之。再，此摺具奏日期，據“平水韻”校補。

1.【佳】此字爲“平水韻”上平聲第九韻，據此，此奏應爲“光緒三十年七月初九日”。

○二、電陳白塔山潛哈出巢抗拒擬回駐鄂倫布拉克臺相機查辦摺

光緒三十年七月二十三日（1904 年 9 月 2 日）

北京外務部洪密：哈事現辦頗有端緒，惟新界白塔山近有早年潛哈，因新疆逼遷出巢抗拒，人衆勢悍，現潘效蘇調隊防逐，並會派大員前往開導，事體較大，恐釀巨變。瑞洵擬回駐鄂倫布拉克臺，督率相機查辦。定七月念[1]四日由古城起身。再，昨接馬亮、潘效蘇電稱：春滿先是病重，訛傳出缺，應報明更正。謹乞代奏。瑞洵。漾[2]。

光緒三十年八月二十四日，接軍機處電：迪巡撫古轉科布多參贊大臣，奉旨：瑞洵電奏悉。據稱白塔山有早年潛哈因新疆逼遷抗拒，人衆勢悍，現潘效蘇調隊防逐，並派員前往開導，等語。歸哈一事不宜操切，著潘效蘇、瑞洵等務當體察情形，善爲開導，隨時妥慎辦理，切勿稍事孟浪，致釀變端，是爲至要！欽此。感[3]，印。（第 685 頁）

【案】此電奏缺原件，兹理校之。再，此摺具奏日期，據“平水韻”校補。

1.【念】即“廿”，近人互用。

2.【漾】此字爲“平水韻”去聲第二十三韻，據此，此電奏日期應爲“光緒三十年七月二十三日”。

3.【感】此字爲“平水韻”上聲第二十七韻，據此，此電日期應爲“光緒三十年七月二十七日”。

○三、電陳收哈竣事事起程回抵科城摺

光緒三十年八月二十九日（1904年10月8日）

北京外務部："感"電奉旨欽遵，白塔山哈衆前因新疆驅逐巴里坤潛哈，正在伏暑，人馬不耐，太失體恤，哈情憤激，致委員解送歸哈過山被其出巢抗拒，逼脅人夥。旋據該哈目等投文行營，要求挾制，經瑞洵分別准駁，先令展緩，一面與潘效蘇函商辦法，一面遴派妥員前往，相機開導，並加檄勸，現均遵依。坤哈仍陸續押還歸牧，山中舊哈並已解散向阿勒臺去訖。多年積患竟得掃除，地方安定，蒙民同感。

至瑞洵前奏新疆南北各哈均已收回，據報還牧，現在一律竣事，無可再辦。瑞洵即於八月十四日由鄂倫布拉克臺起身，念六日回抵科城。知係宸廑，先電聞，容再詳奏。謹請代奏。瑞洵。酉[1]，範[2]。（第685—686頁）

【案】此電奏缺原件，茲理校之。再，此摺具奏日期，據"平水韻"校補。

1.【酉】"地支"第十字，因正月由"寅"開始，此字當代表"八月"。

2.【範】此字歸"平水韻"上聲第二十九韻部，據此，此電奏日期應爲"光緒三十年八月二十九日"。

【案】此奏旋於是年十一月得旨，《清實録》載曰：

科布多參贊大臣瑞洵奏，白塔山潛哈，已勸諭還歸阿爾臺舊牧，復由古城巴里坤等地方查出潛哈，一律還回。至潛入新疆之哈民，自應分別收回，各歸各牧，請飭自行查辦，以清界限。得旨：著潘效蘇、札拉豐阿、錫恒妥籌辦理。①

---

① 《德宗景皇帝實録（八）》卷五百三十七，光緒三十年十一月上，第152頁。

○四、經手事竣欽遵請旨摺

光緒三十年九月二十四日（1904年11月1日）

奴才瑞洵跪[1]奏，爲奴才假期又滿，病益增劇，經手事竣，欽遵請旨，恭摺陳奏，仰祈聖鑒事。

竊奴才前因假又屆滿，病勢直難望愈，擬仍具摺乞恩准開差缺，回旗調理，以便自訪中西醫士診治等情，於七月初九日由電奏明。繼以白塔山潛哈出巢抗拒官兵，派員前往開導，回駐鄂倫布拉克臺，相機辦理。抵臺後就近督飭，尚幸山内各哈均遵還歸牧，新疆南北各哈招收一律告竣，奴才已於八月二十六日回抵科城等情，又經由電馳奏。伏查奴才自光緒二十九年六月初二日奏明銷假，前往阿勒臺一帶辦理收安各事宜，當經聲請俟差竣之後，入都陛見，奉硃批：著俟事竣後再行請旨。欽此。仰見聖慈慎重疆事、俯體下情至意，莫名欽感！嗣緣中途墜馬，傷重折回，詎料歸地竟又議緩，蒙哈惶惑。比時已交冬令，復奉旨：著該大臣即行前往彈壓拊循，查明確情，詳晰具奏，等因。欽此。

奴才以事關重大，不敢顧惜微軀，即於上年十一月十二日起程，馳往鄂倫布拉克臺駐辦一切，旋又移扎古城，商索借地，督催收哈，力疾馳驅，閱時十月，衝寒冒暑，備歷艱辛，雖中間叠起波瀾，幾生枝節，兹幸均皆就緒。阿勒臺鎖鑰岩疆，宜謀防守，長庚倡議於前，奴才復以專設大員畫疆分治，再三陳請，仰邀采察，特簡錫恒駐扎籌辦。

奴才經手之事俱已告竣，並無未完要件。六月十七日，續賞一月之假又經屆滿，惟心腎痼疾，迄未輕減，在新疆時經潘效蘇、吴引孫[①]公薦名醫診治，亦無大

① 吴引孫（1851—1921），字福茨，安徽歙縣人。同治十二年（1873），拔貢，充七品小京官刑部浙江

效，轉因勞碌過甚，牽觸左體舊傷，半身筋脈抽縮，骨節疼痛，手足動履，全須仗人扶持，竟成偏痹，氣力疲苶已極，實在難再枝拄。計自抱恙以來，過荷鴻施，屢予寬假，將理已逾十個月之久，原冀强起辦公，勉殫駑鈍，不意事雖告蕆，病乃無已有加，且近月辦事乖方，動勞聖慮，再不解任，其錯謬更不知何似！此尤奴才栗栗危懼、寢饋不安者也。

奴才竊自維念資材剛拙，學術迂拘，既無樞密之繫援，更少公卿之保薦，獨以戇直上結主知，拔自常僚，畀之重任，非凡殊遇，即鞠躬盡瘁，未足云酬，豈宜貪戀身家，輒圖引退！無如負薪之疾，積有歲年；勿藥之占，難期旦夕。若再委蛇尸素，措置難免失宜，屬兹籌防吃緊之時，萬一猝有疏虞，則奴才之辜恩溺職，必有甚於今日者。展轉焦思，欲求不負聖明，不誤邊要，竟無兩全之術。現幸經手事竣，自應欽遵請旨。

合無籲懇慈恩准如前請，特賜成全，俾奴才得於枯朽之餘，仰瞻天日之表，然後安心休息，設法治療，庶幾可起沈疴，仍圖效用，奴才不勝感激待命之至。所有奴才假期又滿，病益增劇，經手事竣，欽遵請旨緣由，謹恭摺陳奏。伏祈皇太后、皇上聖鑒訓示。遵行。謹奏。

光緒三十年十一月十一日，奉硃批：另有旨。欽此[2]。

光緒三十年九月二十四日拜發。本年十二月二十六日遞回，奉硃批：另有旨。欽此。（第686—689頁）

【案】此摺原件①、録副②現均藏於中國第一歷史檔案館，兹據校勘。

（接上頁）司行走。光緒四年（1878），捐額外主事。五年（1879），中式舉人，取軍機章京兼總辦秋審處。七年（1881），補刑部候補主事。九年（1883），調刑部湖廣司主事。同年，升刑部貴州司員外郎。十二年（1886），充軍機處幫領班章京。十四年（1888），放浙江寧紹臺道。十六年（1890），兼辦寧鎮海防營務處，並總理鎮海南北岸炮臺事務。二十二年（1896），署浙江按察使。二十五年（1899），授廣東按察使。二十八年（1902），遷甘肅新疆布政使。同年，調任總理廣東省城武備學堂事宜、督辦巡警事宜。同年，兼署廣東按察使。二十九年（1903），署廣東布政使。翌年，總理新疆全省營務處。三十一年（1905），署理新疆巡撫。三十三年（1907），補安徽布政使，調福建布政使，轉湖南布政使。宣統二年（1910），授浙江布政使。民國十年（1921），卒於籍。

① 中國第一歷史檔案館藏：《硃批奏摺》，檔案編號：04-01-16-0282-082。

② 中國第一歷史檔案館藏：《録副奏摺》，檔案編號：03-5431-102。

1.【奴才瑞洵跪】刊本無此前銜，兹據校補。

2.【光緒三十年十一月十一日，奉硃批：另有旨。欽此】此奉旨日期與内容，據録副補。

【案】此奏旋於是年十一月十一日得旨允行，"上諭"曰：

光緒三十年十一月十一日，内閣奉上諭：瑞洵奏，因病懇請開缺一摺。科布多參贊大臣瑞洵，著准其開缺回籍調理。欽此。①

〇五、回營任事日期摺

光緒三十年十月十五日（1904 年 11 月 21 日）

奴才瑞洵跪[1]奏，爲奴才回營勉力任事日期，恭摺仰祈聖鑒事。

竊奴才於八月二十六日由鄂倫布拉克臺回抵科布多城。到營後，適奴才左邊肢體筋骨疼痛太甚，動履不便，未能即時視事。現雖並未少愈，而奴才假期又滿，不敢再行續請，英秀又急求交卸，於十月初三日經將參贊大臣印信暨鑰匙等件派員移交。奴才當即望闕叩頭謝恩，敬謹接受。

伏念奴才忝膺邊鎖已及五年，措施乖方，動多隕越，深以聖明委寄弗克負荷爲懼。兹回本任，益切冰兢，惟有勉竭駑庸，將地方一應事宜愈加持重，妥慎經理，不敢爲一事求一事之效，祗期在一日盡一日之心，用圖稍酬國恩、不負所學而已。所有奴才回營勉力任事日期緣由，謹恭摺奏報。伏祈皇太后、皇上聖鑒。謹奏。

光緒三十年十月十五日拜發。本年十二月初五日遞回，奉硃批：知道了。欽此（十一月十三日）。（第 689—690 頁）

---

① 《光緒朝上諭檔》第 30 册，第 209 頁。

【案】此摺缺原件，録副[①]現藏於中國第一歷史檔案館，兹據校勘。

1.【奴才瑞洵跪】刊本無此前銜，兹據校補。

○六、收哈告竣繕單馳報摺

光緒三十年十月十五日（1904年11月21日）

奴才瑞洵跪[1]奏，爲奴才辦理收哈事宜一律告竣，恭摺繕單馳報，仰祈聖鑒事。

竊奴才前以新疆潛哈招收漸次就緒，並將早年舊竄之户全行搜查，分起管押回牧，止餘北路巴里坤一股人數較多，辦理爲難等情，曾於五月間由古城行營具摺奏明。本謂不久當可竣事，不意六月初旬，新疆及科布多委員催解巴里坤境内潛哈三百餘户，由紙坊度戈壁，行抵白塔山口，突有哈衆蜂擁而來，執械放槍，致傷勇丁，並搶馬匹等件，要截去路，將歸哈逼脅入夥。該員等以事出意外，携帶兵勇不及二百，既慮衆寡不敵，又恐猝釀巨釁，未敢冒昧從事，因將被傷營勇、槍斃駝馬及被劫去槍支、馬匹、糧石各情電報新疆巡撫，並齊來奴才行營請示辦法。該處哈目等亦投文，聲稱伏暑人馬不耐，新疆營員逼令速徙，不稍體恤，心實不甘，復要求住牧鄂倫布拉克臺，語多挾制。

奴才細加體察，該處之哈有自光緒十一二年時遷往者，潛牧年久，安土重遷，此次以時當盛夏，戈壁旱乾，深恐牲畜倒斃，有礙生機，因率衆鋌而走險；該委員等又但顧考成，一味威逼，遂致激成事端，因即函致潘效蘇妥商辦法。旋准函覆，謂哈事已辦至此地步，未便功虧一簣，況有率衆抗拒情事，尤不能再事姑容，若不趁此稍示懲創，將來恐更肆行無忌，即今日辦理棘手，未始非從前過於寬縱有以釀成。奴才以哈衆如此猖獗，勢難禁人剿逐，奴才又庸弱無能，遂亦附和，

① 中國第一歷史檔案館藏：《録副奏摺》，檔案編號：03-5963-028。

當經商定會派提督易盛富、參將祥祐前往，相機辦理，並議調隊遥助聲威。奴才即一面檄飭哈目准其緩俟秋凉再進，爲釜底抽薪之計；一面密派邊務處總辦徐鄂隨帶員弁、舌人，譯給哈文諭帖，刻期馳往，勸以大義，隨宜體察，設法辦理，並仍責令前派委員等入山，分任開導，詳查會辦，務將原收者悉數押還歸牧，以竟前功。因事無把握，未便宣露，且古城與白塔山相距十有餘站，聲息遲鈍，奴才遂回駐鄂倫布拉克臺，就近查辦，指授機宜，以期策應便捷，即經由電馳奏，略陳梗概。

迨七月底，行抵臺次，認真督率，又派員弁往探，隨據徐鄂等報稱：奉派勸導白塔山哈衆，曉夜趲行，沿途探知該哈等方號召同類負隅自固，深恐日久勢衆，滋蔓難圖，因冒險馳入。該哈等猝不及防，群焉思逞，繼見並未帶有兵隊，知係科員，即亦不甚畏懼。爰設法招徠，將譯就哈文諭帖令其捧讀，爲之詳明講解，反復譬喻，從權許以自新，不究前罪，並告以若能幡然改計，科布多大臣必爲庇護。該哈等初猶心存疑懼，從違莫决，復經多方開導，陳説利害，始咸知感戴天恩，並稱遵依願回阿勒臺原牧，但求展限。現已一律西還，復據續派各員先後呈稱：被阻之哈亦經陸續招回，派哈官分起送歸舊牧，自六月二十日起至八月初十日止，所有前收巴里坤歸哈三百餘户，又均招齊自白塔山東至鄂倫布拉克臺一帶之哈掃數遷回，並無遺漏，等情。呈報到營。並據辦撫委員稟報，收哈陸續還集、查撫情形。奴才核閲各稟，甚爲放心，隨即函致潘效蘇，將派隊防剿一節屬其斟酌停緩。奴才即於八月十四日起程，二十六日回抵科城，途次恭奉七月二十七日電旨：歸哈一事不宜操切，著潘效蘇、瑞洵等務當體察情形，善爲開導，隨時妥慎辦理，等因。欽此。竊幸奴才辦法尚能仰符上意。

奴才伏查白塔山之哈即有坤股在内，恃衆據險，早知辦理爲難。此次杜遏亂萌，收功迅速，皆由仰賴朝廷威德，因應尚合機宜，實非奴才始願所及。當於八月二十九日，將白塔山潜哈遵導歸牧及奴才回抵科布多城日期，由電謹先奏明。旋據易盛福、祥祐等稟稱：派隊四處搜查，復由古城之趙家莊、沙窩暨巴里坤之紙坊等地方，查出潜哈一百二十二户，亦均由科暫收，解至鄂倫布拉克臺，由駐臺委員差派蒙官押送歸阿勒臺舊牧，在新科哈一律收回，等情。奴才伏查光緒二十八年八月派員會收新疆潜哈，時逾兩載，該員等不畏艱難，力顧大局，實心從事，統計收回科哈六千四百八十二名口，其數已溢原逃，復收隨地歸哈二千六十四名口，今並將白塔山早年潛哈六百餘名悉數催還歸牧，此外新疆再無大股科哈，自應即行報竣。縱尚有零星潛住之哈，自係塔屬，難保必無，是在地方官之隨時查察，非鄰境委員力所能及。

至科屬之哈，實已全收，兼及隨地歸哈，其塔屬者應歸塔城委員查收，乃是定理。前奉寄諭：其潛入新疆之哈民，著潘效蘇趕緊設卡查禁，並另派委員會同科、塔兩城派來之員，分別收回，各歸各牧，以免紛擾，等因。欽此。仰見聖明酌中示則，極應懔遵，惟潘效蘇迭次咨函，意欲趁勢並驅歸科，且有“令科布多代收”之語，自爲一勞永逸起見，但各有主者，難以越俎代謀，若竟聽從，恐以不分畛域之公心，疑爲廣攬事權之私意，且奴才業已力盡筋疲，實亦不能再辦，仍應請旨敕下潘效蘇、春滿自行查辦奏報，以清界限。至屈莽山竄往青海邊界之哈，應如潘效蘇原奏，另案辦理。所有收哈事宜一律告竣緣由，謹恭摺馳報，並繕單祗呈御覽。伏祈皇太后、皇上聖鑒訓示。謹奏。

光緒三十年十月十五日拜發。本年十二月初五日遞回，奉硃批：著潘效蘇、札拉豐阿[①]、錫恒妥籌辦理，單、片並發。欽此（十一月十三日）。

呈收回科哈等户口數目清單

謹將由新疆境內收回科布多哈薩克及早年潛哈、隨地歸哈户口數目，繕具簡明清單，祗呈御覽。

計開：一、收由新疆迪化縣東山等處回牧和家阿布賴巴彦巴特哈拉喬拉克等

① 札拉豐阿（1858—1910），亦作扎拉豐阿，伊犁駐防索倫營鑲藍旗人，光緒十年（1884），由領催補驍騎校，加佐領銜，戴花翎。十二年（1886），派辦捕盜官兵糧餉事務。同年，派中俄局差使。十六年（1890），升正黄旗防禦，同年，遷正紅旗佐領。十七年（1891），加三品銜。十八年（1892），署索倫營總管。二十三年（1897），補伊犁索倫營總管。二十八年（1902），派辦營務處事務，晋二品頂戴。三十年（1904），隨往阿爾臺地方差委，同年，擢伊犁索倫營領隊大臣。同年，補授塔爾巴哈臺領隊大臣，兼副都統銜。三十三年（1907），補伊犁副都統，兼塔爾巴哈臺參贊大臣。三十四年（1908），兼署塔爾巴哈臺領隊大臣。宣統二年（1910），卒於任。

四起一百四十一户，共七百十三名口。

一、由迪化縣南山等收回登色拜等處十二户，共六十二名口。

一、由奇臺縣大坑沿等處收回色勒哥太敖特斯巴依等五十三户，共三百十三名口。

一、由阜康、孚遠等縣境内收回哈拉木薩克哈烏肯等四十九户，共二百五十六名口。

一、由精河、庫爾喀喇烏蘇、綏來、呼圖壁、昌吉等廳縣境内收回别克拜等五十八户，共三百三十名口。

一、由可賽克地方收回他爾達拜等八起三百六户，共一千四百六十八名口。

一、由焉耆、于闐等府縣境内收回色拉克拜色達克等六十三户，共三百二十七名口。

一、由吐魯番、鄯善等廳縣境内收回托拉拜木斯克等六十一户，共三百十四名口。

一、由羅布淖爾等處收回呢牙子等一百六十三户，共八百二十九名口。

一、由喀喇沙爾、托克遜等處收回阿坦八梭羅蒲沙益長波和起等三起一百八十二户，共九百十四名口。

一、由白塔山等處收回斯旺等一百五十八户，共九百五十三名口。

一、由巴里坤鎮西廳之紙坊、奇臺縣之趙家莊、沙窩及白塔山等處收回早年潛哈的里得拜鄂托斯拜哈里伯克畢依奇等四起一百二十二户，共六百五十六名口。此起哈衆係光緒十一年、十二年間潛往該處者，同牧已久，無從分析科、塔。合並聲明。

一、收隨地歸哈哈力他乙蓋西根他呢巴依江南維等三起共四百户，計二千六十四名口。

以上計收科哈一千二百四十六户，共六千四百八十二名口。計收早年潛哈一百二十二户，共六百五十六名口。計收隨地歸哈四百户，共二千六十四名口。

統計：收回哈薩克一千七百六十八户，共九千二百零二名口。（第691—697頁）

【案】此摺原件[①]現藏於中國第一歷史檔案館，兹據校勘。

1.【奴才瑞洵跪】刊本無此前銜，兹據校補。

○七、塔哈應歸塔員查收片

光緒三十年十月十五日（1904年11月21日）

再，科布多現管之哈本自塔爾巴哈臺而來，前任大臣恐其闌入外界，因奏請由科布多收撫，迨後查知内多不逞之徒，衹以意存迴護，未敢再議更張。長庚原奏指爲誤收，誠屬確論。哈性狡黠，不易拊循，流竄滋擾，勢所必至，若無兵隊鎮懾，實不足以資彈壓，應俟錫恒抵任後，屬其體察情形，妥籌商辦。至長庚所議人隨地歸辦法，原屬權宜之策，然亦僅指在阿勒臺借牧者而言，並非漫無限制，今若一味濫收，則異族錯居，奪主喧賓，終難免不貽後患。奴才此次查收科哈十分認真，原期一氣呵成，還定安集，爲久遠計。潘效蘇見奴才辦理切實，遂並力驅納，又以人隨地歸，並不分别科、塔，來文至有“代收”字樣，且因春滿久在病中，乃亦不復催塔城派員會收。

查新疆潛哈並非盡隸科布多，塔城屬哈亦非全住阿勒臺。上年欽奉寄諭：潛入新疆南、北路等處之哈民，著潘效蘇另派委員，會同科、塔兩城派來之員，分别收回，各歸各牧，以免紛擾，等因。欽此。仰維宸訓至公至明，本是一定不易之理，若依潘效蘇而行，自係統顧大局，不分畛域，然似涉以鄰爲壑之嫌，雖可省事一時，究恐占牧滋爭，轉煩安輯，奴才仍以欽遵諭旨辦理爲主。現在查收科布多逃哈既已竣事，其塔哈不在阿勒臺舊牧者，應仍歸塔城委員查收，不便再由科布多代收，致令錫恒後來爲難。奴才愚昧之見，是否有當，理合附片再行陳明。

---

① 中國第一歷史檔案館藏：《硃批奏摺》，檔案編號：04-01-01-1069-001。

伏祈聖鑒。謹奏。

光緒三十年十月十五日拜發。本年十二月初五日遞回，奉硃批：覽。欽此（十一月十三日）。（第697—698頁）

【案】此奏片原件、録副均查無下落，兹僅理校之。

〇八、銷毁關防片

光緒三十年十月十五日（1904年11月21日）

再，新疆潜哈業均清查，陸續收歸科布多、阿勒臺一帶。辦理已越兩年，實屬不遺餘力。此後如何約束以期久安，應由辦事大臣錫恒就近管理。奴才情形較悉，苟有所見，亦必隨時參議，不敢稍存推諉，顯分畛域。惟前因奉旨派令奴才辦理安輯事宜，當經另刊行營關防，於光緒二十九年六月初二日開用，奏明在案。奴才現在回任接印，已將關防於十月初三日銷毁。除分咨查照外，理合附片陳明。伏祈聖鑒。謹奏。

光緒三十年十月十五日[1]拜發。本年十二月初五日遞回，奉硃批：知道了。欽此（十一月十三日）。（第698—699頁）

【案】此奏片缺原件，録副①現藏於中國第一歷史檔案館，兹據校勘。

1.【十月十五日】刊本誤作“十月初五日”，兹據校正。

① 中國第一歷史檔案館藏：《録副奏片》，檔案編號：03-5431-108。

○九、照章酌保換防員弁摺

光緒三十年十月十五日（1904 年 11 月 21 日）

奴才瑞洵跪[1]奏，爲綏遠城換防員弁三年班滿，照章酌保，繕摺具奏，仰祈聖鑒事。

竊查光緒十四年間，因換防員弁遠戍寒邊異常勞苦，經前大臣沙克都林札布等援照烏里雅蘇臺奏案，擬於届滿班期，擇尤酌保一次，以示鼓勵，奏奉兵部議覆：准將三部院候補筆帖式及委署筆帖式並委署驍騎校各員，令於班滿時，擇其尤爲出力者，酌保數員，均以驍騎校補用，等因。節經照辦在案。玆查換防委驍騎校蔭監魁連，候補筆帖式特合春、鹿壽、恒桂、連瑞、成秀、卓麟，委署筆帖式惠升、瑞秀，自到防之日起，扣至本年十月二十日，均届三年班滿。該員弁等遠戍極邊，備嘗艱苦，又值整頓之際，派充各項差使，均能矢慎矢勤，不辭劬瘁，自未便没其微勞。

奴才伏查前此每届期滿請獎，俱蒙特旨批准，仰見聖明不薄邊勞至意。奴才此次循章辦理，未敢從優，合無籲懇天恩俯准將委署驍騎校魁連等照案給獎，均以驍騎校儘先補用，以資鼓勵，出自鴻慈。除飭取該員弁等履歷咨部外，所有照章酌保換防員弁緣由，理合繕摺具奏。伏祈皇太后、皇上聖鑒訓示。謹奏。

光緒三十年十月十五日拜發。本年十二月初五日遞回，奉硃批：著照所請，該部知道。欽此（十一月十三日）。（第 699—700 頁）

【案】此摺原件[①]、録副[②]現均藏於中國第一歷史檔案館，兹據校勘。

1.【奴才瑞洵跪】刊本無此前銜，兹據校補。

一〇、請還溥涌頂戴片

光緒三十年十月十五日（1904年11月21日）

再，查四品頂戴補用防禦即補驍騎校溥涌，前因塔爾巴哈臺奏參詐索一案，奉旨交奴才與英秀查奏。嗣經該大臣英秀覆奏陳明，按照所參各節逐一詳細究查質對，毫無實據。該員溥涌前已奏參摘頂撤差，擬俟一年無過，再將頂戴給還等情，奉硃批：依議。欽此。欽遵在案。兹查該員自摘頂後，跟隨奴才辦理行營事件，現在已屆一年，奮勉從公，力圖自贖，邊荒乏人，似難求備。合無仰懇天恩將該員溥涌頂戴准予賞還，以示懲勸之公。理合附片具陳。伏祈聖鑒訓示。謹奏。

光緒三十年十月十五日拜發。本年十二月初五日遞回，奉硃批：著照所請。欽此（十一月十三日）。（第701頁）

【案】此片原件[③]、録副[④]現均藏於中國第一歷史檔案館，兹據校勘。再，原件具奏日期目録僅署“光緒三十年”，録副則以奉旨日期爲之，均未確。兹據刊本校正。

---

① 中國第一歷史檔案館藏：《硃批奏摺》，檔案編號：04-01-01-1069-001。

② 中國第一歷史檔案館藏：《録副奏摺》，檔案編號：03-6047-005。

③ 中國第一歷史檔案館藏：《硃批奏摺》，檔案編號：04-01-17-0179-085。

④ 中國第一歷史檔案館藏：《録副奏摺》，檔案編號：03-5963-029。

一一、動支倉糧散放窮蒙片

光緒三十年十月十五日（1904年11月21日）

再，現交冬令，已由奴才飭令糧餉處遵照前、上兩年奏案，動支倉糧大麥、小麥各五十石，交磨房碾磨，按期散放窮苦蒙古人等，仍自十月起至十二月底止。謹附片具奏。

光緒三十年十月十五日拜發。本年十二月初五日遞回，奉硃批：知道了。欽此（十一月十三日）。（第702頁）

【案】此片缺原件，録副[①]現藏於中國第一歷史檔案館，兹據校勘。再，此片具奏日期，録副目録署"光緒三十年十一月十三日"，即奉旨日期，未確。兹據刊本校正。

一二、開缺回旗叩謝天恩摺

光緒三十年十二月二十六日（1905年1月31日）

奴才瑞洵跪[1]奏，爲叩謝天恩，仰祈聖鑒事。

---

① 中國第一歷史檔案館藏：《録副奏摺》，檔案編號：03-5607-065。

竊奴才前因假期又滿，病益增劇，經手事竣，拜摺請旨。嗣於本年十二月初五日遞回十月十五日奴才拜發報匣，欽奉上諭：瑞洵奏，因病懇請開缺一摺。科布多參贊大臣瑞洵，著准其開缺回旗調理。欽此。承准軍機大臣知照前來。奴才當即恭設香案，望闕叩頭謝恩。伏念奴才奉節典邊，連年固病[2]，務殷寄重，幾無日不以負乘爲虞。光緒二十九年二月，曾瀝情懇請開缺，奉硃批：著再賞假三個月，毋庸開缺。欽此。是年九月，復以恐誤大局，密片籲請酌量撤回，蒙諭以杜患安邊爲重，不得意圖諉卸，等因。欽此。本年三月，又據英秀咨稱：於上年十二月代奏病狀，奉到硃批：瑞洵著再賞假兩個月。欽此。

奴才愧以弱才猥荷聖明不棄，屢沐寬假深恩，未答涓埃，每滋悚疚，故前此具奏經手事竣，雖病體有加，未敢顯言歸職，迺承俯察隱衷，特准開缺回旗調理，仰維聖主如天之仁。奴才何人，膺斯優眷！昔漢西域都護定遠侯班超以"久在絶域，年老思土"上疏自陳，至有"但願生入玉門關"之言，而踰望三年，未蒙省録，逮超妹昭[①]亦爲書請，始得徵還。以奴才資材庸碌，略無勛建可比前賢，而聖朝軫恤邊臣，實已超越炎漢。凡此天恩殊絶，誠非奴才捐糜頂踵所能報萬一！奴才惟有强自支厲，督率清厘，俟將一應事宜交代清楚，即於春融輿疾回旗，延醫調理。儻蒙宏慈覆護，所患幸獲全瘳，則此後有生之年莫非朝廷所賜。奴才自當勉策疲駑，仍效馳驅，報國悃忱，固不敢一息少懈也。所有奴才叩謝天恩緣由，謹繕摺具奏。伏祈皇太后、皇上聖鑒。謹奏。

光緒三十一年二月初三日，奉硃批：知道了。欽此[3]。

光緒三十年十二月二十六日拜發。光緒三十一年二月二十八日遞回，奉硃批：知道了。欽此（二月初三日[4]）。（第702—705頁）

【案】此摺原件[②]、録副[③]現均藏於中國第一歷史檔案館，兹據校勘。再，此摺

① 班昭（約45—約117），又名姬，字惠班，扶風安陵（今陝西咸陽）人，東漢史學家、文學家，史學家班彪之女、班固之妹。十四歲嫁同郡曹世叔爲妻，故後世亦稱"曹大家"。博學高才，其兄班固著《漢書》，未竟而卒，遂奉旨入東觀藏書閣，續寫《漢書》。其後漢和帝多次召入宫，封號"大家"。鄧太后臨朝後，曾參與政事。著有《東征賦》《女誡》等。

② 中國第一歷史檔案館藏：《硃批奏摺》，檔案編號：04-01-13-0407-039。

③ 中國第一歷史檔案館藏：《録副奏摺》，檔案編號：03-5437-026。

刊本注有“此疏篤雅有節，傳世之佳作”一句。

1.【奴才瑞洵跪】刊本無此前銜，兹據校補。

2.【固病】刊本作“痼病”。

3.【案】此奉硃批日期與内容，據録副校補。

4.【二月初三日】刊本誤作“正月二十三日”，兹據録副及《軍機處隨手登記檔》[①]校正。

一三、請交英秀暫護印鑰片

光緒三十年十二月二十六日（1905年1月31日）

再，奴才奉旨開缺，回旗調理，自應静俟壽勳[②]到任，面加交代，惟奴才恐懼下情，有不得不據實直陳者。奴才自到科布多已閲五年，而竟有四年之病，迄今諸證踵增，尤以心腎交虧爲最甚，雖力疾辦事，實無時不憂貽誤。誠以邊鎖務殷，斷非久病之軀所能勝任。兹已邀恩放還，若猶因循戀棧，則上負生成，下虧職守，奴才之罪更大，奴才之心奚安！

奴才反復思維，英秀雖蒙賞假，急欲起程，而冰雪在途，一時尚難就道，若將印鑰仍暫交其護理，當不至遽滋隕越。該大臣俟交卸再行回旗省親，亦無不可，仍應請旨飭令壽勳迅速前來，至爲感幸。奴才又聞春滿病請開缺，奉旨後不出五日，即將參贊印務交所屬章京忠瑞暫護，自係病不能支，而奴才氣力羸憊，所患

① 中國第一歷史檔案館藏：《軍機處隨手登記檔》，檔案編號：03-0320-1-1231-031。

② 壽勳，字挹卿，鑲黄旗蒙古人，生卒年未詳。光緒二十九年（1903），署練兵處軍令司副使、花翎軍機處存記直隸補用知府。三十年（1904），署黑龍江副都統。同年，調補科布多參贊大臣。三十二年（1906），遷兵部左侍郎，改陸軍部左侍郎。宣統二年（1910），署陸軍部尚書，改陸軍部副大臣。三年（1911），暫署陸軍大臣。

較春滿彌劇，知必同荷天恩體恤也。奴才因疢疾太深，委寄至重，切切以辜恩曠官爲慮，用敢不揣冒昧，附片瀝陳。伏祈聖鑒訓示。奴才不敢擅便。謹奏請旨。

光緒三十一年二月初三日，奉硃批：已有旨，著英秀暫署矣。欽此[1]。

光緒三十年十二月二十六日拜發。光緒三十一年二月二十八日遞回，奉硃批：已有旨，著英秀暫署矣。欽此[2]（二月初三日[3]）。（第705—706頁）

【案】此奏片缺原件，録副①現藏於中國第一歷史檔案館，兹據校勘。

1.【案】此奉硃批日期與内容，據録副校補。

2.【案】光緒三十一年正月二十日，清廷頒布諭旨曰："奉旨：壽勳尚未到任，科布多參贊大臣著英秀暫行署理。欽此。"②

3.【二月初三日】刊本誤作"正月二十三日"，兹據録副及《軍機處隨手登記檔》③校正。

一四、撫恤俄商摺

光緒三十年十二月二十六日（1905年1月31日）

奴才瑞洵跪[1]奏，爲俄商查無下落一案懸宕過久，現已酌給恤銀議結，具陳辦理情形，請將此項銀兩敕部撥給，以清墊款，繕摺馳陳，仰祈聖鑒事。

竊查光緒二十六年，俄商阿克索諾福即密錫克隨帶蒙古工人，由科布多烏梁海游牧撥什庫吉齊納克家前往阿勒臺住牧塔爾巴哈臺所屬哈薩克酋長巴蘭赤克處收討賬目失去無踪一案，疊經奴才派員認真查訪，嗣准外務部咨：二十八年正月，

① 中國第一歷史檔案館藏：《録副奏片》，檔案編號：03-5437-027。

② 中國第一歷史檔案館藏：《電寄諭旨檔》，檔案編號：1-01-12-031-0004。

③ 中國第一歷史檔案館藏：《軍機處隨手登記檔》，檔案編號：03-0320-1-1231-031。

俄使照請派員會同俄員查辦，等因。復由奴才遴委幹員，會同俄駐庫倫匡索勒施什瑪勒福所派俄官及塔城委員，逐細查勘，並無實迹。旋據該匡索勒照稱：此案顯係塔屬哈薩克所害，應行咨部請示，抑或由塔屬哈薩克賠償銀二萬兩。儻有謀害之人，即由中國照例治罪，等語。而春滿來咨則謂失去俄商似仍在科城所屬地界，並未管借地尚未交還，仍歸塔轄。奴才未便與之計較，徒費筆舌，遂經飭查昌吉斯臺卡倫有無該俄商阿克索諾福過卡折向俄國之事。隨據該處駐卡侍衛英紱呈復：光緒二十六年三月，曾有俄商阿克索諾福進卡呈驗執照，報明往科屬烏梁海游牧經商後，惟未見俄商出卡，等語。奴才詳加籌度，該俄商由吉齊納克寓所出門，曾否行抵巴闌赤克處，不得而知，而並未旋回俄國，似無疑義，祇以地介兩城，哈係塔屬，事無左證，難成信讞，遂致閱時五年，案懸未結。

本年八月二十八日，新任俄駐庫倫匡索勒哩約巴特來科布多商辦此事，值奴才甫由新疆馳回，論者多謂此人太是精悍，不易商量，且有以奴才“不久即請開缺，樂得推到後任”相勸者。奴才則以該俄商人貨並失，係屬實情，無論其地爲科、爲塔，均是中國境内。奴才等同爲邊吏，未便過分畛域，若仍彼此推宕，深恐日久更難收拾，似非維持大局之道。且既不能置之不問，則此際未查確實，尚可相機辯難，惟若必根究實在，萬一果有謀害情形，則轉圜益覺爲難。至推諉辦法，奴才絶不肯爲，因與該匡索勒和衷商辦，期斷葛藤。該匡索勒初猶堅執賠償銀二萬兩之説，經奴才再三辯駁，不認賠償，極力磋磨，始經議定以銀三千兩撫恤俄商阿克索諾福家屬完案。其銀科、塔各認一半，由科先行墊給，當與該匡索勒彼此行文照會，並經暫挪庫款付給，取具收條作據，仍議明此係通融辦理，不得作爲定章。

奴才伏查中外交涉，往往因遷延諉卸，枝節横生，以致尋常細故釀成巨釁。此案膠葛已久，俄人屢以爲言，初以索償過多，猝難置議，今由二萬而減至三千兩，實已煞費説詞，竟得就此和平了結，殊非始願所及。若奴才亦如塔城仍復推延，則曠日彌久，愈難清理。奴才慎重邦交，顧全國體苦心，必蒙聖明垂察，即外部王大臣亦當鑒諒。惟科布多常年經費皆有定額，一經挪用，即成虧欠。此項墊款應如何酌量撥還之處，請敕户部核議遵行。除咨呈外務部暨分行外，所有俄商查無下落一案懸宕過久，現已酌給恤銀議結，具陳辦理情形，請將此項銀兩敕部撥給，以清墊款緣由，理合繕摺馳陳。伏祈皇太后、皇上聖鑒訓示。謹奏。

光緒三十年十二月二十六日拜發。光緒三十一年二月二十八日遞回，奉硃批：著照所請，該部知道。欽此（二月初三日[2]）。（第706—709頁）

【案】此摺原件、録副均查無下落，兹僅理校之。再，此摺奉旨日期，刊本作“正月二十三日”，似未確。查《軍機處隨手登記檔》[①]“硃批瑞洵摺”欄，署有“報匣，四百里，三十年十二月二十六日自科布多發”等字樣，而硃批日期則爲“光緒三十一年二月初三日”。據此，刊本記載錯訛無疑。

1.【奴才瑞洵跪】刊本無此前銜，兹據《軍機處隨手登記檔》校補。

2.【二月初三日】刊本誤作“正月二十三日”，兹據《軍機處隨手登記檔》校正。

一五、擬保收哈出力人員先行請旨摺

光緒三十年十二月二十六日（1905年1月31日）

奴才瑞洵跪[1]奏，爲科布多辦理招收逃哈人員異常出力，籲懇天恩俯准擇尤從優分别保獎，以慰成勞而昭鼓勵，繕摺具陳，仰祈聖鑒事。

竊奴才自光緒二十八年八月派委員弁前往新疆，招收逃哈。二十九年十一月，復親赴鄂倫布拉克臺駐扎，相機彈壓。本年四月，又馳往古城，督率催還。至八月底，始將潛新科哈、隨地歸哈及早年竄往之哈一律收回，業經繕具摺、單奏報。奴才伏查新疆潛哈隨畜薦居，閲二十餘年，延數千百里，男女丁口數逾萬計，平日恃其蹻捷，工竄侵占蒙回牧場，動輒糾衆逞凶，日聚日多，隱爲民患。至辦理

① 中國第一歷史檔案館藏：《軍機處隨手登記檔》，檔案編號：03-0320-1-1231-031。

之難，急之既虞走險，緩之又類養癰，操縱之間，殊非容易。本年六月間，潘效蘇遵旨議定功過摺内已陳大概[2]，奴才亦曾奏明謂：比臨陣禦敵尤爲艱棘，直如招尋數千出匣走險之虎兕，驅使歸閑就勒，並非過語。即如前此白塔山潛哈率衆抗官，勢已岌岌，若辦理稍失機宜，則嘯聚日固，解散彌難。其時正值伏暑，戈壁酷熱，該委員等盡瘁馳驅，蹈不測之機，遏已張之逆，以十許員弁開導千百强横負固之哈夷，不費一兵一矢，卒能使離積年巢穴，帖然西還，此其勞烈殊常，尤屬難能可貴。各該員弁等無分冬夏，始終其事，寒暑奔馳，餐風履雪，巴里坤一役，往返何止再三！

上年潘效蘇來函有"該哈始則以暑熱乏水爲詞，繼又以寒凍缺草爲抵，該地方文武派隊驅逐，竟敢排列槍炮抗拒。嗣飭各回原牧，該哈復敢將地方官所派弁役肆行綑縛鐐銬，實屬怙惡已極。又謂此次會查科塔逃哈，該哈等散處各城游牧，盤踞已久，勢甚蔓延，得委員參將祥祐等會同結實清查，寬猛相濟，始獲辦有端緒。該哈等素稱頑梗，屢次持械抵拒，不遵約束，經委員等多方勸導，咸願仍還舊牧，不復逞刁，實屬異常出力，事竣之後自應會銜從優保奏，以示鼓勵而策將來"等語。則哈衆凶悍，辦理爲難情形可見一斑。潘效蘇擬以優保，蓋亦寬見該員弁等之功不可泯也。

奴才查前此科布多辦理籌防出力人員，奴才於光緒二十七年十一月具摺奏保，欽奉特旨照准。上年三月，奴才復將出力之州同職銜崔象侯附片奏保以州同不論雙單月遇缺儘先即選，欽奉硃批：吏部議奏。欽此。旋接部咨，亦照異常勞績議准。蓋北路軍營著名苦寒，額餉支絀，原與内省情形迥異，差遣每苦乏材，一人恒兼數役，彼既無實利可冀，不得不藉此虚名以爲奔走群才之柄。凡此情形，知已早邀聖明垂鑒。

竊維朝廷論功行賞，必視地之夷險、事之難易以爲衡，但使列保之人皆著績之人，即略予從優，亦足示勸，況此次辦理收哈，科布多文武員弁、兵役跋涉鄰疆，再更寒暑，毙於行役者多至十餘員名。其在事之艱苦卓絶，委非尋常出力可以並論，自不能拘牽例文，苟繩尺寸，致令勇往任事之人廢然自沮。且奴才世受國恩，身膺重寄，不避艱險，尚係分所應爲，獨此微末員弁奮勉從公，勤劬罔恤，辦理垂及三年，兹幸事已告蕆，若不優加保獎，殊無以資策勵而勸方來。合無仰懇天恩俯念邊遠軍營餉絀事艱，用人不易，准由奴才將尤爲出力之文武員弁從優各保數員，餘仍核其功績，按照尋常開保，以慰成勞，出自鴻慈逾格。奴才係爲鼓勵人材起見，如蒙特允，實於籌邊、用人毗益匪淺。所有科布多辦理招收逃哈人員異常出力，籲懇俯准擇尤從優分别保獎緣由，理合繕摺具陳。伏乞皇太后、皇上聖鑒訓示。謹奏。

光緒三十年十二月二十六日拜發。光緒三十一年二月二十八日遞回，奉硃批：准其擇尤酌保數員，毋許冒濫。欽此（二月初三日[3]）。（第709—712頁）

【案】此摺原件、録副均查無下落，兹僅理校之。再，此摺奉旨日期，刊本作“正月二十三日”，似未確。查《軍機處隨手登記檔》[①]“硃批瑞洵摺”欄，署有“報匣，四百里，三十年十二月二十六日自科布多發”等字樣，而硃批日期則爲“光緒三十一年二月初三日”。據此，刊本記載錯訛無疑。

1.【奴才瑞洵跪】刊本無此前銜，兹據《軍機處隨手登記檔》校補。

2.【案】光緒三十年六月十九日，新疆巡撫潘效蘇具摺奏陳驅收哈薩克情形及議定文武員弁功過，曰：

甘肅新疆巡撫西林巴圖魯臣潘效蘇跪奏，爲陳明驅收哈薩克情形，並遵旨議定文武各員弁功過，以示勸懲，恭摺仰祈聖鑒事。

竊臣於光緒三十年五月初二日承准軍機大臣電傳奉旨：瑞洵電奏，收哈事宜須地方官切實查辦，非嚴定功過，難期得力。著潘效蘇體察情形，妥議具奏。欽此。臣維哈薩克族類甚蕃，其隸塔城者，原在邊外之齋桑諾爾俄棟河、布昆河等處游牧，不准私越卡倫。自同治三年分界後，將其牧地劃入俄境，各部哈薩克大半隨地歸俄，内附之衆避俄東徙，遂在阿勒臺山陽一帶住牧，後復越竄山北，與烏梁海蒙古錯雜而居，以致科布多境内亦有哈薩克蹤迹。光緒初年，新疆回匪甫平，哈薩克因牧地未定，管束無人，貪逐水草，又相率潛逃來新。歷年既久，南北兩路所在皆有。前任撫臣饒應祺雖迭經派員驅逐，無如該哈薩克或恃衆抗違，或藉端狡展，饒應祺因慮激生他變，莫可如何，是以二十八年七月有設法羈縻之奏。

臣到任後，欽奉諭旨飭令確查情形，詳細妥議，和衷商辦。因哈薩克向本不

---

① 中國第一歷史檔案館藏：《軍機處隨手登記檔》，檔案編號：03-0320-1-1231-031。

准入卡，雖今昔情形不同，然安插新疆境内，終恐養癰成患，當即分飭距有哈薩克北路之精河、庫爾喀喇烏蘇、綏來、呼圖壁、昌吉、迪化、阜康、孚遠、奇臺縣，西南路之吐魯番、鄯善、焉耆、婼羌、新平、于闐等十六府廳縣縣丞，各派練團；及北路撫屬之中營中旗、右營中旗，瑪納斯協中、左、右三營旗，庫爾喀喇烏蘇之中營、中旗，濟木薩之中營、中旗，迪化城守協中、左、右三旗，吐魯番營之左旗，練軍左翼中、左、右三旗，右翼中、左、右三旗，伊犁鎮屬之精河中營、中旗，巴里坤鎮屬之中營、中旗，城守營古城之中營旗，南路阿克蘇鎮屬之喀喇沙爾中營、中旗、蒲昌營、婼羌營，喀什噶爾提屬之和闐營等馬步三十三營旗，各抽隊伍，並加派文武委員，會同驅逐；一面咨請科、塔兩城派撥文武員弁、勇丁，隨帶哈薩克頭目、通事前來搜查，隨時接收，各歸各牧。

除南路婼羌縣所屬屈莽山一股氈房五十餘頂、男女丁口二百餘人，竄近青海蒙古地界，臣正電請陝甘總督臣崧蕃飛咨青海大臣，飭派蒙兵，嚴行堵截。該處距新疆省城三千餘里，距阿勒臺山約六千餘里，斷非臣等所能了事，應另案辦理。其餘南北兩路各處逃哈約已驅收八成，尚餘二成之譜。因地方遼闊，小徑紛歧，散股零星，隨處皆可藏匿，此搜彼竄，飄忽無定，實難收束。會奉諭旨飭臣議定功過，仰見聖明洞燭萬里，賞罰無私，曷勝欽服！自應欽遵妥議，分別勸懲，以期早竟全功。伏查該哈薩克竄匿新疆境内已十餘年，散處各屬地方，蔓延數千里，男女丁口以萬餘計，漫無限制，法令難施，不獨侵占蒙番、回、纏牧場，時虞紛擾，甚且結夥持械，肆意横行，小則搶劫牲畜，大則傷害人命，爲禍最大。急之既虞走險，緩之又復難馴，操縱之間，實形艱棘。該文武弁兵等辦理已及兩年，或相機計誘，或入險窮搜，或駐卡梭巡，不分晝夜；或長途押解，備歷艱辛。冬則馳驅於冰天雪地之中，墮指裂膚，僵凍相屬；夏則奔走於烈日炎風之下，灼肌銷骨，疾疫侵尋，實屬有勞可録。

現餘逃哈，經臣與瑞洵往復咨商，擬勒限科、新文武弁兵，於本年九月底一律驅收淨盡，肅清地方。除科城員弁應由瑞洵奏請獎叙外，所有新疆在事出力文武，可否仰懇天恩俯准俟事竣後，並計前功，由臣分別勞績等次，擇尤酌保，以示鼓勵。如逾期不能辦結，應酌量情事輕重，或撤委記過，或立予奏參，决不姑貸。

瑞洵在邊年久，辦事認真。本次驅收逃哈，尤與臣同心共濟，勞怨不辭。現又力疾親赴古城，就近調度一切，無不悉合機宜，殫竭心力，實能顧全大局，公爾忘私。今甫蒞新疆境内，洞悉驅收爲難情形，奏奉諭旨，嚴定功過，辦理較有把握，結案有期，實非臣籌慮所能及也。所有陳明驅收哈薩克情形及議定文武員弁功過各緣由，是否有當，理合恭摺具陳。伏乞皇太后、皇上聖鑒訓示。謹奏。六月十九日。

光緒三十年七月二十七日，奉硃批：歸哈一事務宜妥爲開導，妥慎辦理。欽此。①

3.【二月初三日】刊本誤作“正月二十三日”，兹據《軍機處隨手登記檔》校正。

一六、阿勒臺分撥專管事宜請俟壽勳酌議片

光緒三十年十二月二十六日（1905 年 1 月 31 日）

再，阿勒臺山現已奉旨移駐辦事大臣，管理該處蒙哈事務。敬繹諭旨“該處”二字，實已扼其大綱，則科布多一切公事即屬無須兼顧，且亦不能遥制。若欲互相牽掣，必至均歸貽誤。所有阿勒臺山應行管理各項事宜，自當分晰條款，明定章程，以專責成而資遵守。惟權勢所在，易啓競爭，奴才久病，謀慮既多疏失，而事關久遠，亦實不可草率定議。且計錫恒明春繞道新疆抵任，必更需時，擬俟新任參贊大臣壽勳到後，審察機宜，其如何酌量分撥專管之處，應由該大臣悉心核擬，奏明辦理，庶歸穩慎。奴才愚謂新政自須詳籌，舊制究不當輕廢，總以泯除意見、期裨大局爲主，是否有當，理合附片具陳。伏祈聖鑒。謹奏。

光緒三十年十二月二十六日拜發。光緒三十一年二月二十八日遞回，奉硃批：

① 臺北“故宫博物院”藏：《軍機及宫中檔》，文獻編號：162294。

著錫恒等會商辦理。欽此（二月初三日[1]）。（第712—713頁）

【案】此奏片原件、録副均查無下落，兹僅理校之。再，此片奉旨日期，刊本作"正月二十三日"，似未確。查《軍機處隨手登記檔》①"硃批瑞洵摺"欄，署有"報匣，四百里，三十年十二月二十六日自科布多發"等字樣，而硃批日期則爲"光緒三十一年二月初三日"。據此，刊本記載錯訛無疑。

1.【二月初三日】刊本誤作"正月二十三日"，兹據《軍機處隨手登記檔》校正。

一七、滿兵到防日期片

光緒三十年十二月二十六日（1905年1月31日）

再，前准綏遠城將軍貽穀咨照：派科布多换防戍守滿兵赴科，除内有清安一名俟屯局經手事件完竣，即令起程外，現派委署驍騎校恩騎尉瑞廣，帶領前鋒瑞壽、五品頂戴領催清臺、領催松林、五品頂戴馬甲胡圖浚額、馬甲官凌薩畢屯，就便分解科布多本年前一半經費銀兩，於本年七月十二日自綏遠城起程，等因。兹查該委驍騎校瑞廣帶同滿兵六名，均於十月二十五日到防，内除松林一名據報抵城後旋即病故，現在到防滿兵實止五名，缺額尚多，容另具奏調補。

奴才當將該兵等面加考驗清、蒙文義，分撥各衙門、局、處當差，按例[1]開支銀糧仍俟三月後，照章均作爲委署筆帖式。除分咨查照外，理合附片陳明。伏祈聖鑒。謹奏。

光緒三十一年二月初三日，奉硃批：該衙門知道。欽此[2]。

光緒三十年十二月二十六日拜發。光緒三十一年二月二十八日遞回，奉硃批：

① 中國第一歷史檔案館藏：《軍機處隨手登記檔》，檔案編號：03-0320-1-1231-031。

該衙門知道。欽此（二月初三日[3]）。（第713—714頁）

【案】此奏片缺原件，録副①現藏於中國第一歷史檔案館，兹據校勘。

1.【按例】刊本奪“按”字，兹據校補。

2.【案】此奉硃批日期與内容，據録副校補。

3.【二月初三日】刊本誤作“正月二十三日”，兹據録副及《軍機處隨手登記檔》②校正。

一八、具報官廠駝馬數目片

光緒三十年十二月二十六日（1905年1月31日）

再，查科布多官廠牧放牛、馬、駝隻三項牲畜，前遵部議整頓馬政章程，飭令該管蒙古員弁認真經理，秋季派員稽查，年底奏報一次，節經循辦在案。本年八月間，業經派員查驗該廠舊管馬二百一十九匹，新收無項，共馬二百一十九匹。舊管駝八百八十六隻，牛隻無存。除動用並例倒外，實存馬一百六十九匹、駝八百一十八隻，尚無缺額情弊。當飭逐一烙印，仍責成該管協理臺吉等妥爲牧放，以備應用。除咨部查照外，理合附片奏報。伏祈聖鑒。謹奏。

光緒三十一年二月初三日，奉硃批：該衙門知道。欽此[1]。

光緒三十年十二月二十六日拜發。光緒三十一年二月二十八日遞回，奉硃批：該衙門知道。欽此（二月初三日[2]）。（第714—715頁）

---

① 中國第一歷史檔案館藏：《録副奏片》，檔案編號：03-5965-021。

② 中國第一歷史檔案館藏：《軍機處隨手登記檔》，檔案編號：03-0320-1-1231-031。

【案】此奏片缺原件，録副[①]現藏於中國第一歷史檔案館，兹據校勘。

1.【案】此奉硃批日期與内容，據録副校補。

2.【二月初三日】刊本誤作“正月二十三日”，兹據録副及《軍機處隨手登記檔》[②]校正。

① 中國第一歷史檔案館藏：《録副奏片》，檔案編號：03-6053-080。

② 中國第一歷史檔案館藏：《軍機處隨手登記檔》，檔案編號：03-0320-1-1231-031。

卷之二十四　棄肋集

光緒乙巳（1905）

○一、敬抒管見摺

光緒三十一年二月十九日（1905年3月24日）

奴才瑞洵跪[1]奏，爲新疆辦理南路屈莽山驅哈一役，宜加慎重，嚴防後患，敬抒管見，具陳密奏，仰祈聖鑒事。

竊奴才前於具報收哈一律告竣摺内聲明屈莽山一役應如原奏，另案辦理，已蒙垂察。嗣於上年十二月二十四日接新疆撫臣潘效蘇咨録具奏屈莽山尾股逃哈不服驅收，傷害弁兵、團丁現籌辦理情形摺稿[2]，内稱屈莽山哈衆三起，惟尾股哈目布克即伯克一起，氈房三十餘頂，踞昆瑪可利地方。八月十九日，把總王得勝、張鳳生，經制張壽人等分帶馬勇、團丁，馳往勸諭。布克應允出山，不意是夜五鼓，忽率百餘人掩至，槍棒齊施。該兩把總均登時殞命，陣亡馬勇、團丁二十四名，帶傷十五名，等語。奴才查哈薩克狡悍成習，操之過急，即詭計百出，罔遵法紀。此起尾股哈衆僅百餘人，而派往馬勇、團丁亦有八十餘員名，爲數不甚懸殊。乃以本處兵團辦本地之事，尚致誤墮危機，傷亡過半，則前此科布多數十員弁招收新疆全境萬數之哈，其如何慘澹經營，心力並殫，可資借證。奴才前摺奏懇恩准從優保獎，蓋亦以邊遠軍營，事艱餉絀，該員弁等跋涉鄰疆，履蹈危險，其辛勤勞苦實有倍異尋常者也。

奴才查閱潘效蘇原奏“於此起哈衆初未分析科、塔，並有續收之二起逃哈，已飭解交科布多委員接收”之語，辦理未免朦朧。查哈薩克向不准闌入科布多卡倫，自光緒七年胡圖克圖棍噶札拉參帶兵收哈，擅殺哈目柯伯史之子，哈衆驚竄，奔至科布多河源。前大臣清安、額爾慶額等奉諭收撫，科布多始有哈迹。即同治十二年間借地安插該胡圖克圖徒衆，其時亦未聞有哈衆逃亡情事。查布克之入新疆，係在光緒初年，是則此起哈衆不但並非科屬，且不得指爲舊牧阿勒臺山，故當光緒二十八年春滿派員至新疆收解之際，科布多即未曾派員貿然往收。今若竟以阿勒臺爲逋逃淵藪，並力驅納，似乎尚欠斟酌。

奴才伏查光緒二十八年前新疆巡撫饒應祺奏請將逃往南疆之科、塔哈衆設法羈縻，以防外出生事一摺[3]，奉硃批：著將該哈衆就地設法安插，毋任出境生事，等因。欽此。比時奴才亦以爲民哈雜處，恐難緦和，不無鰓鰓過慮。洎上年親履新疆，詳察民情，始知該哈潛牧有年，本已相安無事，若聽其游泳樂郊，尚不至即爲民害。潘效蘇到任後，保衛地方，不遺餘力，確見此地哈夷本非孝子順孫，習爲侵擾，遂創一律肅清之議。而該地方文武印委未能默體寬猛相濟之義，但顧考成，遂致有不分良莠、概被毆逐情事。激變之端，率由於此。

竊念新疆現當裁撤營旗、改招土著之際，事甫更張，難言訓練。該哈雖人數無多，已成困獸猶鬬之勢。是處界近英、俄，萬一圍剿未能得力，逼之外竄，則走胡、走越，其患益張，外務部之筆舌且將應接而不暇。新疆土曠民稀，豐草長林，田牧饒衍，若如饒應祺原奏，雖非上策，尚是息事安邊之道。兹既釀成巨案，自不能不嚴懲首惡，以戢梟風。然必盡殺無赦，不特勞師動衆，耗帑殊多，且亦無此辦法。此股哈衆既非盡屬科布多，亦非舊牧阿勒臺，又貪戀水草，安土重遷，與其勢迫刑驅，徒滋驚擾，似又不如以欽遵前旨辦理爲是。奴才現已蒙恩開缺，亦知事有主者，原不必越俎而代。第以邊局攸關，奴才復稍悉哈夷情形，管見所及，不忍不言，用敢竭其愚慮，具摺密奏。伏祈皇太后、皇上聖鑒。謹奏。（第718—721頁）光緒三十一年二月十九日[4]。

光緒三十一年三月十七日，硃批：著潘效蘇妥籌辦理[5]。

【案】此摺原件①現藏於中國第一歷史檔案館，兹據校勘。

1.【奴才瑞洵跪】刊本無此前銜，兹據校補。

2.【案】光緒三十年十月二十日，新撫潘效蘇具奏屈莽山逃哈不服驅收等情形，曰：

甘肅新疆巡撫西林巴圖魯臣潘效蘇跪奏，爲屈莽山尾股逃哈不服驅收，傷害

① 中國第一歷史檔案館藏：《硃批奏摺》，檔案編號：04-01-01-1073-108。

弁兵團丁，現籌辦理情形，恭摺馳陳，仰祈聖鑒事。

竊本年六月十九日，經臣將驅收哈薩克情形專摺具奏，並聲明南路婼羌縣所屬屈莽山一股氈房五十餘頂，距新疆省城三千餘里，距阿勒臺山約六千餘里，非今年所能了事，應另案辦理在案。嗣於七月二十八日承准軍機大臣電開：奉旨：瑞洵電奏，白塔山有早年潛哈，逼遷抗拒，人衆勢悍，現潘效蘇調隊防逐，並派員前往開導，等語。收哈一事，不宜操切，務當體察情形，善爲開導，隨時妥協辦理，切勿稍涉孟浪，等因。欽此。當經臣以驅收逃哈非借兵力萬難遷動，二十八年有逃哈伯克在昌吉拒斃營兵一名，此次白塔山逃哈喬米西等拒傷兵馬，奪去槍械，皆兵少之故，是以多派馬隊前往，仍飭將弁遥作聲勢，决不敢孟浪各情，電請軍機大臣代奏，亦在案。

查白塔山逃哈，經臣派隊後聞風知懼，各將弁分扎各要隘，秉受機宜，亦未嘗操切從事。現據具報陸續遷徙，尚屬安静，且白塔山與科布多連界，距阿勒臺山不遠，解送、接收，均易爲力，不日可期辦竣，堪以上紓聖廑。其屈莽山一股，臣因其地近青海，曾一面電請陝甘督臣崧蕃，飛咨青海大臣派兵嚴堵；一面檄飭喀喇沙爾營参將張復良、蒲昌營游擊張春林、署婼羌縣知縣夏朝選，分派弁兵民團，設法往收。昨於九月二十三日，據夏朝選禀稱：哈目布克即伯克，又名伯哨克，先踞屈莽山口，後遷山内昆瑪可利地方，距山口八站。該令先派纏商阿西木進山貿易，借探情形。八月初八日，阿西木回稱：哈薩克已分三起，願回者二起，一起氈房二十一頂，已出山口；一起氈房十三頂，離山口四站，因牲畜疲弱難行；其附從布克一起，氈房三十餘頂，仍踞昆瑪可利。該令因商喀喇沙爾營右哨把總王得勝、馬隊中哨經制張壽人，各帶馬勇二十名，把總張鳳生帶團丁四十名往收。八月十八日進山，留團丁四人，將願回之十三頂氈房哈衆催押起程。十九日，馳至昆瑪可利。張鳳生帶通事愛買提、鄉約庫爾玩，至布克氈房勸諭，布克應允出山。不意是夜五鼓，忽率哈衆百餘人掩至，槍棒齊施，混喊混打。兵團倉卒起禦，整隊不及，王得勝被槍子穿胸，張鳳生被亂棒叢毆，均登時殞命，並陣亡馬兵、團丁二十四名，帶傷十五名。哈衆亦傷亡不少，等情。禀請核辦前來。

臣查哈薩克頭目布克，亦名伯克，光緒初年即經潛入新疆，維時軍務甫平，一切草創。該頭目遂得翔泳自如，歷年即久，因貪逐新疆水草，互相勾引，族類愈來愈多，時有搶劫滋擾情事。二十八年，經駐塔爾巴哈臺伊犁副都統春滿派委弁兵來新收解，該頭目忽稱係歸科布多屬，不肯回塔，行至昌吉拒毙解兵李源翰，乘間逃逸。前撫臣因恐操之過急，激生他變，奏請設法羈縻。臣到任後，以哈薩克久踞新境，慮其滋蔓，會商科、塔兩城，合力驅收。各起哈衆均經陸續遷動辦理，已有歸宿。獨該頭目遠逃至屈莽山，負隅盤踞，經官兵往收，復敢陽奉陰違，將兵團傷害，固由凶狡成性，亦未始非從前過於寬縱。且因此次入山兵隊無多，意存藐玩，遂逞詭謀，實屬罪不容誅！若不稍加懲創，實不足以昭炯戒。惟該哈薩克所踞之屈莽山地方，在新省極南四十餘站，東通青海，南通西藏，西通于闐，綿亘千有餘里，邊遠遐荒，頭頭是道，又與英、俄邊界毗連，自應欽遵前奉諭旨，體察情形，妥協辦理，不敢稍涉大意。

查有管帶撫標左翼右旗練軍馬隊副將銜補用參將唐華光，驍勇善戰；丁憂新疆候補知縣張舒鍔，精明强幹，前在婼羌縣署任驅收各起逃哈，交卸後經臣飭留該處，會同地方文武，辦理收哈事務均合機宜，於該處地方及哈薩克情形亦皆熟悉，現已進省銷差，請咨回籍。以上二員堪以會同往辦，擬飭唐華光帶所部馬隊一旗，與張舒鍔克期馳往；並飭署婼羌縣知縣夏朝選，預購眼綫，探明賊踪，俟唐、張二員到婼羌後，和衷商辦，或離間黨羽，綑獻首逆；或繞出賊前，攔回新疆，就地處治。如山徑崎嶇，無路可繞。該哈薩克等隨逐水草，行走必遲，則裹帶鍋帳、糧料，兼程前進，跟踪追捕，誅其首逆，招收脅從。如敢公然抗拒，即相機剿辦，免貽後患。

至該哈薩克人數無多，且與漢回蒙番種類各異，無虞勾結，尚不至別生事故。第慮官兵未到之先畏罪遠颺，致該頭目幸逃法網，已由臣電咨陝甘督臣，轉咨青海大臣，飛飭蒙部攔阻，或由西寧鎮派隊，督同堵截。西藏道路情形，此間無從遥揣，已電咨四川督臣咨明駐藏大臣酌辦。于闐各路，已咨行喀什噶爾提督及喀什噶爾道，飛飭所屬文武各官，嚴密巡防，以杜紛竄。其續收之二起逃哈，現已據報押解在途，尚未滋事，已飭沿途營汛遞解前進，交科布多委員接收，解回原牧，聽候安插。陣亡之把總張鳳生、王得勝，兩年以來，辦理驅哈事宜，不辭勞瘁，頗資得力，事將就竣，遽爾遇害捐軀，殊堪矜憫！合無仰懇天恩飭部從優議恤，俾慰忠魂。陣亡兵團二十四名，帶傷十五名，擬由臣分別照例給予恤傷銀兩，以示體恤。是否有當，謹會同伊犁將軍臣馬亮、陝甘總督臣崧蕃、喀什噶爾提督臣焦大聚，恭摺馳陳。伏乞皇太后、皇上聖鑒訓示。謹奏。光緒三十年十月二十日。(硃批)：仍著妥慎辦理。餘依議。[①]

3.【案】光緒二十八年七月十四日，新疆巡撫饒應祺等奏報辦理逃哈情形，曰：

頭品頂戴陝甘總督臣崧蕃、新授伊犁將軍臣馬亮、甘肅新疆巡撫臣饒應祺跪奏，爲科、塔沿邊哈薩克民户相率潛逃，分往南疆，現擬設法羈縻，以全游牧而防外出生事，合詞恭摺具陳，仰祈聖鑒事。

竊查新疆西北一帶沿邊地方向極寬廣，各哈薩克種民游牧，夏令在卡外逐水草、就樹林；冬則入卡，伴山岡插帳，以避風雪，歷經各參贊大臣管理在案。分界以來，卡外地段多半分屬俄境，比時議定各哈薩克願歸俄者即住俄境，願歸中者即入卡内游牧。塔爾巴哈臺就近四部落哈薩克插帳地方水草暢茂，各户尚屬安居樂業。其柯勒依哈衆舊住阿爾臺山，户口繁多，前因借地未定，故未指名游牧地段，該哈衆擅自投科布多，經科城安插，遂歸科屬。近因二十年來科、塔哈衆生聚日多，勾引搬移，逃入奇臺、昌吉、綏來及喀喇峽一帶，或二百餘户，或百數十户，湊集人衆，相率潛牧，叠據蒙古漢民控其侵占牧地。

上年，臣應祺准塔城參贊大臣臣春滿咨：委員張仕林查收各處哈薩克回塔城原牧，請飭地方官幫同查辦。其初俱各遵依，惟潛往喀喇沙爾哈薩克四千餘人抗違不遵，張仕林回省請兵查辦，經臣應祺飭該處文武派撥勇役驅逐。行至迪化境地，該哈薩克頭目忽稱係科布多人，執有科布多中國所屬哈薩克頭目諭飭回牧文爲據。復經臣應祺咨請科布多參贊大臣臣瑞洵派員迎護接收，旋准瑞洵咨覆，科屬並無哈衆逃往他處情事。又經臣應祺改令仍由塔城派隊押送，交塔城委員張仕林接收轉解。該哈衆等行至呼圖壁地方，竟敢恃衆持槍，硬抗不回。比以嚴冬，該哈薩克人衆數千，牲畜過萬，水草不便，從寬准其暫留待春融再回原牧在案。

本年五月，准喀喇沙爾和碩特貝子牘稱：有哈薩克二百餘頂帳房，來他什河地方居住，牛羊馬匹蹧蹸地畝，請飭驅逐出境。又據新平縣禀報：有哈薩克氈

① 中國第一歷史檔案館藏：《硃批奏摺》，檔案編號：04-01-01-1067-016。

房數百頂逃往該處，至卡克里縣丞所屬屈莽山一帶游牧，且有逃往他處者。臣應祺以該哈衆搶劫爲生，恐其出境滋事，電商臣崧蕃設法安置。臣亮赴伊犁將軍新任，道過蘭州晤面，再四籌商。臣崧蕃查哈薩貪逐水草是其本性，且因科、塔爭地，牧場未定，彼得有詞，應俟臣亮到任，妥籌會商奏結，地界一定，游牧相安，則逃亡自少，囑與臣應祺面商辦理。臣亮至新時，適接于闐縣稟報，該哈衆逃至卡牆買糧，據云原牧地方狹隘，特來和、于一帶游牧。並准青海大臣咨稱：左翼噶斯地方新來異言服人衆，形勢凶猛，欺凌逼處，盤問不肯吐實，是否纏回，請查明驅逐，咨請招回原籍，勿任越界滋事。昨又據焉耆府劉守嘉德電稟：該哈衆二千餘人入境以來，染患時疫，傷亡甚多，牲畜倒斃殆盡，嗷嗷待哺，朝不謀夕。已飭署新平縣丞發糧五百石，以資口食，免致滋事。

臣亮在邊疆年久，稔知哈薩克狡悍成性，搶劫爲能，非妥爲撫綏，難資約束。其相率潛逃，亦由生齒日繁，原牧地段不敷插帳，係屬實在情形。倘必勒令回牧，則該哈薩克等已竄至新平及于闐一帶，該處東界青海，南界英境，恐逃竄外方，致滋口舌，且皆中國子民，應即設法安置，以免流離。臣應祺查該哈薩不回原牧，係因有冬窩而少夏場，貪逐水草，潛逃來新，已非一日。惟均在北路一帶，未踰天山，兹復不遠數千里逃往南路人衆數千，强占居民牧場，不聽地方官管束，縱之不可，迫之生變，自非設法羈縻，不足以服人心而安邊圉，仍即咨商科、塔兩處，如能收回以實邊地，固爲上策，否則惟於羅布淖爾及奇臺、鎮西空曠有水草之處，暫准分段游牧，勉加約束，並禁止在塔哈衆，不准再行出境，以免邊界空虛，且防其逃出華界，轉貽外人口實。

至科塔借地之案，臣等既奉諭旨體察會辦，臣亮與臣應祺商擬，委員先赴阿爾臺山科、塔交界地段，查明牧場是否足敷安插哈衆，再行奏明辦理外，謹將哈衆現已逃赴新疆南路各處，設法羈縻，以防出境生事情形，合詞恭摺具陳。伏祈皇太后、皇上聖鑒訓示。再，此摺係臣亮與臣應祺主稿。合並聲明。謹奏。光緒二十八年七月十四日。[①]

4.【光緒三十一年二月十九日】刊本、稿本均未署具奏日期，兹據原件校補。

---

① 臺北“故宫博物院”藏：《軍機及宫中檔》，文獻編號：408006439。又文獻編號：148886。

5.【光緒三十一年三月十七日，硃批：著潘效蘇妥籌辦理】此奉旨日期與內容，據《軍機處隨手登記檔》① 校補。

〇二、循案酌保人員摺

光緒三十一年二月十九日（1905 年 3 月 24 日）

奴才瑞洵跪[1]奏，爲循案酌保科布多軍營章京、筆帖式各員，懇恩照擬給獎，以昭激勸，專摺繕單具陳，仰祈聖鑒事。

竊奴才前奏請將部院額缺章京、筆帖式等按照邊省軍營勞績，擇尤保獎，並定三年爲期、數員爲度等情，於光緒二十七年正月奉硃批：著照所請，該衙門知道。欽此。當經奴才於是年十一月將軍營、部院章京，委署主事、筆帖式各員遵旨保獎，均蒙恩特予照准欽遵在案。奴才伏查近年以來，科布多邊務殷繁，索地、收哈、興屯、增防，在在胥關緊要。論經費則支用浩穰，籌措孔棘；論案牘則簿書填委，因應不遑。而管理臺卡、屯牧，綏戢蒙、哈、纏民，事尤艱劇。該章京等殫心區畫，竭力維持，昕夕從公，實皆奮勉出力。即如上年日俄開釁，邊陲僻遠，肆起訛言。奴才時方駐扎鄂倫布拉克臺，督辦收哈，深慮蒙情惶惑，致有疏虞，疊諭軍營部院各員，督飭邊官，嚴守中立，鎮靜勿擾。該章京等均能聽受領會，防患幾先，疆圉克臻安堵，奴才亦幸免愆尤。

本年適屆三載開保之期，奴才秉公察核，該章京、筆帖式等勤事赴功，始終罔懈，洵屬有勞可録，自應循案奏保，獎成勞以策後效。雖邊營著績，甄叙本許從優，第值嚴核保舉之時，宜防冒竊功名之漸。奴才不敢稍涉寬濫，仍按尋常出力列請，均未有逾限制。謹繕清單，祗呈御覽。合無仰懇天恩俯准照擬給獎，以

① 中國第一歷史檔案館藏：《軍機處隨手登記檔》，檔案編號：03-0320-1-1231-074。

昭激勸，出自鴻施逾格。除飭取履歷咨部外，所有循案酌保科布多軍營章京、筆帖式各員，懇恩照擬給獎緣由，理合專摺繕單具陳。伏祈皇太后、皇上聖鑒訓示。謹奏。光緒三十一年二月十九日[2]。

光緒三十一年三月十七日，奉硃批：該部議奏，單並發。欽此[3]。

呈酌保科布多軍營章京等員清單

謹將循案酌保科布多軍營章京、筆帖式各員，擬請獎敘，敬繕清單，祇呈御覽。

計開：補佐領後以協領即補先換頂戴補用防禦印務處承辦章京主事職銜崇文，首先補用防禦後以佐領補用先換頂戴蒙古處幫辦章京主事職銜景善。以上二員，均擬請俟歸佐領班後，賞給二品頂戴。

遇缺即補佐領先換頂戴糧餉處幫辦章京主事職銜雲秀，首先坐補防禦後以佐領即補先換頂戴印務處幫辦章京主事職銜錫齡阿。以上二員，均擬請賞給三品頂戴。

補驍騎校後以防禦補用先換頂戴糧餉處筆帖式春普，藍翎五品頂戴補驍騎校後以防禦補用印務處筆帖式景貴，五品頂戴補驍騎校後以防禦補用印務處筆帖式依罕，五品頂戴補驍騎校後以防禦補用蒙古處筆帖式興文，儘先補用驍騎校後以防禦補用先換頂戴蒙古處筆帖式金奇暹。以上五員，均擬請賞給四品頂戴。

查加銜定章：四品不得逾二品，六品不得逾四品。以上所請，均未有逾限制。合並聲明。

（硃批）：覽[4]。（第721—724頁）

【案】此摺原件①、録副②及清單③現均藏於中國第一歷史檔案館，兹據校勘。

1.【奴才瑞洵跪】刊本無此前銜，兹據校補。

2.【光緒三十一年二月十九日】刊本、稿本均未署具奏日期，兹據原件校補。

① 中國第一歷史檔案館藏：《硃批奏摺》，檔案編號：04-01-16-0286-043。

② 中國第一歷史檔案館藏：《録副奏摺》，檔案編號：03-5438-098。

③ 中國第一歷史檔案館藏：《單》，檔案編號：03-5438-099。

3.【光緒三十一年三月十七日，奉硃批：該部議奏，單並發。欽此】此奉旨日期與内容，據録副校補。

4.【覽】此御批“覽”據清單校補。

○三、請賞給希凌阿頂戴片

光緒三十一年二月十九日（1905年3月24日）

再，查記名理事同知通判科布多軍營糧餉處章京委署主事希淩阿，到營以來，正值辦防之後，墊發纍纍，庫空如洗，支應益較平日爲難。而常年額支及屯哈、邊防，皆屬萬緊要需，勢難延緩。每經該員百計維持，向市商、廛鋪設法借貸，賴以集事。其兼籌並顧，委屬煞費苦心。至綜理糧餉雖爲該員專責，第北路軍營人少事多，恒至料理不遑，輒有積壓，該員認真督飭，將光緒六年起至二十六年止閲六七任未經辦結之報銷，悉心稽核，一律造册繕單咨部核銷在案。塵牘一清，亦實不無微績。

查内省清厘積案，向有鼓勵之章，獨兹邊遠苦寒，無可調劑，自不得不假獎叙爲激厲。前章京記名理事同知現任主事榮臺，曾因清厘欠餉，經前參贊大臣寶昌附片奏保，請歸班先帶領引見，欽奉特旨照准，足見聖明俯體遐荒。雖在微勞，且蒙紀録，況該員來營當差荏苒已及三年，現當額缺章京等循案請保之際，似未便獨令向隅，致失公允。合無籲懇天恩俯准將同知銜記名理事同知通判科布多軍營糧餉處章京委署主事希凌阿賞給四品頂戴，出自鴻慈。理合附片具陳。伏祈聖鑒訓示。謹奏。（第724—725頁）

光緒三十一年三月十七日，奉硃批：著照所請，該衙門知道。欽此[1]。

【案】此奏片缺原件，録副[①]現藏於中國第一歷史檔案館，兹據校勘。再，此

---

① 中國第一歷史檔案館藏：《録副奏片》，檔案編號：03-6170-066。

片刊本、稿本均未署具奏日期，録副以奉旨日期爲之，未確。查《軍機處隨手登記檔》①，署有“報匣，四百里，二月十九日發”等字樣。據此，此片具奏日期應爲“光緒三十一年二月十九日”。兹據校補。

1.【光緒三十一年三月十七日，奉硃批：著照所請，該衙門知道。欽此】此奉旨日期與内容，據録副校補。

○四、保舉將才片

光緒三十一年二月十九日（1905年3月24日）

再，科布多換防補用副將直隸昌平營參將世襲騎都尉祥祐，自光緒二十三年十一月到防，扣至光緒二十八年十一月，早經五年班滿。嗣以派赴新疆查收逃哈，又越三年。兹因招收一律蕆事，禀請給咨回省，等情。奴才查該參將現在已無經手未完事件，自應發給咨文，准其銷差離營，仍回直隸原省。惟查該參將祥祐廉幹有爲，結實可靠。當光緒二十六年辦理城防，該參將督練蒙團，巡輯奸宄，夙夜匪解，地方賴以敉安，辛勤較著。及派往新疆收哈，跋涉山川，履危蹈險，迭更寒暑，艱阻備嘗。從前塔爾巴哈臺收哈委員往往私受銀兩，捏報肅清，至目此差爲利藪。該參將獨能潔清自勵，不染一塵，其深得哈心，尚受約束，即由於是。故閱時三年，收哈逾萬，未嘗稍有齟齬，而科布多辦理此事，遂得及早平安告竣。即以屯務而論，該參將班期之内，每歲收成總在十分以上，爲近數十年所未有。其任事勇往，克盡厥職，可以概見。

統計該參將在邊已及九年，兩經軍政，若論資序，即在本省亦當早得升補。乃以塞徼換防，轉致遲其遷陟，未免向隅。奴才以爲似應量予體恤，擬請敕下直

---

① 中國第一歷史檔案館藏：《軍機處隨手登記檔》，檔案編號：03-0320-1-1231-074。

隸督臣袁世凱、提臣馬玉崑①，俟該参將回省後，察其資勞，酌予升擢，以奬勤事而爲後來之勸。現值振拔旗才之際，奴才知督、提二臣必能秉公辦理也。奴才爲不掩邊勞起見，是否有當，謹附片具陳。伏祈聖鑒訓示。謹奏。（第725—727頁）

光緒三十一年三月十七日，硃批：知道了[1]。

【案】此奏片原件、録副均查無下落，兹據稿本②校勘。再，此片刊本、稿本均未署具奏日期，查《軍機處隨手登記檔》③，署有“報匣，四百里，二月十九日發”等字樣。據此，此片具奏日期應爲“光緒三十一年二月十九日”。兹據校補。

1.【光緒三十一年三月十七日，硃批：知道了】此奉旨日期與内容，據《軍機處隨手登記檔》校補。

〇五、留營差委履歷查明聲覆片

光緒三十一年二月十九日（1905年3月24日）

再，留營差委遇缺儘先即選州同崔象侯，前因光緒二十六年籌防出力，經奴

---

① 馬玉崑（1838—1908），字景山，安徽蒙城人，武童出身。同治元年（1862），辦理本籍團練，奬給六品功牌。三年（1864），投臨勝營效力。四年（1865），經總統毅軍宋慶咨給五品軍功奬札，保千總。五年（1866），戴藍翎。七年（1868），賞給振勇巴圖魯名號。同年，遞保都司、副將、總兵，賞换花翎。八年（1869），管帶毅字親兵營，封從一品封典。九年（1870），晋提督銜。十年（1871），辦理毅軍全營營務處。同年，保提督，换博奇巴圖魯名號。光緒二年（1876），賞雲騎尉世職。十五年（1889），請假離營。次年，委辦毅軍總理營務處，統領毅後軍。二十年（1894），補山西太原鎮總兵，攻大平山等處倭寇。二十五年（1899），總統武衛左軍，同年，擢浙江提督。二十六年（1900），調補直隸提督，總統武衛左軍，馳往津沽督戰。翌年，加太子少保銜。二十九年（1903），出兵古北口至朝陽一帶，隨辦中立防守。三十四年（1908），卒於任。贈太子太保，謚忠武。

② 稿本第2013—2017頁。

③ 中國第一歷史檔案館藏：《軍機處隨手登記檔》，檔案編號：03-0320-1-1231-074。

才附片請奬，於光緒二十九年奏奉硃批：吏部議奏。欽此。旋經吏部按照異常勞績由該員州同職銜，議以州同不論雙單月遇缺儘先即選，令將該員州同職銜之案查明聲覆具奏，再行注册，等因。覆奏，奉旨：依議。欽此。恭録咨行到營，比即札飭遵照。嗣據該員造具出身履歷呈送前來。

奴才以久在差次，未及核辦。今查該員係直隸永平府昌黎縣人。光緒十四年，考取永平府府學附生。光緒二十七年八月，在秦晋賑捐案內報捐監生，加州同職銜，領有行在户部發給執照，並據呈驗屬實。除將履歷咨部外，理合附片具奏。伏乞[1]聖鑒，敕部查照。謹奏。（第727頁）

光緒三十一年三月十七日，奉硃批：吏部知道。欽此[2]。

【案】此奏片缺原件，録副①現藏於中國第一歷史檔案館，兹據校勘。再，此片刊本、稿本均未署具奏日期，録副以奉旨日期爲之，未確。查《軍機處隨手登記檔》②，署有“報匣，四百里，二月十九日發”等字樣。據此，此片具奏日期應爲“光緒三十一年二月十九日”。兹據校補。

1.【伏乞】刊本作“伏祈”，兹據校正。

2.【光緒三十一年三月十七日，奉硃批：吏部知道。欽此】此奉旨日期與內容，據録副校補。

○六、揀補章京及委署主事員缺摺

光緒三十一年二月十九日（1905年3月24日）

奴才瑞洵跪[1]奏，爲揀補章京及委署主事員缺，恭摺仰祈聖鑒事。

---

① 中國第一歷史檔案館藏：《録副奏片》，檔案編號：03-5438-097。

② 中國第一歷史檔案館藏：《軍機處隨手登記檔》，檔案編號：03-0320-1-1231-074。

竊查科布多蒙古處承辦章京分省補用直隸州知州穆騰武，前因接算期滿請咨回旗，業由前護大臣英秀咨部辦理。所遺蒙古處承辦章京一缺，管理蒙古各旗暨臺站、卡倫、官廠諸務，加有哈部錯牧、俄商交涉，職事均屬重要，亟應揀員充補，以專責成。奴才悉心遴選，查有儘先補用佐領即補防禦先換頂戴現充蒙古處幫辦章京主事職銜景善，熟悉邊務，資勞最深，堪以升補。遞遺蒙古處幫辦章京主事職銜一缺，查有三品銜補用佐領遇缺即補防禦委署主事文惠，年力富强，差使勤奮，堪以擬補。

該員等均俟章京報滿回旗，仍照原保官階補用。其遞遺委署主事，查有藍翎五品頂戴補驍騎校後以防禦補用印務處筆帖式景貴，才識明練，辦事細心，堪以委令兼充。其應支鹽菜銀兩，按照向章辦理。如蒙俞允，俟遇差便，分別給咨該員等赴部帶領引見。所有揀補章京及委署主事員缺緣由，理合恭摺具陳。伏祈皇太后、皇上聖鑒訓示。謹奏。光緒三十一年二月十九日[2]。（第728—729頁）

光緒三十一年三月十七日，硃批[3]。

【案】此摺原件[①]現藏於中國第一歷史檔案館，兹據校勘。再，此摺刊本、稿本均未署具奏日期，兹據原件校補。

1.【奴才瑞洵跪】刊本無此前銜，兹據校補。

2.【光緒三十一年二月十九日】此具奏日期據原件校補。

3.【光緒三十一年三月十七日，硃批】此硃批日期，據原件及《軍機處隨手登記檔》[②]校補。

① 中國第一歷史檔案館藏：《録副奏摺》（應爲原件），檔案編號：03-5438-100。

② 中國第一歷史檔案館藏：《軍機處隨手登記檔》，檔案編號：03-0320-1-1231-074。

〇七、布倫托海渠屯各工無法墊辦片

光緒三十一年二月十九日（1905年3月24日）

再，布倫托海渠屯各工辦理告竣、試種有效等情，奴才曾於光緒二十九年十一月奏明在案。查該處屯田創辦之始，布置一切用款，業由奴才開單咨部報銷。其自三十年起常年局用及添補牛具等項，與夫員弁薪糧、兵工口分，計授所需，爲費不貲，尚未請有專款。上年英秀護任，以科布多經費皆有定額，無可騰挪，又未敢率爾籲帑，僅就本地竭力設法，酌量減數播種。奴才回城后詢悉，止發籽種三百二十石。現據該局呈報，收穫新糧二千零一十七石六斗有奇，核計分數已在六分以上，較科布多城舊屯上年收數已至加倍，是該地之宜禾，已有明證。惟借墊之款亟須補償，現除應提一成津貼烏梁海外，飭將所餘新糧悉數變價，歸還墊款，核計尚有不敷，徒以窘於財力，致地利不克大興，爲可愧耳！

奴才愚謂邊要屯田，若無專款濟用，誠恐難以持久。至本年該處屯種轉瞬又屆農時，奴才交卸在邇，呼應不靈，亦實無法墊辦。竊計壽勳若能早來，尚不致誤。擬請由該大臣到任後，察酌情形，定議接辦。除咨部查照外，是否有當，理合附片具陳。伏祈聖鑒訓示。謹奏。（第729—730頁）

光緒三十一年三月十七日，奉硃批：著英秀及時籌辦。欽此[1]。

【案】此奏片缺原件，録副[①]現藏於中國第一歷史檔案館，兹據校勘。再，此片刊本、稿本均未署具奏日期，録副以奉旨日期爲之，未確。查《軍機處隨手登

① 中國第一歷史檔案館藏：《録副奏片》，檔案編號：03-6734-033。

記檔》[①]，署有“報匣，四百里，二月十九日發”等字樣。據此，此片具奏日期應爲“光緒三十一年二月十九日”。玆據校補。

1.【光緒三十一年三月十七日，奉硃批：著英秀及時籌辦。欽此】此奉旨日期與内容，據録副校補。

〇八、更正筆誤片

光緒三十一年二月十九日（1905年3月24日）

再，奴才於光緒三十年十二月二十六日具奏動款撫卹俄商。該商原名密海勒阿克索諾福，又名阿克索諾福，又名密錫克，本無一定。惟前與外部行文，係云密海勒阿克索諾福，則前奏自應一律。玆查摺内均將“密海勒”三字脱漏，奴才當時未經看出。理合奏明。伏祈聖鑒，敕部查照。謹奏。（第730頁）

光緒三十一年三月十七日，硃批：外務部知道[1]。

【案】此奏片原件、録副均查無下落，玆據稿本[②]校勘。再，此片刊本、稿本均未署具奏日期，查《軍機處隨手登記檔》[③]，署有“報匣，四百里，二月十九日發”等字樣。據此，此片具奏日期應爲“光緒三十一年二月十九日”。玆據校補。

1.【光緒三十一年三月十七日，硃批：外務部知道】此奉旨日期與内容，據《軍機處隨手登記檔》校補。

① 中國第一歷史檔案館藏：《軍機處隨手登記檔》，檔案編號：03-0320-1-1231-074。

② 稿本第2033—2034頁。

③ 中國第一歷史檔案館藏：《軍機處隨手登記檔》，檔案編號：03-0320-1-1231-074。

○九、籌臺站通融體恤辦法片

光緒三十一年二月十九日（1905 年 3 月 24 日）

再，奴才於上年十二月間，據錫恒面商前赴阿勒臺山駐扎，現擬由新疆紆道前往，並咨請督飭速將沿途臺站應用烏拉、駝馬、氈房、廩羊等項早爲預備，定於今年二月間起身，等因。奴才查由科布多城前往新疆，必須取道鄂倫布拉克臺，原設八臺，每臺祇兵十名，氈房、駝馬稱是僅供傳遞文報及零星差使，不能支應大差。至由鄂倫布拉克臺之古城所經漢三塘，則是新疆轄境，數百里沙山戈壁，邈無人煙，尤鮮水草，且須由科布多派調烏拉、駝馬等項，權設數臺，長途傳送，更非易易。從前遇有大員出差過境，咸須發給幫款，即奴才前年冬由城馳往鄂倫布拉克臺，與去年四月由臺進駐古城，亦均優給雇價、賞需，始克敷衍集事，所費甚多。

上年十月間，迭據札哈沁、土爾扈特各旗呈報：秋間陡遭旱蝗，野無青草，牲畜倒斃垂盡，求加撫恤。比以度支虛竭，未能如其所願。今錫恒繞由新疆攜眷赴任，行李而外，隨帶文武員弁、兵役、家丁，爲數衆多，經過各臺，蒙旗窮困，委實無力承應。若僅以空文督責，既失體恤，且恐多延時日，必致遲誤。況當兹草盡馬疲之際，如仍按舊設臺路行走，道里過遠，駝馬久飢，勢難一氣直達，儻中途有失，更虞阻滯。

溯查同治年間，故將軍榮全[①]由烏里雅蘇臺前赴伊犁，曾由斯道抵納林，即馬

---

① 榮全（？—1880），瓜爾佳氏，滿洲正黄旗人。咸豐元年（1851），承襲一等威勇侯。翌年，充二等侍衛、大門上行走。四年（1854），晋頭等侍衛。六年（1856），補乾清門侍衛。次年，任侍衛副班長。九年（1859），署尚茶正。十一年（1861），授塔爾巴哈臺額魯特部落領隊大臣，加副都統銜。同治三年（1864），調補喀拉沙爾辦事大臣，同年，轉伊犁額魯特領隊大臣。四年（1865），補伊犁參贊大臣。次年，兼署鑲紅旗蒙古副都統、伊犁將軍。六年（1867），調烏里雅蘇臺參贊大臣。光緒四年（1878），補鑲紅旗蒙古副都統，兼鑲白旗護軍統領、右翼監督。五年（1879），補右翼前鋒統領，管理健鋭營事務。同年，授三旗虎槍領。六年（1880），卒於任。

乏雪深，不能前進。往事可徵，堪爲車鑒。刻因派員籌設臺站，分飭蒙古各旗酌出烏拉、牲畜各項，人文甫行，即據札哈沁暨烏梁海、杜爾伯特、土爾扈特各部呈報：大雪屢降，人馬直不能行，傳雇烏拉，多不肯應，均恐受累耽咎，懇求改緩日期，拯救蒙艱，等情。奴才反復籌商，所呈自係實情。此等重要差使，本非恒有，斷無勢迫刑驅之理。然亦不便因之過展行期，蓋取道新疆已覺迂遠，再一遲緩，今年便不能到阿勒臺矣。夫以錫恒啓行如此之急，蒙情如彼之苦，若不妥籌通融辦法，俾供差者不生沮力，於役者無慮稽程，殊非正辦。

奴才現擬自科布多城頭臺起，至新疆奇臺縣止，暫爲匀設十六臺，每臺添設氈房三十頂、烏拉齊一百五十名、馬一百八十匹、馱駝一百五十隻，均照近日市價，發給實銀雇賃；食羊若干，如數應付，亦一律給價，期利遄行。業飭承辦人員，細加核算，需款約在四千兩内外。支差既畢，即便全撤。錫恒所帶餉銀，既未便商動，科布多雖庫帑極絀，奴才適承其乏，即當力任其難，衹好於經費項下暫且挪墊，先應急需，除此實無從設措。此項銀兩應請准其作正開銷。至將來如何撥補，俟新任參贊大臣壽勳酌辦。惟頃據臺員及派往傳調烏拉員弁禀稱：刻下南八臺一帶山雪仍未消釋，路徑難於辨認，月内恐難成行。奴才復加嚴催，届時能否全齊，尚難預定。除仍督飭趕辦，暨咨部查照外，所有籌安臺站、通融體恤辦法，理合附片陳明。伏乞[1]聖鑒，飭部立案。謹奏。（第730—732頁）

光緒三十一年三月十七日，奉硃批：著連魁①到任後查明辦理。欽此[2]。

【案】此奏片缺原件，録副②現藏於中國第一歷史檔案館，兹據校勘。再，此片刊本、稿本均未署具奏日期，録副以奉旨日期爲之，未確。查《軍機處隨手登記檔》③，署有“報匣，四百里，二月十九日發”等字樣。據此，此片具奏日期應爲“光緒三十一年二月十九日”。兹據校補。

---

① 連魁，漢軍鑲黄旗人，生卒年未詳。光緒元年（1875），充委印務筆帖式，補驍騎校。五年（1879），升公中佐領。二十四年（1898），晋參領。二十五年（1899），加副都統銜。二十六年（1900），授印務參領。三十年（1904），遷鑲紅旗漢軍副都統。三十一年（1905），授科布多參贊大臣。宣統元年（1909），調補荆州左翼副都統。三年（1911），擢荆州將軍。

② 中國第一歷史檔案館藏：《録副奏片》，檔案編號：03-5965-116。

③ 中國第一歷史檔案館藏：《軍機處隨手登記檔》，檔案編號：03-0320-1-1231-074。

1.【伏乞】刊本作"伏祈"，兹據校正。

2.【光緒三十一年三月十七日，奉硃批：著連魁到任後查明辦理。欽此】此奉旨日期與内容，據録副校補。

一〇、具報交缺印務起程日期摺

光緒三十一年四月初七日（1905年5月10日）

奴才瑞洵跪[1]奏，爲奴才交卸參贊大臣印務起程日期，繕摺馳報，仰祈聖鑒事。

竊奴才於光緒三十一年二月二十八日奉到前奏請交英秀暫護一片，欽奉硃批：已有旨著英秀暫署矣。欽此。先是英秀接新疆遞到電旨，經奴才商請宣示，敬悉正月二十日奉旨：壽勳尚未到任，科布多參贊大臣著英秀暫行署理。欽此。跪聆之下，感激無極！

奴才當於三月十七日派委署印務章京糧餉處幫辦章京主事職銜即補佐領雲秀、屯防游擊榮厚，將科布多參贊大臣銀印一顆，暨令箭、鑰匙、御押報匣、文卷各件賫送英秀接受，倉庫銀糧等項亦交代清楚，並由承辦章京具結，奴才即於是日交卸，因臺站蒙員以天氣尚寒，青草未長，駞馬飢罷，懇求緩俟夏初起身。奴才乃徇其請，以示體恤。今定於四月初八日由科布多啓程，遵旨回旗。所有奴才交卸參贊大臣印務起程日期，謹繕摺馳報。伏祈皇太后、皇上聖鑒。再，奴才長子二品蔭生崧華前曾奏明暫留任所，今亦隨奴才回京。合並聲明。謹奏。光緒三十一年四月初七日[2]。（第732—733頁）

光緒三十一年五月初八日，奉硃批：知道了。欽此[3]。

【案】此摺缺原件，録副[①]現藏於中國第一歷史檔案館，兹據校勘。再，此摺刊本、稿本均未署具奏日期，兹據録副校補。

1.【奴才瑞洵跪】刊本無此前銜，兹據校補。

2.【光緒三十一年四月初七日】此具奏日期據録副校補。

3.【光緒三十一年五月初八日，奉硃批：知道了。欽此】此硃批日期與内容，據録副校補。

一一、代奏丁憂片

光緒三十一年四月初七日（1905年5月10日）

再，據暫署參贊大臣三等侍衛英秀遣丁呈稱：具呈家丁陳慎武，竊家主現署參贊大臣英秀，於本年三月二十九日接到家信，家主之母臧佳氏於光緒三十年十二月十八日因病身故。家主係屬長子，自應循例丁憂，回旗穿孝，理合呈報，懇祈據情代奏。爲此謹呈，等情。

奴才伏維北路現在僅止籌防，非軍務吃緊可比，自不應在奪情之例。惟該大臣已經接印，無人可代，衹可俟參贊大臣壽勳到任，再行交卸回旗，補行穿孝。奴才現已卸事，此事本可毋庸干預，第英秀叠懇代奏，奴才亦未便諉謝。謹附片據情具陳。是否可行，伏祈聖鑒訓示。謹奏。（第733—734頁）

光緒三十一年五月初八日[②]，奉旨：原片留中[1]。欽此[2]。

---

① 中國第一歷史檔案館藏：《録副奏摺》，檔案編號：03-6585-059。

② 録副誤鈔爲“五月初九日”，兹據《軍機處隨手登記檔》校正。

【案】此奏片原件[①]、録副[②]現均藏於中國第一歷史檔案館，兹據校勘。再，此片刊本、稿本均未署具奏日期，原件僅署“光緒三十一年”，未確；録副目録誤署“光緒三十一年五月初九日”（應爲五月初八日），即奉旨日期，亦未確。查《軍機處隨手登記檔》[③]，署有“報夾板，四百里，四月初七日發”等字樣。據此，此片具奏日期應爲“光緒三十一年四月初七日”。兹據校補。

1.【光緒三十一年五月初八日，奉旨：原片留中】此奉旨日期與内容，據録副校補。

2.【欽此】此二字疑脱落，兹推補。

一二、請留文案處片

光緒三十一年四月初七日（1905年5月10日）

再，奴才前因辦理公事須防漏泄，當於光緒二十六年冬間奏設文案處，凡遇重大事件，文牘均由承辦，以昭慎重。嗣因奉派收地安哈，邊務填委，不得不另設局處，遴派專員經理，以重其事。復於光緒二十九年特立籌邊處，即委奏調來營洋務局總辦運判徐鄂兼理該處一切事宜，並經附片聲明，辦理漸及兩年，機要幸無貽誤。現在收哈竣事，阿勒臺已欽派大臣駐扎，科布多事務頓減，籌邊處應即裁撤，其薪工各項並於三月底住支。

惟文案處自設立後，奴才就近朝夕督飭委員、筆帖式等，辦理緊要公事，隨時教令，加意練習。數年來，頗見實效，因循壓閣諸弊一掃而空。各員等於撰擬繕寫，皆能自爲，甚見出色。此次錫恒調用四員，即由此選拔，是文案處之設不

① 中國第一歷史檔案館藏：《録副奏片》（應爲原件），檔案編號：03-5573-154。

② 中國第一歷史檔案館藏：《録副奏片》，檔案編號：03-5442-056。

③ 中國第一歷史檔案館藏：《軍機處隨手登記檔》，檔案編號：03-0320-2-1231-124。

獨裨益公務，兼可培養人材。歲需津貼、心紅不過四百餘金，但能有益要公，即亦不爲浮費。若竟一律全裁，必至仍復舊轍，枉費整頓苦心。當與英秀商酌，應將文案處照舊辦理，津貼、心紅銀兩仍准支給，以資整飭。除咨部外，理合附片具陳。伏祈聖鑒。謹奏。（第 734—735 頁）

光緒三十一年五月初八日，奉硃批：該部知道。欽此[1]。

【案】此奏片缺原件，録副①現藏於中國第一歷史檔案館，兹據校勘。再，此片刊本、稿本均未署具奏日期，録副目録署“光緒三十一年五月初八日”，即奉旨日期，未確。查《軍機處隨手登記檔》②，署有“報夾板，四百里，四月初七日發”等字樣。據此，此片具奏日期應爲“光緒三十一年四月初七日”。兹據校補。

1.【光緒三十一年五月初八日，奉硃批：該部知道。欽此】此奉旨日期與內容，據録副校補。

一三、辦理收安委員斟酌去留片

光緒三十一年四月初七日（1905 年 5 月 10 日）

再，奴才前因辦理收安，需人委用，曾於換防班滿人員內奏請暫留委驍騎校吉拉敏，千總馬成英，把總張存德、盧慶雲四員，續又奏調同知銜新疆候補知縣王服昱，用資指臂，均蒙俞允。現在奴才經手事竣，奉旨開缺，該員等亦均陸續銷差。千總馬成英前因患病，已准管帶防兵先回直隸。把總盧慶雲緣事參革。奴才在古城時，並飭知縣王服昱就近仍回新疆。候補把總張存德，上年派赴布倫托

① 中國第一歷史檔案館藏：《録副奏片》，檔案編號：03-5442-048。
② 中國第一歷史檔案館藏：《軍機處隨手登記檔》，檔案編號：03-0320-2-1231-124。

海辦理屯田，尚資得力，奴才屬由英秀斟酌去留。委驍騎校吉拉敏，應飭即回綏遠城滿營當差。理合附片陳明。伏乞[1]聖鑒，敕部查照。謹奏。（第 735—736 頁）

光緒三十一年五月初八日，奉硃批：該部知道。欽此[2]。

【案】此奏片缺原件，録副①現藏於中國第一歷史檔案館，兹據校勘。再，此片刊本、稿本均未署具奏日期，兹據録副校補。

1.【伏乞】刊本作“伏祈”，兹據校正。

2.【光緒三十一年五月初八日，奉硃批：該部知道。欽此】此奉旨日期與內容，據録副校補。

① 中國第一歷史檔案館藏：《録副奏片》，檔案編號：03-5442-048。

卷之二十五　熱歌集

光緒乙巳（1905）

○一、遵旨保收哈出力開單請奬摺

光緒三十一年四月二十八日（1905 年 5 月 31 日）

奴才瑞洵跪[1]奏，爲科布多招收新疆竄哈在事出力人員，遵旨擇尤酌保，籲懇天恩照擬給奬，以示鼓勵，開單繕摺具陳，仰祈聖鑒事。

竊查科布多辦理收哈，始自光緒二十八年。其時新疆撫臣饒應祺以哈薩克人衆在新疆地面强占蒙牧，貽害地方，咨請奴才派員會收，當經奴才奏委屯防參將世襲騎都尉祥祐，帶領員弁、兵丁、通事等往辦，並奏調候選運判徐鄂來營，設立籌邊處，責令綜理索地、收哈一應要公；復派員馳往哈薩克各游牧，催調氈房、駝馬，迎投接收。迨光緒十九年夏間，因瑪呢圖噶圖勒斡卡倫滋事，驚擾歸哈，幾至駭竄。是年十月，奴才欽奉電旨前往彈壓拊循。比時奴才因委員不敷分布，復於察哈爾、新疆各處就近函調數員，隨赴鄂倫布拉克臺，分任差遣。

光緒三十年四月，奴才進扎古城，督辦收撫，正待報竣，詎意六月間，突有白塔山潛哈旅拒官兵之事。爾時逆焰已張，勢將滋蔓，經潘效蘇與奴才會派現署巴里坤鎮總兵易盛富，會同參將祥祐，督帶隊伍，相機防勦。奴才一面密飭運判徐鄂隨帶員弁、舌人，星馳勸導。哈衆始知感畏，陸續西遷，至八月底，一律還牧。以上各情均經隨時奏報。是役也，溯自始事，以訖蕆功，前後垂及三年，招收數實逾萬。該員弁等盡瘁馳驅，幾更寒暑，餐風卧雪，辛苦備嘗，俾玆出柙走險之虎兕歸閑就勒，辦理煞費苦心，洵屬勉奮赴功，異常出力。前經奴才以援照光緒二十六年籌防保案，擬將尤爲出力文武員弁從優各保數員，餘仍核其勞績，按照尋常開保等情奏請，欽奉硃批：准其擇尤酌保數員，毋許冒濫。欽此。奴才跪聆之下，仰見朝廷不薄邊功，有勞必録，宣示合營，同聲感頌。

奴才伏查哈性悍黠，操縱皆難，羈縻稍一失宜，則豕突狼奔，禍機立致。光緒二十八年，塔爾巴哈臺收哈武弁李源翰行抵新疆昌吉縣地方，曾被哈衆戕害。上年八月，屈莽山之變，竟敢乘夜掩襲，將新疆收哈把總王得勝、張鳳生同時槍毙，並陣亡兵團二十四名，受傷者十五名。此其辦理棘手，確有明徵。科布多以數十員弁約束萬衆罔知法紀之哈夷，使之帖然回牧，殊非容易，名爲收撫，實比斬馘擒渠尤爲艱險。論功行賞，即悉予優叙，初不爲過，惟現值整齊庶政之際，聖明慎重名器，奴才何可瞻徇私情！應仍實事求是，認真删减。

兹核照軍營異常勞績，文武並計，僅保十七員，餘俱存記，俟續著功效，再行奏保。謹繕清單，祗呈御覽。合無籲懇天恩俯念萬里招收，有裨大局，特准照擬給獎，以示鼓勵，出自高厚鴻施。除將最爲出力之參將祥祐、運判徐鄂另片奏保，並飭取各員履歷咨部，暨千總以下應獎各弁與蒙哈員弁彙咨部院核辦外，謹開單繕摺具陳。伏祈皇太后、皇上聖鑒訓示。謹奏。光緒三十一年四月二十八日[2]。

硃批：該部議奏，單一件、片二件並發。

光緒三十一年五月二十六日，硃批：該部議奏。單、片並發。欽此[3]。

呈辦理收哈尤爲出力文武員弁清單

謹將辦理新疆各處收哈尤爲出力文武員弁，酌擬奬叙，敬繕清單，祗呈御覽。

計開：記名理事同知通判四品頂戴科布多糧餉處章京委署主事希凌阿，擬請俟選同知後，在任以知府不論雙單月遇缺儘先選用。遇缺儘先即選州同崔象侯，擬請免選州同，以知州不論雙單月遇缺儘先即選。同知銜新疆候補知縣王服昱，擬請俟候補知縣後，以直隸州知州補用，並請賞换四品頂戴。藍翎贊禮郎銜工部筆帖式耆昌，擬請以同知分省補用，並請賞加四品銜。候補筆帖式舉人英順，擬請以知縣分省補用。候補筆帖式增禄，擬請俟得缺後，以知縣選用。新疆試用府經歷曾壽鈞，擬請免補府經歷，以知縣仍留原省，歸候補班補用，並請賞加同知銜。縣丞銜徐中盛，擬請以縣丞不論雙單月遇缺儘先即選。以上文職八員。

已保三品頂戴遇缺即補佐領糧餉處幫辦章京主事職銜雲秀，擬請賞换二品頂戴。藍翎五品頂戴補驍騎校後以防禦補用已補委署主事印務處筆帖式景貴，擬請以防禦遇缺即補，並請賞换四品頂戴。五品頂戴儘先補用驍騎校候補筆帖式恒貴、連瑞二員，擬請免補驍騎校，以防禦即補，並請賞换四品頂戴。儘先補用驍騎校已補額外驍騎校瑞秀，儘先補用驍騎校候補筆帖式成秀、卓麟三員，均擬請免補驍騎校，以防禦補用，先换頂戴。補用守備後以都司補用儘先即補守備宣化鎮懷來路岔道營千總馬成英，擬請俟補守備後，仍以都司儘先補用，並請賞加四品頂戴。五品頂戴已補把總程兆雲，擬請在任以守備升用，並請賞加四品頂戴。以上武職九員。

以上文武十七員，經派新疆南北各路搜查潛哈，馳驅萬里之程，勞苦三年之久，不避艱難，屢經危險，皆能開誠勸導，設計誘擒，督率哈官，按起押解，送往阿爾臺安置，並將撫恤茶、畜、糧、布各項核實散放，窮哈均霑實惠，用俾萬衆生靈還定安集，不致轉徙流亡；十餘萬駝馬牛羊，牧養蕃滋，漸基富庶，煞費經營，克收實邊安民之效，較之軍務戰功，殊有過之無不及，並屬有益大局，異常出力。勞績相同，難分次第，是以未經强爲分注。合並聲明。（第 737—742 頁）

（硃批）：覽[4]。

【案】此摺原件、録副均查無下落，而清單[①]則藏於中國第一歷史檔案館。兹據稿本[②]及清單校勘。再，此摺刊本、稿本均未署具奏日期，查光緒三十一年五月二十六日《軍機處隨手登記檔》[③]，則署有“硃批瑞洵摺，報四百里，四月二十八日拜發”等字樣。據此，具奏日期爲“光緒三十一年四月二十八日”無疑。兹據校正。

1.【奴才瑞洵跪】刊本無此前銜，兹據校補。

2.【光緒三十一年四月二十八日】此具奏日期據《軍機處隨手登記檔》校補。

3.【光緒三十一年五月二十六日，硃批：該部議奏。單、片並發。欽此】此奉旨日期與内容，據刊本及《軍機處隨手登記檔》校補。

4.【覽】此御批據清單校補。

---

① 中國第一歷史檔案館藏：《單》，檔案編號：03-5442-172。

② 稿本第 1909—1927 頁。

③ 中國第一歷史檔案館藏：《軍機處隨手登記檔》，檔案編號：03-0320-2-1231-142。

〇二、參將祥祐運判徐鄂請量予優保片

光緒三十一年四月二十八日（1905年5月31日）

再，新疆土曠民稀，草場豐茂，最宜畜牧，故哈薩克駱驛奔赴，視爲樂郊，莫肯他適。查從前塔爾巴哈臺委員招收，該哈等恒以賄求邀免，迄今西路人員輒目此差爲利孔，每年但有委員收哈之具文，並無哈衆回牧之實事，而哈乃日益滋蔓，害遂隱中於地方。此次科布多派往收哈員弁，皆知以循拊爲懷，守法奉公，罔敢尤效，實賴參將祥祐督率有方、本身作則、隨時戒勉之力。

又，白塔山潛哈因伏暑催遷，恃强旅據，槍傷兵馬，負嵎自固，其勢甚張。奴才雖與潘效蘇會商剿逐，默揣哈夷非族異心，官法難可制服，並慮兵力有限，防堵難周，萬一紛竄蒙古游牧，爲害滋大，縱能制其死命，而勞師動衆，煩費騷然。不惟有傷天和，且恐轉堅外向。維時新疆文武及隨營各員咸以爲非用兵不可，獨運判徐鄂力排衆議，毅然以開導自任，奮袂請行。該員方因病請假，乃不顧危險，迅赴事機，慰諭百端，卒使哈衆悟其執迷，投戈效順，杜遏亂萌，丕彰德化，其膽識亦有大過人者。

至於窮搜葱雪，遠涉龍沙，頻歲馳驅，百方綏輯，則該參將、運判實同艱苦，收哈之役，自應以該二員勞勩爲賞首。奴才覆查該參將祥祐，前接潘效蘇來函，屢稱其能。奴才以爲現在旗族凋零，苟得明白曉事之員，稍示激揚，亦足以資振奮。如該參將之勤廉强幹，器局開張，即膺專閫，亦無愧色。至運判徐鄂，經奴才於上年六月間明保在先，比因邊遠軍營文報遲滯，尚未奉讀光緒二十九年十一月申戒“不得指請送部引見”諭旨，以致誤有冒瀆。惟查該運判徐鄂本擅才能，夙明吏治，自涖邊方，益深諳練，辦事大臣錫恒甚見賞異。第榷鹽職事稀簡，若使改官州郡，當可展其驥足。

方今人材消乏，培植爲先。奴才世受國恩，宜盡以人事君之誼。況行邊萬里，勞烈備臻，但期甄敘公平，似難拘牽資序，合無仰懇聖慈俯准，將補用副將直隸昌平營參將世襲騎都尉祥祐仍在任以副將遇缺儘先補用，先换頂戴，並請賞戴花翎；候選運判徐鄂免選本班，以直隸州知州不論雙單月儘先選用，量予優異，以爲實心任事者勸，出自特恩。奴才以該二員勞績卓著，爲振拔人材起見，謹附片陳請。伏乞聖鑒訓示。謹奏。（第743—744頁）

光緒三十一年五月二十六日，硃批：覽[1]。

【案】此奏片原件、録副均查無下落，兹據稿本①校勘。再，此片刊本、稿本均未署具奏日期，查光緒三十一年五月二十六日《軍機處隨手登記檔》②，則署有"硃批瑞洵摺，報四百里，四月二十八日拜發"等字樣。據此，此奏具奏日期爲"光緒三十一年四月二十八日"無疑。兹據校正。

1.【光緒三十一年五月二十六日，硃批：覽】此奉旨日期與内容，據《軍機處隨手登記檔》校補。

〇三、酌保蒙哈漢文書手通事片

光緒三十一年四月二十八日（1905年5月31日）

再，辦理收哈一役出力人員，奴才已遵旨擇尤酌保。其隨帶蒙哈員弁及蒙哈漢文書手、通事等，從役萬程，翻譯傳詞，宣上德而通下情，且均能守法赴公，毫無需勒，並屬勞苦相同，非尋常出力可比，未便以差使微末，致慨向隅，自應一並擇尤給獎。

① 稿本第1929—1936頁。
② 中國第一歷史檔案館藏：《軍機處隨手登記檔》，檔案編號：03-0320-2-1231-142。

縣丞銜邵整，擬請以縣丞不論雙單月儘先選用。文童左銘，請以巡檢不論雙單月儘先選用。貢生連奎，文童連臺、忠旭，請以七品筆帖式儘先選用。廪生許寶麟，請以訓導不論雙單月儘先選用。以上六員，均請賞加六品銜。

烏梁海左翼管旗驍騎校巴圖，擬請以佐領儘先補用。五品軍功托利，請以驍騎校即補，並加五品頂戴。哈薩克總管珠旺幹之子塔拉幹，請以副千户長補用。章盖阿密、哈哩將南、維他呢拜，均請賞給三品頂戴。昆都恩博特、綽和拉拜，該二員擬請賞給四品頂戴。其餘出力較次者，另由奴才核給六七品頂戴、功牌，分飭承領。謹附片具奏。伏祈聖鑒訓示。謹奏。（第745—746頁）

光緒三十一年五月二十六日，奉硃批：覽。欽此[1]。

【案】此硃批缺原件，録副①現藏於中國第一歷史檔案館，兹據校勘。再，此片刊本、稿本均未署具奏日期，録副以奉旨日期爲之，未確。查光緒三十一年五月二十六日《軍機處隨手登記檔》②，則署有“硃批瑞洵摺，報四百里，四月二十八日拜發”等字樣。據此，此奏具奏日期爲“光緒三十一年四月二十八日”無疑。兹據校正。

1.【光緒三十一年五月二十六日，奉硃批：覽。欽此】此奉旨日期與内容，據録副校補。

○四、總兵易盛富請交軍機處存記片

光緒三十一年四月二十八日（1905年5月31日）

再，奴才前據記名提督儀勇巴圖魯現署巴里坤總兵易盛富、直隸昌平營參將

① 中國第一歷史檔案館藏：《録副奏片》，檔案編號：03-5442-170。

② 中國第一歷史檔案館藏：《軍機處隨手登記檔》，檔案編號：03-0320-2-1231-142。

祥祐申稱：新疆自鎮西廳至阜康縣，東西緜亘數千百里，北與科布多緊相接壤，南連天山正幹，草場甚廣，凡哈薩克遠貿前來者，貪戀此間水草，不願回牧，以至日引月長，視爲故土，已成牢不可拔之基。兩年以來，各營將士及收哈委員奔走於冰天雪地之中，馳騁於烈日炎風之下，忍飢受渴，露宿風餐，實屬艱苦備嘗，不辭勞瘁，可否仰懇給獎，並聲叙鎮西哈衆群推胖哈薩即塔哈的里拜爲頭目，哈衆遷匿，聽其指揮。嗣經巴里坤鎮標中營中軍守備劉書質稟經易盛富、祥祐設計誘擒，設法羈縻，始得將該哈目所管氈房一律交出。其大石頭及穆家地溝一帶匿哈，每遇兵民查到，即偷越山南，及探知搜查已過，仍復潛來。此次經古城營中旗馬隊守備孔福堂越境，在西鹽池、蘆草溝踩獲哈目藿他巴依到營，始得將南山各起匿哈一律收浄。又，迪化城守協左旗都司劉清和，在四、五廠湖一帶督催南路歸哈，逐起押趲，至沙拉套海回牧。天寒人衆，約束尤難，均屬有功足録，等情。懇請核獎前來。

奴才覆查新疆辦理查驅潛哈，地方文官固多因循畏葸，其武職中尚有實心任事之人。自經奴才奏請嚴定功過，該員弁等益知奮勉。此次奴才與潘效蘇會派易盛富、祥祐等帶隊防勦，遥壯聲威，用得及早蕆事，有裨邊陲匪細。除祥祐另片保獎外，查該署總兵易盛富，本係大學士左宗棠湘軍舊部，久莅戎旃，聲績卓著，兹復和衷共濟，督率有方。奴才隨事體察，易盛富秉性廉勇，馭兵整嚴，實堪勝專閫之任，可否請以提督、總兵施恩，仍交軍機處存記，遇有缺出，請旨簡放，出自聖裁。

又，新疆迪化城守協左旗都司劉清和、巴里坤鎮標中營中軍守備劉書質、古城營中旗馬隊守備孔福堂，悉屬異常出力，應請由新疆撫臣潘效蘇酌予奏獎，用昭激勸。是否有當，理合附片具奏。伏祈聖鑒訓示。謹奏。

光緒三十一年五月二十六日，硃批：易盛富著仍交軍機處存記[1]。（第746—747頁）

【案】此奏片原件、録副均查無下落，兹據稿本①校勘。再，此片刊本、稿本

① 稿本第1941—1947頁。

均未署具奏日期，查光緒三十一年五月二十六日《軍機處隨手登記檔》①，則署有“硃批瑞洵摺，報四百里，四月二十八日拜發”等字樣。據此，此奏具奏日期爲“光緒三十一年四月二十八日”無疑。茲據校正。

1.【光緒三十一年五月二十六日，硃批：易盛富著仍交軍機處存記】此奉旨日期與內容，據刊本及《軍機處隨手登記檔》校補。

○五、請將札哈沁臺吉賞給頂戴片

光緒三十一年四月二十八日（1905年5月31日）

再，科布多所轄南八臺係往來新疆孔道，而札哈沁供應之五臺尤爲大雪封壩後前赴阿勒臺必由之途，差使絡繹，地當其衝。查札哈沁游牧共二旗，最爲瘠苦，札哈沁公所屬一旗更形積弱，户口甚稀。光緒二十九年十月，英秀由哈巴河回科布多，及奴才馳赴新疆督辦收哈，往返均經該臺。札哈沁貝子銜三等信勇公策林多爾濟深明大義，調集烏拉、駝馬，奔走恐後，並率其子二等臺吉棍布瓦齊爾，遠道送迎，招呼一切，頗爲出力。

伏維北路比壤强鄰，兵備單薄，惟賴蒙古以爲藩蔽，自有彼族交涉，每虞誘惑潛滋，所恃朝廷恩澤龐洪，羈縻勿絶。奴才愚以爲宜隨事隨時，量加鼓勵，俾益堅其翼戴之誠，方足收扞掫之效。合無仰懇天恩俯准，將札哈沁豫保二等臺吉棍布瓦齊爾賞給二品頂戴，以示獎勸。如蒙俞允，實於維繫蒙部大有裨益。除飭取履歷咨送理藩院查照外，理合附片陳請。是否有當，伏祈聖鑒訓示。謹奏。

光緒三十一年五月二十六日，硃批：著照所請，該衙門知道[1]。（第748—749頁）

---

① 中國第一歷史檔案館藏：《軍機處隨手登記檔》，檔案編號：03-0320-2-1231-142。

【案】此奏片原件、録副均查無下落，兹據稿本①校勘。再，此片刊本、稿本均未署具奏日期，查光緒三十一年五月二十六日《軍機處隨手登記檔》②，則署有“硃批瑞洵摺，報四百里，四月二十八日拜發”等字樣。據此，此奏具奏日期爲“光緒三十一年四月二十八日”無疑。兹據校正。

1.【光緒三十一年五月二十六日，硃批：著照所請，該衙門知道】此奉旨日期與内容，據刊本及《軍機處隨手登記檔》校補。

○六、從優議恤片

光緒三十一年四月二十八日（1905年5月31日）

再，軍營人員積勞身故，例准給恤。從前即補協領補用佐領印務處承辦章京主事職銜玉善、驍騎校崇凌在營病故，疊經奴才附片奏請優恤，均奉硃批照准欽遵在案。兹查有科布多候補章京洋務局委員補缺後以佐領補用綏遠城即補防禦清林，自光緒二十四年换防來科，練習公事，當差甚資得力，本擬保以協領補用。光緒三十年五月，派赴綏遠城催提經費餉項，因恐有誤軍需，兼程前進，積勞故於差次。

又，洋務局委員鹽大使銜朱壽嵩，自光緒二十八年派辦招收逃哈，鞅掌馳驅，艱辛罔懈，本擬以鹽大使加五品銜，俟事竣彙案請獎。上年五月十四日，由鄂倫布拉克臺前赴古城行營，因戈壁無水，冒暑遄征，馳抵藿來鄂博，受暍傷生。

以上二員，平日供差皆能不辭勞瘁，居心亦極樸誠，原應同予獎叙。兹收哈幸已告竣，在事出力人員仰蒙恩准擇保，獨惜該員等毙於行役，未覩成功，迹其

① 稿本第1949—1952頁。

② 中國第一歷史檔案館藏：《軍機處隨手登記檔》，檔案編號：03-0320-2-1231-142。

從公勇往、不顧軀命之苦心，實足風勵薄俗，核與前章京玉善等議恤之案，勞績固屬相同，情形尤爲可憫！合無籲懇天恩俯准，飭部將已故擬保協領清林、擬保五品銜鹽大使朱壽嵩，均照軍營人員因公殞命例，按擬保銜階，從優議恤，出自鴻慈。此外尚有應恤兵丁，另行咨部核辦。理合附片具陳。伏祈聖鑒訓示。謹奏。

硃批：著照所請，該部知道。（第749—750頁）

光緒三十一年五月二十六日，奉硃批：著照所請，該部知道。欽此[1]。

【案】此奏片缺原件，録副[①]現藏於中國第一歷史檔案館，兹據校勘。再，此片刊本、稿本均未署具奏日期，録副以奉旨日期爲之，未確。查光緒三十一年五月二十六日《軍機處隨手登記檔》[②]，則署有“硃批瑞洵摺，報四百里，四月二十八日拜發”等字樣。據此，此奏具奏日期爲“光緒三十一年四月二十八日”無疑。兹據校正。

1.【光緒三十一年五月二十六日，奉硃批：著照所請，該部知道。欽此】此奉旨日期與内容，據録副校補。

○七、换防積習仍宜整頓摺

光緒三十一年四月二十八日（1905年5月31日）

奴才瑞洵跪[1]奏，爲科布多軍營换防滿、緑官兵積習太深，仍宜大加整頓，以挽頹風而飭綱紀，期免貽誤邊局，繕摺據實具陳，仰祈聖鑒事。

竊查科布多軍營額設换防滿兵十七名、緑兵二百十四名。滿營防兵向由綏遠

① 中國第一歷史檔案館藏：《録副奏片》，檔案編號：03-5966-083。

② 中國第一歷史檔案館藏：《軍機處隨手登記檔》，檔案編號：03-0320-2-1231-142。

城駐防内調派，到營三月後，即作爲委署筆帖式，分撥軍營部院各衙門當差，遇有章京、筆帖式缺出，循資洊升。章京以七年爲班滿，筆帖式以五年爲班滿，送京當差之外，願回旗就武者，章京以防禦補用，筆帖式以驍騎校補用。如未補缺之候補委署筆帖式三年無過，亦准保以驍騎校補用。其緑營防兵則向由直隸宣化鎮、山西大同鎮兩處調撥。今山西省緑營已裁，其换防兵額二十名，奏由科布多就近募補，直隸現尚仍舊派换。該兵等到防後，分撥屯田正、副犁頭差使，暨充當參贊、幫辦兩衙門巡捕、戈什、軍營、部院字識，看守倉庫、監獄，分應各項匠役、遞送文報、押解餉銀各差，向以五年爲班滿，届期由直隸、山西挑换五成，派撥前來科布多；於新兵到防後，即將當差不得力之兵照額遣歸。此科布多軍營滿、緑换防官兵定章之大較也。

立制之初，本甚周密，衹以世變風漓，日趨苟且，舊時良法美意，蕩焉無存。軍營、部院司員但知習常蹈故，緩慢偷安，每辦一事，必執成章老例以相持難，百計阻撓，動成掣肘。即如科哈潜竄新疆多至九百餘户，當時奴才飭查，承辦司員猶諉爲並無其事。又如布倫托海屯田創辦之始，僉謂該處地同石田，十年難遇一穫。迄今收回竄哈户口數已溢於原逃，上年布倫托海收成分數幾倍於科城舊屯，而群言猶未能息。迹其因循畏怯之初心，無非識見淺陋，而即兹顢頇敷衍，已隱釀異時之患，壞邊事於無形。

至緑營官兵，則原爲屯田而設。舊制有大班、小班之分，本不重操練之事，僅知索擾蒙古，欺侮商民。其中尤有一最壞惡習，專好無風鼓浪，造謡生事。就奴才所耳聞目睹者言之，如前任參贊寶昌、幫辦禄祥互參之案，事本細微，由於巡捕張喜、史永貴挾嫌挑唆，遂致交章攻訐，上瀆聖聰。又，奴才到任之始，喧傳前烏里雅蘇臺將軍連順已將奴才登諸白簡，而連順亦聞奴才有奏劾將軍之事。幸奴才内省不疚，置若罔聞，而連順亦不之信，馳書慰問，始共釋然。錫恒到後，人言尤多，要不外錫恒參奴才，與奴才參錫恒而已，互相構煽，期遂其報復之私。惟奴才辦事向尚認真，以力懲伊等朋比把持之習，又嚴於約束，官兵因而蓄恨。比歲時在病中，部卒頗涉懈弛，頓復舊轍。前年春，英秀由旗赴任，甫離綏遠數臺，即傳言英秀途次病亟，致英秀之母傷慟失明。上年冬，錫恒赴任，過科布多暫駐。因奴才卧病簡出，錫恒亦體諒，過從不密。該官兵等復竊竊私議，指爲意見不和。

錫恒曾因奴才病不能支，欲代奴才詣各廟宇拈香，令巡捕陳作忠來告。奴才回答“甚好，可感，即請偏勞”。該巡捕陳作忠竟然捏稱奴才已允委派，以激錫恒之怒。凡若此類，不勝枚舉。幸錫恒於奴才相知已深，初未輕信。查陳作忠本一馬兵，前年冬間，英秀派令赴布倫托海接辦屯務，因抗諭不遵，責懲拘禁。去夏，奴才奉差古城，英秀遽令監修廟工，乃甫經開釋，故態復萌。似此性非安静，怙惡不悛，若不及時斥逐，勢將無所不爲！阿勒臺蒙哈十餘萬，其奚以堪其魚肉？揣其無端簧鼓之意，無非獻勤討好，希冀就中取利耳。而不知誣衊官長，淆亂是非，已足大干法紀。

查滿營之習在畏事，其故由於未嘗學問，以一甲兵進身，不事詩書。其上者僅粗通文義，其次者並漢字亦所識無多，到防後學繕文牘，間習蒙古文字、語言，已爲上選。除奉行文書外，即無所知，由其不學，遂懵無遠識，馴至一語不敢輕發，一步不敢多行，遇上官稍有交辦事件，即相顧愕眙。故歷任大臣苟有心整理，莫不借材異地，遠道調員。然口外與内省風氣不齊，情形亦多扞格。奴才前以科布多部院章京、筆帖式員缺已與烏里雅蘇臺相埒，而兵額僅及其半，官多兵少，到防未及三年已補筆帖式者，不免啓躁進之端，擬添調若干名，俾敷指使，且備阿勒臺山徵取。嗣因借地議緩，遷延至今。

至緑營之習在喜事，其故由於不明紀律，以直、晉之兵遠離本轄，雖有實缺參、游、千、把爲之管帶，然官與兵不相習，甚至兵得美差、優保，駕官而上，則官且畏兵，由其無律，遂愍不畏法，馴致驕蹇放恣，不遵約束，偶有過失，即欲懲革。而塞外民人罕至，即有來者，衹知牽牛服賈，不願屯戍荷戈，挑補無人，不得不曲從寬貸，而若輩遂益肆無忌憚矣。即奴才數年抱恙不痊，有竊議由於詛咒者。邪説固不足信，然奴才憤氣習之偷薄、心計之嶮巇，鬱懣不能自伸，疢疾即相因而至。是亦理之或然者。窮其弊害之所極，必使大臣捐王法，弛軍令，一聽客之所爲而後已。是豈國家建閫設戍之本意哉？奴才上年駐扎古城時，曾向潘效蘇借到槍枝二百餘杆，原期就地招募小隊，親加訓練，帶回科布多，將驕惰孱弱之兵陸續汰遣，會以餉需難籌，未及果行。

以上兩端，皆切要之圖。凡事待人而行，人才不强，政務奚理？人心不正，禍亂踵生。此皆奴才切切私憂而愧未能施其補救者。奴才竊謂取材於臨時，宜先育材於平日。綏遠城將軍貽穀鋭意振興旗務，建設學堂，宜可特立邊務一門，專壹培植換防人才，庶冀以學力擴充聞見，教習材能，頽敗痼習亦可望潛移默化，似屬當務之急。擬請敕下將軍貽穀，就近體察，妥訂規程，加意訓養，並擬嗣後北路換防，非由學堂出身者，不得調派，以杜情面而收實用。其直隸緑營久必全裁，將來必至無兵換防，應如何更定辦法，當由新任大臣咨商直隸總督，悉心籌圖，奏明辦理。

抑奴才更有進者，北路軍營之設，初爲撫綏蕃部，今且控制强鄰，事既繁簡攸殊，勢亦輕重迥異，僅恃此不明大義、不安本分之官兵搘拄其間，誠恐非徒無益。物極必反，窮變通久，正在斯時，惟望朝廷深加之意而已。奴才經營慘淡，措畫有年，今雖解職回旗，而心繫邊陲，不能自已，用敢專達上聞，尚冀聖明俯憐奴才之愚，敕交新任大臣壽勳、錫恒，熟察情僞，大加整頓，以挽頽風而飭綱紀，期免貽誤邊局，實爲北路之幸！奴才不避嫌怨，謹繕摺據實具陳。伏祈皇太后、皇上聖鑒訓示。謹奏。光緒三十一年四月初八日[2]。

光緒三十一年五月二十六日，奉旨：留中[3]。（第750—755頁）

【案】此摺原件①現藏於中國第一歷史檔案館，玆據校勘。再，此摺刊本、稿本均未署具奏日期，查光緒三十一年五月二十六日《軍機處隨手登記檔》②，則署有“硃批瑞洵摺，報四百里，四月二十八日拜發”等字樣。此奏具奏日期應爲“光緒三十一年四月二十八日”，而原件則署爲“光緒三十一年四月初八日”，待考。

1.【奴才瑞洵跪】刊本無此前銜，玆據校補。

2.【光緒三十一年四月初八日】此具奏日期據原件校補。

3.【光緒三十一年五月二十六日，奉旨：留中】此奉旨日期與內容，據刊本及《軍機處隨手登記檔》校補。

① 中國第一歷史檔案館藏：《録副奏摺》（應爲原件），檔案編號：03-5764-024。

② 中國第一歷史檔案館藏：《軍機處隨手登記檔》，檔案編號：03-0320-2-1231-142。

跋

天城山人爲瑞景蘇世丈排印奏草，懿洓編摩讐校，益增悽敬。當光宣用人之際，用人行政，彼時髮未燥，即已粗知其失當。於戲！家國盛衰，人每歸之運數，豈其然哉？興化李審言徵君嘗述蒯禮卿京卿之言曰：朝著忠讜之士，半皆流宕江海，縱使騰達有所建樹，勢亦不能安于其位。行見斗筲，泄沓厠九。列膺重寄，非吾儕之不幸，乃朝局消長一大關鍵。何其言之悲也！

丈以喬木世臣，早歷華選，若循默平進，可以自容，顧素性鯁直，敢於言事，遂令時流側目，久居邊徼，復爲忌者所中。及沈冤甫白，而大局已不可爲矣。天留老壽，坐閲滄桑，萬物皆流，而金石獨止。卒之抑鬱，誰語齎志以没？幸有海外門生料理刊行，其志、事得以流傳百一，將使後之人尚友論世，得所取資，匪獨風義、執竺之爲可欽挹也。

己卯秋日，遼陽楊懿洓謹識于椿蔭堂。

參考文獻

一、檔案

［001］臺北“故宮博物院”藏：《軍機及宮中檔》，文獻編號：131464。

［002］臺北“故宮博物院”藏：《軍機及宮中檔》，文獻編號：131877。

［003］臺北“故宮博物院”藏：《軍機及宮中檔》，文獻編號：133371。

［004］臺北“故宮博物院”藏：《軍機及宮中檔》，文獻編號：133372。

［005］臺北“故宮博物院”藏：《軍機及宮中檔》，文獻編號：133373。

［006］臺北“故宮博物院”藏：《軍機及宮中檔》，文獻編號：135555。

［007］臺北“故宮博物院”藏：《軍機及宮中檔》，文獻編號：135556。

［008］臺北“故宮博物院”藏：《軍機及宮中檔》，文獻編號：131116。

［009］臺北“故宮博物院”藏：《軍機及宮中檔》，文獻編號；176401。

［010］臺北“故宮博物院”藏：《軍機及宮中檔》，文獻編號：188881。

［011］臺北“故宮博物院”藏：《軍機及宮中檔》，文獻編號：188881-A。

［012］臺北“故宮博物院”藏：《軍機及宮中檔》，文獻編號：161055。

［013］臺北“故宮博物院”藏：《軍機及宮中檔》，文獻編號：160304。

［014］臺北“故宮博物院”藏：《軍機及宮中檔》，文獻編號：131552。

［015］臺北“故宮博物院”藏：《軍機及宮中檔》，文獻編號：124350-1。

［016］臺北“故宮博物院”藏：《軍機及宮中檔》，文獻編號：408006439。

［017］臺北“故宮博物院”藏：《軍機及宮中檔》，文獻編號：148886。

［018］臺北“故宮博物院”藏：《軍機及宮中檔》，文獻編號：408004347。

［019］臺北“故宮博物院”藏：《軍機及宮中檔》，文獻編號：162294。

［020］臺北“故宫博物院”藏:《軍機及宫中檔》，文獻編號：408004333。
［021］臺北“故宫博物院”藏:《軍機及宫中檔》，文獻編號：408004152-A。
［022］臺北“故宫博物院”藏:《軍機及宫中檔》，文獻編號：408004152。
［023］臺北“故宫博物院”藏:《軍機及宫中檔》，文獻編號：160177。
［024］臺北“故宫博物院”藏:《軍機及宫中檔》，文獻編號：160181。
［025］臺北“故宫博物院”藏:《軍機及宫中檔》，文獻編號：160183。
［026］臺北“故宫博物院”藏:《軍機及宫中檔》，文獻編號：160179。
［027］臺北“故宫博物院”藏:《軍機及宫中檔》，文獻編號：160178。
［028］臺北“故宫博物院”藏:《軍機及宫中檔》，文獻編號：160180。
［029］臺北“故宫博物院”藏:《軍機及宫中檔》，文獻編號：160182。
［030］臺北“故宫博物院”藏:《軍機及宫中檔》，文獻編號：160190。
［031］臺北“故宫博物院”藏:《軍機及宫中檔》，文獻編號：161431。
［032］臺北“故宫博物院”藏:《軍機及宫中檔》，文獻編號：161433。
［033］臺北“故宫博物院”藏:《軍機及宫中檔》，文獻編號：408004329。
［034］臺北“故宫博物院”藏:《軍機及宫中檔》，文獻編號：147773。
［035］臺北“故宫博物院”藏:《軍機及宫中檔》，文獻編號：408004318。
［036］臺北“故宫博物院”藏:《軍機及宫中檔》，文獻編號：151015。
［037］臺北“故宫博物院”藏:《軍機及宫中檔》，文獻編號：153994。
［038］臺北“故宫博物院”藏:《軍機及宫中檔》，文獻編號：158328。
［039］臺北“故宫博物院”藏:《軍機及宫中檔》，文獻編號：158330。
［040］臺北“故宫博物院”藏:《軍機及宫中檔》，文獻編號：158329。
［041］臺北“故宫博物院”藏:《軍機及宫中檔》，文獻編號：158332。
［042］臺北“故宫博物院”藏:《軍機及宫中檔》，文獻編號：158333。
［043］臺北“故宫博物院”藏:《軍機及宫中檔》，文獻編號：158324。
［044］臺北“故宫博物院”藏:《軍機及宫中檔》，文獻編號：158322。
［045］臺北“故宫博物院”藏:《軍機及宫中檔》，文獻編號：158327。
［046］臺北“故宫博物院”藏:《軍機及宫中檔》，文獻編號：157120。
［047］臺北“故宫博物院”藏:《軍機及宫中檔》，文獻編號：156106。

［048］臺北“故宫博物院”藏：《軍機及宫中檔》，文獻編號：156112。

［049］臺北“故宫博物院”藏：《軍機及宫中檔》，文獻編號：156111。

［050］臺北“故宫博物院”藏：《軍機及宫中檔》，文獻編號：156110。

［051］臺北“故宫博物院”藏：《軍機及宫中檔》，文獻編號：156109。

［052］臺北“故宫博物院”藏：《軍機及宫中檔》，文獻編號：156108。

［053］臺北“故宫博物院”藏：《軍機及宫中檔》，文獻編號：155032。

［054］臺北“故宫博物院”藏：《軍機及宫中檔》，文獻編號：156107。

［055］臺北“故宫博物院”藏：《軍機及宫中檔》，文獻編號：156107-A。

［056］臺北“故宫博物院”藏：《軍機及宫中檔》，文獻編號：153434。

［057］臺北“故宫博物院”藏：《軍機及宫中檔》，文獻編號：153406。

［058］臺北“故宫博物院”藏：《軍機及宫中檔》，文獻編號：153406-A。

［059］臺北“故宫博物院”藏：《軍機及宫中檔》，文獻編號：153407。

［060］臺北“故宫博物院”藏：《軍機及宫中檔》，文獻編號：153408。

［061］臺北“故宫博物院”藏：《軍機及宫中檔》，文獻編號：408004308。

［062］臺北“故宫博物院”藏：《軍機及宫中檔》，文獻編號：152996。

［063］臺北“故宫博物院”藏：《軍機及宫中檔》，文獻編號：153432。

［064］臺北“故宫博物院”藏：《軍機及宫中檔》，文獻編號：153406-B。

［065］臺北“故宫博物院”藏：《軍機及宫中檔》，文獻編號：153015。

［066］臺北“故宫博物院”藏：《軍機及宫中檔》，文獻編號：152999。

［067］臺北“故宫博物院”藏：《軍機及宫中檔》，文獻編號：153001。

［068］臺北“故宫博物院”藏：《軍機及宫中檔》，文獻編號：153016。

［069］臺北“故宫博物院”藏：《軍機及宫中檔》，文獻編號：153017。

［070］臺北“故宫博物院”藏：《軍機及宫中檔》，文獻編號：151760。

［071］臺北“故宫博物院”藏：《軍機及宫中檔》，文獻編號：151757。

［072］臺北“故宫博物院”藏：《軍機及宫中檔》，文獻編號：151751。

［073］臺北“故宫博物院”藏：《軍機及宫中檔》，文獻編號：151749。

［074］臺北“故宫博物院”藏：《軍機及宫中檔》，文獻編號：151749-A。

［075］臺北“故宫博物院”藏：《軍機及宫中檔》，文獻編號：151750。

[076] 臺北“故宫博物院”藏：《軍機及宫中檔》，文獻編號：151753。
[077] 臺北“故宫博物院”藏：《軍機及宫中檔》，文獻編號：151752。
[078] 臺北“故宫博物院”藏：《軍機及宫中檔》，文獻編號：150113。
[079] 臺北“故宫博物院”藏：《軍機及宫中檔》，文獻編號：150114。
[080] 臺北“故宫博物院”藏：《軍機及宫中檔》，文獻編號：150115。
[081] 臺北“故宫博物院”藏：《軍機及宫中檔》，文獻編號：150454。
[082] 臺北“故宫博物院”藏：《軍機及宫中檔》，文獻編號：150455。
[083] 臺北“故宫博物院”藏：《軍機及宫中檔》，文獻編號：150456。
[084] 臺北“故宫博物院”藏：《軍機及宫中檔》，文獻編號：150457。
[085] 臺北“故宫博物院”藏：《軍機及宫中檔》，文獻編號：150458。
[086] 臺北“故宫博物院”藏：《軍機及宫中檔》，文獻編號：151758。
[087] 臺北“故宫博物院”藏：《軍機及宫中檔》，文獻編號：151754。
[088] 臺北“故宫博物院”藏：《軍機及宫中檔》，文獻編號：151756。
[089] 臺北“故宫博物院”藏：《軍機及宫中檔》，文獻編號：151755。
[090] 臺北“故宫博物院”藏：《軍機及宫中檔》，文獻編號：151759。
[091] 臺北“故宫博物院”藏：《軍機及宫中檔》，文獻編號：150110。
[092] 臺北“故宫博物院”藏：《軍機及宫中檔》，文獻編號：150111。
[093] 臺北“故宫博物院”藏：《軍機及宫中檔》，文獻編號：148296。
[094] 臺北“故宫博物院”藏：《軍機及宫中檔》，文獻編號：148295。
[095] 臺北“故宫博物院”藏：《軍機及宫中檔》，文獻編號：148299。
[096] 臺北“故宫博物院”藏：《軍機及宫中檔》，文獻編號：148297。
[097] 臺北“故宫博物院”藏：《軍機及宫中檔》，文獻編號：408004291。
[098] 臺北“故宫博物院”藏：《軍機及宫中檔》，文獻編號：174307。
[099] 臺北“故宫博物院”藏：《軍機及宫中檔》，文獻編號：174309。
[100] 臺北“故宫博物院”藏：《軍機及宫中檔》，文獻編號：150112。
[101] 臺北“故宫博物院”藏：《軍機及宫中檔》，文獻編號：148115。
[102] 臺北“故宫博物院”藏：《軍機及宫中檔》，文獻編號：174215。
[103] 臺北“故宫博物院”藏：《軍機及宫中檔》，文獻編號：146801。

［104］臺北“故宫博物院”藏：《軍機及宫中檔》，文獻編號：146756。

［105］臺北“故宫博物院”藏：《軍機及宫中檔》，文獻編號：146757。

［106］臺北“故宫博物院”藏：《軍機及宫中檔》，文獻編號：146755。

［107］臺北“故宫博物院”藏：《軍機及宫中檔》，文獻編號：146753。

［108］臺北“故宫博物院”藏：《軍機及宫中檔》，文獻編號：146751。

［109］臺北“故宫博物院”藏：《軍機及宫中檔》，文獻編號：146751-A。

［110］臺北“故宫博物院”藏：《軍機及宫中檔》，文獻編號：146752。

［111］臺北“故宫博物院”藏：《軍機及宫中檔》，文獻編號：145690。

［112］臺北“故宫博物院”藏：《軍機及宫中檔》，文獻編號：145691。

［113］臺北“故宫博物院”藏：《軍機及宫中檔》，文獻編號：146754。

［114］臺北“故宫博物院”藏：《軍機及宫中檔》，文獻編號：146479。

［115］臺北“故宫博物院”藏：《軍機及宫中檔》，文獻編號：145382。

［116］臺北“故宫博物院”藏：《軍機及宫中檔》，文獻編號：145388。

［117］臺北“故宫博物院”藏：《軍機及宫中檔》，文獻編號：145692。

［118］臺北“故宫博物院”藏：《軍機及宫中檔》，文獻編號：145385。

［119］臺北“故宫博物院”藏：《軍機及宫中檔》，文獻編號：145381。

［120］臺北“故宫博物院”藏：《軍機及宫中檔》，文獻編號：145380。

［121］臺北“故宫博物院”藏：《軍機及宫中檔》，文獻編號：145390。

［122］臺北“故宫博物院”藏：《軍機及宫中檔》，文獻編號：145386。

［123］臺北“故宫博物院”藏：《軍機及宫中檔》，文獻編號：145389。

［124］臺北“故宫博物院”藏：《軍機及宫中檔》，文獻編號：145378。

［125］臺北“故宫博物院”藏：《軍機及宫中檔》，文獻編號：145377。

［126］臺北“故宫博物院”藏：《軍機及宫中檔》，文獻編號：145383。

［127］臺北“故宫博物院”藏：《軍機及宫中檔》，文獻編號：145379。

［128］臺北“故宫博物院”藏：《軍機及宫中檔》，文獻編號：145387。

［129］臺北“故宫博物院”藏：《軍機及宫中檔》，文獻編號：145376。

［130］臺北“故宫博物院”藏：《軍機及宫中檔》，文獻編號：146101。

［131］臺北“故宫博物院”藏：《軍機及宫中檔》，文獻編號：408004272。

［132］臺北“故宫博物院”藏：《軍機及宫中檔》，文獻編號：146100。

［133］臺北“故宫博物院”藏：《軍機及宫中檔》，文獻編號：173965。

［134］臺北“故宫博物院”藏：《軍機及宫中檔》，文獻編號：146426。

［135］臺北“故宫博物院”藏：《軍機及宫中檔》，文獻編號：408006370。

［136］臺北“故宫博物院”藏：《軍機及宫中檔》，文獻編號：408004256。

［137］臺北“故宫博物院”藏：《軍機及宫中檔》，文獻編號：140523。

［138］臺北“故宫博物院”藏：《軍機及宫中檔》，文獻編號：408004249。

［139］臺北“故宫博物院”藏：《軍機及宫中檔》，文獻編號：408013243。

［140］臺北“故宫博物院”藏：《軍機及宫中檔》，文獻編號：138503。

［141］臺北“故宫博物院”藏：《軍機及宫中檔》，文獻編號：141442。

［142］臺北“中央研究院”近代史研究所藏：《外交檔案》，館藏號：02-10-014-02-006。

［143］中國第一歷史檔案館藏：《硃批奏摺》，檔案編號：04-01-16-0275-061。

［144］中國第一歷史檔案館藏：《硃批奏摺》，檔案編號：04-01-30-0064-022。

［145］中國第一歷史檔案館藏：《録副奏摺》，檔案編號：03-5560-013。

［146］中國第一歷史檔案館藏：《録副奏片》，檔案編號：03-5758-088。

［147］中國第一歷史檔案館藏：《硃批奏摺》，檔案編號：04-01-01-1004-003。

［148］中國第一歷史檔案館藏：《録副奏摺》，檔案編號：03-5322-133。

［149］中國第一歷史檔案館藏：《録副奏摺》，檔案編號：03-6030-051。

［150］中國第一歷史檔案館藏：《録副奏片》，檔案編號：03-5317-071。

［151］中國第一歷史檔案館藏：《録副奏摺》，檔案編號：03-7416-003。

［152］中國第一歷史檔案館藏：《録副奏摺》，檔案編號：03-7390-020。

［153］中國第一歷史檔案館藏：《録副奏片》，檔案編號：03-5902-050。

［154］中國第一歷史檔案館藏：《録副奏摺》，檔案編號：03-5902-049。

［155］中國第一歷史檔案館藏：《硃批奏摺》，檔案編號：04-01-01-1009-028。

［156］中國第一歷史檔案館藏：《録副奏摺》，檔案編號：03-5325-026。

［157］中國第一歷史檔案館藏：《録副奏片》，檔案編號：03-5383-015。

［158］中國第一歷史檔案館藏：《録副奏片》，檔案編號：03-5322-135。

［159］中國第一歷史檔案館藏：《硃批奏摺》，檔案編號：04-01-12-0549-086。

［160］中國第一歷史檔案館藏：《軍機處隨手登記檔》，檔案編號：03-0265-1-1216-317。

［161］中國第一歷史檔案館藏：《硃批奏片》，檔案編號：04-01-13-0366-009。

［162］中國第一歷史檔案館藏：《硃批奏片》，檔案編號：04-01-16-0234-085。

［163］中國第一歷史檔案館藏：《録副奏片》，檔案編號：03-5878-060。

［164］中國第一歷史檔案館藏：《硃批奏片》，檔案編號：04-01-12-0553-059。

［165］中國第一歷史檔案館藏：《録副奏片》，檔案編號：03-5290-052。

［166］中國第一歷史檔案館藏：《硃批奏片》，檔案編號：04-01-30-0063-073。

［167］中國第一歷史檔案館藏：《録副奏片》，檔案編號：03-5290-050。

［168］中國第一歷史檔案館藏：《硃批奏摺》，檔案編號：04-01-16-0238-079。

［169］中國第一歷史檔案館藏：《録副奏摺》，檔案編號：03-5889-058。

［170］中國第一歷史檔案館藏：《硃批奏片》，檔案編號：04-01-17-0153-039。

［171］中國第一歷史檔案館藏：《硃批奏片》，檔案編號：04-01-13-0381-006。

［172］中國第一歷史檔案館藏：《録副奏片》，檔案編號：03-5321-136。

［173］中國第一歷史檔案館藏：《録副奏片》，檔案編號：03-5322-134。

［174］中國第一歷史檔案館藏：《録副奏片》，檔案編號：03-5335-042。

［175］中國第一歷史檔案館藏：《硃批奏摺》，檔案編號：04-01-16-0243-111。

［176］中國第一歷史檔案館藏：《呈文》，檔案編號：04-01-01-0998-027。

［177］中國第一歷史檔案館藏：《呈文》，檔案編號：04-01-30-0517-007。

［178］中國第一歷史檔案館藏：《軍機處隨手登記檔》，檔案編號：03-0284-2-1221-097。

［179］中國第一歷史檔案館藏：《録副奏摺》，檔案編號：03-5560-039。

［180］中國第一歷史檔案館藏：《録副奏摺》，檔案編號：03-6253-025。

［181］中國第一歷史檔案館藏：《録副奏摺》，檔案編號：03-6251-068。

［182］中國第一歷史檔案館藏：《録副奏摺》，檔案編號：03-5613-022。

［183］中國第一歷史檔案館藏：《軍機處隨手登記檔》，檔案編號：03-0285-2-1221-358。

[184] 中國第一歷史檔案館藏:《録副奏片》，檔案編號：03-5613-023。

[185] 中國第一歷史檔案館藏:《録副奏摺》，檔案編號：03-9658-041。

[186] 中國第一歷史檔案館藏:《録副奏摺》，檔案編號：03-9658-045。

[187] 中國第一歷史檔案館藏:《録副奏摺》，檔案編號：03-5338-073。

[188] 中國第一歷史檔案館藏:《録副奏摺》，檔案編號：03-5338-072。

[189] 中國第一歷史檔案館藏:《録副奏摺》，檔案編號：03-5561-188。

[190] 中國第一歷史檔案館藏:《録副奏摺》，檔案編號：03-5561-187。

[191] 中國第一歷史檔案館藏:《録副奏片》，檔案編號：03-5561-189。

[192] 中國第一歷史檔案館藏:《録副奏摺》，檔案編號：03-9450-038。

[193] 中國第一歷史檔案館藏:《録副奏摺》，檔案編號：03-6316-056。

[194] 中國第一歷史檔案館藏:《録副奏片》，檔案編號：03-6316-057。

[195] 中國第一歷史檔案館藏:《録副奏片》，檔案編號：03-6316-059。

[196] 中國第一歷史檔案館藏:《呈文》，檔案編號：03-5363-100。

[197] 中國第一歷史檔案館藏:《録副奏片》，檔案編號：03-6316-058。

[198] 中國第一歷史檔案館藏:《録副奏摺》，檔案編號：03-7373-073。

[199] 中國第一歷史檔案館藏:《單》，檔案編號：03-7373-074。

[200] 中國第一歷史檔案館藏:《録副奏片》，檔案編號：03-5564-152。

[201] 中國第一歷史檔案館藏:《録副奏摺》，檔案編號：03-7433-026。

[202] 中國第一歷史檔案館藏:《録副奏片》，檔案編號：03-7433-070。

[203] 中國第一歷史檔案館藏:《録副奏片》，檔案編號：03-7107-105。

[204] 中國第一歷史檔案館藏:《軍機處隨手登記檔》，檔案編號：03-0301-1-1225-234。

[205] 中國第一歷史檔案館藏:《録副奏片》，檔案編號：03-7268-047。

[206] 中國第一歷史檔案館藏:《硃批奏片》，檔案編號：04-01-08-0184-007。

[207] 中國第一歷史檔案館藏:《録副奏片》，檔案編號：03-7320-043。

[208] 中國第一歷史檔案館藏:《録副奏摺》，檔案編號：03-7107-052。

[209] 中國第一歷史檔案館藏:《録副奏片》，檔案編號：03-7433-072。

[210] 中國第一歷史檔案館藏:《硃批奏摺》，檔案編號：04-01-17-0165-014。

［211］中國第一歷史檔案館藏:《録副奏摺》，檔案編號：03-5382-012。

［212］中國第一歷史檔案館藏:《硃批奏摺》，檔案編號：04-01-16-0264-043。

［213］中國第一歷史檔案館藏:《録副奏摺》，檔案編號：03-5390-060。

［214］中國第一歷史檔案館藏:《硃批奏摺》，檔案編號：04-01-16-0264-041。

［215］中國第一歷史檔案館藏:《録副奏摺》，檔案編號：03-5390-058。

［216］中國第一歷史檔案館藏:《録副奏片》，檔案編號：03-6035-098。

［217］中國第一歷史檔案館藏:《硃批奏片》，檔案編號：04-01-02-0130-007。

［218］中國第一歷史檔案館藏:《録副奏片》，檔案編號：03-5739-016。

［219］中國第一歷史檔案館藏:《録副奏片》，檔案編號：03-5739-018。

［220］中國第一歷史檔案館藏:《録副奏片》，檔案編號：03-5739-017。

［221］中國第一歷史檔案館藏:《録副奏片》，檔案編號：03-5390-059。

［222］中國第一歷史檔案館藏:《録副奏摺》，檔案編號：03-6652-127。

［223］中國第一歷史檔案館藏:《録副奏摺》，檔案編號：03-5379-071。

［224］中國第一歷史檔案館藏:《録副奏片》，檔案編號：03-5385-022。

［225］中國第一歷史檔案館藏:《録副奏片》，檔案編號：03-6579-022。

［226］中國第一歷史檔案館藏:《録副奏片》，檔案編號：03-5390-122。

［227］中國第一歷史檔案館藏:《軍機處隨手登記檔》，檔案編號：03-0305-1-1226-196。

［228］中國第一歷史檔案館藏:《録副奏摺》，檔案編號：03-6579-023。

［229］中國第一歷史檔案館藏:《硃批奏摺》，檔案編號：04-01-27-0048-007。

［230］中國第一歷史檔案館藏:《録副奏摺》，檔案編號：03-7319-003。

［231］中國第一歷史檔案館藏:《硃批奏片》，檔案編號：04-01-08-0184-008。

［232］中國第一歷史檔案館藏:《録副奏片》，檔案編號：03-6579-024。

［233］中國第一歷史檔案館藏:《硃批奏摺》，檔案編號：04-01-16-0210-052。

［234］中國第一歷史檔案館藏:《硃批奏摺》，檔案編號：04-01-12-0533-089。

［235］中國第一歷史檔案館藏:《録副奏摺》，檔案編號：03-5942-144。

［236］中國第一歷史檔案館藏:《硃批奏摺》，檔案編號：04-01-35-1221-023。

［237］中國第一歷史檔案館藏:《録副奏摺》，檔案編號：03-0158-001。

[238] 中國第一歷史檔案館藏：《録副奏片》，檔案編號：03-5390-062。

[239] 中國第一歷史檔案館藏：《録副奏摺》，檔案編號：03-6158-048。

[240] 中國第一歷史檔案館藏：《録副奏片》，檔案編號：03-5518-012。

[241] 中國第一歷史檔案館藏：《軍機處隨手登記檔》，檔案編號：03-0305-1-1226-217。

[242] 中國第一歷史檔案館藏：《録副奏片》，檔案編號：03-6158-054。

[243] 中國第一歷史檔案館藏：《録副奏片》，檔案編號：03-5942-145。

[244] 中國第一歷史檔案館藏：《硃批奏摺》，檔案編號：04-01-01-1041-035。

[245] 中國第一歷史檔案館藏：《電寄諭旨檔》，檔案編號：1-01-12-026-0144。

[246] 中國第一歷史檔案館藏：《硃批奏摺》，檔案編號：04-01-36-0107-002。

[247] 中國第一歷史檔案館藏：《硃批奏摺》，檔案編號：04-01-36-0111-031。

[248] 中國第一歷史檔案館藏：《録副奏摺》，檔案編號：03-5391-055。

[249] 中國第一歷史檔案館藏：《録副奏片》，檔案編號：03-5518-014。

[250] 中國第一歷史檔案館藏：《硃批奏片》，檔案編號：04-01-17-0182-090。

[251] 中國第一歷史檔案館藏：《録副奏片》，檔案編號：03-5391-056。

[252] 中國第一歷史檔案館藏：《録副奏摺》，檔案編號：03-5934-002。

[253] 中國第一歷史檔案館藏：《硃批奏摺》，檔案編號：04-01-08-0133-003。

[254] 中國第一歷史檔案館藏：《硃批奏摺》，檔案編號：04-01-17-0164-017。

[255] 中國第一歷史檔案館藏：《録副奏摺》，檔案編號：03-5934-089。

[256] 中國第一歷史檔案館藏：《録副奏摺》，檔案編號：03-5935-022。

[257] 中國第一歷史檔案館藏：《硃批奏摺》，檔案編號：04-01-16-0264-066。

[258] 中國第一歷史檔案館藏：《録副奏摺》，檔案編號：03-6159-003。

[259] 中國第一歷史檔案館藏：《録副奏摺》，檔案編號：03-5391-053。

[260] 中國第一歷史檔案館藏：《單》，檔案編號：03-5391-054。

[261] 中國第一歷史檔案館藏：《硃批奏摺》，檔案編號：04-01-12-0595-014。

[262] 中國第一歷史檔案館藏：《硃批奏片》，檔案編號：04-01-13-0434-034。

[263] 中國第一歷史檔案館藏：《録副奏片》，檔案編號：03-5391-052。

[264] 中國第一歷史檔案館藏：《録副奏摺》，檔案編號：03-6053-023。

［265］中國第一歷史檔案館藏：《單》，檔案編號：03-6053-024。

［266］中國第一歷史檔案館藏：《硃批奏摺》，檔案編號：01-01-16-0264-004。

［267］中國第一歷史檔案館藏：《録副奏摺》，檔案編號：03-5566-019。

［268］中國第一歷史檔案館藏：《軍機處隨手登記檔》，檔案編號：03-0305-1-1226-261。

［269］中國第一歷史檔案館藏：《硃批奏摺》，檔案編號：04-01-01-1041-044。

［270］中國第一歷史檔案館藏：《録副奏摺》，檔案編號：03-6655-056。

［271］中國第一歷史檔案館藏：《單》，檔案編號：03-6653-057。

［272］中國第一歷史檔案館藏：《硃批奏摺》，檔案編號：04-01-01-1041-044。

［273］中國第一歷史檔案館藏：《録副奏摺》，檔案編號：03-5392-049。

［274］中國第一歷史檔案館藏：《録副奏片》，檔案編號：03-6036-032。

［275］中國第一歷史檔案館藏：《録副奏片》，檔案編號：03-6036-034。

［276］中國第一歷史檔案館藏：《録副奏片》，檔案編號：03-6036-033。

［277］中國第一歷史檔案館藏：《録副奏片》，檔案編號：03-6650-036。

［278］中國第一歷史檔案館藏：《硃批奏摺》，檔案編號：04-01-01-1041-081。

［279］中國第一歷史檔案館藏：《録副奏摺》，檔案編號：03-6036-051。

［280］中國第一歷史檔案館藏：《録副奏片》，檔案編號：03-6688-102。

［281］中國第一歷史檔案館藏：《電寄諭旨檔》，檔案編號：1-01-12-026-0286。

［282］中國第一歷史檔案館藏：《硃批奏摺》，檔案編號：04-01-30-0379-025。

［283］中國第一歷史檔案館藏：《軍機處隨手登記檔》，檔案編號：03-0305-2-1226-314。

［284］中國第一歷史檔案館藏：《録副奏摺》，檔案編號：03-5392-141。

［285］中國第一歷史檔案館藏：《硃批奏摺》，檔案編號：04-01-01-1041-085。

［286］中國第一歷史檔案館藏：《録副奏摺》，檔案編號：03-5392-142。

［287］中國第一歷史檔案館藏：《硃批奏片》，檔案編號：04-01-02-0130-030。

［288］中國第一歷史檔案館藏：《録副奏摺》，檔案編號：03-5405-038。

［289］中國第一歷史檔案館藏：《電報檔》，檔案編號：2-02-12-026-0072。

［290］中國第一歷史檔案館藏：《録副奏摺》，檔案編號：03-5566-112。

[291] 中國第一歷史檔案館藏:《硃批奏摺》,檔案編號:04-01-01-1031-027。
[292] 中國第一歷史檔案館藏:《硃批奏片》,檔案編號:04-01-02-0128-009。
[293] 中國第一歷史檔案館藏:《録副奏片》,檔案編號:03-5396-022。
[294] 中國第一歷史檔案館藏:《録副奏片》,檔案編號:03-5396-020。
[295] 中國第一歷史檔案館藏:《録副奏片》,檔案編號:03-6160-032。
[296] 中國第一歷史檔案館藏:《録副奏片》,檔案編號:03-5396-021。
[297] 中國第一歷史檔案館藏:《硃批奏摺》,檔案編號:04-01-01-1039-066。
[298] 中國第一歷史檔案館藏:《録副奏摺》,檔案編號:03-6160-038。
[299] 中國第一歷史檔案館藏:《録副奏片》,檔案編號:03-6160-040。
[300] 中國第一歷史檔案館藏:《録副奏片》,檔案編號:03-6160-039。
[301] 中國第一歷史檔案館藏:《硃批奏摺》,檔案編號:04-01-02-0598-032。
[302] 中國第一歷史檔案館藏:《録副奏摺》,檔案編號:03-5739-079。
[303] 中國第一歷史檔案館藏:《硃批奏摺》,檔案編號:04-01-16-0265-084。
[304] 中國第一歷史檔案館藏:《録副奏摺》,檔案編號:03-5946-051。
[305] 中國第一歷史檔案館藏:《硃批奏摺》,檔案編號:04-01-14-0095-078。
[306] 中國第一歷史檔案館藏:《録副奏摺》,檔案編號:03-5567-002。
[307] 中國第一歷史檔案館藏:《硃批奏摺》,檔案編號:04-01-01-1042-027。
[308] 中國第一歷史檔案館藏:《録副奏摺》,檔案編號:03-6655-004。
[309] 中國第一歷史檔案館藏:《録副奏摺》,檔案編號:03-7139-023。
[310] 中國第一歷史檔案館藏:《硃批奏摺》,檔案編號:04-01-01-158-0436。
[311] 中國第一歷史檔案館藏:《録副奏摺》,檔案編號:03-7371-001。
[312] 中國第一歷史檔案館藏:《硃批奏摺》,檔案編號:04-01-06-0012-020。
[313] 中國第一歷史檔案館藏:《録副奏摺》,檔案編號:03-7131-002。
[314] 中國第一歷史檔案館藏:《硃批奏片》,檔案編號:04-01-17-0179-043。
[315] 中國第一歷史檔案館藏:《録副奏片》,檔案編號:03-5948-040。
[316] 中國第一歷史檔案館藏:《録副奏片》,檔案編號:03-6053-039。
[317] 中國第一歷史檔案館藏:《硃批奏片》,檔案編號:04-01-23-0225-007。
[318] 中國第一歷史檔案館藏:《録副奏片》,檔案編號:03-7070-062。

［319］中國第一歷史檔案館藏：《録副奏片》，檔案編號：03-5740-003。
［320］中國第一歷史檔案館藏：《硃批奏摺》，檔案編號：04-01-35-1055-030。
［321］中國第一歷史檔案館藏：《録副奏摺》，檔案編號：03-6161-024。
［322］中國第一歷史檔案館藏：《單》，檔案編號：03-6161-025。
［323］中國第一歷史檔案館藏：《録副奏片》，檔案編號：03-6161-025。
［324］中國第一歷史檔案館藏：《硃批奏摺》，檔案編號：04-01-01-1035-044。
［325］中國第一歷史檔案館藏：《硃批奏摺》，檔案編號：04-01-14-1046-057。
［326］中國第一歷史檔案館藏：《録副奏摺》，檔案編號：03-6519-019。
［327］中國第一歷史檔案館藏：《録副奏片》，檔案編號：03-6037-027。
［328］中國第一歷史檔案館藏：《硃批奏摺》，檔案編號：04-01-30-0219-028。
［329］中國第一歷史檔案館藏：《録副奏摺》，檔案編號：03-6162-008。
［330］中國第一歷史檔案館藏：《單》，檔案編號：03-6162-009。
［331］中國第一歷史檔案館藏：《録副奏片》，檔案編號：03-0949-015。
［332］中國第一歷史檔案館藏：《硃批奏摺》，檔案編號：04-01-16-0267-027。
［333］中國第一歷史檔案館藏：《録副奏摺》，檔案編號：03-5949-014。
［334］中國第一歷史檔案館藏：《硃批奏摺》，檔案編號：04-01-30-0206-037。
［335］中國第一歷史檔案館藏：《録副奏摺》，檔案編號：03-6162-007。
［336］中國第一歷史檔案館藏：《硃批奏摺》，檔案編號：04-01-22-0065-120。
［337］中國第一歷史檔案館藏：《録副奏摺》，檔案編號：03-6731-017。
［338］中國第一歷史檔案館藏：《單》，檔案編號：03-6731-018。
［339］中國第一歷史檔案館藏：《硃批奏摺》，檔案編號：04-01-22-0065-107。
［340］中國第一歷史檔案館藏：《録副奏摺》，檔案編號：03-6168-047。
［341］中國第一歷史檔案館藏：《硃批奏摺》，檔案編號：04-01-22-0065-105。
［342］中國第一歷史檔案館藏：《硃批奏摺》，檔案編號：04-01-17-0161-002。
［343］中國第一歷史檔案館藏：《録副奏摺》，檔案編號：03-6032-027。
［344］中國第一歷史檔案館藏：《硃批奏摺》，檔案編號：04-01-30-0203-011。
［345］中國第一歷史檔案館藏：《録副奏摺》，檔案編號：03-6040-030。
［346］中國第一歷史檔案館藏：《録副奏片》，檔案編號：03-6162-022。

［347］中國第一歷史檔案館藏：《録副奏片》，檔案編號：03-6655-089。

［348］中國第一歷史檔案館藏：《録副奏片》，檔案編號：03-6037-057。

［349］中國第一歷史檔案館藏：《録副奏片》，檔案編號：03-6037-056。

［350］中國第一歷史檔案館藏：《録副奏摺》，檔案編號：03-9448-045。

［351］中國第一歷史檔案館藏：《録副奏摺》，檔案編號：03-5740-035。

［352］中國第一歷史檔案館藏：《硃批奏片》，檔案編號：04-01-12-0603-079。

［353］中國第一歷史檔案館藏：《録副奏片》，檔案編號：03-5407-043。

［354］中國第一歷史檔案館藏：《硃批奏摺》，檔案編號：04-01-35-1056-056。

［355］中國第一歷史檔案館藏：《録副奏摺》，檔案編號：03-6580-050。

［356］中國第一歷史檔案館藏：《硃批奏摺》，檔案編號：04-01-35-0579-013。

［357］中國第一歷史檔案館藏：《録副奏摺》，檔案編號：03-7070-063。

［358］中國第一歷史檔案館藏：《軍機處隨手登記檔》，檔案編號：03-0308-2-1227-134。

［359］中國第一歷史檔案館藏：《硃批奏片》，檔案編號：04-01-16-0268-049。

［360］中國第一歷史檔案館藏：《録副奏片》，檔案編號：03-6580-051。

［361］中國第一歷史檔案館藏：《硃批奏摺》，檔案編號：04-01-22-0065-057。

［362］中國第一歷史檔案館藏：《録副奏摺》，檔案編號：03-6731-027。

［363］中國第一歷史檔案館藏：《單》，檔案編號：03-6731-028。

［364］中國第一歷史檔案館藏：《硃批奏摺》，檔案編號：04-01-36-0112-003。

［365］中國第一歷史檔案館藏：《録副奏摺》，檔案編號：03-9646-032。

［366］中國第一歷史檔案館藏：《硃批奏摺》，檔案編號：04-01-16-0268-097。

［367］中國第一歷史檔案館藏：《録副奏摺》，檔案編號：03-5952-056。

［368］中國第一歷史檔案館藏：《硃批奏片》，檔案編號：04-01-01-1045-071。

［369］中國第一歷史檔案館藏：《録副奏片》，檔案編號：03-6580-051。

［370］中國第一歷史檔案館藏：《硃批奏摺》，檔案編號：04-01-38-0207-029。

［371］中國第一歷史檔案館藏：《録副奏摺》，檔案編號：03-5567-087。

［372］中國第一歷史檔案館藏：《硃批奏摺》，檔案編號：04-01-12-0609-067。

［373］中國第一歷史檔案館藏：《硃批奏摺》，檔案編號：04-01-12-0595-014。

［374］中國第一歷史檔案館藏：《硃批奏摺》，檔案編號：04-01-12-0609-050。
［375］中國第一歷史檔案館藏：《硃批奏摺》，檔案編號：04-01-12-0609-066。
［376］中國第一歷史檔案館藏：《硃批奏摺》，檔案編號：04-01-16-0223-078。
［377］中國第一歷史檔案館藏：《硃批奏摺》，檔案編號：04-01-30-0188-022。
［378］中國第一歷史檔案館藏：《硃批奏摺》，檔案編號：04-01-35-0845-035。
［379］中國第一歷史檔案館藏：《硃批奏摺》，檔案編號：04-01-35-1057-075。
［380］中國第一歷史檔案館藏：《硃批奏片》，檔案編號：04-01-35-1056-057。
［381］中國第一歷史檔案館藏：《硃批奏片》，檔案編號：04-01-12-0603-081。
［382］中國第一歷史檔案館藏：《硃批奏片》，檔案編號：04-01-35-0579-014。
［383］中國第一歷史檔案館藏：《硃批奏片》，檔案編號：04-01-01-1045-015。
［384］中國第一歷史檔案館藏：《硃批奏片》，檔案編號：04-01-01-1047-009。
［385］中國第一歷史檔案館藏：《硃批奏片》，檔案編號：04-01-01-1048-084。
［386］中國第一歷史檔案館藏：《硃批奏片》，檔案編號：04-01-12-0603-093。
［387］中國第一歷史檔案館藏：《硃批奏摺》，檔案編號：04-01-12-0609-021。
［388］中國第一歷史檔案館藏：《硃批奏片》，檔案編號：04-01-17-0179-014。
［389］中國第一歷史檔案館藏：《硃批奏摺》，檔案編號：04-01-01-1047-102。
［390］中國第一歷史檔案館藏：《硃批奏摺》，檔案編號：04-01-16-0271-058。
［391］中國第一歷史檔案館藏：《硃批奏摺》，檔案編號：04-01-35-1058-026。
［392］中國第一歷史檔案館藏：《録副奏片》，檔案編號：03-5740-042。
［393］中國第一歷史檔案館藏：《硃批奏摺》，檔案編號：04-01-16-0271-058。
［394］中國第一歷史檔案館藏：《硃批奏片》，檔案編號：04-01-13-0432-001。
［395］中國第一歷史檔案館藏：《硃批奏片》，檔案編號：04-01-17-0179-044。
［396］中國第一歷史檔案館藏：《硃批奏片》，檔案編號：04-01-17-0179-045。
［397］中國第一歷史檔案館藏：《硃批奏片》，檔案編號：04-01-12-0611-109。
［398］中國第一歷史檔案館藏：《硃批奏摺》，檔案編號：04-01-12-0611-029。
［399］中國第一歷史檔案館藏：《録副奏摺》，檔案編號：03-5411-091。
［400］中國第一歷史檔案館藏：《硃批奏摺》，檔案編號：04-01-12-0099-042。
［401］中國第一歷史檔案館藏：《灾賑檔》，編號：01-08411。

[402] 中國第一歷史檔案館藏：《硃批奏摺》，檔案編號：04-01-35-1058-041。

[403] 中國第一歷史檔案館藏：《録副奏摺》，檔案編號：03-6656-010。

[404] 中國第一歷史檔案館藏：《硃批奏片》，檔案編號：04-01-17-0179-013。

[405] 中國第一歷史檔案館藏：《硃批奏片》，檔案編號：04-01-15-0096-037。

[406] 中國第一歷史檔案館藏：《録副奏片》，檔案編號：03-5953-026。

[407] 中國第一歷史檔案館藏：《録副奏片》，檔案編號：03-6053-044。

[408] 中國第一歷史檔案館藏：《録副奏片》，檔案編號：03-6731-040。

[409] 中國第一歷史檔案館藏：《録副奏片》，檔案編號：03-6143-012。

[410] 中國第一歷史檔案館藏：《録副奏片》，檔案編號：03-67164-018。

[411] 中國第一歷史檔案館藏：《硃批奏摺》，檔案編號：04-01-12-0614-020。

[412] 中國第一歷史檔案館藏：《録副奏摺》，檔案編號：03-5415-047。

[413] 中國第一歷史檔案館藏：《録副奏摺》，檔案編號：03-5415-037。

[414] 中國第一歷史檔案館藏：《硃批奏摺》，檔案編號：04-01-14-0097-017。

[415] 中國第一歷史檔案館藏：《録副奏摺》，檔案編號：03-5568-026。

[416] 中國第一歷史檔案館藏：《硃批奏摺》，檔案編號：04-01-16-0272-057。

[417] 中國第一歷史檔案館藏：《録副奏摺》，檔案編號：03-5415-046。

[418] 中國第一歷史檔案館藏：《録副奏片》，檔案編號：03-5403-092。

[419] 中國第一歷史檔案館藏：《軍機處隨手登記檔》，檔案編號：03-0312-1-1228-079。

[420] 中國第一歷史檔案館藏：《録副奏片》，檔案編號：03-6656-065。

[421] 中國第一歷史檔案館藏：《録副奏片》，檔案編號：03-6164-084。

[422] 中國第一歷史檔案館藏：《硃批奏摺》，檔案編號：04-01-12-0614-014。

[423] 中國第一歷史檔案館藏：《録副奏摺》，檔案編號：03-5416-069。

[424] 中國第一歷史檔案館藏：《硃批奏摺》，檔案編號：04-01-14-0097-019。

[425] 中國第一歷史檔案館藏：《硃批奏摺》，檔案編號：04-01-14-0097-020。

[426] 中國第一歷史檔案館藏：《録副奏片》，檔案編號：03-5416-071。

[427] 中國第一歷史檔案館藏：《録副奏片》，檔案編號：03-5416-070。

[428] 中國第一歷史檔案館藏：《外交檔案》，館藏號：02-10-014-01-009。

［429］中國第一歷史檔案館藏:《録副奏片》，檔案編號：03-5416-125。

［430］中國第一歷史檔案館藏:《録副奏摺》，檔案編號：03-5568-051。

［431］中國第一歷史檔案館藏:《硃批奏摺》，檔案編號：04-01-36-0112-022。

［432］中國第一歷史檔案館藏:《録副奏摺》，檔案編號：03-9646-051。

［433］中國第一歷史檔案館藏:《硃批奏摺》，檔案編號：04-01-35-1060-048。

［434］中國第一歷史檔案館藏:《録副奏摺》，檔案編號：03-6656-110。

［435］中國第一歷史檔案館藏:《單》，檔案編號：03-6656-168。

［436］中國第一歷史檔案館藏:《録副奏摺》，檔案編號：03-5992-007。

［437］中國第一歷史檔案館藏:《録副奏片》，檔案編號：03-6689-011。

［438］中國第一歷史檔案館藏:《硃批奏摺》，檔案編號：04-01-23-0218-027。

［439］中國第一歷史檔案館藏:《録副奏摺》，檔案編號：03-6731-074。

［440］中國第一歷史檔案館藏:《單》，檔案編號：03-6731-075。

［441］中國第一歷史檔案館藏:《硃批奏摺》，檔案編號：04-01-22-0066-123。

［442］中國第一歷史檔案館藏:《録副奏摺》，檔案編號：03-6731-072。

［443］中國第一歷史檔案館藏:《單》，檔案編號：03-6731-073。

［444］中國第一歷史檔案館藏:《録副奏片》，檔案編號：03-6053-050。

［445］中國第一歷史檔案館藏:《録副奏片》，檔案編號：03-6656-138。

［446］中國第一歷史檔案館藏:《硃批奏摺》，檔案編號：04-01-12-0619-005。

［447］中國第一歷史檔案館藏:《硃批奏片》，檔案編號：04-01-02-0130-004。

［448］中國第一歷史檔案館藏:《録副奏片》，檔案編號：03-5956-021。

［449］中國第一歷史檔案館藏:《録副奏片》，檔案編號：03-5956-020。

［450］中國第一歷史檔案館藏:《硃批奏摺》，檔案編號：04-01-01-1041-001。

［451］中國第一歷史檔案館藏:《硃批奏摺》，檔案編號：04-01-01-1053-061。

［452］中國第一歷史檔案館藏:《硃批奏摺》，檔案編號：04-01-22-0066-113。

［453］中國第一歷史檔案館藏:《硃批奏片》，檔案編號：04-01-17-0179-086。

［454］中國第一歷史檔案館藏:《硃批奏摺》，檔案編號：04-01-16-0275-062。

［455］中國第一歷史檔案館藏:《硃批奏摺》，檔案編號：04-01-12-0628-019。

［456］中國第一歷史檔案館藏:《録副奏摺》，檔案編號：03-5419-126。

［457］中國第一歷史檔案館藏：《録副奏摺》，檔案編號：03-5569-011。

［458］中國第一歷史檔案館藏：《硃批奏摺》，檔案編號：04-01-12-0624-018。

［459］中國第一歷史檔案館藏：《硃批奏片》，檔案編號：04-01-23-0225-016。

［460］中國第一歷史檔案館藏：《軍機處隨手登記檔》，檔案編號：03-0316-2-1229-109。

［461］中國第一歷史檔案館藏：《硃批奏摺》，檔案編號：04-01-05-0308-005。

［462］中國第一歷史檔案館藏：《硃批奏摺》，檔案編號：04-01-22-0066-099。

［463］中國第一歷史檔案館藏：《硃批奏摺》，檔案編號：04-01-16-0277-039。

［464］中國第一歷史檔案館藏：《硃批奏片》，檔案編號：04-01-36-0114-027。

［465］中國第一歷史檔案館藏：《軍機處隨手登記檔》，檔案編號：03-0316-2-1229-150。

［466］中國第一歷史檔案館藏：《硃批奏摺》，檔案編號：04-01-30-0109-012。

［467］中國第一歷史檔案館藏：《録副奏摺》，檔案編號：03-5103-071。

［468］中國第一歷史檔案館藏：《硃批奏摺》，檔案編號：04-01-01-0937-005。

［469］中國第一歷史檔案館藏：《録副奏摺》，檔案編號：03-5091-030。

［470］中國第一歷史檔案館藏：《硃批奏摺》，檔案編號：03-5091-031。

［471］中國第一歷史檔案館藏：《硃批奏摺》，檔案編號：04-01-01-1052-021。

［472］中國第一歷史檔案館藏：《録副奏摺》，檔案編號：03-5742-015。

［473］中國第一歷史檔案館藏：《硃批奏片》，檔案編號：04-01-13-0432-035。

［474］中國第一歷史檔案館藏：《録副奏片》，檔案編號：03-5421-012。

［475］中國第一歷史檔案館藏：《録副奏摺》，檔案編號：03-5742-014。

［476］中國第一歷史檔案館藏：《電寄諭旨檔》，檔案編號：1-01-12-029-0069。

［477］中國第一歷史檔案館藏：《録副奏摺》，檔案編號：03-5569-062。

［478］中國第一歷史檔案館藏：《單》，檔案編號：03-5569-063。

［479］中國第一歷史檔案館藏：《録副奏摺》，檔案編號：03-5424-125。

［480］中國第一歷史檔案館藏：《録副奏片》，檔案編號：03-5424-124。

［481］中國第一歷史檔案館藏：《硃批奏摺》，檔案編號：04-01-01-1061-084。

［482］中國第一歷史檔案館藏：《録副奏摺》，檔案編號：03-5424-123。

［483］中國第一歷史檔案館藏:《單》，檔案編號：03-5958-067。

［484］中國第一歷史檔案館藏:《硃批奏摺》，檔案編號：04-01-01-1061-085。

［485］中國第一歷史檔案館藏:《録副奏摺》，檔案編號：03-6046-049。

［486］中國第一歷史檔案館藏:《録副奏片》，檔案編號：03-6046-050。

［487］中國第一歷史檔案館藏:《硃批奏片》，檔案編號：04-01-17-0179-087。

［488］中國第一歷史檔案館藏:《録副奏片》，檔案編號：03-6046-051。

［489］中國第一歷史檔案館藏:《硃批奏摺》，檔案編號：04-01-35-1065-062。

［490］中國第一歷史檔案館藏:《録副奏摺》，檔案編號：03-6000-028。

［491］中國第一歷史檔案館藏:《硃批奏摺》，檔案編號：04-01-12-0631-005。

［492］中國第一歷史檔案館藏:《録副奏摺》，檔案編號：03-5426-009。

［493］中國第一歷史檔案館藏:《録副奏片》，檔案編號：03-6732-052。

［494］中國第一歷史檔案館藏:《硃批奏摺》，檔案編號：04-01-12-0631-028。

［495］中國第一歷史檔案館藏:《録副奏摺》，檔案編號：03-5426-008。

［496］中國第一歷史檔案館藏:《録副奏片》，檔案編號：03-5742-061。

［497］中國第一歷史檔案館藏:《硃批奏片》，檔案編號：04-01-117-0179-088。

［498］中國第一歷史檔案館藏:《録副奏片》，檔案編號：03-5960-009。

［499］中國第一歷史檔案館藏:《軍機處隨手登記檔》，檔案編號：03-0317-2-1229-324。

［500］中國第一歷史檔案館藏:《硃批奏摺》，檔案編號：04-01-16-0279-099。

［501］中國第一歷史檔案館藏:《録副奏摺》，檔案編號：03-5427-035。

［502］中國第一歷史檔案館藏:《録副奏片》，檔案編號：03-5742-098。

［503］中國第一歷史檔案館藏:《軍機處隨手登記檔》，檔案編號：03-0317-2-1229-365。

［504］中國第一歷史檔案館藏:《録副奏片》，檔案編號：03-5742-098。

［505］中國第一歷史檔案館藏:《録副奏片》，檔案編號：03-5742-098。

［506］中國第一歷史檔案館藏:《硃批奏片》，檔案編號：04-01-03-0112-014。

［507］中國第一歷史檔案館藏:《軍機處隨手登記檔》，檔案編號：03-0318-1-1230-021。

［508］中國第一歷史檔案館藏：《硃批奏片》，檔案編號：04-01-03-0086-025。

［509］中國第一歷史檔案館藏：《硃批奏摺》，檔案編號：04-01-12-0633-058。

［510］中國第一歷史檔案館藏：《録副奏摺》，檔案編號：03-5429-026。

［511］中國第一歷史檔案館藏：《録副奏摺》，檔案編號：03-5962-073。

［512］中國第一歷史檔案館藏：《硃批奏摺》，檔案編號：04-01-16-0281-106。

［513］中國第一歷史檔案館藏：《録副奏摺》，檔案編號：03-6039-020。

［514］中國第一歷史檔案館藏：《録副奏摺》，檔案編號：03-6039-021。

［515］中國第一歷史檔案館藏：《録副奏片》，檔案編號：03-5429-189。

［516］中國第一歷史檔案館藏：《硃批奏摺》，檔案編號：04-01-16-0281-107。

［517］中國第一歷史檔案館藏：《録副奏摺》，檔案編號：03-5429-188。

［518］中國第一歷史檔案館藏：《録副奏摺》，檔案編號：03-5571-028。

［519］中國第一歷史檔案館藏：《單》，檔案編號：03-5571-029。

［520］中國第一歷史檔案館藏：《硃批奏摺》，檔案編號：04-01-16-0282-082。

［521］中國第一歷史檔案館藏：《録副奏摺》，檔案編號：03-5431-102。

［522］中國第一歷史檔案館藏：《録副奏摺》，檔案編號：03-5963-028。

［523］中國第一歷史檔案館藏：《硃批奏摺》，檔案編號：04-01-01-1069-001。

［524］中國第一歷史檔案館藏：《録副奏片》，檔案編號：03-5431-108。

［525］中國第一歷史檔案館藏：《録副奏摺》，檔案編號：03-6047-005。

［526］中國第一歷史檔案館藏：《硃批奏摺》，檔案編號：04-01-17-0179-085。

［527］中國第一歷史檔案館藏：《録副奏摺》，檔案編號：03-5963-029。

［528］中國第一歷史檔案館藏：《録副奏摺》，檔案編號：03-5607-065。

［529］中國第一歷史檔案館藏：《硃批奏摺》，檔案編號：04-01-13-0407-039。

［530］中國第一歷史檔案館藏：《録副奏摺》，檔案編號：03-5437-026。

［531］中國第一歷史檔案館藏：《録副奏片》，檔案編號：03-5437-027。

［532］中國第一歷史檔案館藏：《軍機處隨手登記檔》，檔案編號：03-0320-1-1231-031。

［533］中國第一歷史檔案館藏：《録副奏片》，檔案編號：03-5965-021。

［534］中國第一歷史檔案館藏：《録副奏片》，檔案編號：03-6053-080。

［535］中國第一歷史檔案館藏：《録副奏摺》，檔案編號：03-5572-055。

［536］中國第一歷史檔案館藏：《硃批奏摺》，檔案編號：04-01-01-1067-016。

［537］中國第一歷史檔案館藏：《硃批奏摺》，檔案編號：04-01-01-1073-108。

［538］中國第一歷史檔案館藏：《硃批奏摺》，檔案編號：04-01-16-0286-043。

［539］中國第一歷史檔案館藏：《録副奏摺》，檔案編號：03-5438-098。

［540］中國第一歷史檔案館藏：《單》，檔案編號：03-5438-099。

［541］中國第一歷史檔案館藏：《録副奏片》，檔案編號：03-6170-066。

［542］中國第一歷史檔案館藏：《録副奏片》，檔案編號：03-5438-097。

［543］中國第一歷史檔案館藏：《軍機處隨手登記檔》，檔案編號：03-0320-1-1231-074。

［544］中國第一歷史檔案館藏：《録副奏摺》，檔案編號：03-5438-100。

［545］中國第一歷史檔案館藏：《録副奏片》，檔案編號：03-6734-033。

［546］中國第一歷史檔案館藏：《録副奏片》，檔案編號：03-5965-116。

［547］中國第一歷史檔案館藏：《録副奏摺》，檔案編號：03-6585-059。

［548］中國第一歷史檔案館藏：《録副奏摺》，檔案編號：03-6047-021。

［549］中國第一歷史檔案館藏：《録副奏片》，檔案編號：03-5573-154。

［550］中國第一歷史檔案館藏：《録副奏片》，檔案編號：03-5442-056。

［551］中國第一歷史檔案館藏：《軍機處隨手登記檔》，檔案編號：03-0320-2-1231-124。

［552］中國第一歷史檔案館藏：《録副奏片》，檔案編號：03-5442-048。

［553］中國第一歷史檔案館藏：《録副奏片》，檔案編號：03-5442-048。

［554］中國第一歷史檔案館藏：《單》，檔案編號：03-5442-172。

［555］中國第一歷史檔案館藏：《軍機處隨手登記檔》，檔案編號：03-0320-2-1231-142。

［556］中國第一歷史檔案館藏：《録副奏片》，檔案編號：03-5442-170。

［557］中國第一歷史檔案館藏：《録副奏片》，檔案編號：03-5966-083。

［558］中國第一歷史檔案館藏：《録副奏摺》，檔案編號：03-5764-024。

［559］中國第一歷史檔案館藏：《外交檔案》，館藏號：01-36-002-14-014。

［560］中國第一歷史檔案館藏：《外交檔案》，館藏號：01-17-057-01-010。
［561］中國第一歷史檔案館藏：《外交檔案》，館藏號：01-36-002-14-015。
［562］中國第一歷史檔案館藏：《外交檔案》，館藏號：01-17-057-01-012。
［563］中國第一歷史檔案館藏：《外交檔案》，館藏號：01-17-048-12-005。
［564］中國第一歷史檔案館藏：《外交檔案》，館藏號：01-29-001-01-067。
［565］中國第一歷史檔案館藏：《外交檔案》，館藏號：01-17-048-12-006。
［566］中國第一歷史檔案館藏：《外交檔案》，館藏號：01-17-048-12-007。
［567］中國第一歷史檔案館藏：《外交檔案》，館藏號：01-17-046-01-010。
［568］中國第一歷史檔案館藏：《外交檔案》，館藏號：01-36-002-14-016。
［569］中國第一歷史檔案館藏：《外交檔案》，館藏號：02-03-015-01-010。
［570］中國第一歷史檔案館藏：《外交檔案》，館藏號：01-17-048-12-008。
［571］中國第一歷史檔案館藏：《外交檔案》，館藏號：02-10-014-01-005。
［572］中國第一歷史檔案館藏：《外交檔案》，館藏號：02-10-014-01-007。
［573］中國第一歷史檔案館藏：《外交檔案》，館藏號：02-10-014-01-009。
［574］中國第一歷史檔案館藏：《外交檔案》，館藏號：02-10-014-02-006。
［575］中國第一歷史檔案館藏：《外交檔案》，館藏號：02-10-014-02-011。
［576］中國第一歷史檔案館藏：《外交檔案》，館藏號：02-10-016-01-005。
［577］中國第一歷史檔案館藏：《外交檔案》，館藏號：02-10-016-01-004。
［578］中國第一歷史檔案館藏：《外交檔案》，館藏號：02-10-016-02-006。
［579］中國第一歷史檔案館藏：《外交檔案》，館藏號：02-13-012-04-047。
［580］中國第一歷史檔案館藏：《外交檔案》，館藏號：02-10-016-03-012。
［581］中國第一歷史檔案館藏：《外交檔案》，館藏號：02-10-017-02-001。
［582］中國第一歷史檔案館藏：《外交檔案》，館藏號：02-10-017-02-007。
［583］中國第一歷史檔案館藏：《外交檔案》，館藏號：02-10-017-02-013。
［584］中國第一歷史檔案館藏：《外交檔案》，館藏號：02-10-017-02-014。
［585］中國第一歷史檔案館藏：《外交檔案》，館藏號：02-13-012-06-047。
［586］中國第一歷史檔案館藏：《外交檔案》，館藏號：02-13-012-06-062。
［587］中國第一歷史檔案館藏：《外交檔案》，館藏號：01-17-057-01-015。

［588］中國第一歷史檔案館藏：《外交檔案》，館藏號：02-10-019-01-051。

［589］中國第一歷史檔案館藏：《録副奏片》，檔案編號：03-5157-094。

［590］中國第一歷史檔案館藏：《軍機處隨手登記檔》，檔案編號：03-0232-1-1207-023。

［591］中國第一歷史檔案館藏：《録副奏片》，檔案編號：03-5826-080。

［592］中國第一歷史檔案館藏：《軍機處隨手登記檔》，檔案編號：03-0239-1-1209-240。

［593］中國第一歷史檔案館藏：《録副奏摺》，檔案編號：03-5827-006。

［594］中國第一歷史檔案館藏：《録副奏摺》，檔案編號：03-5553-040。

［595］中國第一歷史檔案館藏：《知照》，檔案編號：03-5310-074。

［596］中國第一歷史檔案館藏：《咨文》，檔案編號：03-5340-094。

［597］中國第一歷史檔案館藏：《硃批奏片》，檔案編號：04-01-13-0395-005。

［598］中國第一歷史檔案館藏：《録副奏片》，檔案編號：03-5377-057。

［599］中國第一歷史檔案館藏：《軍機處隨手登記檔》，檔案編號：03-0300-2-1225-165。

［600］中國第一歷史檔案館藏：《硃批奏片》，檔案編號：04-01-13-0395-006。

［601］中國第一歷史檔案館藏：《録副奏片》，檔案編號：03-5379-069。

［602］中國第一歷史檔案館藏：《硃批奏片》，檔案編號：04-01-01-1059-062。

［603］中國第一歷史檔案館藏：《録副奏片》，檔案編號：03-5427-013。

［604］中國第一歷史檔案館藏：《硃批奏摺》，檔案編號：04-01-12-0633-010。

［605］中國第一歷史檔案館藏：《録副奏摺》，檔案編號：03-5429-112。

［606］中國第一歷史檔案館藏：《硃批奏片》，檔案編號：04-01-02-0130-001。

［607］中國第一歷史檔案館藏：《軍機處隨手登記檔》，檔案編號：03-0318-2-1230-117。

［608］中國第一歷史檔案館藏：《硃批奏片》，檔案編號：04-01-02-0100-032。

［609］中國第一歷史檔案館藏：《軍機處隨手登記檔》，檔案編號：03-0318-2-1230-149。

［610］中國第一歷史檔案館藏：《硃批奏片》，檔案編號：04-01-01-1073-067。

［611］中國第一歷史檔案館藏：《録副奏摺》，檔案編號：03-6662-123。

［612］中國第一歷史檔案館藏：《硃批奏片》，檔案編號：04-01-35-1085-047。

［613］中國第一歷史檔案館藏：《軍機處隨手登記檔》，檔案編號：03-0321-2-392。

［614］中國第一歷史檔案館藏：《硃批奏片》，檔案編號：04-01-02-0129-011。

［615］中國第一歷史檔案館藏：《録副奏片》，檔案編號：03-5744-023。

［616］中國第一歷史檔案館藏：《軍機處隨手登記檔》，檔案編號：03-0322-2-1232-089。

［617］中國第一歷史檔案館藏：《録副奏片》，檔案編號：03-5965-060。

［618］中國第一歷史檔案館藏：《諭旨》，檔案編號：03-5969-128。

［619］中國第一歷史檔案館藏：《硃批奏摺》，檔案編號：04-01-01-1075-004。

［620］中國第一歷史檔案館藏：《録副奏摺》，檔案編號：03-7139-075。

［621］中國第一歷史檔案館藏：《硃批奏摺》，檔案編號：04-01-01-1076-023。

［622］中國第一歷史檔案館藏：《録副奏摺》，檔案編號：03-7420-036。

［623］中國第一歷史檔案館藏：《録副奏摺》，檔案編號：03-7287-002。

［624］中國第一歷史檔案館藏：《録副奏片》，檔案編號：03-5974-108。

［625］中國第一歷史檔案館藏：《軍機處隨手登記檔》，檔案編號：03-0322-1-1232-014。

［626］中國第一歷史檔案館藏：《録副奏摺》，檔案編號：03-5459-064。

［627］中國第一歷史檔案館藏：《録副奏摺》，檔案編號：03-5460-031。

［628］中國第一歷史檔案館藏：《單》，檔案編號：03-5460-033。

［629］中國第一歷史檔案館藏：《單》，檔案編號：03-5460-032。

［630］中國第一歷史檔案館藏：《咨呈》，檔案編號：03-5459-063。

［631］中國第一歷史檔案館藏：《録副奏摺》，檔案編號：03-7392-045。

［632］中國第一歷史檔案館藏：《録副奏片》，檔案編號：03-7392-046。

［633］中國第一歷史檔案館藏：《録副奏片》，檔案編號：03-7420-068。

［634］中國第一歷史檔案館藏：《軍機處隨手登記檔》，檔案編號：03-0322-2-1232-137。

［635］中國第一歷史檔案館藏：《硃批奏摺》，檔案編號：04-01-01-1079-113。

［636］中國第一歷史檔案館藏：《録副奏摺》，檔案編號：03-7420-046。

［637］中國第一歷史檔案館藏：《録副奏摺》，檔案編號：03-7392-049。

［638］中國第一歷史檔案館藏：《録副奏摺》，檔案編號：03-7420-090。

［639］中國第一歷史檔案館藏：《單》，檔案編號：03-7420-093。

［640］中國第一歷史檔案館藏：《單》，檔案編號：03-7420-091。

［641］中國第一歷史檔案館藏：《單》，檔案編號：03-7420-092。

［642］中國第一歷史檔案館藏：《硃批奏摺》，檔案編號：04-01-16-0305-043。

二、典籍

［01］中國第一歷史檔案館編：《乾隆朝上諭檔》，桂林：廣西師範大學出版社，1999。

［02］中國第一歷史檔案館編：《嘉慶朝上諭檔》，桂林：廣西師範大學出版社，1998。

［03］中國第一歷史檔案館編：《道光朝上諭檔》，桂林：廣西師範大學出版社，1999。

［04］中國第一歷史檔案館編：《咸豐朝上諭檔》，桂林：廣西師範大學出版社，1998。

［05］中國第一歷史檔案館編：《同治朝上諭檔》，桂林：廣西師範大學出版社，1998。

［06］中國第一歷史檔案館編：《光緒朝上諭檔》，桂林：廣西師範大學出版社，1996。

［07］《清實録·仁宗睿皇帝（嘉慶）實録》，北京：中華書局，1986。

［08］《清實録·宣宗成皇帝（道光）實録》，北京：中華書局，1986。

［09］《清實録·文宗顯皇帝（咸豐）實録》，北京：中華書局，1986。

［10］《清實録·穆宗毅皇帝（同治）實録》，北京：中華書局，1987。

[11]《清實録·德宗景皇帝（光緒）實録》，北京：中華書局，1987。

[12] 中國第一歷史檔案館編：《光緒朝硃批奏摺》，北京：中華書局，1995。

[13] 秦國經主編：《清代官員履歷檔案全編》，上海：華東師範大學出版社，2008。

[14] 清高宗敕撰：《清朝文獻通考》，杭州：浙江古籍出版社，1988。

[15] 劉錦藻：《清朝續文獻通考》，杭州：浙江古籍出版社，1988。

[16] 中國第一歷史檔案館、福建師范大學歷史系編：《清末教案》，北京：中華書局，1996。

[17] 臺北"中央研究院"近代史研究所編：《教務教案檔》，臺北："中央研究院"近代史研究所，1974。

[18] 顧廷龍主編：《清代朱卷集成》，臺北：成文出版社，1992。

[19] 中央民族大學圖書館藏：《欽定平定陝甘新疆回匪方略》。

三、著作

[01] 左宗棠：《左文襄公全集》，上海：上海書店出版社，1986。

[02] 沈雲龍主編：《曾惠敏公（劼剛）遺集》，臺北：文海出版社，1966。

[03] 沈雲龍主編，蕭榮爵編：《曾忠襄公（國荃）奏議》，臺北：文海出版社，1966。

[04] 沈雲龍主編，崇實著：《惕庵年譜》，臺北：文海出版社，1966。

[05] 曾國藩：《曾文正公全集》，光緒二年傳忠書局刊。

[06] 李翰章編纂，李鴻章校勘：《足本曾文正公全集》，長春：吉林人民出版社，1995。

[07] 朱玉泉主編：《李鴻章全書》，長春：吉林人民出版社，1999。

[08] 顧廷龍、戴逸主編：《李鴻章全集》，合肥：安徽教育出版社，2008。

[09] 沈雲龍主編，魯一同著：《通甫類稿》，臺北：文海出版社，1996。

[10] 沈雲龍主編，劉岳昭著：《滇黔奏議》，臺北：文海出版社，1966。

［11］沈雲龍主編，岑毓英著：《岑襄勤公遺集》，臺北：文海出版社，1966。

［12］沈雲龍主編，唐炯著：《成山老人自訂年譜》，臺北：文海出版社，1966。

［13］沈雲龍主編，寶鋆等修：《籌辦夷務始末》，臺北：文海出版社，1966。

［14］沈雲龍主編，黎成禮編：《黎文肅公（培敬）遺書》，臺北：文海出版社，1966。

［15］沈雲龍主編，蔡冠洛纂：《清代七百名人傳》，臺北：文海出版社，1971。

［16］朱壽朋：《光緒朝東華録》，北京：中華書局，1958。

［17］王先謙等：《東華續録·同治朝》，光緒戊戌年文瀾書局石印本。

［18］蔣良騏：《東華録》，北京：中華書局，1980。

［19］黄盛陸等標點：《岑毓英奏稿》，南寧：廣西人民出版社，1989。

［20］貴州大學歷史系近代史教研室點校：《平黔紀略》，貴陽：貴州人民出版社，1988。

［21］王延熙、王樹敏編：《皇清道咸同光奏議》，臺北：文海出版社，1969。

［22］清史編委會：《清代人物傳稿》，瀋陽：遼寧人民出版社，1990。

［23］戚其章、王如繪編：《晚清教案紀事》，北京：東方出版社，1990。

［24］汪兆鏞：《碑傳集三編》，臺北：文海出版社，1980。

［25］郭嵩燾：《郭嵩燾日記》，長沙：湖南人民出版社，1982。

［26］李慈銘：《越縵堂讀書記》，上海：上海書店出版社，2000。

［27］李慈銘：《越縵堂文集》，臺北：文海出版社，1971。

［28］李慈銘：《越縵堂日記》，北京：綫裝書局，2003。

［29］郭廷以、尹仲容等：《郭嵩燾先生年譜》，臺北："中央研究院"近代史研究所，1971。

［30］翁同龢著，陳義傑整理：《翁同龢日記》，北京：中華書局，1993。

［31］竇宗一：《李鴻章年譜》，臺北：文海出版社，1977。

［32］章洪鈞、吴汝綸：《李肅毅伯（鴻章）奏議》，臺北：文海出版社，1968。

［33］歐陽輔之編：《劉忠誠公（坤一）遺集·書牘》，臺北：文海出版社，1968。

［34］金梁：《近世人物志》，臺北：文海出版社，1977。

［35］裘毓麟：《清代軼聞》，臺北：華文書局，1932。

［36］費行簡：《近代名人小傳》，臺北：文海出版社，1967。

［37］沈桐生：《光緒政要》，臺北：文海出版社，1971。

［38］王樹楠：《張文襄公全集》，臺北：文海出版社，1970。

［39］來新夏：《近三百年人物年譜知見録》，上海：上海人民出版社，1983。

［40］蘇樹蕃：《清朝御史題名録》，臺北：文海出版社，1967。

［41］湯志鈞：《戊戌變法人物傳稿》，北京：中華書局，1982。

［42］李林年、楊忠：《清人别集總目》，合肥：安徽教育出版社，2000。

［43］章伯鋒、顧亞：《近代稗海》，成都：四川人民出版社，1989。

［44］鄧雲生校點：《左宗棠全集・札件》，長沙：岳麓書社，1986。

［45］邸永君：《清代翰林院制度》，北京：社會科學文獻出版社，2002。

［46］商衍鎏：《清代科舉考試述録》，北京：生活・讀書・新知三聯書店，1958。

［47］李世愉：《清代科舉制度考辨》，北京：中央廣播電視大學出版社，1999。

［48］王德昭：《清代科舉制度研究》，北京：中華書局，1984。

［49］趙爾巽等：《清史稿》，北京：中華書局，1976。

［50］王鍾翰點校：《清史列傳》，北京：中華書局，1987。

［51］中國社會科學院近代史研究所編：《曾國藩未刊往來函稿》，長沙：岳麓書社，1986。

［52］曾麟書等撰，王澧華等整理：《曾氏三代家書》，岳麓書社，2002。

［53］王彦威、王亮、王敬立編：《清季外交史料（全五册）》，北京：書目文獻出版社，1987。

［54］李侃等：《中國近代史》，北京：中華書局，2004。

［55］沈雲龍主編，譚寶箴等編：《譚文勤公（鍾麟）奏稿》，臺北：文海出版社，1966。

［56］《左宗棠全集》整理組編：《左宗棠未刊奏摺》，長沙：岳麓書社，1987。

［57］湖南省地方志編纂委員會編：《湖南省志・人物志》，長沙：湖南人民出版社，1992。

［58］丁鳳麟、王欣之編：《薛福成選集》，上海：上海人民出版社，1987。

[59] 沈雲龍主編，許景澄著:《許文肅公遺集》，臺北：文海出版社，1966。

[60] 北京大學圖書館編:《北京大學圖書館藏稿本叢書》，天津：天津古籍出版社，1991。

[61] 新疆維吾爾自治區檔案局、中國社會科學院邊疆史地研究中心《新疆通史》編委會編:《近代新疆蒙古歷史檔案》，烏魯木齊：新疆人民出版社，2008。

[62] 馬大正、吴豐培等編:《清代新疆稀見奏牘彙編·同治、光緒、宣統朝卷》，烏魯木齊：新疆人民出版社，1996。

後　記

本書为國家社科基金後期資助項目之最終成果，從材料之收集與購置，文獻之整理與研究，課題之申報與立項，成果之修改與結項，游弋其中，心如止水，寒來暑往，未遑暇顧，時閲五載，始克蔵功。

中國社會科學院邊疆史地研究所研究员厲聲先生，山東大學儒學高等研究院教授杜澤遜先生，北京大學中國古代史研究中心教授朱玉麒先生，西北大學文學院教授趙小剛先生，中央民族大學历史文化學院教授陳理先生、圖書館古籍部教授李婷先生，石河子大學黨委書記鄉賢夏文斌先生，石河子大學兵團屯墾戍邊研究中心教授李豫新教授、張彦虎研究員，或鼎立薦舉，或勤加策勵；石河子大學歷史系鄭峰同學，昕夕過從，拾遺補闕；全國哲學社會科學規劃辦公室同仁及社科評審專家，恪盡職守，多所褒掖；商務印書館編審丁波先生，責任編輯王希、鮑海燕女史、王林先生，精心擘畫，補苴良多。謹此一并致謝。

由於本人才具淺陋，智慮庸愚，兼之時間倉促，舛誤紕謬，實所難免。若蒙方家垂賜勘正、俾資修訂之處，則不任馨香感戴，實無既極矣！

杜宏春

戊戌孟夏於聊城大學